梵汉佛经对勘丛书

梵汉对勘

入楞伽经

黄宝生 译注

中国社会科学出版社

图书在版编目(CIP)数据

梵汉对勘入楞伽经／黄宝生译注. —北京：中国社会科学
出版社，2011.7（2018.8 重印）

ISBN 978 - 7 - 5004 - 9626 - 7

Ⅰ.①梵…　Ⅱ.①黄…　Ⅲ.①佛经—校勘　Ⅳ.①B942.1

中国版本图书馆 CIP 数据核字（2011）第 044620 号

出 版 人	赵剑英
责任编辑	黄燕生
特邀编辑	常　蕾
责任校对	李小冰
责任印制	戴　宽

出　　版	中国社会科学出版社
社　　址	北京鼓楼西大街甲 158 号
邮　　编	100720
网　　址	http://www.csspw.cn
发 行 部	010 - 84083685
门 市 部	010 - 84029450
经　　销	新华书店及其他书店

印刷装订	环球东方(北京)印务有限公司
版　　次	2011 年 7 月第 1 版
印　　次	2018 年 8 月第 2 次印刷

开　　本	710×1000　1/16
印　　张	50.25
字　　数	600 千字
定　　价	198.00 元

《梵汉佛经对勘丛书》总序

印度佛教自两汉之际传入中国，译经活动也随之开始。相传摄摩腾和竺法兰所译《四十二章经》是中国的第一部汉译佛经。这样，汉译佛经活动始于东汉，持续至宋代，历时千余年。同样，印度佛教自七世纪传入中国藏族地区，藏译佛经活动始于松赞干布时期，持续至十七世纪，也历时千余年。据赵朴初先生的说法，汉译佛经共有"一千六百九十余部"，而藏译佛经共有"五千九百余种"。[①]中国的佛教译经活动历时之久，译本数量之多，而且以写本和雕版印刷的传承方式保存至今，堪称世界古代文化交流史上的一大奇观。

印度佛教在中国文化土壤中扎下根，长期与中国文化交流融合，已经成为中国传统文化的有机组成部分。就汉文化而言，最终形成的传统文化是以儒家为主干的儒道释文化复合体。汉译佛经和中国古代高僧的佛学著述合称汉文大藏经。它们与儒家典籍和道藏共同成为中华民族的宝贵文化遗产。为了更好地继承和利用文化遗产，我们必须依随时代发展，不断对这些文献资料进行整理和研究。儒家典籍在中国古代文献整理和研究中始终是强项，自不待言。相比之下，佛教典籍自近代以来，学术界重视不够，已经逐渐成为中国古代文献整理和

[①] 赵朴初著《佛教常识答问》，上海辞书出版社，2009年，第147、150页。另据吕澂著《新编汉文大藏经》目录，汉译佛经有一千五百零四部。关于汉译和藏译佛经的数量迄今未有确切的统计数字。

研究中的薄弱环节。

二十世纪五十至七十年代，中国台湾地区编辑的《中华大藏经》是迄今为止汇集经文数量最多的一部汉文大藏经。其后，八、九十年代，中国大陆地区也着手编辑《中华大藏经》，已经出版了"正编"。这部大陆版《中华大藏经》（正编）以《赵城金藏》为基础，以另外八种汉文大藏经为校本，在每卷经文后面列出"校勘记"。可惜，这部《大藏经》的编辑只完成了一半，也就是它的"续编"还有待时日。这种收集经文完备又附有"校勘记"的新编汉文大藏经是为汉传佛教文献的整理和研究奠定坚实的基础。在此基础上，可以进一步开展标点和注释工作。

与汉文大藏经的总量相比，出自现代中国学者之手的汉文佛经的标点本和注释本数量十分有限。为何这两种《中华大藏经》都采取影印本，而不同时进行标点工作？就是因为标点工作的前期积累太少，目前还没有条件全面进行。而对于中国现代学术来说，古籍整理中的标点和注释工作也是不可或缺的。因此，有计划地对汉文佛经进行标点和注释的工作应该提到日程上来。唯有这项工作有了相当的成果，并在工作实践中造就了一批人才，《中华大藏经》的标点工作才有希望全面展开。

对于佛经标点和注释的人才，素质要求其实是很高的：既要熟谙古代汉语，又要通晓佛学。同时，我们还应该注意到，在汉文大藏经中，汉译佛经的数量占据一多半。而汉译佛经大多译自梵文，因此，从事佛经标点和注释，具备一些梵文知识也是必要的。此外，有一些佛经还保存有梵文原典，那么，采用梵汉对勘的方法必然对这些汉译佛经的标点和注释大有裨益。这就需要通晓梵文的人才参与其中了。

　　过去国内有些佛教学者认为留存于世的梵文佛经数量很少，对汉文大藏经的校勘能起到的作用有限。而实际情况并非这么简单。自十九世纪以来，西方和印度学者发掘和整理梵文佛经抄本的工作持续至今。当代中国学者也开始重视西藏地区的梵文佛经抄本的发掘和整理。由于这些抄本分散收藏在各个国家和地区，目前没有确切的统计数字。虽然不能说所有的汉译佛经都能找到相应的梵文原典，实际上也不可能做到这样，但其数量仍然十分可观，超乎人们以往的想象。例如，在汉译佛经中占据庞大篇幅的《般若经》，其梵文原典《十万颂般若经》、《二万五千颂般若经》和《八千颂般若经》等均有完整的抄本。又如，印度出版的《梵文佛经丛刊》（*Buddhist Sanskrit Texts*）收有三十多种梵文佛经校刊本。其中与汉译佛经对应的梵文原典有《神通游戏》（《方广大庄严经》）、《三昧王经》（《月灯三昧经》）、《入楞伽经》、《华严经》、《妙法莲华经》、《十地经》、《金光明经》、《菩萨学集》（《大乘集菩萨学论》）、《入菩提行论》、《中论》、《经庄严论》（《大乘庄严经论》）、《根本说一切有部毗奈耶》、《阿弥陀经》、《庄严宝王经》、《护国菩萨经》、《稻秆经》、《悲华经》、《撰集百缘经》、《佛所行赞》、《如来秘密经》（《一切如来金刚三业最上秘密大教王经》）和《文殊师利根本仪轨经》等。此外，诸如《金刚经》、《维摩诘经》、《阿毗达磨俱舍论》、《因明入正理论》和《辨中边论》等这样一些重要的汉译佛经也都已经有梵文校刊本。因此，对于梵汉佛经对勘在汉文佛教文献整理和研究中的学术价值不能低估，相反，应该予以高度重视。

　　其实，梵汉佛经对勘不仅有助于汉文佛教文献的整理，也有助于梵文佛经抄本的整理。梵文佛经抄本整理的主要成果是编订校刊本。因为梵文佛经抄本在传抄过程中，必定会产生或多或少的文字脱误或变异。这需要依据多种抄本进行校勘，确定正确的或可取的读法，加以订正。除了利用同一佛经的多种梵文抄本进行校勘外，还可以利用同一佛经的平行译本进行对勘。尤其是在有的梵文佛经只有一个抄本的情况下，利用平行译本进行对勘就显得更为重要。正是这个原因，长期以来，西方、印度和日本学者在编订梵文佛经校刊本时，都十分重视利用梵文佛经的汉译本和藏译本。但对于西方学者来说，掌握古代汉语比较困难，因此，从发展趋势看，他们越来越倚重藏译本。相比之下，日本学者在利用汉译本方面做得更好。

近一百多年来，国际佛教学术界已经出版了不少梵文佛经校刊本，同时也出版了完整的巴利文三藏校刊本。这些校刊本为佛教研究提供了方便。学者们依据这些校刊本从事翻译和各种专题研究。在此基础上，撰写了大量的印度佛教论著和多种印度佛教史。如果没有这些校刊本，这些学术成果的产生是不可设想的。这从这些著作中引用的梵文佛经校刊本及其现代语言（英语、法语或日语）译本资料便可见出。同时，我们也应该注意到，有些重要佛经缺乏梵文原典，西方学者还依据汉译佛经转译成西方文字，如英译《佛所行赞》（梵文原典缺失后半）、德译《维摩诘经》（译于梵文原典发现前）、法译《成唯识论》、法译《大智度论》、法译《摄大乘论》、法译《那先比丘经》和英译《胜鬘师子吼一乘大方便方广经》等。又鉴于印度古代缺少历史文献，他们也先后将法显的《佛国记》、玄奘的《大唐西域记》、慧立和彦悰的《大慈恩寺三藏法师传》、义净的《大唐西域求法高僧传》和《南海寄归内法传》译成英文或法文。这些都说明国际佛教学术界对汉文佛教文献的高度重视。只是限于通晓古代汉语的佛教学者终究不多，他们对汉文佛教文献的利用还远不充分。

而中国学术界直至二十世纪上半叶，才注意到国际上利用梵文佛经原典研究佛教的"新潮流"。引进这种"新潮流"，利用梵文佛经原典研究与佛教相关的中国古代文献的先驱者是陈寅恪、汤用彤、季羡林和吕澂等先生。然而，当时国内缺少梵文人才，后继乏人。时光荏苒，到了近二、三十年，才渐渐出现转机。因为国内已有一批青年学子在学习梵文后，有志于利用梵文从事佛教研究。这条研究道路在中国具有开拓性，研究者必定会备尝艰辛，但只要有锲而不舍的精神，前景是充满希望的。

利用梵文从事佛教研究的方法和途径多种多样，研究者完全可以依据自己的学术兴趣和专长选择研究领域。而梵汉佛经对勘研究应该是其中的一个重要选项。这项研究的学术价值至少体现在以下几个方面：

一、有助于读解汉译佛经。现代读者读解汉译佛经的难度既表现在义理上，也表现在语言上。佛教义理体现印度古代思维方式。尤其是大乘佛教的中观和唯识，更是体现印度古代哲学思辨方式。它们有别于中国传统的理论思维形态。而汉译佛经的语言对于现代读者，不仅有古今汉语的隔阂，还有佛经汉译受梵文影响而产生不同程度的变异，更增添一层读解难度。然而，通过梵汉佛经对勘，则可以针对汉译佛经中义理和语言两方面的读解难点，用现代汉语予以疏通和阐释。

二、有助于读解梵文佛经。佛教于十二世纪在印度本土消亡，佛经抄本大量散失，佛教学术也随之中断。近代以来，随着国际印度学的兴起，学者们重视发掘佛经原典，先后在尼泊尔和克什米尔等地，尤其是在中国西藏地区发现了数量可观的梵文佛经抄本。这样，印度佛教文献研究成了一个"新兴学科"。由于佛教学术在印度本土已经中断数百年之久,对于印度或西方学者来说,梵文佛经的读解也是印度古代文献研究中的一个难点。这与汉文佛教文献在现代中国古代文献研究中的情况类似。仅以梵文词典为例,著名的M.威廉斯的《梵英词典》和V. S.阿伯代的《实用梵英词典》基本上都没有收入佛教词汇。因此,才会有后来出现的F.埃杰顿的《佛教混合梵语语法和词典》和荻原云来的《梵和大辞典》。尤其是《梵和大辞典》,充分利用了梵汉佛经对勘的成果。

现存的所有梵文佛经抄本都会存在或多或少的文字错乱或讹误,已经编订出版的校刊本也未必都能彻底予以纠正。校刊本质量的高低既取决于校刊者本人的学术造诣,也取决于所掌握抄本的数量和质量。同时,佛教梵语受方言俗语影响,在词汇、惯用语和句法上与古典梵语存在一些差异,以及经文中对一些义理的深邃思辨,都会形成梵文佛经读解中的难点。而梵汉佛经对勘能为扫除梵文佛经中的种种文字障碍,提供另一条有效途径。毫无疑问,在利用汉译佛经资料方面,中国学者具有得天独厚的优势。如果我们能在梵汉佛经对勘研究方面多做一些工作,也是对国际佛教学术作出应有的贡献。

三、有助于佛教汉语研究。现在国内汉语学界已经基本达成一个共识,即认为佛经汉语是中国古代汉语中的一个特殊类型。有的学者仿照"佛教混合梵语"(Buddhist Hybrid Sanskrit)的称谓,将它命名为"佛教混合汉语"。而时下比较简便的称谓则是"佛教汉语"。梵文佛经使用的语言在总体上属于通俗梵语,这是由佛教的口头传承方式决定的。而这种通俗梵语中含有佛教的种种特定词语,也夹杂有俗语语法成分,尤其是在经文的偈颂部分,因此,明显有别于传统的梵语。

同样，汉译佛经受梵文佛经影响，主要采用白话文体，较多采用口语用词。同时，在构词、词义、语法和句式上也受梵文影响，语言形态发生一些变异，有别于传统的汉语。这些特殊的语言现象需要汉语学者认真研究和诠释。近二、三十年中，佛教汉语研究已成为一门"显学"。日本学者辛嶋静志和中国学者朱庆之是这个领域中的代表人物。

尽管国内佛教汉语研究已经取得了不少成绩，但研究队伍中存在一个明显的缺陷，也就是通晓梵语的学者很少。如果通晓梵语，直接运用梵汉佛经对勘研究的方法，就会方便得多，避免一些不必要的暗中摸索和无端臆测。辛嶋静志能在这个领域中取得大家公认的学术成就，是与他具备多方面的语言和知识学养分不开的，尤其是直接运用梵汉佛经对勘研究的方法。这是值得国内从事佛教汉语研究的年轻一代学者效仿的。希望在不久的将来，中国学者能在大量的梵汉佛经对勘研究的基础上，编出佛教汉语语法和词典。这样，不仅拓展和充实了中国汉语史，也能为现代学者阅读和研究汉文佛经提供方便实用的语言工具书。

四、有助于中国佛经翻译史研究。中国无论在古代或现代，都无愧为世界上的"翻译大国"。在浩瀚的汉文大藏经中，不仅保存有大量的汉译佛经，也保存有许多佛经翻译史料。现代学者经常依据这些史料撰写佛经翻译史论。但是，佛经翻译史研究若要进一步深入的话，也有赖于梵汉佛经对勘研究的展开。因为佛经翻译史中的一些重要论题，诸如佛经原文的文体和风格，翻译的方法和技巧，译文的质量，只有通过具体的梵汉佛经对勘研究，才会有比较切实的体认。在这样的基础上撰写佛经翻译史论，就能更加准确地把握和运用古代史料，并提供更多的实例，增添更多的新意。

鉴于上述学术理念，我们决定编辑出版《梵汉佛经对勘丛书》，由国内有志于从事梵汉佛经对勘的学者分工协作完成。这是一个长期计划，完成一部，出版一部，不追求一时的速度和数量。每部对勘著作的内容主要是提供梵文佛经的现代汉语今译，对梵文佛经和古代汉译进行对勘，作出注释。

其中，梵文佛经原文选用现已出版的校刊本。若有两个或两个以上校刊本，则选定一个校刊本作为底本，其他的校刊本用作参考。若有其他未经校勘的抄本，也可用作参考。而如果对勘者通晓藏文，也可将藏译本用作参考。当然，我们的主要任务是进行梵汉佛经对勘，而不是编订校刊本。因为编订校刊本是一项专门的工作，需要独立进行。编订校刊本的本意是为研究提供方便。前人已经编订出版的校刊本我们不应该"束之高阁"，而应该充分加以利用。在学术研究中，凡事不可能，也无必要从头做起，否则，就可能永远在原地踏步。正因为前人已经编订出版了不少梵文佛经校刊本，我们今天才有可能编辑出版《梵汉佛经对勘丛书》。而且，我们的梵汉佛经对勘研究也能在一定程度上起到改善前人校勘成果的作用。这也是我们对勘成果的一个组成部分。

梵汉佛经对勘的版面格式是将梵文佛经原文按照自然段落排列，依次附上相应段落的现代汉语今译和古代汉译。古代汉译若有多种译本，则选取其中在古代最通行和最接近现存梵本的译本一至两种，其他译本可以依据对勘需要用作参考。现代汉语今译指依据梵文佛经原文提供的新译。为何要提供现代汉语今译呢？因为这样便于同行们检验或核实对勘者对原文的读解是否正确。如果读解本身有误或出现偏差，势必会影响对勘的学术价值。另一方面，国内利用汉译佛经从事相关研究的学者大多不通晓梵文，或者只是掌握一些梵文基础知识，尚未达到读解原典的程度。那么，我们提供的现代汉语今译可以供他们参考，为他们的研究助一臂之力。

实际上，现代汉语今译本身也是对勘成果的重要体现。因为梵文佛经原文中的一些疑点或难点往往可以通过对勘加以解决。如果有的疑点或难点一时解决不了，我们可以暂不译出，或者提供参考译文，并在注释中注明。确实，如果我们能正确读解梵文佛经原文，并提供比较准确的现代汉语今译，便会对古代汉译佛经中一些文字晦涩或意义难解之处产生豁然开朗的感觉。通过梵汉佛经对勘，帮助读解梵文佛经和汉译佛经，这正是我们的工作目的。

对勘注释主要包括这几个方面：一、订正梵文佛经校刊本和汉译佛经中的文字讹误或提供可能的合理读法。二、指出梵文佛经与汉译佛经的文字差异之处。三、指出汉译佛经中的误译之处。四、疏通汉译佛经中的文字晦涩之处。五、诠释梵文佛经和汉译佛经中的一些特殊词语。由于我们已经提供了现代汉语今译，也就不需要逐句作出对勘说明，而可以依据实际需要，有重点和有选择地进行对勘注释。

同时，利用这次梵汉佛经对勘的机会，我们也对古代汉译佛经进行标点。梵文和古代汉语一样，没有现代形式的标点。但梵文在散文文体中，用符号 | 表示一句结束，‖ 表示一个段落结束；在诗体中，用符号 | 表示半颂结束，‖ 表示一颂结束。这样，参考梵文佛经，尤其是依靠读通句义，便有助于汉译佛经的标点。但古代汉语的行文毕竟具有自身的特点，不可能完全依据梵文原文进行标点。我们的标点也只是提供一个初步的样本，留待以后听取批评意见，加以完善。

以上是对《梵汉佛经对勘丛书》的基本学术设想。在实际工作中，对勘者可以根据自己的学术专长，在某些方面有所侧重。我们的共同宗旨是对中国古代佛教文献的整理和研究作出各自的创造性贡献。

千里之行，始于足下。不管前面的道路怎样艰难曲折，让我们现在就起步，登上征途吧！

黄宝生

2010 年 5 月 12 日

目　　录

导　言

一

《入楞伽经》在中国古代先后有过四个译本。第一个译本是《开元释教录》卷第四记载的昙无谶译《楞伽经》（四卷）。昙无谶是中印度人，公元 412 年来华，433 年去世。但这个译本早在唐代就已失传。第二个译本是求那跋陀罗译《楞伽阿跋多罗宝经》（四卷）。据《开元释教录》卷第五记载，求那跋陀罗（Guṇabhadra）是中印度人，435年来华，468 年去世，其间"于丹阳郡译出《胜鬘》、《楞伽》经，徒众七百余人，宝云传译，慧观执笔，往复谘析，妙得本旨。"第三个译本是菩提留支译《入楞伽经》（十卷）。据《续高僧传》卷第一记载，菩提留支（Bodhiruci）是北印度人，508 年来华。另据宝臣《注大乘入楞伽经》记载，菩提留支"延昌二年（即 513 年）于洛阳汝南王宅及邺都金华寺"译出《入楞伽经》。第四个译本是实叉难陀译《大乘入楞伽经》（七卷）。据《宋高僧传》卷第二记载，实叉难陀（Śikṣānanda）是于阗人，700 年奉诏译《大乘入楞伽经》。另据法藏《入楞伽心玄义》记载，当时实叉难陀"粗译毕，犹未再勘。"702 年吐火罗三藏弥陀山奉敕与翻经沙门复礼、法藏等"再度勘译"而成。现存这三个译本通常按照它们产生的朝代简称为宋译、魏译和唐译。而我们也可以按照它们的译者简称为求译、菩译和实译。

《入楞伽经》的梵语编订本现有两种。第一种是日本学者南条文雄的《梵文入楞伽经》（1923）。第二种是印度学者维迪耶（P.L. Vaidya）的《妙法入楞伽经》（*Saddharmalaṃkāvatārasūtram*，1963）。本书进行

《入楞伽经》梵汉对勘，作为现存梵本的底本依据维迪耶本，并参考南条文雄本。

我们可以先将《入楞伽经》现存梵本与中国古代三个汉译本的分品情况作个对照：

现存梵本分为十品：一、《罗波那劝请品》，二、《三万六千一切法集品》，三、《无常品》，四、《现证品》，五、《如来常无常品》，六、《刹那品》，七、《变化品》，八、《食肉品》，九、《陀罗尼品》，十、《偈颂品》。

求译总称《一切佛语心品第一》，分为四部分：一、《一切佛语心品第一之一》，二、《一切佛语心品第一之二》，三、《一切佛语心品第一之三》，四、《一切佛语心品第一之四》。其中之一相当于现存梵本第二品的前部分，之二相当于第二品后部分，之三相当于第三品前部分，之四相当于第三品后部分以及第四至第八品。

菩译分为十八品：一、《请佛品》，二、《问答品》，三、《集一切法品》，四、《佛心品》，五、《卢迦耶陀品》，六、《涅槃品》，七、《法身品》，八、《无常品》，九、《入道品》，十、《问如来常无常品》，十一、《佛性品》，十二、《五法门品》，十三、《恒河沙品》，十四、《刹那品》，十五、《化品》，十六、《遮食肉品》，十七、《陀罗尼品》，十八、《总品》。其中，第一品相当于现存梵本第一品，第二和第三品相当于第二品，第四至第八品相当于第三品，第九品相当于第四品，第十品相当于第五品，第十一至第十四品相当于第六品，第十五品相当于第七品，第十六品相当于第八品，第十七品相当于第九品，第十八品相当于第十品。

实译分为十品：一、《罗婆那劝请品》，二、《集一切法品》，三、《无常品》，四、《现证品》，五、《如来常无常品》，六、《刹那品》，七、《变化品》，八、《断食肉品》，九、《陀罗尼品》，十、《偈颂品》。

由以上对照可以看出，实译分成十品，品名和内容均与现存梵本一致。菩译分成十八品，但内容也与现存梵本一致。求译分成四部分，内容与现存梵本第二至第八品一致，而缺少第一、第九和第十品。求译为何缺少这三品？是原有抄本如此，还是略去未译，难以确证。但多半可能是原有抄本如此。

依据这三个汉译本和现存梵本，我们可以说当时传入中国的这部《入楞伽经》已经基本定型。菩译和实译中的散文和偈颂都能与现存梵本一一对应。求译除了缺少这三品之外，现有部分中的散文和偈颂也同样能与现存梵本一一对应。因此，即使这三个汉译本的译文互相之间存在不同程度的差异，也不会妨碍这个结论。

据法藏《入楞伽心玄义》中说，《入楞伽经》的原始梵本有三种："一大本有十万颂"，"二次本有三万六千颂"，"三小本千颂有余，名楞伽纥伐耶①，此云楞伽心。"他的这种说法，从现存梵本中也可以得到印证。在现存梵本第一品第 36 颂中提到"世尊向夜叉宣示自证法，在山上宣讲全部十万经"。这"十万经"（即十万颂的《入楞伽经》）是传说，还是实有其事，无法确证。现存梵本第二品的品名《三万六千法集品》可能说明确实有三万六千颂的《入楞伽经》，而传入中国的这部《入楞伽经》是它的略本，或称"小本"。而"小本"原名为《楞伽心》。这从求译总称《一切佛语心品第一》可以见出。现存梵本第二品中也提到"心、意、意识、五法、自性和相是一切法语之心。"此外，现存梵本第八品末尾的题名是"《一切佛语之心》中的第八《食肉品》"。也就是说，这部经的前八品又名《一切佛语之心》。那么，结合现存梵本第二品的品名《三万六千法集品》和求译总称的《一切佛语心品第一》，可以设想这前八品或第二至第八品可能原本是三万

---

①　"纥伐耶"是梵文 hṛdaya（"心"）一词的音译，但其中的"伐"与 da 的对音有距离。疑此"伐"字应为"代"。求译《楞伽阿跋多罗宝经》中，有一处夹注，对 hṛdaya 一词的音译是"肝栗大"。其中"肝栗"与 hṛ 对音，"大"与 da 对音，省略了后面的 ya（"耶"）。

六千颂《入楞伽经》的第一品。[①]

至于法藏说“小本千颂有余”，显然不符合这三部汉译本的篇幅。按一颂三十二个音节计算，“千颂有余”只有三万多字。而宋代宝臣在《注大乘入楞伽经》中引述唐代智俨《楞伽经注》序文说：“梵文广略，通有三本。广本十万颂，次本三万六千颂，略本四千颂。此方四译皆是略本四千颂文。”这“四千颂”的说法比较接近汉译本大约十万字的篇幅。

对于这三个汉译本，法藏在《入楞伽心玄义》中有这样的评价：求译“四卷回文不尽，语顺西音，致令髦彦英哲措解无由，愚类庸夫强推邪解。”菩译“十卷虽文品少具，圣意难显，加字混文者泥于意，或致有错，遂使明明正理滞以方言。”实译“则详五梵本，勘二汉文，取其所得，正其所失，累载优业，当尽其旨，庶令学者幸无讹谬。”法藏本人参与了实译本的翻译工作，因此，对这三个汉译本有切身体会。

确实，求译的译文中，句中词序时常随顺梵文。梵文的句义需要依靠句中词语的语法形态认知。如果汉语译文的词序随顺梵文，又体现不出其中词语的语法形态，势必造成读解的困难。法藏指出求译“回文不尽，语顺西音”，已经成为历代阅读和注释《入楞伽经》者的共识。当然，这也只是相对于后出的菩译和实译而言，这方面的问题突出一些，并非意味求译句句译文都随顺梵文词序。倘若那样，求译也就无法阅读了。

而法藏对于菩译的评价，现在看来，主要的问题是“加字混文”。因为对照现存梵本，菩译中时常采用阐释性译法，或添加阐释性文字。

---

① 宋释正受《楞伽经集注》解释“一切佛语心品第一”说：“此经大部有十万偈，百万句，三千六万言，总有一百五十一品。今所传者止有佛语心品，分之为四，故言第一也。”又，明代德清《观楞伽阿跋多罗宝经记》卷第一中记载说，他曾在五台山遇见一位来自于阗国的梵师，在交谈中得知《楞伽经》原“有四十卷”，汉地的四卷《楞伽经》“才十分之一”。这也可以印证求译四卷《楞伽经》可能属于原本的第一品。

因此，菩译本的篇幅要比实译本多出四分之一。这种阐释性译法通常有助于读者理解原文，但也有可能搀杂译者个人主观理解而偏离原意，如法藏所说"或致有错"。对于菩译的"加字混文"，铃木大拙推测或许菩译依据的梵本带有注释，而菩译没有严加区分而采入正文[①]。《入楞伽经》梵文原本存在注释本也是可能的。法藏在《入楞伽心玄义》中依据传闻也提到"西国现有龙树菩萨所造释论"。但菩译的阐释性译法是否依据注释本，难以确证。菩译的阐释性译法主要体现在散文部分，而从偈颂部分，尤其是最后那品读解难度较大的《偈颂品》，似乎看不出菩译有依据注释本的迹象。

至于实译，法藏自然予以充分肯定。如果以现存梵本作为坐标，在这三个汉译本中，实译确实与现存梵本最为贴近。而且，它也借鉴和吸收了求译和菩译的一些长处，译文质量应该称得上是"后出转精"。但是，也应该指出，实译也存在一些译文不如菩译准确的地方。

尽管实译是全译本，译文也比较严谨，文字也比较通畅，但后世流行的本子却依然是求译。关于这一点，明代宗泐、如玘同注《楞伽阿跋多罗宝经注解》中的解释具有代表性："若论所译文之难易，则唐之七卷文易义显，始末具备。今释从宋译四卷者，以此本首行于世，习诵者众。况达磨大师授二祖心法时，指楞伽四卷可以印心。而张方平尝书此本，苏子瞻为序其事，是知历代多从此本也。然文辞简古，至于句读有不可读，乃取七卷中文义显者释之，仍采古注善者并释之。"

从历代多种注释本的序文中可以看出古人有两点共识。一是认为求译《楞伽经》"难读"。诚如苏轼在《楞伽阿跋多罗宝经序》中所说："楞伽义趣幽眇，文字简古，读者或不能句，而况遗文以得义，忘义以了心乎。"二是认为结合菩译和实译有助于读通求译。比较流行的

[①] 铃木大拙（D.T.Suzuki）：《入楞伽经研究》（*Studies in the Lankavatara Sutra*），第 7 页，London，1930。

宋代释正受《楞伽经集注》便是大量采用菩译和实译注释求译。[1]上述明代《楞伽阿跋多罗宝经注解》也申明这种注释方法。

二

《入楞伽经》是一部重要的大乘佛典。但它的产生年代难以确证。依据最早的汉译本出现在五世纪二、三十年代，可以确定它的产生年代的下限在四世纪。如果汉译本只是它的略本，它的详本是三万六千颂，甚至是十万颂，那么，必定有个成书过程，它的产生年代还可以推前。现在，一般认为早期的大乘佛典主要是《般若经》和《华严经》等，产生于一、二世纪。中观派和瑜伽行派佛典出现在它们之后。这样，我们可以大致推定《入楞伽经》产生于三、四世纪。

义净在《南海寄归内法传》卷第一中说到："所云大乘无过二种：一则中观，二乃瑜伽。中观则俗有真空，体虚如幻；瑜伽则外无内有，事皆唯识。"这是对中观和瑜伽行派最简要的概括。从《入楞伽经》阐述的思想看，既有"中观"，也有"瑜伽"。但它的阐述重点是"唯心论"（cittamātra），也就是后来通称的"唯识论"（vijñānamātra 或 vijñaptimātra）。因此，佛教史家将它归入瑜伽行派佛典。

《入楞伽经》的第一品是《罗波那劝请品》，点明此经是佛陀应楞伽王罗波那之邀，进入楞伽城说法。楞伽王请求佛陀宣示"自觉内知"（pratyātmavedya）法门。这个法门的名称在本经中有多种替换用语，如"自觉圣智"（pratyātmāryajñāna）、"自觉境界"（pratyātmagatigocara）和"自证法"（pratyātmadharma）等。同时，在本品中也点明与佛陀同行的诸菩萨"通晓自心所现境界"，"精通五法、自性、诸识和两种无我"。在这次佛陀说法中，楞伽王请求大慧

[1] 释正受在《楞伽经集注》的"阁笔记"中讲述了自己读《楞伽阿跋多罗宝经》的经验。他原先"敬读是经，句义漠然，不能终卷"。后经同道指点，取来菩译和实译，与求译合读。"读之弥月，乃于句义疑碍冰释，深自感幸"。

菩萨作为提问者。因此，从第二品开始，全经是以大慧菩萨和佛陀对话的方式展开的。大慧在提问中也说到："心、意、意识、五法、自性和相""是一切佛语之心"。这些都是提示本经论述的重点所在。

本经虽然有论述的重点，但并非是一部结构严谨的论著，而更像是一部漫谈录，论题涉及大乘义理的方方面面。显然，大乘佛教在发展过程中，不仅面对种种外道的挑战，也面对佛教内部的质疑。实际上，从大慧的许多提问中，我们可以体会到其中隐含的这种思想背景。本经不回避任何面对的问题，而是努力运用"唯心论"这个法门，澄清和化解一切。

在第二品，大慧一开始提问，就提了"一百零八问"。这些问题包罗万象，既涉及各种义理，也涉及天下万物。而佛陀回答这"一百零八问"的方法是模仿大慧的提问，其中有些是重复大慧的提问，有些是提醒大慧还可以提出其他类似的问题。然后，佛陀告诉大慧，这些问题"每个都与相有关，摆脱邪见弊端，我即将讲述悉檀和言说"（2.97）。所谓"与相有关"，也就是属于事物的表象，或者说，是语言表达的名相。所谓"悉檀和言说"，也就是经中在后面会进一步阐述的"宗通"和"说通"。而在这里，佛陀接着提出"一百零八句"，作为对大慧"一百零八问"的正式回答。这"一百零八句"以"生句非生句"起首，至"文句非文句"结束，全部是同一句式。这是一种象征性的表达方式，用以表示扫除所有一切出于自心妄想分别而借助语言表达的名相或概念。故而，这个回答的依据就是"唯心论"这个法门。这个法门的核心思想就是"三界唯心"（tribhavacittamātra）或"三界唯心、意和意识"（cittamanomanovijñānamātram traidhātukam）。在这第二品中，也将这"一百零八句"称为"圣智观察事物的法门"，或称为"一百零八无影像句"，都是这个法门的不同表述。

这里，无法对《入楞伽经》各品中涉及的众多论题一一介绍，而只能对上述主要论题，如三自性、五法、两种无我和八识等，提供一点扼要的说明。因为这些概念贯穿全经，在阅读这部经之前，应该对它们有个初步了解。

“三自性”指妄想自性、依他自性和圆成自性。“自性”（svabhāva）是指事物的自性。故而，论述“三自性”，也就是论述如何认识事物自性。其中，“依他自性”（paratantrasvabhāva）“产生于所依和所缘”，呈现事物相。也就是说，事物产生于缘起，并无真实的自性。“妄想自性”（parikalpitasvabhāva）指依据这种缘起，妄想分别，而执著种种事物相和名称。“圆成自性”（parinișpannasvabhāva）指“摆脱因相、名称和事物相妄想，趋向真如圣智和自觉圣智境界”。也就是说，摆脱妄想自性和依他自性，认识到一切事物唯自心所现。因此，这种“圆成自性”又称“如来藏心”。

“五法”指相、名、分别、真如和正智。“法”(dharma)这个词在梵文中含义广泛，可以指称正法、法则、规律、职责、事物、性质或方法等。这里的“五法”可以理解为认知事物的五种方法。其中，“相”（nimitta）指“可见的形状、形态、特征、状态和色等等”。所谓“色等等”，也就是呈现给眼识、耳识、鼻识、舌识、身识和意识的色、声、香、味、触和法。“名”（nāma）指“依据这种相，产生罐等等名想”。“名想”（saṃjñā，或译“想”）是指感知事物的表象或特征而形成概念。“分别”（vikalpa）指对种种相加以分别，“予以命名”。“真如”（tathatā）指认识到“名和相终究不可得”，于是“不起名和相二义”，“不感知和分别诸法”，而达到“无影像境界”。“正智”（samyagjñāna）指证得“真如”（即事物的真实相）后，不再“起分别”，而“遵循自觉圣智”。

经中还特别指出：“三自性、八识和二无我一切佛法都包含在这五法中”。例如，上述“三自性”中的妄想自性属于“五法”中的相和名；依他自性属于“五法”中的分别；圆成自性属于“五法”中的真如和正智。

　　"二无我"指人无我和法无我。"我"（ātman）这个词在梵文中含义广泛，可以指称自我、灵魂、精神、呼吸、生命、本质、本性、自己和自身等。或者说，它可以指称作为精神实体的自我，如灵魂，也可以指称作为物质实体的自我，如自身。这里，"人无我"（pudgalanairātmya）指人由"蕴、界、处聚合而没有我和我所"。其中，"蕴"（skandha）指五蕴：色、受、想、行和识。"界"（dhātu）指十八界：六根（眼、耳、鼻、舌、身和意）、六境（色、声、香、味、触和法）和六识（眼识、耳识、鼻识、舌识、身识和意识）。"处"（āyatana）指十二处：六根和六境。由此可见，这些蕴、界和处兼有物质和精神。人只是这些蕴、界和处的聚合。而这些蕴、界和处刹那生灭，因此，并没有能称为"我"或属于"我"的物质实体和精神实体。"法无我"（dharmanairātmya）指不仅人无我，那些蕴、界和处同样是妄想分别的产物，而无真实的自性。"人无我"原本是佛教的传统观点，而大乘进一步确立"法无我"，形成"二无我"。这是大乘有别于小乘的重要标识之一。

　　"八识"指眼识、耳识、鼻识、舌识、身识、意识、意和阿赖耶识。"识"（vijñāna）指人的感知或认知。"八识"中的前六识是佛教传统确认的识。后两种是瑜伽行派的发展。其中，"意"（manas）在《入楞伽经》三种汉译本中基本上都译为"意"，只有个别之处（如实译《偈颂品》第 870 颂）音译为"末那"。"阿赖耶识"（ālaya，又译"藏识"）也可称为"心"（citta）。

　　《入楞伽经》将八识分成两类：显现识和分别事物识。显现识（ākhyātivijñāna）指阿赖耶识。分别事物识（vastuvikalpavijñāna）指其他七识。然而，这两者又"无差别相，互为原因。"具体地说，八识中的意识代表思维功能，五识（即眼识、耳识、鼻识、舌识和身识）代表感觉功能。意识"作为形状、形态和特征的摄取者"，与五识一起连续不断转出又转离。而它们转出的原因是阿赖耶识和意"具有转出的诸识习气"。"习气"（vāsanā，又译"熏习"）指无始以来妄想分别留在心中的印象。《入楞伽经》中也有"习气种子"（vāsanābīja）的说法，意谓这种习气是留在阿赖耶识中的种子。在八识中，意"执著我和我所"，是妄想分别的主导者或驱动者。由此，意识"执著种种境界分别"，与五识一起不断转出，并"以习气滋养阿赖耶识"。所以说，这八识"互为原因"。

同时，在《入楞伽经》中，又将阿赖耶识称为"如来藏"（tathāgatagarbha）。经中说："如来藏是善和不善的原因，一切出生和趣向的作者，如同演员表演，摆脱我和我所，在种种趣向中转出。"所谓"趣向"（gati），指生死轮回。正是"受无始种种戏论恶劣习气熏染"，这种名为如来藏的阿赖耶识与其他七识一起转出。然而，其他七识转出，刹那生灭，阿赖耶识"自身不断灭，远离无常性错误，摆脱自我论，本性无限纯洁。"也就是说，名为如来藏的阿赖耶识并不像意那样"执著我和我所"，而是"摆脱我和我所"，如同演员化妆表演的只是角色，而非自身。因此，"追求殊胜法的菩萨大士应该净化名为阿赖耶识的如来藏"。净化的方法便是经中一再宣称的明瞭"五法"、"三自性"和"二无我"，依靠自觉圣智，觉知唯自心所现。这样，如来藏就能消除妄想分别习气的熏染，保持纯洁的本性，不再与其他七识一起转出。

在《入楞伽经》中，还特别强调如来藏不同于外道的"自我"。譬如，大慧询问佛陀：如果"如来藏本性光明纯洁"，"永恒、稳固、吉祥和不变，而陷入蕴、界、和处种种事物中，受贪、瞋、痴和不实妄想污染，犹如昂贵的宝石陷入污秽事物中"，那么，"这种如来藏说与外道的自我说有什么不同？"因为"外道的自我说也宣称自我是永恒的创造者，无性质，自在，不变"。佛陀回答大慧说："如来藏不同于外道的自我说。一切如来用空性、实际、涅槃、无生、无相和无愿等等句义宣示如来藏"。如来藏是"无分别、无影像境界"。同时，佛陀也指出"一切如来为吸引执著自我说的外道，而宣示如来藏说。"也就是说，这也是一种"智慧方便善巧"。因此，应该摒弃外道自我说，而追求"无我如来藏"。

《入楞伽经》中还提到佛陀曾"护持胜鬘夫人和其他具有微妙清净智的菩萨，宣说名为阿赖耶识的如来藏和七识"，"宣说如来境界"。而"如来境界就是如来藏阿赖耶识境界。"由此可知，《胜鬘经》和《入楞伽经》同为瑜伽行派的前期经典。《胜鬘经》按照求那跋陀罗的译名，全称为《胜鬘师子吼一乘大方便方广经》。经中将"如来藏"界定为"法界藏，法身藏，出世间上上藏，自性清净藏。此自性清净如来藏而客尘烦恼、上烦恼所染，不思议如来境界"。经中也指出"如来藏者，非我，非众生，非命，非人"。这些论述与《入楞伽经》中对"如来藏"或"阿赖耶识"的描述是一致的。但《胜鬘经》中又提到"如来法身是常波罗蜜，乐波罗蜜，我波罗蜜，净波罗蜜。于佛法身作是见者，名为正见"。在《大般涅槃经》（昙无谶译）卷第二中，对"常、乐、我和净"的解释是："我者是佛义。常者是法身义。乐者是涅槃义。净者是法义"。经中还说："说言诸法无我，实非无我。何者为实？若法是实，是真，是常，是主，是依，性不变易，是名为我。"同时又指出世尊作为"医王，欲伏外道，故唱是言：无我，无人、众生、寿命、养育、知见、作者、受者"。这说明在大乘教义的发展中，出现这种新的倾向，用"我"来指称"如来藏"、"法身"或"佛性"。同时，也注意与外道的"我"作出切割。这一点在《入楞伽经》的《偈颂品》中也有明显表现。例如，一方面说："自我自觉内证，具有清净相，它是如来藏，而非思辨者境界。"（10.746）另一方面又说："外道描述阿赖耶识在胎藏中，与自我结合，这种说法不合法。"（10.748）另外，还提出可以将外道的"自我"用作"心"（即"阿赖耶识"）的譬喻："无论依据生或不生，心永远光明，思辨者确立自我，何不用作譬喻？"（10.744）但是，在有一些偈颂中，直接用

"自我"指称"如来藏"或"阿赖耶识"。如果孤立地看待这些偈颂，就难以区别究竟是指外道的"自我"，或者引用外道的言论，还是用作"譬喻"。这在读《偈颂品》时，确实需要留心的。

瑜伽行派也称唯识派。"唯识"的通常用词是 vijñaptimātra 或 prajñaptimātra。例如，玄奘所译《唯识二十论》书名原文中的"唯识"一词就是 vijñaptimātra。而在《入楞伽经》中，相当于"唯识"的主要用词是"唯心"（cittamātra）。在相当程度上，可以说"唯心"是"唯自心所现"（svacittadṛśyamātra）的简称。这两个词在《入楞伽经》中出现的频率都很高。其中的"心"既可以指称阿赖耶识，也可以统称"八识"。《入楞伽经》中也使用 vijñaptimātra 和 prajñaptimātra 这两个词，但显然都是 cittamātra（"唯心"）的辅助用词。这两个词在三个汉译本中一般译为"施设量"、"唯假名"或"唯假设"，都没有译为"唯识"。因为在这三个汉译本中，与"识"对应的原词主要是 vijñāna。而 vijñapti 或 prajñapti 从构词上说，是从动词 vijñā 或 prajñā（"认知"）的致使形式转化成的名词，词义一般为"告知"、"表示"、"指出"或"说明"，也可引申为"设计"或"安排"。prajñapti 这个词在巴利文中是 paññatti，词义除了"表示"和"说明"外，还有"名称"和"概念"。因此，求译、菩译和实译采用"施设"、"假名"或"假设"的译法是符合佛教用语传统的。尤其是"假名"这个译法比较巧妙，既可理解为"借用名称"，也可理解为"虚假的名称"。在《入楞伽经》中，与"唯假名"意义上相通的用词还有 vāgvijñaptivikalpa（"言语假名分别"）、vāgvikalpamātra（"唯言语分别"）和 vāgmātra（"唯言语"）。然而，将 vijñaptimātra 或 prajñaptimātra 译为"唯识"，从根本意义上说，也是正确的。因为这种"施设"、"假名"或"假设"毕竟产生于诸识的妄想分别，或者说，诸识妄想分别的种种相需要运用"假名"表达。

在《入楞伽经》中，涉及的其他论题或重要概念还有无生、空性、二谛（俗谛和第一义谛）、一阐提、五无间业、五种性、六波罗蜜、涅槃和不食肉等等。此外，第十品《偈颂品》中含有884首偈颂。其中有二百多颂已经出现在前面各品的经文中。即使如此，常有一些偈颂与前面相同的偈颂出现词语上的差异。这是口头或抄本传承中的自然现象。这种情况虽然会造成读解的混乱，但也能起到在文本内部互相校勘的作用。至于其他六百多首偈颂的内容则既有与前面经文论题相关联的偈颂，也有不少与前面经文论题不相关的偈颂。其中有些偈颂缺乏足够的上下文语境，必然会增加读解难度。然而，依据这些大量新增的偈颂，或许可以推测这第十品《偈颂品》（菩译本中称为《总品》）囊括了三万六千颂《入楞伽经》中的主要偈颂，或者说，那六百多颂偈颂是采自三万六千颂《入楞伽经》的。这样，我们可以由此约略见出三万六千颂《入楞伽经》的风貌。

三

《入楞伽经》传入中国后，不仅成为唯识宗的重要经典，而且催生了禅宗。禅宗可以说是印度佛教在中国获得创造性转化的典范。

禅的梵文原词是 dhyāna，词义是"沉思"。与 dhyāna 对应的巴利文是 jhāna。"禅"或"禅那"作为汉语的音译词，发音更接近巴利文的 jhāna。禅原本是印度古代的瑜伽修行方式，源远流长。吠陀时代后期的奥义书中，将瑜伽（yoga）分为六支："调息、制感、沉思（dhyāna）、专注、思辨和入定（samādhi）"（《弥勒奥义书》6.18）。瑜伽作为一种修炼身心的方式，为印度古代各种宗教派别所共有。早期佛教的佛学可以归结为戒定慧三学。戒是戒律，定是禅定，慧是智慧。三者之间的关系是依戒而资定，依定而发慧，依慧而证理。释迦牟尼本人就是在菩提树下通过禅定悟道成佛的。

佛教传入中国，自然也包括禅法。因而，早期的汉译佛经中，也有专论禅法的佛经，或属于小乘，或属于大乘。但无论小乘或大乘，坐禅观想的形式是一脉相承的，只是观想的义理有所区别。而印度的佛教禅法向中国禅宗的转化，缘起于《入楞伽经》的传入。

据《续高僧传》卷第十六中记载，南印度僧人菩提达摩（Bodhidharma）于南朝宋代来华传授禅法。他特别推崇《入楞伽经》，“以四卷《楞伽》授可曰：‘我观汉地，唯有此经，仁者依行，自得度世。’”这样，惠可遵奉师教，传承《楞伽》。他的弟子“那、满等师常赍四卷《楞伽》，以为心要，随说随行，不爽遗委。”《续高僧传》卷第二十七中还记载惠可的再传弟子法冲“专以《楞伽》命家，前后敷弘将二百遍。”唐代道信也在《入道安心要方便法门》中说：“我此法要，依《楞伽经》‘诸佛心第一’”。因此，中国早期的禅宗也称为“楞伽宗”。唐代净觉编撰的禅宗史传便名为《楞伽师资记》，记叙了求那跋陀罗（即四卷《楞伽经》的译者）、菩提达摩、惠可、僧璨、道信、弘忍和神秀等八代十三位“楞伽师”的事迹。

确实，中国禅宗在形成过程中，从《入楞伽经》中吸取了许多思想资源。《入楞伽经》将禅分成四种：愚夫所行禅、观察义禅、攀缘真如禅和如来禅。其中，愚夫所行禅以“人无我”为禅要，属于小乘禅。而其他三种属于大乘禅。观察义禅以“人无我”和“法无我”为禅要。攀缘真如禅是“如实确立二无我分别是妄想，不起妄想分别。”如来禅是“入如来地，住于自觉圣智相三乐之中，成就不可思议众生事业。”据此，唐代宗密在《禅源诸诠集都序》中，将如来禅称为“最上禅”，说“达摩门下，展转相传者，是此禅也。”

《入楞伽经》中还论及渐次或顿时“净化自心所现流”。经中以陶工制作器皿、草木生长和学习技艺说明“渐次”，以明镜呈现影像和日月照亮万物说明“顿时”，并指出如来采用这两种方式净化众生“自心所现流”。同时，也点明“自觉圣趣法相”是“顿时闪耀，摆脱有无邪见。”当然，从《入楞伽经》的总体精神看，这种“顿时”

也是以修习"自觉圣智"法门为基础的。或者说，一旦掌握了这个法门，"自觉圣趣法相"便会"顿时闪耀"。

显然，中国禅宗中的渐修和顿悟说与《入楞伽经》中的渐次和顿时说有直接关联。从达摩至弘忍，衣钵相传，都是依经修禅，籍教悟宗。而从神秀一代开始，分出神秀和慧能两系。神秀一系为北宗禅，慧能一系为南宗禅。慧能倡导"顿悟"。《六祖坛经》中记载的两首著名偈颂分别代表神秀和慧能的禅学观点。神秀的偈颂是"身是菩提树，心如明镜台，时时勤拂拭，莫使有尘埃。"慧能的偈颂是"菩提本无树，明镜也非台，佛性常清净，何处有尘埃？"两者分别象征"渐修"和"顿悟"。《六祖坛经》中还记载慧能说："我于忍和尚处一闻，言下大悟，顿见真如本性。是故，将此教法流行后代，令学道者顿悟菩提，各自观心，令自本性顿悟。"

慧能还对坐禅和禅定作出新的解释："何名坐禅？此法门中，一切无碍，外于一切境界上念不起为坐，见本性不乱为禅。何名为禅定？外离相曰禅，内不乱曰定。"坐禅是楞伽师们遵循的传统修行方式。据《楞伽师资记》记载：求那跋陀罗强调"闲居静坐，守本归真"。菩提达摩向道育和惠可亲传的"真道"中，包括"壁观"（即面壁坐禅观想）。惠可也强调"寂静观"①，认为十方诸佛没有"不因坐禅而成佛者"。而慧能对坐禅的这种解释实际上是破除了坐禅修行的形式。这一点应该是受《维摩诘经》的启发。《维摩诘经》中描写维摩诘对在树下坐禅的舍利弗说道："你这样坐禅不是坐禅。身心不在三界中呈现是坐禅。你不脱离灭定而展现种种威仪是坐禅。你不舍弃所得法相而展现种种凡夫相是坐禅。心不住于内，也不行于外，是坐禅。你不脱离一切见而展现三十七菩提分是坐禅。你不舍弃生死轮回和烦恼

---

① 这里顺便说明一下。此处"寂静观"引自求译《楞伽经》。按现存梵本，原意是"看到牟尼寂静"。后出的菩译是"观佛寂静"，实译是"见于牟尼寂静"。而当时求译"牟尼寂静观"，以致惠可据此将"观"理解为"坐禅观想"。

而入涅槃是坐禅。”[1]这样，慧能为禅宗开辟了一个更加自由活泼的发展空间。此后，南宗在发展中，渐渐取代北宗，成为中国禅宗的主流。

我们现在通常将禅宗思想归纳为“不立文字，教外别传，直指人心，见性成佛。”仅从这个概括，我们就可以见出禅宗与《入楞伽经》的紧密关联。其中，“直指”相当于《入楞伽经》中常说的“自觉内知”或“自证法”。“人心”相当于“如来藏阿赖耶识”，或称“如来藏心”。“见性”相当于见到如来藏“本性光明纯洁”。“成佛”相当于“入如来地”。至于“不立文字，教外别传”，则导源于《入楞伽经》中论及的宗通和说通。

《入楞伽经》指出“宗通”（siddhāntanaya）是“摆脱言语文字分别，进入无漏界”，“自觉内证闪耀光芒”。而“说通”（deśanānaya）是“宣说九部法种种言说”，“依靠方便善巧”，“顺应众生志趣，随类说法”。这里所说的“九部法”指九类不同体裁的佛教经文。因此，“宗通”是修行者进入“自觉圣智境界”，而“说通”是为了开导众生而“诵经说法”。

《入楞伽经》倡导“自觉圣智”，也不否定“诵经说法”。因为“如果不说，一切法经就会消失。一切法经消失，一切佛、缘觉、声闻和菩萨也就不存在。他们不存在，那么，为谁宣示什么？”但经文中又强调依据众生种种意趣，“诵经说法变化不定”，只是让众生“远离心、意和意识”，并不能保证“证得自觉圣智”。众生常常“执著诵经说法之音”，“追随字母”。然而，“真实离字母”。经中举例说，有人用手指向某人指示某物，某人依随而看到指尖。同样，愚夫们“执著依音指取指尖义，至死都不会摒弃依音指取指尖义，而获得第一义。”经中还用一首偈颂表达这个见解：“犹如愚夫看指尖，而不看月亮，同

---

[1] 《维摩诘经》有支谦、鸠摩罗什和玄奘三种译本。此处译文据《梵文维摩诘经》（*Vimalakirtinirdeśa*），大正大学出版会，2006 年，第 20—21 页。这里的“坐禅”（pratisaṃlayanam）一词，支译、什译和奘译均为“宴坐”。“宴坐”和“坐禅”同义。

样，执著文字，不知我的真谛"（6.3）。这个巧妙的比喻已被中国禅宗广泛采用。它可以正用，即用见指不见月，比喻执著文字而不见真如；也可以反用，即用依指见月，比喻依言教见真如。明代和清代的两部禅宗语录就取名《指月录》和《续指月录》。

《入楞伽经》中还讲述大慧询问佛陀：为何说如来自觉悟至涅槃，"在这中间，没有说一字？"佛陀回答说："依据自觉法性和古已有之法性。"自觉法性指"一切如来证得的，我也证得，无增无减。自觉境界离言语分别，摆脱文字二趣。"古已有之法性指"法界常在。无论如来出世或不出世"，那些法的"法性、法住性、法定性、真如性、真实性和真谛性常在"。这里含有两层意思：一是法界常在，佛陀证得的，也就是过去一切如来证得的，因此实际上自己"没有说一字"；二是自觉境界离言语分别，不在文字中，因此，实际上自己"没有说一字"。

《入楞伽经》旨在弘扬自觉圣智，故而竭力揭示语言的局限性。经中强调"言说是人为造作"，事物并不依据言说存在。譬如，"兔角、龟毛和石女之子等等有言说，但在世上并不能见到。"又如，在这世界上，"蝼蚁和蚊蝇等等这些特殊生物都不言说而完成自己的事。"因此，"一切佛土不重言说"。经中举例说："在佛土有时用瞪眼示法，有时用姿势动作，有时用扬眉，有时用转睛，有时用微笑，有时用哈欠，有时用咳嗽声，有时用回忆佛土，有时用颤动。"在中国禅宗有个"拈花微笑"的著名公案（《五灯会元》卷第一），讲述"世尊在灵山会上，拈花示众。是时众皆默然，唯迦叶尊者破颜微笑。世尊曰：'吾有正法眼藏，涅槃妙心，实相无相，微妙法门，不立文字，教外别传，付嘱摩诃迦叶。"在中国禅宗实践中，还有棒喝、竖拂子、绕三匝、画圆相、掷杖、弹指、展手和沉默等开示方式。同时，诸如"言语道断"、"不执文字"、"不涉言诠"、"不落名言"和"不落唇吻"等等已成为中国禅宗的常用语。由此可见，中国禅宗对语言文字采取的立场，与《楞伽经》一脉相承。

　　而我们也应该注意到，《入楞伽经》中对许多问题的论述常常含有中观辩证思辨色彩，并不绝对化。对于语言文字的论述也是如此。本意是强调不要执著语言文字，并非否定和废弃语言文字。《入楞伽经》中对于语言的基本观点是"音和义既异又非异"。由音入义，犹如灯光照物。正是"凭借言语分别的音灯，众菩萨摆脱言语分别，进入自觉圣境界。"如果我们全面考察经中对语言文字的论述，对这一点会看得更清楚。例如，经中说到"由言语进入第一义圣乐，故而第一义的言语不是第一义。"这里强调言语显现分别境界，不是第一义，但又与第一义相连。经中此处还用两首偈颂加以说明："犹如国王和长者给儿子们各种泥鹿，让他们游戏玩耍，然后给他们真鹿。同样，我也先说诸法影像相，然后，为佛子们说自证实际"（2.145-146）。又如，经中提到"一切如来、阿罗汉、正等觉用四种问答方式向众生示法"。所谓"四种问答方式"，指"直答、反问、分别和搁置不答"。其中的"搁置不答"也只是"对诸根不成熟者搁置不答，而对诸根成熟者并不搁置不答。"由此，我们也就不会拘泥于前面引述的如来"没有说一字"的说法。同样的道理，中国禅宗倡导"不立文字"，却又为我们留下了大量的禅宗语录。因此，我们阅读《入楞伽经》也应该体现这种精神，不要执著经中某些词句的文字表面义，而要领会蕴含其中的真实义。

四

　　自古迄今，《入楞伽经》在中国佛教典籍中，始终是一部号称"难读"的佛经。这不仅因为通行的《楞伽阿跋多罗宝经》译文颇多生涩之处，也因为《入楞伽经》本身义理比较深奥，内容又涉及方方面面，对有些论题的阐述也就难免不够充分，这些都增加了读解的难度。中国古代，采取三种汉译本合读的方法，自然有助于读解《入楞伽经》。实际上，这种行之有效的合读方法一直延续到现代。欧阳竟无依据自己读《楞伽经》的经验就说过："宋魏唐三，融取即明，缺一仍昧。宋译文晦，其义不彰，唐善伸文，魏时出义。借唐解文，以魏补义，罄无不宜。"[①]可以料想，在合读中，遇到三个汉译本互相歧异之处，也必定会推断哪种读法更符合原意，实际上也就是设想哪种读法更符合梵本原文。倘若能直接对照梵本原文，进行这样的合读，岂不更为理想？幸好《入楞伽经》的梵本没有失传，那么，我们应该尝试进行这项工作。

这里，我也想起我的老师金克木先生早年在印度学习梵文期间，曾经利用玄奘的汉译本协助印度学者戈克雷教授校勘《阿毗达磨集论》。他回国后，一直没有机会从事梵汉对勘。到了晚年，他又重读一些汉译佛经，在论及《入楞伽经》时，曾指出为适应现代读者的需要，应该有一个"依据原文整理并加解说的本子"。

在现代，《入楞伽经》的梵文校刊本最早是由南条文雄编订的，出版于 1923 年。这个校刊本依据六个梵文抄本，并参考中国古代三种汉译本以及藏译本。此后，铃木大拙依据这个校刊本，将《入楞伽经》译成英文出版（*The Laṃkāvatāra Sūtra, A Mahāyāna text*, 1932）。他在英译本的导言中说："用非母语翻译产生于东方土壤的一些最深奥的思想，这对于译者来说，是一个大胆的企图。但想到如果没有人跨出这第一步，即使带有缺陷和不足，那么，除了少数学者外，这些珍宝就会长期湮没无闻。"他也依据这个校刊本编制了一部《入楞伽经索引》（*An Index to The Lankavatara Sutra*, 1934），包含梵本、三种汉译本以及藏译本的词汇。此外，他还撰写了《入楞伽经研究》（*Studies in The Lankavatara Sutra*, 1930）。这部著作对《入楞伽经》的主要义理和各种概念作了全面的研究和梳理。应该说，南条文雄和铃木大拙这

[①] 参阅欧阳渐《楞伽疏决》，载支那内学院年刊《内学》第 2 辑，1925 年，第 36 页。

两位日本佛教学者对《入楞伽经》的现代研究作出了开创性的贡献。此后，国际佛教研究领域对《入楞伽经》的了解和研究都以他俩的这些学术成果为基础。中国在二十世纪三、四十年代南京支那内学院出版的《藏要》中，对求译《楞伽阿跋多罗宝经》的校勘，不仅利用菩译本和实译本，也利用了南条文雄的《梵文入楞伽经》编订本。对这四种文本中的歧异之处，以校注方式标出和说明。除了《入楞伽经》外，《藏要》中利用现存梵本进行校勘的汉译佛经还有《金刚经》、《妙法莲华经》、《金光明经》、《华严经十地品》、《菩提行经》、《中论》、《大乘庄严经论》、《俱舍论》和《因明入正理论》。《藏要》中的这些梵汉佛经对勘工作虽然是初步的，但在中国现代具有开创意义。当时南京支那内学院中能从事梵汉佛经对勘者，应该是吕澂先生。还应该提到，吕澂先生对《大乘起信论》的辨伪和对禅宗史的独到见解都借重于对《入楞伽经》三种汉译本和梵语原本的对勘研究。这是他独有的学术特色，有别于当时国内的其他佛教学者。因此，我们应该对这位梵汉佛经对勘的先驱者表示深深的敬意。

《入楞伽经》的第二个梵文校刊本是由印度学者维迪耶编订的，属于印度学者巴格奇（S. Bagchi）主编的《梵文佛经丛书》（*Buddhist Sanskrit Texts*）第 3 种，出版于 1963 年。这个编订本没有对校刊体例作出说明。但从这个编订本的校注可以看出，它是以南条文雄的文本为底本，并利用原有的校注，进行加工和修订。因此，它实际是南条文雄编订本的修订本。对此，我想如果南条文雄地下有知，也会感到欣慰的。因为他在《梵文入楞伽经》的序言中说过："让这部《梵文入楞伽经》公之于众时，编者本人深知它远不完善，而希望获得一切机会，让这个文本消除一切缺陷。"

本书进行梵汉《入楞伽经》对勘，梵本便以维迪耶本为底本，同时也参考南条文雄本。因为维迪耶本中不仅存在一些排印中出现的文字讹误，也有一些读法不如南条文雄本。在这一点上，尤其能体现南条文雄利用梵汉佛经对勘方法的优势。三个汉译本中，选择了求译《楞伽阿跋多罗宝经》和实译《大乘入楞伽经》。原因是前者流传最广，而后者内容齐全。但在对勘中，也根据需要参照菩译《入楞伽经》。求译《楞伽阿跋多罗宝经》和实译《大乘入楞伽经》采用《中华大藏经》（第十七册）提供的文本。为保持文本原貌，没有将其中的繁体字改成简体字，而只是将有些异体字改用通行字。在梵汉对勘中，也依据现存梵本和这两个文本所附"校勘记"，对有些文字予以订正。

　　对勘的方式是分段列出现存梵本原文，先提供依据梵本的现代汉语译文，然后列出相应的求译和实译。对勘的宗旨是既用梵本帮助读解古代汉译，又用古代汉译帮助读解梵本。就梵本而言，尽管现有两种编订本，但里面仍然会留存不少疑难之处。这样，参照古代汉译，不仅可以帮助疏通一些语句，也可以帮助厘清某些可疑之处，或改正某些在传抄中出现的讹误。就古代汉译本而言，各译本之间既有语句表达的异同，也有术语译法的异同。即使是同一术语，在同一译本中有时也会有不同译法。也有同一汉语用词对应不同的梵文原词。同时，译文中或多或少存在一些文字晦涩之处，也难免存在一些误译之处。而参照梵本，这些问题就比较容易看清和说明。

　　对勘的结果体现在本书的注释中，也体现在本书的《入楞伽经》今译中。因为梵本中的有些疑难之处或文字讹误是借助古代汉译得以解决的。有了这个今译，也为对勘工作提供了方便，不再需要对全经逐句作出说明，而可以选择重点进行注释。同时，考虑到适应现代读者的需要，本书也对求译《楞伽阿跋多罗宝经》和实译《大乘入楞伽经》作了新式标点。古代汉文佛经的标点工作也是中国古代文献研究中的一个难点。而对现存梵本的一些汉译佛经进行标点，运用梵汉对勘的方法，显然是大有裨益的。

　　最后，我想说的是，梵汉佛经对勘是属于佛教思想史、佛经翻译史和佛经汉语研究的基础性工作。近代以来，已经发掘和整理出不少梵本佛经，而中国学者在掌握古代汉译佛经方面具有得天独厚的优势，展开梵汉佛经研究理所当然，责无旁贷。我正是深感这项学术工作的重要性，而决心投身其中。但我以往长期主要从事梵语文学和诗学研究，佛教研究的学养积累不够。本书中肯定会存在种种疏失和不足。因此，我衷心盼望国内佛教研究的各方面学者多加批评指正，让我们共同推进这项学术工作。

本书全部文稿主要由常蕾帮助我输入电脑。她也有志于从事梵汉佛经对勘研究，故而工作充满热情，又细致认真。在此，对她深表感谢。

黄宝生

2010 年 3 月 20 日

सद्धर्मलङ्कावतारसूत्रम्

今译：妙法入楞伽经[①]

求译：楞伽阿跋多羅寶經[②]

实译：大乘入楞伽經[③]

ॐ नमो रत्नत्रयाय। ॐ नमः सर्वबुद्धबोधिसत्त्वेभ्यः॥

今译：唵！[④]向三宝[⑤]致敬！唵！向一切佛[⑥]和菩萨[⑦]致敬！

---

① 译文依据 P.L. Vaidya 编订本（*Saddharmalaṅkāvatārasūtram*, Mithila Institute, Darbhanga, 1963），并参考南条文雄编订本（《梵文入楞伽经》，1923）。

② “求译”指求那跋陀罗译。“阿跋多罗”是 avatāra（“入”）的音译。“宝”字可能是译者添加的。释正受《楞伽经集注》解释这个经名说：“楞伽者此云不可往。阿云无。跋多罗云上。宝，贵重义。经，贯摄义。是名不可往无上宝经。”其实“楞伽”（Laṅkā）只是地名，本身并无“不可往”的含义。而“阿跋多罗”（avatāra）不可分拆为“阿”（a）和“跋多罗”（vatāra）。若是“无上”，原词应为 anuttara（音译通常为“阿耨多罗”）。

③ “实译”指实叉难陀译。从现存梵本每品末尾的题名看，多数将此经题名为《入楞伽经》，而其中第三品题名为《大乘楞伽经》，第十品题为《大乘妙法入楞伽经》。这样，可能因为菩提留支译本已将此经题名为《入楞伽经》，实叉难陀便将此经题名为《大乘入楞伽经》，以示区别。

④ “唵”（Om）这个音节最早用于吠陀诵读的开头和结束。后来，它成为一个神圣的音节，并被认为含有神秘的力量，经常用作咒语或宗教致敬用语的发语词。

⑤ “三宝”指佛（Buddha，佛陀）、法（Dharma，正法，佛法）和僧（Saṅgha，僧团）。

⑥ “佛”是佛陀（Buddha）的略称。佛陀作为专称，指释迦牟尼（Śākyamuni）。而大乘佛教认为有过去佛、现在佛和未来佛，统称一切佛。

⑦ “菩萨”（Bodhisattva）是音译“菩提萨埵”的略称，指修行而尚未成佛者。

१ रावणाध्येषणापरिवर्तः प्रथमः।

今译：第一 罗波那[①]劝请品

求译：一切佛語心品第一之一[②]

实译：羅婆那王勸請品第一

एवं मया श्रुतम्। एकस्मिन् समये भगवांल्लङ्कापुरे समुद्रमलयशिखरे विहरति स्म नानारत्नगोत्रपुष्पप्रतिमण्डिते महता भिक्षुसंघेन सार्धं महता च बोधिसत्त्वगणेन नानाबुद्धक्षेत्रसंनिपतितैर्बोधिसत्त्वैर्महासत्त्वैः अनेकसमाधिवशिताबलाभिज्ञाविक्रीडितैर्महामतिबोधिसत्त्वपूर्वंगमैः सर्वबुद्धपाण्यभिषेकाभिषिक्तैः स्वचित्तदृश्यगोचरपरिज्ञानार्थकुशलैर्नानासत्त्वचित्तचरित्ररूपनयविनयधारिभिः पञ्चधर्मस्वभावविज्ञाननैरात्म्याद्वयगतिंगतैः॥

今译：[③]我这样听说。世尊[④]曾经住在海中摩罗耶山顶楞伽城[⑤]。楞伽城装饰有各种宝石花。与世尊同住的有大比丘僧团和大菩萨会

---

① “罗波那”（Rāvaṇa）是一位罗刹王。关于他的传说，见印度古代史诗《罗摩衍那》（Rāmāyaṇa）。但本经中的罗波那并不涉及《罗摩衍那》中的有关传说。

② 求译中未有《罗波那劝请品》，只有这品的第一段。《一切佛语心品第一之一》属于现存梵本的第二品。

③ 南条文雄（以下简称南条）本在这前面有一首偈颂：

nairātmyam yatra dharmāṇām dharmarājena deśitam /
laṅkāvatāram tatsūtramiha yatnena likhyate //
这里精心刻写这部《入楞伽经》，
其中有法王宣示的万法无我。

④ “世尊”（Bhagavat）是对佛陀的尊称。

⑤ “摩罗耶山”（Malaya）是印度南部的著名山脉。“楞伽城”（Laṅkāpura）一般认为就是现在位于印度之南的岛国斯里兰卡。

众。这些菩萨大士[①]来自各方佛土[②]，熟谙各种入定[③]、自在[④]、力[⑤]和神通游戏[⑥]，以大慧菩萨为首，已由一切佛手灌顶[⑦]，通晓自心所现境界[⑧]的义理，依照各类众生的思想、行为和状态进行教化，精通五法[⑨]、自性[⑩]、诸识[⑪]和两种无我[⑫]。

求译：如是我聞。一時佛住南海濱楞伽山頂，種種寶華以為莊嚴，與大比丘僧及大菩薩眾俱，從彼種種異佛刹來。是諸菩薩摩訶薩無量三昧、自在之力、神通遊戲，大慧菩薩摩訶薩而為上首，一切諸佛手灌其頂，自心現境界善解其義，種種眾生、種種心色、無量度門隨類普現，於五法、自性、識、二種無我究竟通達。

实译：如是我聞。一時佛住大海濱摩羅耶山頂楞伽城中，與大比丘眾及大菩薩眾俱。其諸菩薩摩訶薩悉已通達五法、三性、諸識、無我，善知境界自心現義，遊戲無量自在、三昧、神通、諸力，隨眾生心現種種形方便調伏，一切諸佛手灌其頂，皆從種種諸佛國土而來此會。大慧菩薩摩訶薩為其上首。

---

① “大士”（Mahāsattva）音译为“摩诃萨”，是菩萨的称号。

② “佛土”（buddhakṣetra）也可译为“佛国”。kṣetra 意谓“国土”。求译“佛刹”中的“刹”是 kṣetra 的音译“刹多罗”的略称。

③ “入定”（samādhi），音译为“三昧”或“三摩地”。

④ “自在”（vaśitā）指控制力。

⑤ “力”（bala），指智力和能力。

⑥ “神通游戏”（abhijñāvikrīḍita）指具有神通力而能随意变化。

⑦ “灌顶”（abhiṣeka）指菩萨修行到达最高阶位后，由佛灌顶。

⑧ “自心所现境界”（svacittadṛśyagocara，或译“自心所见境界”）指境界由自己的心看见或显现。“境界”（gocara）指感知的对象、客观世界或感官和精神的活动领域。

⑨ “五法”（pañcadharma）在本经中指相（nimitta）、名（nāma）、分别（vikalpa）、真如（tathatā）和正智（samyagjñāna）。

⑩ “自性”（svabhāva）指本性、本质或事物的原本状态。这里指三自性：妄想自性（parikalpita）、依他自性（paratantra）和圆成自性（pariniṣpanna）。

⑪ “识”（vijñāna）指知识或意识。在本经中指八识：眼识、耳识、鼻识、舌识、身识、意识、意和阿赖耶识。

⑫ “两种无我”指人无我和法无我。此处，原文为 nairātmyādvaya（“无我和不二”），而求译和菩译均为“二种无我”。据此，原文应为 nairātmyadvaya。

तेन खलु पुनः समयेन भगवान् सागरनागराजभवनात् सप्ताहेनोत्तीर्णो ऽभूत्। अनेकशक्रब्रह्मनागकन्याकोटिभिः प्रत्युद्गम्यमानो लङ्कामलयमवलोक्य स्मितमकरोत् -- पूर्वकैरपि तथागतैरर्हद्भिः सम्यक्संबुद्धैरस्मिंल्लङ्कापुरीमलयशिखरे स्वप्रत्यात्मार्यज्ञानतर्कदृष्टितीर्थ्यश्रावकप्रत्येकबुद्धार्यविषये तद्भावितो धर्मो देशितः। यन्न्वहमपि अत्रैव रावणं यक्षाधिपतिमधिकृत्य एतदेवोद्भावयन् धर्मं देशयेयम्॥

今译：那时，世尊在海中蛇①王宫中度过七日后出来，受到数亿帝释天、梵天和蛇女欢迎。②他遥望摩罗耶山楞伽城，面露微笑："摩罗耶山楞伽城是自觉圣智、思辨、邪见、外道、声闻和缘觉的圣境③。过去的如来、阿罗汉、正等觉④都在这里宣示他们所修成的正法。我也要在这里为夜叉⑤王罗波那开示这种正法。"

实译：爾時世尊於海龍王宮說法，過七日已，從大海出。有無量億梵、釋、護世諸天、龍等奉迎於佛。爾時如來舉目觀見摩羅耶山楞伽大城，即便微笑而作是言："昔諸如來、應⑥、正等覺皆於此城說自所得聖智證法，非諸外道臆度邪見及以二乘修行境界。⑦我今亦當為羅婆那王開示此法。"

---

① "蛇"（nāga）在汉译佛经中通译为龙，这里按照原义译为蛇。

② 按照佛教的宇宙观，宇宙中存在三千大千世界，每个世界都有帝释天和梵天，故而这里使用"数亿"这样的数量词。"亿"的原词是koṭi，也可译为"千万"。帝释天（Śakra）指忉利天天王。梵天（Brahman）指梵界天王。他们都是佛陀的护法神。

③ "自觉圣智"（svapratyātmāryajñāna，或译"自证圣智"），指依靠自己觉知或证实的智慧，即自觉内证的智慧。"思辨"（tarka）指理论思辨，如印度古代六派正统哲学的思辨。"邪见"（dṛṣṭi，本义是见解，佛经中常常以此词指称邪见）和"外道"（tīrthya）泛指佛教以外的宗教和思想派别。"声闻"（Śrāvaka）指听闻佛陀教诲而觉悟得道的出家弟子。"缘觉"（Pratyekabuddha，或译辟支佛、独觉）指独自修行悟道，也不说法教化他人。

④ "如来"（Tathāgata）、"阿罗汉"（Arhat，或译"应供"）和"正等觉"（Samyaksambuddha，或译"正遍知"）均为佛陀的称号。

⑤ "夜叉"（yakṣa，或译药叉）在印度神话中是财神俱比罗（Kubera）的侍从。在佛经中，属于鬼神类，是听受和护持佛法的八部众之一。"八部众"通常为天神（deva）、蛇（nāga）、夜叉（yakṣa）、乾达婆（gandharva）、阿修罗（asura）、金翅鸟（garuḍa）、紧那罗（kiṃnara）和大蛇（mahoraga）。

⑥ "应"，或称"应供"，即阿罗汉。

⑦ 实译此句与菩译一致："非诸外道声闻辟支佛等修行境界。"而现存梵本中无"非"字。按照梵本的读法，可以理解为这里是所有宗教的修行之地。

अश्रौषीद्रावणो राक्षसाधिपतिस्तथागताधिष्ठानात् -- भगवान् किल सागरनागराजभवनादुत्तीर्य अनेकशक्रब्रह्मनागकन्याकोटिभिः परिवृतः पुरस्कृतः समुद्रतरंगानवलोक्य आलयविज्ञानोदधिप्रवृत्तिविज्ञानपवनविषये प्रेरितांस्तेभ्यः संनिपतितेभ्यश्चित्तान्यवलोक्य तस्मिन्नेव स्थितः उदानमुदानयति स्म -- यन्न्वहं गत्वा भगवन्तमध्येष्य लङ्कां प्रवेशयेयम्। तन्मे स्याद्दीर्घरात्रमर्थाय हिताय सुखाय देवानां च मनुष्याणां च॥

今译：凭借如来的神力，罗刹①王罗波那听到了。世尊已从海中蛇王宫中出来，数亿帝释天、梵天和蛇女围绕和跟随。他站在那里②，看到海浪涌动，境界③之风吹起阿赖耶识④海转识⑤波浪，看到会众的心意。他⑥高声说道："我要去劝请世尊进入楞伽城，这样，在长夜⑦中，我、天神和凡人都会获得利益和幸福。"

实译：爾時羅婆那夜叉王以佛神力聞佛言音，遙知如來從龍宮出，梵、釋、護世天、龍圍遶，見海波浪，觀其眾會藏識大海境界風動，轉識浪起，發歡喜心，於其城中高聲唱言："我當詣佛，請入此城，令我及與諸天、世人於長夜中得大饒益。"

अथ रावणो राक्षसाधिपतिः सपरिवारः पौष्पकं विमानमधिरुह्य येन भगवांस्तेनोपजगाम। उपेत्य विमानादवतीर्य सपरिवारो भगवन्तं त्रिष्कृत्वः प्रदक्षिणीकृत्य तूर्यतालावचरैः प्रवाद्यद्भिरिन्द्रनीलमयेन दण्डेन वैडूर्यमुसार-

---

① "罗刹"（rākṣasa）属于妖魔类。在佛经中，罗刹和夜叉的这两个词常常混用。

② 此处在原文中，是佛陀还是罗波那"站在（sthita）那里"，从语法上判断，并不明确。但可能是指佛陀，因为在下面第 4 首偈颂中，明确提到佛陀"站在（sthita）岸边"，同时，第 6 首偈颂中，也提到罗波那前往佛陀"站着（tiṣṭhati）的地方"。

③ "境界"（viṣaya）指感官对象、客观对象或活动领域。

④ "阿赖耶识"（ālayavijñāna）或译"藏识"。

⑤ "转识"（pravṛttivijñāna）指随境界活动的其他各识。

⑥ 从下面所说的话可以确定"他"是罗波那。

⑦ "长夜"（dīrgharātra）指漫长的日子。

[गल्व]प्रत्युप्तां वीणां प्रियङ्गुपाण्डुना अनर्घ्येण वस्त्रेण पार्श्वावलम्बितां कृत्वा षड्जर्षभगान्धारधैवतनिषादमध्यमकैशिकगीतस्वरग्राममूर्छनादियुक्तेनानुसार्य सलीलं वीणामनुप्रविश्य गाथाभिगीतैरनुगायति स्म --

今译：然后，罗刹王罗波那带着随从，登上花车[①]，来到世尊那里。来到后，他和随从走下飞车，向世尊右绕三匝。用因陀罗青玉槌击打种种乐器[②]，腰边挂着的琵琶镶有琉璃和玛瑙[③]，缠裹浅黄似必扬古蔓草的无价布料。跟随具六、神仙、持地、明意、近闻和中令[④]这些优美的曲调、音阶和旋律，应和欢快的琵琶，他吟唱偈颂道：

实译：作是語已，即與眷屬乘花宮殿，往世尊所。到已，下殿，右遶三匝，作眾伎樂供養如來。所持樂器皆是大青因陀羅寶，琉璃等寶以為間錯，無價上衣而用纏裹，其聲美妙，音節相和。於中說偈而讚佛曰：

चित्तस्वभावनयधर्मविधिं नैरात्म्यं दृष्टिविगतं ह्यमलम्।
प्रत्यात्मवेद्यगतिसूचनकं देशेहि नायक इह धर्मनयम्॥ १॥

今译：以心自性为门径的法则[⑤]，无我，摆脱诸见，无垢，
趋向自觉内知，导师啊，请在这里宣示[⑥]这法门。（1）

---

① “花车”（pauṣpakam vimānam）指能在空中飞行的神车。vimāna 一词的通常意义是宫殿，同时也指飞车。pauṣpaka 是飞车的车名。按照印度神话，这辆名为“花车”的飞车原先属于财神俱比罗，后被罗波那夺得。

② “种种乐器”的原词是 tūryatālāvacara，其中 tūrya 指乐器，tālāvacara 指舞伎。而在这里实指种种乐器。

③ 原文中，在琉璃和玛瑙后面，有用方括号标出的 galva 一词。显然，这里校订者表示存疑。此词单独无义，而与前面的 musāra（“玛瑙”）一词合读，则是指“珊瑚”。南条本中无此词。

④ “具六”至“中令”是六种音调（svara）名。梵语戏剧学著作《舞论》（Nāṭyaśāstra）中提到七种音调，除这里的六种外，还有一种名为“第五”（pañcama）。这里原文中，紧接这六种音调名的一个用词是 kaiśika。这个词在《舞论》中指称四种戏剧风格中的“艳美风格”，故而在这里译为“优美的”。

⑤ “法则”的原词是 dharmavidhi。此处菩译和实译均为“法藏”，则原词应为 dharmanidhi，指法的宝藏。

⑥ 此处“宣示”的原词是 deśehi。这是混合梵语的用法，正规梵语应为 deśaya。在混合梵语中，致使动词的后缀 aya 常变成 e。

实译：心自性法藏，無我離見垢，
　　　　證智之所知，願佛為宣說。

शुभधर्मसंचिततनुं सुगतं निर्माणनिर्मितप्रदर्शनकम्।
प्रत्यात्मवेद्यगतिधर्मरतं लङ्कां हि गन्तु समयो ऽद्य मुने॥२॥

今译：善逝①身体由善法积聚而成，显现种种变化和所变化②，
　　　乐在内心自知法③，进入④楞伽城，今天是时机，牟尼⑤！（2）

实译：善法集為身，證智常安樂，
　　　　變化自在者，願入楞伽城。

लङ्कामिमां पूर्वजिनाध्युषितां पुत्रैश्च तेषां बहुरूपधरैः।
देशेहि नाथ इह धर्मवरं श्रोष्यन्ति यक्ष बहुरूपधराः॥३॥

今译：过去的胜者⑥们和各色各样佛子⑦都曾住在这座楞伽城，
　　　主人⑧啊，请宣示这种妙法，名色各样夜叉⑨都将聆听。（3）

实译：過去佛菩薩，皆曾住此城，
　　　　此諸夜叉眾，一心願聽法。

अथ रावणो लङ्काधिपतिः तोटकवृत्तेनानुगाय्य पुनरपि गाथाभिगीतेनानु-
गायति स्म --

---

①　"善逝"（Sugata）是佛陀的称号。
②　"变化和所变化"的原词是 nirmāṇanirmita。其中，nirmāṇa 是名词，nirmita 是过去分
词，故而译为"变化和所变化"。
③　以上三句是描述善逝，原文均使用阳性业格，语法上不规范。
④　此处"进入"的原词是 gantu。这是混合梵语的用法，正规梵语应为 gantum。
⑤　"牟尼"（Muni）是对出家人和苦行者的尊称，通常也用作佛陀的称号。
⑥　"胜者"（Jina）是佛陀的称号。"过去的胜者们"也就是过去诸佛。
⑦　"佛了"（buddhaputra）是菩萨的称号。这里的原文是"胜者们的儿子"。
⑧　"主人"（Nātha）是佛陀的称号，也可译为保护主、救主或导师。
⑨　此处"夜叉"的原词是 yakṣa，语法上不规范，应为 yakṣā。

今译：这时，楞伽王罗波那用都吒迦韵律吟唱后，又用偈颂韵律吟唱道：[1]

实译：爾時羅婆那楞伽王以都咤迦音歌讚佛已，復以歌聲而說頌言：

सप्तरात्रेण भगवान् सागरान्मकरालयात्।
सागरेन्द्रस्य भवनात् समुत्तीर्य तटे स्थितः॥४॥

今译：世尊在摩竭鱼[2]居住的海中度过七夜，
现在从海王的宫中出来，站在岸边。（4）

实译：世尊於七日，住摩竭海中，
然後出龍宮，安詳昇此岸。

स्थितमात्रस्य बुद्धस्य रावणो ह्यप्सरैः सह।
यक्षैश्च नानाविविधैः शुकसारणपण्डितैः॥५॥

今译：佛陀刚站在那里，罗波那与众天女[3]、
众夜叉以及输迦和娑刺那[4]众智者，（5）

实译：我與諸婇女，及夜叉眷屬，
輸迦娑刺那，眾中聰慧者，

ऋध्या गत्वा तमध्वानं यत्र तिष्ठति नायकः।
अवतीर्य पौष्पकाद्यानाद्वन्द्य पूज्य तथागतम्।
नाम संश्रावयंस्तस्मै जिनेन्द्रेण अधिष्ठितः॥६॥

[1] 这里意谓前面三颂采用都吒迦（toṭaka）诗体韵律，下面采用偈颂（gāthā，音译“伽他”）诗体韵律。偈颂是常用诗体，每颂两行四个音步，每个音步八个音节。

[2] “摩竭鱼”（makara）一般指鳄鱼或鲨鱼。

[3] “天女”（apsara 或 apsaras）指天上仙女，通常是天国歌舞伎乾达婆（gandharva）的妻子。

[4] “输迦”（Śuka）和娑刺那（Sāraṇa）可能是两位婆罗门仙人名。

今译：凭借神通，前往导师站着的地方，
从花车上下来，向如来致敬献礼，
受到胜王①的护持，通报自己姓名：（6）

实译：悉以其神力，往詣如來所，
各下花宮殿，禮敬世所尊，
復以佛威神，對佛稱己名：

रावणो ऽहं दशग्रीवो राक्षसेन्द्र इहागतः।
अनुगृह्णाहि मे लङ्कां ये चास्मिन् पुरवासिनः॥७॥

今译："我是罗波那，十首②罗刹王，来到这里，
请你恩宠我的楞伽城和城中的居民。（7）

实译："我是羅刹王，十首羅婆那，
今來詣佛所，願佛攝受我，
及楞伽城中，所有諸眾生。

पूर्वैरपि हि संबुद्धैः प्रत्यात्मगतिगोचरम्।
शिखरे रत्नखचिते पुरमध्ये प्रकाशितम्॥८॥

今译："就在这镶嵌宝石的山顶城中，
过去的等觉③们宣示自觉境界。（8）

实译："過去無量佛，咸昇寶山頂，
住楞伽城中，說自所證法。

भगवानपि तत्रैव शिखरे रत्नमण्डिते।
देशेतु धर्मं विरजं जिनपुत्रैः परीवृतः।

---

① "胜王"（Jinendra）是佛陀的称号。
② "十首"（daśagrīva，十个脖子）指罗刹王罗波那有十个头。
③ "等觉"（Sambuddha）是佛陀的称号。

श्रोतुकामा वयं चाद्य ये च लङ्कानिवासिनः ॥९॥

今译："请世尊也在这装饰宝石的山顶，

　　　　在众佛子围绕下，宣示无垢正法[①]，

　　　　今天，我们和楞伽居民都愿聆听。（9）

实译："世尊亦應爾，住彼寶嚴山，

　　　　菩薩眾圍遶，演說清淨法。

　　　　我等於今日，及住楞伽眾，

　　　　一心共欲聞，離言自證法。

देशनानयनिर्मुक्तं प्रत्यात्मगतिगोचरम् ।
लङ्कावतारसूत्रं वै पूर्वबुद्धानुवर्णितम् ॥१०॥

今译："过去诸佛宣讲的《入楞伽经》，

　　　　是摆脱言说法[②]的自觉境界。（10）

实译："我念去來世，所有無量佛，

　　　　菩薩共圍遶，演說楞伽經。

स्मरामि पूर्वकैर्बुद्धैर्जिनपुत्रपुरस्कृतैः ।
सूत्रमेतन्निगद्यते भगवानपि भाषताम् ॥११॥

今译："我记得过去诸佛在众佛子前面，

　　　　宣讲这部经，请世尊也宣讲吧！（11）

实译："此入楞伽典，昔佛所稱讚，

　　　　願佛同往尊，亦為眾開演。

भविष्यन्त्यनागते काले बुद्धा बुद्धसुताश्च ये ।

---

① 此处"正法"的原词是 dharma，语法上不规范，应为 dharmam。

② "言说法"（deśanānaya），其中的 deśanā 通常指教诲、教导或教义，在佛经中尤指用语言说法。

एतमेव नयं दिव्यं शिखरे रत्नभूषिते।
देशयिष्यन्ति यक्षाणामनुकम्पाय नायकाः ॥ १२ ॥

今译："在未来之时，也会有诸佛和众佛子，
这些导师也会在这装饰宝石的山顶，
怜悯[①]众夜叉，宣示这个神圣的法门。（12）

实译："請佛為哀愍，無量夜叉眾，
入彼寶嚴城，說此妙法門。[②]

दिव्यलङ्कापुरीरम्यां नानारत्नैर्विभूषिताम्।
प्राग्भारैः शीतलैः रम्यै रत्नजालवितानकैः ॥ १३ ॥

今译："可爱的圣城楞伽装饰各种宝石，
清凉可爱的山顶覆盖着宝石网。[③]（13）

实译："此妙楞伽城，種種寶嚴飾，
牆壁非土石，羅網悉珍寶。

रागदोषविनिर्मुक्ताः प्रत्यात्मगतिचिन्तकाः।
सन्त्यत्र भगवन् यक्षाः पूर्वबुद्धैः कृतार्थिनः।
महायाननये श्रद्धा निविष्टान्योन्ययोजकाः ॥ १४ ॥

今译："世尊啊，这里的夜叉摆脱贪欲，
善于自觉内思，侍奉过去诸佛[④]，
他们深信大乘[⑤]法门，互相修行[⑥]。（14）

---

① 此处"怜悯"的原词是 anukampāya，语法上不规范，应为 anukampāyai。

② 此颂菩译"未来诸世尊，及诸佛子等，于此宝山上，亦说此深法。"更符合现存梵本。

③ 此颂的第一行若写成 divyalaṅkāpurī ramyā nānāratnairvibhūṣitā，则符合规范的语法。

④ "侍奉过去诸佛"的原文为 pūrvabuddhaiḥ kṛtārthinaḥ，可直译为"过去诸佛使他们成为求（法）者"。

⑤ "大乘"（mahāyāna）相对"小乘"（hīnayāna）而言，强调普度众生。

⑥ "互相修行"的原文是 anyonyayojakāḥ。这句实译"亦乐令他住"。此处 anyonyayojakāḥ 前面有 niviṣṭā（"进入"或"住"）一词。此词与 śraddhā（"信仰"）相关联，即"深信（大乘法门）"。

实译："此諸夜叉衆，昔曾供養佛，
修行離諸過，證知常明了。

यक्षिण्यो यक्षपुत्राश्च महायानबुभुत्सवः।
आयातु भगवान् शास्ता लङ्कामलयपर्वतम्॥ १५॥

今译："这些夜叉少男少女渴望了解大乘，
请世尊导师来到摩罗耶山楞伽城！（15）

实译："夜叉男女等，渴仰於大乘，
自信摩訶衍[①]，亦樂令他住。[②]

कुम्भकर्णपुरोगाश्च राक्षसाः पुरवासिनः।
श्रोष्यन्ति प्रत्यात्मगतिं महायानपरायणाः॥ १६॥

今译："以甕耳[③]为首的城中众罗刹，
都归依大乘，将聆听自证法。（16）

实译："惟願無上尊，為諸羅刹衆，
甕耳等眷屬，往詣楞伽城。[④]

कृताधिकारा बुद्धेषु करिष्यन्त्यधुना च वै।
अनुकम्पार्थं मह्यं वै याहि लङ्कां सुतैः सह॥ १७॥

今译："他们供养过去诸佛，现在照样会如此，
请怜悯我，与众佛子一起前往楞伽城！（17）

实译："我於去來今，勤供養諸佛，
願聞自證法，究竟大乘道。[⑤]

---

① "摩诃衍"是 mahāyāna（"大乘"）一词的音译。
② 这颂中的第二行与第 14 颂第三行对应。
③ "甕耳"（Kumbhakarṇa，或译"瓶耳"），是罗波那的兄弟。
④ 这颂中的"惟愿无上尊"，"往诣楞伽城"，与第 15 颂第二行对应。
⑤ 这一行与第 16 颂第二行对应。

願佛哀愍我，及諸夜叉眾，
共諸佛子等，入此楞伽城。

गृहमप्सरवर्गाश्च हाराणि विविधानि च।
रम्यां चाशोकवनिकां प्रतिगृह्ण महामुने॥ १८॥

今译："大牟尼啊，请接受我的住宅和天女，
还有各种项链和可爱的无忧园林。(18)

实译："我宮殿婇女，及以諸瓔珞，
可愛無憂園，願佛哀納受。

आज्ञाकरो ऽहं बुद्धानां ये च तेषां जिनात्मजाः।
नास्ति तद्यन्न देयं मे अनुकम्प महामुने॥ १९॥

今译："我遵奉过去诸佛和众佛子的命令，
无所不可施舍，请怜悯我，大牟尼！"(19)

实译："我於佛菩薩，無有不捨物，
乃至身給侍，惟願哀納受。"

तस्य तद्वचनं श्रुत्वा उवाच त्रिभवेश्वरः।
अतीतैरपि यक्षेन्द्र नायकै रत्नपर्वते॥ २०॥

今译：听了他说的这番话，三界之主说道：
"夜叉王！过去诸导师在这宝石山上，(20)

实译：爾時世尊聞是語已，即告之言："夜叉王！過去世中諸大導師，[1]

प्रत्यात्मधर्मो निर्दिष्टः त्वं चैवाप्यनुकम्पितः।

---

[1] 第20颂至第28颂，实译采用散文体，而菩译采用偈颂体。

अनागताश्च वक्ष्यन्ति गिरौ रत्नविभूषिते॥२१॥

今译：“也是怀着怜悯心，向你宣示自证法，
未来诸导师也会在这宝石山上宣讲。(21)

实译：“咸哀愍汝，受汝勸請，詣寶山中，說自證法。未來諸佛亦復如是。

योगिनां निलयो ह्येष दृष्टधर्मविहारिणाम्।
अनुकम्प्यो ऽसि यक्षेन्द्र सुगतानां ममापि च॥२२॥

今译：“因为这里是修习现见法[①]的瑜伽行者[②]住处，
夜叉王啊，你应该受到诸善逝和我的怜悯。”(22)

实译：“此是修行甚深觀行現法樂者之所住處。我及諸菩薩哀愍汝故，受汝所請。”

अधिवास्य भगवांस्तूष्णीं शमबुद्ध्या व्यवस्थितः।
आरूढः पुष्पके याने रावणेनोपनामिते॥२३॥

今译：然后，世尊保持沉默，思想寂静，
登上了罗波那提供的那辆花车。(23)

实译：作是語已，默然而住。時羅婆那王即以所乘妙花宮殿奉施於佛。佛坐其上。

तत्रैव रावणो ऽन्ये च जिनपुत्रा विशारदाः।
अप्सरैर्हास्यलासाद्यैः पूज्यमानाः पुरीं गताः॥२४॥

今译：这样，罗波那和那些无畏的佛子受到

① “现见法”（dṛṣṭadharma，也译“现世法”或“现法”）指能见到的事物或现象。菩译“现见法”，实译“甚深观行现法乐”。“修习现见法”指修习禅定，消除现世的烦恼。
② “瑜伽行者”（yogin）指修行者。

欢笑跳跃的众天女侍奉，前往楞伽城。（24）

实译： 王及諸菩薩前後導從，無量婇女歌詠讚歎，供養於佛，往詣彼城。

तत्र गत्वा पुरीं रम्यां पुनः पूजां प्रलब्धवान्।
रावणाद्यैर्यक्षवर्गैर्यक्षिणीभिश्च पूजितः।
यक्षपुत्रैर्यक्षकन्याभी रत्नजालैश्च पूजितः॥२५॥

今译： 到了可爱的城里，世尊又受到供奉，
受到以罗波那为首的夜叉男女供奉，
那些夜叉少男少女还用宝石网供奉。（25）

实译： 到彼城已，羅婆那王及諸眷屬復作種種上妙供養。夜叉衆中童男童女以寶羅網供養於佛。

रावणेनापि बुद्धस्य हारा रत्नविभूषिताः।
जिनस्य जिनपुत्राणामुत्तमाङ्गेषु स्थापिताः॥२६॥

今译： 罗波那献上许多镶嵌宝石的项链，
戴在胜者佛陀和那些佛子的胸前。（26）

实译： 羅婆那王施寶瓔珞奉佛菩薩，以掛其頸。

प्रगृह्य पूजां भगवान् जिनपुत्रैश्च पण्डितैः।
धर्मं विभावयामास प्रत्यात्मगतिगोचरम्॥२७॥

今译： 世尊和聪明睿智的众佛子，
接受供奉，宣示自觉境界法。（27）

实译： 爾時世尊及諸菩薩受供養已，各為略說自證境界甚深之法。

रावणो यक्षवर्गाश्च संपूज्य वदतां वरम्।

महामतिं पूजयन्ति अध्येषन्ति पुनः पुनः।
त्वं प्रष्टा सर्वबुद्धानां प्रत्यात्मगतिगोचरम्॥२८॥

今译：罗波那和众夜叉供奉了这位优秀的
　　　说法者，又供奉大慧，一再请求道：
　　　"一切佛的自觉境界，你是提问者，（28）

实译：時羅婆那王并其眷屬，復更供養大慧菩薩，而勸請言：
　　　"我今請大士，奉問於世尊，
　　　一切諸如來，自證智境界。

अहं हि श्रोता यक्षाश्च जिनपुत्राश्च सन्निह।
अध्येषयामि त्वां यक्षा जिनपुत्राश्च पण्डिताः॥२९॥

今译："而我、众夜叉和众佛子都是聆听者，
　　　我、众夜叉和聪慧的众佛子请求你。（29）

实译："我與夜叉眾，及此諸菩薩，
　　　一心願欲聞，是故咸勸請。

वादिनां त्वं महावादी योगिनां योगवाहकः।
अध्येषयामि त्वां भक्त्या नयं पृच्छ विशारद॥३०॥

今译："你是辩才中大辩才，修行者中大修行者，
　　　我虔诚地请求你向世尊问法，无畏者啊！（30）

实译："汝是修行者，言論中最勝，
　　　是故生尊敬，勸汝請問法。

तीर्थ्यदोषैर्विनिर्मुक्तं प्रत्येकजिनश्रावकैः।
प्रत्यात्मधर्मताशुद्धं बुद्धभूमिप्रभावकम्॥३१॥

今译："此法摆脱外道、缘觉和声闻的弊端，

自证法性而纯洁，最终能达到佛地。”（31）

实译：“自證清淨法，究竟入佛地，

离外道二乘[1]，一切諸過失。”

निर्माय भगवांस्तत्र शिखरान् रत्नभूषितान्।
अन्यानि चैव दिव्यानि रत्नकोटीरलंकृताः॥ ३२॥

今译：世尊在那里幻化出许多宝石山顶，

以及其他奇迹，装饰有数亿宝石。（32）

实译：爾時世尊以神通力，於彼山中復更化作無量寶山，悉以諸天百千萬億妙寶嚴飾。[2]

एकैकस्मिन् गिरिवरे आत्मभावं विदर्शयन्।
तत्रैव रावणो यक्ष एकैकस्मिन् व्यवस्थितः॥ ३३॥

今译：世尊在每座山上显现自己身体，

每座山上也都站着夜叉罗波那。（33）

实译：一一山上皆現佛身，一一佛前皆有羅婆那王

अत्र ताः पर्षदः सर्वा एकैकस्मिन् हि दृश्यते।
सर्वक्षेत्राणि तत्रैव ये च तेषु विनायकाः॥ ३४॥

今译：每座山上都展现集会，

所有国土上都有导师。（34）

实译：及其眾會。十方所有一切國土皆於中現。一一國中悉有如來。

[1] “二乘”指“缘觉”和“声闻”。

[2] 第 32 颂至第 43 颂，实译采用散文体，而菩译采用偈颂体。

राक्षसेन्द्रश्च तत्रैव ये च लङ्कानिवासिनः।
तत्प्रतिस्पर्धिनी लङ्का जिनेन अभिनिर्मिता।
अन्याश्चाशोकवनिका वनशोभाश्च तत्र याः॥३५॥

今译： 每处都有罗刹王和楞伽城居民，
胜者幻化的楞伽可与原城媲美，
城中也有无忧园林，林木秀丽。（35）

实译： 一一佛前咸有羅婆那王并其眷屬。楞伽大城阿輸迦[①]園，如是莊嚴等無有異。

एकैकस्मिन् गिरौ नाथो महामतिप्रचोदितः।
धर्मं दिदेश यक्षाय प्रत्यात्मगतिसूचकम्।
दिदेश निखिलं सूत्रं शतसाहस्रिकं गिरौ॥३६॥

今译： 每座山上，都有大慧问法，
世尊向夜叉宣示自证法，
在山上宣讲全部十万经[②]。（36）

实译： 一一皆有大慧菩薩而興請問，佛為開示自證智境。以百千妙音說此經已，

शास्ता च जिनपुत्राश्च तत्रैवान्तर्हितास्ततः।
अद्राक्षीद्रावणो यक्ष आत्मभावं गृहे स्थितम्॥३७॥

今译： 然后，导师和众佛子从那里消失，
夜叉罗波那发现自己站在宫中。（37）

实译： 佛及諸菩薩皆於其中隱而不現。羅婆那王唯自見身住本宮

① “阿输迦”是 aśoka（“无忧”）一词的音译。

② “十万经”（sūtram śatasāhasrikam）指此经含有十万颂。“颂”指偈颂（gāthā），也用作计算经文字数的单位。现存《入楞伽经》并非十万颂。这里，实译“以百千妙音说此经已”；菩译“出百千妙声，说此经法已”，均为变通的译法。

中，

चिन्तेति किमिदं को ऽयं देशितं केन वा श्रुतम्।
किं दृष्टं केन वा दृष्टं नगरो वा क्व सौगतः॥ ३८॥

今译：他思忖：怎么回事？这是谁？谁说法？谁听法？
看见了什么？谁看见？这城或美景①在哪里？（38）

实译：作是思惟：向者是誰？誰聽其說？所見何物？是誰能見？

तानि क्षेत्राणि ते बुद्धा रत्नशोभाः क्व सौगताः।
स्वप्नो ऽयमथ वा माया नगरं गन्धर्वशब्दितम्॥ ३९॥

今译：那些国土，那些佛陀和珠光闪耀的美景在哪里？
这是梦幻，还是幻觉，或者是所谓的乾达婆城②？（39）

实译：佛及國城眾寶山林，如是等物今何所在？為夢所作，為幻所成，為復猶如乾闥婆城？

तिमिरो मृगतृष्णा वा स्वप्नो वन्ध्याप्रसूयतम्।
अलातचक्रधूमो वा यदहं दृष्टवानिह॥ ४०॥

今译：我在这里看到的是翳障，阳焰③，梦幻，
还是石女④生子，或者是火轮⑤的烟雾？（40）

实译：為翳所見，為焰所惑，為如夢中石女生子，為如煙焰旋火

---

① “美景”的原词为 saugata，词义为“与善逝（佛陀）相关的”，这里可以理解为与佛陀相关的妙事或美景。

② “乾达婆城”（nagaram gandharvaśabditam，“名为乾达婆的城”）指想像或幻觉中的空中之城，类似海市蜃楼。

③ “阳焰”的原词是 mṛgatarṣṇā（“鹿渴”）。在汉译佛经中，与“阳焰”直接对应的梵文原词是 marīci（光线），而将 mṛgatarṣṇa 也译为“阳焰”，是指干渴的鹿将光线视为水。

④ “石女”（vandhyā）指没有生育能力的女子。

⑤ “火轮”（alātacakra）指旋转火把而形成火轮的幻觉。

輪耶？

अथ वा धर्मता ह्येषा धर्माणां चित्तगोचरे।
न च बालावबुध्यन्ते मोहिता विश्वकल्पनैः ॥४१॥

今译： 或者这是万法[1]在心境界中的法性，
愚夫们受一切妄想迷惑，不能理解。（41）

实译： 復更思惟：一切諸法，性皆如是，唯是自心分別境界，凡夫迷惑，不能解了。

न द्रष्टा न च द्रष्टव्यं न वाच्यो नापि वाचकः।
अन्यत्र हि विकल्पो ऽयं बुद्धधर्माकृतिस्थितिः।
ये पश्यन्ति यथादृष्टं न ते पश्यन्ति नायकम्॥४२॥

今译： 无见者，也无可见者，无可说者，也无说者，
因为佛和法的形相和状态只不过是妄想分别，
按照这种方式观看，他们也就看不见导师。（42）

实译： 無有能見，亦無所見。無有能說，亦無所說。見佛聞法，皆是分別。如向所見，不能見佛。

अप्रवृत्तिविकल्पश्च यदा बुद्धं न पश्यति।
अप्रवृत्तिभवे बुद्धः संबुद्धो यदि पश्यति॥४३॥

今译： 即使不起分别心，也不能看见佛陀，
悟得佛陀摆脱生死流转，才能看见。[2]（43）

实译： 不起分別，是則能見。

---

[1] “法”（dharma）主要有两种意义：一是指规则、规律或法则，二是指宇宙中的万物。这里是指万物。

[2] 此颂实译“不起分别，是则能见”，与现存梵本有差异。菩译“不住分别心，亦不能见佛，不见有诸行，如是名为佛，若能如是见，彼人见如来”。

समनन्तरप्रतिविबुद्धे परावृत्ताश्रये स्वचित्तदृश्यमात्राधिगमे ऽविकल्पप्रचारस्थितस्य लङ्काधिपतेः पूर्वकुशलमूलसंचोदितस्य सर्वशास्त्रविदग्धबुद्धेर्यथातथ्यदर्शनस्य अपरप्रणेयस्य स्वबुद्धिविचालनकुशलस्य तर्कदृष्टिव्यपेतदर्शनस्य अपरप्रणेयस्य महायोगयोगिनो महाविश्वरूपधारिणः उपायकौशल्यगतिंगतस्य सर्वभूम्युत्तरोत्तरस्वलक्षणाधिगमनकुशलस्य चित्तमगोमनोविज्ञानस्वभावविवेकरतस्य त्रिसंततिव्यवच्छिन्नदर्शनस्य सर्वकारणतीर्थ्यव्यपेतबुद्धेः तथागतगर्भबुद्धभूम्यध्यात्मसमापन्नस्य स्थितबुद्धबुद्धेर्गगनादध्यात्मवेद्यशब्दमश्रौषीत् --

今译：楞伽王随即开悟，转离所依[①]，理解唯自心所现，立足无分别行，受前世善根启发，熟知一切经典，所见如实，不依赖他人教导，善于凭自己的知觉观察，摒弃思辨和邪见，不依赖他人教导，修行大瑜伽，显现一切形相，通晓方便善巧[②]，善于理解一切诸地[③]依次向上的自相，乐于远离[④]心、意[⑤]和意识的自性，洞察破除三相续[⑥]，摒弃一切外道的原因说，通达如来藏[⑦]、佛地和内心自觉，立足佛智，从空中听到自觉内知的话音：

实译：時楞伽王尋即開悟，離諸雜染，證唯自心，住無分別，往昔所種善根力故，於一切法得如實見，不隨他悟，能以自智善巧觀察，永離一切臆度邪解，住大修行，為修行師，現種種身，善達方便，巧知諸地上增進相，常樂遠離心、意、意識，斷三相續見，離外道執著，[⑧]內自覺悟，入如來藏，趣於佛地，聞虛空中及宮殿內咸出聲言：[⑨]

---

① “转离所依”（parāvṛttāśraya，或译“转依”）指摆脱妄想分别。

② “方便善巧”（upāyakauśalya）指采用种种随机应变的巧妙方法度化众生。

③ “诸地”（sarvabhūmi）指十地，即菩萨修行的十个阶位。

④ “远离”（viveka）也可译为“识别”。

⑤ “意”的原词是 magas，据南条本应为 manas。

⑥ “三相续”（trisantati），《楞严经》中提到三种相续：因缘世界相续、因缘众生相续和因缘业果相续。

⑦ “如来藏”（tathāgatagarbha）指阿赖耶识。

⑧ 此处菩译“离诸外道常见因智”，更符合现存梵本。

⑨ 此处菩译“闻虚空中及自身中出于妙声，而作是言”，更接近现存梵本。但将其中的 adhyātmavedya（“自觉内知”）译为“及自身中出于妙声”并不恰当。

साधु साधु लङ्काधिपते, साधु खलु पुनस्त्वं लङ्काधिपते। एवं शिक्षितव्यं योगिना यथा त्वं शिक्षसे। एवं च तथागता द्रष्टव्याः धर्माश्च, यथा त्वया दृष्टाः। अन्यथा दृश्यमाने उच्छेदमाश्रयः। चित्तमनोमनोविज्ञानविगतेन त्वया सर्वधर्मा विभावयितव्याः। अन्तश्चारिणा न बाह्यार्थदृष्ट्यभिनिविष्टेन। न च त्वया श्रावकप्रत्येकबुद्धतीर्थाधिगमपदार्थगोचरपतितदृष्टिसमाधिना भवितव्यम्। नाख्यायिकेतिहासरतेन भवितव्यम्। न स्वभावदृष्टिना, न राजाधिपत्यमदपतितेन, न षड्ध्यानादिध्यायिना। एष लङ्काधिपते अभिसमयो महायोगिनां परप्रवादमथनानामकुशलदृष्टिदालनानामात्मदृष्टिव्यावर्तनकुशलानां सूक्ष्ममभिविज्ञानपरावृत्तिकुशलानां जिनपुत्राणां महायानचरितानाम्। तथागतस्वप्रत्यात्मभूमिप्रवेशाधिगमाय त्वया योगः करणीयः। एवं क्रियमाणे भूयो ऽप्युत्तरोत्तरविशोधको ऽयं लङ्काधिपते मार्गो यस्त्वया परिगृहीतः समाधिकौशलसमापत्त्या। न च श्रावकप्रत्येकबुद्धतीर्थ्यानुप्रवेशसुखगोचरो यथा बालतीर्थयोगयोगिभिः कल्प्यते आत्मग्राहदृश्यलक्षणाभिनिविष्टैर्भूतगुणद्रव्यानुचारिभिरविद्याप्रत्ययदृष्ट्यभिनिवेशाभिनिविष्टैः शून्यतोत्पादविक्षिप्तैर्विकल्पाभिनिविष्टैर्लक्ष्यलक्षणपतिताशयैः। विश्वरूपगतिप्रापको ऽयं लङ्काधिपते स्वप्रत्यात्मगतिबोधको ऽयं महायानाधिगमः। विशेषभवोपपत्तिप्रतिलम्भाय च प्रवर्तते। पटलकोशविविधविज्ञानतरंगव्यावर्तको ऽयं लङ्काधिपते महायानयोगप्रवेशो न तीर्थ्ययोगाश्रयपतनम्। तीर्थ्ययोगो हि लङ्काधिपते तीर्थ्यानामात्माभिनिवेशात्प्रवर्तते। विज्ञानस्वभावद्वयार्थानामभिनिवेशदर्शनादसौम्ययोगस्तीर्थकराणाम्। तत्साधु लङ्काधिपते एतमेवार्थमनुविचिन्तयेः। यथा विचिन्तितवांस्तथागतदर्शनात्। एतदेव तथागतदर्शनम्॥

今译：“善哉，善哉！楞伽王啊，确实，善哉！楞伽王啊，瑜伽行者应该像你这样修习。应该像你这样看待诸如来和诸法。若不这样看待，则是依附断见[1]。你应该摒弃心、意和意识而明瞭一切法。修习内行而不执著外表的意义和邪见。你不要陷入声闻、缘觉和外道的

[1] “断见”（uccheda）指外道否定因果联系，认为一切都会归于断灭。

成就、句义[1]、境界、邪见和入定。不要热衷故事和传说。不要怀抱自性之见，不要沉缅王权，不要修习六禅[2]等等。楞伽王啊，这是大瑜伽行者的认识。他们摧毁外道论说，破除恶见，善于摒弃我见[3]，善于以妙慧[4]转变识。他们是修行大乘的佛子。你应该修习这种瑜伽，得以进入如来自证之地。这样修行，楞伽王啊，你依靠善于入定而把握的道路也会日益纯洁。不要进入声闻、缘觉和外道追求的快乐境界，如同那些愚夫和外道瑜伽行者臆想的那样。他们执著自我，执著可见的形相，追逐四大[5]、性质和实体，沉溺于无明缘起[6]之见，困惑于空性[7]和生起，执著分别，思想陷入所相和能相。[8]楞伽王啊，这是大乘的成就，能获得殊胜道法，觉知自证法。它也能获得优秀的生存。楞伽王啊，它破除翳障和各种识浪，进入大乘瑜伽，而不陷入外道瑜伽。楞伽王啊，外道瑜伽产生于外道执著自我。外道丑陋的瑜伽产生于执著识和自性两种意义。善哉，楞伽王啊，应该这样思考意义，就像你见到如来那样思考。这就是见到如来。”

实译：“善哉，大王！如汝所學，諸修行者應如是學，應如是見一切如來，應如是見一切諸法。若異見者，則是斷見。汝應永離心、意、意識，應勤觀察一切諸法。應修內行，莫著外見。莫墮二乘及以外道所修句義，所見境界，及所應得諸三昧法。汝不應樂戲論談笑。汝不應起圍陀[9]諸見，亦不應著王位自在，亦不應住六定等中。若能

---

[1] “句义”（padārtha，或译“词义”）指概念或范畴。

[2] “六禅”（ṣaḍdhyāna），具体所指不详。实译“六定”。此句菩译“汝不应著禅定神通自在力中”，可视为对此句的解释。

[3] “我见”（ātmadṛṣṭi）指执著某种固定不变的实体，如灵魂。其中的 ātman，一般指灵魂或自我。

[4] “妙慧”的原词是 sūkṣmamabhi，疑有误，应为 sūkṣmamati。此处实译“妙慧”。而此句菩译“能转一切微细识”。似乎可删去 mabhi 或 mati。

[5] “四大”（bhūta 即 mahābhūta，也译“大种”）指四大元素：地、水、火和风。

[6] “无明缘起”（avidyāpratyaya）指人生之苦产生于无明（即无知）等等因缘关系。

[7] “空性”（śūnyatā）指万物皆由因缘和合而成，并无固定不变的实体。

[8] 此句实译无。菩译“而堕能见所见心中。”

[9] “围陀”（Veda，今译“吠陀”）是婆罗门教经典。按现存梵本，此处使用的一词并非 Veda，而是 svabhāva（“自性”）。

如是，即是如實修行者行，能摧他論，能破惡見，能捨一切我見執著，能以妙慧轉所依識，能修菩薩大乘之道，能入如來自證之地。汝應如是勤加修學，令所得法轉更清淨，善修三昧三摩鉢底[①]，莫著二乘、外道境界以為勝樂，如凡修者之所分別。外道執我見有我相，及實[②]求那[③]而生取著。二乘見有無明緣行，於性空中亂想分別。楞伽王！此法殊勝，是大乘道，能令成就自證聖智，於諸有中受上妙生。楞伽王！此大乘行破無明翳，滅識波浪，不墮外道諸邪行中。楞伽王！外道行者執著於我，作諸異論，不能演說離執著見識性二義。[④]善哉，楞伽王！汝先見佛，思惟此義。如是思惟，乃是見佛。”

**अथ तस्मिन्नन्तरे रावणस्यैतदभवत् -- यन्वहं पुनरपि भगवन्तं सर्वयोगवश-
वर्तिनं तीर्थ्ययोगव्यावर्तकं प्रत्यात्मगतिगोचरोद्भावकं नैर्मितनैर्माणिकव्यपेतम-
धिगमबुद्धिर्यद्योगिनां योगाभिसमयकाले समाधिमुखे समाप्तानामधिगमो भवति।
तस्य च अधिगमाद्योगिनां योगशब्दो निपात्यते अधिगमनेनेति। तदहं कारुणिकं
क्लेशेन्धनविकल्पक्षयकरं तं जिनपुत्रैः परिवृतं सर्वसत्त्वचित्ताशयानुप्रविष्टं सर्वगतं
सर्वज्ञं क्रियालक्षणविनिवृत्तं तयैवमृद्ध्या पश्येयम् , तद्दर्शनान्नाधिगतमधिगच्छेयम् ,
अधिगतं च मे निर्विकल्पाचारः सुखसमाधिसमापत्तिविहारस्तथागतगतिभूमि-
प्रापको विवृद्धिं यायात्॥**

今译：随即，罗波那思忖：“我愿意再次见到世尊。他把握一切瑜伽，摒弃外道瑜伽，展示自证境界，超越所变化和能变化。他是瑜伽行者的智慧成就，在瑜伽现证[⑤]之时获得入定之乐[⑥]的成就。由于他的成就，瑜伽行者的瑜伽称作成就。他慈悲，灭除烦恼的薪火妄想分

① “三摩钵底”是 samāpatti 一词的音译。词义与“入定”（samādhi）相通。

② “实”（dravya）指实体。

③ “求那”是 guṇa（“性质”）一词的音译。

④ 此句菩译“见识色二法以为实，故见有生灭”，显然是阐释性翻译。

⑤ “现证”（abhisamaya）指直接证得，或者说，凭直觉证得。

⑥ “入定之乐”的原词是 samādhimukha（“入定之门”），实译“三昧乐”，菩译“三昧究竟之乐”。mukha（门）和 sukha（乐）的梵语字形相近，但无论写成 mukha 或 sukha，都可读作“入定之乐”，也可读作“入定之门”。

别，众佛子围绕，进入一切众生心中，遍及一切，通晓一切，摒弃作为和形相。这样，我要凭借神通见到他。见到他，我能获得未得者和已得者，所行无分别，住于快乐的入定，达到如来之地，走向繁荣。”

实译：爾時羅婆那王復作是念：“願我更得奉見如來。如來世尊於觀自在，離外道法，能說自證聖智境界，超諸應化所應作事，[1]如來定，入三昧樂，是故說名大觀行師，亦復名為大哀愍者，能燒煩惱分別薪盡，諸佛子眾所共圍遶，普入一切眾生心中，遍一切處，具一切智，永離一切分別事相。我今願得重見如來大神通力。以得見故，未得者得，已得不退，離諸分別，住三昧樂，增長滿足如來智地。”

अथ भगवांस्तस्यां वेलायां लङ्काधिपतेरनुत्पत्तिकधर्मक्षान्त्यधिगतं विदित्वा तयैव शोभया दशग्रीवस्यानुकम्पया पुनरप्यात्मानं शिखरे सुबहुरत्नखचिते रत्नजालवितते दर्शयति स्म। अद्राक्षीद्दशग्रीवो लङ्काधिपतिः पुनरपि दृष्टानुभूतां शोभां शिखरे तथागतमर्हन्तं सम्यक्संबुद्धं द्वात्रिंशद्वरलक्षणविभूषिततनुम्। स्वात्मभावं चैकेकस्मिन् गिरौ तथागतानां पुरतः सम्यक्संबुद्धानां महामतिना सार्धं तथागतप्रत्यात्मगतिगोचरकथां प्रकुर्वन्तं यक्षैः परिवृतं तां देशनापाठकथां कथयन्तम्। ते च क्षेत्राः सनायकाः॥

今译：此时，世尊知道楞伽王已经领悟忍受无生法[2]，对十首王怀有美妙的同情，再次在镶有大量宝石、张有宝石网的山顶显现自己。十首楞伽王又在山顶见到先前见到的光辉，这位身上装饰有三十二妙相[3]的如来、阿罗汉、正等觉。他看见自己在每座[4]山上，在每个如来、正等觉前面与大慧一起，讲述如来自证境界，在众夜叉围绕下诵经说

---

[1] 此处据《中华大藏经》校勘记，“《石》、《资》、《碛》、《南》、《清》、《丽》作‘事住’”。也就是“如来定”前有一“住”字，即“住如来定”。而现存梵本中无“住如来定”一语。

[2] “忍受无生法”（anutpattikadharmakṣānti）指忍受或认可事物并无真实的生。汉译佛经中通常译为“无生法忍”。

[3] “三十二妙相”指佛陀天生具有的三十二“大人相”（mahāpuruṣalakṣaṇa），如手臂过膝相、眉间白毫相和头顶肉髻相等等。

[4] 此处“每座”的原词是 ekekasmin，应为 ekaikasmin。

法[①]。那些国土上都有导师。

实译：爾時世尊知楞伽王即當證悟無生法忍，為哀愍故，便現其身，令所化事還復如本。時十頭王見所曾覩，無量山城悉寶莊嚴，一一城中皆有如來、應、正等覺，三十二相以嚴其身。自見其身遍諸佛前，悉有大慧、夜叉圍遶，說自證智所行之法。亦見十方諸佛國土，如是等事悉無有別。

अथ भगवान् पुनरपि तस्यां वेलायां पर्षदमवलोक्य बुद्ध्या न मांसचक्षुषा सिंहराजवद्विजृम्भ्य महाहासमहसत्। ऊर्णाकोशाच्च रश्मिं निश्चार्यमाणः पार्श्वोरु-कटिकायाच्च श्रीवत्सात्सर्वरोमकूपेभ्यो युगान्ताग्निरिव दीप्यमानः तेजसेन्द्रधनुरुद-यभास्करोपमेन प्रभामण्डलेन देदीप्यमानः शक्रब्रह्मलोकपालैर्गगनतले निरीक्ष्य-माणः सुमेरुश्रृङ्गप्रतिस्पर्धिनि शिखरे निषण्णो महाहासमहसत्। अथ तस्या बोधि-सत्त्वपर्षदः तेषां च शक्रब्रह्मादीनामेतदभवत् -- को नु खल्वत्र हेतुः, कः प्रत्ययो यद्भगवान् सर्वधर्मवशवर्ती महाहासं स्मितपूर्वकं हसति ? रश्मींश्च स्वविग्रहेभ्यो निश्चारयति ? निश्चार्य तूष्णीमभवत् स्वप्रत्यात्मार्यज्ञानगोचरसमाधिमुखे पतिता-शयो ऽविस्मितः सिंहावलोकनतया दिशो ऽवलोक्य रावणस्यैव योगगतिप्रचार-मनुविचिन्तयमानः ॥

今译：此时，世尊又凭智慧而非肉眼看到集会大众，便像狮王那样张嘴发出大笑。从眉间白毫、肋部、腿部、腰部、胸前卍字和一切毛孔中放出光芒，犹如燃烧的劫末之火，明亮的彩虹，光环闪耀如同初升的太阳。空中的帝释天、梵天和护世天王们看到他坐在能与须弥山[②]媲美的山顶发出大笑。于是，菩萨会众以及帝释天和梵天等等思忖："什么原因？什么缘起？把握一切法的世尊微笑之后发出大笑，从自己身体中放出光芒，放出光芒后保持沉默，潜心于自觉圣智境界入定之乐，毫不惊讶，犹如狮子环视各方，关注罗波那的瑜伽所行境

① "诵经说法"（deśanāpāṭha）指诵读经典的言语教诲方式。
② "须弥山"（Sumeru）是印度神话中的高山，位于世界的中心。

界。”

实译：爾時世尊普觀眾會，以慧眼觀，非肉眼觀。如師子王奮迅迴眄，欣然大笑。於其眉間、髀脇、腰頸及以肩臂、德字[1]之中，一一毛孔皆放無量妙色光明，如虹拖暉，如日舒光，亦如劫火猛焰熾然。時虛空中梵、釋、四天[2]，遙見如來坐如須弥楞伽山頂欣然大笑。爾時諸菩薩及諸天眾咸作是念：“如來世尊於法自在，何因緣故，欣然大笑，身放光明，默然不動，住自證境，入三昧樂，如師子王周迴顧視，觀羅婆那念如實法？”

अथ खलु महामतिर्बोधिसत्त्वो महासत्त्वः पूर्वमेवाध्येषितो रावणस्यानुकम्पामुपादाय तस्या बोधिसत्त्वपर्षदश्चित्ताशयविचारमाज्ञाय अनागतां जनतां चावलोक्य देशनापाठाभिरतानां सत्त्वानां चित्तविभ्रमो भविष्यतीति यथारुतार्थाभिनिविष्टानां सर्वश्रावकप्रत्येकबुद्धतीर्थ्ययोगबलाभिनिविष्टानां तथागता अपि भगवन्तो विनिवृत्तविज्ञानविषया महाहासं हसन्ति। तेषां कौतूहलविनिवृत्त्यर्थं भगवन्तं परिपृच्छति स्म -- कः खल्वत्र हेतुः, कः प्रत्ययः स्मितस्य प्रवृत्तये ? भगवानाह -- साधु साधु महामते, साधु खलु पुनस्त्वं महामते, लोकस्वभावमवलोक्य कुदृष्टिपतितानां च लोकानां त्रैकाल्यचित्तावबोधाय मां प्रष्टुमारब्धः। एवं पण्डितैः परिपृच्छनजातीयैर्भवितव्यं स्वपरोभयार्थम्। एष महामते रावणो लङ्काधिपतिः पूर्वकानपि तथागतानर्हतः सम्यक्संबुद्धान् प्रश्नद्वयं पृष्टवान्। मामप्येतर्हि प्रष्टुकामो यदनालीढं सर्वश्रावकप्रत्येकबुद्धतीर्थ्ययोगयोगिनां प्रश्नद्वयप्रभेदगतिलक्षणं विभावयितुम्। य एष प्रष्टुकामो दशग्रीवो ऽनागतानपि जिनान् प्रक्ष्यति॥

今译：然后，先前受请的大慧菩萨大士出于对罗波那的同情，也明瞭菩萨会众的心意，看到未来众生将热衷诵经说法而心思混乱，执著依音取义，执著一切声闻、缘觉和外道的瑜伽力。而如来世尊们已

[1] “德字”（śrīvatsa）指吉祥符号卍。

[2] “梵”指梵天。“释”指帝释天。“四天”指四位护世天王（Lokapāla）：持国天、增长天、广目天和毗沙门天。

摒弃诸识境界，发出大笑。为了解除他们的疑惑，他问世尊道：“什么原因？什么缘起？你欣然发笑。”世尊回答说：“善哉，善哉！大慧啊，确实，善哉！大慧啊，你看清世界的自性，为了启发陷入恶见的三世众生之心，向我提问。智者应该为自己和他人这样提问。大慧啊，这位楞伽王罗波那曾向过去的如来、阿罗汉、正等觉询问二法。现在，他又要向我询问二法的区别、途径和形相，一切声闻、缘觉和外道瑜伽行者对此都不知晓。这位喜欢提问的十首王还会询问未来胜者们。”

实译：爾時大慧菩薩摩訶薩先受羅婆那王請，復知菩薩眾會之心，及觀未來一切眾生，皆悉樂著語言文字，隨言取義而生迷惑，執取二乘、外道之行，或作是念：“世尊已離諸識境界，何因緣故欣然大笑？”為斷彼疑而問於佛。佛即告言：“善哉，大慧！善哉，大慧！汝觀世間，愍諸眾生於三世中惡見所纏，欲令開悟而問於我。諸智慧人為利自他，能作是問。大慧！此楞伽王曾問過去一切如來、應、正等覺二種之義，今亦欲問，未來亦爾。此二種義差別之相，一切二乘及諸外道皆不能測。”

जानन्नेव भगवाँल्लङ्काधिपतिमेतदवोचत् -- पृच्छ त्वं लङ्काधिपते। कृतस्ते तथागतेनावकाशः। मा विलम्ब प्रचलितमौलिन्। यद्यदेवाकाङ्क्षसि, अहं ते तस्य तस्यैव प्रश्नस्य व्याकरणेन चित्तमाराधयिष्यामि। यथा त्वं परावृत्तविकल्पाश्रये भूमिविपक्षकौशलेन प्रविचयबुद्ध्या विचारयमाणः प्रत्यात्मनयलक्षणसमाधिसुखविहारं समाधिबुद्धैः परिगृहीतः शमथसुखव्यवस्थितः श्रावकप्रत्येकबुद्धसमाधिपक्षानतिक्रम्य अचलासाधुमतीधर्ममेघाभूमिव्यवस्थितो धर्मनैरात्म्ययथातथाकुशलो महारत्नपद्मविमाने समाधिजिनाभिषेकतां प्रतिलप्स्यसे। तदनुरूपैः पद्मैः स्वकायविचित्राधिष्ठानाधिष्ठितैस्तैः पद्मैः स्वकायं निषण्णं द्रक्ष्यसि, अन्योन्यवक्त्रमुखनिरीक्षणं च करिष्यसि। एवमचिन्त्यो ऽसौ विषयः यदेकेनाभिनिर्हारकौशलेनाभिनिर्हृतश्चर्याभूमौ स्थितः। उपायकौशलपरिग्रहाभिनिर्हाराभिनिर्हृते तमचिन्त्यविषयमनुप्राप्स्यसि, बहुरूपविकारतां च तथागतभूमिम्। यददृष्टपूर्वं श्रावकप्रत्येकबुद्धतीर्थ्य-

ब्रह्मेन्द्रोपेन्द्रादिभिस्त्वं प्राप्स्यसि॥

今译：知情的世尊对楞伽王说道："你提问吧，楞伽王啊，如来给你机会，不要耽搁，顶冠晃动者啊，无论你提出什么疑问，我都会为你解答，让你满意。让你摆脱对分别的依赖，通晓诸地和对立[①]，以观察智[②]观察，住于自证法相入定之乐，受三昧佛[③]们护持，住于寂静之乐，超越声闻和缘觉的入定法，住于不动、善慧和法云地[④]，如实通晓诸法无我，在大宝莲花宫中获得三昧佛灌顶。你将看到自身坐着，众多莲花围绕，那些美妙莲花座上也坐着自身，[⑤]你将与他们互相面对而视。这是不可思议境界。你采取这种方便，进入修行地。然后，采取种种方便善巧，你将达到那种不可思议境界，形相多变的如来地。你将达到声闻、缘觉、外道、梵天、因陀罗[⑥]和优宾陀罗[⑦]等等前所未见的境界。"

实译：爾時如來知楞伽王欲問此義，而告之曰："楞伽王！汝欲問我，宜應速問，我當為汝分別解釋，滿汝所願，令汝歡喜。能以智慧思惟觀察，離諸分別，善知諸地，修習對治，證真實義，入三昧樂，為諸如來之所攝受，住奢摩他[⑧]樂，遠離二乘三昧過失[⑨]，住於不動、善慧、法雲菩薩之地，能如實知諸法無我，當於大寶蓮花宮中，以三昧水而灌其頂，復現無量蓮花圍繞，無數菩薩於中止住，與諸眾會遞相瞻視，如是境界不可思議。楞伽王！汝起一方便行住修行地，復起

---

① "对立"（vipakṣa）指反面的立场或看法。此词也可译为"障碍"、"过失"或"所对治"。实译"对治"。严格地说，"对治"的用词是 pratipakṣa。

② "观察智"（pravicayabuddhi）指超越思辨分析的观察方法。

③ "三昧佛"（samādhibuddha，或译"入定佛"）是佛陀的称号。

④ "不动"（acalā）、"善慧"（sādhumatī）和"法云"（dharmameghā）是菩萨修行阶位（"十地"）中的第八、九和十地。

⑤ 此处实译"无量莲花围绕，无数菩萨于中止住"。菩译"无量莲花王眷属、无量菩萨眷属各各皆坐"。均与现存梵本有差异。

⑥ "因陀罗"（Indra）是忉利天（三十三天）天王，又名帝释天。

⑦ "优宾陀罗"（Upendra）是因陀罗的弟弟。

⑧ "奢摩他"是 śamatha（"寂止"或"寂静"）一词的音译。

⑨ 据此处实译"过失"一词，现存梵本中的 pakṣa 也可能是 vipakṣa。

無量諸方便行，汝定當得如上所說不思議事，處如來位，隨形應物。汝所當得一切二乘及諸外道、梵、釋、天等所未曾見。”

अथ खलु लङ्काधिपतिर्भगवता कृतावकाश उत्थाय तस्माद्रश्मिविमलप्रभाद्रत्नपद्मसदृशाद्रत्नशिखरात् साप्सरोगणपरिवृतो विविधैरनेकविधैर्नानाप्रकारैः पुष्पमाल्यगन्धधूपविलेपनच्छत्रध्वजपताकाहारार्धहारकिरीटमुकुटैरन्यैश्च अदृष्टश्रुतपूर्वैराभरणविशेषैर्विशिष्टैस्तूर्यतालावचरैर्देवनागयक्षराक्षसगन्धर्वकिन्नरमहोरगमनुष्यातिक्रान्तैः सर्वकामधातुपर्यापन्नान् वाद्यभाण्डानभिनिर्माय ये चान्येषु बुद्धक्षेत्रेषु तूर्यविशेषा दृष्टाः, तानभिनिर्माय भगवन्तं बोधिसत्त्वांश्च रत्नजालेनावष्टभ्य नानावस्त्रोच्छ्रितपताकं कृत्वा सप्त तालान् गगने ऽभ्युद्गम्य महापूजामेघानभिप्रवृष्य तूर्यतालावचराणि निर्नाद्य तस्माद्गगनादवतीर्य सूर्यविद्युत्प्रभे द्वितीये महारत्नपद्मालंकृतौ रत्नशिखरे निषसाद। निषद्य उपचारात्स्मितपूर्वं भगवता कृतावकाशो भगवन्तं प्रश्नद्वयं पृच्छति स्म --

今译：这样，楞伽王获得世尊给予的机会，从如同宝莲花清净光明的宝石山顶上起身，众天女围绕，各种各样的花环、香料、薰香、软膏、华盖、旗帜、旗幡、项链、璎珞、头冠和顶冠，以及其他种种前所未见的美妙装饰品，种种乐器胜过天神、蛇、夜叉、罗刹、乾达婆、紧那罗①、大蛇②和凡人。他幻化出一切欲界③的乐器，又幻化出见于其他佛土的美妙乐器，用宝石网覆盖世尊和众菩萨，造出各种衣服和高高的旗幡，又升空达七多罗树④高，降下大供养云雨，奏响种种乐器，然后从空中下降，坐在装饰有大宝莲花的宝石山顶，犹如第二个太阳和闪电。坐下后，他先谦恭地面露微笑，利用世尊提供的机会，向世尊询问二法：

① “紧那罗”（kinnara）是半人半神的小神。

② “大蛇”（mahoraga）音译摩睺罗伽。

③ “欲界”（kāmadhātu）指充满欲望的世界。欲界之上是色界（rūpadhātu）和无色界（ārūpyadhātu），合称三界。

④ “多罗树”（tāla）是棕榈树。

实译：爾時楞伽王蒙佛許已，即於清淨光明如大蓮華寶山頂上，從座而起，諸婇女眾之所圍繞，化作無量種種色花，種種色香、末香、塗香、幢幡、幰蓋、冠珮、瓔珞，及餘世間未曾見聞種種勝妙莊嚴之具。又復化作欲界所有種種無量諸音樂器，過諸天、龍、乾闥婆等一切世間之所有者。又復化作十方佛土昔所曾見諸音樂器。又復化作大寶羅網，遍覆一切佛菩薩上。復現種種上妙衣服，建立幢幡，以為供養。作是事已，即昇虛空，高七多羅樹。於虛空中，復雨種種諸供養雲，作諸音樂，從空而下。即坐第二日、電光明如大蓮花寶山頂上，歡喜恭敬，而作是言：

पृष्टा मया पूर्वकास्तथागता अर्हन्तः सम्यक्संबुद्धाः। तैश्चापि विसर्जितम्। भगवन्तमप्येतर्हि पृच्छामि। देशनापाठे चायं बुद्धैस्त्वया चावश्यमनुवर्णितं भवि-ष्यति। निर्मितनिर्माणभाषितमिदं भगवन् धर्मद्वयम्। न मौनैस्तथागतैर्भाषितम्। मौना हि भगवंस्तथागताः समाधिसुखगोचरमेवोद्भावयन्ति। न च गोचरं विक-ल्पयन्ति। तं देशयन्ति। तत्साधु मे भगवान् स्वयमेव धर्मवशवर्ती धर्मद्वयं तथागतो ऽर्हन् सम्यक्संबुद्धो देशयतु। श्रोष्यन्तीमे जिनपुत्रा अहं च॥

今译："我曾向过去的如来、阿罗汉、正等觉提问，他们给予我解答。现在，我也向世尊提问。你和诸佛在诵经说法中肯定都会讲述这二法①。世尊啊，这二法由变化如来②讲述，而不由沉默如来③讲述。世尊啊，那些沉默如来展示入定之乐境界，对境界不作分别，不宣示。善哉！世尊本人把握万法，作为如来、阿罗汉、正等觉，请为我宣示这二法吧！我和众佛子都会聆听。"

---

① 此处原文中的 ayam（"这"，阳性），南条本校注中疑为 idam（"这"，中性），这样，与 anuvarṇitam（"讲述"）一词的词性保持一致，即均为中性。

② "变化如来"（nirmitanirmāṇa，所变化和变化）指如来适应为众生说法的需要而化身示现。此词菩译"应化化佛"。

③ "沉默如来"（maunatathāgata）指不依靠言语示法的如来。此词实译"根本佛"，菩译"根本如来"。按实译和菩译，原词可能是 maulatathāgata。

实译：“我今欲問如來二義。如是二義，我已曾問過去如來、應、正等覺，彼佛世尊已為我說。我今亦欲問於是義，唯願如來為我宣說。世尊，變化如來說此二義，非根本佛。根本佛說三昧樂境，不說虛妄分別所行。善哉！世尊於法自在，唯願哀愍，說此二義，一切佛子心皆樂聞。”

भगवानाह -- ब्रूहि लङ्काधिपते धर्मद्वयम्। राक्षसेन्द्र आह -- किरीटाङ्गदहारवज्रसूत्रावबद्धाभरणतनुशोभाशोभित, धर्मा एव प्रहातव्याः प्रागेवाधर्माः। तत्कथं भगवन् धर्मद्वयं प्रहाणं भवति ? के चाधर्मा धर्माः ? कथं सति द्वित्वं प्रहाणधर्माणां विकल्पलक्षणपतितानां विकल्पस्वभावाभावानामभौतिकभौतिकानामालयविज्ञानापरिज्ञानादविशेषलक्षणानां केशोण्डुकस्वभावावस्थितानामशुद्धक्षयज्ञानविषयिणाम्। तत्कथं तेषां प्रहाणमेवंभाविनाम् ?

今译：世尊说道：“楞伽王啊，请你说说这二法。”罗刹王身上佩戴顶冠、腕环、项链和缠有金刚丝的装饰品，光彩熠熠[①]，说道：“甚至法也要舍弃，何况非法？世尊啊，为何要舍弃这二法？什么是非法和法？舍法怎么会有二重？[②]这样便陷入分别相，分别自性和无性，无大和有大[③]，不知阿赖耶识无特殊相，执著毛发网[④]自性，住于不净灭智境界。若是这样，如何舍弃？”

实译：爾時世尊告彼王言：“汝應問我，當為汝說。”時夜叉王更著種種寶冠瓔珞，諸莊嚴具以嚴其身，而作是言：“如來常說，法尚應捨，何況非法？云何得捨此二種法？何者是法？何者非法？法若應捨，云何有二？有二即墮分別相中。有體無體，是實非實，如是一切皆是分別，不能了知阿賴耶識無差別相，如毛輪住非淨智境。法性如

① “光彩熠熠”的原词 śobhita，在这里按规范语法应为 śobhitaḥ。

② 这句中“有”的原词是 sati，似应为 asti。

③ “无大和有大”（abhautikabhautika）指有无四大元素地、水、火和风的造物。实译“是实非实”。

④ “毛发网”（keśoṇḍuka）指幻觉中的毛发（或头发）之网。

是，云何可捨？”

भगवानाह -- ननु लङ्काधिपते, दृष्टो घटादीनां भेदनात्मकानां विनाशधर्मिणां बालविकल्पगोचरैः प्रतिविभागः। एवमिहापि किं न गृह्यते ? अस्ति धर्माधर्मयोः प्रतिविभागो बालप्रतिविकल्पमुपादाय, न त्वार्यज्ञानाधिगमं प्रति दर्शनेन। तिष्ठन्तु तावल्लङ्काधिपते घटादयो भावा विचित्रलक्षणपतिता बालानां न त्वार्याणाम्। एकस्वाभाविकानामेकज्वालोद्भवप्रज्वालितानां गृहभवनोद्यानप्रासादप्रतिष्ठापितानां दृष्टः प्रतिविभागः इन्धनवशाद्दीर्घह्रस्वप्रभाल्पमहाविशेषाश्च। एवमिहापि किं न गृह्यते ? अस्ति धर्माधर्मयोः प्रतिविभागः। न केवलमग्निज्वालाया एकसंतानपतिताया दृष्टो ऽर्चिषश्च प्रतिविभागः। एकबीजप्रसूतानां यत्संतानानामपि लङ्काधिपते नालाङ्कुरगण्डपर्वपत्रपलाशपुष्पफलशाखाविशेषाः। एवं सर्वधर्मप्ररोहधर्मिणां बाह्यानामाध्यात्मिकानामप्यविद्यानिर्यातानां स्कन्धधात्वायतनोपगानां सर्वधर्माणां त्रैधातुकोपपन्नानां दृष्टसुखसंस्थानामभिलाप्यगतिविशेषाः। विज्ञानानामेकलक्षणानां विषयाभिग्रहणप्रवृत्तानां दृष्टो हीनोत्कृष्टमध्यमविशेषो व्यवदानाव्यवदानतश्च कुशलाकुशलतश्च। न केवलमेषां लङ्काधिपते धर्माणां प्रतिविभागविशेषः, योगनामपि योगमभ्यस्यतां योगमार्गे प्रत्यात्मगतिलक्षणविशेषो दृष्टः। किमङ्ग पुनर्धर्माधर्मयोः प्रतिविकल्पप्रवृत्तयोर्विशेषो न भवति ? भवत्येव॥

今译：世尊说道：“楞伽王啊，你难道没有看到瓶等等的破碎性具有毁灭法，按照愚夫分别境界产生分别。既然如此，为何不这样看？因为愚夫有分别妄想，而有法和非法的分别。但获得圣智者不这样看。楞伽王啊，让陷入各种相的愚夫这样看待瓶等等的存在，而圣者不这样看待。燃烧房屋、住宅、花园和宫殿的是同一本质的同一火焰，因燃料不同而看到光焰长短大小的不同。既然如此，为何不这样看？有法和非法的分别。不仅看到连续一致的火焰有光焰的分别，楞伽王啊，连续一致的种子也产生茎、芽、结、节、叶、瓣、花、果和枝的差别。这样，一切法产生的性质，无论外在的或内在的，无明产生的蕴、界和处[1]，三界产生的一切法，都看到有快乐、形态、言语和行止的差别。同一形相的识，依据境界把握，因清净和不清净、善和不善而看到有上、中和下的差别。楞伽王啊，不仅这些法有分别差异，修行瑜伽的瑜伽行者也看到有自证的形相差别。更何况法和非法，怎么会没有分别差异？肯定有。[2]

实译：爾時佛告楞伽王言："楞伽王！汝豈不見瓶等無常敗壞之法，凡夫於中妄生分別？汝今何故不如是知法與非法差別之相？此是凡夫之所分別，非證智見。凡夫墮在種種相中，非諸證者。楞伽王！如燒宮殿園林，見種種焰，火性是一，所出光焰由薪力故，長短大小各各差別。汝今云何不如是知法與非法差別之相？楞伽王！如一種子，生牙、莖、枝、葉及以花、果，無量差別。外法如是，內法亦然。謂無明為緣，生蘊、界、處一切諸法，於三界中受諸趣生，有苦樂、好醜、語默、行止各各差別。又如諸識，相雖是一，隨於境界有上中下、染淨、善惡種種差別。楞伽王！非但如上法有差別，諸修行者修觀行時，自智所行亦復見有差別之相。況法與非法，而無種種差別分別？

अस्ति लङ्काधिपते धर्माधर्मयोः प्रतिविभागो विकल्पलक्षणत्वात्। तत्र लङ्काधिपते धर्माः कतमे ? यदुत एते तीर्थ्यश्रावकप्रत्येकबुद्धबालविकल्पकल्पिताः। कारणतो गुणद्रव्यपूर्वका धर्मा इत्युपदिश्यन्ते, ते प्रहातव्याः। न लक्षणतः प्रतिविकल्पयितव्याः। स्वचित्तदृश्यधर्मताभिनिवेशान्न सन्ति घटादयो धर्मा बालपरिकल्पिता अलब्धशरीराः। एवं विदर्शनया प्रतिविपश्यतः प्रहीणा भवन्ति॥

今译："楞伽王啊，由于形相的分别，而有法和非法的分别。楞

[1] "蕴"（skandha）指五蕴，即色、受、想、行和识。"界"（dhātu）有多种含义，诸如地、水、火、风合称四界，地、水、火、风、空和识合称六界，欲界、色界和无色界合称三界。这里与蕴和处并列，主要是指十八界：六根（眼、耳、鼻、舌、身和意）、六境（色、声、香、味、触和法）及六识（眼识、耳识、鼻识、舌识、身识和意识）。处（āyatana）指十二处，即上述六根和六境。

[2] 以上说明万物按照世俗的看法有分别。

伽王啊，其中，哪些是法？由外道、声闻、缘觉和愚夫加以分别者是这些法。他们指出这些法有原因，以性质和实体为主。这些法应该舍弃。不应该依据形相加以分别。依据自心所现法性，并没有瓶等等法。它们是愚夫的妄想分别，并无身体[①]。以这样的见解观察，则是舍弃者。

实译：“楞伽王！法與非法差別相者，當知悉是相分別故。楞伽王！何者是法？所謂二乘及諸外道，虛妄分別說有實等為諸法因。如是等法應捨應離，不應於中分別取相。見自心法性，則無執著。瓶等諸物，凡愚所取，本無有體。諸觀行人，以毗鉢舍那[②]如實觀察，名捨諸法。

तत्र अधर्माः कतमे ? ये ऽलब्धात्मका लक्षणविकल्पाप्रचारा धर्मा अहेतुकाः तेषामप्रवृत्तिर्दृष्टा भूताभूततः। अथ धर्मस्य प्रहाणं भवति। पुनरप्यलब्धात्मका धर्माः कतमे ? यदुत शशखरोष्ट्रवाजिविषाणवन्ध्यापुत्रप्रभृतयो धर्माः। अलब्धात्म-कत्वान्न लक्षणतः कल्प्याः। ते ऽन्यत्र संव्यवहारार्था अभिधीयन्ते, नाभिनिवेशतो यथा घटादयः। यथा ते प्रहेया अग्रहणतो विज्ञानेन, तथा विकल्पभावा अपि प्रहेयाः। अतो धर्माधर्मयोः प्रहाणं भवति। यदुक्तवानसि लङ्काधिपते धर्माधर्माः कथं प्रहेया इति, तदेतदुक्तम्॥

今译：“其中，哪些是非法？这些法没有本性，没有形相分别，没有原因，不能以有实无实看待它们。因此，舍弃这种法[③]。还有，哪些法没有本性？这些法如同兔、驴、骆驼和马的角以及石女之子。由于没有本性，不能以形相分别。它们只有世间用语的意义，而非瓶等等出于执取而命名。正如这些法不能以识执取而应该舍弃，同样，

---

① “身体”（śarīra）指实体。

② “毗婆舍那”是 vipaśyanā（“观察”）一词的音译。按现存梵本，此处使用的一词并非 vipaśyanā，而是 vidarśanā（“观察”或“见解”）。

③ “这种法”也就是这里所说的“非法”。实译和菩译此处均为“非法”。

那些具有分别性的法也应该舍弃。因此，舍弃法和非法。楞伽王啊，你询问为何舍弃法和非法，这便是解答。

实译：“楞伽王！何者是非法？所謂諸法無性無相，永離分別。如實見者，若有若無如是境界彼皆不起。是名捨非法。復有非法，所謂兔角、石女兒等，皆無性相，不可分別，但隨世俗說有名字，非如瓶等而可取著。以彼非是識之所取，如是分別亦應捨離。是名捨法及捨非法。楞伽王！汝先所問，我已說竟。

यदप्युक्तवानसि लङ्काधिपते -- पूर्वका अपि तथागता अर्हन्तः सम्यक्संबुद्धा मया पृष्टाः, तैश्च विसर्जितं पूर्वम्। इति लङ्काधिपते विकल्पस्यैतदधिवचनम्। अतीतो ऽप्येवं विकल्प्यते अतीतः। एवमनागतो ऽधुनापि धर्मतया। निर्विकल्पास्तथागताः सर्वविकल्पप्रपञ्चातीताः। न यथा रूपस्वभावो विकल्प्यते। अन्यत्राज्ञानाधिगमतः सुखार्थं विभाव्यते। प्रज्ञया अनिमित्तचारिणः। अतो ज्ञानात्मकास्तथागता ज्ञानशरीराः। न कल्पन्ते न कल्प्यन्ते। केन न कल्पन्ते ? मनसा आत्मतो जीवतः पुद्गलतः। कथं न विकल्पन्ते ? मनोविज्ञानेन विषयार्थहेतुकेन यथा रूपलक्षणसंस्थानाकारतश्च। अतो विकल्पाविकल्पागतेन भवितव्यम्॥

今译：“楞伽王啊，你说：‘我曾向过去的如来、阿罗汉、正等觉询问，他们给予我解答。’楞伽王啊，这种说法也属于分别。这过去也是加以分别。依据法性，未来和现在也是这样。而所有如来无分别，超越一切分别戏论[①]。不能像色自性[②]那样加以分别。除非不依靠智证，[③] 为了快乐，这样分别说明。依靠智慧，修习无相，因而，所有如来以智为本性，以智为身体。他们不分别，也不被分别。凭借什么不分

① “戏论”（prapañca）指虚妄不实的言谈。

② “色自性”（rūpasvabhāva）指外界事物的形相。

③ “除非不依靠智证”的原文是 anyatrājñānādhigamataḥ，与实译“唯智能证”和菩译“为证实智”均有差异。

别？凭借意①不分别我、命和人②。为何不分别？意识③以境界对象为原因，如依据色相、形态和形状。④因此，应该摆脱分别不分别。

实译："楞伽王！汝言'我於過去諸如來所已問是義，彼諸如來已為我說。'楞伽王！汝言過去，但是分別，未來亦然。我亦同彼。楞伽王！彼諸佛法皆離分別，已出一切分別戲論，非如色相，唯智能證，為令眾生得安樂故而演說法。以無相智說名如來，是故如來以智為體。智為身故，不可分別，不可以所分別，不可以我、人、眾生相分別。何故不能分別？以意識因境界起，取色形相，是故離能分別，亦離所分別。

अपि च लङ्काधिपते भित्तिखचितविग्रहसमः सत्त्वप्रचारः। निश्चेष्टो लङ्का-धिपते लोकसंनिवेशः कर्मक्रियारहितोऽसत्त्वात्सर्वधर्माणाम्। न चात्र कश्चिच्छृणो-ति श्रूयते वा। निर्मितप्रतिमो हि लङ्काधिपते लोकसंनिवेशः। न च तीर्थ्यबालयोगि-नो विभावयन्ति। य एवं पश्यति लङ्काधिपते, स सम्यक्पश्यति। अन्यथा पश्यन्तो विकल्पे चरन्तीति। स्वविकल्पा द्विधा गृह्णन्ति। तद्यथा दर्पणान्तर्गतं स्वबिम्बप्रति-बिम्बं जले वा स्वाङ्गच्छाया वा ज्योत्स्नादीपप्रदीपिते वा गृहे वा अङ्गच्छाया प्रतिश्रु-त्कानि। अथ स्वविकल्पग्रहणं प्रतिगृह्य धर्माधर्मं प्रतिविकल्पयन्ति। न च धर्माध-र्मयोः प्रहाणेन चरन्ति। विकल्पयन्ति पुष्णन्ति, न प्रशमं प्रतिलभन्ते। एकाग्रस्यै-तदधिवचनम् -- तथागतगर्भस्वप्रत्यात्मार्यज्ञानगोचरस्यैतत्प्रवेशो यत्समाधिः परमो जायत इति॥

今译："还有，楞伽王啊，众生所行如同壁上画像，没有知觉，楞伽王啊，由于万法不实，世上众生并无作为。这里，也没有人听或

---

① "意"（manas）按照八识说，属于第七识。
② "我"（ātman）、"命"（jīva）和"人"（pudgala，音译补特伽罗）都是指固定不变的精神实体或灵魂。
③ "意识"（manovijñana）按照八识说，属于第六识。
④ 自"凭借什么不分别"至此，论述中涉及"意"和"意识"的功能差别。实译略去了"意"这个词。菩译比较接近现存梵本。

被听。楞伽王啊，世上众生如同幻化而成。那些外道和愚夫瑜伽行者不能作出说明。楞伽王啊，这样观察，才是正确的观察。若不这样观察，便陷入分别。自分别[1]则执著二重。这正如镜中自己的映像，或水中自身的影像，或在屋中月光或灯光映照下的身影，或回音。这样，执著自分别，而分别法和非法，也就不能舍弃法和非法。执著分别，增长分别，不得平静。平静称为专心一致，产生最高入定，进入如来藏自觉圣智境界。”

实译：“楞伽王！譬如壁上彩畫衆生無有覺知，世間衆生悉亦如是，無業無報。諸法亦然，無聞無說。楞伽王！世間衆生猶如變化，凡夫外道不能了達。楞伽王！能如是見，名為正見。若他見者，名分別見。由分別故，取著於二。楞伽王！譬如有人，於水鏡中自見其像，於燈月中自見其影，於山谷中自聞其響，便生分別而起取著。此亦如是，法與非法唯是分別。由分別故，不能捨離，但更增長一切虛妄，不得寂滅。寂滅者，所謂一緣。一緣者是最勝三昧，從此能生自證聖智，以如來藏而為境界。”

रावणाध्येषणापरिवर्तो नाम प्रथमः ॥

今译：以上是名为《罗波那劝请品》的第一品。

[1] “自分别”指自心分别，原词是 svavikalpā，而南条本此词为 savikalpā（“有分别”）。此处实译“由分别故”。

२ षड्त्रिंशत्साहस्रसर्वधर्मसमुच्चयो नाम द्वितीयः परिवर्तः।

今译：第二 三万六千[1]一切法集品

实译：集一切法品第二之一

अथ खलु महामतिर्बोधिसत्त्वो महासत्त्वो महामतिबोधिसत्त्वसहितः सर्वबुद्धक्षेत्रानुचारी बुद्धानुभावेन उत्थायासनादेकांसमुत्तरासङ्गं कृत्वा दक्षिणं जानुमण्डलं पृथिव्यां प्रतिष्ठाप्य येन भगवांस्तेनाञ्जलिं प्रणम्य भगवन्तं गाथाभिरभ्यष्टावीत् --

今译：然后，遍游一切佛土的大慧菩萨大士与众大慧菩萨一起[2]，凭借佛陀的威力，从座位起身，偏袒右肩，右膝著地，向世尊合掌行礼，念诵偈颂赞美世尊道：

求译：爾時大慧菩薩與摩帝菩薩俱遊一切諸佛刹土，承佛神力，從坐而起，偏袒右肩，右膝著地，合掌恭敬，以偈讚曰：

实译：爾時大慧菩薩摩訶薩與摩帝菩薩俱遊一切諸佛國土，承佛神力，從座而起，偏袒右肩，右膝著地，向佛合掌，曲躬恭敬而說頌言：

उत्पादभङ्गरहितो लोकः खपुष्पसंनिभः।
सदसन्नोपलब्धस्ते प्रज्ञया कृपया च ते॥ १॥

---

[1] “三万六千”指三万六千颂。若以每颂（即“偈颂”）三十二音节计算，本品应有一百多万音节。显然相距甚远。

[2] 前面提到佛陀幻化出许多山顶，每个山顶都有向佛陀问法的大慧菩萨。此处菩译“与诸一切大慧菩萨”，而求译和实译均为“与摩帝菩萨”。按现存梵本的原词是 Mahāmati（“大慧”），而非 Mati（“摩帝”）。

今译：世界没有生和灭，犹如空中花，
你凭智慧和悲悯，不执取有无[①]。（1）

求译：世間離生滅，猶如虛空花，
智不得有無，而興大悲心。

实译：世間離生滅，譬如虛空花，
智不得有無，而興大悲心。

मायोपमाः सर्वधर्माः चित्तविज्ञानवर्जिताः।
सदसन्नोपलब्धास्ते प्रज्ञया कृपया च ते॥ २॥

今译：一切法如同幻觉，远离于心识，
你凭智慧和悲悯，不执取有无。（2）

求译：一切法如幻，遠離於心識，
智不得有無，而興大悲心。

实译：一切法如幻，遠離於心識，
智不得有無，而興大悲心。

शाश्वतोच्छेदवर्ज्यश्च लोकः स्वप्नोपमः सदा।
सदसन्नोपलब्धस्ते प्रज्ञया कृपया च ते॥ ३॥

今译：世界远离于常和断[②]，永远如梦。
你凭智慧和悲悯，不执取有无。（3）

求译：遠離於斷常，世間恒如夢，
智不得有無，而興大悲心。

实译：世間恒如夢，遠離於斷常，
智不得有無，而興大悲心。

---

① 这里译为“执取”的原词是 upalabdha，有获取和认知等意义。
② “断”（uccheda）指万物断灭，“常”（śāśvata）指万物常住，合称“断常二见”。

मायास्वप्नस्वभावस्य धर्मकायस्य कः स्तवः।
भावानां निःस्वभावानां यो ऽनुत्पादः स संभवः॥४॥

今译：法身①自性如幻如梦，怎么能称赞？
　　　事物无自性皆不起，这便是称赞②。（4）

इन्द्रियार्थविसंयुक्तमदृश्यं यस्य दर्शनम्।
प्रशंसा यदि वा निन्दा तस्योच्येत कथं मुने॥५॥

今译：脱离诸根③和对象④，见无可见，
　　　牟尼啊，怎么能称赞或指责？⑤（5）

धर्मपुद्गलनैरात्म्यं क्लेशज्ञेयं च ते सदा।
विशुद्धमानिमित्तेन प्रज्ञया कृपया च ते॥६॥

今译：你凭智慧和悲悯，知道法和人无我，
　　　知道烦恼和所知⑥，永远清净，无相⑦。（6）

求译：知人法無我，煩惱及爾炎⑧，
　　　常清淨無相，而興大悲心。

实译：知人法無我，煩惱及爾焰，

---

① "法身"（dharmakāya）是佛的三身之一。三身即法身、报身和化身。"法身"相对于佛的物质身体（"报身"和"化身"，或称"色身"），指佛的精神实体。在本经中，相当这种法身的用词还有法性佛（dharmatābuddha），或真如智慧佛（tathatājñānabuddha）。

②此处"称赞"一词是添加的，原文中只有 sambhava 一词，有存在、产生和出现等意义，故而译为"这便是称赞"。南条本此处校注中，据实译推测 sambhava 的原词可能是 saṃstava（"称赞"）。

③ "诸根"（indriya）指感觉器官，如眼、耳、鼻、舌和身。

④ "对象"（artha）指感觉对象，如色、声、香、味和触。

⑤ 第4和第5颂求译和菩译均无，而实译出现在第7颂之后。

⑥ "烦恼和所知"（kleśajñeya）指由烦恼和所知引起的障碍。

⑦ "无相"（ānimitta）指无形相或不执取形相。

⑧ "尔炎"是 jñeya（"所知"）一词的音译。

常清淨無相，而興大悲心。

न निर्वासि निर्वाणेन निर्वाणं त्वयि संस्थितम्।
बुद्धबोद्धव्यरहितं सदसत्पक्षवर्जितम्॥७॥

今译： 你不住于涅槃，涅槃不住于你，
　　　　摆脱觉和所觉，远离有无两翼。（7）

求译： 一切無涅槃，無有涅槃佛，
　　　　無有佛涅槃，遠離覺所覺，
　　　　若有若無有，是二悉俱離。

实译： 佛不住涅槃，涅槃不住佛，
　　　　遠離覺不覺，若有若非有。
　　　　法身如幻夢，云何可稱讚？
　　　　知無性無生，乃名稱讚佛。①
　　　　佛無根境相，不見名見佛，
　　　　云何於牟尼，而能有讚毀？②

ये पश्यन्ति मुनिं शान्तमेवमुत्पत्तिवर्जितम्।
ते भोन्ति निरुपादाना इहामुत्र निरञ्जनाः॥८॥

今译： 看到牟尼如此平静，远离于生起，
　　　　人们今世后世不执著，不受污染。（8）

求译： 牟尼寂靜觀，是則遠離生，
　　　　是名為不取，今世後世淨。

实译： 若見於牟尼，寂靜遠離生，
　　　　是人今後世，離著無所見。

---

① 这两行与第 4 颂对应。
② 这两行与第 5 颂对应。

अथ खलु महामतिर्बोधिसत्त्वो महासत्त्वो भगवन्तमाभिः सारूप्याभि-र्गाथाभिरभिष्टुत्य स्वनामगोत्रं भगवते संश्रावयति स्म --

今译：大慧菩萨大士以这些偈颂赞美世尊后，向世尊通报自己的姓名：

求译：爾時大慧菩薩偈讚佛已，自說姓名：

实译：爾時大慧菩薩摩訶薩偈讚佛已，自說姓名：

महामतिरहं भगवन् महायानगतिं गतः।
अष्टोत्तरं प्रश्नशतं पृच्छामि वदतां वरम्॥ ९॥

今译：“世尊啊，我是大慧，通晓大乘，
有一百零八问，询问优秀说法者。”（9）

求译：“我名為大慧，通達於大乘，
今以百八義，仰諮尊中上。”

实译：“我名為大慧，通達於大乘，
今以百八義，仰諮尊中上。”

तस्य तद्वचनं श्रुत्वा बुद्धो लोकविदां वरः।
निरीक्ष्य परिषदं सर्वामलपी सुगतात्मजम्॥ १०॥

今译：优秀的知世者佛陀听了他的话，
望着所有会众，对这位佛子说[1]道：（10）

求译：世間解之士，聞彼所說偈，
觀察一切眾，告諸佛子言：

实译：時世間解聞是語已，普觀眾會而說是言：

---

[1] 此处“说”的原词是alapī。这个词的动词词根是lap（“说”），语法形态属于混合梵语的不定过去时。

पृच्छन्तु मां जिनसुतास्त्वं च पृच्छ महामते।
अहं ते देशयिष्यामि प्रत्यात्मगतिगोचरम्॥ ११ ॥

今译："请众佛子询问我，也请你询问我，

大慧啊，我将为你宣示自证境界。"（11）

求译："汝等諸佛子，今皆恣所問，

我當為汝說，自覺之境界。"

实译："汝等諸佛子，今皆恣所問，

我當為汝說，自證之境界。"

अथ खलु महामतिर्बोधिसत्त्वो महासत्त्वो भगवता कृतावकाशो भगवतश्चर-
णयोर्निपत्य भगवन्तं प्रश्नं परिपृच्छति स्म --

今译：大慧菩萨大士得到世尊给予的机会，拜倒在世尊脚下，询问世尊道：

求译：爾時大慧菩薩摩訶薩承佛所聽，頂禮佛足，合掌恭敬，以偈問曰：

实译：爾時大慧菩薩摩訶薩蒙佛許已，頂禮佛足，以頌問曰：

कथं हि शुध्यते तर्कः कस्मात्तर्कः प्रवर्तते।
कथं हि दृश्यते भ्रान्तिः कस्माद्भ्रान्तिः प्रवर्तते॥ १२ ॥

今译：怎样净化思辨？思辨从何产生？

怎会感到迷惑？迷惑从何产生？ （12）

求译：云何淨其念？云何念增長？

云何見癡惑？云何惑增長？

实译：云何起計度？云何淨計度？

云何起迷惑？云何淨迷惑？

कस्मात्क्षेत्राणि निर्माणा लक्षणं तीर्थिकाश्च ये।
निराभासः क्रमः केन जिनपुत्राश्च ते कुतः॥ १३॥

今译：国土、变化、形相和外道从何而来？
缘何无影像[①]和次第[②]？何来众佛子？（13）

求译：何故刹土化，相及諸外道？
云何無受欲？何故名無受？
何故名佛子？

实译：云何名佛子，及無影次第？
云何察度[③]化，相及諸外道？

मुक्तस्य गमनं कुत्र बद्धः कः केन मुच्यते।
ध्यायिनां विषयः को ऽसौ कथं यानत्रयं भवेत्॥ १४॥

今译：解脱之路在何处？何为受缚？怎样解脱？
什么是禅行者的境界？怎么会有三乘[④]？（14）

求译：解脫至何所？誰縛誰解脫？
何等禪境界？云何有三乘？
唯願為解說。

实译：解脫至何所？誰縛誰能解？
云何禪境界？何故有三乘？

---

① “无影像”（nirābhāsa，又译“无相”、“无照现”和“无所有”）指意识不对外界作出反应。此词求译“无受”。在本经第 4 品第 2 颂中，将“无影像”称为菩萨修行阶位的第八地。

② “次第”（krama）指修行的次序或步骤。

③ 此处“察度”，据《中华大藏经》校勘记，“《石》、《碛》、《南》、《径》、《清》、《丽》作‘刹土’”。

④ “三乘”（yānatraya）指声闻乘、缘觉乘和菩萨乘。

प्रत्यये जायते किं तत्कार्यं किं कारणं च किम्।
उभयान्तकथा केन कथं वा संप्रवर्तते॥ १५॥

今译：缘起怎样产生？何为果？何为因？
何来两边[①]说？或者，它怎样产生？（15）

求译：缘起何所生？云何作所作？
云何俱異說？云何為增長？

实译：彼以何緣生？何作何能作？
誰說二俱異？云何諸有起？

आरूप्या च समापत्तिर्निरोधश्च कथं भवेत्।
संज्ञानिरोधश्च कथं कथं कस्माद्धि मुच्यते॥ १६॥

今译：怎会有无色定[②]？怎会有寂灭？
怎样灭除名想[③]？怎样得解脱？（16）

求译：云何無色定，及以滅正受？
云何為想滅？何因從定覺？

实译：云何無色定？及與滅盡定？
云何為想滅？云何從定覺？

क्रिया प्रवर्तते केन गमनं देहधारिणाम्।
कथं दृश्यं विभावो कथं कथं भूमिषु वर्तते॥ १७॥

今译：缘何产生那些有身者的作为和行止？
怎样有所见？怎样有分别？怎样入诸地？（17）

---

① “两边”（ubhayānta，或译“两端”）指对立的两边或两个极端。

② “无色定”（ārupyā samāpatti），入定分为色界四禅定和无色界四无色定。

③ “名想”（sañjñā，或译“想”）指感知事物的表相或特征，形成概念。“灭除名想”也称为“无想定”。

求译：云何所作生，進去及持身？[1]

云何現分別？云何生諸地？

实译：云何所作生，進去及持身？

云何見諸物？云何入諸地？

निर्भिद्येत्त्रिभवं को ऽसौ किं स्थानं का तनुर्भवेत्।
स्थितः प्रवर्तते कुत्र जिनपुत्रः कथं भवेत्॥ १८॥

今译：谁能破三有[2]？何为处？何为身？

又住于何处？怎么会有佛子？（18）

求译：破三有者誰？何處身云何？

往生何所至？云何最勝子？

实译：云何有佛子？誰能破三有？

何處身云何？生復住何處？

अभिज्ञा लभते केन वशिताश्च समाधयः।
समाध्यते कथं चित्तं ब्रूहि मे जिनपुंगव॥ १९॥

今译：依靠什么获得神通、自在和入定？

如何心入定？请胜者雄牛告诉我！（19）

求译：何因得神通，及自在三昧？

云何三昧心？最勝為我說。

实译：云何得神通，自在及三昧？

三昧心何相？願佛為我說。

आलयं च कथं कस्मान्मनोविज्ञानमेव च।

[1] 此句按梵语原文应为“云何（产）生持身（者）的所作及进去？”

[2] “三有”（tribhava）指三界，即欲界、色界和无色界。

कथं प्रवर्तते दृश्यं कथं दृश्यान्निवर्तते॥२०॥

今译：为何有藏识？为何有意识？
　　　怎样有所见？怎样断所见？（20）

求译：云何名為藏？云何意及識？
　　　云何生與滅？云何見已還？

实译：云何名藏識？云何名意識？
　　　云何起諸見？云何退諸見？

गोत्रागोत्रं कथं केन चित्तमात्रं भवेत्कथम्।
लक्षणस्य व्यवस्थानं नैरात्म्यं च कथं भवेत्॥२१॥

今译：何为种性非种性[1]？怎会有唯心[2]？
　　　怎会有相的确立？怎会有无我？（21）

求译：云何為種姓，非種及心量？
　　　云何建立相，及與非我義？

实译：云何姓非姓？云何唯是心？
　　　何因建立相？云何成無我？

कथं न विद्यते सत्त्वः संवृत्या देशना कथम्।
कथं शाश्वतउच्छेददर्शनं न प्रवर्तते॥२२॥

今译：何为无众生？何为随俗说？
　　　怎样不产生常见和断见？（22）

求译：云何無衆生？云何世俗說？
　　　云何為斷見，及常見不生？

---

[1] “种性”（gotra）指族姓，也泛指种类或类别。本品中论及五种现证种性：声闻乘现证种性、缘觉现证种性、如来乘现证种性、不定种性和无种性。又论及愚夫种性和圣者种性。

[2] “唯心”（cittamātra）指外界一切唯心所现。此词求译“心量”，意谓“随心度量”，与“唯心”的意义一致。

实译：云何無衆生？云何隨俗說？
云何得不起，常見及斷見？

कथं हि तीर्थिकास्त्वं च लक्षणैर्न विरुध्यसे।
नैयायिकाः कथं ब्रूहि भविष्यन्ति अनागते॥ २३॥

今译：为何外道和你诸相不相违？
请说为何未来有正理论者[①]？（23）

求译：云何佛外道，其相不相違？
云何當來世，種種諸異部？

实译：云何佛外道，其相不相違？
何故當來世，種種諸異部？

शून्यता च कथं केन क्षणभङ्गश्च ते कथम्।
कथं प्रवर्तते गर्भः कथं लोको निरीहिकः॥ २४॥

今译：为何有空性？为何刹那灭？
为何有胎藏[②]？为何世界不动？（24）

求译：云何空何因？云何刹那壞？
云何胎藏生？云何世不動？

实译：云何為性空？云何刹那滅？
胎藏云何起？云何世不動？

मायास्वप्नोपमः केन कथं गन्धर्वसंनिभः।
मरीचिदकचन्द्राभः केन लोको ब्रवीहि मे॥ २५॥

今译：为何世界如幻，如梦，如乾达婆城，

① “正理论者”（Naiyāyika）指与正理（Nyāya）有关的思想派别。
② “胎藏”（garbha）指子宫或胎儿，喻指深藏内部的事物。

如阳焰，如水中月？请你告诉我！（25）

求译：何因如幻夢，及揵闥婆城，

世間熱時炎，及與水月光？

实译：云何諸世間，如幻亦如夢，

乾城及陽焰，乃至水中月？

बोध्यङ्गानां कथं केन बोधिपक्षा भवेत्कुतः।

मराश्च देशसंक्षोभो भवदृष्टिः कथं भवेत्॥ २६॥

今译：怎会有觉支[①]？菩提分[②]从何而来？

怎会有死亡[③]、国土动乱和有见[④]？（26）

求译：何因說覺支，及與菩提分？

云何國土亂？云何作有見？

实译：云何菩提分？覺分從何起？

云何國土亂？何故見諸有？

अजातमनिरुद्धं च कथं खपुष्पसंनिभम्।

कथं च बुध्यसे लोकं कथं ब्रूषे निरक्षरम्॥ २७॥

今译：为何不生不灭，如空中花？你怎样

理解世界？你怎样离文字说法？（27）

求译：云何不生滅，世如虛空花？

云何覺世間？云何說離字？

---

① “觉支”（bodhyaṅga）指达到觉悟的修行方法，有七觉支。

② “菩提分”（bodhipakṣa）也指达到觉悟的修行方法，包括七觉支在内，有三十七菩提分。

③ “死亡”的原词是marāḥ。求译、菩译和实译均未涉及此词。据南条本校注，抄本A和I此处用词是bhrama（“混乱”）。

④ “有见”（bhavadṛṣṭi）指关于“有”（“存在”）的见解。

实译：云何知世法？云何離文字？
云何如空花，不生亦不滅？

निर्विकल्पा भवेत्केन कथं च गगनोपमाः।
तथता भवेत्कतिविधा चित्तं पारमिताः कति॥२८॥

今译：怎样摆脱分别？怎样如同虚空？
真如[1]、心和波罗蜜[2]各有多少种？（28）

求译：離妄想者誰？云何虛空譬？
如實有幾種？幾波羅蜜心？

实译：真如有幾種？諸度心有幾？
云何如虛空？云何離分別？

भूमिक्रमो भवेत्केन निराभासगतिश्च का।
नैरात्म्यं च द्विधा केन कथं ज्ञेयं विशुध्यति॥२९॥

今译：缘何有诸地次第？何为无影像？
缘何二无我[3]？怎样净化所知？（29）

求译：何因度諸地？誰至無所受？
何等二無我？云何爾炎淨？

实译：云何地次第？云何得無影？
何者二無我？云何所知淨？

ज्ञानं कतिविधं नाथ शीलं सत्त्वाकराणि च।

[1] “真如”（tathatā）指万法的终极本质，也译“如如”、“如实”或“实际”，意谓本来如此。

[2] “波罗蜜”（pāramitā，或译“波罗蜜多”）这个词在巴利文中的词义是“最高”或“完美”，而在梵文中的词义是“通晓”、“掌握”或“到达彼岸”，意谓完成布施、持戒、忍辱、精进、禅定和智慧修行，获得解脱。此词实译“度”。

[3] “二无我”（nairātmyam dvidhā）指人无我和法无我。

केन प्रवर्तिता गोत्राः सुवर्णमणिमुक्तजाः॥३०॥

今译：智、戒和众生形态有多少种？主人啊！

　　　　怎会有金子、摩尼珠和珍珠的种类？（30）

求译：諸智有幾種？幾戒眾生性？

　　　　誰生諸寶性，摩尼真珠等？

实译：聖智有幾種？戒眾生亦然？

　　　　摩尼等諸寶，斯並云何出？

अभिलापो जानिकः केन वैचित्रसत्त्वभावयोः।
विद्यास्थानकलाश्चैव कथं केन प्रकाशितम्॥३१॥

今译：缘何产生言说、众生和事物？

　　　　知识门类①和技艺由谁显示？（31）

求译：誰生諸語言，眾生種種性？

　　　　明處及伎術，誰之所顯示？

实译：誰起於語言，眾生及諸物？

　　　　明處與伎術，誰之所顯示？

गाथा भवेत्कतिविधा गद्यं पद्यं भवेत्कथम्।
कथं युक्तिः कतिविधा व्याख्यानं च कथंविधम्॥३२॥

今译：偈颂②有多少种？为何有散文和诗③？

　　　　道理④有多少种？解释⑤有多少种？（32）

---

①　"知识门类"（vidyāsthāna）分为声明、因明、内明、医方明和工巧明。此词求译、菩译和实译均为"明处"。

②　"偈颂"（gāthā，音译"伽陀"或"伽他"）指诗体。

③　"散文"（gadya），求译"长颂"，实译"长行"；"诗"（padya），求译"短颂"，实译"句"。

④　"道理"（yukti）指事理或原理。求译"成为"。

⑤　"解释"（vyākhyāna）指讲解或注释。求译"论"。

求译：伽陀有幾種，長頌及短頌？
　　　成為有幾種？云何名為論？

实译：伽他有幾種，長行句亦然？
　　　道理幾不同？解釋幾差別？

अन्नपानं च वैचित्र्यं मैथुनं जायते कथम्।
राजा च चक्रवर्ती च मण्डली च कथं भवेत्॥३३॥

今译：怎么会产生各种饮食和爱欲？
　　　怎么会有国王、转轮王①和诸侯？（33）

求译：云何生飲食，及生諸愛欲？
　　　云何名為王，轉輪及小王？

实译：飲食是誰作？愛欲云何起？
　　　云何轉輪王，及以諸小王？

रक्ष्यं भवेत्कथं राज्यं देवकायाः कथंविधाः।
भूनक्षत्रगणाः केन सोमभास्करयोः कथम्॥३४॥

今译：怎样保护王国？天神有多少种？
　　　缘何有大地、星宿、月亮和太阳？（34）

求译：云何守護國？諸天有幾種？
　　　云何名為地，星宿及日月？

实译：云何王守護？天眾幾種別？
　　　地日月星宿，斯等並是何？

विद्यास्थानं भवेत्किं च मोक्षो योगी कतिविधः।

---

① “转轮王”（cakravartin）指一统天下的国王。

शिष्यो भवेत्कतिविध आचार्यश्च भवेत्कथम्॥ ३५॥

今译：何为知识门类？解脱和瑜伽行者
多少种？学生多少种？老师又如何？（35）

求译：解脱修行者，是各有幾種？
弟子有幾種？云何阿闍梨[①]？

实译：解脱有幾種？修行師復幾？
云何阿闍梨？弟子幾差別？

बुद्धो भवेत्कतिविधो जातकाश्च कथंविधाः।
मारो भवेत्कतिविधः पाषण्डाश्च कतिविधाः॥ ३६॥

今译：佛陀多少种？本生[②]又如何？
摩罗[③]多少种？异学多少种？（36）

求译：佛復有幾種？復有幾種生？
魔及諸異學，彼各有幾種？

实译：如來有幾種，本生事亦然？
眾魔及異學，如是各有幾？

स्वभावस्ते कतिविधश्चित्तं कतिविधं भवेत्।
प्रज्ञप्तिमात्रं च कथं ब्रूहि मे वदतांवर॥ ३७॥

今译：自性多少种？心多少种？何为
唯假名[④]？请优秀说法者告诉我！（37）

求译：自性及與心，彼復各幾種？

---

① “阿闍梨”是 ācārya（“老师”）一词的音译。
② “本生”（jātaka）指佛陀前生的故事。
③ “摩罗”（māra）指阻碍菩萨修行成佛的魔。
④ “唯假名”（prajñaptimātra）指万物无实体，唯有假名。“假名”（prajñapti）也就是对并非实体的事物“施设”或“假设”的名称。

云何施設量？唯願最勝說。

实译：自性幾種異？心有幾種別？

云何唯假設？願佛為開演。

घनाः खे पवनं केन स्मृतिर्मेघो कथं भवेत्।
तरुवल्ल्यः कथं केन ब्रूहि मे त्रिभवेश्वर॥ ३८॥

今译：缘何空中有云和风？怎会有忆念和聪慧[1]？

怎会有树木和蔓草？请三界之主告诉我。（38）

求译：云何空風雲？云何念聰明？

云何為林樹？云何為蔓草？

实译：云何為風雲？念智何因有？

藤樹等行列，此並誰能作？

हया गजा मृगाः केन ग्रहणं यान्ति बालिशाः।
उहोडिमा नराः केन ब्रूहि मे चित्तसारथे॥ ३९॥

今译：缘何那些马、象和鹿愚蠢，让人捕获？

缘何有卑陋人？请心之御者告诉我！（39）

求译：云何象馬鹿？云何而捕取？

云何為卑陋？何因而卑陋？

实译：云何象馬獸？何因而捕取？

云何卑陋人？願佛為我說。

षड़ृतुग्रहणं केन कथमिच्छन्तिको भवेत्।
स्त्रीपुंनपुंसकानां च कथं जन्म वदाहि मे॥ ४०॥

---

[1] “聪慧”的原词是 meghaḥ（“云”），据南条本应为 medhaḥ。

今译：缘何总共有六季[1]？怎么会有一阐提[2]？
怎么会有男女和非男[3]？请你告诉我！（40）

求译：云何六師[4]攝？云何一闡提？
男女及不男，斯皆云何生？

实译：云何六時攝？云何一闡提？
女男及不男，此並云何生？

कथं व्यावर्तते योगात्कथं योगः प्रवर्तते।
कथं चैवंविधा योगे नराः स्थाप्या वदाहि मे॥४१॥

今译：何为修行退步？何为修行进步？
应该怎样教人修行？请告诉我！（41）

求译：云何修行退？云何修行生？
禪師以何法，建立何等人？

实译：云何修行進？云何修行退？
瑜伽師有幾，令人住其中？

गत्यागतानां सत्त्वानां किं लिङ्गं किं च लक्षणम्।
धनेश्वरो कथं केन ब्रूहि मे गगनोपम॥४२॥

今译：众生来去有什么特征？有什么形相？
缘何有财神？请如同虚空者告诉我！（42）

求译：眾生生諸趣，何相何像類？
云何為財富？何因致財富？

---

[1] “六季”（ṣaḍṛtu），印度分一年为六季：春季、夏季、雨季、秋季、霜季和寒季。

[2] “一阐提”（icchantika）原义是充满欲望，因而通常指缺乏善根而不能成佛的人。本品中还指出有另一种菩萨一阐提。

[3] “非男”（napuṃsaka）指非男非女的阴阳人。

[4] 此处“师”字，据《中华大藏经》校勘记，“《碛》、《南》、《径》、《清》作‘节’”。按照现存梵本，原词是 ṛtu（“季节”）。此词在下面第 83 颂中，求译“时节”。

实译：眾生生諸趣，何形何色相？
富饒大自在，此復何因得？

शाक्यवंशः कथं केन कथमिक्ष्वाकुसंभवः।
ऋषिर्दीर्घतपाः केन कथं तेन प्रभावितम्॥४३॥

今译：缘何有释迦世系[①]？缘何生于甘蔗族[②]？
缘何成为长苦行仙人[③]？他怎样显示？（43）

求译：云何為釋種？何因有釋種？
云何甘蔗種？無上尊願說。
云何長苦仙？彼云何教授？

实译：云何釋迦種？云何甘蔗種？
仙人長苦行，是誰之教授？

त्वमेव कस्मात्सर्वत्र सर्वक्षेत्रेषु दृश्यसे।
नामैश्चित्रैस्तथारूपैर्जिनपुत्रैः परीवृतः॥४४॥

今译：为何在一切国土都能见到你？
名字形貌不同的佛子围绕你？（44）

求译：如來云何於，一切時剎現，
種種名色類，最勝子圍遶？

实译：何因佛世尊，一切剎中現，
異名諸色類，佛子眾圍遶？

अभक्ष्यं हि कथं मांसं कथं मांसं निषिध्यते।

---

① "释迦世系"（Śākyavaṃśa），佛陀出生于释迦族，故名释迦牟尼（Śākyamuni），即释迦族的苦行仙人。
② "甘蔗族"（Ikṣvāku），释迦族属于甘蔗族。
③ "长苦行"（Dīrghatapas）是吠陀时代的一位著名仙人。

कव्यादगोत्रसंभूता मांसं भक्ष्यन्ति केन वै ॥ ४५ ॥

今译：为何不能食肉？为何禁止食肉？
那些食肉类动物为何会食肉？（45）

求译：云何不食肉？云何制斷肉？
食肉諸種類，何因故食肉？

实译：何因不食肉？何因令斷肉？
食肉諸眾生，以何因故食？

सोमभास्करसंस्थाना मेरुपद्मोपमाः कथम्।
श्रीवत्ससिंहसंस्थानाः क्षेत्राः केन वदाहि मे ॥ ४६ ॥

今译：为何国土形状如同日、月、须弥山、
莲花、卍字和狮子？请你告诉我！（46）

求译：云何日月形，須弥及蓮花，
師子勝相剎[①]，

实译：何故諸國土，猶如日月形，
須弥及蓮花，卍字師子像？

व्यत्यस्ता अधमूर्धाश्च इन्द्रजालोपमाः कथम्।
सर्वरत्नमया क्षेत्राः कथं केन वदाहि मे ॥ ४७ ॥

今译：为何国土形状如同因陀罗网[②]，颠倒
向下，由一切宝石构成？请你告诉我！（47）

求译：側住覆世界，如因陀羅網，
或悉諸珍寶，

实译：何故諸國土，如因陀羅網，

① “胜相”（śrīvatsa）指卍字。“刹”（kṣetra）指国土。
② “因陀罗网”（Indrajāla）指天王因陀罗的宝石网。

覆住或側住，一切寶所成？

वीणापणवसंस्थाना नानापुष्पफलोपमाः।
आदित्यचन्द्रविरजाः कथं केन वदाहि मे॥४८॥

今译：为何形状如同琵琶、鼓和各种花果？
无垢如同太阳和月亮？请你告诉我！（48）

求译：箜篌細腰鼓，狀種種諸花，
或離日月光①，如是等無量？

实译：何故諸國土，無垢日月光，
或如花果形，箜篌細腰鼓？

केन निर्माणिका बुद्धाः केन बुद्धा विपाकजाः।
तथता ज्ञानबुद्धा वै कथं केन वदाहि मे॥४९॥

今译：缘何有变化佛②？缘何有报生佛③？
缘何有真如智慧佛④？请告诉我！（49）

求译：云何為化佛？云何報生佛？
云何如如佛？云何智慧佛？

实译：云何變化佛？云何為報佛？
真如智慧佛？願皆為我說。

कामधातौ कथं केन न विबुद्धो वदाहि मे।
अकनिष्ठे किमर्थं तु वीतरागेषु बुध्यसे॥५०॥

---

① 此处"离日月光"与现存梵本有差异。菩译"离日月光"与求译相同。而实译"无垢日月光"，与现存梵本一致。

② "变化佛"（Nirmāṇikabuddha）指化身佛。

③ "报生佛"（Vipākajabuddha）指报身佛。

④ "真如智慧佛"（Tathatājñānabuddha）指法身佛。

今译：为何在欲界，不能觉悟？请告诉我！
　　　为何在阿迦尼吒天[①]，你离欲觉悟？（50）

求译：云何於欲界，不成等正覺？
　　　何故色究竟，離欲得菩提？

实译：云何於欲界，不成等正覺？
　　　何故色究竟，離染得菩提？

निर्वृते सुगते को ऽसौ शासनं धारयिष्यति।
कियत्स्थायी भवेच्छास्ता कियन्तं स्थास्यते नयः॥५१॥

今译：善逝涅槃后，谁维持教义？
　　　导师住多久？正法住多久？（51）

求译：善逝般涅槃，誰當持正法？
　　　天師住久如？正法幾時住？

实译：如來滅度後，誰當持正法？
　　　世尊住久如？正法幾時住？

सिद्धान्तस्ते कतिविधो दृष्टिश्चापि कथंविधा।
विनयो भिक्षुभावश्च कथं केन वदाहि मे॥५२॥

今译：悉檀[②]有多少种？见[③]又有多少种？
　　　何为戒律和比丘[④]性？请你告诉我！（52）

求译：悉檀及與見，各復有幾種？
　　　毗尼[⑤]比丘分，云何何因緣？

---

① “阿迦尼吒天”（Akaniṣṭha）位于色界天的顶端，故而又译“色究竟天”。

② “悉檀”（siddhānta）指宗旨、结论或真理。这个词的词义是达到终极，故而汉译佛经中也译为“成究竟”。

③ “见”（dṛṣṭi）指见解或观点，常用于指称外道邪见。

④ “比丘”（bhikṣu）指出家修行者。

⑤ “毗尼”是 vinaya（“戒律”）一词的音译。

实译：悉檀有幾種？諸見復有幾？
何故立毗尼，及以諸比丘？

परावृत्तिगतं केन निराभासगतं कथम्।
प्रत्येकजिनपुत्राणां श्रावकाणां वदाहि मे॥५३॥

今译：缘觉、佛子和声闻缘何得转变？
缘何达到无影像？请你告诉我！（53）

求译：彼諸最勝子，緣覺及聲聞，
何因百變易？云何百無受？

实译：一切諸佛子，獨覺及聲聞，
云何轉所依，云何得無相？

अभिज्ञा लौकिकाः केन भवेल्लोकोत्तरा कथम्।
चित्तं हि भूमयः सप्त कथं केन वदाहि मे॥५४॥

今译：何为世间神通和出世间神通？[1]
何为心住七地[2]？请你告诉我！（54）

求译：云何世俗通？云何出世間？
云何為七地？唯願為演說。

实译：云何得世通？云何得出世？
復以何因緣，心住七地中？

संघस्ते स्यात्कतिविधः संघभेदः कथं भवेत्।

[1] “神通”（abhijñā）分为世间（laukika）神通和出世间（lokottara）神通。世间神通指神变通、天耳通、他心通、宿命通和天眼通。出世间神通指漏尽通，即摆脱一切烦恼而获得解脱。

[2] “七地”（bhūmayaḥ sapta）指菩萨修行的七种阶位：种性地、解行地、净心地、行迹地、决定地、决定行地和毕竟地。

चिकित्साशास्त्रं सत्त्वानां कथं केन वदाहि मे॥५५॥

今译：僧伽多少种？为何僧伽出现分裂？
何为众生的医方论？请你告诉我！（55）

求译：僧伽有幾種？云何為壞僧？
云何醫方論？是復何因緣？

实译：僧伽有幾種？云何成破僧？
云何為眾生，廣說醫方論？

काश्यपः क्रकुच्छन्दश्च कोनाकमुनिरप्यहम्।
भाषसे जिनपुत्राणां वद कस्मान्महामुने॥५६॥

今译：为何你对众佛子说："我也是迦叶、
迦留孙和拘那含[1]。"大牟尼啊！（56）

求译：何故大牟尼，唱說如是言：
迦葉拘留孫，拘那含是我？

实译：何故大牟尼，唱說如是言：
迦葉拘留孫，拘那含是我？

असत्यात्मकथा केन नित्यनाशकथा कथम्।
कस्मात्तत्त्वं न सर्वत्र चित्तमात्रं प्रभाषसे॥५७॥

今译：何为无我说？何为断常说？为何
你不在一切场合说唯心真义？（57）

求译：何故說斷常，及與我無我？
何不一切時，演說真實義，
而復為眾生，分別說心量？

---

[1] "迦叶"（Kāśyapa）、迦留孙（Krakuchanda）和拘那含（Konāka）都是过去佛。

实译：何故說斷常，及與我無我？

何不恒說實，一切唯是心？

नरनारीवनं केन हरीतक्यामलीवनम्।

कैलासश्चक्रवालश्च वज्रसंहनना कथम्॥५८॥

今译：何为男女林、诃梨林和庵摩罗林？

何为鸡罗娑山①、轮围山②和金刚山？（58）

求译：何因男女林，訶梨阿摩勒，

雞羅及鐵圍，金剛等諸山？

实译：云何男女林，訶梨菴摩羅，

鷄羅娑輪圍，及以金剛山？

अचलास्तदन्तरे वै के नानारत्नोपशोभिताः।

ऋषिगन्धर्वसंकीर्णाः कथं केन वदाहि मे॥५९॥

今译：这些山中，哪些装饰有各种宝石，

充满仙人和乾达婆③？请你告诉我！（59）

求译：無量寶莊嚴，仙闥婆充滿？

实译：如是處中間，無量寶莊嚴，

仙人乾闥婆，一切皆充滿，

此皆何因緣？願尊為我說。

इदं श्रुत्वा महावीरो बुद्धो लोकविदां वरः।

महायानमयं चित्तं बुद्धानां हृदयं बलम्॥६०॥

今译：优秀的知世者大雄佛陀闻听

---

① "鸡罗娑山"（Kailāsa，或译"盖拉娑山"），是喜马拉雅山的山峰之一。

② "轮围山"（Cakravāla，或译"铁围山"），是围绕四洲的铁山。

③ "乾达婆"（gandharva，或译"健达缚"）是天国的歌舞伎。

这种大乘心[1]和诸佛心力，说道：（60）

求译：無上世間解，聞彼所說偈，

大乘諸度門，諸佛心第一。[2]

实译：爾時世尊，聞其所請大乘微妙諸佛之心最上法門，即告之言：

साधु साधु महाप्रज्ञ महामते निबोधसे।
भाषिष्याम्यनुपूर्वेण यत्त्वया परिपृच्छितम्॥ ६१॥

今译：“善哉，善哉！大智者大慧！请听，

我将依次回答你提出的问题。（61）

求译：“善哉善哉問，大慧善諦聽，

我今當次第，如汝所問說。

实译：“善哉，大慧！諦聽諦聽！如汝所問，當次第說。”即說頌言：

उत्पादमथ नोत्पादं निर्वाणं शून्यलक्षणम्।
संक्रान्तिमस्वभावत्वं बुद्धाः पारमितासुताः॥ ६२॥

今译：“生、不生、涅槃、空、相、流转、

无自性、佛陀、波罗蜜和佛子。（62）

求译：“生及與不生，涅槃空剎那[3]，

趣至無自性，佛諸波羅蜜。

[1] “大乘心”的原文是 mahāyānamayam cittam。此处求译和菩译均为“大乘诸度门”，实译“大乘最上法门”。南条本校注中据藏译本推断为 mahāyānanayam citram（“种种大乘法门”）。

[2] 此处有夹注：“此心如树木坚实心，非念虑心也”。意谓此心的原词是 hṛdayam，而非 cittam。

[3] 此处“剎那”（kṣaṇa）一词按现存梵本的原词是“相”（lakṣaṇa）。菩译“剎那”与求译相同。而实译“相”与现存梵本一致。

实译：“若生若不生，涅槃及空相，
流轉無自性，波羅蜜佛子。

श्रावका जिनपुत्राश्च तीर्थ्या ह्यारूप्यचारिणः।
मेरुसमुद्रा ह्यचला द्वीपा क्षेत्राणि मेदिनी॥६३॥

今译：“声闻、胜者子、外道、无色行者、
须弥、海、山、岛、国土和大地。（63）

求译：“佛子與聲聞，緣覺諸外道，
及與無色行，如是種種事，
須弥巨海山，洲渚剎土地。

实译：“聲聞辟支佛，外道無色行，
須弥巨海山，洲渚剎土地。

नक्षत्रा भास्करः सोमस्तीर्थ्या देवासुरास्तथा।
विमोक्षा वशिताभिज्ञा बला ध्याना समाधयः॥६४॥

今译：“星、日、月、外道、天神、阿修罗[①]、
解脱、自在、神通、力、禅和定。（64）

求译：“星宿及日月，外道天修羅，
解脱自在通，力禪三摩提[②]。

实译：“星宿與日月，天眾阿修羅，
解脱自在通，力禪諸三昧。

निरोधा ऋद्धिपादाश्च बोध्यङ्गा मार्ग एव च।
ध्यानानि चाप्रमाणानि स्कन्धा गत्यागतानि च॥६५॥

---

① “阿修罗”（asura）是与天神对立的魔。
② “三摩提”（或“三摩地”和“三昧”）是 samādhi（“入定”）一词的音译。

今译："寂灭、如意足①、觉支、道、
　　　禅、无量②、诸蕴和去来。（65）

求译："滅及如意足，覺支及道品，
　　　諸禪定無量，諸陰身往來。

实译："滅及如意足，菩提分及道，
　　　禪定與無量，諸蘊及往來。

समापत्तिर्निरोधाश्च व्युत्थानं चित्तदेशना।
चित्तं मनश्च विज्ञानं नैरात्म्यं धर्मपञ्चकम्॥६६॥

今译："入定、寂灭、心起而言说，
　　　心、意、识、无我和五法。（66）

求译："正受滅盡定，三昧起心說，
　　　心意及與識，無我法有五。

实译："乃至滅盡定，心生起言說，
　　　心意識無我，五法及自性。

स्वभावः कल्पना कल्प्यं दृश्यं दृष्टिद्वयं कथम्।
यानाकराणि गोत्राणि सुवर्णमणिमुक्तिजाः॥६७॥

今译："何为自性、分别、所分别、所见、二见③、
　　　各种乘、种性、金子、摩尼珠和珍珠④？（67）

求译："自性想所想，及與現二見，
　　　乘及諸種性，金銀摩尼等。

---

①　"如意足"（ṛddhipāda，或译"神足"）指入定获得的神通，体现在欲（chanda）、心（citta）、精进（vīrya）和观（mīmāṃsā）四个方面。

②　"无量"（apramāṇa）指四无量心：慈、悲、喜和舍。

③　"二见"（dṛṣṭidvaya）通常指断常二见。

④　此处"珍珠"的原词是 muktijāḥ，疑有误，应为 muktikāḥ。

实译：“分别所分别，能所二種見，
诸乘種性處，金摩尼真珠。

इच्छन्तिका महाभूता भ्रमरा एकबुद्धता।
ज्ञानं ज्ञेयो गमं प्राप्तिः सत्त्वानां च भवाभवम्॥६८॥

今译：“何为一阐提、四大、动乱、一佛性、
知、所知、去向、达到和众生有无？（68）

求译：“一闡提大種，荒亂及一佛，
智爾焰得向，衆生有無有。

实译：“一闡提大種，荒亂及一佛，
智所智教得，衆生有無有。

हया गजा मृगाः केन ग्रहणं ब्रूहि मे कथम्।
दृष्टान्तहेतुभिर्युक्तः सिद्धान्तो देशना कथम्॥६९॥

今译：“缘何象、马和鹿被捕获？请告诉我！
为何悉檀和言说与喻和因有关？（69）

求译：“象馬諸禽獸，云何而捕取？
譬因成悉檀，

实译：“象馬獸何因，云何而捕取？
云何因譬喻，相應成悉檀？

कार्यं च कारणं केन नानाभ्रान्तिस्तथा नयम्।
चित्तमात्रं न दृश्यो ऽस्ति भूमीनां नास्ति वै क्रमः॥७०॥

今译：“缘何有果和因，种种迷乱，法门，
唯心，没有所见，没有诸地次第？（70）

求译：“及與作所作，藹林迷惑通，

心量不現有，諸地不相至。

实译：“所作及能作，眾林與迷惑，
如是真實理，唯心無境界，
諸地無次第。

निराभासपरावृत्तिशतं केन ब्रवीषि मे।
चिकित्सशास्त्रं शिल्पाश्च कलाविद्यागमं तथा॥७१॥

今译：“缘何有百种无影像和转变，还有
医方论、工巧、技艺、知识和经典？（71）

求译：“百變百無受，醫方工巧論，
伎術諸明處。

实译：“無相轉所依，醫方工巧論，
伎術諸明處。

अचलानां तथा मेरोः प्रमाणं हि क्षितेः कथम्।
उदधेश्चन्द्रसूर्याणां प्रमाणं ब्रूहि मे कथम्॥७२॥

今译：“何为群山、须弥山和大地的量度？
何为海、月和日的量度？请你告诉我！（72）

求译：“諸山須弥地，巨海日月量。

实译：須弥諸山地，巨海日月量。

सत्त्वदेहे कति रजांसि हीनोत्कृष्टमध्यमाः।
क्षेत्रे क्षेत्रे रजाः कृत्तो धन्वो धन्वे भवेत्कति॥७३॥

今译：“上中下等众生身上，每人有多少尘土？
每一国土有多少尘土，每一弓[①]有多少？（73）

[①] “每一弓”的原文是 dhanvo dhanve，疑有误，应为 dhanve dhanve。

求译：“下中上衆生，身各幾微塵？
一一剎幾塵，弓弓數有幾？

实译：“上中下衆生，身各幾微塵？
一一剎幾塵？一一弓幾肘？

हस्ते धनुःक्रमे कोशे योजने ह्यर्धयोजने।
शशवातायनं लिक्षा एडकं हि यवाः कति॥ ७४॥

今译：“每一肘、弓、俱卢舍、由旬和半由旬中，[①]
兔毛、窗尘、虱子、羊毛和麦粒有多少？（74）

求译：“肘步拘樓舍，半由延由延，
兔毫窓塵蟣，羊毛穬麥塵？

实译：“幾弓俱盧舍，半由旬由旬，
兔毫與隙遊，蟣羊毛穬麥？

प्रस्थे हि स्याद्यवाः कयन्तः प्रस्थार्धे च यवाः कति।
द्रोणे खार्यां तथा लक्षाः कोट्यो वै बिंबराः कति॥ ७५॥

今译：“一升有多少麦粒？半升有多少麦粒？
一斛、十六斛、百万、亿和兆斛有多少？（75）

求译：“鉢他幾穬麥？阿羅穬麥幾？
獨籠那佉梨，勒叉及舉利，
乃至頻婆羅，是各有幾數？[②]

[①] “肘”（hasta）、“弓”（dhanus）、“俱卢舍”（krośa）和“由旬”（yojana）均为长度单位。

[②] 这颂中的“钵他”、“独笼那”、“佉梨”、“勒叉”、“举利”和“频婆罗”分别是 prastha（“升”）、droṇa（“斛”）、lakṣa（“百万”）、koṭi（“亿”）、khāri（“十六斛”）和 bimbara（“兆”）的音译。而“阿罗”并非是 prasthārdha（“半升”）的音译，其对应的词可能是 āḍhaka（相当于四分之一斛）。

实译：“半升與一升，是各幾穬麥？
一斛及十斛，十萬暨千億，
乃至頻婆羅，是等各幾數？

सर्षपे ह्यणवः क्यन्तो रक्षिका सर्षपाः कति।
कतिरक्षिको भवेन्माषो धरणं माषकाः कति॥७६॥

今译：“芥子有多少极微[①]？草子有多少芥子？
豆子有多少草子？陀罗那[②]有多少豆子？（76）

求译：“為有幾阿𠀋，名舍梨沙婆？
幾舍梨沙婆，名為一賴提？
幾賴提摩沙，為摩沙陀那？
幾摩沙陀那，名為陀那羅？[③]

实译：“幾塵成芥子？幾芥成草子？
復以幾草子，而成於一豆？

कर्षो हि धरणाः क्यन्तः पलं वै कति कार्षिका।
एतेन पिण्डलक्षणं मेरुः कतिपलो भवेत्।
एवं हि पृच्छ मां पुत्र अन्यथा किं नु पृच्छसि॥७७॥

今译：“迦尔舍有多少陀罗那？波罗有多少
迦尔舍[④]？紧密的须弥山有多少波罗？
你这样问我吧！佛子，为何不这样问？（77）

求译：“復幾陀那羅，為迦梨沙那？

---

① “极微”（aṇu）指最小的单位，如原子。

② “陀罗那”（dharaṇa）是重量单位。

③ 这颂中的“阿𠀋”、“梨沙婆”、“赖提”和“摩沙”分别是 aṇu（“极微”）、sarṣapa（“芥子”）、rakṣika（“草子”）和 māṣa（“豆子”）的音译。而“摩沙陀那”可能是对应 māṣaka。其实 māṣaka 和 māṣa（“豆子”）同义。

④ “迦尔舍”（karṣa）和“波罗”（pala）也是重量单位。

幾迦梨沙那，為成一波羅？
此等積聚相，幾波羅弥樓[①]？
是等所應請，何須問餘事。

实译：“幾豆成一銖？幾銖成一兩？
幾兩成一斤？幾斤成須弥？
此等所應請，何因問餘事。

प्रत्येकश्रावकाणां हि बुद्धानां च जिनौरसाम्।
कत्यणुको भवेत्कायः किं नु एवं न पृच्छसि॥ ७८॥

今译：“缘觉、声闻、佛陀和佛子的身体
有多少极微？你为何不这样问？（78）

求译：“聲聞辟支佛，佛及最勝子，
身各有幾數，何故不問此？

实译：“聲聞辟支佛，諸佛及佛子，
如是等身量，各有幾微塵？

वह्नेः शिखा कत्यणुका पवने ह्यणवः कति।
इन्द्रिये इन्द्रिये क्यन्तो रोमकूपे भ्रुवोः कति॥ ७९॥

今译：“每个火苗有多少极微？风有多少极微？
每个感官有多少？毛孔和眉毛有多少？（79）

求译：“火焰幾阿㝹？風阿㝹復幾？
根根幾阿㝹？毛孔眉毛幾？

实译：“大[②]風各幾塵？一一根有幾？

---

① “弥楼”原词是 meru（“弥楼山”）。此词或译“弥卢”。meru 又称 sumeru，因而又译“须弥”。

② 此处“大”字，据现存梵本和求译应为“火”。

眉及諸毛孔，復各幾塵成？

如是等諸事，云何不問我？

धनेश्वरा नराः केन राजानश्चक्रवर्तिनः।

राज्यं च तैः कथं रक्ष्यं मोक्षश्चैषां कथं भवेत्॥८०॥

今译："缘何有财神、人、国王和转轮王？

他们怎样保护王国？怎样解脱？（80）

求译："護財自在王，轉輪聖帝王，

云何王守護？云何為解脫？

实译："云何得財富？云何轉輪王？

云何王守護？云何得解脫？

गद्यं पद्यं कथं ब्रूषे मैथुनं लोकविश्रुता।

अन्नपानस्य वैचित्र्यं नरनारिवनाः कथम्॥८१॥

今译："何为散文和诗，举世皆知的爱欲，

各种饮食，男女林，请你告诉我！（81）

求译："廣說及句說，①如汝之所問，

眾生種種欲，種種諸飲食，

云何男女林？

实译："云何長行句，婬欲及飲食？

云何男女林？

वज्रसंहननाः केन ह्यचला ब्रूहि मे कथम्।

मायास्वप्ननिभाः केन मृगतृष्णोपमाः कथम्॥८२॥

今译："缘何有那些金刚山，请告诉我！

---

①　"广说及句说"指散文和诗。同为求译，在前面第32颂中的用语是"长颂及短颂"。

缘何如幻似梦？为何如同阳焰？（82）

求译："金剛堅固山？云何如幻夢，

野鹿渴愛譬？

实译："金剛等諸山，幻夢渴愛譬？

घनानां संभवः कुत्र ऋतूनां च कुतो भवेत्।
रसानां रसता कस्मात्कस्मात्स्त्रीपुंनपुंसकम्॥८३॥

今译："云从何处起？六季又从何而来？

何来种种味？何来男女和非男？（83）

实译："諸雲從何起？時節云何有？

何因種種味，女男及不男，

शोभाश्च जिनपुत्राश्च कुत्र मे पृच्छ मां सुत।
कथं हि अचला दिव्या ऋषिगन्धर्वमण्डिताः॥८४॥

今译："何来装饰和佛子？佛子，你问我吧！

何为由仙人和乾达婆装饰的圣山？（84）

求译："云何山天仙，揵闥婆莊嚴？

实译："佛菩薩嚴飾？云何諸妙山，

仙闥婆莊嚴？

मुक्तस्य गमनं कुत्र बद्धः कः केन मुच्यते।
ध्यायिनां विषयः को ऽसौ निर्माणस्तीर्थकानि च॥८५॥

今译："解脱之路在何处？何为受缚？怎样解脱？

何为禅行者境界？何为变化？何为外道？（85）

求译："解脱至何所？誰縛誰解脱？

云何禪境界，變化及外道？

实译：“解脫至何所？誰縛誰解脫？

云何禪境界？變化及外道？

असत्सद्क्रिया केन कथं दृश्यं निवर्तते।
कथं हि शुध्यते तर्कः केन तर्कः प्रवर्तते॥८६॥

今译：“何为有无和无为？所见如何转离？

怎样净化思辨？思辨从何产生？[①]（86）

求译：“云何無因作？云何有因作，

有因無因作，及非有無因？

云何現已滅？云何淨諸覺？

实译：“云何無因作？云何有因作？

云何轉諸見？云何起計度？

云何淨計度？

क्रिया प्रवर्तते केन गमनं ब्रूहि मे कथम्।
संज्ञायाश्छेदनं केन समाधिः केन चोच्यते॥८७॥

今译：“缘何作为？怎样离去？请告诉我！

缘何断除名想？缘何称为入定？（87）

求译：“云何諸覺轉，及轉諸所作？

云何斷諸想？云何三昧起？

实译：“所作云何起？云何而轉去？

云何斷諸想？云何起三昧？

---

① 这颂与求译和实译差异较大。原文中有“有”（sat）和“无”（asat）这两个词，而无“有因”和“无因”这两个词。

विदार्य त्रिभवं को ऽसौ किं स्थानं का तनुर्भवेत्।
असत्यात्मकथा केन संवृत्या देशना कथम्॥८८॥

今译："谁能破三有？何为处？何为身？
　　　何为无我说？何为随俗说？（88）

求译："破三有者誰？何處為何身？
　　　云何無眾生，而說有吾我？ [①]
　　　云何世俗說？唯願廣分別。

实译："破三有者誰？何處身云何？
　　　云何無有我？云何隨俗說？

लक्षणं पृच्छसे केन नैरात्म्यं पृच्छसे कथम्।
गर्भा नैयायिकाः केन पृच्छसे मां जिनौरसाः॥८९॥

今译："你问缘何有相？你问何为无我？
　　　缘何有胎藏、正理论者和佛子？（89）

求译："所問相云何，及所問非我？
　　　云何為胎藏，及種種異身 [②]？

实译："汝問相云何，及所問非我？
　　　云何為胎藏，及以餘支分？

शाश्वतोच्छेददृष्टिश्च केन चित्तं समाध्यते।
अभिलापस्तथा ज्ञानं शीलं गोत्रं जिनौरसाः॥९०॥

今译："何为常见和断见？如何心入定？

---

① 此句与现存梵本有差异。若按这种译法，原文可能是 asattvātmakathā kena。菩译"云何无人我？"也可能是依据这样的原文。与求译相比，菩译更恰当。而实译与现存梵本一致。

② 此处"种种异身"和实译"余支分"与现存梵本中对应的词应该是 naiyāyikāḥ（"正理论者"）。此词已在前面第 23 颂中出现，求译和实译均为"异部"。南条本校注中据藏译本推测原词也可能是 naikāyikāḥ。

何为言说、智、戒、种性和佛子？（90）

求译："云何斷常見？云何心得定，

言說及諸智，戒種性佛子？

实译："云何斷常見？云何心一境？

云何言說智，戒種性佛子？

युक्तव्याख्या गुरुशिष्यः सत्त्वानां चित्रता कथम्।
अन्नपानं नभो मेघा माराः प्रज्ञप्तिमात्रकम्॥९१॥

今译："何为道理、解释、师生、各种众生、

饮食、天空、聪慧[①]、摩罗和唯假名？（91）

求译："云何成及論？云何師弟子？

種種諸眾生，斯等復云何？

云何為飲食，聰明廣[②]施設？

实译："云何稱理釋？云何師弟子，

眾生種性別，飲食及虛空，

聰明魔施設？

तरुवल्ल्यः कथं केन पृच्छसे मां जिनौरस।
क्षेत्राणि चित्रता केन ऋषिर्दीर्घतपास्तथा॥९२॥

今译："你问何为树木和蔓草？佛子啊！

缘何有各种国土和长苦行仙人？（92）

求译："云何樹葛藤？最勝子所問，

云何種種剎，仙人長苦行？

---

① "聪慧"的原词是 meghā（"云"），据南条本应为 medhā（"聪慧"）。此处求译、菩译和实译均为"聪明"。

② 此处"广"字，据《中华大藏经》校勘记，"《径》作'魔'"。按照现存梵本及实译，应为"魔"（māra）。

实译：“云何樹行布？是汝之所問。
何因一切刹，種種相不同，
或有如箜篌，腰鼓及衆花，
或有離光明，[①]仙人長苦行？

वंशः कस्ते गुरुः केन पृच्छसे मां जिनौरस।
उहोऽडिमा नरा योगे कामधातौ न बुध्यसे॥९३॥

今译：“你问何为世系？缘何有老师？佛子啊！
缘何有卑陋人，在欲界修行不觉悟？（93）

求译：“云何為族姓？從何師受學？
云何為醜陋？云何人修行？
欲界何不覺？

实译：“或有好族姓，令衆生尊重，
或有體卑陋，為人所輕賤，
云何欲界中，修行不成佛？

सिद्धान्तो ह्यकनिष्ठेषु युक्तिं पृच्छसि मे कथम्।
अभिज्ञां लौकिकां केन कथं भिक्षुत्वमेव च॥९४॥

今译：“为何在阿迦尼吒天获得悉檀？
何为道理、世间神通和比丘性？（94）

求译：“阿迦膩吒成？云何俗神通？
云何為比丘？

实译：“而於色究竟，乃昇等正覺？
云何世間人，而能獲神通？
何因稱比丘？

---

① 以上三个短语与第 96 颂对应。

नैर्माणिकान् विपाकस्थान् बुद्धान् पृच्छसि मे कथम्।
तथताज्ञानबुद्धा वै संघाश्चैव कथं भवेत्॥९५॥

今译："你问何为变化佛和报生佛？
何为真如智慧佛和僧伽？（95）

求译："云何為化佛？云何為報佛？
云何為如如，平等智慧佛？
云何為衆僧？佛子如是問。

实译："何故名僧伽？云何化及報，
真如智慧佛？

वीणापणवपुष्पाभाः क्षेत्रा लोकविवर्जिताः।
चित्तं हि भूमयः सप्त पृच्छसे मां जिनौरस।
एतांश्चान्यांश्च सुबहून् प्रश्नान् पृच्छसि मां सुत॥९६॥

今译："你问国土如同琵琶、鼓和花，
缺乏光明[①]，心住七地，佛子啊！
你问了这些和其他许多问题。（96）

求译："箜篌腰鼓花，刹土離光明，
心地者有七，所問皆如實，
此及餘衆多，佛子所應問。

实译："云何使其心，得住七地中？
此及於餘義，汝今咸問我。

एकैकं लक्षणैर्युक्तं दृष्टिदोषविवर्जितम्।

① "缺乏光明"的原文是 lokavivarjitāḥ（"摆脱世界"），疑有误。按南条本，此处原文为 kṣetrālokavivarjitāḥ。这样，在复合词中可以读作 ālokavivarjitāḥ（"缺乏光明"）。但作为整个句子，语法上不规范。此处求译、菩译和实译均为"离光明"。

सिद्धान्तं देशनां वक्ष्ये सहसा त्वं श्रृणोहि मे॥९७॥

今译："每个都与相有关，摆脱邪见弊端，
我即将讲述悉檀和言说，请听吧！（97）

求译："一一相相應，遠離諸見過，
悉檀離[1]言說，我今當顯示。

实译："如先佛所說，一百八種句，
一一相相應，遠離諸見過。

उपन्यासं करिष्यामि पदानां श्रृणु मे सुत।
अष्टोत्तरं पदशतं यथा बुद्धानुवर्णितम्॥९८॥

今译："我将陈述种种句[2]，孩子，请听，
一百零八句，如同诸佛所说。"（98）

求译："次第建立句，佛子善諦聽，
此上百八句[3]，如諸佛所說。"

实译："亦離於世俗，言語所成法。
我當為汝說，佛子應聽受。"

अथ खलु महामतिर्बोधिसत्त्वो महासत्त्वो भगवन्तमेतदवोचत् -- कतमद्भगवन् अष्टोत्तरपदशतम् ? भगवानाह -- उत्पादपदम् अनुत्पादपदम् , नित्यपदम् अनित्यपदम् , लक्षणपदम् अलक्षणपदम् , स्थित्यन्यथात्वपदम् अस्थित्यन्यथात्वपदम् , क्षणिकपदम् अक्षणिकपदम् , स्वभावपदम् अस्वभावपदम् , शून्यतापदम् अशून्यतापदम् , उच्छेदपदम् अनुच्छेदपदम् , चित्तपदम् अचित्तपदम् , मध्यमपदम् अमध्यमपदम् , शाश्वतपदम् अशाश्वतपदम् , प्रत्ययपदम्

[1] 此处"离"字不见于现存梵本。而实译与求译一致。

[2] "句"（pada，词）指名词、概念或范畴。这里按照汉译佛经的传统译法译为"句"。

[3] "此上百八句"的原文是aṣṭottaram padaśatam，意思是"一百加上八句"，即"一百零八句"。

अप्रत्ययपदम् , हेतुपदम् अहेतुपदम् , क्लेशपदम् अक्लेशपदम् , तृष्णापदम् अतृष्णापदम् , उपायपदम् अनुपायपदम् , कौशल्यपदम् अकौशल्यपदम् , शुद्धिपदम् अशुद्धिपदम् , युक्तिपदम् अयुक्तिपदम् , दृष्टान्तपदम् अदृष्टान्तपदम् , शिष्यपदम् अशिष्यपदम् , गुरुपदम् अगुरुपदम् , गोत्रपदम् अगोत्रपदम् , यानत्रयपदम् अयानत्रयपदम् , निराभासपदम् अनिराभासपदम् , प्रणिधानपदम् अप्रणिधानपदम् , त्रिमण्डलपदम् अत्रिमण्डलपदम् , निमित्तपदम् अनिमित्तपदम् , सदसत्पक्षपदम् असदसत्पक्षपदम् , उभयपदम् अनुभयपदम् , स्वप्रत्यात्मार्यज्ञानपदम् अस्वप्रत्यात्मार्यज्ञानपदम् , दृष्टधर्मसुखपदम् अदृष्टधर्मसुखपदम् , क्षेत्रपदम् अक्षेत्रपदम् , अणुपदम् अनणुपदम् , जलपदम् अजलपदम् , धन्वपदम् अधन्वपदम् , भूतपदम् अभूतपदम् , संख्यागणितपदम् असंख्यागणितपदम् , अभिज्ञापदम् अनभिज्ञापदम् , खेदपदम् अखेदपदम् , घनपदम् अघनपदम् , शिल्पकलाविद्यापदम् अशिल्पकलाविद्यापदम् , वायुपदम् अवायुपदम् , भूमिपदम् अभूमिपदम् , चिन्त्यपदम् अचिन्त्यपदम् , प्रज्ञप्तिपदम् अप्रज्ञप्तिपदम् , स्वभावपदम् अस्वभावपदम् , स्कन्धपदम् अस्कन्धपदम् , सत्त्वपदम् असत्त्वपदम् , बुद्धिपदम् अबुद्धिपदम् , निर्वाणपदम् अनिर्वाणपदम् , ज्ञेयपदम् अज्ञेयपदम् , तीर्थ्यपदम् अतीर्थ्यपदम् , डमरपदम् अडमरपदम् , मायापदम् अमायापदम् , स्वप्नपदम् अस्वप्नपदम् , मरीचिपदम् अमरीचिपदम् , बिम्बपदम् अबिम्बपदम् , चक्रपदम् अचक्रपदम् , गन्धर्वपदम् अगन्धर्वपदम् , देवपदम् अदेवपदम् , अन्नपानपदम् अनन्नपानपदम् , मैथुनपदम् अमैथुनपदम् , दृष्टपदम् अदृष्टपदम् , पारमितापदम् अपारमितापदम् , शीलपदम् अशीलपदम् , सोमभास्करनक्षत्रपदम् असोमभास्करनक्षत्रपदम् , सत्यपदम् असत्यपदम् , फलपदम् अफलपदम् , निरोधपदम् अनिरोधपदम् , निरोधव्युत्थानपदम् अनिरोधव्युत्थानपदम् , चिकित्सापदम् अचिकित्सापदम् , लक्षणपदम् अलक्षणपदम् , अङ्गपदम् अनङ्गपदम् , कलाविद्यापदम् अकलाविद्यापदम् , ध्यानपदम् अध्यानपदम् , भ्रान्तिपदम् अभ्रान्तिपदम् , दृश्यपदम् अदृश्यपदम् , रक्ष्यपदम् अरक्ष्यपदम् , वंशपदम् अवंशपदम् , ऋषिपदम् अनर्षिपदम् , राज्यपदम् अराज्यपदम् , ग्रहणपदम् अग्रहणपदम् , रत्नपदम् अरत्नपदम् , व्याकरणपदम् अव्याकरणपदम् ,

इच्छन्तिकपदम् अनिच्छन्तिकपदम् , स्त्रीपुंनपुंसकपदम् अस्त्रीपुंनपुंसकपदम् , रसपदम् अरसपदम् , क्रियापदम् अक्रियापदम् , देहपदम् अदेहपदम् , तर्कपदम् अतर्कपदम् , चलपदम् अचलपदम् , इन्द्रियपदम् अनिन्द्रियपदम् , संस्कृतपदम् असंस्कृतपदम् , हेतुफलपदम् अहेतुफलपदम् , कनिष्ठपदम् अकनिष्ठपदम् , ऋतुपदम् अनृतुपदम् , द्रुमगुल्मलतावितानपदम् अद्रुमगुल्मलतावितानपदम् , वैचित्र्यपदम् अवैचित्र्यपदम् , देशनावतारपदम् अदेशनावतारपदम् , विनयपदम् अविनयपदम् , भिक्षुपदम् अभिक्षुपदम् , अधिष्ठानपदम् अनधिष्ठानपदम् , अक्षरपदम् अनक्षरपदम्। इदं तन्महामते अष्टोत्तरं पदशतं पूर्वबुद्धानुवर्णितम्॥

今译：然后，大慧菩萨大士对世尊说道："世尊啊，哪一百零八句？"世尊说道："生句非生句，常句非常句，相句非相句，住异[①]句非住异句，刹那句非刹那句，自性句非自性句，空性句非空性句，断[②]句非断句，心句非心句，中句非中句，恒句非恒句，缘起句非缘起句，因句非因句，烦恼句非烦恼句，贪爱句非贪爱句，方便句非方便句，善巧句非善巧句，清净句非清净句，道理句非道理句，喻句非喻句，弟子句非弟子句，老师句非老师句，种性句非种性句，三乘句非三乘句，无影像句非无影像句，誓愿句非誓愿句，三轮[③]句非三轮句，兆相[④]句非兆相句，有无句非有无句，二句非二句，自觉圣智句非自觉圣智句，现世法乐句非现世法乐句，国土句非国土句，极微句非极微句，水句非水句，弓句非弓句，四大句非四大句，计数句非计数句，神通句非神通句，苦恼句非苦恼句，云句非云句，工巧技艺知识句与非工巧技艺知识句，风句非风句，地句非地句，思议句非思议句，假名句非假名句，自性句非自性句，蕴句非蕴句，众生句非众生句，觉

---

① "住异"（sthityanyathātva）指固定和变异。

② "断"（uccheda）指断灭。

③ "三轮"（trimaṇḍala）具体所指不详。在《神通游戏》（*Lalitavistara*）第13品中有"在施舍和舍弃中三轮清净"（trimaṇḍalapariśodhanadānaparityāgī）之说。这是指布施时，住于空观，不执著施者、施物和受者，称为三轮体空。

④ "兆相"（nimitta）指原因和征兆。

句非觉句，涅槃句非涅槃句，所知句非所知句，外道句非外道句，动乱句非动乱句，幻句非幻句，梦句非梦句，阳焰句非阳焰句，影句非影句，火轮句非火轮句，乾达婆句非乾达婆句，天神句非天神句，饮食句非饮食句，爱欲句非爱欲句，所见句非所见句，波罗蜜句非波罗蜜句，戒句非戒句，月、日和星句非月、日和星句，真谛句非真谛句，果句非果句，灭句非灭句，灭起①句非灭起句，医方句非医方句，相句非相句，②分支句非分支句，技艺知识句非技艺知识句，禅句非禅句，迷惑句非迷惑句，显现句非显现句，保护句非保护句，世系句非世系句，仙人句非仙人句，王国句非王国句，获取句非获取句，宝石句非宝石句，解释句非解释句，一阐提句非一阐提句，男女和非男句非男女和非男句，味句非味句，作为句非作为句，身句非身句，思辨句非思辨句，动句非动句，诸根句非诸根句，有为句非有为句，因果句非因果句，最小③句非最小句，季节句非季节句，树木蔓藤句非树木蔓藤句，种种句非种种句，言说句非言说句，戒律句非戒律句，比丘句非比丘句，护持句非护持句，文字句非文字句。大慧啊，这些是过去诸佛讲述的一百零八句。"

求译："不生句生句。常句無常句。相句無相句。住異句非住異句。刹那句非刹那句。自性句離自性句。空句不空句。斷句不斷句。邊句非邊句。中句非中句。常句非常句。④緣句非緣句。因句非因句。煩惱句非煩惱句。愛句非愛句。方便句非方便句。巧句非巧句。淨句非淨句。成句非成句。譬句非譬句。弟子句非弟子句。師句非師句。種性句非種性句。三乘句非三乘句。所有句無所有句。願句非願句。

---

① "灭起"（nirodhavyutthāna）指灭寂的产生。此词菩译"起灭尽定"，指产生或进入"灭尽定"。

② "相句非相句"与前面第 3 句重复。

③ "最小"（kaniṣṭha），求译、菩译和实译均为"色究竟天"。若是"色究竟天"，原文应为 akaniṣṭha。

④ 此处有夹注："凡有三常，此常梵音与上常音异也。"意谓此处"常"的原词是 śāśvata，前面的"常"的原词是 nitya。实译将 nitya 译为"常"，而将 śāśvata 译为"恒"。

三輪句非三輪句。相句非相句。有品句非有品句。俱句非俱句。緣自聖智現法樂句非現法樂句。剎土句非剎土句。阿㕙句非阿㕙句。水句非水句。弓句非弓句。實句非實句。數句非數句。[①]數句非數句。[②]明句非明句。虛空句非虛空句。雲句非雲句。工巧伎術明處句非明處句。風句非風句。地句非地句。心句非心句。施設句非施設句。自性句非自性句。陰句非陰句。眾生句非眾生句。慧句非慧句。涅槃句非涅槃句。爾焰句非爾焰句。外道句非外道句。荒亂句非荒亂句。幻句非幻句。夢句非夢句。焰句非焰句。像句非像句。輪句非輪句。揵闥婆句非揵闥婆句。天句非天句。飲食句非飲食句。婬欲句非婬欲句。見句非見句。波羅蜜句非波羅蜜句。戒句非戒句。日月星宿句非日月星宿句。諦句非諦句。果句非果句。滅起句非滅起句。治句非治句。相句非相句。支句非支句。巧明處句非巧明處句。禪句非禪句。迷句非迷句。現句非現句。護句非護句。族句非族句。仙句非仙句。王句非王句。攝受句非攝受句。實句非實句。記句非記句。一闡提句非一闡提句。女男不男句非女男不男句。味句非味句。事句非事句。身句非身句。覺句非覺句。動句非動句。根句非根句。有為句非有為句。無為句非無為句。因果句非因果句。色究竟句非色究竟句。節句非節句。欝樹藤句非欝樹藤句。雜句非雜句。說句非說句。毗尼句非毗尼句。比丘句非比丘句。處句非處句。字句非字句。大慧！是百八句先佛所說。汝及諸菩薩摩訶薩應當修學。”

实译：爾時大慧菩薩摩訶薩白佛言：“世尊，何者是一百八句？”佛言：“大慧，所謂生句非生句，常句非常句，相句非相句，住異句非住異句，剎那句非剎那句，自性句非自性句，空句非空句，斷句非斷句，心句非心句，中句非中句，恒句非恒句，緣句非緣句，因句非

[①] 此处有夹注：“此物之数也。”

[②] 此处有夹注：“此数霜缕反。”这里求译有两句“数句非数句”。按现存梵本，只有一句“计数句非计数句”。实译“算数句非算数句”。菩译“数见非数见”。这里求译是将此句拆成两句。前一句指“数目”（saṃkhyā）的“数”，后一句指“数数目”（gaṇita）的“数”。

因句，煩惱句非煩惱句，愛句非愛句，方便句非方便句，善巧句非善巧句，清淨句非清淨句，相應句非相應句，譬喻句非譬喻句，弟子句非弟子句，師句非師句，種性句非種性句，三乘句非三乘句，無影像句非無影像句，願句非願句，三輪句非三輪句，摽相句非摽相句，有句非有句，無句非無句，俱句非俱句，自證聖智句非自證聖智句，現法樂句非現法樂句，刹句非刹句，塵句非塵句，水句非水句，弓句非弓句，大種句非大種句，算數句非算數句，神通句非神通句，虛空句非虛空句，雲句非雲句，巧明句非巧明句，伎術句非伎術句，風句非風句，地句非地句，心句非心句，假立句非假立句，體性句非體性句，蘊句非蘊句，眾生句非眾生句，覺句非覺句，涅槃句非涅槃句，所知句非所知句，外道句非外道句，荒亂句非荒亂句，幻句非幻句，夢句非夢句，陽焰句非陽焰句，影像句非影像句，火輪句非火輪句，乾闥婆句非乾闥婆句，天句非天句，飲食句非飲食句，婬欲句非婬欲句，見句非見句，波羅蜜句非波羅蜜句，戒句非戒句，日月星宿句非日月星宿句，諦句非諦句，果句非果句，滅句非滅句，滅起句非滅起句，醫方句非醫方句，相句非相句，支分句非支分句，禪句非禪句，迷句非迷句，現句非現句，護句非護句，種族句非種族句，仙句非仙句，王句非王句，攝受句非攝受句，寶句非寶句，記句非記句，一闡提句非一闡提句，女男不男句非女男不男句，味句非味句，作句非作句，身句非身句，計度句非計度句，動句非動句，根句非根句，有為句非有為句，因果句非因果句，色究竟句非色究竟句，時節句非時節句，樹藤句非樹藤句，種種句非種種句，演說句非演說句，決定句非決定句，毗尼句非毗尼句，比丘句非比丘句，住持句非住持句，文字句非文字句，大慧，此百八句，皆是過去諸佛所說。”

अथ खलु महामतिर्बोधिसत्त्वो महासत्त्वः पुनरपि भगवन्तमेतदवोचत् -- कतिविधो भगवन् विज्ञानानामुत्पादस्थितिनिरोधो भवति ? भगवानाह -- द्विविधो

महामते विज्ञानानामुत्पत्तिस्थितिनिरोधो भवति , न च तार्किका अवबुध्यन्ते यदुत प्रबन्धनिरोधो लक्षणनिरोधश्च। द्विविध उत्पादो विज्ञानानाम् , प्रबन्धोत्पादो लक्षणोत्पादश्च। द्विविधा स्थितिः प्रबन्धस्थितिर्लक्षणस्थितिश्च। त्रिविधं विज्ञानं प्रवृत्तिलक्षणं कर्मलक्षणं जातिलक्षणं च। द्विविधं महामते विज्ञानं संक्षेपेण अष्टलक्षणोक्तं ख्यातिविज्ञानं वस्तुप्रतिविकल्पविज्ञानं च। यथा महामते दर्पणस्य रूपग्रहणम् , एवं ख्यातिविज्ञानस्याख्यास्यति। ख्यातिविज्ञानं च महामते वस्तुप्रतिविकल्पविज्ञानं च। द्वे ऽप्येते ऽभिन्नलक्षणे ऽन्योन्यहेतुके। तत्र ख्यातिविज्ञानं महामते अचिन्त्यवासनापरिणामहेतुकम्। वस्तुप्रतिविकल्पविज्ञानं च महामते विषयविकल्पहेतुकमनादिकालप्रपञ्चवासनाहेतुकं च॥

今译：然后，大慧菩萨大士又对世尊说道："世尊啊，诸识的生、住和灭有多少种？"世尊说道："大慧啊，诸识的生、住和灭有两种。那些思辨者不理解这些。诸识有两种灭：连续灭和相灭；两种生：连续生和相生；两种住：连续住和相住。[①]识有三种：转相识、业相识和真相识。[②]大慧啊，识有八种，略说为两种：显现识和分别事物识。[③]大慧啊，正如镜子摄取形象，显现识也是如此。[④]显现识和分别事物识两者无差别相，互为原因。其中，大慧啊，显现识以不可思议的习气[⑤]变化为原因。大慧啊，分别事物识以对境界妄想分别和无始的戏论习气为原因。

求译：爾時大慧菩薩摩訶薩復白佛言："世尊，諸識有幾種生、

---

① 这里说明诸识的生、住和灭有"连续"和有"相"。

② "转相"（pravṛttilakṣaṇa）指诸识从阿赖耶识转出。"业相"（karmalakṣaṇa）指这些识的活动和作用。"真相"（jātilakṣaṇa）指原本的识，也就是阿赖耶识。

③ 在眼识、耳识、鼻识、舌识、身识、意识、意和阿赖耶识八种识中，显现识（khyāti）是阿赖耶识，其他的识，尤其是意和意识，是分别事物识（vastuprativikalpa）。

④ 这句的原文是 evam khyātivijñānasyākhyāsyati，其中的 ākhyāsyati 是 ākhyā（"显示"或"说明"）的将来式，在此句中用法有问题。据南条本校注，此词在 T 抄本中为 ākhyātaḥ，同样有问题。但依据语境，这里要表达的意思还是明白的，即正如镜子摄取形象，同样，显现识显示（形象）。

⑤ "习气"（vāsanā，也译熏习）指潜在的印象，即过去的行为在阿赖耶识中留下的印象，类似潜意识。

住、滅？”佛告大慧：“諸識有二種生、住、滅，非思量所知。諸識有二種生，謂流注生及相生。有二種住，謂流注住及相住。有二種滅，謂流注滅及相滅。諸識有三種相，謂轉相、業相、真相。大慧！略說有三種[①]識，廣說有八相。何等為三？謂真識、現識及分別事識。大慧！譬如明鏡持諸色像，現識處現亦復如是。大慧！現識及分別事識，此二壞不壞相[②]，展轉因。大慧！不思議薰及不思議變是現識因。大慧！取種種塵[③]及無始妄想薰是分別事識因。

实译：爾時大慧菩薩摩訶薩復白佛言：“世尊，諸識有幾種生、住、滅？”佛言：“大慧！諸識有二種生、住、滅，非臆度者之所能知，所謂相續生及相生，相續住及相住，相續滅及相滅。諸識有三相，謂轉相、業相、真相。大慧！識廣說有八，略則唯二，謂現識及分別事識。大慧！如明鏡中現諸色像，現識亦爾。大慧！現識與分別事識，此二識無異相，互為因。大慧！現識以不思議疑[④]變為因。分別事識以分別境界及無始戲論習氣為因。

तत्र सर्वेन्द्रियविज्ञाननिरोधो महामते यदुत आलयविज्ञानस्य अभूतपरिकल्पवासनावैचित्र्यनिरोधः। एष हि महामते लक्षणनिरोधः। प्रबन्धनिरोधः पुनर्महामते यस्माच्च प्रवर्तते। यस्मादिति महामते यदाश्रयेण यदालम्बनेन च। तत्र यदाश्रयमनादिकालप्रपञ्चदौष्ठुल्यवासना यदालम्बनं स्वचित्तदृश्यविज्ञानविषये विकल्पाः। तद्यथा महामते मृत्परमाणुभ्यो मृत्पिण्डः, न चान्यो नानन्यः, तथा सुवर्णं भूषणात्। यदि च महामते मृत्पिण्डो मृत्परमाणुभ्यो ऽन्यः स्यात्, तैर्नारब्धः स्यात्। स चारब्धस्तैर्मृत्परमाणुभिः, तस्मान्नान्यः। अथानन्यः स्यात्, मृत्पिण्ड-

① 按现存梵本应为“二种”。菩译和实译均为“二种”。

② “坏不坏相”的原词是 abhinnalakṣaṇa。其中的 abhinna，有“不坏”、“不变”、“无差别”和“相同”等意义。此处应译为“无差别相”。菩译“无差别相”，实译“无异相”。

③ “尘”指“境界”（viṣaya），即感觉对象。

④ 此处“疑”字，据《中华大藏经》校勘记，“《石》、《资》、《碛》、《南》、《径》、《清》、《丽》作‘熏’”。

परमाण्वोः प्रतिभागो न स्यात्। एवमेव महामते प्रवृत्तिविज्ञानान्यालयविज्ञान-
जातिलक्षणादन्यानि स्युः, अनालयविज्ञानहेतुकानि स्युः। अथानन्यानि प्रवृत्ति-
विज्ञाननिरोधे आलयविज्ञानविरोधः स्यात्, स च न भवति स्वजातिलक्षण-
निरोधः। तस्मान्महामते न स्वजातिलक्षणनिरोधो विज्ञानानां किं तु कर्मलक्षण-
निरोधः। स्वजातिलक्षणे पुनर्निरुध्यमाने आलयविज्ञाननिरोधः स्यात्। आलय-
विज्ञाने पुनर्निरुध्यमाने निर्विशिष्टस्तीर्थकरोच्छेदवादेनायं वादः स्यात्। तीर्थकराणां
महामते अयं वादो यदुत विषयग्रहणोपरमाद्विज्ञानप्रबन्धोपरमो भवति। विज्ञान-
प्रबन्धोपरमादनादिकालप्रबन्धव्युच्छित्तिः स्यात्। कारणतश्च महामते तीर्थकराः
प्रबन्धप्रवृत्तिं वर्णयन्ति। न चक्षुर्विज्ञानस्य रूपालोकसमुदयत उत्पत्तिं वर्णयन्ति
अन्यत्र कारणतः। कारणं पुनर्महामते प्रधानपुरुषेश्वरकालाणुप्रवादाः॥

今译："其中，大慧啊，一切根识①灭，也就是阿赖耶识的各种不
实妄想分别习气灭。大慧啊，这是相灭。大慧啊，连续灭也有原因。
大慧啊，原因指所依和所缘。其中，所依是无始的戏论恶劣习气②，
所缘是自心所现境界中的妄想分别。例如，大慧啊，泥团与微尘，既
异又不异。金子与金饰品也是如此。大慧啊，如果泥团异于微尘，那
么，泥团不由微尘构成。而泥团由微尘构成，因此，并非异。如果并
非异，那么，泥团和微尘不应该有分别。正是这样，大慧啊，如果转
识不同于阿赖耶识真相，那么阿赖耶识不应该成为它们的原因。如果
并非异，转识灭也就是阿赖耶识灭。然而，没有自真相灭③。因此，
大慧啊，没有诸识的自真相灭，但是，有业相灭。如果有自真相灭，
那么也就有阿赖耶识灭。如果有阿赖耶识灭，那么，这种说法就与外
道断灭论无异。大慧啊，外道的说法是停止执取境界，识的连续也就
停止。识的连续停止，无始的连续也就断灭。大慧啊，外道依据作

---

① "根识"（indriyavijñāna）也就是眼识、耳识、鼻识、舌识和身识。
② "恶劣习气"（dauṣṭhulyavāsanā），求译"妄想熏"，菩译"妄想熏习"，实译"虚妄习气"。
③ "自真相"（svajātilakṣaṇa）即真相。

因[①]讲述连续的产生。他们讲述眼识不是产生于色和光的和合，而是另有作因。大慧啊，他们说作因是原质、原人、自在天、时间或极微。

求译：“大慧！若覆彼真識[②]種種不實諸虛妄滅，則一切根識滅。大慧！是名相滅。大慧！相續滅者，相續所因滅則相續滅，所從滅及所緣滅則相續滅。大慧！所以者何？是其所依故。依者謂無始妄想薰，緣者謂自心見等識境妄想。大慧！譬如泥團、微塵非異非不異，金、莊嚴具亦復如是。大慧！若泥團、微塵異者，非彼所成，而實彼成，是故不異。若不異者，則泥團、微塵應無分別。如是，大慧！轉識、藏識真相若異者，藏識非因。若不異者，轉識滅，藏識亦應滅，而自真相實不滅。是故，大慧！非自真相識滅，但業相滅。若自真相滅者，藏識則滅。大慧！藏識滅者，不異外道斷見論議。大慧！彼諸外道作如是論，謂攝受境界滅，識流注亦滅。若識流注滅者，無始流注應斷。大慧！外道說流注生因，非眼識色明集會而生，更有異因。大慧！彼因者說言若勝妙[③]，若士夫[④]，若自在，若時，若微塵。

实译：“大慧！阿賴耶識虛妄分別種種習氣滅，即一切根識滅，是名相滅。大慧！相續滅者，謂所依因滅及所緣滅，即相續滅。所依因者，謂無始戲論虛妄習氣。所緣者，謂自心所見分別境界。大慧！譬如泥團與微塵非異非不異，金與莊嚴具亦如是。大慧！若泥團與微塵異者，應非彼成，而實彼成，是故不異。若不異者，泥團微塵應無分別。大慧！轉識、藏識若異者，藏識非彼因。若不異者，轉識滅，藏識亦應滅，然後[⑤]真相不滅。大慧！識真相不滅，但業相滅。若真相滅者，藏識應滅。若藏識滅者，即不異外道斷識[⑥]論。大慧！彼諸

---

① “作因”（ kāraṇa）指因缘和合之外的原因，或者说，创造因，第一原因。

② 此处“真识”指阿赖耶识。“覆彼真识”意谓“覆盖真识的”。

③ “胜妙”指“原质”（pradhāna）。菩译“胜”，实译“胜性”。

④ “士夫”指“原人”（puruṣa）。菩译“人”，实译“丈夫”。

⑤ 此处“后”字，据《中华大藏经》校勘记，“《石》、《碛》、《南》、《径》、《清》、《丽》作‘彼’”。

⑥ 此处“识”字，据《中华大藏经》校勘记，“《石》、《资》、《碛》、《南》、《径》、《清》、《丽》作‘灭’”。

外道作如是說：取境界相續識滅，即無始相續識滅。大慧！彼諸外道說相續識從作者生，不說眼識依色光明和合而生，唯說作者為生因故。作者是何？彼計勝性、丈夫、自在、時及微塵為能作者。

पुनरपरं महामते सप्तविधो भावस्वभावो भवति यदुत समुदयस्वभावो भावस्वभावो लक्षणस्वभावो महाभूतस्वभावो हेतुस्वभावः प्रत्ययस्वभावो निष्पत्तिस्वभावश्च सप्तमः॥

今译：“还有，大慧啊，有七种性自性：集自性、性自性、相自性、大种自性、因自性、缘自性和成自性。[①]

求译：“復次，大慧！有七種性自性，所謂集性自性，性自性，相性自性，大種性自性，因性自性，緣性自性，成性自性。

实译：“復次，大慧！有七種自性，所謂集自性，性自性，相自性，大種自性，因自性，緣自性，成自性。

पुनरपरं महामते सप्तविधः परमार्थो यदुत चित्तगोचरो ज्ञानगोचरः प्रज्ञागोचरो दृष्टिद्वयगोचरो दृष्टिद्वयातिक्रान्तगोचरः सुतभूम्यनुक्रमणगोचरस्तथागतस्य प्रत्यात्मगतिगोचरः॥

今译：“还有，大慧啊，有七种第一义[②]：心境界、智境界、慧境界、二见境界、超二见境界、依次入佛子地[③]境界以及如来自觉境

[①] 本经中，对于这七种自性没有一一作出具体阐释。释正受《楞伽经集注》解释“七种性自性”说：“熏习所聚，成集自性。既成集自性，则法法自尔，故成性自性。既成性自性，则性随质显，故成相自性。既成相自性，则相假形分，故成大种自性。既成大种自性，则大依妄立，故成因自性。既成因自性，则因待缘生，故成缘自性。既成缘自性，则因缘相即，故成成自性也。”可参考。本品后面论述了三种自性：妄想自性、依他自性和圆成自性。

[②] “第一义”（paramārtha）指最高真理。又称“第一义谛”（pamārthasatya）或“真谛”。与此相对的经验世界的真理称为“俗谛”（samvṛtisatya）。

[③] “依次入佛子地”（sutabhūmyanukramaṇa）即依次入菩萨地。而此处求译和实译均为“超子地”，菩译“过佛子地”，因此南条本校注中推测原词中的 anukramaṇa（“依次入”）可能是 atikramaṇa（“超过”）。

界。[①]

求译：“復次，大慧！有七種第一義，所謂心境界，慧境界，智境界，見境界，超二見境界，超子地境界，如來自到境界。

实译：“復次，大慧！有七種第一義，所謂心所行，智所行，二見所行，超二見所行，超子地所行，如來所行，如來自證聖智所行[②]。

एतन्महामते अतीतानागतप्रत्युत्पन्नानां तथागतानामर्हतां सम्यक्संबुद्धानां भावस्वभावपरमार्थहृदयं येन समन्वागतास्तथागता लौकिकलोकोत्तरतमान् धर्मानार्येण प्रज्ञाचक्षुषा स्वसामान्यलक्षणपतितान् व्यवस्थापयन्ति। तथा च व्यवस्थापयन्ति यथा तीर्थकरवादकुदृष्टिसाधारणा न भवन्ति। कथं च महामते तीर्थकरवादकुदृष्टिसाधारणा भवन्ति ? यदुत स्वचित्तविषयविकल्पदृष्ट्यनवबोधनाद्विज्ञानानाम्। स्वचित्तदृश्यमात्रानवतारेण महामते बालपृथग्जना भावाभावस्वभावपरमार्थदृष्टिद्वयवादिनो भवन्ति॥

今译：　“大慧啊，这是过去、未来和现在如来、阿罗汉、正等觉的性自性[③]第一义心。诸如来具有此心，凭借圣慧眼确立具有自相和共相的世间和出世间最上法。他们所确立的不同于外道恶见。大慧啊，怎么不同于外道恶见？由于不知道诸识的自心境界分别见，不知道唯自心所现，大慧啊，这些愚夫以有无自性为第一义，持二见论。

求译：大慧！此是過去、未來、現在諸如來、應供、等正覺性自性第一義心[④]。以性自性第一義心，成就如來世間、出世間、出世間

---

① 本经中对这七种第一义没有具体阐释。释正受《楞伽经集注》解释“七种第一义”说：“心境界者，谓心本无境界。以凝然不动故，诸虚妄不能入也。心既凝然，则能发慧。慧力既胜，则能智用。既成智用，则正见现前。正见现前，则超有无二见，以至复能超过子地及等觉地，到如来自到境界也。”可参考。

② 此句实译与现存梵本有差异，其中略去“慧所行”，添加“如来所行”。而求译和菩译与现存梵本一致。

③ “性自性”（bhāvasvabhāva，或译“法自性”）指事物的本性或存在的本质。

④ 此处有夹注：“此心梵音肝栗大。肝栗大宋言心，谓如树木心，非念虑心。念虑心梵音云质多也。”这里，“肝栗大”是 hṛdaya 的音译，“质多”是 citta 的音译。

上上法。聖慧眼入自共相建立。如所建立不與外道論惡見共。大慧！云何外道論惡見共？所謂自境界妄想見，不覺識自心所現，分齊不通[①]。大慧！愚癡凡夫性無性自性第一義，作二見論。

实译：“大慧！此是過去、未來、現在一切如來、應、正等覺法自性第一義心。以此心，成就如來世間、出世間最上法。以聖慧眼，入自共相種種安立。其所安立不與外道惡見共。大慧！云何為外道惡見？謂不知境界自分別現，於自性第一義，見有見無而起言說。

पुनरपरं महामते विकल्पभवत्रयदुःखविनिवर्तनमज्ञानतृष्णाकर्मप्रत्ययविनिवृत्तिं स्वचित्तदृश्यमायाविषयानुदर्शनं भाषिष्ये। ये केचिन्महामते श्रमणा वा ब्राह्मणा वा अभूत्वा श्रद्धाहेतुफलाभिव्यक्तिद्रव्यं च कालावस्थितं प्रत्ययेषु च स्कन्धधात्वायतनानामुत्पादस्थितिं चेच्छन्ति, भूत्वा च व्ययम् , ते महामते संततिक्रियोत्पादभङ्गभवनिर्वाणमार्गकर्मफलसत्यविनाशोच्छेदवादिनो भवन्ति। तत्कस्य हेतोः ? यदिदं प्रत्यक्षानुपलब्धेराद्यदर्शनाभावात्। तद्यथा महामते घटकपालाभावो घटकृत्यं न करोति, नापि दग्धबीजमङ्कुरकृत्यं करोति, एवमेव महामते ये स्कन्धधात्वायतनभावा निरुद्धा निरुध्यन्ते निरोत्स्यन्ते, स्वचित्तदृश्यविकल्पदर्शनाहेतुत्वान्नास्ति नैरन्तर्यप्रवृत्तिः॥

今译：“还有，大慧啊，我将讲述灭除由分别三界产生的痛苦，灭除无知、贪爱、业和缘起，明了自心所现如幻境界。有些[②]沙门和婆罗门相信[③]原本没有的事物依据因果显现，依据时间确立，蕴、界和处依据缘起产生和确立，而形成后，又毁灭。大慧啊，他们对连续、作为、产生、毁坏、存在、涅槃、道、业、果和真谛持有断灭论。为什么？他们没有获得亲证[④]，看不到原本。例如，大慧啊，破碎的瓶

[①] “分齐不通”的意思是“不懂得（自心所现）分别。”此处原文是 svacittadṛṣyamātrānavatāreṇa（“不知道唯自心所现”）。

[②] “有些”的原词是 krccit，按南条本应为 kecit。

[③] “相信”的原词是 śraddhā，按南条本应与后面一词断开。

[④] “亲证”（pratyakṣa，或译“现证”）指通过感官直接感知。

不能产生瓶的功用，烧焦的种子不能发芽。同样，大慧啊，蕴、界和处性已灭、现灭和将灭。自心所现分别见而无原因[①]，故而没有连续产生。

求译：“復次，大慧！妄想三有苦滅，無知、愛、業、緣滅，自心所現幻境隨見[②]，今當說。大慧！若有沙門、婆羅門，欲令無種有種因果現及事時住[③]，緣陰、界、入生住，或言生已滅。大慧！彼若相續、若事、若生、若有、若涅槃、若道、若業、若果、若諦，破壞斷滅論。所以者何？以此現前不可得及見始非分[④]故。大慧！譬如破瓶不作瓶事，亦如焦種不作牙事。如是，大慧！若陰、界、入性已滅、今滅、當滅。自心妄想見，無因故，彼無次第生。

实译：“大慧！我今當說，若了境如幻自心所現，則滅妄想三有苦及無知愛業緣。大慧！有諸沙門、婆羅門，妄計非有及有於因果外顯現諸物，依時而住，或計蘊、界、處依緣生住，有已即滅。大慧！彼於若相續、若作用、若生、若滅、若諸有、若涅槃、若道、若業、若果、若諦，是破壞斷滅論。何以故？不得現法故，不見根本故。大慧！譬如瓶破不作瓶事，又如燋種不能生牙，此亦如是。若蘊、界、處法已、現、當滅，應知此則無相續生，以無因故，但是自心虛妄所見。

यदि पुनर्महामते अभूत्वा श्रद्धाविज्ञानानां त्रिसंगतिप्रत्ययक्रियायोगेनोत्पत्तिरभविष्यत् , असतामपि महामते कूर्मरोम्नामुत्पत्तिरभविष्यत् , सिकताभ्यो वा तैलस्य। प्रतिज्ञाहानिर्नियमनिरोधश्च महामते प्रसज्यते, क्रियाकर्मकरणवैयर्थ्यं च सदसतो ब्रुवतः। तेषामपि महामते त्रिसंगतिप्रत्ययक्रियायोगेनोपदेशो विद्यते हेतु-

---

① 断灭论认为事物灭后无原因，故而无连续。

② “随见”的原词是 anudarśana，意谓“观察”或“了解”。

③ 此处“事时住”的意思是“事物依据时间确立”。

④ “见始非分”的原文是 ādyadarśanābhāvāt。其中求译“非分”的原词是 abhāva，意谓“不存在”或“没有”。这样，这个短语的意思是“见不到原始者”。菩译和实译“不见根本”。

फलस्वलक्षणतया अतीतानागतप्रत्युत्पन्नासत्सल्लक्षणास्तितां युक्त्यागमैस्तर्कभूमौ वर्तमानाः स्वदृष्टिदोषवासनतया निर्देक्ष्यन्ति। एवमेव महामते बालपृथग्जनाः कुदृष्टिदष्टा विषममतयो ऽज्ञैः प्रणीतं सर्वप्रणीतमिति वक्ष्यन्ति॥

今译：“还有，大慧啊，如果相信[①]原本没有，而诸识依据三合缘起[②]作用而产生，那么，大慧啊，即使不存在的龟毛也能产生，或者，沙子也能出油。大慧啊，命题不成立，定则也就失效，这些说有无者所作事业虚妄无益。大慧啊，他们也依据三合缘起说教，运用他们的教理经典，立足思辨之地，带着自己的邪见习气，依据因果自相性[③]，宣示存在有过去、未来和现在有无相。正是这样，大慧啊，这些愚夫被恶见吞噬，思想扭曲，将无知者的教导说成一切教导。

求译：“大慧！若復說無種有種識三緣合生者，龜應生毛，沙應出油，汝宗則壞，違決定義。有種無種說有如是過，所作事業悉空無義。大慧！彼諸外道說有三緣合生者，所作方便因果自相，過去、未來、現在有種無種相。從本已來成事相承覺想地轉，[④]自見過習氣，作如是說。如是，大慧！愚癡凡夫惡見所害，邪曲迷醉，無智妄稱一切智說。

实译：“復次，大慧！若本無有，識三緣合生，龜應生毛，沙應出油，汝宗則壞，違決定義，所作事業悉空無益。大慧！三合為緣是因果性可說為有，過、現、未來從無生有，此依住覺想地者，所有理教及自惡見熏習餘氣，作如是說。大慧！愚癡凡夫惡見所噬，邪見迷醉，無智妄稱一切智說。

[①] “相信”的原词是 śraddhā，按南条本应与后面一词断开。

[②] 此处对“三合缘起”（trisaṅgatipratyaya）的具体所指不明确。在第三品论述顺世论时，提到外道所说“我、诸根和对象三者结合而生。”而《成唯识论》卷三中将根、境和识合称为“三和”。

[③] “自相性”（svalakṣaṇatā），“自相”指各种事物自身的特征，相对“共相”而言。“自相性”指事物的特性，相当于“自性”。

[④] 这句的意思是：他们一向依据传承的教理，在思辩之地中活动。

ये पुनरन्ये महामते श्रमणा वा ब्राह्मणा वा निःस्वभावघनालातचक्रगन्धर्वनगरानुत्पादमायामरीच्युदकचन्द्रस्वप्नस्वभावबाह्यचित्तदृश्यविकल्पानादिकालप्रपञ्चदर्शनेन स्वचित्तविकल्पप्रत्ययविनिवृत्तिरहिताः परिकल्पिताभिधानलक्ष्यलक्षणाभिधेयरहिता देहभोगप्रतिष्ठासमालयविज्ञानविषयग्राह्यग्राहकविसंयुक्तं निराभासगोचरमुत्पादस्थितिभङ्गवर्ज्यं स्वचित्तोत्पादानुगतं विभावयिष्यन्ति, नचिरात्ते महामते बोधिसत्त्वा महासत्त्वाः संसारनिर्वाणसमताप्राप्ता भविष्यन्ति। महाकरुणोपायकौशल्यानाभोगगतेन महामते प्रयोगेन सर्वसत्त्वमायाप्रतिबिम्बसमतया अनारब्धप्रत्ययतया अध्यात्मबाह्यविषयविमुक्ततया चित्तबाह्यादर्शनतया अनिमित्ताधिष्ठानानुगता अनुपूर्वेण भूमिक्रमसमाधिविषयानुगमनतया त्रैधातुकस्वचित्ततया अधिमुक्तितः प्रतिविभावयमाना मायोपमसमाधिं प्रतिलभन्ते। स्वचित्तनिराभासमात्रावतारेण प्रज्ञापारमिताविहारानुप्राप्ता उत्पादक्रियायोगविरहिताः समाधिवज्रबिम्बोपमं तथागतकायानुगतं तथतानिर्माणानुगतं बलाभिज्ञावशिताकृपाकरुणोपायमण्डितं सर्वबुद्धक्षेत्रतीर्थ्यायतनोपगतं चित्तमनोमनोविज्ञानरहितं परावृत्त्यानुश्रयानुपूर्वकं तथागतकायं महामते ते बोधिसत्त्वाः प्रतिलप्स्यन्ते। तस्मात्तर्हि महामते बोधिसत्त्वैर्महासत्त्वैस्तथागतकायानुगमेन प्रतिलाभिना स्कन्धधात्वायतनचित्तहेतुप्रत्ययक्रियायोगोत्पादस्थितिभङ्गविकल्पप्रपञ्चरहितैर्भवितव्यं चित्तमात्रानुसारिभिः॥

今译：“大慧啊，而另外一些沙门和婆罗门观察到无自性的云、火轮和乾达婆城，无生的幻觉、阳焰、水中月和梦。它们的自性是心的外现，是分别妄想和无始的戏论。他们摆脱自心分别缘起和终止，摆脱分别能说和所说、能指和所指[①]，展现无影像境界。这种境界摆脱对身体、享受和住处这些阿赖耶识境界的所取和能取，摆脱生、住和灭，一切随自心而起。大慧啊，这些菩萨大士不久会达到生死和涅槃平等[②]。大慧啊，他们依靠大悲悯，方便善巧，自然而行[③]，达到一

① “能指和所指”（lakṣyalakṣaṇa）直译为“能相和所相”。

② “生死和涅槃平等”（saṃsāranirvāṇasamatā）指生死和涅槃无分别。

③ “自然而行”（anābhogagata）也译“无功用行”或“无开发行”，指不怀抱某种目的而刻意努力。

切众生和幻影平等，不依缘起，摆脱内外境界，心外无所见，依次随入无相处，依诸地次序随入入定境界，深信三界即自心，明瞭这些而获得如幻入定。这些菩萨深知自心完全无影像，得以安住智慧波罗蜜，摆脱生起、作为和修行，大慧啊，他们会获得金刚喻入定，随入如来身，随入真如变化，装饰有诸力、神通、自在、怜悯、慈悲和方便，遍入一切佛土和外道处，摆脱心、意和意识，依次转依，成为如来身。因此，大慧啊，这些菩萨大士应该随入如来身，摒弃蕴、界、处、心、原因、缘起、作为、修行、生、住和灭的分别戏论，依从唯心。

求译：“大慧！若復諸餘沙門、婆羅門，見離自性浮雲、火輪、揵闥婆城，無生幻、焰、水月及夢，内外心現妄想，無始虛僞不離自心。妄想因緣滅盡，離妄想說所說、觀所觀。受用、建立、身之藏識於識境界攝受及攝受者不相應[①]，無所有[②]境界離生、住、滅，自心起隨入分別。大慧！彼菩薩不久當得生死涅槃平等，大悲，巧方便，無開發方便。大慧！彼一切衆生界皆悉如幻，不勤因緣，遠離内外境界，心外無所見，次第隨入無相處，次第隨入從地至地三昧境界，解三界如幻[③]，分別觀察，當得如幻三昧。度[④]自心現無所有，得住般若波羅蜜，捨離彼生、所作、方便。金剛喻三摩提，隨入如來身，隨入如如化，神通、自在、慈悲、方便具足莊嚴，等入一切佛刹、外道入處，離心、意、意識，是菩薩漸次轉身得如來身。大慧！是故，欲得如來隨入身者，當遠離陰、界、入、心、因緣、所作、方便、生、住、滅妄想虛僞，唯心直進。

实译：“大慧！復有沙門、婆羅門，觀一切法皆無自性，如空中雲，如旋火輪，如乾闥婆城，如幻，如焰，如水中月，如夢所見，不

---

① “不相应”的原词是 visaṃyukta，意谓“摆脱”。

② “无所有”的原词是 nirābhāsa，意谓“无影像”。

③ 此处“三界如幻”的原文是 traidhātukasvacittatayā（“三界即自心”）。菩译“三界自心幻”，实译“三界皆唯自心”。

④ “度”的原词是 avatāra，意谓“进入”或“了解”。

離自心，由無始來虛妄見故，取以為外。作是觀已，斷分別緣，亦離妄心所取名義，知身及物并所住處一切皆是藏識境界，無能所取及生、住、滅，如是思惟恒住不捨。[1]大慧！此菩薩摩訶薩不久當得生死涅槃二種平等，大悲，方便，無功用行，觀眾生如幻如影，從緣而起，知一切境界離心無得，行無相道，漸昇諸地，住三昧境，了達三界皆唯自心，得如幻定，絕眾影像，成就智慧，證無生法，入金剛喻三昧，當得佛身，恒住如如，起諸變化，力、通、自在，大慧！方便以為嚴飾，遊眾佛國，離諸外道及心意識[2]，轉依次第成如來身。大慧！菩薩摩訶薩欲得佛身，應當遠離蘊、界、處、心、因緣、所作、生、住、滅法戲論分別，但住心量。

अनादिकालाप्रपञ्चदौष्ठुल्यविकल्पवासनहेतुकं त्रिभवं पश्यतो निराभासबुद्धभूम्यनुत्पादस्मरणतया प्रत्यात्मार्यधर्मगतिंगतः स्वचित्तवशवर्ती अनाभोगचर्यागतिंगतो विश्वरूपमणिसदृशः सूक्ष्मैः सत्त्वचित्तानुप्रवेशकैर्निर्माणविग्रहैश्चित्तमात्रावधारणतया भूमिक्रमानुसंधौ प्रतिष्ठापयति। तस्मात्तर्हि महामते बोधिसत्त्वेन महासत्त्वेन स्वसिद्धान्तकुशलेन भवितव्यम्॥

今译：“看到三界因无始戏论和恶劣分别习气而起，记住佛地无影像和无生，通晓自觉圣法，获得自心自在，达到自然而行，如同一切色摩尼珠[3]，能以微妙变化身，随入众生心，坚持唯心，依次住于诸地。因此，大慧啊，菩萨大士应该善于自证[4]。”

求译：“觀察無始虛偽過妄想習氣因三有[5]，思惟無所有，佛地無

[1] 此句的原文是 svacittotpādānugata（“随自心而起”）。求译“自心随入分别”，菩译“自心以为生。”

[2] 此处按照现存梵本以及求译和菩译，应该是“遍入一切佛土和外道处，摆脱心、意和意识。”

[3] “如同一切色摩尼珠”意谓如同摩尼珠能呈现一切色。

[4] “自证”（svasiddhānta，或译“自通”）指依靠自己修行体悟。求译和实译均为“自悉檀”，菩译“自内法”。

[5] 此处求译按原文逐字对译，意思是“三界以无始戏论和恶劣分别习气为原因”。

生，到自覺聖趣，自心自在，到無開發行，如隨衆色摩尼，隨入衆生微細之心，而以化身隨心量度，諸地漸次相續建立。是故，大慧！自悉檀善，應當修學。”

实译：“觀察三有無始時來妄習所起，思惟佛地無相無生，自證聖法，得心自在，無功用行，如如意寶，隨宜現身，令達唯心，漸入諸地。是故，大慧！菩薩摩訶薩於自悉檀應善修學。”

实译：《大乘入楞伽經》卷第一。

पुनरपि महामतिराह -- देशयतु मे भगवान् चित्तमनोमनोविज्ञानपञ्चधर्मस्वभावलक्षणकुसुमधर्मपर्यायं बुद्धबोधिसत्त्वानुयातं स्वचित्तदृश्यगोचरविसंयोजनं सर्वभाष्ययुक्तितत्त्वलक्षणविदारणं सर्वबुद्धप्रवचनहृदयं लङ्कापुरिगिरिमलये निवासिनो बोधिसत्त्वानारभ्योदधितरंगालयविज्ञानगोचरं धर्मकायं तथागतानुगीतं प्रभाषस्व॥

今译：大慧又说道："诸世尊为我宣示心、意、意识、五法、自性和相的美妙法门。这法门为诸佛和菩萨所奉行，摆脱自心所现境界，破除一切言说和道理真实相[①]，是一切佛语之心[②]。请你为住在摩罗耶山楞伽城的诸菩萨讲述阿赖耶识海浪境界，如来赞叹的法身。"

求译：爾時大慧菩薩復白佛言："世尊，所說心、意、意識、五法、自性、相，一切諸佛菩薩所行，自心見等所緣境界不和合[③]，顯示[④]一切說成真實相，一切佛語心。為楞伽國摩羅耶山海中住處諸大菩薩，說如來所歎海浪藏識境界法身。"

实译：集一切法品第二之二

实译：爾時大慧菩薩摩訶薩復白佛言："世尊，唯願為我說心、

① 此处"真实相"指由"言说"和"道理"确立的所谓"真实相"。

② 此处"心"的原词是 hṛdaya，词义是"心脏"，这里表示"核心"。前面"心、意、识"或"自心"中的"心"，原词是 citta，虽然也可以指称"心脏"，但主要是指称"思想"。

③ "不和合"的原词是 visaṃyojana，意谓"摆脱"。

④ "显示"的原词是 vidāraṇa，意谓"破除"。菩译"能破"。

意、意識、五法、自性、相，眾妙法門。此是一切諸佛菩薩入自心境，離所行相，稱真實義，[1]諸佛教心。唯願如來為此山中諸菩薩眾，隨順過去諸佛，演說藏識海浪法身境界。”

अथ खलु भगवान् पुनरेव महामतिं बोधिसत्त्वं महासत्त्वमेतदवोचत् -- चतुर्भिर्महामते कारणैश्चक्षुर्विज्ञानं प्रवर्तते। कतमैश्चतुर्भिः ? यदुत स्वचित्तदृश्यग्रहणानवबोधतो ऽनादिकालप्रपञ्चदौष्ठुल्यरूपवासनाभिनिवेशतो विज्ञानप्रकृतिस्वभावतो विचित्ररूपलक्षणकौतूहलतः। एभिर्महामते चतुर्भिः कारणैरोघान्तरजलस्थानीयादालयविज्ञानात्प्रवृत्तिविज्ञानतरंग उत्पद्यते। यथा महामते चक्षुर्विज्ञाने, एवं सर्वेन्द्रियपरमाणुरोमकूपेषु युगपत्प्रवृत्तिक्रमविषयादर्शबिम्बदर्शनवत् उदधेः पवनाहता इव महामते विषयपवनचित्तोदधितरंगा अव्युच्छिन्नहेतुक्रियालक्षणा अन्योन्यविनिर्मुक्ताः कर्मजातिलक्षणसुविनिबद्धरूपस्वभावानवधारिणो महामते पञ्च विज्ञानकायाः प्रवर्तन्ते। सह तैरेव महामते पञ्चभिर्विज्ञानकायैर्हेतुविषयपरिच्छेदलक्षणावधारकं नाम मनोविज्ञानं तद्धेतुजशरीरं प्रवर्तते। न च तेषां तस्य चैवं भवति -- वयमत्रान्योन्यहेतुकाः स्वचित्तदृश्यविकल्पाभिनिवेशप्रवृत्ता इति॥

今译：然后，世尊又对大慧菩萨大士说道：“大慧啊，眼识产生，有四种原因。哪四种？不觉知执取自心所现，执著无始戏论和恶劣的色习气，识的原始自性，热衷各种色相。大慧啊，由于这四种原因，从如同洪水的阿赖耶识中产生转识波浪。大慧啊，正如眼识，一切诸根[2]极微毛孔也是这样，或同时转出，或依次转出，犹如明镜呈现境界，犹如风吹大海。大慧啊，境界之风吹起心海波浪，原因、作为和形相连续不断，互不分离[3]，业相和真相缠结，不了解色的自性，大

---

[1] 此处三句译文与现存梵本有差异。菩译“佛菩萨修行之处，远离自心邪见境界和合故，能破一切言语譬喻体相故”，与现存梵本基本一致。

[2] 除了眼识之外，还有耳识、鼻识、舌识和身识。

[3] 此处“互不分离”的原词是 anyonyavinirmuktāḥ（“互相分离”），疑有误，应为 anyonyāvinirmuktāḥ。菩译“迭共不相离”。而求译“异不异”，实译“非一非异”，那么，原词应为 anyānanya。

慧啊，五识身转出。大慧啊，与五识身一起，了解原因和境界分别相而由此产生的意识身转出[①]。然而，它们和它[②]都不这样想：‘我们互为原因，执著自心所现妄想分别而转出。’

求译：爾時世尊告大慧菩薩言：“四因緣故，眼識轉。何等為四？謂自心現攝受不覺，無始虛偽過色習氣計著，識性自性，欲見種種色相。大慧！是名四種因緣。水流處藏識轉識浪生。大慧！如眼識，一切諸根微塵毛孔俱生，隨次境界生，亦復如是。譬如明鏡現眾色像，大慧！猶如猛風吹大海水，外境界風飄蕩心海，識浪不斷，因、所作、相異不異，合業、生相深入計著，不能了知色等自性故，五識身轉。大慧！即彼五識身俱，因差別分段相知，當知是意識因，彼身轉。彼不作是念：‘我展轉相因，自心現妄想計著轉。’

实译：爾時世尊告大慧菩薩摩訶薩言：“有四種因緣，眼識轉。何等為四？所謂不覺自心現而執取故，無始時來取著於色虛妄習氣故，識本性如是故，樂見種種諸色相故。大慧！以此四緣，阿賴耶識如瀑流水，生轉識浪。如眼識，餘亦如是，於一切諸根微塵毛孔眼等，轉識或頓生，譬如明鏡現眾色像，或漸生，猶如猛風吹大海水。心海亦爾，境界風吹起諸識浪，相續不絕。大慧！因、所作、相非一非異，業與生相相繫深縛，不能了知色等自性，五識身轉。大慧！與五識俱，或因了別差別境相，有意識生。然彼諸識不作是念：‘我等同時展轉為因，而於自心所現境界分別執著，俱時而起。’

अथ च अन्योन्याभिन्नलक्षणसहिताः प्रवर्तन्ते विज्ञप्तिविषयपरिच्छेदे। तथा च प्रवर्तमानाः प्रवर्तन्ते यथा समापन्नस्यापि योगिनः सूक्ष्मगतिवासनाप्रवृत्ता न प्रज्ञायन्ते। योगिनां चैवं भवति -- निरोध्य विज्ञानानि समापत्स्यामहे इति। ते चानिरुद्धैरेव विज्ञानैः समापद्यन्ते वासनाबीजानिरोधादनिरुद्धाः, विषयप्रवृत्तग्रहणवै-

---

① 眼、耳、鼻、舌和身五识身感知，而意识身加以分别。

② “它们”指五识身。“它”指意识身。

कल्यान्निरुद्धाः। एवं सूक्ष्मो महामते आलयविज्ञानगतिप्रचारो यत्तथागतं स्थापयित्वा भूमिप्रतिष्ठितांश्च बोधिसत्त्वान्, न सुकरमन्यैः श्रावकप्रत्येकबुद्धतीर्थ्ययोगयोगिभिरधिगन्तुं समाधिप्रज्ञाबलाधानतो ऽपि वा परिच्छेत्तुम्। अन्यत्र भूमिलक्षणप्रज्ञाज्ञानकौशलपदप्रभेदविनिश्चयजिनानन्तकुशलमूलोपचयस्वचित्तदृश्यविकल्पप्रपञ्चविरहितैर्वनगहनगुहालयान्तर्गतैर्महामते हीनोत्कृष्टमध्यमयोगयोगिभिर्न शक्यं स्वचित्तविकल्पदृश्यधाराद्रष्टनन्तक्षेत्रजिनाभिषेकवशिताबलाभिज्ञासमाधयः प्राप्तुम्। कल्याणमित्रजिनपुरस्कृतैर्महामते शक्यं चित्तमनोविज्ञानं स्वचित्तदृश्यस्वभावगोचरविकल्पसंसारभवोदधिं कर्मतृष्णाज्ञानहेतुकं तर्तुम्। अत एतस्मात्कारणान्महामते योगिना कल्याणमित्रजिनयोगे योगः प्रारब्धव्यः॥

今译：　“这样，它们呈现互不间断的形相，在假名境界[①]分别中一起转出。它们这样转出，而瑜伽行者即使入定，也不觉知行动微妙的习气转出。瑜伽行者这样想：‘我们灭除诸识而入定。’而实际上，他们没有灭除诸识而入定。他们没有灭除习气种子[②]，因而没有灭除诸识。他们所谓的灭除只是不执取境界活动。正是这样，大慧啊，阿赖耶识行动微妙，除了如来和安住诸地的菩萨，其他的声闻、缘觉和外道修行者都难以理解。即使他们具有入定和智慧的力量，也难以理解。惟有具备智慧，通晓诸地形相，能判断各种句义，积累胜者无边善根，摆脱自心所现分别戏论，深居丛林洞窟，修行下、中和上等瑜伽，能见自心分别所现流[③]，大慧啊，方能获得无量国土胜者灌顶、自在力、神通和入定。大慧啊，他们有善友[④]和胜者围绕，能越过心、意和意识，以业、贪爱和无知为原因的自心所现自性境界分别的生死轮回之海。因此，大慧啊，瑜伽行者应该修行善友和胜者修行的瑜伽。”

---

① “假名境界”（vijñaptiviṣaya）意谓境界中确立的种种事物都是假名，因而称为“假名境界”。

② “习气种子”（vāsanābīja）指习气留在阿赖耶识中的种子。

③ “流”（dhārā）指急流，比喻自心分别所现如同接连不断的流水。

④ “善友”（kalyānamitra）指亲近佛教的人士。汉译佛经中常译为“善知识”。

求译："而彼各各壞相[1]俱轉，分別境界分段差別。謂彼轉如修行者入禪三昧，微細習氣轉而不覺知，而作是念：'識滅，然後入禪正受。'實不識滅而入正受。以習氣種子不滅，故不滅。以境界轉攝受不具，故滅。大慧！如是微細藏識究竟邊際，除諸如來及住地菩薩，諸聲聞、緣覺、外道修行所得三昧智慧之力，一切不能測量決了。餘[2]地相智慧巧便，分別決斷句義，最勝無邊善根成熟，離自心現妄想虛偽，宴坐山林，下中上修，能見自心妄想流注，無量剎土諸佛灌頂，得自在、力、神通、三昧、諸善知識、佛子眷屬。彼心、意、意識，自心所現自性境界，虛妄之想，生死有海，業、愛、無知，如是等因，悉以超度。是故，大慧！諸修行者應當親近最勝、知識。"

实译："無差別相各了自境[3]。大慧！諸修行者入於三昧，以習力微起而不覺知，但作是念：'我滅諸識，入於三昧。'實不滅識而入三昧。以彼不滅習氣種故，但不取諸境，名為識滅。大慧！如是藏識行相微細，唯除諸佛及住地菩薩，其餘一切二乘、外道定慧之力皆不能知。唯有修行如實行者，以智慧力，了諸地相，善達句義，無邊佛所廣集善根，不妄分別自心所見，能知之耳。大慧！諸修行人宴處山林，上中下修，能見自心分別流注，得諸三昧、自在、力、通，諸佛灌頂，菩薩圍繞，知心、意、意識所行境界，超愛、業、無明、生死大海。是故，汝等應當親近諸佛菩薩，如實修行大善知識。"

अथ खलु भगवांस्तस्यां वेलायामिमा गाथा अभाषत --

今译：然后，世尊在此刻念诵这些偈颂：

求译：爾時世尊欲重宣此義而說偈言：

---

[1] 此处"坏相"的原词是 abhinnalakṣaṇa，意谓"不坏相"，也就是"不间断相"或"无差别相"。

[2] 此处"余"的原词是 anyatra，词义是"除了"或"惟有"。实译"唯有"。因此，这个"余"字应为"除"。

[3] 此处"各了自境"的意思是"各自在假名境界分别中转出"。

实译：爾時世尊重說頌言：

तरंगा ह्युदधेर्यद्वत्पवनप्रत्ययेरिताः ।
नृत्यमानाः प्रवर्तन्ते व्युच्छेदश्च न विद्यते ॥ ९९ ॥

今译：犹如大风吹起海浪，
　　　奔腾翻滚，连续不断。（99）

求译：譬如巨海浪，斯由猛風起，
　　　洪波鼓冥壑，無有斷絕時。

实译：譬如巨海浪，斯由猛風起，
　　　洪波鼓溟壑，無有斷絕時。

आलयौघस्तथा नित्यं विषयपवनेरितः ।
चित्रैस्तरंगविज्ञानैर्नृत्यमानः प्रवर्तते ॥ १०० ॥

今译：境界之风永远吹动阿赖耶识
　　　洪流，各种识浪同样奔腾翻滚。（100）

求译：藏識海常住，境界風所動，
　　　種種諸識浪，騰躍而轉生。

实译：藏識海常住，境界風所動，
　　　種種諸識浪，騰躍而轉生。

नीले रक्ते ऽथ लवणे शङ्खे क्षीरे च शार्करे ।
कषायैः फलपुष्पाद्यैः किरणा यथ भास्करे ॥ १०१ ॥

今译：正如青、红、盐、贝螺、乳、
　　　糖、阳光和芳香的花果等，（101）

求译：青赤種種色，珂[1]乳及石蜜，
淡味眾花果，日月與光明，

实译：青赤等諸色，鹽貝乳石蜜，
花果日月光，

न चान्येन च नानन्येन तरंगा ह्युदधेर्मताः।
विज्ञानानि तथा सप्त चित्तेन सह संयुताः॥१०२॥

今译：既异又不异，如同海中浪，
同样，七识和心[2]相结合。（102）

求译：非異非不異，海水起波浪，
七識亦如是，心俱和合生。

实译：非異非不異，意等七種識，
應知亦如是，如海共波浪，
心俱和合生。

उदधेः परिणामो ऽसौ तरंगाणां विचित्रता।
आलयं हि तथा चित्रं विज्ञानाख्यं प्रवर्तते॥१०३॥

今译：各种波浪都是大海的变化，
同样，阿赖耶识转出各种识。（103）

求译：譬如海水變，種種波浪轉，
七識亦如是，心俱和合生，[3]
謂彼藏識處，種種諸識轉。

实译：譬如海水動，種種波浪轉，

[1] “珂”是 śaṅkha（“贝螺”）一词的音译。
[2] 八识中的阿赖耶识也称为“心”（citta）。
[3] 这一行已见前一颂。按照现存梵本以及菩译和实译，此处均无这一行。

藏識亦如是，種種諸識生。

चित्तं मनश्च विज्ञानं लक्षणार्थं प्रकल्प्यते।
अभिन्नलक्षणा ह्यष्टौ न लक्ष्या न च लक्षणम्॥ १०४॥

今译：心、意和识只是为了说相而分别，
八识并无分别相，无所相和能相。（104）

求译：謂以彼意識，思惟諸相義，
不壞相有八，無相亦無相。

实译：心意及意識，為諸相故說，
八識無別相，無能相所相。

उदधेश्च तरंगाणां यथा नास्ति विशेषणम्।
विज्ञानानां तथा चित्तैः परिणामो न लभ्यते॥ १०५॥

今译：正如大海和波浪没有区别，
同样，心没有诸识的变化。（105）

求译：譬如海波浪，是則無差別，
諸識心如是，異亦不可得。

实译：譬如海波浪，是則無差別，
諸識心如是，異亦不可得。

चित्तेन चीयते कर्म मनसा च विचीयते।
विज्ञानेन विजानाति दृश्यं कल्पेति पञ्चभिः॥ १०६॥

今译：由心收集业，由意观察业，
由识认知，五识分别所见。[1]（106）

---

[1] 这里的“识”指意识，“五识”指眼、耳、鼻、舌和身，这样，与心（阿赖耶识）和意合在一起，总共八识。

求译：心名採集業，意名廣採集，
　　　　諸識識所識，現等境說五。

实译：心能積集業，意能廣積集，
　　　　了別故名識，對現境說五。

नीलरक्तप्रकारं हि विज्ञानं ख्यायते नृणाम्।
तरंगचित्तसाधर्म्यं वद कस्मान्महामते॥१०७॥

今译：青和红各种色向人们的识呈现，
　　　　请说为何心与波浪同法①？大慧啊！（107）

求译：爾時大慧菩薩以偈問曰：②
　　　　青赤諸色像，眾生發諸識，
　　　　如浪種種法，云何唯願說？

实译：爾時大慧菩薩摩訶薩以頌問曰：
　　　　青赤諸色像，眾生識顯現，
　　　　如浪種種法，云何願佛說？

नीलरक्तप्रकारं हि तरंगेषु न विद्यते।
वृत्तिश्च वर्ण्यते चित्तं लक्षणार्थं हि बालिशान्॥१०८॥

今译：那些波浪中并没有青和红各种色，
　　　　只是为愚夫说相，而将心说成这样。（108）

求译：爾時世尊以偈答曰：

---

① "同法"（sādharmya）意谓具有同样的性质，即相似。此句中的"心与波浪"的原文是 taraṅgacitta。此处求译和实译均为"如浪种种法"。若按他俩的译法，原文应为 taraṅgacitra（"种种浪"）。

② 按照现存梵本，这颂中有"大慧啊！"的呼告，说明这里有可能是世尊自问自答。但这颂也见于第 10 品第 391 颂。在那颂中，此处的呼告是 mahāmune（"大牟尼啊"），说明求译和实译依据这种读法。菩译这颂此处只是译为"何故如是说？"而在第 10 品那一颂中，此处译为"牟尼为我说"，也能间接证明这种读法。

青赤諸雜色，波浪悉無有，
採集業說心，開悟諸凡夫。

实译：爾時世尊以頌答曰：
青赤諸色像，浪中不可得，
言心起衆相，開悟諸凡夫。

न तस्य विद्यते वृत्तिः स्वचित्तं ग्राह्यवर्जितम्।
ग्राह्ये सति हि वै ग्राहस्तरंगैः सह साध्यते॥ १०९॥

今译：自心摒弃所取，不会成为这样，
有所取则有能取，与波浪相同。（109）

求译：彼業悉無有，自心所攝離，
所攝無所攝，與彼波浪同。

实译：而彼本無起，自心所取離，
能取及所取，與彼波浪同。

देहभोगप्रतिष्ठानं विज्ञानं ख्यायते नृणाम्।
तेनास्य दृश्यते वृत्तिस्तरंगैः सह सादृशा॥ ११०॥

今译：身体、享受和住处向人们的识呈现，
它们以这种方式显现，与波浪相同。（110）

求译：受用建立身，是衆生現識，
於彼現諸業，譬如水波浪。

实译：身資財安住，衆生識所現，
是故見此起，與浪無差別。

उदधिस्तरंगभावेन नृत्यमानो विभाव्यते।
आलयस्य तथा वृत्तिः कस्माद्बुद्ध्या न गम्यते॥ १११॥

今译：海以波浪的形态显现，奔腾翻滚，
为何不觉知阿赖耶识也是这样？（111）

求译：爾時大慧菩薩復說偈言：
大海波浪性，鼓躍可分別，
藏與業如是，何故不覺知？

实译：爾時大慧復說頌言：
大海波浪性，鼓躍可分別，
藏識如是起，何故不覺知？

बालानां बुद्धिवैकल्यादालयं ह्युदधिर्यथा।
तरंगवृत्तिसाधर्म्यं दृष्टान्तेनोपनीयते॥ ११२॥

今译：阿赖耶识如同大海，与波浪同法，
这是鉴于愚夫无智慧，用作譬喻。（112）

求译：爾時世尊以偈答曰：
凡夫無智慧，藏識如巨海，
業相猶波浪，依彼譬類通。

实译：爾時世尊以頌答曰：
阿賴耶如海，轉識同波浪，
為凡夫無智，譬喻廣開演。

उदेति भास्करो यद्वत्समहीनोत्तमे जिने।
तथा त्वं लोकप्रद्योत तत्त्वं देशेसि बालिशान्॥ ११३॥

今译：正如太阳同样照耀上等人和下等人，[1]

[1] 这颂也见于第 10 品第 397 颂。在那颂这行中，samahīnottame 为 samam（“平等地”或“同样地”）和 hīnottame（“上下”），jine（“胜者”）为 jane（“人”或“众生”）。这种读法正确，与求译和菩译“等照下中上众生”一致。

你是世界明灯，请向愚夫们宣示真实！（113）

求译：爾時大慧菩薩復說偈言：

日出光等照，下中上眾生，

如來照世間，為愚說真實。

实译：爾時大慧復說頌言：

譬如日光出，上下等皆照，

世間燈亦然，應為愚說實。

कृत्वा धर्मेष्ववस्थानं कस्मात्तत्त्वं न भाषसे।
भाषसे यदि वा तत्त्वं चित्ते तत्त्वं न विद्यते॥ ११४॥

今译：你已确立诸法，为何不宣说真实？

如果你宣说真实，心中并无真实，（114）

求译：已分部諸法，何故不說實？

爾時世尊以偈答曰：

若說真實者，彼心無真實。

实译：已能開示法，何不顯真實？

爾時世尊以頌答曰：

若說真實者，彼心無真實。

उदधेर्यथा तरंगा हि दर्पणे सुपिने यथा।
दृश्यन्ति युगपत्काले तथा चित्तं स्वगोचरे॥ ११५॥

今译：犹如海中浪、镜中像或梦幻，

心在自己境界中同时显现。（115）

求译：譬如海波浪，鏡中像及夢，

一切俱時現，心境界亦然。

实译：譬如海波浪，鏡中像及夢，

俱時而顯現，心境界亦然。

वैकल्याद्विषयाणां हि क्रमवृत्त्या प्रवर्तते।
विज्ञानेन विजानाति मनसा मन्यते पुनः॥ ११६॥

今译：境界不足，则依次转出[①]，
由识认知，再由意思考。（116）

求译：境界不具故，次第業轉生，
識者識所識，意者意謂然。

实译：境界不具故，次第而轉生，
識以能了知，意復意謂然。

पञ्चानां ख्यायते दृश्यं क्रमो नास्ति समाहिते।
चित्राचार्यो यथा कश्चिच्चित्रान्तेवासिको ऽपि वा।
चित्रार्थे नामयेद्रङ्गान् देशयामि तथा ह्यहम्॥ ११७॥

今译：五识呈现所见，在入定[②]中无次序。
犹如某个画师，或者画师的弟子，
运用色彩绘画，我也是这样说法。（117）

求译：五則以顯現，無有定次第。
譬如工畫師，及與畫弟子，
布彩圖眾形，我說亦如是。

实译：五識了現境，無有定次第。
譬如工畫師，及畫師弟子，
布彩圖眾像，我說亦如是。

---

① 这里可能意谓境界中对象齐全，五识同时转出，而对象不齐全时，则五识依据相应的对象分别转出。此处“不足”一词，求译、菩译和实译均为“不具”。原词是 vaikalya，意谓“不完全”、“不齐全”或“有欠缺”。

② “入定”的原词是 samāhita。此词也可理解为“安排”。

रङ्गे न विद्यते चित्रं न भूमौ न च भाजने।
सत्त्वानां कर्षणार्थाय रङ्गैश्चित्रं विकल्प्यते।
देशना व्यभिचारं च तत्त्वं ह्यक्षरवर्जितम्॥ ११८॥

今译：画并不在色彩、地面或器皿中，
为了吸引众生，而用色彩绘画。
言说变异不定，真实摒弃文字。（118）

求译：彩色本無文，非筆亦非素，
為悦衆生故，綺錯繢衆像。
言說別施行，真實離名字。

实译：彩色中無文，非筆亦非素，
為悦衆生故，綺煥成衆像。
言說則變異，真實離文字。

कृत्वा धर्मेष्ववस्थानं तत्त्वं देशेमि योगिनाम्।
तत्त्वं प्रत्यात्मगतिकं कल्प्यकल्पेन वर्जितम्।
देशेमि जिनपुत्राणां नेयं बालान देशना॥ ११९॥

今译：我已确立诸法，向瑜伽行者宣示真实，
真实依靠自证，摒弃能分别和所分别，
我向佛子们宣示，不同于愚夫[①]的言说。（119）

求译：分别應初業，[②]修行示真實，
真實自悟處，覺想所覺離，
此為佛子說，愚者廣分別。

实译：我所住實法，為諸修行說，

[①] “愚夫”的原词是 bālāna，疑有误。这颂也见于第 10 品第 404 颂。按照那颂，应为 bālānām。
[②] 这句也出现在前面第 114 颂。在那里，求译“已分部诸法”。

真實自證處，能所分別離，
此為佛子說，愚夫別開演。

विचित्रा हि यथा माया दृश्यते न च विद्यते।
देशनापि तथा चित्रा देश्यते ऽव्यभिचारिणी।
देशना हि यदन्यस्य तदन्यस्याप्यदेशना॥ १२०॥

今译：正如种种幻觉能看到而不可获得，
同样，种种言说能宣示而变异不定[①]，
对此人这样言说，对彼人那样言说。（120）

求译：種種皆如幻，雖現無真實，
如是種種說，隨事別施設，
所說非所應，於彼為非說。

实译：種種皆如幻，所見不可得，
如是種種說，隨事而變異，
所說非所應，於彼為非說。

आतुरे आतुरे यद्वद्भिषद्द्रव्यं प्रयच्छति।
बुद्धा हि तद्वत्सत्त्वानां चित्तमात्रं वदन्ति वै॥ १२१॥

今译：犹如医生为各种病人开药方，
诸佛也这样为众生宣说唯心。（121）

求译：彼彼諸病人，良醫隨處方，
如來為衆生，隨心應量說。

实译：譬如衆病人，良醫隨授藥，
如來為衆生，隨心應量說。

[①] “变异不定”的原词是 avyabhicāriṇī（“不变异不定”），疑有误，按南条本应为 vyabhicāriṇī。实译“随事而变异”，求译“随事别施设”，菩译“随事实不实”。

तार्किकाणामविषयं श्रावकाणां न चैव हि।
यं देशयन्ति वै नाथाः प्रत्यात्मगतिगोचरम्॥१२२॥

今译：导师们宣示这种自觉境界，
不是思辨者和声闻的境界。（122）

求译：妄想非境界，聲聞亦非分，
哀愍者[1]所說，自覺之境界。

实译：世間依怙者，證智所行處，
外道非境界，聲聞亦復然。

पुनरपरं महामते बोधिसत्त्वेन स्वचित्तदृश्यग्राह्यग्राहकविकल्पगोचरं परिज्ञातुकामेन संगणिकासंसर्गमिद्धनिवरणविगतेन भवितव्यम्। प्रथममध्यमपश्चाद्रात्रजागरिकायोगमनुयुक्तेन भवितव्यम्। कुतीर्थ्यशास्त्राख्यायिकाश्रावकप्रत्येकबुद्धयानलक्षणविरहितेन च भवितव्यम्। स्वचित्तदृश्यविकल्पलक्षणगतिंगतेन च भवितव्यं बोधिसत्त्वेन महासत्त्वेन॥

今译：还有，大慧啊，菩萨想要了解自心所现能取和所取分别境界，应该远离喧闹、社交和昏睡种种障碍，应该于初夜、中夜和后夜觉醒修行，应该摆脱外道经论、声闻和缘觉二乘相。菩萨大士应该通晓自心所现分别相。

求译：復次，大慧！若菩薩摩訶薩欲知自心現量攝受及攝受者妄想境界，當離群聚、習俗、睡眠，初、中、後夜常自覺悟修行方便，當離惡見經論言說及諸聲聞、緣覺乘相，當通達自心現妄想之相。

实译：復次，大慧！菩薩摩訶薩若欲了知能取所取分別境界，皆是自心之所現者，當離憒鬧、昏滯、睡眠，初、中、後夜勤加修習，

---

[1] “哀愍者”的原词是 nātha（“主人”或“导师”），实译“世间依怙者”，菩译“诸如来世尊”。

遠離曾聞外道邪論及二乘法，通達自心分別之相。

पुनरपरं महामते बोधिसत्त्वेन महासत्त्वेन चित्तविज्ञानप्रज्ञालक्षणव्यवस्थायां स्थित्वा उपरिष्टादार्यज्ञानलक्षणत्रययोगः करणीयः। तत्रोपरिष्टादार्यज्ञानलक्षणत्रयं महामते कतमत् ? यदुत निराभासलक्षणं सर्वबुद्धस्वप्रणिधानाधिष्ठानलक्षणं प्रत्यात्मार्यज्ञानगतिलक्षणं च। यान्यधिगम्य योगी खञ्जगर्दभ इव चित्तप्रज्ञाज्ञान-लक्षणं हित्वा जिनसुताष्टमीं प्राप्य भूमिं तदुत्तरे लक्षणत्रये योगमापद्यते॥

今译：还有，大慧啊，菩萨大士应该安住心识智慧相，修习上圣智三相。大慧啊，何谓上圣智三相？无影像相、一切佛护持自己誓愿相和自觉圣智相。瑜伽行者获得这些，便抛弃跛驴[①]心慧智相，达到胜者子第八地[②]，修习上三相。

求译：復次，大慧！菩薩摩訶薩建立智慧相住已，於上聖智三相當勤修學。何等為聖智三相當勤修學？所謂無所有相，一切諸佛自願處相，自覺聖智究竟之相。修行得此已，能捨跛驢心慧智相，得最勝子第八之地，則於彼上三相修生。

实译：復次，大慧！菩薩摩訶薩住智慧心所住相已，於上聖智三相當勤修學。何者為三？所謂無影像相，一切諸佛願持相，自證聖智所趣相。諸修行者獲此相已，即捨跛驢智慧心相，入菩薩第八地，於此三相修行不捨。

तत्र निराभासलक्षणं पुनर्महामते सर्वश्रावकप्रत्येकबुद्धतीर्थलक्षणपरिचया-त्प्रवर्तते। अधिष्ठानलक्षणं पुनर्महामते पूर्वबुद्धस्वप्रणिधानाधिष्ठानतः प्रवर्तते। प्रत्यात्मार्यज्ञानगतिलक्षणं पुनर्महामते सर्वधर्मलक्षणानभिनिवेशतो मायोपमसमा-धिकायप्रतिलम्भाद्बुद्धभूमिगतिगमनप्रचारात् प्रवर्तते। एतन्महामते आर्याणां लक्ष-णत्रयं येनार्येण लक्षत्रयेण समन्वागता आर्याः स्वप्रत्यात्मार्यज्ञानगतिगोचरमधि-

---

① “跛驴”（khañjagardabha）喻指外道。

② “胜者子第八地”即菩萨修行阶位中的不动地。

गच्छन्ति। तस्मात्तर्हि महामते आर्यज्ञानलक्षणत्रययोगः करणीयः॥

今译：其中，大慧啊，无影像相产生于勤修一切声闻、缘觉和外道相。大慧啊，护持相产生于过去佛护持自己的誓愿。大慧啊，自觉圣智相产生于不执著一切法相，获得如幻入定身，通往佛地。大慧啊，这是圣三相。具有圣三相的圣者们达到自觉圣智境界。因此，大慧啊，应该修习圣智三相。

求译：大慧！無所有相者，謂聲聞、緣覺及外道相彼修習生。大慧！自願處相者，謂諸先佛自願處修生。大慧！自覺聖智究竟相者，一切法相無所計著，得如幻三昧身，諸佛地處進趣行生。大慧！是名聖智三相。若成就此聖智三相者，能到自覺聖智境界。是故，大慧！聖智三相當勤修學。

实译：大慧！無影像相者，謂由慣習一切二乘、外道相故，而得生起。一切諸佛願持相者，謂由諸佛自本願力所加持故，而得生起。自證聖智所趣相者，謂由不取一切法相，成就如幻諸三昧身，趣佛地智故，而得生起。大慧！是名上聖智三種相。若得此相，即到自證聖智所行之處。汝及諸菩薩摩訶薩應勤修學。

अथ खलु महामतिर्बोधिसत्त्वो महासत्त्वः पुनरेव तस्या बोधिसत्त्वपर्षदश्चित्ताशयविचारमाज्ञाय आर्यज्ञानवस्तुप्रविचयं नाम धर्मपर्यायं सर्वबुद्धाधिष्ठानाधिष्ठितो भगवन्तं परिपृच्छति स्म -- देशयतु मे भगवानार्यज्ञानवस्तुप्रविचयं नाम धर्मपर्यायमष्टोत्तरपदशतप्रभेदाश्रयम् , यमाश्रित्य तथागता अर्हन्तः सम्यक्संबुद्धा बोधिसत्त्वानां महासत्त्वानां स्वसामान्यलक्षणपतितानां परिकल्पितस्वभावगतिप्रभेदं देशयन्ति, येन परिकल्पितस्वभावगतिप्रभेदेन सुप्रतिविभागविद्धेन पुद्गलधर्मनैरात्म्यप्रचारं प्रतिविशोध्य भूमिषु कृतविद्याः सर्वश्रावकप्रत्येकबुद्धतीर्थकरध्यानसमाधिसमापत्तिसुखमतिक्रम्य तथागताचिन्त्यविषयप्रचारगतिप्रचारं पञ्चधर्मस्वभावगतिविनिवृत्तं तथागतं धर्मकायं प्रज्ञाज्ञानसुनिबद्धधर्मं मायाविषयाभिनिवृत्तं

सर्वबुद्धक्षेत्रतुषितभवनाकनिष्ठालयोपगं तथागतकायं प्रतिलभेरन्॥

今译：然后，大慧菩萨大士知道菩萨集会大众的心愿，受一切佛护持，向世尊询问名为圣智观察事物的法门："请世尊为我宣示依据一百零八句分类的名为圣智观察事物的法门。依靠它，一切如来、阿罗汉、正等觉为陷入自相和共相的菩萨大士们宣示妄相自性分类。凭借这种贯穿分别的妄想自性分类，净化人法无我[①]所行[②]，明瞭诸地，超越一切声闻、缘觉和外道禅定之乐，获得如来不可思议境界所行，摆脱五法自性，产生如来法身，充满智慧法，进入如幻境界，达到一切佛土、兜率天宫[③]和阿迦尼吒天宫，获得如来身。"

求译：爾時大慧菩薩摩訶薩知大菩薩眾心之所念，名聖智事分別自性經，承一切佛威神之力，而白佛言："世尊，唯願為說聖智事分別自性經，百八句分別所依。如來、應供、等正覺依此分別，說菩薩摩訶薩入自相共相妄想自性。以分別說妄想自性故，則能善知周遍觀察人法無我，淨除妄想，照明諸地，超越一切聲聞、緣覺及諸外道諸禪定樂，觀察如來不可思議所行境界，畢定捨離五法自性，諸佛如來法身，智慧善自莊嚴，超幻境界，昇一切佛剎、兜率天宫乃至色究竟天宫，逮得如來常住法身。"

实译：爾時大慧菩薩摩訶薩知諸菩薩心之所念，承一切佛威神之力白佛言："唯願為說百八句差別所依聖智事自性法門，一切如來、應、正等覺，為諸菩薩摩訶薩墮自共相者，說此妄計性差別義門。知此義已，則能淨治二無我觀境，照明諸地，超越一切二乘、外道三昧之樂，見諸如來不可思議所行境界，畢竟捨離五法自性，以一切佛法身智慧而自莊嚴，入如幻境，住一切剎、兜率陀宫、色究竟天，成如

---

① "人法无我"（pudgaladharmanairātmya）指人无我和法无我。

② "所行"的原词是 pracāra。求译和实译此处分别译为"观察"和"观境"，也就是将此词理解为"观察"（vicāra）。

③ "兜率天宫"（Tuṣitabhavana）是未来成佛的菩萨的居处。

來身。”

भगवानाह -- इह महामते एके तीर्थ्यातीर्थ्यदृष्टयो नास्तित्वाभिनिविष्टा विकल्पबुद्धिहेतुक्षयस्वभावाभावान्नास्ति शशस्य विषाणं विकल्पयन्ति। यथा शशविषाणं नास्ति, एवं सर्वधर्माः। अन्ये पुनर्महामते भूतगुणाणुद्रव्यसंस्थानसंनिवेशविशेषं दृष्ट्वा नास्तिशशशृङ्गाभिनिवेशाभिनिविष्टा अस्ति गोशृङ्गमिति कल्पयन्ति। ते महामते अन्तद्वयदृष्टिपतिताश्चित्तमात्रानवधारितमतयः। स्वचित्तधातुविकल्पेन ते पुष्णन्ति। देहभोगप्रतिष्ठागतिविकल्पमात्रे महामते शशशृङ्गं नास्त्यस्तिविनिवृत्तं न कल्पयेत्तथा महामते सर्वभावानां नास्त्यस्तिविनिवृत्तं न कल्पयितव्यम्॥

今译：世尊说道：“大慧啊，有一些外道和非外道邪见执著无性，依据分别智，确定原因毁灭而自性不存在，由此设想无兔角。正如无兔角，一切法也是这样。大慧啊，另一些人则看到四大、性质、极微、实体、形态和居处的差别，执著无兔角，而设想有牛角。大慧啊，他们的思想陷入二边见[①]，而不了解唯心。他们接受自心界分别滋养。身体、享受和住处只是妄想分别，大慧啊，兔角脱离有无，不应该妄想分别。大慧啊，同样，一切事物脱离有无，不应该妄想分别。

求译：佛告大慧：“有一種外道，作無所有妄想計著，覺知因盡，兔無角想。如兔無角，一切法亦復如是。大慧！復有餘外道，見種、求那、極微、陀羅驃[②]、形、處橫法[③]各各差別。見已，計著無兔角橫法，作牛有角想。大慧！彼墮二見，不解心量，自心境界妄想增長。身、受用、建立妄想限量[④]，大慧！一切法性亦復如是，離有無，不應作想。

实译：佛言：“大慧！有一類外道，見一切法隨因而盡，生分別

① “二边见”（antadvaya），求译、菩译和实译均为“二见”。

② “陀罗骠”是 dravya（“实物”或“实体”）一词的音译。

③ 按照现存梵本以及菩译和实译，这句和下一句中的“横法”，可能是译者添加的词，意谓“虚妄之法”。

④ “限量”的原词是 mātra，意谓“只是”。

解，想兔無角，起於無見。如兔角無，一切諸法悉亦如是。復有外道，見大種、求那、塵等諸物、形量、分位各差別已，執兔無角，於此而生牛有角想。大慧！彼墮二見，不了唯心，但於自心增長分別。大慧！身及資生、器世間等，一切皆唯分別所現。大慧！應知兔角離於有無，諸法悉然，勿生分別。

ये पुनर्महामते नास्त्यस्तिविनिवृत्ता नास्ति शशश्रृङ्गं न कल्पयन्ति, तैरन्योन्यापेक्षहेतुत्वान्नास्ति शशविषाणमिति न कल्पयितव्यम्। आपरमाणुप्रविचयाद्वस्त्वनुपलब्धभावान्महामते आर्यज्ञानगोचरविनिवृत्तमस्ति गोश्रृङ्गमिति न कल्पयितव्यम्॥

今译：“大慧啊，摆脱有无的人不设想无兔角。由于互相依待[1]，他们不应该设想无兔角。大慧啊，即使观察分析到极微，也不能获得事物。[2]这远离圣智境界。因此，不应该设想有牛角。”

求译：“大慧！若復離有無而作兔無角想，是名邪想。彼因待觀故，兔無角不應作想。乃至微塵，分別事性悉不可得。大慧！聖境界離，不應作牛有角想。”

实译：“云何兔角離於有無？互因待故。分析牛角乃至微塵，求其體相終不可得。聖智所行遠離彼見，是故於此不應分別。”

अथ खलु महामतिर्बोधिसत्त्वो महासत्त्वो भगवन्तमेतदवोचत् -- ननु भगवन् विकल्पस्याप्रवृत्तिलक्षणं दृष्ट्वा अनुमिमीमहे विकल्पाप्रवृत्त्यपेक्षं तस्य नास्तित्वम्। भगवानाह -- न हि महामते विकल्पाप्रवृत्त्यपेक्षं तस्य नास्तित्वम्। तत्कस्य हेतोः ? विकल्पस्य तत्प्रवृत्तिहेतुत्वात्। तद्विषाणाश्रयप्रवृत्तो हि महामते विकल्पः। यस्माद्विषाणाश्रयप्रवृत्तो महामते विकल्पः, तस्मादाश्रयहेतुत्वादन्यानन्यविवर्जितत्वान्न

---

[1] “互相依待”（anyonyāpekṣa，或译“互相期待”）意谓有和无互相依待，互为原因，换言之，有有则有无，有无则有有。

[2] 就牛角而言，观察分析到极微，并无牛角。

हि तदपेक्षं नास्तित्वं शशविषाणस्य। यदि पुनर्महामते विकल्पो ऽन्यः स्याच्छशविषाणादविषाणहेतुकः स्यात्। अथानन्यः स्यात्, तद्धेतुकत्वादापरमाणुप्रविचयानुपलब्धेर्विषाणादनन्यत्वात्तदभावः स्यात्। तदुभयभावाभावात्कस्य किमपेक्ष्य नास्तित्वं भवति ? अथ न भवति महामते अपेक्ष्य नास्तित्वं शशविषाणस्य अस्तित्वमपेक्ष्य नास्तित्वं शशविषाणं न कल्पयितव्यं विषमहेतुत्वान्महामते नास्त्यस्तित्वम् सिद्धिर्न भवति नास्त्यस्तित्ववादिनाम्। अन्ये पुनर्महामते तीर्थकरदृष्टयो रूपकारणसंस्थानाभिनिवेशाभिनिविष्टा आकाशभावापरिच्छेदकुशला रूपमाकाशभावविगतं परिच्छेदं दृष्ट्वा विकल्पयन्ति। आकाशमेव च महामते रूपम्। रूपभूतानुप्रवेशान्महामते रूपमेवाकाशम्। आधेयाधारव्यवस्थानभावेन महामते रूपाकाशकारणयोः प्रविभागः प्रत्येतव्यः। भूतानि महामते प्रवर्तमानानि परस्परस्वलक्षणभेदभिन्नानि आकाशे चाप्रतिष्ठितानि। न च तेष्वाकाशं नास्ति। एवमेव शशस्य विषाणं महामते गोविषाणमपेक्ष्य भवति। गोविषाणं पुनर्महामते अणुशो विभज्यमानं पुनरप्यणवो विभज्यमाना अणुत्वलक्षणे नावतिष्ठन्ते। तस्य किमपेक्ष्य नास्तित्वं भवति ? अथान्यदपेक्ष्य वस्तु, तदप्येवंधर्मि॥

今译：然后，大慧菩萨大士对世尊说道："世尊啊，岂非我们看到分别不起相，期待分别不起，而推断它[①]为无？"世尊说道："大慧啊，并非期待分别不起而推断它为无。为什么？分别以它的出现为原因。大慧啊，分别的出现依据角。大慧啊，由于分别的出现依据角，由于以这种依据为原因，由于脱离既异又不异，并非期待分别不起而推断无兔角。大慧啊，若妄想异于兔角，则不是兔角的原因。若不异，则是原因，而观察分析到极微，也不能获得。这样，不异于角，它也不存在[②]。由于两者都不存在，期待什么而说无？大慧啊，期待无兔角不能成立，也就不应该期待有[③]，而妄想无兔角。大慧啊，由于原因不正当，有无论者所说的有无性不能成立。大慧啊，另一些外道邪

---

① "它"指角。

② 以上说明妄想与兔角和牛角既异又不异，而说到底，兔角和牛角两者都不存在。

③ "期待有"指期待有牛角。

见执著色、原因和形态，不善于识别虚空[1]性，妄想色离虚空性而加以分别。大慧啊，虚空即是色。大慧啊，虚空随入色中，因此，色即是虚空。大慧啊，应该依据所持和能持的确立，识别色和虚空两者的原因。大慧啊，四大出现时，互相按自相分类，不住于虚空中。然而，虚空并非不在它们中。正是这样，大慧啊，凭牛角而说兔角这样[2]，而分析牛角至极微，又进而分析极微，最终也不能确立极微相。因此，凭什么而说无？凭其他说事物，也是如此。”

求译：爾時大慧菩薩摩訶薩白佛言：“世尊，得無妄想者，見不生想已，隨比思量觀察不生妄想言無耶？”佛告大慧：“非觀察不生妄想言無。所以者何？妄想者，因彼生故。依彼角生妄想。以依角生妄想，是故言依因故，離異不異故，非觀察不生妄想言無角。大慧！若復妄想異角者，則不因角生。若不異者，則因彼故，乃至微塵分析推求，悉不可得。不異角故，彼亦非性。二俱無性者，何法何故而言無耶？大慧！若無故無角，觀有故言兔無角者，不應作想。大慧！不正因故，而說有無，二俱不成。大慧！復有餘外道見，計著色、空事形處橫法，[3]不能善知虛空分齊[4]，言色離虛空，起分齊見妄想。大慧！虛空是色，隨入色種。大慧！色是虛空。持所持處所建立性，色空事分別當知。大慧！四大種生時，自相各別，亦不住虛空。非彼無虛空。如是，大慧！觀牛有角故，兔無角。大慧！又牛角者析為微塵，又分別微塵剎那不住[5]。彼何所觀故而言無耶？若言觀餘物者，彼法亦然。”

实译：爾時大慧菩薩摩訶薩復白佛言：“世尊，彼豈不以妄見起[6]相，比度觀待妄計無耶？”佛言：“不以分別起相待以言無。何以故？

---

[1] 虚空（ākāśa）指空间。

[2] 意谓凭有牛角而说兔角无。

[3] 此处“计著色、空事形处横法”，按现存梵本是“执著色、原因和形态”。菩译“见色有因，妄想执著形相长短”，与现存梵本基本一致。

[4] “分齐”的原词是 pariccheda，意谓“分别”或“区别”。

[5] 此处“微尘刹那不住”的原文是 aṇutvalakṣaṇe nāvatiṣṭhante，意谓“不能确立微尘相”。这里可能是将 lakṣaṇa（“相”）误读为 kṣaṇa（“刹那”）。

[6] 此处“妄见起”和下一句中的“分别起”，按原文是 vikalpasyāpravṛtti，意谓“分别不起”。求译与现存梵本一致。

彼以分別為生因故。以角分別為其所依，所依為因，離異不異，非由相待顯兔角無。大慧！若此分別異兔角者，則非角因。若不異者，因彼而起。大慧！分析牛角乃至極微，求不可得。異於有角言無角者，如是分別決定非理。二俱非有，誰待於誰？若相待不成，待於有故言兔角無，不應分別。不正因故，有無論者執有執無，二俱不成。大慧！復有外道，見色、形狀、虛空分齊而生執著，言色異虛空起於分別。大慧！虛空是色，隨入色種。大慧！色是虛空。能持所持建立性故，色空分齊應如是知。大慧！大種生時自相各別，不住虛空中，非彼無虛空。大慧！兔角亦爾，觀待牛角言彼角無。大慧！分析牛角乃至微塵，又析彼塵，其相不現。彼何所待而言無耶？若待餘物，彼亦如是。”

अथ खलु भगवान् पुनरपि महामतिं बोधिसत्त्वं महासत्त्वमेतदवोचत् -- शशगोशृङ्गाकाशरूपदृष्टिविकल्पविगतेन महामते भवितव्यम् , तदन्यैश्च बोधिसत्त्वैः। स्वचित्तदृश्यविकल्पानुगममनसा च महामते भवितव्यम्। सर्वजिनसुतक्षेत्रमण्डले च त्वया स्वचित्तदृश्ययोगोपदेशः करणीयः॥

今译：然后，世尊又对大慧菩萨大士说道：“大慧啊，应该摆脱兔角、牛角、虚空和色分别见。大慧啊，你应该与其他菩萨一起思考自心所现分别，应该在一切佛土胜者子中宣示修行自心所现。”

求译：爾時世尊告大慧菩薩摩訶薩言：“當離兔角、牛角、虛空、形色異見妄想。汝等諸菩薩摩訶薩當思惟自心現妄想，隨入為一切剎土最勝子，以自心現方便而教授之。”

实译：“大慧！汝應遠離兔角、牛角、虛空及色所有分別。汝及諸菩薩摩訶薩應常觀察自心所見分別之相，於一切國土為諸佛子說觀察自心修行之法。”

अथ खलु भगवांस्तस्यां वेलायामिमा गाथा अभाषत --

今译：然后，世尊在此刻念诵偈颂道：

求译：爾時世尊欲重宣此義而說偈言：

实译：爾時世尊即說頌言：

दृश्यं न विद्यते चित्तं चित्तं दृश्यात्प्रवर्तते।
देवभोगप्रतिष्ठानमालयं ख्यायते नृणाम्॥ १२३॥

今译：心本无所现，心随所现起，阿赖耶识
向人们显现种种身体[1]、享受和住处。（123）

求译：色等[2]及心無，色等長養心，
身受用安立，識藏現眾生。

实译：心所見無有，唯依心故起，
身資所住影，眾生藏識現。

चित्तं मनश्च विज्ञानं स्वभावं धर्मपञ्चकम्।
नैरात्म्यं द्वितयं शुद्धं प्रभाषन्ते विनायकाः॥ १२४॥

今译：导师们宣说心、意和识，
自性和五法，清净二无我。（124）

求译：心意及與識，自性法有五，
無我二種淨，廣說者所說。

实译：心意及與識，自性五種法，
二無我清淨，諸導師演說。

दीर्घह्रस्वादिसंबन्धमन्योन्यतः प्रवर्तते।
अस्तित्वसाधकं नास्ति अस्ति नास्तित्वसाधकम्॥ १२५॥

今译：长短等等互相联系而存在，

[1] “身体”的原词是 deva（“天神”），按南条本应为 deha（“身体”）。
[2] “色等”的原词是 dṛśya，指所见或所现。

因无故成有，因有故成无。(125)

求译：長短有無等，展轉互相生，
　　　以無故成有，以有故成無。

实译：長短共觀待，展轉互相生，
　　　因有故成無，因無故成有。

अणुशो भज्यमानं हि नैव रूपं विकल्पयेत्।
चित्तमात्रं व्यवस्थानं कुदृष्ट्या न प्रसीदति॥१२६॥

今译：分析至极微，无色可分别，
　　　而持邪见者不愿确认唯心。(126)

求译：微塵分別事，不起色妄想，
　　　心量安立處，惡見所不樂。

实译：微塵分析事，不起色分別，
　　　唯心所安立，惡見者不信。

तार्किकाणामविषयः श्रावकाणां न चैव हि।
यं देशयन्ति वै नाथाः प्रत्यात्मगतिगोचरम्॥१२७॥

今译：导师们宣示这种自觉境界，
　　　不是思辨者和声闻的境界。(127)

求译：覺想①非境界，聲聞亦復然，
　　　救世之所說，自覺之境界。

实译：外道非行處，聲聞亦復然，
　　　救世之所說，自證之境界。

---

① "觉想"的原词是 tārkika，指思辨者。此词菩译"妄智"，实译"外道"。

अथ खलु महामतिर्बोधिसत्त्वो महासत्त्वः पुनरपि स्वचित्तदृश्यधाराविशुद्ध्यर्थं
भगवन्तमध्येषते स्म -- कथं भगवन् स्वचित्तदृश्यधारा विशुध्यति युगपत्क्रमवृत्त्या
वा ? भगवानाह -- क्रमवृत्त्या महामते स्वचित्तदृश्यधारा विशुध्यति न युगपत्।
तद्यथा महामते आम्रफलानि क्रमशः पच्यन्ते न युगपत् , एवमेव महामते
स्वचित्तदृश्यधारा सत्त्वानां क्रमशो विशुध्यति न युगपत्। तद्यथा महामते
कुम्भकारः क्रमशो भाण्डानि कुरुते न युगपत् , एवमेव महामते तथागतः सत्त्वानां
स्वचित्तदृश्यधारां क्रमशो विशोधयति न युगपत्। तद्यथा महामते पृथिव्यां
तृणगुल्मौषधिवनस्पतयः क्रमवृत्त्या विरोहन्ति न युगपत् , एवमेव महामते
सत्त्वानां तथागतः क्रमशः स्वचित्तदृश्यधारां विशोधयति न युगपत्। तद्यथा
महामते हास्यलास्यगीतवादित्रवीणालेख्ययोग्याः क्रमशः प्रवर्तन्ते न युगपत् ,
एवमेव महामते तथागतः सर्वसत्त्वानां क्रमशः स्वचित्तदृश्यधारां विशोधयति न
युगपत्। तद्यथा महामते दर्पणान्तर्गताः सर्वरूपावभासाः संदृश्यन्ते निर्विकल्पा
युगपत् , एवमेव महामते स्वचित्तदृश्यधारां युगपत्तथागतः सर्वसत्त्वानां
विशोधयति निर्विकल्पां निराभासगोचराम्। तद्यथा महामते सोमादित्यमण्डलं
युगपत्सर्वरूपावभासान् किरणैः प्रकाशयति, एवमेव महामते तथागतः
स्वचित्तदृश्यदौष्ठुल्यवासनाविगतानां सत्त्वानां युगपदचिन्त्यज्ञानजिनगोचरविषयं
संदर्शयति। तद्यथा महामते आलयविज्ञानं स्वचित्तदृश्यदेहप्रतिष्ठाभोगविषयं
युगपद्विभावयति, एवमेव महामते निष्यन्दबुद्धो युगपत्सत्त्वगोचरं परिपाच्य
आकनिष्ठभवनविमानालययोगं योगिनामर्पयति। तद्यथा महामते धर्मताबुद्धो
युगपन्निष्यन्दनिर्माणकिरणैर्विराजते, एवमेव महामते प्रत्यात्मार्यगतिधर्मलक्षणं
भावाभावकुदृष्टिविनिवर्तनतया युगपद्विराजते॥

今译： 然后，大慧菩萨大士向世尊询问净化自心所现流：“世尊
啊，怎样净化自心所现流，顿时或渐次①？”世尊说道：“大慧啊，渐
次净化自心所现流，而非顿时。例如，大慧啊，菴罗果渐次成熟，而
非顿时，同样，大慧啊，渐次净化众生自心所现流，而非顿时。例如，

---

① “顿时”（yugapad）意谓同时或同步。“渐次”（krama）意谓逐步或依次。

大慧啊，陶工渐次制成器皿，而非顿时，同样，大慧啊，如来渐次净化众生自心所现流，而非顿时。例如，大慧啊，大地上草木渐次成长，而非顿时，同样，大慧啊，如来渐次净化众生自心所现流，而非顿时。例如，大慧啊，戏谑、柔舞、歌唱、乐器、琵琶和书画渐次学成，同样，大慧啊，如来渐次净化众生自心所现流，而非顿时。例如，大慧啊，明镜中顿时呈现一切色影像而无分别，同样，大慧啊，如来顿时净化众生自心所现流，呈现无分别、无影像境界。例如，大慧啊，月亮和太阳用光线顿时照亮一切色影像，同样，大慧啊，如来为远离自心所现恶劣习气的众生顿时显现不可思议智胜者境界。例如，大慧啊，阿赖耶识顿时显现自心所现身体、住处和享受的境界，同样，大慧啊，所流佛[①]顿时教化众生境界，令瑜伽行者到达阿迦尼吒天宫修行。例如，大慧啊，法性佛[②]顿时与所流佛和变化佛[③]的光芒一起闪耀，同样，大慧啊，自觉圣趣法相顿时闪耀，摆脱有无邪见。

求译：爾時大慧菩薩為淨自心現流故，復請如來，白佛言："世尊，云何淨除一切眾生自心現流，為頓為漸耶？"佛告大慧："漸淨非頓。如菴羅果漸熟非頓，如來淨除一切眾生自心現流，亦復如是，漸淨非頓。譬如陶家造作諸器，漸成非頓，如來淨除一切眾生自心現流，亦復如是，漸淨非頓。譬如大地漸生萬物，非頓生也，如來淨除一切眾生自心現流，亦復如是，漸淨非頓。譬如人學音樂書畫種種技術，漸成非頓。如來淨除一切眾生自心現流，亦復如是，漸淨非頓。譬如明鏡頓現一切無相色像，如來淨除一切眾生自心現流，亦復如是，頓現無相[④]、無有所有清淨境界。如日月輪頓照顯示一切色像，如來為離自心現習氣過患眾生，亦復如是，頓為顯示不思議智最勝境界。

① "所流佛"（Niṣyandabuddha）相当于报身佛。求译"依佛"，实译"报佛"。

② "法性佛"（Dharmatābuddha）相当于法身佛。求译和实译均为"法佛"。

③ "变化佛"（Nirmāṇabuddha）相当于化身佛。实译"化佛"。

④ 这句中的两个"无相"的原词是 nirvikalpa，意谓"无分别"。菩译和实译均为"无分别"。

譬如藏識頓分別知自心現及身、安立、受用境界，彼諸依佛亦復如是，[①]頓熟衆生所處境界，以修行者安處於彼色究竟天。譬如法佛、所作、依佛光明照曜，[②]自覺聖趣亦復如是，彼於法相有性無性惡見妄想，照令除滅。

实译：爾時大慧菩薩摩訶薩為淨心現流故而請佛言："世尊，云何淨諸衆生自心現流，為漸次淨為頓淨耶？"佛言："大慧！漸淨非頓。如菴羅果漸熟非頓，諸佛如來淨諸衆生自心現流，亦復如是，漸淨非頓。如陶師造器漸成非頓，諸佛如來淨諸衆生自心現流，亦復如是，漸而非頓。譬如大地生諸草木漸生非頓，諸佛如來淨諸衆生自心現流，亦復如是，漸而非頓。大慧！譬如人學音樂書畫種種伎術，漸成非頓，諸佛如來淨諸衆生自心現流，亦復如是，漸而非頓。譬如明鏡頓現衆像而無分別，諸佛如來淨諸衆生自心現流，亦復如是，頓現一切無相境界而無分別。如日月輪一時遍照一切色像，諸佛如來淨諸衆生自心過習，亦復如是，頓為示現不可思議諸佛如來智慧境界。譬如藏識頓現於身及資生、國土一切境界，報佛亦爾，於色究竟天，頓能成熟一切衆生，令修諸行。譬如法佛頓現報佛及以化佛光明照曜，自證聖境亦復如是，頓現法相而為照曜，令離一切有無惡見。

पुनरपरं महामते धर्मतानिष्यन्दबुद्धः स्वसामान्यलक्षणपतितात्सर्वधर्मात्स्वचित्तदृश्यवासनाहेतुलक्षणोपनिबद्धात्परिकल्पितस्वभावाभिनिवेशहेतुकानतदात्मकविविधमायारङ्गपुरुषवैचित्र्याभिनिवेशानुपलब्धितो महामते देशयति। पुनरपरं महामते परिकल्पितस्वभाववृत्तिलक्षणं परतन्त्रस्वभावाभिनिवेशतः प्रवर्तते। तद्यथा तृणकाष्ठगुल्मलताश्रयान्मायाविद्यापुरुषसंयोगात्सर्वसत्त्वरूपधारिणं मायापुरुषवि-

① 此处有夹注："依者胡本云津膩，谓化佛是真佛气分也"。这里，"津膩"应该是 niṣyanda（"所流"）一词的意译。"所流佛"又称"依佛"或"报佛"。

② 按照现存梵本和实译，这句中提及法身佛、报身佛和化身佛。因而，这句中的"所作"应该是指"化身佛"。

ग्रहमभिनिष्पन्नैकसत्त्वशरीरं विविधकल्पविकल्पितं ख्यायते, तथा ख्यायन्नपि महामते तदात्मको न भवति, एवमेव महामते परतन्त्रस्वभावे परिकल्पितस्वभावे विविधविकल्पचित्तविचित्रलक्षणं ख्यायते। वस्तुपरिकल्पलक्षणाभिनिवेशवासना-त्परिकल्पयन् महामते परिकल्पितस्वभावलक्षणं भवति। एषा महामते निष्यन्दबु-द्धदेशना। धर्मताबुद्धः पुनर्महामते चित्तस्वभावलक्षणविसंयुक्तां प्रत्यात्मार्यगतिगो-चरव्यवस्थां करोति। निर्मितनिर्माणबुद्धः पुनर्महामते दानशीलध्यानसमाधिचित्रप्र-ज्ञाज्ञानस्कन्धधात्वायतनविमोक्षविज्ञानगतिलक्षणप्रभेदप्रचारं व्यवस्थापयति। ती-र्थ्यदृष्ट्या च रूप्यसमतिक्रमणलक्षणं देशयति। धर्मताबुद्धः पुनर्महामते निरालम्बः। आलम्बविगतं सर्वक्रियेन्द्रियप्रमाणलक्षणविनिवृत्तमविषयं बालश्रावकप्रत्येकबुद्ध-तीर्थकरात्मकलक्षणाभिनिवेशाभिनिविष्टानाम्। तस्मात्तर्हि महामते प्रत्यात्मार्यग-तिविशेषलक्षणे योगः करणीयः। स्वचित्तलक्षणदृश्यविनिवृत्तिदृष्टिना च ते भवितव्यम्॥

今译：“还有，大慧啊，法性所流佛①宣示一切法陷入自相和共相，缠结自心所现习气原因相，由于执著妄想自性，②执著种种虚幻不实的彩色人像③而不可得。还有，大慧啊，执著依他自性④而产生妄想自性相。例如，用草木树藤，用幻术，制作人像，呈现具有一切众生形态的虚幻人像，具有每类众生的身体，种种妄想分别，而即使这样呈现，大慧啊，并无实质。同样，大慧啊，种种妄想分别心相的呈现依据依他自性，依据妄想自性。大慧啊，由于执著事物分别相的习气，妄想分别，而产生妄想自性相。大慧啊，这是所流佛的教导。还有，大慧啊，法性佛摆脱心自性相，确立自觉圣趣境界。还有，大慧啊，变化佛确立布施、持戒、禅定、各种智慧、智、蕴、界、处、解脱、

① “法性所流佛”即所流佛。
② 此句原文是parikalpitasvabhāvābhiniveśahetukān，最后一词hetukān疑有误，应为hetukāt（“由于”）。“妄想自性”（parikalpitasvabhāva）指妄想分别的自性。
③ “彩色人像”（raṅgapuruṣa）指魔术师（“幻师”）的幻术。
④ 依他自性（paratantrasvabhāva）指依他缘起的自性。求译和实译均为“缘起自性”。

识和行相的类别和所行，宣示超越外道所见色[①]相。还有，大慧啊，法性佛无攀缘。摆脱攀缘，摆脱一切作为、诸根和度量[②]相，摆脱愚夫声闻、缘觉和外道执著我相的境界。因此，大慧啊，应该依据自觉圣趣殊胜相修行。你应该摆脱自心所现相。

求译：“大慧！法依佛說一切法入自相共相，自心現習氣因相續，妄想自性計著因，種種無實幻，種種計著不可得。復次，大慧！計著緣起自性，生妄想自性相。大慧！如工幻師依草木瓦石作種種幻，起一切眾生若干形色，起種種妄想，彼諸妄想亦無真實。如是，大慧！依緣起自性，起妄想自性，種種妄想心。種種想行事妄想相，計著習氣妄想，大慧！是為妄想自性相生。大慧！是名依佛說法。大慧！法佛者，離心自性相，自覺聖所緣境界建立施作。大慧！化佛者，說施、戒、忍、精進、禪定及心智慧，[③]離[④]陰、界、入，解脫、識相，分別觀察建立，超外道見、無色見。大慧！又法佛者，離攀緣。所緣離，一切所作、根、量相滅，非諸凡夫、聲聞、緣覺、外道計著我相所著境界，自覺聖究竟差別相建立。是故，大慧！自覺聖差別相[⑤]當勤修學，自心現見應當除滅。

实译：“復次，大慧！法性所流佛說一切法自相共相，自心現習氣因相，妄計性所執因相，更相繫屬種種幻事皆無自性，而諸眾生種

---

① 这句中，“色”的原词是 rūpya，而不是常用的 rūpa。求译和实译均为“无色”，则原词应为 ārūpya。此句求译“超外道见、无色见”，实译“越外道见，超无色行”。据此，相关的原文可能是 tīrthyadṛṣṭyārūpyasamatikramaṇa。而此句菩译“说诸外道无色三摩跋提次第相”，据南条本校注，可知菩译与藏译本一致，即 samatikramaṇa（“超越”）为 samāpattikramaṇa（“三摩跋提次第”）。

② “度量”（pramāṇa）或译“量”，指认知手段。

③ 这里提及的布施、持戒、忍辱、精进、禅定和智慧（“般若”）是“六波罗蜜”。现存梵本中未提及其中的忍辱和精进。又，此处“心智慧”中的“心”字，按照现存梵本，此字是 citra（“各种”），而非 citta（“心”）。菩译和实译均未涉及此字。

④ 按照现存梵本，此处没有“离”字。菩译和实译此处也没有“离”字。

⑤ “差别相”中“差别”的原词是 viśeṣa，有“差别”、“特殊”、“优异”和“殊胜”等意义。此处菩译“胜相”，实译“胜境界”。前面一个短句“自觉圣究竟差别相建立”中的“差别相”一词与此相同。但这个短句不见于现存梵本以及菩译和实译。

種執著取以為實，悉不可得。復次，大慧！妄計自性執著緣起自性起。大慧！譬如幻師以幻術力，依草木瓦石幻作眾生若干色像，令其見者種種分別，皆無真實。大慧！此亦如是，由取著境界習氣力故，於緣起性中，有妄計性種種相現。是名妄計性生。大慧！是名法性所流佛說法相。大慧！法性佛者，建立自證智所行，離心自性相。大慧！化佛說施、戒、忍、進、禪定、智慧、蘊、界、處、法及諸解脫、諸識行相，建立差別，越外道見，超無色行。復次，大慧！法性佛非所攀緣，一切所緣、一切所作相、根、量等相悉皆遠離，非凡夫二乘及諸外道執著我相所取境界。是故，大慧！於自證聖智勝境界相當勤修學，於自心所現分別見相當速捨離。

पुनरपरं महामते द्विविधं श्रावकयाननयप्रभेदलक्षणं यदुत प्रत्यात्मार्याधिगमविशेषलक्षणं च भावविकल्पस्वभावाभिनिवेशलक्षणं च। तत्र महामते प्रत्यात्मार्याधिगमविशेषलक्षणं श्रावकाणां कतमत् ? यदुत शून्यतानात्मदुःखानित्यविषयसत्यवैराग्योपशमात्स्कन्धधात्वायतनस्वसामान्यलक्षणबाह्यार्थविनाशलक्षणाद्यथाभूतपरिज्ञानाच्चित्तं समाधीयते। स्वचित्तं समाधाय ध्यानविमोक्षसमाधिसार्गफलसमापत्तिविमुक्तिवासनाचिन्त्यपरिणतिच्युतिविगतं प्रत्यात्मार्यगतिलक्षणसुखविहारं महामते अधिगच्छन्ति श्रावकाः। एतन्महामते श्रावकाणां प्रत्यात्मार्यगतिलक्षणम्। एतद्धि महामते श्रावकाणां प्रत्यात्मार्याधिगमविहारसुखमधिगम्य बोधिसत्त्वेन महासत्त्वेन निरोधसुखं समापत्तिसुखं च सत्त्वक्रियापेक्षया पूर्वस्वप्रणिधानाभिनिर्हृततया च न साक्षात्करणीयम्। एतन्महामते श्रावकाणां प्रत्यात्मार्यगतिलक्षणसुखं यत्र बोधिसत्त्वेन महासत्त्वेन प्रत्यात्मार्यगतिलक्षणसुखे न शिक्षितव्यम्। भावविकल्पस्वभावाभिनिवेशः पुनर्महामते श्रावकाणां कतमः ? यदुत नीलपीतोष्णद्रवचलकठिनानि महाभूतान्यक्रियाप्रवृत्तानि स्वसामान्यलक्षणयुक्त्यागमप्रमाणसुविनिबद्धानि दृष्ट्वा तत्स्वभावाभिनिवेशविकल्पः प्रवर्तते। एतन्महामते बोधिसत्त्वेनाधिगम्य व्यावर्तयितव्यम्। धर्मनैरात्म्यलक्षणानुप्रवेशतया पुद्गलनैरात्म्यलक्षणदृष्टिं निवार्य भूमिक्रमानुसंधौ प्रतिष्ठापयितव्यम्। एतन्महामते श्रावकाणां

भावविकल्पस्वभावाभिनिवेशलक्षणं यदुक्तम् , इदं तत्प्रत्युक्तम् ॥

今译：“还有，大慧啊，声闻乘法门有两类相：自觉圣智殊胜相和执著分别事物自性相。其中，大慧啊，何谓声闻自觉圣智殊胜相？依据空性、无我、苦、无常、境界、真谛、离欲和寂静，依据蕴、界、处、自相和共相诸外境毁灭相，如实了知，由此，心入定。自心入定后，获得禅解脱，入定道果[①]，入定解脱，摆脱习气和不可思议变易死[②]，大慧啊，声闻得以住于自觉圣趣相之乐。大慧啊，这是声闻自觉圣趣相。大慧啊，获得这种声闻住于自觉圣趣之乐后，菩萨大士顾念众生事业，激发过去自己的誓愿，不应该亲证寂灭乐和入定乐[③]。大慧啊，这是声闻自觉圣趣相之乐。菩萨大士不应该在自觉圣趣相之乐中修习。还有，大慧啊，何谓声闻执著分别事物自性相？青、白、暖、湿、动或坚的四大[④]并非因作为而生，而囿于教理经典准则，见出自相和共相，执著它们的自性，产生妄想分别。大慧啊，菩萨对此应该了解并回避，应该随入法无我相，脱离人无我相，依次安住诸地。大慧啊，这是所谓的声闻执著分别事物自性相。这是回答。”

求译：“復次，大慧！有二種聲聞乘通分別相。謂得自覺聖差別相，及性妄想自性計著相。云何得自覺聖差別相聲聞？謂無常、苦、空、無我、境界、真諦、離欲、寂滅，息陰、界、入、自共相外不壞相[⑤]，如實知，心得寂止。心寂止已，禪定解脱，三昧道果，正受解脱，不離[⑥]習氣、不思議變易死，得自覺聖樂住聲聞。是名得自覺聖差別相聲聞。大慧！得自覺聖差別樂住，菩薩摩訶薩非滅門樂、正受

① “道果”的原词是 sārgaphala，按南条本应为 mārgaphala。

② “不可思议变易死”（acintyapariṇaticyuti）不是通常肉体意义上的死，而是指阿罗汉、缘觉和菩萨的生死变易。

③ 意谓菩萨大士还要度化众生。

④ 暖、湿、动和坚分别是四大中的火、水、风和地的特征。

⑤ 这句按照现存梵本应是“依据蕴、界、处、自相和共相诸外境毁灭相。”

⑥ 此处按照现存梵本应是“离”（vigata），而非“不离”。实译“未离”，与求译一致，而菩译“离”。

樂，顧愍眾生及本願不作證。大慧！是名聲聞得自覺聖差別相樂。菩薩摩訶薩於彼得自覺聖差別相樂，不應修學。大慧！云何性妄想自性計著相聲聞？所謂大種青黄赤白，堅濕煖動，非作生。自相共相，先勝善說[①]，見已，於彼起自性妄想。菩薩摩訶薩於彼應知應捨，隨入法無我想，滅人無我相見，漸次諸地相續建立。是名諸聲聞性妄想自性計著相。”

实译：“復次，大慧！聲聞乘有二種差别相，所謂自證聖智殊勝相，分别執著自性相。云何自證聖智殊勝相？謂明見苦、空、無常、無我、諸諦、境界、離欲、寂滅故，於蘊、界、處、若自、若共外不壞相[②]如實了知故，心住一境。住一境已，獲禪解脱、三昧道果而得出離，住自證聖智境界樂，未離習氣及不思議變易死。是名聲聞乘自證聖智境界相。菩薩摩訶薩雖亦得此聖智境界，以憐愍眾生故，本願所持故，不證寂滅門及三昧樂。諸菩薩摩訶薩於此自證聖智樂中不應修學。大慧！云何分别執著自性相？所謂知堅濕煖動，青黄赤白，如是等法非作者生，然依教理見自共相，分别執著。是名聲聞乘分别執著相。菩薩摩訶薩於此法中應知應捨，離人無我見，入法無我相，漸住諸地。”

अथ खलु महामतिर्बोधिसत्त्वो महासत्त्वो भगवन्तमेतदवोचत् -- नित्यमचिन्त्यं च भगवता प्रत्यात्मार्यगतिगोचरं परमार्थगोचरं च प्रभाषितम्। ननु भगवंस्तीर्थंकरा अपि नित्याचिन्त्यवादिनः कारणानाम् ? भगवानाह -- न महामते तीर्थंकराणां कारणस्य नित्याचिन्त्यतां प्राप्नोति। तत्कस्य हेतोः ? तीर्थंकराणां महामते नित्याचिन्त्यं न हेतुस्वलक्षणयुक्तम्। यस्य महामते नित्याचिन्त्यं न हेतुस्वलक्षणयुक्तम् , तत्कथं केनाभिव्यज्यते नित्यमचिन्त्यमिति ? नित्याचिन्त्य-

① “先胜善说”的原文是 yuktyāgamapramāṇa，意谓“教理经典准则”，也就是“圣教量”（āgamapramāṇa 或 śabdapramāṇa）。

② 此处“不坏相”，按照现存梵本，原词是 vināśalakṣaṇa（“毁灭相”）。

वादः पुनर्महामते यदि हेतुस्वलक्षणयुक्तः स्यात् , नित्यं कारणाधीनहेतुलक्षणत्वा-न्नित्यमचिन्त्यं न भवति। मम तु महामते परमार्थनित्याचिन्त्यं परमार्थलक्षण-हेतुयुक्तं भावाभावविगतं प्रत्यात्मार्याधिगमलक्षणत्वाल्लक्षणवत्परमार्थज्ञानहेतुत्वाच्च हेतुमद्भावाभावविगतत्वादकृतकाकाशनिर्वाणनिरोधदृष्टान्तसाधर्म्यान्नित्यम्। अत एतन्महामते तीर्थकरनित्याचिन्त्यवादतुल्यं न भवति। नित्याचिन्त्यतैवेयं महामते तथागतानां प्रत्यात्मार्यज्ञानाधिगमतथता। तस्मात्तर्हि महामते बोधिसत्त्वेन महासत्त्वेन नित्याचिन्त्यप्रत्यात्मार्यज्ञानाधिगमाय योगः करणीयः॥

今译：然后，大慧菩萨大士对世尊说道："世尊所说不可思议的常，自觉圣趣境界，第一义境界。世尊啊，外道岂不是也说不可思议的常是作因①？"世尊说道："大慧啊，外道的作因不达到不可思议性。为什么？大慧啊，外道的不可思议的常不与原因②自相一致。大慧啊，既然不可思议的常不与原因自相一致，怎么能说明不可思议的常？还有，大慧啊，如果与原因自相一致，而成为常，那么，由于原因相依靠作因，不可思议的常便不能成立。但是，大慧啊，我的第一义不可思议的常与第一义相原因一致，摆脱有无，因自觉圣趣相而有相，因第一义智原因而有原因。由于摆脱有无，无作者，如同虚空、涅槃和寂灭，而成为常。因此，大慧啊，它不同于外道所说不可思议的常。大慧啊，这种不可思议常性是一切如来依据自觉圣智获得的真如。因此，大慧啊，菩萨大士应该修行不可思议常自觉圣智。

求译：爾時大慧菩薩摩訶薩白佛言："世尊，世尊所說常，及不思議自覺聖趣境界，及第一義境界。世尊，非諸外道所說常不思議因緣耶？"佛告大慧："非諸外道因緣得常不思議。所以者何？諸外道常不思議不因自相成。若常不思議不因自相成者，何因顯現常不思議？復次，大慧！不思議若因自相成者，彼則應常，由作者因相故，常不思議不成。大慧！我第一義常不思議，第一義因相成，離性非性，

---

① "作因"（kāraṇa）一般也译作"原因"，但这里是指外道所谓的创造因。
② "原因"（hetu）指因果关系中的原因。

得自覺相故有相，第一義智因故有因。離性非性故，譬如無作、虛空、涅槃、滅盡故常。如是，大慧！不同外道常不思議論。如是，大慧！此常不思議，諸如來自覺聖智所得。是故，常不思議自覺聖智所得，應得修學。

实译：爾時大慧菩薩摩訶薩白佛言："世尊，如來所說常不思議，自證聖智，第一義境，將無同諸外道所說常不思議作者耶？"佛言："大慧！非諸外道作者得常不思議。所以者何？諸外道常不思議因自相不成。既因自相不成，以何顯示常不思議？大慧！外道所說常不思議，若因自相成，彼則有常，但以作者為因相故，常不思議不成。大慧！我第一義常不思議，第一義因相成，遠離有無，自證聖智所行相故有相，第一義智為其因故有因。離有無故，非作者，如虛空、涅槃、寂滅法故，常不思議。是故，我說常不思議，不同外道所有諍論。大慧！此常不思議，是諸如來自證聖智所行真理。是故，菩薩當勤修學。

पुनरपरं महामते नित्याचिन्त्यता तीर्थकराणामनित्यभावविलक्षणहेतुत्वात्। न स्वकृतहेतुलक्षणप्रभावितत्वान्नित्यम्। यदि पुनर्महामते तीर्थकराणां नित्याचिन्त्यता कृतकभावाभावादनित्यतां दृष्ट्वा अनुमानबुद्ध्या नित्यं समाप्यते, तेनैव हेतुना ममापि महामते कृतकभावाभावादनित्यतां दृष्ट्वा नित्यमहेतूपदेशात्॥

今译："还有，大慧啊，外道不可思议常性以不同于无常性为原因。这种常不显示自作原因相。还有，大慧啊，如果外道不可思议常性依据造物有无，看到无常性，而凭借推理确定常，那么，大慧啊，按照这种理由，我也可以依据造物有无，看到无常性，而凭借无原因确定常。

求译："復次，大慧！外道常不思議，無常性異相[①]因故，非自作因相力故常。復次，大慧！諸外道常不思議於所作性非性[②]，無常見

① "异相"（vilakṣaṇa）指"缺乏特性"、"不同于"或"有别于"。
② "性非性"（bhāvābhāva）指"存在和不存在"或"有无"。

已，思量計常。大慧！我亦以如是因緣，所作者性非性，無常見已，自覺聖境界說彼常無因。

实译：“復次，大慧！外道常不思議，以無常異相因故常，非自相因力故常。大慧！外道常不思議以見所作法有已還無，無常已，比知是常。我亦見所作法有已還無，無常已，不因[①]，此說為常。

यदि पुनर्महामते हेतुलक्षणसंयुक्तं नित्याचिन्त्यता, तीर्थकराणां हेतुभावस्वलक्षणभावाभावाच्छशविषाणतुल्या महामते नित्याचिन्त्यता, वाग्विकल्पमात्रा च महामते तीर्थकराणां प्रसज्यते। तत्कस्य हेतोः? यदुत वाग्विकल्पमात्रं हि महामते शशविषाणं स्वहेतुलक्षणाभावात्। मम तु महामते नित्याचिन्त्यता प्रत्यात्मार्याधिगमलक्षणहेतुत्वात्कृतकभावाभाववर्जितत्वान्नित्यम्, न बाह्यभावाभावनित्यानित्यानुप्रमाणान्नित्यम्। यस्य पुनर्महामते बाह्याभावान्नित्यानुमानान्नित्याचिन्त्यत्वान्नित्यम्, तस्या नित्याचिन्त्यतायाः स्वहेतुलक्षणं न जानीते। प्रत्यात्माधिगमार्यज्ञानगोचरलक्षणं बहिर्धा ते महामते असंकथ्याः॥

今译：“还有，大慧啊，如果外道不可思议常性与原因相一致，那么，他们的不可思议常性由于原因性自相性不存在，而如同兔角。大慧啊，外道不可思议常性陷入唯言语分别。为什么？大慧啊，唯言语分别缺乏原因自相而成为兔角。但是，大慧啊，我的不可思议常性依据自觉圣智相原因。这种常摆脱造物有无。这种常不思量外界有无和常无常。还有，大慧啊，他们依据外界有无思量常，依据常不可思议性确定常，并不知道常不可思议性的原因自相。大慧啊，这些远离自觉圣智境界相，不应该说。

求译：“大慧！若復諸外道因相成常不思議，因自相性非性，同於兔角。此常不思議但言說妄想，諸外道輩有如是過。所以者何？謂但言說妄想同於兔角，自因相非分[②]。大慧！我常不思議因自覺得相

---

① 此处“不因”的原文是 ahetūpadeśāt，意谓“凭借无原因”。求译和菩译均为“无因”。

② “非分”的原词是 abhāva，意谓“不存在”。

故，離所作性非性故常，非外性非性無常思量計常。大慧！若復外性非性無常，思量計常不思議常，而彼不知常不思議自因之相。去得自覺聖智境界相遠，彼不應說。

实译：“大慧！外道以如是因相成常不思議，此因相非有，同於兔角故。常不思議唯是分別，但有言說。何故彼因同於兔角？無自因相故。大慧！我常不思議以自證為因相，不以外法有已還無無常為因。外道反此，曾不能知常不思議自因之相，而恒在於自證聖智所行相外，此不應說。

पुनरपरं महामते संसारविकल्पदुःखभयभीता निर्वाणमन्वेषन्ते। संसारनिर्वाणयोरविशेषज्ञाः सर्वभावविकल्पाभावादिन्द्रियाणामनागतविषयोपरमाच्च महामते निर्वाणं विकल्पयन्ति न प्रत्यात्मगतिविज्ञानालयं परावृत्तिपूर्वकं महामते। अतस्ते महामते मोहपुरुषा यानत्रयवादिनो भवन्ति, न चित्तमात्रगतिनिराभासवादिनः। अतस्ते महामते अतीतानागतप्रत्युत्पन्नानां तथागतानां स्वचित्तदृश्यगोचरानभिज्ञा बाह्यचित्तदृश्यगोचराभिनिविष्टाः। ते संसारगतिचक्रे पुनर्महामते चंक्रम्यन्ते॥

今译：“还有，大慧啊，他们因分别生死而惧怕痛苦，追求涅槃。而依据一切存在无分别，知道生死和涅槃无差别，便不会依据诸根未来在境界中停息，妄想涅槃。大慧啊，涅槃是已经转依的自觉阿赖耶识。因此，大慧啊，那些愚夫说三乘，而不说唯心无影像。因此，大慧啊，他们不通晓过去、未来和现在一切如来自心所现境界，执著心外所现境界。大慧啊，他们在生死轮回中流转。

求译：“復次，大慧！諸聲聞畏生死妄想苦而求涅槃，不知生死涅槃差別一切性妄想非性，未來諸根境界休息作涅槃想，非自覺聖智趣藏識轉。是故，凡愚說有三乘，說[1]心量趣無所有。是故，大慧！

[1] 此处“说”，按照现存梵本以及菩译和实译，应为“不说”。

彼不知過去、未來、現在諸如來自心現境界，計著外心現境界，生死輪常轉。

实译："復次，大慧！諸聲聞畏生死妄想苦而求涅槃，不知生死涅槃差別之相一切皆是妄分別有，無所有故，妄計未來諸根境滅以為涅槃，不知證自智境界轉所依藏識為大涅槃。彼愚癡人說有三乘，不說唯心無有境界。大慧！彼人不知去、來、現在諸佛所說自心境界，取心外境，常於生死輪轉不絕。

पुनरपरं महामते अनुत्पन्नान् सर्वधर्मानतीतानागतप्रत्युत्पन्नास्तथागता भाषन्ते। तत्कस्य हेतोः ? यदुत स्वचित्तदृश्यभावाभावात्सदसतोरुत्पत्तिविरहित- त्वान्महामते अनुत्पन्नाः सर्वभावाः। शशहयखरोष्ट्रविषाणतुल्या महामते सर्व- धर्माः। बालपृथग्जनाभूतपरिकल्पितस्वभावविकल्पितत्वान्महामते अनुत्पन्नाः सर्वभावाः। प्रत्यात्मार्यज्ञानगतिगोचरो हि महामते सर्वभावस्वभावलक्षणोत्पादः, न बालपृथग्जनविकल्पद्वयगोचरस्वभावः। देहभोगप्रतिष्ठागतिस्वभावलक्षणं महा- मते आलयविज्ञानं ग्राह्यग्राहकलक्षणेन प्रवर्तमानं बाला उत्पादस्थितिभङ्ग- दृष्टिद्वयपतिताशया उत्पादं सर्वभावानां सदसतोर्विकल्पयन्ति। अत्र ते महामते योगः करणीयः॥

今译："还有，大慧啊，过去、未来和现在一切如来宣说一切法不生。为什么？依据自心所现有无①，而缺乏有无②生，大慧啊，一切事物③不生。大慧啊，一切法如同兔角、马角、驴角和骆驼角。愚夫不实妄想自性分别，因此，大慧啊，一切事物不生。自觉圣智境界也就是一切事物自性相不生，大慧啊，并非愚夫分别二种境界自性。身体、享受和住处自性相是依据所取和能取相转出的阿赖耶识。大慧啊，愚夫的心思陷入生、住和灭二见，妄想分别一切事物有无生。大慧啊，

---

① 这里的"有无"用词是 bhāvābhāva。

② 这里的"有无"用词是 satasat。

③ "一切事物"（sarvabhāva）也就是"一切法"（sarvadharma），即万物。

你应该这样修行。

求译：“復次，大慧！一切法不生，是過去、未來、現在諸如來所說。所以者何？謂自心現性非性，離有非有生故。大慧！一切性不生，一切法如兔馬等角。愚癡凡夫不實妄想自性妄想故，大慧！一切法不生。自覺聖智趣境界者，一切性自性相不生，非彼愚夫妄想二境界自性。身、財、建立趣自性相，大慧！藏識攝所攝相轉。愚夫墮生、住、滅二見，悕望一切性生，有非有妄想生，非賢聖也。大慧！於彼應當修學。

实译：“復次，大慧！去、來、現在諸如來說一切法不生。何以故？自心所見非有性故，離有無生故，如兔馬等角，凡愚妄取。唯自證聖智所行之處，非諸愚夫二分別境。大慧！身及資生、器世間等，一切皆是藏識影像，所取能取二種相現。彼諸愚夫墮生、住、滅二見中故，於中妄起有無分別。大慧！汝於此義當勤修學。

पुनरपरं महामते पञ्चाभिसमयगोत्राणि। कतमानि पञ्च ? यदुत श्रावकयानाभिसमयगोत्रं प्रत्येकबुद्धयानाभिसमयगोत्रं तथागतयानाभिसमयगोत्रम् अनियतैकतरगोत्रम् अगोत्रं च पञ्चमम्। कथं पुनर्महामते श्रावकयानाभिसमयगोत्रं प्रत्येतव्यम् ? यः स्कन्धधात्वायतनस्वसामान्यलक्षणपरिज्ञानाधिगमे देश्यमाने रोमाञ्चिततनुर्भवति। लक्षणपरिचयज्ञाने चास्य बुद्धिः प्रस्कन्दति, न प्रतीत्यसमुत्पादाविनिर्भागलक्षणपरिचये। इदं महामते श्रावकयानाभिसमयगोत्रम्। यः श्रावकयानाभिसमयं दृष्ट्वा षड्पञ्चम्यां भूमौ पर्युत्थानक्लेशप्रहीणो वासनक्लेशाप्रहीणोऽचिन्त्याच्युतिगतः सम्यक्सिंहनादं नदति -- क्षीणा मे जातिः, उषितं ब्रह्मचर्यम् , इत्येवमादि निगद्य पुद्गलनैरात्म्यपरिचयाद्यावन्निर्वाणबुद्धिर्भवति॥

今译：“还有，大慧啊，有五种现证种性[1]。哪五种种性？声闻乘

[1] “现证种性”（abhisamayagotra），求译“无间种性”，菩译“乘性种性”，实译“种性”。abhisamaya（“现证”），或译“现观”，通常指直觉认知。gotra（“种性”）指家族、族姓或类别。

现证种性，缘觉乘现证种性，如来乘现证种性，不定种性和无种性。大慧啊，怎么知道是声闻乘现证种性？闻听和证得蕴、界、处自相和共相，高兴得身上汗毛竖起。他乐于修习相智，而不乐于修习缘起和生不分离[①]相。大慧啊，这是声闻乘现证种性。见到声闻乘现证，在第五、六地[②]，排除生起的烦恼，而不排除习气烦恼，处在不可思议死[③]中，发出正狮子吼：‘我生已尽，梵行已立。’如此等等。说完这些，他修习人无我，直至觉知涅槃。

求译：“復次，大慧！有五無間種性。云何為五？謂聲聞乘無間種性，緣覺乘無間種性，如來乘無間種性，不定種性，各别種性[④]。云何知聲聞乘無間種性？若聞說得陰、界、入自共相斷知時，舉身毛孔熙怡欣悅，及樂修相智，不修緣起發悟之相。是名聲聞乘無間種性。聲聞無間見第八地[⑤]，起煩惱斷，習氣煩惱不斷，不度不思議變易死，度分段死[⑥]，正師子吼：‘我生已盡，梵行已立，不受後有。’如實知修習人無我，乃至得般涅槃覺。

实译：“復次，大慧！有五種種性。何等為五？謂聲聞乘種性，緣覺乘種性，如來乘種性，不定種性，無種性。大慧！云何知是聲聞乘種性？謂若聞說於蘊、界、處自相共相，若知若證，舉身毛竪，心樂修習，於緣起相不樂觀察，應知此是聲聞乘種性。彼於自乘見所證已，於五、六地斷煩惱結，不斷煩惱習，住不思議死，正師子吼言：‘我生已盡，梵行已立，所作已辦，不受後有。’修習人無我，乃至生於得涅槃覺。

---

① “缘起和生不分离”指万物因缘和合而生。

② “第五、六地”是菩萨修行阶位中的极难胜地和现前地。

③ “不可思议死”的原词是 acintyācyuti，按南条本应为 acintyacyuti。“不可思议死”即前面提到的“不可思议变易死”。

④ “各别种性”的原词是 agotra（“无种性”），菩译和实译均为“无种性”。

⑤ 按照现存梵本以及菩译和实译，此处“第八地”应为“第五、六地”。

⑥ “分段死”指普通凡人的生死。“不度不思议变易死，度分段死”，是对“处在不可思议死中”的阐释性翻译。

अन्ये पुनर्महामते आत्मसत्त्वजीवपोषपुरुषपुद्गलसत्त्वावबोधान्निर्वाणमन्वेषन्ते। अन्ये पुनर्महामते कारणाधीनान् सर्वधर्मान् दृष्ट्वा निर्वाणगतिबुद्धयो भवन्ति। धर्मनैरात्म्यदर्शनाभावान्नास्ति मोक्षो महामते। एषा महामते श्रावकयानाभिसमयगोत्रकस्यानिर्याणनिर्याणबुद्धिः। अत्र ते महामते कुदृष्टिव्यावृत्त्यर्थं योगः करणीयः॥

今译：“还有，大慧啊，另一些人觉知我、众生、生命、养育者、原人、人和众生，追求涅槃。还有，大慧啊，另一些人看到一切法依靠作因，觉知涅槃。大慧啊，他们不能看到法无我，因此，并非解脱。大慧啊，这是声闻乘现证种性，以不出离为出离。大慧啊，你应该修行，摆脱这种邪见。

求译：“大慧！各别無間者[①]，我、人、衆生、壽命、長養、士夫，彼諸衆生作如是覺，求般涅槃。復有異外道說，悉由作者見一切性已，言此是般涅槃，作如是覺。法無我見非分，彼無解脫。大慧！此諸聲聞乘無間外道種性，不出出覺[②]。為轉彼惡見故，應當修學。

实译：“大慧！復有衆生求證涅槃，言能覺知我、人、衆生、養者、取者，此是涅槃。復有說言見一切法因作者有，此是涅槃。大慧！彼無解脫，以未能見法無我故。此是聲聞乘及外道種性，於未出中生出離想。應勤修習，捨此惡見。

तत्र महामते प्रत्येकबुद्धयानाभिसमयगोत्रकः, यः प्रत्येकाभिसमये देश्यमाने अश्रुहृष्टरोमाञ्चिततनुर्भवति। असंसर्गप्रत्ययाद्भावाभिनिवेशबहुविविधस्वकायवैचित्र्यर्द्धिव्यस्तयमकप्रातिहार्यदर्शने निर्दिश्यमाने ऽनुनीयते, स प्रत्येकबुद्धयानाभिसमयगोत्रक इति विदित्वा प्रत्येकबुद्धयानाभिसमयानुरूपा कथा करणीया।

---

① 按照现存梵本以及菩译和实译，此处没有“各别无间者”（即“无种性”）这个词。

② “不出出觉”是 aniryāṇaniryāṇabuddhiḥ 的逐字对译，意谓“以不出离为出离”。菩译“于非离处而生离想”。实译“于未出中生出离想”。

एतन्महामते प्रत्येकबुद्धयानाभिसमयगोत्रकस्य लक्षणम्॥

今译：“其中，大慧啊，缘觉乘现证种性。闻听缘觉乘现证，高兴得流泪，身上汗毛竖起。摆脱各种交往而执著有[1]，看到自身展现种种或离或合神通变化而信从。知道这样的人是缘觉乘现证种性，应该按照缘觉乘现证与他交谈。大慧啊，这是缘觉乘现证种性相。

求译：“大慧！緣覺乘無間種性者，若聞說各別緣無間[2]，舉身毛竪，悲泣流淚。不相近緣，所有不著。種種自身，種種神通，若離若合種種變化，聞說是時，其心隨入。若知彼緣覺乘無間種性已，隨順為說緣覺之乘。是名緣覺乘無間種性相。

实译：“大慧！云何知是緣覺乘種性？謂若聞說緣覺乘法，舉身毛竪，悲泣流淚。離憒閙緣，無所染著。有時聞說現種種身，或聚或散神通變化，其心信受，無所違逆。當知此是緣覺乘種性，應為其說緣覺乘法。

तत्र महामते तथागतयानाभिसमयगोत्रं त्रिविधम् -- यदुत स्वभावनिःस्वभावधर्माभिसमयगोत्रम् , अधिगमस्वप्रत्यात्मार्याभिसमयगोत्रम् , बाह्यबुद्धक्षेत्रौदार्याभिसमयगोत्रं च। यदा पुनर्महामते त्रयाणामप्येषामन्यतमे देश्यमाने स्वचित्तदृश्यदेहालयभोगप्रतिष्ठाचिन्त्यविषये देश्यमाने नोत्त्रसति न संत्रसति न संत्रासमापद्यते, वेदितव्यमयं तथागतयानाभिसमयगोत्रक इति। एतन्महामते तथागतयानाभिसमयगोत्रकस्य लक्षणम्॥

今译：“其中，大慧啊，如来乘现证种性有三种：自性离自性法现证[3]种性，自觉圣智现证种性，外佛土广大现证[4]种性。大慧啊，闻听这三种之一，闻听自心所现身体、享受和住处阿赖耶识不可思议境

[1] 此处原文是“执著有”（bhāvābhiniveśa），而按照缘觉的情况，似乎应该是“不执著有”（ bhāvānabhiniveśa）。求译“所有不著”，菩译“不著诸因缘法”，实译“无所染著”。

[2] 按照现存梵本以及菩译和实译，此处应为“缘觉乘现证”。

[3] “自性离自性法现证”指证得自性并非自性。

[4] “外佛土广大现证”指证得三千大千世界广大的佛土。

界，不惊恐，不恐惧，不畏惧，应该知道这是如来乘现证种性。大慧啊，这是如来乘现证种性相。

求译：“大慧！彼如來乘無間種性有四種[①]：謂自性法無間種性，離自相法無間種性，得自覺聖無間種性，外剎殊勝無間種性。大慧！若聞此四事一一說時，及說自心現身、財、建立不思議境界時，心不驚怖者，是名如來乘無間種性相。

实译：“大慧！如來乘種性所證法有三種，所謂自性無自性法，內身自證聖智法，外諸佛剎廣大法。大慧！若有聞說此一一法，及自心所現身、財、建立阿賴耶識不思議境，不驚，不怖，不畏，當知此是如來乘性。

अनियतगोत्रकः पुनर्महामते त्रिष्वप्येतेषु देश्यमानेषु यत्रानुनीयते तत्रानुयोज्यः स्यात्। परिकर्मभूमिरियं महामते गोत्रव्यवस्था। निराभासभूम्यवक्रमणतया व्यवस्था क्रियते। प्रत्यात्मालये तु स्वक्लेशवासनाशुद्धस्य धर्मनैरात्म्यदर्शनात्समाधिसुखविहारं प्राप्य श्रावको जिनकायतां प्रतिलप्स्यते॥

今译：“还有，大慧啊，不定种性。闻听这三种种性，信从而修习。大慧啊，这是修行地，以确立种性。依靠进入无影像地，得以确立。于自觉阿赖耶识中，净化自己的烦恼习气，洞悉法无我，得以住于入定之乐中，这样的声闻会获得胜者身。”

求译：“大慧！不定種性者，謂說彼三種時，隨說而入，隨彼而成。大慧！此是初治地者，謂種性建立。為超入無所有地故，作是建立。彼自覺藏者，自煩惱習淨，見法無我，得三昧樂住聲聞，當得如來最勝之身。”

实译：“大慧！不定種性者，謂聞說彼三種法時，隨生信解而順

① 按照现存梵本和实译，应为“三种”。这里译为“四种”，实际是将其中的“自性离自性”分成“自性”和“离自性”两种。此处菩译与求译一致。

修學。大慧！為初治地人而說種性，欲令其入無影像地，作此建立。大慧！彼住三昧樂聲聞，若能證知自所依識，見法無我，淨煩惱習，畢竟當得如來之身。”

अथ खलु भगवांस्तस्यां वेलायामिमा गाथा अभाषत् --

今译：然后，世尊在此刻念诵偈颂道：

求译：爾時世尊欲重宣此義說偈言：

实译：爾時世尊即說頌言：

स्रोतापत्तिफलं चैव सकृदागामिनस्तथा।
अनागामिफलं चैव अर्हत्त्वं चित्तविभ्रमम्॥ १२८॥

今译：预流果，一来果，不还果，
阿罗汉果，[1]均为心迷乱。（128）

求译：須陀槃那[2]果，往來及不還，
逮得阿羅漢，是等心惑亂。

实译：預流一來果，不還阿羅漢，
是等諸聖人，其心悉迷惑。

त्रियानमेकयानं च अयानं च वदाम्यहम्।
बालानां मन्दबुद्धीनामार्याणां च विविक्तताम्॥ १२९॥

今译：为低智愚夫和寂静圣者，
我说三乘、一乘和无乘。[3]（129）

---

[1] 这是声闻修行达到的四种果位（phala）：预流果（srotāpatti）指断除迷惑，进入圣道；一来果（sakṛdāgāmin）指还要返回世界；不还果（anāgāmin）指不再返回世界；阿罗汉果（arhat）指达到涅槃，不再进入生死轮回。

[2] “须陀槃那”（又译“须陀洹”）是 srotāpatti 或 srotāpanna（“预流”）一词的音译。

[3] “三乘”（triyāna）指声闻乘、缘觉乘和菩萨乘。一乘（ekayāna）指大乘，囊括这三乘。无乘（ayāna）指不分乘的第一义。

求译：三乘與一乘，非乘我所說。
愚夫少智慧，諸聖遠離寂。

实译：我所立三乘，一乘及非乘，
為愚夫少智，樂寂諸聖說。

द्वारं हि परमार्थस्य विज्ञप्तिर्द्वयवर्जिता।
यानत्रयव्यवस्थानं निराभासे स्थिते कुतः॥१३०॥

今译：因为第一义门远离二假名[①]，
住于无影像，何须确立三乘？（130）

求译：第一義法門，遠離於二教，
住於無所有，何建立三乘？

实译：第一義法門，遠離於二取，
住於無境界，何建立三乘？

ध्यानानि चाप्रमाणानि आरूप्याश्च समाधयः।
संज्ञानिरोधो निखिलं चित्तमात्रे न विद्यते॥१३१॥

今译：诸禅、无量[②]、无色定[③]，乃至
灭寂名想，全都不见于唯心。（131）

求译：諸禪無量等，無色三摩提[④]，
受想悉寂滅，亦無有心量[⑤]。

实译：諸禪及無量，無色三摩提，
乃至滅受想，唯心不可得。

① “二假名”指偏执两边的假名。
② “无量”（apramāṇa）指“四无量”：慈、悲、喜和舍。
③ “无色定”指摆脱欲和色的入定。
④ “三摩提”是 samādhi（“入定”）一词的音译。
⑤ 此句原文为 cittamātre na vidyate，意谓“不存在于唯心中”。菩译“亦皆心中无”。实译“唯心不可得”。

तत्रेच्छन्तिकानां पुनर्महामते अनिच्छन्तिकतामोक्षं केन प्रवर्तते ? यदुत सर्वकुशलमूलोत्सर्गतश्च सत्त्वानादिकालप्रणिधानतश्च। तत्र सर्वकुशलमूलोत्सर्गः कतमः ? यदुत बोधिसत्त्वपिटकनिक्षेपो ऽभ्याख्यानं च नैते सूत्रान्ता विनयमोक्षानुकूला इति ब्रुवतः सर्वकुशलमूलोत्सर्गत्वान्न निर्वायते। द्वितीयः पुनर्महामते बोधिसत्त्वो महासत्त्व एवं भवप्रणिधानोपायपूर्वकत्वान्नापरिनिर्वृतैः सर्वसत्त्वैः परिनिर्वास्यामीति ततो न परिनिर्वाति। एतन्महामते अपरिनिर्वाणधर्मकाणां लक्षणं येनेच्छन्तिकगतिं समधिगच्छन्ति॥

今译：其中，大慧啊，一阐提为何不乐于解脱？[①]由于毁弃一切善根，或由于为众生怀有无始誓愿。[②]其中，何谓毁弃一切善根？抛弃菩萨藏[③]，出言诽谤，说这些不符合经、律和解脱[④]，这样，毁弃一切善根，因而不入涅槃。还有第二种，大慧啊，菩萨大士为方便实现誓愿，决定‘众生不入般涅槃，我将不入般涅槃’，因而不入般涅槃[⑤]。大慧啊，这是不入般涅槃的法相，因此，他们奉行一阐提。

求译：大慧！彼一闡提非一闡提[⑥]，世間解脱誰轉？大慧！一闡提有二種，一者捨一切善根，及於無始衆生發願。云何捨一切善根？謂謗菩薩藏及作惡言："此非隨順修多羅、毗尼[⑦]、解脱之說。"捨一切善根故，不般涅槃。二者菩薩本自願方便故，非不般涅槃，一切衆生而般涅槃。大慧！彼般涅槃，是名不般涅槃法相。此亦到一闡提趣。

---

① 菩译在这句前面添加"何者无性乘？"也就是将"一阐提"理解为上述五种种性中的"无种性"。

② 这里指出有两种"一阐提"。

③ 此处的"藏"（piṭaka）指结集的经典。

④ "经、律和解脱"的原文是 sūtrantā vinayamokṣa，按南条本应为 sūtrāntavinayamokṣa。

⑤ "般涅槃"（parinirvāṇa）指完全涅槃，但一般与涅槃（nirvāṇa）一词通用。

⑥ 此处"非一阐提"的原词是 anicchantikatā，应理解为"不乐于"或"无欲望"。菩译"不生信心"，实译"不生欲乐"。

⑦ "修多罗、毗尼"是 sūtrānta（"经"）和 vinaya（"律"）的音译。实译"契经"和"调伏"。

实译：復次，大慧！此中一闡提，何故於解脫中不生欲樂？大慧！以捨一切善根故，為無始眾生起願故。云何捨一切善根？謂謗菩薩藏言："此非隨順契經、調伏、解脫之說。"作是語時，善根悉斷，不入涅槃。云何為無始眾生起願？謂諸菩薩以本願方便，願一切眾生悉入涅槃，若一眾生未涅槃者，我終不入。此亦住一闡提趣。此是無涅槃種性相。

पुनरपि महामतिराह -- कतमो ऽत्र भगवन् अत्यन्ततो न परिनिर्वाति ? भगवानाह -- बोधिसत्त्वेच्छन्तिको ऽत्र महामते आदिपरिनिर्वृतान् सर्वधर्मान् विदित्वा अत्यन्ततो न परिनिर्वाति। न पुनः सर्वकुशलमूलोत्सर्गेच्छन्तिकः। सर्वकुशलमूलोत्सर्गेच्छन्तिको हि महामते पुनरपि तथागताधिष्ठानात्कदाचित्क-र्हिचित्कुशलमूलान् व्युत्थापयति। तत्कस्य हेतोः ? यदुत अपरित्यक्ता हि महामते तथागतानां सर्वसत्त्वाः। अत एतस्मात्कारणान्महामते बोधिसत्त्वेच्छन्तिको न परिनिर्वातीति॥

今译：大慧又说道："世尊啊，其中，哪一种终究不入般涅槃？"世尊说道："大慧啊，其中，菩萨一阐提知道一切法原本般涅槃，故而终究不入般涅槃，并非毁弃一切善根的一阐提。然而，大慧啊，毁弃一切善根的一阐提由于如来护持，有时也会生起善根。为什么？大慧啊，因为如来不舍弃一切众生。正是出于这个原因，菩萨一阐提不入般涅槃。

求译：大慧白佛言："世尊，此中云何畢竟不般涅槃？"佛告大慧："菩薩一闡提者，知一切法本來般涅槃已，畢竟不般涅槃，而非捨一切善根一闡提也。大慧！捨一切善根一闡提者，復以如來神力故，或時善根生。所以者何？謂如來不捨一切眾生故。以是故，菩薩一闡提不般涅槃。

实译：大慧菩薩言："世尊，此中何者畢竟不入涅槃？"佛言："大

慧！彼菩薩一闡提，知一切法本來涅槃，畢竟不入，非捨善根。何以
故？捨善根一闡提，以佛威力故，或時善根生。所以者何？佛於一切
眾生無捨時故。是故，菩薩一闡提不入涅槃。

पुनरपरं महामते बोधिसत्त्वेन महासत्त्वेन स्वभावलक्षणत्रयकुशलेन
भवितव्यम्। तत्र महामते परिकल्पितस्वभावो निमित्तात्प्रवर्तते। कथं पुनर्महामते
परिकल्पितस्वभावो निमित्तात्प्रवर्तते ? तत्र महामते परतन्त्रस्वभावो वस्तुनिमित्त-
लक्षणाकारः ख्यायते। तत्र महामते वस्तुनिमित्तलक्षणाभिनिवेशः पुनर्द्विप्रकारः।
परिकल्पितस्वभावं व्यवस्थापयन्ति तथागता अर्हन्तः सम्यक्संबुद्धा नामाभि-
निवेशलक्षणेन च नामवस्तुनिमित्ताभिनिवेशलक्षणेन च। तत्र वस्तुनिमित्ताभिनि-
वेशलक्षणं पुनर्महामते यदुत अध्यात्मबाह्यधर्माभिनिवेशः। निमित्तलक्षणाभि-
निवेशः पुनर्यदुत तेष्वेव आध्यात्मिकबाह्येषु धर्मेषु स्वसामान्यलक्षण-
परिज्ञानावबोधः। एतन्महामते द्विप्रकारं परिकल्पितस्वभावस्य लक्षणम्।
यदाश्रयालम्बनात्प्रवर्तते तत्परतन्त्रम्। तत्र महामते परिनिष्पन्नस्वभावः कतमः ?
यदुत निमित्तनामवस्तुलक्षणविकल्पविरहितं तथतार्यज्ञानगतिगमनप्रत्यात्मार्य-
ज्ञानगतिगोचरः। एष महामते परिनिष्पन्नस्वभावस्तथागतगर्भहृदयम्॥

今译："还有，大慧啊，菩萨大士应该通晓三种自性相。其中，
大慧啊，妄想自性产生于因相。大慧啊，为何妄想自性产生于因相？
其中，大慧啊，依他自性呈现事物因相相①状。其中，大慧啊，执著
事物因相相有两种。如来、阿罗汉、正等觉依据执著名称相和执著名
称②事物因相相，确定妄想自性。其中，大慧啊，执著事物因相相是
执著内外法。执著因相相是觉知内外法中的自相和共相。大慧啊，这
是两种妄想自性相。依他自性产生于所依和所缘。其中，大慧啊，何
为圆成自性？摆脱因相、名称和事物相妄想，趋向真如圣智和自觉圣

---

① 这里的原文中，前一个"因相"是 nimitta，后一个"相"是 lakṣaṇa，这两个词都可以
译为"相"。从词义上说，前者含有征兆和原因的意义，后者侧重于特征的意义。这里，为
了区别这两个用词，将前者译为"因相"，后者译为"相"。

② 此处的"名称"（nāma，"名"）一词不见于求译和实译，而见于菩译。

智境界。大慧啊，这是圆成自性，如来藏心。"

求译："復次，大慧！菩薩摩訶薩當善三自性。云何三自性？謂妄想自性，緣起自性，成自性。[①]大慧！妄想自性從相生。"大慧白佛言："世尊，云何妄想自性從相生？"佛告大慧："緣起自性事相相行顯現。事相相計著有二種。妄想自性，如來、應供、等正覺之所建立，謂名相計著相，及事相計著相。名相計著相者，[②]謂內外法計著。事相計著相者，[③]謂即彼如是內外自共相計著。是名二種妄想自性相。若依若緣生，是名緣起。云何成自性？謂離名、相、事相妄想，聖智所得及自覺聖智趣所行境界。是名成自性，如來藏心。"

实译："復次，大慧！菩薩摩訶薩當善知三自性相。何者為三？所謂妄計自性，緣起自性，圓成自性。大慧！妄計自性從相生。云何從相生？謂彼依緣起事相種類顯現，生計著故。大慧！彼計著事相，有二種妄計性生，是諸如來之所演說，謂名相計著相，事相計著相。大慧！事計著相者，謂計著內外法。相計著相者，謂即彼內外法中計著自共相。是名二種妄計自性相。大慧！從所依所緣起，是緣起性。何者圓成自性？謂離名、相、事相一切分別，自證聖智所行真如。大慧！此是圓成自性，如來藏心。"

अथ खलु भगवांस्तस्यां वेलायामिमां गाथामभाषत --

今译：然后，世尊在此刻念偈颂道：

求译：爾時世尊欲重宣此義而說偈言：

实译：爾時世尊即說頌言：

निमित्तं नाम संकल्पः स्वभावद्वयलक्षणम्।

[①] 此处"云何三自性"的问答，菩译和实译中均有，而现存梵本中无。

[②] 此处"名相计著相者"，按现存梵本和实译，应为"事相计著相者"。

[③] 此处"事相计著相者"，按现存梵本和实译，应为"相计著相者"。

सम्यग्ज्ञानं हि तथता परिनिष्पन्नलक्षणम्॥ १३२॥

今译：相、名和妄想，这是两种自性相①，

正智和真如，这是圆成自性相。（132）

求译：名相覺想，自性二相，

正智如如，是則成相。

实译：名相分別，二自性相，

正智真如，是圓成性。

एष महामते पञ्चधर्मस्वभावलक्षणप्रविचयो नाम धर्मपर्यायः प्रत्यात्मार्यज्ञानगतिगोचरः, यत्र त्वया अन्यैश्च बोधिसत्त्वैः शिक्षितव्यम्॥

今译：大慧啊，这是名为五法②自性相观察的法门，自觉圣智境界，你和其他菩萨都应该修习。

求译：大慧！是名觀察五法自性相經，自覺聖智趣所行境界，汝等諸菩薩摩訶薩應當修學。

实译：大慧！是名觀察五法自性相法門，自證聖智所行境界，汝及諸菩薩摩訶薩當勤修學。

पुनरपरं महामते बोधिसत्त्वेन महासत्त्वेन नैरात्म्यद्वयलक्षणप्रविचयकुशलेन भवितव्यम्। तत्र महामते कतमन्नैरात्म्यद्वयलक्षणम्? यदुत आत्मात्मीयरहितस्कन्धधात्वायतनकदम्बमज्ञानकर्मतृष्णाप्रभवं चक्षुषा रूपादिग्रहणाभिनिवेशात्प्रवर्तमानं विज्ञानं सर्वेन्द्रियैः स्वचित्तदृश्यभाजनदेहालयस्वचित्तविकल्पविकल्पितं विज्ञापयति। नदीबीजदीपवायुमेघसदृशक्षणपरंपराभेदभिन्नं चपलं वानरमक्षिकासदृशमचौक्षमचौक्षविषयचार्यनाथो ऽनल इवातृप्तमनादिकालप्रपञ्चविषयवासनारहितमरघट्टचक्रयन्त्रचक्रवत्संसारभवगतिचक्रे विचित्रदेहरूपधारिमायावेतालयन्त्रप्र-

---

① “两种自性相”指妄想自性相和依他自性相。

② “五法”（pañcadharma）指上面这首偈颂中所说的相、名、妄想（分别）、正智和真如。

तिमं प्रवर्तमानं प्रवर्तते। यदत्र महामते लक्षणकौशलज्ञानम् , इदमुच्यते पुद्गलनैरात्म्यज्ञानम्॥

今译：还有，大慧啊，菩萨大士应该通晓两种无我相观察。大慧啊，何为两种无我相？蕴、界和处聚合而没有我和我所[①]，产生于无知、业和贪爱，眼等等诸根执取色等等而产生识，说明自心所现器物和身体是阿赖耶识自心妄想分别。如同河流、种子、灯火、风和云，连续不断刹那破裂毁坏，如同猿猴和飞蝇躁动不安，污秽不洁，如同无助者出没污秽不洁处，[②]如同火焰不知餍足，不离无始戏论境界习气，如同汲水辘轳和转轮在生死轮回中流转，如同具有各种身体和形色的幻术、僵尸和机关。大慧啊，通晓这种相，称为通晓人无我。

求译：復次，大慧！菩薩摩訶薩善觀二種無我相。云何二種無我相？謂人無我及法無我。云何人無我？[③]謂離我、我所，陰、界、入聚，無知、業、愛生。眼色等攝受計著生識。一切諸根自心現器、身等，藏[④]自妄想相施設顯示。如河流，如種子，如燈，如風，如雲，剎那展轉壞。躁動如猨猴，樂不淨處如飛蠅，無厭足如風火，無始虛偽習氣因如汲水輪，生死趣有輪。種種身色幻術神呪機發像起。善彼相知，是名人無我智。

实译：復次，大慧！菩薩摩訶薩當善觀察二無我相。何者為二？所謂人無我相，法無我相。大慧！何者是人無我相？謂蘊、界、處離我、我所，無知、愛、業之所生起，眼等識生，取於色等而生計著，又自心所見身、器世間，皆是藏心之所顯現。剎那相續變壞不停，如河流，如種子，如燈焰，如迅風，如浮雲，躁動不安如猨猴，樂不淨處如飛蠅，不知厭足如猛火，無始虛偽習氣為因，諸有趣中流轉不息

---

① “我所”（ātmīya）指属于我的或与我相关的。

② 此句原文为 acaukṣaviṣayacāryanāthaḥ，可能存在问题，与求译和实译有差异，也不见于菩译。

③ 此处“谓人无我及法无我。云何人无我？”菩译和实译中均有，而现存梵本中无。

④ 此处的“藏”（ālaya）指藏识，即阿赖耶识。

如汲水輪，種種色身威儀進止，譬如死屍呪力故行，亦如木人因機運動。若能於此善知其相，是名人無我智。

तत्र महामते धर्मनैरात्म्यज्ञानं कतमत् ? यदुत स्कन्धधात्वायतनानां परिकल्पितलक्षणस्वभावावबोधः। यथा महामते स्कन्धधात्वायतनान्यात्मविरहितानि स्कन्धसमूहमात्रं हेतुकर्मतृष्णासूत्रोपनिबद्धमन्योन्यप्रत्ययतया प्रवर्तते निरीहम् , तथा स्कन्धा अपि महामते स्वसामान्यलक्षणविरहिता अभूतपरिकल्पलक्षणविचित्रप्रभाविता बालैर्विकल्प्यन्ते न त्वार्यैः। चित्तमनोमनोविज्ञानपञ्चधर्मस्वभावरहितान् महामते सर्वधर्मान् विभावयन् बोधिसत्त्वो महासत्त्वो धर्मनैरात्म्यकुशलो भवति। धर्मनैरात्म्यकुशलः पुनर्महामते बोधिसत्त्वो महासत्त्वो नचिरात्प्रथमां बोधिसत्त्वभूमिं निराभासप्रविचयां प्रतिलभते। भूमिलक्षणप्रविचयावबोधात्प्रमुदितानन्तरमनुपूर्वं नवसु भूमिषु कृतविद्यो महाधर्ममेघा प्रतिलभते। स तस्यां प्रतिष्ठितो ऽनेकरत्नमुक्तोपशोभिते महापद्मराजे पद्मकृतौ महारत्नविमाने मायास्वभावगोचरपरिचयाभिनिर्वृत्ते निषण्णः तदनुरूपैर्जिनपुत्रैः परिवृतः सर्वबुद्धक्षेत्रागतैर्बुद्धपाण्यभिषेकैश्चक्रवर्तिपुत्रवदभिषिच्यते। बुद्धसुतभूमिमतिक्रम्य प्रत्यात्मार्यधर्मगतिगमनत्वात्तथागतो धर्मकायवशवर्ती भविष्यति धर्मनैरात्म्यदर्शनात्। एतन्महामते सर्वधर्मनैरात्म्यलक्षणम्। अत्र ते महामते शिक्षितव्यम् अन्यैश्च बोधिसत्त्वैर्महासत्त्वैः॥

今译：其中，大慧啊，何为法无我？觉知蕴、界和处的分别相自性。大慧啊，正如蕴、界和处缺乏我，唯有蕴的聚集，由原因、业和贪爱之线缠结，互相缘起而产生，并无意欲。大慧啊，同样，诸蕴缺乏自相和共相，由愚夫而非圣者妄想分别，而呈现种种不实分别相。大慧啊，菩萨大士通晓法无我，展示一切法缺乏心、意、意识、五法和自性。大慧啊，菩萨大士通晓法无我，不久达到菩萨第一地，观察无影像。观察和觉知诸地相，由欢喜地依次通晓九地，达到大法云地。[1]他住于此地，坐在状似莲花[2]而名为大莲花王的大宝殿中，种种宝石和珍珠闪耀，观察如幻自性境界，相应的诸胜者子围绕，如同转轮王子，由一切佛土如来用佛手灌顶。由于洞悉法无我，他将超越菩萨地，趋向自觉圣智，成为如来，获得法身自在。大慧啊，这是一切法无我相。大慧啊，你和其他菩萨大士应该修习。

求译：云何法無我智？謂覺陰、界、入妄想相自性。如陰、界、入離我、我所，陰、界、入積聚，因、業、愛繩縛，展轉相緣生，無動搖[3]。諸法亦爾，離自共相，不實妄想相。妄想力是凡夫生，非聖賢也。心、意、識、五法、自性離故。大慧！菩薩摩訶薩當善分別一切法無我。善法無我菩薩摩訶薩不久當得初地，菩薩無所有觀地相。觀察開覺歡喜，次第漸進，超九地相，得法雲地。於彼建立無量寶莊嚴大寶蓮華王像大寶宮殿，幻自性境界修習生。於彼而坐，同一像類[4]諸最勝子眷屬圍繞。從一切佛剎來佛手灌頂，如轉輪聖王太子灌頂。超佛子地，到自覺聖法趣，當得如來自在法身，見法無我故。是名法無我相。汝等諸菩薩摩訶薩應當修學。

实译：大慧！云何為法無我智？謂知蘊、界、處是妄計性。如蘊、界、處離我、我所，唯共積聚，愛、業繩縛，互為緣起，無能作者。蘊等亦爾，離自共相，虛妄分別種種相現。愚夫分別，非諸聖者。如是觀察一切諸法，離心、意、意識、五法、自性，是名菩薩摩訶薩法無我智。得此智已，知無境界，了諸地相，即入初地。心生歡喜，次第漸進，乃至善慧[5]及以法雲，諸有所作皆悉已辦。住是地已，有大寶蓮花王，眾寶莊嚴，於其花上有寶宮殿狀如蓮花。菩薩往修幻性法門之所成就，而坐其上，同行佛子前後圍繞，一切佛剎所有如來皆舒

---

① 菩萨修行的十个阶位名为“十地”。第一地是欢喜地，第十地是法云地。

② “状似莲花”原文为 padmakṛti，疑有误，应为 padmākṛti。

③ “无动摇”的原词是 nirīha，意谓无意愿或无作为。菩译“无作者”，实译“无能作者”。

④ “同一像类”的原词是 tadanurūpa，意谓与他相应或相称的。菩译和实译均为“同行”。

⑤ “善慧”是十地中的第九地。

其手，如轉輪王子灌頂之法而灌其頂。超佛子地，獲自證法，成就如來自在法身。大慧！是名見法無我相。汝及諸菩薩摩訶薩應勤修學。

अथ खलु महामतिर्बोधिसत्त्वो महासत्त्वः पुनरपि भगवन्तमेतदवोचत् -- समारोपापवादलक्षणं मे भगवान् देशयतु यथाहं च अन्ये च बोधिसत्त्वाः समारोपापवादकुदृष्टिविवर्जितमतयः क्षिप्रमनुत्तरां सम्यक्संबोधिमभिसंबुध्येरन्। अभिसंबुध्य शाश्वतसमारोपापवादोच्छेददृष्टिविवर्जितास्तव बुद्धनेत्रीं नापवदिष्यन्ते॥

今译：然后，大慧菩萨大士又对世尊说道："世尊啊，请为我宣示立破①相。这样，我和其他菩萨的思想能摆脱立破邪见，迅速证得无上正等觉。证得后，摆脱常、立、破和断见，便不会毁谤你的佛法②。"

求译：爾時大慧菩薩摩訶薩復白佛言："世尊，建立誹謗相，唯願說之，令我及諸菩薩摩訶薩離建立誹謗二邊惡見，疾得阿耨多羅三藐三菩提③。覺已，離常、建立、斷、誹謗見，不謗正法。"

实译：爾時大慧菩薩摩訶薩復白佛言："世尊，願說建立誹謗相，令我及諸菩薩摩訶薩離此惡見，疾得阿耨多羅三藐三菩提。得菩提已，破建立、常、誹謗、斷見，令於正法不生毀謗。"

अथ खलु भगवान् पुनरपि महामतेर्बोधिसत्त्वस्य महासत्त्वस्याध्येषणां विदित्वा इमां गाथामभाषत --

今译：然后，世尊知道大慧菩萨大士的请求，又念诵偈颂道：

求译：爾時世尊受大慧菩薩請已，而說偈言：

---

① "立破"（samāropāpavāda）指立和破。"立"（samāropa）指确立或确认，"破"（apavāda）指破除、批驳或毁谤。

② "佛法"的原词是 buddhanetrī。其中 netrī 的词义是"正法"、"眼睛"或"河流"。

③ "阿耨多罗三藐三菩提"是 anuttarasamyaksaṃbodhi（"无上正等觉"）的音译。

实译：佛受其請，即說頌言：

समारोपापवादो हि चित्तमात्रे न विद्यते।
देहभोगप्रतिष्ठाभं ये चित्तं नाभिजानते।
समारोपापवादेषु ते चरन्त्यविपश्चितः॥१३३॥

今译：唯心中没有立和破，愚夫
不知道身体、享受和住处
只是心影，而忙于立和破。（133）

求译：建立及誹謗，無有彼心量，
身受用建立，及心不能知，
愚癡無智慧，建立及誹謗。

实译：身資財所住，皆唯心影像，
凡愚不能了，起建立誹謗，
所起但是心，離心不可得。

अथ खलु भगवानेतमेव गाथार्थमुद्योतयन् पुनरप्येतदवोचत् -- चतुर्विधो महामते असत्समारोपः। कतमश्चतुर्विधः ? यदुत असल्लक्षणसमारोपो ऽसद्दृष्टिसमारोपो ऽतद्धेतुसमारोपो ऽसद्भावसमारोपः। एष हि महामते चतुर्विधः समारोपः॥

今译：然后，为了说明这首偈颂的意义，世尊又说道："大慧啊，有四种无有立。哪四种？无有相立，无有见立，无有因立，无有性立。大慧啊，这是四种立[1]。

求译：爾時世尊於此偈義，復重顯示告大慧言："有四種非有有建立。云何為四？謂非有相建立，非有見建立，非有因建立，非有性建立。是名四種建立。

实译：爾時世尊欲重說此義，告大慧言："有四種無有有建立。

[1] 也就是确立不存在的相、见、因和性。

何者為四？所謂無有相建立相，無有見建立見，無有因建立因，無有性建立性，是為四。

अपवादः पुनर्महामते कतमः ? यदुत अस्यैव कुदृष्टिसमारोपस्यानुपलब्धिप्रविचयाभावादपवादो भवति। एतद्धि महामते समारोपापवादस्य लक्षणम्॥

今译：“大慧啊，何为破？邪见所立不可得，而不假思索予以破。大慧啊，这是立破相。

求译：“又誹謗者，謂於彼所立無所得，觀察非分而起誹謗。是名建立誹謗相。

实译：“大慧！誹謗者，謂於諸惡見所建立法求不可得，不善觀察，遂生誹謗。此是建立誹謗相。

पुनरपरं महामते असल्लक्षणसमारोपस्य लक्षणं कतमत् ? यदुत स्कन्धधात्वायतनानामसत्स्वसामान्यलक्षणाभिनिवेशः -- इदमेवमिदं नान्यथेति। एतद्धि महामते असल्लक्षणसमारोपस्य लक्षणम्। एष हि महामते असल्लक्षणसमारोपविकल्पो ऽनादिकालप्रपञ्चदौष्ठुल्यविचित्रवासनाभिनिवेशात्प्रवर्तते। एतद्धि महामते असल्लक्षणसमारोपस्य लक्षणम्॥

今译：“还有，大慧啊，何为无有相立相？执著蕴、界和处并不存在的自相和共相：‘是这样，不是那样。’大慧啊，这是无有相立相。大慧啊，这种无有相立的妄想产生于执著无始戏论种种恶劣习气。大慧啊，这是无有相立相。

求译：“復次，大慧！云何非有相建立相？謂陰、界、入非有自共相而起計著：‘此如是，此不異。’是名非有相建立相。此非有相建立妄想，無始虛偽過種種習氣計著生。

实译：“大慧！云何無有相建立相?謂於蘊、界、處自相共相本無所有而生計著：‘此如是，此不異’。而此分別從無始種種惡習所生。

是名無有相建立相。

असद्दृष्टिसमारोपः पुनर्महामते यस्तेष्वेव स्कन्धधात्वायतनेष्वात्मसत्त्वजीव-जन्तुपोषपुरुषपुद्गलदृष्टिसमारोपः। अयमुच्यते महामते असद्दृष्टिसमारोपः॥

今译："还有，大慧啊，无有见立是在蕴、界和处中确立我、众生、生命、生物、养育者、原人和人等等见。大慧啊，这称为无有见立。

求译："大慧！非有見建立相者。若彼如是陰、界、入，我、人、衆生、壽命、長養、士夫見建立。是名非有見建立相。

实译："云何無有見建立見？謂於蘊、界、處，建立我、人、衆生等見。是名無有見建立見。

असद्धेतुसमारोपः पुनर्महामते यदुत अहेतुसमुत्पन्नं प्राग्विज्ञानं पश्चादभूत्वा मायावदनुत्पन्नं पूर्वं चक्षूरूपालोकस्मृतिपूर्वकं प्रवर्तते। प्रवृत्य भूत्वा च पुनर्विनश्यति। एष महामते असद्धेतुसमारोपः॥

今译："还有，大慧啊，无有因立是先有识无因而生，然后又消失如幻觉。原先无生，随眼、色、光和忆念产生，产生后，存在，然后又毁灭。大慧啊，这是无有因立。

求译："大慧！非有因建立相者，謂初識無因生，後不實如幻。本不生，眼、色、眼界[①]、念前生，生已，實已，還壞。是名非有因建立相。

实译："云何無有因建立因？謂初識前無因不生[②]，其初識本無，後眼、色、明、念等為因如幻生，生已有，有還滅。是名無有因建立因。

---

① "眼界"的原词是 āloka（"光"）。菩译和实译均为"明"。

② 此处"不生"，按现存梵本以及求译和菩译，应为"生"。

असद्भावसमारोपः पुनर्महामते यदुत आकाशनिरोधनिर्वाणाकृतकभावाभि-
निवेशसमारोपः। एते च महामते भावाभावविनिवृत्ताः। शशहयखरोष्ट्रविषाण-
केशोण्डुकप्रख्या महामते सर्वधर्माः सदसत्पक्षविगताः। समारोपापवादाश्च।
बालैर्विकल्प्यन्ते स्वचित्तदृश्यमात्रानवधारितमतिभिर्न त्वार्यैः। एतन्महामते
असद्भावविकल्पसमारोपापवादस्य लक्षणम्। तस्मात्तर्हि महामते समारोपापवाद-
दृष्टिविगतेन भवितव्यम्॥

今译："还有，大慧啊，无有性立是执着虚空、寂灭、涅槃和无
为等等性而确立。大慧啊，这些摆脱有性和无性。大慧啊，一切法摆
脱有无二翼，如同兔角、马角、驴角、骆驼角和毛发网。大慧啊，这
些立和破是不理解唯自心所现的愚夫而非圣者的妄想。大慧啊，这是
无有性妄想立破相。因此，大慧啊，应该摆脱立破见。

求译：大慧！非有性建立相者，謂虛空、滅、般涅槃、非作，計
性建立。此離性非性。一切法如兔、馬等角，如垂髮現，離有非有。
建立及誹謗，愚夫妄想，不善觀察自心現量，非賢聖也。是名非有性
建立相。是故，離建立誹謗惡見，應當修學。

实译："云何無有性建立性？謂於虛空、涅槃、非數滅①、無作性
執著建立。大慧！此離性非性。一切諸法離於有無，猶如毛輪、兔、
馬等角。是名無有性建立性。大慧！建立誹謗，皆是凡愚不了唯心而
生分別，非諸聖者。是故，汝等當勤觀察，遠離此見。

पुनरपरं महामते बोधिसत्त्वाश्चित्तमनोमनोविज्ञानपञ्चधर्मस्वभावनैरात्म्य-
लक्षणद्वयगतिं गत्वा परहितहेतोरनेकरूपवेशधारिणो भवन्ति। परिकल्पितस्वभावा
इव परतन्त्राशया विश्वरूपचिन्तामणिसदृशाः सर्वबुद्धक्षेत्रपर्षन्मण्डलगता माया-
स्वप्नप्रतिभासप्रतिबिम्बोदकचन्द्रगतिसमानुत्पादभङ्गशाश्वतोच्छेदरहितान् सर्वधर्मान्

---

① 此处"非数灭"的原词是 nirodha（"灭"），而非 apratisaṃkhyānirodha（"非数灭"，或
译"非择灭"）。求译和菩译均为"灭"。

संमुखं सर्वतथागतेभ्यः सर्वश्रावकप्रत्येकबुद्धयानविरहान् धर्मदेशनां शृण्वन्ति, समाधिमुखशतसहस्राणि च प्रतिलभन्ते। यावदनेकानि समाधिकोटीनियुतशतसहस्राणि प्रतिलभ्य तैः समाधिभिः क्षेत्रात्क्षेत्रं संक्रामन्ति। बुद्धपूजाभियुक्ताश्च सर्वोपपत्तिदेवभवनालयेषु रत्नत्रयमुपदेश्य बुद्धरूपमास्थाय श्रावकगणबोधिसत्त्वगणपरिवृताः स्वचित्तदृश्यमात्रावतारणतया बाह्यभावाभावोपदेशं कुर्वन्ति सदसत्पक्षविनिवृत्त्यर्थम्॥

今译：“还有，大慧啊，众菩萨通晓心、意、意识、五法、自性和二无我相，而为了利益他人，采取种种形象。如同依他而起的种种妄想自性，如同一切色如意宝珠，处身一切佛土集会中，当面聆听一切如来示法，关于一切法如幻，如梦，如影，如镜中像，如水中月，远离生灭常断，摆脱一切声闻和缘觉乘，获得百千入定门，乃至数百千万亿入定门。然后，依靠这些入定，遍游佛土，供奉佛陀，生于一切天宫，宣示三宝，展现佛身，众声闻和众缘觉围绕，凭借对唯有自心所现的理解，宣示外界事物无性，摆脱有无二翼。”

求译：“復次，大慧！菩薩摩訶薩善知心、意、意識、五法、自性、二無我相趣究竟[①]，為安眾生故，作種種類像。如妄想自性處依於緣起，譬如眾色如意寶珠，普現一切諸佛剎土一切如來大眾集會，悉於其中聽受經法。所謂一切法如幻，如夢、光影、水月，於一切法離生滅斷常，及離聲聞、緣覺之法，得百千三昧乃至百千億那由他[②]三昧。得三昧已，遊諸佛剎，供養諸佛，生諸天宮，宣揚三寶，示現佛身，聲聞菩薩大眾圍繞，以自心現量度脫眾生，分別演說外性無性，悉令遠離有無等見。”

实译：“大慧！菩薩摩訶薩善知心、意、意識、五法、自性、二無我相已，為眾生故，作種種身。如依緣起起妄計性，亦如摩尼隨心現色，普入佛會，聽聞佛說。諸法如幻，如夢，如影，如鏡中像，如

---

① “趣究竟”的原文是 gatim gatvā，意谓“通晓”。

② “那由他”是 niyuta 的音译。这是一个大数字，百万、千万或亿，说法不一。

水中月，遠離生滅及以斷常，不住聲聞、辟支佛道。聞已，成就無量百千億那由他三昧。得此三昧已，遍遊一切諸佛國土，供養諸佛，生諸天上，顯揚三寶，示現佛身，為諸聲聞菩薩大眾說外境界皆唯是心，悉令遠離有無等執。"

अथ खलु भगवांस्तस्यां वेलायामिमां गाथामभाषत --

今译：然后，世尊在此刻念诵偈颂道：

求译：爾時世尊欲重宣此義而說偈言：

实译：爾時世尊即說頌言：

चित्तमात्रं यदा लोकं प्रपश्यन्ति जिनात्मजाः।
तदा नैर्माणिकं कायं क्रियासंस्कारवर्जितम्।
लभन्ते ते बलाभिज्ञावशितैः सह संयुतम्॥ १३४॥

今译：一旦众佛子看到世界唯心，
　　　他们就会获得摆脱业行的
　　　变化身、诸力、神通和自在。（134）

求译：心量世間，佛子觀察，
　　　種類之身，離所作行，
　　　得力神通，自在成就。

实译：佛子能觀見，世間唯是心，
　　　示現種種身，所作無障礙，
　　　神通力自在，一切皆成就。

अथ खलु महामतिर्बोधिसत्त्वो महासत्त्वः पुनरपि भगवन्तमध्येषते स्म --
देशयतु भगवान् शून्यतानुत्पादाद्वयनिःस्वभावलक्षणं सर्वधर्माणाम्, येन शून्यता-
नुत्पादाद्वयनिःस्वभावलक्षणावबोधेन अहं च अन्ये च बोधिसत्त्वा महासत्त्वा

नास्त्यस्तिविकल्पवर्जिताः क्षिप्रमनुत्तरां सम्यक्संबोधिमभिसंबुध्येरन्॥

今译：然后，大慧菩萨大士又请求世尊，说道："世尊啊，请宣示一切法的空性、无生、不二和无自性相。这样，我和其他菩萨大士能觉知空性、无生、不二和无自性相，从而摆脱有无分别，迅速证得无上正等觉。"

求译：爾時大慧菩薩摩訶薩復請佛言："唯願世尊為我等說一切法空、無生、無二、離自性相。我等及餘諸菩薩眾覺悟是空、無生、無二、離自性相已，離有無妄想，疾得阿耨多羅三藐三菩提。"

实译：爾時大慧菩薩摩訶薩復請佛言："願為我說一切法空、無生、無二、無自性相。我及諸菩薩悟此相故，離有無分別，疾得阿耨多羅三藐三菩提。"

अथ खलु भगवान् महामतिं बोधिसत्त्वं महासत्त्वमेतदवोचत् -- तेन हि महामते शृणु तत्साधु च सुष्ठु च मनसि कुरु। भाषिष्ये ऽहं ते। साधु भगवन्निति महामतिर्बोधिसत्त्वो महासत्त्वो भगवतः प्रत्यश्रौषीत्। भगवानेतदवोचत् -- शून्यता शून्यतेति महामते परिकल्पितस्वभावपदमेतत्। परिकल्पितस्वभावाभि-निवेशेन पुनर्महामते शून्यतानुत्पादाभावाद्वयनिःस्वभावभाववादिनो भवन्ति। तत्र महामते संक्षेपेण सप्तविधा शून्यता। यदुत लक्षणशून्यता भावस्वभावशून्यता अप्रचरितशून्यता प्रचरितशून्यता सर्वधर्मनिरभिलाप्यशून्यता परमार्थार्यज्ञानमहा-शून्यता इतरेतरशून्यता च सप्तमी॥

今译：然后，世尊又对大慧菩萨说道："那么，大慧啊，请听！请安下心来，我会为你讲述。"大慧菩萨大士回答世尊，说道："好吧，世尊。"于是，世尊说道："空性，空性，大慧啊，这是妄想自性句。因执著妄想自性，而说空性、无生、无性、不二和无自性。大慧啊，简而言之，有七种空性：相空性、事物自性空性、无行空性、行空性、一切法不可说空性、第一义圣智大空性和彼此空性。

求译：爾時世尊告大慧菩薩摩訶薩言：“諦聽諦聽！善思念之，今當為汝廣分別說。”大慧白佛言：“善哉世尊，唯然受教。”佛告大慧：“空空者，即是妄想自性處。大慧！妄想自性計著者，說空、無生、無二、離自性相。大慧！彼略說七種空，謂相空，性自性空，行空，無行空，一切法離言說空，第一義聖智大空，彼彼空。

实译：佛言：“諦聽！當為汝說。大慧！空者即是妄計性句義。大慧！為執著妄計自性故，說空、無生、無二、無自性。大慧！略說空性有七種，謂相空，自性空，無行空，行空，一切法不可說空，第一義聖智大空，彼彼空。

तत्र महामते लक्षणशून्यता कतमा ? यदुत स्वसामान्यलक्षणशून्याः सर्वभावाः। परस्परसमूहापेक्षितत्वात्प्रविचयविभागाभावान्महामते स्वसामान्यल-क्षणस्याप्रवृत्तिः। स्वपरोभयाभावाच्च महामते लक्षणं नावतिष्ठते। अतस्तदुच्यते स्वलक्षणशून्याः सर्वभावा इति॥

今译：“其中，大慧啊，何为相空性？一切事物自相和共相空。由于连续聚集，互相依待，观察分析而无所有，大慧啊，自相和共相不产生。由于自己和他者两者都不存在，大慧啊，相不能确立。因此，这称为一切事物自相空。

求译：“云何相空？謂一切性自共相空。觀展轉積聚故，分別無性，自共相不生。自他俱性無性故，相不住。是故，說一切性相空。是名相空。

实译：“云何相空？謂一切法自相共相空。展轉積聚互相待故，分析推求無所有故，自他及共皆不生故，自共相無生亦無住。是故，名一切法自相空。

भावस्वभावशून्यता पुनर्महामते कतमा ? यदुत स्वयं स्वभावाभावोत्पत्तितो

महामते भावस्वभावशून्यता भवति सर्वधर्माणाम्। तेनोच्यते भावस्वभाव-शून्यतेति॥

今译：“还有，大慧啊，何为事物自性空性？由于本身无事物自性生起，大慧啊，也就形成一切法的自性空性。因此，这称为事物自性空性。

求译：“云何性自性空？謂自己性自性不生。是名一切法性自性空。是故，說性自性空。

实译：“云何自性空？謂一切法自性不生。是名自性空。

अप्रचरितशून्यता पुनर्महामते कतमा ? यदुत अप्रचरितपूर्वं निर्वाणं स्कन्धेषु। तेनोच्यते अप्रचरितशून्यतेति॥

今译：“还有，大慧啊，何为无行空性？诸蕴中涅槃原本无行。因此，这称为无行空性。

求译：“云何行空？謂陰離我、我所，因、所成、所作、業方便生。是名行空。[1]

实译：“云何無行空？所謂諸蘊本來涅槃，無有諸行。是名無行空。

प्रचरितशून्यता पुनर्महामते कतमा ? यदुत स्कन्धा आत्मात्मीयरहिता हेतुयुक्तिक्रियाकर्मयोगैः प्रवर्तमानाः प्रवर्तन्ते। तेनोच्यते प्रचरितशून्यतेति॥

今译：“还有，大慧啊，何为行空性？诸蕴缺乏我和我所，由种种原因、联系、作用和行动和合而生。因此，这称为行空性。

求译：“大慧！即此如是行空展轉緣起，自性無性。是名無行空[2]。

实译：“云何行空？所謂諸蘊由業及因和合而起，離我、我所。

---

[1] 求译此句论述“行空”，下一句论述“无行空”。

[2] 此句求译与现存梵本有差异。而菩译和实译与现存梵本一致。

是名行空。

सर्वधर्मनिरभिलाप्यशून्यता पुनर्महामते कतमा ? यदुत परिकल्पितस्वभावानभिलाप्यत्वान्निरभिलाप्यशून्याः सर्वधर्माः। तेनोच्यते निरभिलाप्यशून्यतेति॥

今译：“还有，大慧啊，何为一切法不可说空性？妄想自性不可说，故而一切法不可说空。因此，这称为不可说空性。

求译：“云何一切法離言說空？謂妄想自性無言說，故一切法離言說。是名一切法離言說空。

实译：“云何一切法不可說空？謂一切法妄計自性無可言說。是名不可說空。

परमार्थार्यज्ञानमहाशून्यता पुनर्महामते कतमा ? यदुत स्वप्रत्यात्मार्यज्ञानाधिगमः सर्वदृष्टिदोषवासनाभिः शून्यः। तेनोच्यते परमार्थार्यज्ञानमहाशून्यतेति॥

今译：“还有，大慧啊，何为第一义圣智大空性？获得自觉圣智，而一切邪见习气空。因此，这称为第一义圣智大空性。

求译：“云何一切法第一義聖智大空？謂得自覺聖智，一切見過習氣空。是名一切法第一義聖智大空。

实译：“云何第一義聖智大空？謂得自證聖智時，一切諸見過習悉離。是名第一義聖智大空。

इतरेतरशून्यता पुनर्महामते कतमा ? यदुत यद्यत्र नास्ति तत्तेन शून्यमित्युच्यते। तद्यथा महामते श्रृगालमातुः प्रासादे हस्तिगवैडकाद्या न सन्ति। अशून्यं च भिक्षुभिरिति भाषितं मया। स च तैः शून्य इत्युच्यते। न च पुनर्महामते प्रासादः प्रासादभावतो नास्ति, भिक्षवश्च भिक्षुभावतो न सन्ति। न च ते ऽन्यत्र हस्तिगवैडकाद्या भावा नावतिष्ठन्ते। इदं महामते स्वसामान्यलक्षणं सर्वधर्माणाम्।

इतरेतरं तु न संविद्यते। तेनोच्यते इतरेतरशून्यतेति। एषा महामते सप्तविधा शून्यता। एषा च महामते इतरेतरशून्यता सर्वजघन्या। सा च त्वया परिवर्जयितव्या॥

今译："还有，大慧啊，何为彼此空性？于此无彼，而称为空。例如，大慧啊，在这鹿母殿堂①中，没有象、牛和羊等等。但我说这里有众比丘而不空。而因它们而称为空②。还有，大慧啊，这殿堂并非没有殿堂性，众比丘并非没有比丘性。而那些象、牛和羊等等并非在别处不存在。大慧啊，这是一切法的自相和共相。但彼此之间不存在。因此，这称为彼此空性。大慧啊，这是七种空性。而这种彼此空性，大慧啊，是其中最粗浅者③。你应该加以摒弃。

求译："云何彼彼空？謂於彼無彼空。是名彼彼空。大慧！譬如鹿子母舍無象、馬、牛、羊等，非無比丘眾，而說彼空。非舍舍性空，亦非比丘比丘性空，非餘處無象、馬。是名一切法自相。彼於彼無彼，是名彼彼空。是名七種空。彼彼空者，是空最麁，汝當遠離。

实译："云何彼彼空？謂於此無彼。是名彼彼空。譬如鹿子母堂無象、馬、牛、羊等，我說彼堂空，非無比丘眾。大慧！非謂堂無堂自性，非謂比丘無比丘自性，非謂餘處無象、馬、牛、羊。大慧！一切諸法自共相，彼彼求不可得，是故，說名彼彼空。是名七種空。大慧！此彼彼空，空中最麁，汝應遠離。

न स्वयमुत्पद्यते, न च पुनर्महामते ते नोत्पद्यन्ते अन्यत्र समाध्यवस्थायाम्। तेनोच्यन्ते अनुत्पन्ना निःस्वभावाः। अनुत्पत्तिं संधाय महामते निःस्वभावाः सर्वभावाः। क्षणसंततिप्रबन्धाभावाच्च अन्यथाभावदर्शनान्महामते निःस्वभावाः

① "鹿母殿堂"是鹿母夫人施舍给佛陀的讲经堂。此处"鹿母"的原词是 Śṛgālamātṛ（"豺母"），疑有误，应为 Mṛgāramātṛ。
② "它们"指象、牛和羊等等。
③ 意谓将"空"简单理解为"无"。释正受《楞伽经集注》解释说："是空最粗，非是真空。"

सर्वभावाः। तेनोच्यते निःस्वभावाः सर्वभावा इति॥

今译：“并非自己产生，大慧啊，而又并非不产生[①]，除了在禅定中，因此，这称为无生，也就是无自性。大慧啊，按照无生，一切事物无自性。由于刹那连续不断，而看到变异，大慧啊，一切事物无自性。因此，这称为一切事物无自性。

求译：“大慧！不自生，非不生，除住三昧。是名無生。離自性即是無生。離自性，剎那相續流注及異性現，一切性離自性。是故，一切性離自性。

实译：“復次，大慧！無生者，自體不生而非不生，除住三昧。是名無生。大慧！無自性者，以無生故密意而說。[②]大慧！一切法無自性，以剎那不住故，見後變異故。是名無自性。

अद्वयलक्षणं पुनर्महामते कतमत् ? यदुत च्छायातपवद्दीर्घह्रस्वकृष्णशुक्लवन्महामते द्वयप्रभाविता न पृथक्पृथक्। एवं संसारनिर्वाणवन्महामते सर्वधर्मा अद्वयाः। न यत्र महामते निर्वाणं तत्र संसारः। न च यत्र संसारस्तत्र निर्वाणम् , विलक्षणहेतुसद्भावात्। तेनोच्यते अद्वया संसारपरिनिर्वाणवत्सर्वधर्मा इति। तस्मात्तर्हि महामते शून्यतानुत्पादाद्वयनिःस्वभावलक्षणे योगः करणीयः॥

今译：“还有，大慧啊，何为不二相？犹如光和影，长和短，黑和白，大慧啊，成双显现，而不各自独立。正是这样，大慧啊，如同生死和涅槃，一切法不二。大慧啊，非涅槃处有生死，非生死处有涅槃，这是出于形相不同的缘故[③]。因此，如同生死和涅槃，这称为一切法不二。大慧啊，你应该修习空性、无性、不二和无自性相。”

[①] 意谓因缘和合而生。

[②] 这句的原文是 anutpattim saṃdhāya（“按照无生”）。这里将 saṃdhāya（“按照”或“依据”）译为“密意而说”，是强调“无生”是“密意”，即具有深奥的意义。

[③] 意谓生死和涅槃只是形相或表象不同而产生分别，而实际不二，不能各自独立存在。

求译：“云何無二？謂一切法如冷熱，如長短，如黑白。[1]大慧！一切法無二，非於涅槃彼生死，非於生死彼涅槃，異相因有性故[2]。是名無二。如涅槃生死，一切法亦如是。是故，空、無生、無二、離自性相，應當修學。”

实译：“云何無二相？大慧！如光影，如長短，如黑白，皆相待立，獨則不成。大慧！非於生死外有涅槃，非於涅槃外有生死，生死涅槃無相違相。如生死涅槃，一切法亦如是。是名無二相。大慧！空、無生、無二、無自性相，汝當勤學。”

अथ खलु भगवांस्तस्यां वेलायामिमे गाथे अभाषत --

今译：然后，世尊在此刻念诵偈颂道：

求译：爾時世尊欲重宣此義而說偈言：

实译：爾時世尊重說頌言：

देशेमि शून्यतां नित्यं शाश्वतोच्छेदवर्जिताम्।
संसारं स्वप्नमायाख्यं न च कर्म विनश्यति॥१३५॥

今译：我经常宣示空性，摒弃断常，
生死如幻似梦，而业不毁灭。（135）

求译：我常說空法，遠離於斷常，
生死如幻夢，而彼業不壞。

实译：我常說空法，遠離於斷常，
生死如幻夢，而業亦不壞。

---

① 按照现存梵本，此处还有一个短语“成双显现，而不各自独立”。实译与现存梵本一致。

② 这句求译按原文逐字对译，意思是“由于存在形相不同的原因”。而此处实译“无相违相”，则与原文有差异。

आकाशमथ निर्वाणं निरोधं द्वयमेव च।
बालाः कल्पेन्त्यकृतकानार्या नास्त्यस्तिवर्जितान्॥ १३६॥

今译：我宣示虚空、涅槃、寂灭和二重，愚夫
妄想分别非创造物[①]，而圣者摒弃有无。（136）

求译：虛空及涅槃，滅二亦如是，
愚夫作妄想，諸聖離有無。

实译：虛空及涅槃，滅二亦如是，
愚夫妄分別，諸聖離有無。

अथ खलु भगवान् पुनरपि महामतिं बोधिसत्त्वं महासत्त्वमेतदवोचत् -- एतद्धि महामते शून्यतानुत्पादाद्वयनिःस्वभावलक्षणं सर्वबुद्धानां सर्वसूत्रान्तगतम्। यत्र क्वचित्सूत्रान्ते ऽयमेवार्थो विभावयितव्यः। एष हि महामते सूत्रान्तः सर्वसत्त्वाशयदेशनार्थव्यभिचारणी, न सा तत्त्वप्रत्यवस्थानकथा। तद्यथा महामते मृगतृष्णिका मृगोल्लापिनी उदकभावाभिनिवेशेनाभिनिवेश्यते, तस्यां चोदकं नास्ति, एवमेव महामते सर्वसूत्रान्तदेशना धर्मा बालानां स्वविकल्पसंतोषणम् , न तु सा तत्त्वार्यज्ञानव्यवस्थानकथा। तस्मात्तर्हि महामते अर्थानुसारिणा भवितव्यं न देशनाभिलापाभिनिविष्टेन॥

今译：然后，世尊又对大慧菩萨大士说道："大慧啊，空性、无生、不二和无自性相包含在一切佛的一切经中。无论哪部经都会阐述这种意义。大慧啊，这种经为顺应一切众生的心意而宣说，意义变化不定，并非是确立真实的言说。大慧啊，正如鹿受阳焰迷惑，执著水性而进入，但那里并没有水。同样，大慧啊，一切经中宣说的法只能满足愚夫自己的妄想分别，并非是确立真实圣智的言说。因此，大慧啊，你应该追寻意义，而不执著言说。"

求译：爾時世尊復告大慧菩薩摩訶薩言："大慧！空、無生、無

① "非创造物"（akṛtaka）指万物。这个用词强调万物因缘和合而生，并非创造物。

二、離自性相，普入諸佛一切修多羅。凡所有經悉說此義。諸修多羅悉隨眾生悕望心故，為分別說，顯示其義，而非真實在於言說。如鹿渴想誑惑群鹿，鹿於彼相計著水性，而彼水無。如是一切修多羅所說諸法，為令愚夫發歡喜故，非實聖智在於言說。是故，當依於義，莫著言說。

求译：《楞伽阿跋多羅寶經》卷第一。

实译：爾時世尊復告大慧菩薩摩訶薩言："大慧！此空、無生、無自性、無二相，悉入一切諸佛所說修多羅中。佛所說經皆有是義。大慧！諸修多羅隨順一切眾生心說，而非真實在於言中。譬如陽焰誑惑諸獸，令生水想，而實無水。眾經所說亦復如是，隨諸愚夫自所分別令生歡喜，非皆顯示聖智證處真實之法。大慧！應隨順義，莫著言說。"

अथ खलु महामतिर्बोधिसत्त्वो महासत्त्वो भगवन्तमेतदवोचत् -- तथागतगर्भः पुनर्भगवता सूत्रान्तपाठे ऽनुवर्णितः। स च किल त्वया प्रकृतिप्रभास्वरविशुद्ध्यादिविशुद्ध एव वर्ण्यते द्वात्रिंशल्लक्षणधरः सर्वसत्त्वदेहान्तर्गतः। महार्घमूल्यरत्नं मलिनवस्तुपरिवेष्टितमिव स्कन्धधात्वायतनवस्तुवेष्टितो रागद्वेषमोहाभूतपरिकल्पमलमलिनो नित्यो ध्रुवः शिवः शाश्वतश्च भगवता वर्णितः। तत्कथमयं भगवंस्तीर्थकरात्मवादतुल्यस्तथागतगर्भवादो न भवति ? तीर्थकरा अपि भगवन् नित्यः कर्ता निर्गुणो विभुरव्यय इत्यात्मवादोपदेशं कुर्वन्ति॥

今译：然后，大慧菩萨大士又对世尊说道："世尊已在诵经中描述如来藏。你描述如来藏本性光明纯洁，原本纯洁，具有三十二相，藏在一切众生身体中。世尊描述如来藏永恒、稳固、吉祥和不变，而陷入蕴、界和处种种事物中，受贪、瞋、痴和不实妄想污染，犹如昂贵的宝石陷入污秽事物中。世尊啊，这种如来藏说与外道的自我说有什么不同？世尊啊，外道的自我说也宣称自我是永恒的创造者，无性质，自在，不变。”

求译：一切佛語心品之二

求译：爾時大慧菩薩摩訶薩白佛言：“世尊，世尊修多羅說如來藏自性清淨，轉三十二相，入於一切眾生身中，如大價寶垢衣所纏。如來之藏常住不變，亦復如是，而陰、界、入垢衣所纏，貪欲、恚、癡不實妄想塵勞所污。一切諸佛之所演說。云何世尊同外道說我，言有如來藏耶？世尊，外道亦說有常作者，離於求那，周遍不滅。世尊，彼說有我。”

实译：爾時大慧菩薩摩訶薩白佛言：“世尊，修多羅中說如來藏本性清淨，常恒不斷，無有變易，具三十二相，在於一切眾生身中，為蘊、界、處垢衣所纏，貪、恚、癡等妄分別垢之所污染，如無價寶在垢衣中。外道說我是常作者，離於求那，自在無滅。世尊所說如來藏義，豈不同於外道我耶？”

भगवानाह -- न हि महामते तीर्थकरात्मवादतुल्यो मम तथागतगर्भोपदेशः। किं तु महामते तथागताः शून्यताभूतकोटिनिर्वाणानुत्पादानिमित्ताप्रणिहिताद्यानां महामते पदार्थानां तथागतगर्भोपदेशं कृत्वा तथागता अर्हन्तः सम्यक्संबुद्धा बालानां नैरात्म्यसंत्रासपदविवर्जनार्थं निर्विकल्पनिराभासगोचरं तथागतगर्भमुखोपदेशेन देशयन्ति। न चात्र महामते अनागतप्रत्युत्पन्नैः बोधिसत्त्वैर्महासत्त्वैरात्माभिनिवेशः कर्तव्यः। तद्यथा महामते कुम्भकार एकस्मान्मृत्परमाणुराशेर्विविधानि भाण्डानि करोति हस्तशिल्पदण्डोदकसूत्रप्रयत्नयोगात्, एवमेव महामते तथागतास्तदेव धर्मनैरात्म्यं सर्वविकल्पलक्षणविनिवृत्तं विविधैः प्रज्ञोपायकौशल्ययोगैर्गर्भोपदेशेन वा नैरात्म्योपदेशेन वा कुम्भकारवच्चित्रैः पदव्यञ्जनपर्यायैर्देशयन्ते। एतस्मात्कारणान्महामते तीर्थकरात्मवादोपदेशतुल्यस्तथागतगर्भोपदेशो न भवति। एवं हि महामते तथागतगर्भोपदेशमात्मवादाभिनिविष्टानां तीर्थकरा-

णामाकर्षणार्थं तथागतगर्भोपदेशेन निर्दिशन्ति -- कथं बत अभूतात्मविकल्प-
दृष्टिपतिताशया विमोक्षत्रयगोचरपतिताशयोपेताः क्षिप्रमनुत्तरां सम्यक्संबोधिमभि-
संबुध्येरन्निति। एतदर्थं महामते तथागता अर्हन्तः सम्यक्संबुद्धास्तथागतगर्भोपदेशं
कुर्वन्ति। अत एतन्न भवति तीर्थकरात्मवादतुल्यम्। तस्मात्तर्हि महामते
तीर्थकरदृष्टिविनिवृत्त्यर्थं तथागतनैरात्म्यगर्भानुसारिणा च ते भवितव्यम्॥

今译：世尊说道：“大慧啊，我宣示的如来藏不同于外道的自我
说。大慧啊，一切如来用空性、实际①、涅槃、无生、无相②和无愿③等
等句义宣示如来藏。一切如来、阿罗汉、正等觉为解除愚夫对无我的
惧怕，宣示如来藏门，无分别、无影像境界。大慧啊，未来和现在众
菩萨不应该执著自我。例如，大慧啊，陶工聚合同一种泥土极微，运
用手艺、木棍、水和绳，制作各种器皿。同样，大慧啊，如同陶工，
一切如来运用种种智慧方便善巧，采用种种句义，或说胎藏④，或说
无我，宣示法无我，远离一切分别相。因此，大慧啊，如来藏说不同
于外道的自我说。这样，大慧啊，一切如来为吸引执著自我说的外道，
而宣示如来藏说。啊，怎样让陷入不实自我妄想邪见而又向往三解脱
境界的人们迅速证得无上正等觉？大慧啊，正是为此目的，一切如来、
阿罗汉、正等觉宣示如来藏。因此，如来藏不同于外道的自我说。所
以，大慧啊，为了摆脱外道邪见，你应该追求无我如来藏。”

求译：佛告大慧：“我說如來藏不同外道所說之我。大慧！有時
說空、無相、無願、如、實際、法性、法身、涅槃、離自性、不生不
滅、本來寂靜、自性涅槃，如是等句⑤，說如來藏已。如來、應供、
等正覺為斷愚夫畏無我句⑥，故說離妄想、無所有境界如來藏門。大

① “实际”（bhūtakoṭi）指真实的目的或终极的真理。
② “无相”（animitta）指无影像和无分别相。
③ “无愿”（apraṇihita）指无欲求。空性、无相和无愿合为三解脱门（vimokṣamukha）。
④ “胎藏”（garbha）指如来藏（tathāgatagarbha）。
⑤ 此处“句”的原词是 padārtha，通常译为“句义”。
⑥ 此处“句”的原词是 pada，词义为“词”、“足”、“步”、“地位”和“状态”等。这里
可理解为“状态”。

慧！未來、現在菩薩摩訶薩不應作我見計著。譬如陶家於一泥聚，以人工、水、木輪、繩方便作種種器，如來亦復如是，於法無我、離一切妄想相，以種種智慧善巧方便，或說如來藏，或說無我。以是因緣故，說如來藏，不同外道所說之我。是名說如來藏。開引計我諸外道故，說如來藏，令離不實我見妄想，入三解脫門境界，悕望疾得阿耨多羅三藐三菩提。是故，如來、應供、等正覺作如是說。如來之藏若不如是，則同外道所說之我。是故，大慧！為離外道見故，當依無我如來之藏。"

实译：佛言："大慧！我說如來藏，不同外道所說之我。大慧！如來、應、正等覺以性空、實際、涅槃、不生、無相、無願等諸句義，說如來藏。為令愚夫離無我怖，說無分別、無影像處如來藏門。未來、現在諸菩薩摩訶薩不應於此執著於我。大慧！譬如陶師於泥聚中，以人功、水、杖、輪、繩方便作種種器，如來亦爾，於遠離一切分別相、無我法中，以種種智慧方便善巧，或說如來藏，或說為無我，種種名字各各差別。大慧！我說如來藏，為攝著我諸外道眾，令離妄見，入三解脫，速得證於阿耨多羅三藐三菩提。是故，諸佛說如來藏，不同外道所說之我。若欲離於外道見者，應知無我如來藏義。"

अथ खलु भगवांस्तस्यां वेलायामिमां गाथामभाषत --

今译：然后，世尊在此刻念诵偈颂道：

求译：爾時世尊欲重宣此義而說偈言：

实译：爾時世尊即說頌曰：

पुद्गलः संततिः स्कन्धाः प्रत्यया अणवस्तथा।
प्रधानमीश्वरः कर्ता चित्तमात्रं विकल्प्यते॥ १३७॥

今译：人、相续、诸蕴、缘起、极微、原质、

自在天和创造者，唯心妄想分别。（137）

求译： 人相續陰，緣與微塵，

勝自在作，心量妄想。

实译： 士夫相續蘊，眾緣及微塵，

勝自在作者，此但心分別。

अथ खलु महामतिर्बोधिसत्त्वो ऽनागतां जनतां समालोक्य पुनरपि
भगवन्तमध्येषते स्म -- देशयतु मे भगवान् योगाभिसमयं यथा बोधिसत्त्वा
महासत्त्वा महायोगयोगिनो भवन्ति। भगवानाह -- चतुर्भिर्महामते धर्मैः
समन्वागता बोधिसत्त्वा महायोगयोगिनो भवन्ति। कतमैश्चतुर्भिः ? यदुत
स्वचित्तदृश्यविभावनतया च उत्पादस्थितिभङ्गदृष्टिविवर्जनतया च बाह्यभावाभावो-
पलक्षणतया च स्वप्रत्यात्मार्यज्ञानाधिगमाभिलक्षणतया च। एभिर्महामते
चतुर्भिर्धर्मैः समन्वागता बोधिसत्त्वा महासत्त्वा महायोगयोगिनो भवन्ति॥

今译： 然后，大慧菩萨大士考虑到未来众生，又请求世尊，说道：
"请世尊为我宣示瑜伽现证，让众菩萨大士成为大瑜伽行者。"世尊
说道："众菩萨具备四法，成为大瑜伽行者。何为四法？观察自心所
现，摒弃生、住和灭邪见，观察外界事物无性①，通晓自觉圣智。大
慧啊，具备这四法，众菩萨大士成为大瑜伽行者。

求译： 爾時大慧菩薩摩訶薩觀未來眾生，復請世尊："唯願為說
修行無間②，如諸菩薩摩訶薩修行者大方便。"佛告大慧："菩薩摩
訶薩成就四法，得修行者大方便。云何為四？謂善分別自心現，觀外
性非性，離生、住、滅見，得自覺聖智善樂。是名菩薩摩訶薩成就四
法，得修行者大方便。

实译： 爾時大慧菩薩普觀未來一切眾生，復請佛言："願為我說

---

① "无性"（abhāva）指不存在或无真实。

② "无间"的原词是 abhisamaya，指"现证"。

具修行法，如諸菩薩摩訶薩成大修行。"佛言："大慧！菩薩摩訶薩具四種法，成大修行。何者為四？謂觀察自心所現故，遠離生、住、滅見故，善知外法無性故，專求自證聖智故。若諸菩薩成此四法，則得名為大修行者。

तत्र कथं महामते बोधिसत्त्वो महासत्त्वः स्वचित्तदृश्यविभावनाकुशलो भवति ? यदुत स एवं प्रत्यवेक्षते -- स्वचित्तमात्रमिदं त्रैधातुकमात्मात्मीयरहितं निरीहमायूहनियूहविगतमनादिकालप्रपञ्चदौष्ठुल्यवासनाभिनिवेशवासितं त्रैधातुक-विचित्ररूपोपचारोपनिबद्धं देहभोगप्रतिष्ठागतिविकल्पानुगतं विकल्प्यते ख्यायते च। एवं हि महामते बोधिसत्त्वो महासत्त्वः स्वचित्तदृश्यविभावनाकुशलो भवति॥

今译："其中，大慧啊，菩萨大士怎样善于观察自心所现？他应该这样观察：三界唯自心，缺乏我和我所，无意欲，无来去，执著无始戏论恶劣习气，缠结三界种种色和行，伴随身体、享受和住处种种妄想，分别呈现。这样，大慧啊，菩萨大士善于观察自心所现。

求译："云何菩薩摩訶薩善分別自心現？謂如是觀，三界唯心分齊，離我、我所，無動搖，離去來，無始虛偽習氣所熏，三界種種色行繫縛，身、財、建立妄想隨入現。是名菩薩摩訶薩善分別自心現。

实译："大慧！云何觀察自心所現？謂觀三界唯是自心，離我、我所，無動作，無來去，無始執著過習所熏，三界種種色行名言繫縛，身、資、所住分別隨入之所顯現。菩薩摩訶薩如是觀察自心所現。

कथं पुनर्महामते बोधिसत्त्वो महासत्त्व उत्पादस्थितिभङ्गदृष्टिविवर्जितो भवति ? यदुत मायास्वप्नरूपजन्मसदृशाः सर्वभावाः स्वपरोभयाभावान्नोत्पद्यन्ते। स्वचित्त-मात्रानुसारित्वाद्बाह्यभावाभावदर्शनाद्विज्ञानानामप्रवृत्तिं दृष्ट्वा प्रत्ययानामकूटराशित्वं च विकल्पप्रत्ययोद्भवं त्रैधातुकं पश्यन्तो ऽध्यात्मबाह्यसर्वधर्मानुपलब्धिभिर्निः-स्वभावदर्शनादुत्पाददृष्टिविनिवृत्तौ मायादिधर्मस्वभावानुगमादनुत्पत्तिकधर्मक्षान्तिं

प्रतिलभन्ते। अष्टम्यां भूमौ स्थिताः चित्तमनोमनोविज्ञानपञ्चधर्मस्वभावनैरात्म्य-द्वयगतिपरावृत्त्यधिगमान्मनोमयकायं प्रतिलभन्ते॥

今译：“还有，大慧啊，菩萨大士怎样摒弃生、住和灭邪见？如同幻觉和梦幻生色，自己和他者两者都无性，一切法不生。依据自心所现，看到外界事物无性，也就看到诸识不起，种种缘起不积聚，看到三界产生于分别缘起，内外一切法不可得，无自性，摆脱生见，理解一切法的自性如幻等等，达到忍受无生法。他们立足第八地，转离[①]心、意、意识、五法、自性和二无我，获得意成身[②]。”

求译：“云何菩薩摩訶薩善觀外性非性？謂炎、夢等一切性，無始虛偽妄想習因，觀一切性自性。菩薩摩訶薩作如是善觀外性非性，是名菩薩摩訶薩善觀外性非性[③]。云何菩薩摩訶薩善離生、住、滅見？謂如幻夢，一切性自他俱性不生。隨入自心分齊故，見外性非性，見識不生，及緣不積聚，見妄想緣生，於三界內外一切法不可得，見離自性，生見悉滅，知如幻等諸法自性，得無生法忍。得無生法忍已，離生、住、滅見。是名菩薩摩訶薩善分別離生、住、滅見。云何菩薩摩訶薩得自覺聖智善樂？謂得無生法忍，[④]住第八菩薩地，得離心、意、意識、五法、自性、二無我相，得意生身。”

实译：“大慧！云何得離生、住、滅見？所謂觀一切法如幻夢生，自他及俱皆不生故，隨自心量之所現故，見外物無有故，見諸識不起故，及眾緣無積故，分別因緣起三界故。如是觀時，若內若外一切諸法皆不可得，知無體實，遠離生見，證如幻性，即時逮得無生法忍，住第八地，了心、意、意識、五法、自性、二無我境，轉所依止，獲

① “转离”（parāvṛtti）指转离或超越所依。

② “意成身”（manomayakāya）指由心意或意志成就的身体，有别于通常的身体。求译和实译均为“意生身”，菩译“如意意身”。

③ 此处论述“外性非性”（“外界事物无性”），按照现存梵本以及菩译和实译，是在论述“意成身”之后。

④ 自“得无生法忍已”至此，不见于现存梵本以及菩译和实译。按照次序，关于“得自觉圣智”的论述应该在最后。

意生身。”

महामतिराह -- मनोमयकाय इति भगवन् केन कारणेन ? भगवानाह -- मनोमय इति महामते मनोवदप्रतिहतशीघ्रगाभित्वान्मनोमय इत्युच्यते। तद्यथा महामते मनो ऽप्रतिहतं गिरिकुड्यनदीवृक्षादिष्वनेकानि योजनशतसहस्राणि पूर्वदृष्टानुभूतान् विषयाननुस्मरन् स्वचित्तप्रबन्धाविच्छिन्नशरीरमप्रतिहतगति प्रवर्तते, एवमेव महामते मनोमयकायसहप्रतिलम्भेन मायोपमसमेन समाधिना बलवशिताभिज्ञानलक्षणकुसुमितमार्यगतिनिकायसहजो मन इव प्रवर्तते ऽप्रतिहतगतिः पूर्वप्रणिधानविषयाननुस्मरन् सत्त्वपरिपाकार्थम्। एवं हि महामते बोधिसत्त्वो महासत्त्व उत्पादस्थितिभङ्गदृष्टिविवर्जितो भवति॥

今译：大慧说道：“世尊啊，为何称为意成身？”世尊说道：“大慧啊，如同心意，迅速行进无阻碍，故而称为意成身。例如，大慧啊，心意无阻碍，回忆数百千由旬[①]远的高山、墙壁、河流和树木等等过去所见事物，自心不受身体阻断。同样，大慧啊，与意成身同时获得如幻入定，同时产生诸力、自在和神通种种相，生于圣趣种类[②]，如同心意转出无阻碍，回忆过去的誓愿和境界，旨在度化众生。这样，大慧啊，菩萨大士摒弃生、住和灭邪见。

求译：“世尊，意生身者何因緣？”佛告大慧：“意生者，譬如意去迅疾無礙，故名意生。譬如意去，石壁無礙，於彼異方無量由延，因先所見憶念不忘，自心流注不絕，於身無障礙生。大慧！如是意生身，得一時俱。菩薩摩訶薩意生身如幻三昧，力、自在、神通妙相莊嚴，聖種類身一時俱生。猶如意生，無有障礙，隨所憶念本願境界，為成熟衆生，得自覺聖智善樂[③]。

---

① “由旬”（yojana）是里程单位。求译“由延”。

② “圣趣种类”（āryagatinikāya）指趋向圣智或成为圣者的部派种类。

③ 此处“得自觉圣智善乐”这句不见于现存梵本以及菩译和实译，而代之以“远离于生、住、灭见”的结语。

实译：大慧言："世尊，以何因緣名意生身？"佛言："大慧！意生身者，譬如意去，速疾無礙，名意生身。大慧！譬如心意於無量百千由旬之外，憶先所見種種諸物，念念相續，疾詣於彼，非是其身及山河石壁所能為礙。意生身者亦復如是，如幻三昧，力、通、自在諸相莊嚴，憶本成就眾生願故，猶如意去，生於一切諸聖眾中。是名菩薩摩訶薩得遠離於生、住、滅見。

तत्र कथं महामते बोधिसत्त्वो महासत्त्वो बाह्यभावाभावोपलक्षणकुशलो भवति ? यदुत मरीचिस्वप्नकेशोण्डुकप्रख्या महामते सर्वभावाः। अनादिकालप्रपञ्च-दौष्ठुल्यविचित्रविपाकविकल्पवासनाभिनिवेशहेतुकाः सर्वभावस्वभावा इति संपश्यन् प्रत्यात्मार्यज्ञानगतिविषयमभिलषते। एभिर्महामते चतुर्भिर्धर्मैः समन्वागता बोधिसत्त्वा महासत्त्वा महायोगयोगिनो भवन्ति। अत्र ते महामते योगः करणीयः॥

今译："其中，大慧啊，怎样善于观察外界事物无性？大慧啊，一切事物如同阳焰、梦幻和毛发网。看到一切事物的自性产生于执著无始戏论和各种成熟的妄想分别恶劣习气，便会追求自觉圣智境界。大慧啊，具备这四法，众菩萨大士成为大瑜伽行者。大慧啊，你应该修习这种瑜伽。"

求译："如是菩薩摩訶薩得無生法忍，住第八菩薩地，轉捨心、意、意識、五法、自性、二無我相身，及得意生身，得自覺聖智善樂。[1]是名菩薩摩訶薩成就四法，得修行者大方便，當如是學。"

实译："大慧！云何觀察外法無性？謂觀察一切法，如陽焰，如夢境，如毛輪，無始戲論種種執著，虛妄惡習為其因故。如是觀察一切法時，即是專求自證聖智。大慧！是名菩薩具四種法，成大修行。汝應如是勤加修學。"

---

[1] 关于"外界事物无性"的论述和此处的这些词句已出现在求译前面部分中。

अथ खलु महामतिर्बोधिसत्त्वः पुनरपि भगवन्तमध्येषते स्म -- देशयतु मे भगवान् हेतुप्रत्ययलक्षणं सर्वधर्माणाम् , येन हेतुप्रत्ययलक्षणावबोधेन अहं च अन्ये च बोधिसत्त्वा महासत्त्वा सदसद्दृष्टिविकल्परहिताः सर्वभावनाक्रमं युगपदुत्पत्तिं न कल्पयेयुः ॥

今译：然后，大慧菩萨又请求世尊，说道："请世尊为我宣示一切法的因缘相。依靠觉知因缘相，我和其他菩萨就会摆脱有无分别见，不妄想一切事物渐次[①]生或同时生。"

求译：爾時大慧菩薩摩訶薩復請世尊："唯願為說一切諸法緣因之相。以覺緣因相故，我及諸菩薩離一切性有無妄見，無妄想見漸次俱生。"

实译：爾時大慧菩薩摩訶薩復請佛言："願說一切法因緣相，令我及諸菩薩摩訶薩了達其義，離有無見，不妄執諸法漸生頓生。"

भगवानाह -- द्विप्रकारं महामते प्रतीत्यसमुत्पादहेतुलक्षणं सर्वधर्माणां यदुत बाह्यं च आध्यात्मिकं च। तत्र बाह्यप्रतीत्यसमुत्पादो महामते। मृत्पिण्डदण्डचक्रसूत्रोदकपुरुषप्रयत्नादिप्रत्ययैर्महामते घट उत्पद्यते। यथा च महामते घटो मृत्पिण्डादेव, तन्तुभ्यः पटाः, वीरणेभ्यः कटाः, बीजादङ्कुरः, मन्थादिपुरुषप्रयत्नयोगाद्दध्नो नवनीत उत्पद्यते, एवमेव महामते बाह्यः प्रतीत्यसमुत्पादः पूर्वोत्तरोत्तरो द्रष्टव्यम्॥

今译：世尊说道："一切法的缘起因相有内外两种。其中，外缘起，大慧啊，依靠泥团、木棍、转盘、绳、水和人工，陶罐产生。大慧啊，正如陶罐产生于泥团，布产生于线，席产生于草，芽产生于种子，新鲜黄油产生于凝乳和搅动等等人工，同样，大慧啊，应该看到前后依次外缘起。

① "一切事物渐次"的原文是 sarvabhāvanākramam，疑有误，应为 sarvabhāvānām kramam。

求译：佛告大慧："一切法二種緣相，謂外及內。外緣者，謂泥團、柱、輪、繩、水、木、人工，諸方便緣有瓶生。如泥瓶，縷疊、草席、種芽、酪酥等方便緣生，亦復如是。是名外緣前後轉生。

实译：佛言："大慧！一切法因緣生有二種，謂內及外。外者謂以泥團、水、杖、輪、繩、人功等緣和合成瓶。如泥瓶，縷疊、草席、種牙、酪蘇悉亦如是。名外緣前後轉生。

तत्र आध्यात्मिकः प्रतीत्यसमुत्पादो यदुत अविद्या तृष्णा कर्मेत्येवमाद्या महामते धर्माः प्रतीत्यसमुत्पादसंज्ञां प्रतिलभन्ते। एभ्य उत्पन्ना महामते स्कन्धधात्वायतनाख्या धर्माः प्रतीत्यसमुत्पादसंज्ञां प्रतिलभन्ते। ते चाविशिष्टाः, कल्प्यन्ते च बालैः॥

今译："其中，内缘起，大慧啊，诸如无明[①]、贪爱和业等等法获得缘起名想。大慧啊，由这些产生的称为蕴、界和处的诸法获得缘起名想。它们本无分别，而愚夫们妄想分别。

求译："云何內緣？謂無明、愛、業等法得緣名，從彼生陰、界、入法，得緣所起名。彼無差別，而愚夫妄想。是名內緣法。

实译："內者，謂無明、愛、業等生蘊、界、處法。是為內緣起。此但愚夫之所分別。

तत्र हेतुर्महामते षड्विधः। यदुत भविष्यद्धेतुः संबन्धहेतुर्लक्षणहेतुः कारणहेतुर्व्यञ्जनहेतुरुपेक्षाहेतुर्महामते षष्ठः। तत्र भविष्यद्धेतुर्महामते हेतुकृत्यं करोत्यध्यात्मबाह्योत्पत्तौ धर्माणाम्। संबन्धहेतुः पुनर्महामते आलम्बनकृत्यं करोत्यध्यात्मिकबाह्योत्पत्तौ स्कन्धबीजादीनाम्। लक्षणहेतुः पुनरपरं महामते अनन्तरक्रियालक्षणोपरिबद्धं जनयति। कारणहेतुः पुनर्महामते आधिपत्याधिकार-

---

① "无明"（avidyā）是十二缘起之一，意谓"无知"，即不知道苦、集、灭和道"四圣谛"。

कृत्यं करोति चक्रवर्तिनृपवत्। व्यञ्जनहेतुः पुनर्महामते उत्पन्नस्य विकल्पस्य भावस्य लक्षणोद्योतनकृत्यं करोति प्रदीपवद्रूपादीनाम्। उपेक्षाहेतुः पुनर्महामते विनिवृत्तिकाले प्रबन्धक्रियाव्युच्छित्तिं करोत्यविकल्पोत्पत्तौ॥

今译：“其中，大慧啊，原因有六种①：未来因、联系因、相因、作因、显示因和相待因。其中，大慧啊，未来因是原因生效，内外法生。还有，大慧啊，联系因是所缘生效，内外蕴种子等等生。还有，大慧啊，相因是不间断的作为相连续生。还有，大慧啊，作因是增加威力，如同转轮王。还有，大慧啊，显示因是呈现已生分别事物相，如同灯光显现色等等。还有，大慧啊，相待因是停止时，连续的作为中断，无分别生。

求译：“大慧！彼因者有六種，謂當有因，相續因，相因，作因，顯示因，待因。當有因者，作因已，内外法生。相續因者，作攀緣已，内外法生，陰種子等。相因者，作無間相相續生。作因者，作增上事，如轉輪王。顯示因者，妄想事生已，相現作所作，如燈照色等。待因者，滅時作相續斷，不妄想性生。

实译：“大慧！因有六種，謂當有因，相屬因，相因，能作因，顯了因，觀待因。大慧！當有因者，謂内外法作因生果。相屬因者，謂内外法作緣生果，蘊種子等。相因者，作無間相生相續果。能作因者，謂作增上而生於果，如轉輪王。顯了因者，謂分別生能顯境相，如燈照物。觀待因者，謂滅時相續斷，無妄想生。

एते हि महामते स्वविकल्पकल्पिता बालपृथग्जनैर्न क्रमवृत्त्या न युगपत्प्रवर्तन्ते। तत्कस्य हेतोः ? यदि पुनर्महामते युगपत्प्रवर्तेरन् , कार्यकारणविभागो न स्यादप्रतिलब्धहेतुलक्षणत्वात्। अथ क्रमवृत्त्या प्रवर्तेरन् , अलब्धस्य लक्षणात्मकत्वात्क्रमवृत्त्या न प्रवर्तते। अजातपुत्रपितृशब्दवन्महामते क्रमवृत्तिसं-

① “六种”的原词是 ṣaḍūvidhaḥ，按南条本应为 saḍvidhaḥ。

बन्धयोगा न घटन्ते। तार्किकाणां हेत्वारम्बणनिरन्तराधिपतिप्रत्ययादिभिर्जन्यजनकत्वान्महामते क्रमवृत्त्या नोत्पद्यन्ते। परिकल्पितस्वभावाभिनिवेशलक्षणान्महामते युगपन्नोत्पद्यन्ते। स्वचित्तदृश्यदेहभोगप्रविष्ठानत्वात्स्वसामान्यलक्षणबाह्यभावाभावान्महामते क्रमेण युगपद्वा नोत्पद्यन्ते। अन्यत्र स्वचित्तदृश्यविकल्पविकल्पितत्वाद्विज्ञानं प्रवर्तते। तस्मात्तर्हि महामते हेतुप्रत्ययक्रियायोगलक्षणक्रमयुगपद्दृष्टिविगतेन ते भवितव्यम्॥

今译：“大慧啊，这些是愚夫们自己妄想分别，既无渐次生，也无同时生。为什么？大慧啊，如果同时生，因相不可得，也就没有因果分别。如果渐次生，相的属性[①]不可得，故而无渐次生。大慧啊，如同没生儿子而称为父亲[②]，采用渐次连续生不能成立。大慧啊，那是思辨者依据因缘、所缘缘、无间缘和增上缘等等[③]分别所生和能生，并无渐次生。大慧啊，那是执著分别自性相，并无同时生。由于自心所现身体、享受和住处[④]，外界事物自相和共相不存在，大慧啊，并无同时生或渐次生。只是由于自心所现分别，才产生识。因此，大慧啊，你应该摒弃因缘运作相渐次和同时邪见。”

求译：“大慧！彼自妄想相愚夫，不漸次生，不俱生。所以者何？若復俱生者，作所作無分別，不得因相故。若漸次生者，不得我相故。漸次生不生，如不生子無父名。大慧！漸次生相續方便不然[⑤]，但妄想耳。因、攀緣、次第、增上緣等，生所生故，大慧！漸次[⑥]不生。妄想自性計著相故，漸次俱不生。自心現受用故，自相共相外性非性，

---

① “属性”的原词是 ātmakatva，或译“自性”，指自身的性质。求译“我”，菩译“身”，实译“体”。

② 这里是就因果关系的次序而言，在结果产生前，不能确定原因，正如没有儿子，不能称为父亲。而有儿子，才成为父亲，这样又成了同时生。因此，两者都不能成立。

③ 因缘（hetu）、所缘缘（ārambaṇa 或 ālambaṇa）、无间缘（nirantara 或 samanantara）和增上缘（adhipati）是万物生起的四缘（pratyaya）。

④ “住处”的原词是 praviṣṭhāna，疑有误，应为 pratiṣṭhāna。

⑤ 此处“不然”，意谓“不可能”或“不能成立”。

⑥ 此处“次”，据《中华大藏经》校勘记，“《碛》、《南》、《径》、《清》作‘次生’”，即“渐次生不生”。

大慧！漸次俱不生。除自心現，不覺妄想故，相生。是故，因緣作事方便相，當離漸次俱見。”

实译：“大慧！此是愚夫自所分別，非漸次生，亦非頓生。何以故？大慧！若頓生者，則作與所作無有差別，求其因相不可得故。若漸生者，求其體相亦不可得。如未生子，云何名父？諸計度人言以因緣、所緣緣、無間緣、增上緣等，所生能生互相繫屬，次第生者理不得成，皆是妄情執著相故。大慧！漸次與頓皆悉不生，但有心現身、資等故，外自共相皆無性故，惟除識起自分別見。大慧！是故，應離因緣所作和合相中漸頓生見。”

तत्रेदमुच्यते --

今译：这里，这样说道：

求译：爾時世尊欲重宣此義而說偈言：

实译：爾時世尊重說頌言：

न ह्यत्रोत्पद्यते किंचित्प्रत्ययैर्न निरुध्यते।
उत्पद्यन्ते निरुध्यन्ते प्रत्यया एव कल्पिताः॥ १३८॥

今译：没有什么由缘起而生和灭，
唯有妄想分别缘起生和灭。（138）

求译：一切都無生，亦無因緣滅，
於彼生滅中，而起因緣想。

实译：一切法無生，亦復無有滅，
於彼諸緣中，分別生滅相。

न भङ्गोत्पादसंक्लेशः प्रत्ययानां निवार्यते।
यत्र बाला विकल्पन्ति प्रत्ययैः स निवार्यते॥ १३९॥

今译：并非阻止种种缘起的生灭污染，
　　　而是阻止愚夫的缘起妄想分别。（139）

求译：非遮滅復生，相續因緣起，
　　　唯為斷凡愚，癡惑妄想緣。

实译：非遮諸緣會，如是滅復生，
　　　但止於凡愚，妄情之所著。

यच्चासतः प्रत्ययेषु धर्माणां नास्ति संभवः।
वासनैर्भ्रामितं चित्तं त्रिभवे ख्यायते यतः।
नाभूत्वा जायते किंचित्प्रत्ययैर्न विरुध्यते॥ १४० ॥

今译：诸法并非依据缘起从有无[①]产生，
　　　因为受习气迷惑，心呈现三界，
　　　原本不存在者不由缘起生和灭。（140）

求译：有無緣起法，是悉無有生，
　　　習氣所迷轉，從是三有現，
　　　真實無生緣，亦復無有滅。

实译：緣中法有無，是悉無有生，
　　　習氣迷轉心，從是三有現，
　　　本來無有生，亦復無有滅。

वन्ध्यासुताकाशपुष्पं यदा पश्यन्ति संस्कृतम्।
तदा ग्राहश्च ग्राह्यं च भ्रान्तिं दृष्ट्वा निवर्तते॥ १४१ ॥

今译：看到有为如同石女之子和空中花，
　　　就会看清能取和所取迷乱而摒弃。（141）

[①] 此处“有无”的原词是 yaccāsataḥ，南条本校注中推测，应为 sadasataḥ。其实，此颂这一行也见于第 10 品第 34 颂。在那颂中，此词是 sadasataḥ。

求译：觀一切有為，猶如虛空花，
攝受及所攝，捨離惑亂見。

实译：觀一切有為，譬如虛空花，
離能取所取，一切迷惑見。

न चोत्पाद्यं न चोत्पन्नः प्रत्ययो ऽपि न किंचन।
संविद्यते क्वचित्केचिद्व्यवहारस्तु कथ्यते॥ १४२॥

今译：无所生，无已生，也无缘起，
任何所知者皆是世俗言说。（142）

求译：非已生當生，亦復無因緣，
一切無所有，斯皆是言說。

实译：無能生所生，亦復無因緣，
但隨世俗故，而說有生滅。

实译：《大乘入楞伽經》卷第二。

अथ खलु महामतिर्बोधिसत्त्वो महासत्त्वः पुनरपि भगवन्तमेतदवोचत् -- देशयतु मे भगवान् वाग्विकल्पलक्षणहृदयं नाम धर्मपर्यायं येन वाग्विकल्पलक्षणहृदयेन भगवन् सुप्रतिविभागविनिबद्धेन अहं च अन्ये च बोधिसत्त्वा महासत्त्वा अभिलापाभिलाप्यार्थद्वयगतिंगताः क्षिप्रमनुत्तरां सम्यक्संबोधिमभिसंबुध्य अभिलापाभिलाप्यार्थद्वयगतिं सर्वसत्त्वानां विशोधयेयुः। भगवानाह -- तेन हि महामते शृणु , साधु च सुष्ठु च मनसिकुरु। भाषिष्ये ऽहं ते। साधु भगवन् इति महामतिर्बोधिसत्त्वो महासत्त्वो भगवतः प्रत्यश्रौषीत्। भगवानस्यैतदवोचत् -- चतुर्विधं महामते वाग्विकल्पलक्षणं भवति। यदुत लक्षणवाक् स्वप्नवाक् दौष्ठुल्यविकल्पाभिनिवेशवाक् अनादिविकल्पवाक्॥

今译：然后，大慧菩萨大士又对世尊说道："请世尊为我宣示名为言语分别相心的法门。这样，世尊啊，我和其他菩萨大士依靠言语分别相心而善于分别，通晓能说和所说二种义，迅速证得无上正等觉，净化一切众生能说和所说二种义趣。"世尊说道："那么，大慧啊，请听！请安下心来，我会为你讲述。"大慧菩萨大士回答世尊，说道："好吧，世尊。"世尊说道："大慧啊，有四种言语分别相：相言语、梦言语、执著恶劣妄想言语和无始分别言语。

求译：爾時大慧菩薩摩訶薩復白佛言："世尊，唯願為說言說妄想相心經。[①]世尊，我及餘菩薩摩訶薩若善知言說妄想相心經，則能通達言說所說二種義，疾得阿耨多羅三藐三菩提，以言說所說二種趣，淨一切眾生。"佛告大慧："諦聽諦聽！善思念之，當為汝說。"大慧白佛言："善哉世尊，唯然受教。"佛告大慧："有四種言說妄想相，謂相言說，夢言說，過妄想計著言說，無始妄想言說。

实译：集一切法品第二之三

实译：爾時大慧菩薩摩訶薩復白佛言："世尊，願為我說言說分別相心法門，我及諸菩薩摩訶薩善知此故，通達能說所說二義，疾得阿耨多羅三藐三菩提，令一切眾生於二義中而得清淨。"佛言："大慧！有四種言說分別相，所謂相言說，夢言說，計著過惡言說，無始妄想言說。

तत्र महामते लक्षणवाक् स्वविकल्परूपनिमित्ताभिनिवेशात्प्रवर्तते। स्वप्नवाक् पुनर्महामते पूर्वानुभूतविषयानुस्मरणात्प्रतिविबुद्धविषयाभावाच्च प्रवर्तते। दौष्ठुल्यवि-कल्पाभिनिवेशवाक् पुनर्महामते शत्रुपूर्वकृतकर्मानुस्मरणात्प्रवर्तते। अनादिका-लविकल्पवाक् पुनर्महामते अनादिकालप्रपञ्चाभिनिवेशदौष्ठुल्यस्वबीजवासनातः प्रवर्तते। एतद्धि महामते चतुर्विधं वाग्विकल्पलक्षणमिति मे यदुक्तम्, इदं

---

① 此处有夹注："此同上佛语心也"。意谓此处的"心"与前面所说"佛语心"中的"心"，原词都是 hṛdaya。

तत्प्रत्युक्तम्॥

今译：“其中，大慧啊，相言语产生于执著自分别色相[1]。还有，大慧啊，梦言语产生于回忆过去体验的境界，而梦醒后境界不存在。还有，大慧啊，执著恶劣妄想言语产生于回忆怨敌过去的所作所为。还有，大慧啊，无始分别言语产生于执著无始戏论和自己恶劣的种子习气。大慧啊，这是我所说的四种言语分别相。这是回答。”

求译：“相言說者，從自妄想色相計著生。夢言說者，先所經境界隨憶念生，從覺已境界無性生。過妄想計著言說者，先怨所作業隨憶念生。無始妄想言說者，無始虛偽計著過自種習氣生。是名四種言說妄想相。”

实译：“大慧！相言說者，所謂執著自分別色相生。夢言說者，謂夢先所經境界，覺已憶念，依不實境生。計著過惡言說者，謂憶念怨讎先所作業生。無始妄想言說者，以無始戲論妄執習氣生。是為四。”

अथ खलु महामतिर्बोधिसत्त्वो महासत्त्वः पुनरपि भगवन्तमेतमेवार्थमध्येषते स्म -- देशयतु मे भगवान् पुनरपि वाग्विकल्पाभिव्यक्तिगोचरम्। कुत्र कस्मात् कथं केन भगवन् नृणां वाग्विज्ञप्तिविकल्पः प्रवर्तते ? भगवानाह -- शिरउरोनासाकण्ठ-ताल्वोष्ठजिह्वादन्तसमवायान्महामते वाक् प्रवर्तमाना प्रवर्तते। महामतिराह -- किं पुनर्भगवन् वाग् विकल्पादन्या उत अनन्या ? भगवानाह -- न हि महामते वाग् विकल्पादन्या नानन्या। तत्कस्य हेतोः ? यदुत तद्धेतूत्पत्तिलक्षणत्वान्महामते वाग्विकल्पः प्रवर्तते। यदि पुनर्महामते वाग् विकल्पादन्या स्यात् , अविकल्प-हेतुकी स्यात्। अथानन्या स्यात् , अर्थाभिव्यक्तित्वाद्वाग् न कुर्यात्। सा च कुरुते। तस्मान्नान्या नानन्या॥

今译：然后，大慧菩萨大士继续向世尊请教此义，说道：“请世

[1] 此处“执著自分别色相”，参照菩译“执著色等诸相”，可以理解为“执著对色、声、香、味和触诸相的分别。”

尊再为我宣示言语显现分别境界。世尊啊，人们的言语假名分别从哪
里，从什么，凭什么，怎样产生？"世尊说道："大慧啊，言语由头、
胸、鼻、喉、腭、唇、舌和齿和合转出。"大慧说道："还有，世尊啊，
言语与分别异或不异？"世尊说道："大慧啊，言语与分别既不异，
也非不异。为什么？以分别为原因而生相，故而言语分别转出。还有，
大慧啊，如果说言语异于分别，则不能以分别为原因。而如果说不异，
则言语不能显示意义。[①]然而，言语显示意义。因此，既不异，又非
不异。"

求译：爾時大慧菩薩摩訶薩復以此義勸請世尊："唯願更說言說
妄想所現境界。世尊，何處，何故，云何，何因眾生妄想言說生？"
佛告大慧："頭、胸、喉、鼻、脣、舌、齗、齒和合出音聲。"大慧
白佛言："世尊，言說妄想為異為不異？"佛告大慧："言說妄想非
異非不異。所以者何？謂彼因生相故。大慧！若言說妄想異者，妄想
不應是因。若不異者，語不顯義。而有顯示。是故，非異非不異。"

实译：大慧復言："世尊，願更為說言語分別所行之相，何處、
何因、云何而起？"佛言："大慧！依頭、胸、喉、鼻、脣、齶、齒、
舌和合而起。"大慧復言："世尊，言語分別為異不異？"佛言："大
慧！非異非不異，何以故？分別為因，起言語故。若異者，分別不應
為因。若不異者，語言不應顯義。是故，非異，亦非不異。"

पुनरपि महामतिराह -- किं पुनर्भगवन् वचनमेव परमार्थः, उत
यद्वचनेनाभिलप्यते स परमार्थः? भगवानाह -- न महामते वचनं परमार्थः, न च
यद्वचनेनाभिलप्यते स परमार्थः। तत्कस्य हेतोः? यदुत परमार्थार्यसुखाभिलाप-
प्रवेशित्वात्परमार्थस्य वचनं न परमार्थः। परमार्थस्तु महामते आर्यज्ञानप्रत्या-
त्मगतिगम्यो न वाग्विकल्पबुद्धिगोचरः। तेन विकल्पो नोद्भावयति परमार्थम्।

[①] 意谓正因为语言和意义（artha，也译"对象"或"境界"）有异，语言才能表达意义。

वचनं पुनर्महामते उत्पन्नप्रध्वंसि चपलं परस्परप्रत्ययहेतुसमुत्पन्नम्। यच्च महामते परस्परप्रत्ययहेतुसमुत्पन्नं तत्परमार्थं नोद्भावयति। स्वपरलक्षणाभावान्महामते बाह्यलक्षणं नोद्भावयति॥

今译：大慧又说道："还有，世尊啊，究竟言语是第一义，还是言语表达者是第一义？"世尊说道："大慧啊，既非言语是第一义，也非言语表达者是第一义。为什么？由言语进入第一义圣乐，故而第一义的言语不是第一义。大慧啊，第一义靠自觉圣智证得，不是言语妄想分别智境界。因此，妄想分别不展示第一义。还有，大慧啊，言语生灭，动摇不定，因缘和合而生。大慧啊，因缘和合而生不展示第一义。大慧啊，自相和他相不存在，故而言语相[①]不展示第一义。

求译：大慧復白佛言："世尊，為言說即是第一義，為所說者是第一義？"佛告大慧："非言說是第一義，亦非所說是第一義。所以者何？謂第一義聖樂，言說所入是第一義，非言說是第一義。第一義者，聖智自覺所得，非言說妄想覺境界。是故，言說妄想不顯示第一義。言說者，生滅，動搖，展轉因緣起。若展轉因緣起者，彼不顯示第一義。大慧！自他相無性故，言說相不顯示第一義。

实译：大慧復言："世尊，為言語是第一義，為所說是第一義？"佛告大慧："非言語是，亦非所說。何以故？第一義者是聖樂處，因言而入，非即是言。第一義者是聖智內自證境，非言語分別智境，言語分別不能顯示。大慧！言語者，起滅，動搖，展轉因緣生。若展轉緣生，於第一義不能顯示。第一義者無自他相，言語有相不能顯示。

पुनरपरं महामते स्वचित्तदृश्यमात्रानुसारित्वाद्विविधविचित्रलक्षणबाह्यभावाभावाद्वाग्विकल्पः परमार्थं न विकल्पयति। तस्मात्तर्हि महामते वाग्विचित्रविकल्परहितेन ते भवितव्यम्॥

---

① "言语相"的原词是 bāhyalakṣaṇa（"外在相"），疑有误，据南条本应为 vāglakṣaṇa（"言语相"）。此处求译"言语相"，菩译"言语"，实译"言语有相"。

今译："还有，大慧啊，依据唯自心所现，各种各样外界事物相不存在，故而言语妄想不能呈现第一义。因此，大慧啊，你应该脱离种种言语妄想分别。"

求译："復次，大慧！隨入自心現量故，種種相外性非性，言說妄想不顯示第一義。是故，大慧！當離言說諸妄想相。"

实译："第一義者，但唯自心，種種外想悉皆無有，言語分別不能顯示。是故，大慧！應當遠離言語分別。"

तत्रेदमुच्यते --

今译：这里，这样说道：

求译：爾時世尊欲重宣此義而說偈言：

实译：爾時世尊重說頌言：

सर्वभावो ऽस्वभावो हि सद्वचनं तथाप्यसत्।
शून्यताशून्यतार्थं वा बालो ऽपश्यन् विधावति॥ १४३॥

今译：一切事物无自性，言语有无也同样，
　　　愚夫不理解空性或空性义而奔驰。（143）

求译：諸性無自性，亦復無言說，
　　　甚深空空義，愚夫不能了。

实译：諸法無自性，亦復無言說，
　　　不見空空義，愚夫故流轉。

सर्वभावस्वभावा च वचनमपि नृणाम्।
कल्पना सापि नास्ति निर्वाणं स्वप्नतुल्यम्।
भवं परीक्षेत न संसारे नापि निर्वायात्॥ १४४॥

今译：一切事物的自性和人们的言说，

还有妄想，并不存在，涅槃如梦，
观察诸有，不入轮回[①]，也不涅槃。[②]（144）

求译：一切性自性，言說法如影。

实译：一切法無性，離語言分別，
諸有如夢化，非生死涅槃。

राजा श्रेष्ठी यथा पुत्रान् विचित्रैर्मृन्मयैर्मृगैः।
प्रलोभ्य क्रीडयित्वा च भूतान् दद्यात्ततो मृगान्॥ १४५॥

今译：犹如国王和长者给儿子们各种泥鹿，
让他们游戏玩耍，然后给他们真鹿。（145）

实译：如王及長者，為令諸子喜，
先示相似物，後賜真實者。

तथाहं लक्षणैश्चित्रैर्धर्माणां प्रतिबिम्बकैः।
प्रत्यात्मवेद्यां पुत्रेभ्यो भूतकोटिं वदाम्यहम्॥ १४६॥

今译：同样，我也先说诸法影像相，
然后，为佛子们说自证实际。（146）

求译：自覺聖智子，實際我所說。

实译：我今亦復然，先說相似法，
後乃為其演，自證實際法。

अथ खलु महामतिर्बोधिसत्त्वो महासत्त्वः पुनरपि भगवन्तमेतदवोचत् -- देशयतु मे भगवान् नास्त्यस्तित्वैकत्वान्यत्वोभयनोभयनैवास्तिननास्तिनित्यानित्यवर्जितं सर्वतीर्थ्यागतिप्रचारमार्यप्रत्यात्मज्ञानगतिगम्यं परिकल्पितस्वसामान्य-

---

① “轮回”（saṃsāra），或译“生死”，即生死轮回。
② 这颂相当于第 10 品第 48 颂，但后者的读法更合理，可参阅。

लक्षणविनिवृत्तं परमार्थतत्त्वावतारं भूम्यनुसंधिक्रमोत्तरोत्तरविशुद्धिलक्षणं तथागतभूम्यनुप्रवेशलक्षणमनाभोगपूर्वप्रणिधानविश्वरूपमणिसदृशविषयानन्तलक्षणप्रचारं स्वचित्तदृश्यगोचरगतिविभागलक्षणं सर्वधर्माणाम्। यथा च अहं च अन्ये च बोधिसत्त्वा महासत्त्वा एवमादिषु परिकल्पितस्वभावस्वसामान्यलक्षणविनिवृत्तदृष्टयः क्षिप्रमनुत्तरां सम्यक्संबोधिमभिसंबुध्य सर्वसत्त्वानां सर्वगुणसंपत्तीः परिपूरयेम॥

今译：然后，大慧菩萨大士又对世尊说道："请世尊为我宣示摆脱有和无、一和异、双和非双[①]、非有和非无[②]以及常和无常，行一切外道所不行，趋向自觉圣智，摒弃妄想分别自相和共相，通晓第一义谛，依次递进达到诸地清净相，进入如来地相，依照自然而行誓愿，修行如同一切色摩尼珠无边境界相，一切法的自心所现境界分别相。这样，我和其他菩萨大士的思想摆脱诸如此类妄想分别自相和共相，迅速证得无上正等觉，让一切众生获得一切功德。"

求译：爾時大慧菩薩摩訶薩復白佛言："世尊，唯願為說離有無、一異、俱不俱、非有非無、常無常，一切外道所不行，自覺聖智所行，離妄想自相共相，入於第一真實之義，諸地相續漸次上上增進清淨之相，隨入如來地相，無開發本願，譬如衆色摩尼境界無邊相行，自心現趣部分[③]之相一切諸法。我及餘菩薩摩訶薩離如是等妄想自性自共相見，疾得阿耨多羅三藐三菩提，令一切衆生一切安樂具足充滿。"

实译：爾時大慧菩薩摩訶薩復白佛言："世尊，願為我說離一異、俱不俱、有無、非有無、常無常等，一切外道所不能行，自證聖智所行境界，遠離妄計自相共相，入於真實第一義境，漸淨諸地，入如來位，以無功用本願力故，如如意寶普現一切無邊境界，一切諸法皆是

① "双和非双"的原词 ubhayanobhaya（即 ubhaya na ubhaya）是特殊的复合词。一般此词的复合方式是 ubhayānubhaya。

② "非有和非无"的原词 naivāstinanāsti（即 na eva asti na nāsti）也是特殊的复合词。

③ 此处"部分"的原词是 vibhāga，词义为"区分"、"部分"或"分别"。菩译和实译均为"差别"。

自心所見差別，令我及餘諸菩薩等於如是等法，離妄計自性自共相見，速證阿耨多羅三藐三菩提，普令眾生具足圓滿一切功德。”

भगवानाह -- साधु साधु महामते, साधु खलु पुनस्त्वं महामते, यत्त्वमेतमर्थमध्येषितव्यं मन्यसे। बहुजनहिताय त्वं महामते प्रतिपन्नो बहुजनसुखाय लोकानुकम्पायै महतो जनकायस्यार्थाय हिताय सुखाय देवानां च मनुष्याणां च। तेन हि महामते शृणु, साधु च सुष्ठु च मनसि कुरु। भाविष्ये ऽहं ते। साधु भगवन्निति महामतिर्बोधिसत्त्वो महासत्त्वो भगवतः प्रत्यश्रौषीत्। भगवांस्तस्यैतदवोचत् -- स्वचित्तदृश्यमात्रानवबोधान्महामते बालपृथग्जना बाह्यविचित्रभावाभिनिवेशेन च नास्त्यस्तित्वैकत्वान्यत्वोभयनैवास्तिननास्तिनित्यानित्यस्वभाववासनाहेतुविकल्पाभिनिवेशेन विकल्पयन्ति। तद्यथा महामते मृगतृष्णोदकं मृगा उदकभावेन विकल्प्य ग्रीष्माभितप्ताः पातुकामतया प्रधावन्ति, स्वचित्तदृष्टिभ्रान्त्यनवबोधान्न प्रजानन्तिनात्रोदकमिति, एवमेव महामते बालपृथग्जना अनादिकालविविधप्रपञ्चविकल्पवासितमतयो रागद्वेषमोहाग्नितापितमनसो विचित्ररूपविषयाभिलाषिणः उत्पादभङ्गस्थितिदृष्ट्याशया आध्यात्मिकबाह्यभावाभावाकुशलाः। ते एकत्वान्यत्वनास्त्यस्तित्वग्राहे प्रपतन्ति। तद्यथा महामते गन्धर्वनगरे ऽविदुषामनगरे नगरसंज्ञा भवति। सा च नगराकृतिरनादिकालनगरबीजवासनाभिनिवेशात्ख्याति। तच्च नगरं नानगरं न नगरम्। एवमेव महामते अनादिकालतीर्थ्यप्रपञ्चवादवासनाभिनिविष्टाः एकत्वान्यत्वास्तित्वनास्तित्ववादानभिनिविशन्ते स्वचित्तदृश्यमात्रानवधारितमतयः। तद्यथा महामते कश्चिदेव पुरुषः शयितः स्वप्नान्तरे स्त्रीपुरुषहस्त्यश्वरथपदातिग्रामनगरनिगमगोमहिषवनोद्यानविविधगिरिनदीतडागोपशोभितं जनपदमन्तःपुरं प्रविश्य प्रतिविबुध्येत। स प्रतिविबुद्धः संस्तदेव जनपदमन्तःपुरं समनुस्मरेत्। तत्किं मन्यसे महामते -- अपि नु स पुरुषः पण्डितजातीयो भवेत् , यस्तदभूतं स्वप्नवैचित्र्यमनुस्मरेत् ? आह -- नो हीदं भगवन्। भगवानाह -- एवमेव महामते बालपृथग्जनाः कुदृष्टिदष्टास्तीर्थ्यमतयः स्वप्नतुल्यात्स्वचित्तदृश्यभावान्न प्रतिविजानन्ते, एकत्वान्यत्वनास्त्यस्तित्वदृष्टिं समाश्रयन्ते। तद्यथा महामते

चित्रकरकृतप्रदेशा अनिम्नोन्नताः सन्तो निम्नोन्नता बालैः कल्प्यन्ते, एवमेव महामते भविष्यन्त्यनागते ऽध्वनि तीर्थ्यदृष्टिवासनाशयप्रतिविकल्पपुष्टाः। ते एकत्वान्यत्वोभयानुभयवादाभिनिविष्टाः स्वयं नष्टा अन्यानपि सदसत्पक्षविविक्तानुत्पादवादिनो नास्तिका इति वक्ष्यन्ति। एते हेतुफलापवादिनो दुर्दर्शनोन्मूलितहेतुकुशलशुक्लपक्षाः। एते श्रेयोर्थिभिर्दूरतः परिवर्ज्या इति वक्ष्यन्ते। ते च स्वपरोभयदृष्टिपतिताशया नास्त्यस्तित्वविकल्पसमारोपापवादकुदृष्टिपतिताशया नरकपरायणा भविष्यन्ति। तद्यथा महामते तैमिरिकाः केशोण्डुकं दृष्ट्वा परस्परमाचक्षते -- इदं चित्रमिदं चित्रमिति पश्यन्तु भो मार्षाः। तच्च केशोण्डुकमुभयानुत्पन्नतया न भावो नाभावो दर्शनादर्शनतः। एवमेव महामते तीर्थ्यकुदृष्टिविकल्पाशयाभिनिविष्टाः सदसत्पक्षैकत्वान्यत्वोभयानुभयत्ववादाभिनिविष्टाः सद्धर्मापवादका आत्मानं परांश्च विनिपातयिष्यन्ति। तद्यथा महामते अचक्रमलातचक्रं बालैश्चक्रभावेन परिकल्प्यते न पण्डितैः, एवमेव महामते कुदृष्टितीर्थ्याशयपतिता एकत्वान्यत्वोभयानुभयत्वं परिकल्पयिष्यन्ति सर्वभावोत्पत्तौ। तद्यथा महामते देवे प्रवर्षति जलबुद्बुदकाः स्फटिकमणिसदृशाः ख्यायन्ते। तत्र च बालाः स्फटिकमणिभावमभिनिवेश्य प्रधावन्ति। ते च महामते उदकबुद्बुदका न मणयो नामणयो ग्रहणाग्रहणतः। एवमेव महामते तीर्थ्यदृष्टिविकल्पाशयवासनावासिता असतश्चोत्पादं वर्णयिष्यन्ति प्रत्ययैः, सतश्च विनाशम्॥

今译：世尊说道："善哉，善哉，大慧啊！确实，善哉，大慧啊！你认为应该询问此义，为了大众的利益，为了大众的幸福。大慧啊，你同情世界，为了天界和凡界大众的利益和幸福。那么，大慧啊，请听！请你安下心来，我会为你讲述。"大慧菩萨大士回答世尊，说道："好吧，世尊。"世尊对他说道："大慧啊，愚夫们不觉知唯自心所现，执著外界种种自性，出于习气执著分别有和无、一和异、双和非双、非有和非无以及常和无常自性，产生妄想分别。大慧啊，如同群鹿受炎热折磨，渴望水，妄想阳焰水[1]具有水性，跑向那里，而不觉知自心所现错觉，不知道那里无水。同样，大慧啊，愚夫们思想受无始种

[1] "阳焰水"（mṛgatṛṣṇodaka）直译"鹿渴水"，即鹿渴而将阳光视为水。

种戏论和妄想分别熏染，心中受贪、瞋和痴之火烧灼，追逐种种色境界，怀有生、住和灭邪见，不通晓内外事物无性。他们陷入对一和异、有和无的执著。大慧啊，如同乾达婆城并非城，而无知的人们产生城的名想。由于执著无始城种子习气，而呈现城的形态。这样，此城既非城，也非非城。①同样，大慧啊，他们执著无始外道戏论、言说和习气，执著一和异、有和无种种言说，不理解唯自心所现。大慧啊，如同有人在睡梦中梦见某个国土，充满男女、象、马、车、步兵、村庄、乡镇、牛、水牛、树林、花园以及各种山岳、河流和水池，进入后宫，然后醒来。醒来后，他回忆国土和后宫。大慧啊，你怎么看？这个人回忆梦中不实景象，他是智者吗？"大慧说道："世尊啊，不是。"世尊说道："同样，大慧啊，愚夫们思想被邪见吞噬，不知道自心所现事物如梦，执著一和异、有和无邪见。大慧啊，如同画师所作画中并无高低，而愚夫们妄想高低②。同样，大慧啊，在未来之路上，会有人受外道邪见习气、意愿和妄想抚育，执著一和异、双和非双等等，造成自我毁灭，反将其他摆脱有无二翼而宣说无生的人们称为邪道③。他们破除因果，拔除清净善根因。追求至福者④应该远离这些人。他们的心思陷入自己和他者双见，陷入有无和破立妄想邪见，终究会堕入地狱。大慧啊，如同那些翳障者看见毛发网，互相说道：'看啊，真奇妙！诸位贤士啊！'毛发网终究无生⑤，由于见和不见，故而既非有，也非无。同样，大慧啊，他们执著外道邪见妄想分别心，执著有无二翼、一和异、双和非双说，破除正法，会使自己和他人堕落。大

---

① 意谓乾达婆城并非真正的城，但具有城的形态。

② 意谓从平面的画中见出地形高低。

③ "邪道"（nāstika）指无信仰者，在婆罗门教中尤指无神论者。此词求译和实译均为"无"，而菩译"不正见者"，比较确切。

④ "追求至福者"的原词是 śreyorthin。其中的 śreyas，有更好、最好、幸运、安宁和至福等意义。此词求译"胜求者"，菩译"欲求胜法者"，实译"欲求胜法"。

⑤ 此处"终究无生"的原词是 ubhayānutpannatayā（"两者无生"），南条本为 abhayānutapannatayā（"无惧无生"），均存在问题。南条本校注中，据藏译本推断为 atyāntānutpannatayā（"终究无生"）。求译和实译未涉及这个短语。但求译中有"毕竟"一词。而菩译中的"本自无体"符合这个意义。

慧啊，如同火轮无轮，愚夫们而非智者们妄想轮性。同样，大慧啊，他们的心思陷入外道邪见，会在一切事物产生中妄想一和异、双和非双。大慧啊，天下雨，水泡呈现如同玻璃摩尼珠。愚夫们执著玻璃摩尼珠性，跑向那里。大慧啊，由于所取和能取，他们既非摩尼珠，也非非摩尼珠。同样，大慧啊，他们受外道邪见妄想分别心邪气熏染，会以缘起描述无之生和有之灭[①]。

求译：佛告大慧："善哉善哉！汝能問我如是之義，多所安樂，多所饒益，哀愍一切諸天世人。"佛告大慧："諦聽諦聽！善思念之，吾當為汝分別解說。"大慧白佛言："善哉世尊，唯然受教。"佛告大慧："不知心量，愚癡凡夫取內外性，依於一異、俱不俱、有無、非有非無、常無常，自性習因，計著妄想。譬如群鹿為渴所逼，見春時炎而作水想，迷亂馳趣，不知非水。如是愚夫無始虛偽妄想所熏，三毒[②]燒心，樂色境界，見生、住、滅，取內外性，墮於一異、俱不俱、有無、非有非無、常無常想。妄見攝受如乾闥婆城，凡愚無智而起城想，無始習氣計著想現，彼非有城非無城。如是外道無始虛偽習氣計著，依於一異、俱不俱、有無、非有非無、常無常見，不能了知自心現量。譬如有人夢見男女為馬、車、步、城邑、園林、山、河、浴池種種莊嚴，自身入中，覺已憶念。大慧！於意云何？如是士夫於前所夢憶念不捨，為黠慧不？"大慧白佛言："不也，世尊。"佛告大慧："如是凡夫惡見所噬，外道智慧不知如夢自心現量，依於一異、俱不俱、有無、非有非無、常無常見。譬如畫像不高不下，而彼凡愚作高下想。如是未來外道惡見習氣充滿，依於一異、俱不俱、有無、非有非無、常無常見，自壞壞他，餘離有無無生之論，亦說言無。[③]謗因果見，拔善根本，壞清淨因。勝求者當遠離去。作如是說，彼墮自

① 这里的"无"（asat）指不存在的事物，"有"（sat）指存在的事物。

② "三毒"指贪、瞋和痴。

③ "余离有无无生论，亦说言无"，这句按照现存梵本，意谓"将摆脱有无二翼而宣说无生的人们称为邪道。"实译与求译相同，只是将前面"余"改为"于"。而菩译"说如是言，诸法不生不灭，有无寂静，彼人名为不正见者"，与现存梵本基本一致。

他俱見、有無妄想已，墮建立誹謗，以是惡見當墮地獄。譬如翳目見有垂髮，謂眾人言汝等觀此。而是垂髮畢竟非性非無性，見不見故。如是外道妄見悕望依於一異、俱不俱、有無、非有非無、常無常見，誹謗正法，自陷陷他。譬如火輪非輪，愚夫輪想，非有智者。如是外道惡見悕望依於一異、俱不俱、有無、非有非無、常無常想，一切性生。譬如水泡似摩尼珠，愚小無智作摩尼想計著追逐。而彼水泡非摩尼，非非摩尼，取不取故。如是外道惡見妄想習氣所熏，於無所有說有生，緣有者言滅。

实译：佛言："大慧！善哉善哉，汝哀愍世間，請我此義，多所利益，多所安樂。大慧！凡夫無智，不知心量，妄習為因，執著外物，分別一異、俱不俱、有無、非有無、常無常等一切自性。大慧！譬如群獸為渴所逼，於熱時焰而生水想，迷惑馳趣，不知非水。愚癡凡夫亦復如是，無始戲論分別所熏，三毒燒心，樂色境界，見生、住、滅，取內外法，墮一異等執著之中。大慧！如乾闥婆城非城非非城，無智之人無始時來，執著城種①，妄習熏故，而作城想。外道亦爾，以無始來妄習熏故，不能了達自心所現，著一異等種種言說。大慧！譬如有人夢見男、女、象、馬、車、步、城邑、園林種種嚴飾，覺已憶念彼不實事。大慧！汝意云何，如是之人是黠慧不？"答言："不也。"

"大慧！外道亦爾，惡見所噬，不了唯心，執著一異、有無等見。大慧！譬如畫像無高無下，愚夫妄見作高下想。未來外道亦復如是，惡見熏習，妄心增長，執一異等，自壞壞他，於離有無無生之論，亦說為無。此謗因果，拔善根本，應知此人分別有無，起自他見，當墮地獄。欲求勝法，宜速遠離。大慧！譬如翳目見有毛輪，互相謂言此事希有。而此毛輪非有非無，見不見故。外道亦爾，惡見分別，執著一異、俱不俱等，誹謗正法，自陷陷他。大慧！譬如火輪實非是輪，愚夫取著，非諸智者。外道亦爾，惡見樂欲執著一異、俱不俱等一切法

---

① "种"指种子。

生。大慧！譬如水泡似玻璃珠，愚夫執實奔馳而取，然彼水泡非珠非非珠，取不取故。外道亦爾，惡見分別習氣所熏，說非有為生，壞於緣有。

पुनरपरं महामते प्रमाणत्रयावयवप्रत्यवस्थानं कृत्वा आर्यज्ञानप्रत्यात्माधिगम्यं स्वभावद्वयविनिर्मुक्तं वस्तु स्वभावतो विद्यत इति विकल्पयिष्यन्ति। न च महामते चित्तमनोमनोविज्ञानचित्तपरावृत्त्याश्रयाणां स्वचित्तदृश्यग्राह्यग्राहकविकल्पप्रहीणानां तथागतभूमिप्रत्यात्मार्यज्ञानगतानां योगिनां भावाभावसंज्ञा प्रवर्तते। यदि पुनर्महामते योगिनामेवंगतिविषयाणां भावाभावग्राहः प्रवर्तते, स एवैषामात्मग्राहः पोषग्राहः पुरुषग्राहः पुद्गलग्राहः स्यात्। या पुनरेवं महामते भावस्वभावस्वसामान्यलक्षणदेशना, एषा महामते नैर्माणिकबुद्धदेशना, न धर्मताबुद्धदेशना। देशना पुनर्महामते बालाशयगतदृष्टिप्रवृत्ता, न च प्रत्यवस्थानगतिस्वभावधर्मार्यज्ञानप्रत्यात्माधिगमसमाधिसुखविहारमुद्भावयति। तद्यथा महामते जलान्तर्गता वृक्षच्छाया ख्यायते। सा च न च्छाया नाच्छाया वृक्षसंस्थानासंस्थानतः, एवमेव महामते तीर्थ्यदृष्टिवासनावासितविकल्पा एकत्वान्यत्वोभयत्वानुभयत्वनास्त्यस्तित्वं विकल्पयिष्यन्ति स्वचित्तदृश्यमात्रानवधारितमतयः। तद्यथा महामते दर्पणान्तर्गतानि सर्वरूपप्रतिबिम्बकानि ख्यायन्ते यथाप्रत्ययतः स्वविकल्पनाच्च, न तानि बिम्बानि नाबिम्बानि बिम्बाबिम्बदर्शनतः। अथ च ते महामते स्वचित्तदृश्यविकल्पाः ख्यायन्ते बालानां बिम्बाकृतयः। एवमेव महामते स्वचित्तप्रतिबिम्बानि ख्यायन्ते एकत्वान्यत्वोभयानुभयदृष्ट्याकारेण। तद्यथा महामते प्रतिश्रुत्का पुरुषनदीपवनसंयोगात्प्रवर्तमाना अनुश्रूयते। सा च न भावा नाभावा घोषाघोषश्रवणतः, एवमेव महामते नास्त्यस्तित्वैकत्वान्यत्वोभयनोभयदृष्टिस्वचित्तवासनाविकल्पाः ख्यायन्ते। तद्यथा महामते निस्तृणगुल्मलतावनायां मेदिन्यामादित्यसंयोगान्मृगतृष्णिकास्तरंगवत्स्यन्दन्ते। ते च न भावा नाभावा लोभ्यालोभ्यतः। एवमेव महामते बालानामनादिकालप्रपञ्चदौष्ठुल्यवासनावासितं विकल्पविज्ञानमुत्पादस्थितिभङ्गैकत्वान्यत्वोभयानुभयनास्त्य-

स्त्यार्यप्रत्यात्मज्ञानवस्तुमुखेन   मृगतृष्णिकावत्तरंगायते।   तद्यथा महामते वेतालयन्त्रपुरुषौ निःसत्त्वौ पिशाचयुक्तिगात्स्पन्दनक्रियां कुर्वाते। तत्र च असद्विकल्पे बाला अभिनिविशन्ते गमनागमनतः। एवमेव महामते बालपृथग्जनाः कुदृष्टितीर्थ्याशयपतिता एकत्वान्यत्ववादानभिनिविशन्ते। स च असद्भूतसमारोपः। तस्मात्तर्हि महामते उत्पादस्थितिभङ्गैकत्वान्यत्वोभयानुभयनास्त्यस्त्यार्यप्रत्यात्म-वस्त्वधिगमविकल्परहितेन भवितव्यम्॥

今译:"还有,大慧啊,确立三量和论支①,妄想确实有自觉圣智证得的、摆脱二自性②的事物。③大慧啊,转离心、意和意识,摒弃自心所现能取和所取分别,达到如来地自觉圣智,这样的瑜伽行者不产生有无名想。还有,大慧啊,如果达到这样境界的瑜伽行者执著有无,他们就会执著自我,执著养育者,执著原人,执著人。还有,大慧啊,性自性、自相和共相这类言说,大慧啊,是变化佛的演说,而不是法性佛的言说。还有,大慧啊,这类言说顺应愚夫心中之见,并不展示确立自性法、自证圣智而住于入定之乐中。大慧啊,如同水中呈现的树影,既有树形,又非树形,故而既非影,也非非影。同样,大慧啊,他们受外道邪见习气熏染而分别,不理解唯自心所现,妄想一和异、双和非双、有和无。大慧啊,如同镜中依缘自分别④呈现一切色像,既见像,又非见像,故而既非像,也非非像。大慧啊,愚夫们自心所现分别种种像这样呈现。同样,大慧啊,自心所现种种像以一和异、双和非双邪见方式呈现。大慧啊,如同听到人、河水和风结合产生的回音,既闻声,又非闻声⑤,故而既非有,也非非有。大慧啊,有和

---

① "三量"(pramānatraya)通常指现量、比量和圣教量。"论支"(avayava)指推理的三支论式:宗、因和喻,或五支论式:宗、因、喻、合和结。

② "二自性"(svabhāvadvaya)指三自性中的妄想自性和依他自性。

③ 这句的意思是依据三量和论支,推断有摆脱妄想自性和依他自性的事物。

④ 此处"自分别"的原词是 svavikalpana,而求译"无妄想",菩译"无分别心",实译"无有分别",故而南条本校注中推测有可能原词是 avikalpana。但以"镜中依缘自分别呈现一切色像"比喻"愚夫们自心所现分别种种像"是完全合理的。

⑤ 意谓回声既是声,又不是原本的声。

无、一和异、双和非双邪见、自心习气分别也是这样呈现。大慧啊，在没有草木、蔓藤和树林的地上，由于太阳的作用，阳焰水流波动，既可贪求，又非可贪求，故而既非有，也非非有。同样，大慧啊，依据生、住和灭、一和异、双和非双、有和无这样的自觉圣智事法门，愚夫们受无始戏论恶劣习气熏染的分别智如同阳焰水流波动。大慧啊，如同无生命的僵尸和机关木人受魔法操纵而活动，愚夫们依据这种来去活动，执著不存在的妄想分别。同样，大慧啊，愚夫们陷入外道恶见，执著一和异诸说。这是确立不实法。因此，大慧啊，你应该摆脱生、住和灭、一和异、双和非双、有和无这样的自觉圣智事分别。”

求译：“復次，大慧！有三種量，五分論，各建立已，得聖智自覺、離二自性事，而作有性妄想計著。大慧！心、意、意識身心轉變，自心現攝所攝諸妄想斷，如來地自覺聖智，修行者不應於彼作性非性想。若復修行者，如是境界性非性攝取想生者，彼即取長養及取我、人。大慧！若說彼性自性共相，一切皆是化佛所說，非法佛說。又諸言說悉由愚夫悕望見生，不為別建立趣自性法、得聖智自覺三昧樂住者分別顯示。譬如水中有樹影現，彼非影，非非影，非樹形，非非樹形。如是外道見習所熏妄想計著，依於一異、俱不俱、有無、非有非無、常無常想，而不能知自心現量。譬如明鏡隨緣顯現一切色像而無妄想，彼非像，非非像，而見像非像，妄想愚夫而作像想。如是外道惡見自心像現妄想計著，依於一異、俱不俱、有無、非有非無、常無常見。譬如風水和合出聲，彼非性，非非性。如是外道惡見妄想，依於一異、俱不俱、有無、非有非無、常無常見。譬如大地無草木處，熱炎川流，洪浪雲踴，彼非性，非非性，貪無貪故。如是愚夫無始虛偽習氣所熏，妄想計著，依生、住、滅、一異、俱不俱、有無、非有非無、常無常，緣自住事門[①]，亦復如彼熱炎波浪。譬如有人呪術機

[①] “缘自住事门”的原文是 āryapratyāmajñānavastumukhena（“依据自觉圣智事法门”）。实译“于圣智自证法性门中。”

發，以非眾生數[①]毗舍闍鬼方便[②]合成動搖云為[③]，凡愚妄想計著往來。如是外道惡見悕望，依於一異、俱不俱、有無、非有非無、常無常見，戲論計著，不實建立。大慧！是故，欲得自覺聖智事，當離生、住、滅、一異、俱不俱、有無、非有非無、常無常等惡見妄想。

实译：“復次，大慧！立三種量已，於聖智內證離二自性法，起有性分別。大慧！諸修行者轉心、意、識，離能所取，住如來地自證聖法，於有及無，不起於想。大慧！諸修行者若於境界起有無執，則著我、人、眾生、壽者[④]。大慧！一切諸法自相共相，是化佛說，非法佛說。大慧！化佛說法但順愚夫所起之見，不為顯示自證聖智三昧樂境。大慧！譬如水中有樹影現，彼非影，非非影，非樹形，非非樹形。外道亦爾，諸見所熏，不了自心，於一異等而生分別。大慧！譬如明鏡無有分別，隨順眾緣，現諸色像，彼非像，非非像，而見像非像，愚夫分別而作像想。外道亦爾，於自心所現種種形像，而執一異、俱不俱相。大慧！譬如谷響依於風、水、人等音聲和合而起，彼非有，非無，以聞聲非聲故。外道亦爾，自心分別熏習力故，起於一異、俱不俱見。大慧！譬如大地無草木處，日光照觸，焰水波動，彼非有，非無，以倒想非想[⑤]故。愚癡凡夫亦復如是，無始戲論惡習所熏，於聖智自證法性門中，見生、住、滅、一異、有無、俱不俱性。大慧！譬如木人及以起屍，以毗舍闍機關力故，動搖運轉，云為不絕，無智之人取以為實。愚癡凡夫亦復如是，隨逐外道起諸惡見，著一異等虛妄言說。是故，大慧！當於聖智所證法中，離生、住、滅、一異、有

---

① “非众生数”的原词是 niḥsattva，意谓“不真实”或“无生命”。菩译“无众生体”。此词形容“僵尸”（vetāla）和“机关木人”（yantrapuruṣa）。

② “毗舍阇鬼方便”（pisācayukti）指“魔法”。实译“毗舍阇机关力”。

③ “云为”的原词是 kriyā，词义是“作为”、“行动”或“行为”。故而，“云为”也就是“运为”。

④ 此处按照现存梵本是执著“自我”（ātman）、“养育者”（poṣa）、“原人”（puruṣa）和“人”（pudgala）。“众生”和“寿者”的原词则是 sattva 和 jīva。

⑤ “倒想非想”的原文是 lobhyālobhya（“既可贪求，又非可贪求”）。求译“贪无贪”。菩译“欢喜不欢喜”。

無、俱不俱等一切分别。”

तत्रेदमुच्यते --

今译：这里，这样说道：

求译：爾時世尊欲重宣此義而說偈言：

实译：爾時世尊重說頌言：

जलवृक्षच्छायासदृशाः स्कन्धा विज्ञानपञ्चमाः।
मायास्वप्नोपमादृशा(श्या ?) विज्ञप्त्या मा विकल्पयते॥ १४७॥

今译：以识为第五的诸蕴[①]如同水中的树影，
所见如同幻觉和梦，[②]别以假名分别。（147）

求译：幻夢水樹影，垂髮熱時炎，
如是觀三有，究竟得解脫。[③]

实译：諸識蘊有五，猶如水樹影，
所見如幻夢，不應妄分別。

केशोण्डुकप्रख्यमिदं मरीच्युदकविभ्रमत्।
त्रिभवं स्वप्नमायाख्यं विभावेन्तो विमुच्यते॥ १४८॥

今译：三界如同毛发网，阳焰水错觉，
梦幻和幻觉，如是观察得解脱。（148）

实译：三有如陽焰，幻夢及毛輪，
若能如是觀，究竟得解脫。

---

① “诸蕴”（skandha）指五蕴：色、受、想、行和识。

② 此处原文为 māyāsvapnopamā dṛśā（śyā ?），显然有问题。这颂也见于第 10 品第 11 颂。在那颂中，此处原文为 māyāsvapnopamam dṛśyam（“所见如同幻觉和梦”）。

③ 求译此颂与第 148 颂合为一颂。

मृगतृष्णा यथा ग्रीष्मे स्पन्दते चित्तमोहनी।
मृगा गृह्णन्ति पानीयं न चास्यां वस्तु विद्यते॥ १४९॥

今译：犹如暑天阳焰水流迷惑心，
群鹿取水，而那里实际无水。（149）

求译：譬如鹿渴想，動轉迷亂心，
鹿想謂為水，而實無水事。

实译：譬如熱時焰，動轉迷亂心，
渴獸取為水，而實無水事。

तथा विज्ञानबीजं हि स्पन्दते दृष्टिगोचरे।
बाला गृह्णन्ति जायन्तं तिमिरं तैमिरा यथा॥ १५०॥

今译：同样，识种子在邪见境界中流动，
愚夫执取所生者，似翳障者见幻影。（150）

求译：如是識種子，動轉見境界，
愚夫妄想生，如為翳所翳。

实译：如是識種子，動轉見境界，
如翳者所見，愚夫生執著。

अनादिगतिसंसारे भावग्राहोपगूहितम्।
बालः कीले यथा कीलं प्रलोभ्य विनिवर्तयेत्॥ १५१॥

今译：在无始生死轮回中，愚夫陷入执有[1]，
如同以楔出楔，应该诱导愚夫出离[2]。（151）

---

[1] “执有”（bhāvagrāha）指执著存在。

[2] 此句中“愚夫”的原词是 bālaḥ（阳性体格），疑有误，应为 bālam（阳性业格）。“如同以楔出楔”的原文是 kīle yathā kīlam。求译“逆楔出楔”，菩译“因榍出榍”，实译“因榍出榍”。这里表达的意思类似前面第 145 和第 146 颂。

求译： 於無始生死，計著攝受性，
如逆楔出楔，捨離貪攝受。

实译： 無始生死中，執著所緣覆，
退捨令出離，如因楔出楔。

मायावेतालयन्त्राभं स्वप्नविद्युद्धनं सदा।
त्रिसंततिव्यवच्छिन्नं जगत्पश्य(न् ?) विमुच्यते॥ १५२॥

今译： 永远如同魔法僵尸、机关、梦、电和云[①]，
这样看待[②]世界，斩断三相续，获得解脱。（152）

求译： 如幻呪機發，浮雲夢電光，
觀是得解脫，永斷三相續。

实译： 幻呪機所作，浮雲夢電光，
觀世恒如是，永斷三相續。

न ह्यत्र काचिद्विज्ञप्तिर्मरीचीनां यथा नभे।
एवं धर्मान् विजानन्तो न किंचित्प्रतिजानते॥ १५३॥

今译： 并无任何假名，如同空中阳焰，
这样认知一切法，也就无所认知。（153）

求译： 於彼無有作，猶如炎虛空，
如是知諸法，則為無所知。

实译： 此中無所有，如空中陽焰，
如是知諸法，則為無所知。

विज्ञप्तिर्नाममात्रेयं लक्षणेन न विद्यते।

---

① 此处“云”的原词是 dhanam，按南条本应为 ghanam。

② 此处“看待”的原词为 paśya(n?)，应为 paśyan。

स्कन्धाः केशोण्डुकाकारा यत्र चासौ विकल्प्यते॥ १५४॥

今译：假名仅仅是名称，无相可得，
诸蕴如同毛发网，引起分别。（154）

求译：言教唯假名，彼亦無有相，
於彼起妄想，陰行如垂髮。

实译：諸蘊如毛輪，於中妄分別，
唯假施設名，求相不可得。

चित्तं केशोण्डुकं माया स्वप्न गन्धर्वमेव च।
अलातं मृगतृष्णा च असन्तः ख्याति वै नृणाम्॥ १५५॥

今译：如同画[①]、毛发网、幻觉、梦幻、乾达婆城、
火轮和阳焰，向人们呈现不存在的事物。（155）

求译：如畫垂髮幻，夢乾闥婆城，
火輪熱時炎，無而現衆生。

实译：如畫垂髮幻，夢乾闥婆城，
火輪熱時焰，實無而見有。

नित्यानित्यं तथैकत्वमुभयं नोभयं तथा।
अनादिदोषसंबन्धाद् बालाः कल्पन्ति मोहिताः॥ १५६॥

今译：常和无常，一和异，双和非双，
愚夫缠结无始恶习，妄想分别。（156）

求译：常無常一異，俱不俱亦然，
無始過相續，愚夫癡妄想。

实译：如是常無常，一異俱不俱，

① “画”的原词为 citta（“心”），疑有误，应为 citra（“画”）。求译、菩译和实译此处均为“画”。

無始繫縛故，愚夫妄分別。

दर्पणे उदके नेत्रे भाण्डेषु च मणीषु च।
बिम्बं हि दृश्यते तेषु बिम्बं नास्ति च कुत्रचिद्॥ १५७॥

今译：镜、水、眼睛、器皿和摩尼珠中
所见像，实际其中并没有像。（157）

求译：明鏡水淨眼，摩尼妙寶珠，
於中現衆色，而實無所有。

实译：明鏡水淨眼，摩尼妙寶珠，
於中現色像，而實無所有。

भावाभासं तथा चित्तं मृगतृष्णा यथा नभे।
दृश्यते चित्ररूपेण स्वप्ने वन्ध्यौरसो यथा॥ १५८॥

今译：心显事物影像，如同空中阳焰，
所现种种色，似石女梦见儿子。（158）

求译：一切性顯現，如畫熱時炎，
種種衆色現，如夢無所有。

实译：心識亦如是，普現衆色相，
如夢空中焰，亦如石女兒。

पुनरपरं महामते चतुष्टयविनिर्मुक्ता तथागतानां धर्मदेशना, यदुत एकत्वान्यत्वोभयानुभयपक्षविवर्जिता नास्त्यस्तिसमारोपापवादविनिर्मुक्ता। असत्यप्रतीत्यसमुत्पादनिरोधमार्गविमोक्षप्रवृत्तिपूर्वका महामते तथागतानां धर्मदेशना। न प्रकृतीश्वरहेतुयदृच्छाणुकालस्वभावोपनिबद्धा महामते तथागतानां धर्मदेशना॥

今译：还有，大慧啊，一切如来说法摆脱四句：摆脱一和异、双和非双，摆脱有和无、立和破。大慧啊，一切如来说法以真谛①、缘起、寂灭、正道②和解脱为起首。大慧啊，一切如来说法不与原质③、自在天、原因④、偶然、极微、时间和自性⑤发生联系。

求译： 復次，大慧！如來說法離如是四句，謂一異、俱不俱、有無、非有非無、常無常，離於有無、建立誹謗、分別結集。⑥真諦，緣起，道，滅，解脫，如來說法以是為首。非性、非自在、非無因、非微塵、非時、非自性相續而為說法。

实译： 復次，大慧！諸佛說法離於四句，謂離一異、俱不俱及有無等建立誹謗。大慧！諸佛說法以諦、緣起、滅、道、解脫而為其首，非與勝性、自在、宿作、自然、時、微塵等而共相應。

पुनरपरं महामते क्लेशज्ञेयावरणद्वयविशुद्ध्यर्थं सार्थवाहवदानुपूर्व्या अष्टोत्तरे निराभासपदशते प्रतिष्ठापयन्ति यानभूम्यङ्गसुविभागलक्षणे च॥

今译： 还有，大慧啊，为了净化烦恼和所知二障，如同商主⑦，他们依次让众生住于一百零八无影像句，善于分别诸乘和诸地相。

求译： 復次，大慧！為淨煩惱爾炎障故，譬如商主，次第建立百八句無所有，善分別諸乘及諸地相。

实译： 大慧！諸佛說法為淨惑智二種障故，次第令住一百八句無相法中，而善分別諸乘地相，猶如商主善導眾人。

---

① 此处"真谛"的原词是 asatya，据南条本应为 satya。求译"真谛"，菩译"实际"，实译"谛"。"真谛"也就是"四圣谛"，指苦、集、灭和道。

② "正道"（mārga）指灭苦而获得解脱的八正道。

③ "原质"（prakṛti）指原初物质。

④ "原因"（hetu），实译"宿作"，而求译和菩译均为"无因"。

⑤ 这些是外道确认的种种创造因。

⑥ 此处关于"离如是四句"的描述与现存梵本有差异，似乎文字有所增添。菩译和实译与现存梵本一致。

⑦ "商主"（sārthavāha）指出外经商的商队首领，这里喻指如来。

पुनरपरं महामते चतुर्विधं ध्यानम्। कतमच्चतुर्विधम् ? यदुत बालोपचारिकं ध्यानम् , अर्थप्रविचयं ध्यानम् , तथतालम्बनं ध्यानम् , ताथागतं चतुर्थं ध्यानम्। तत्र महामते बालोपचारिकं ध्यानं कतमत् ? यदुत श्रावकप्रत्येकबुद्धयोगयोगिनां पुद्गलनैरात्म्यभावस्वसामान्यबिम्बसंकलानित्यदुःखाशुभलक्षणाभिनिवेशपूर्वकम् , एवमिदं लक्षणं नान्यथेति पश्यतः पूर्वोत्तरोत्तरत आ संज्ञानिरोधाद्बालोपचारिकं भवति। तत्र अर्थप्रविचयध्यानं पुनर्महामते कतमत् ? यदुत पुद्गलनैरात्म्यस्वसामान्यलक्षणबाह्यतीर्थकरस्वपरोभयाभावं कृत्वा धर्मनैरात्म्यभूमिलक्षणार्थं प्रविचयानुपूर्वकमर्थप्रविचयध्यानं भवति। तत्र तथतालम्बनं ध्यानं महामते कतमत् ? यदुत परिकल्पितनैरात्म्यद्वयविकल्पयथाभूतावस्थानादप्रवृत्तेर्विकल्पस्य तथतालम्बनमिति वदामि। ताथागतं पुनर्महामते ध्यानं कतमत् ? यदुत ताथागतभूम्याकारप्रवेशं प्रत्यात्मार्यज्ञानलक्षणत्रयसुखविहाराचिन्त्यसत्त्वकृत्यकरणतया ताथागतं ध्यानमिति वदामि॥

今译：还有，大慧啊，有四种禅。哪四种？愚夫所行禅、观察义禅、攀缘真如禅和如来禅。其中，大慧啊，何为愚夫所行禅？声闻和缘觉瑜伽行者执著人无我性、自相、共相、影像、锁链[①]、无常、痛苦和不净相，确认别无其他相，依次递进，直至灭除名想。这是愚夫所行禅。其中，大慧啊，何为观察义禅？除了人无我、自相和共相之外，还认为外道的自己和他者两者无性不实，依次观察法无我和诸地相。这是观察义禅。其中，大慧啊，何为攀缘真如禅？如实确立二无我分别是妄想，不起妄想分别。这是攀缘真如禅。还有，大慧啊，何为如来禅？入如来地，住于自觉圣智相三乐[②]之中，成就不可思议众生事业。我称为如来禅。

求译：復次，大慧！有四種禪。云何為四？謂愚夫所行禪，觀察

---

① 此句中的“影像”（bimba）一词，求译、菩译和实译均未译出。而“锁链”（saṅkala，或 saṅkalā）一词，求译、菩译和实译均译为“骨锁”，故而南条本校注中推测原词可能是 kaṅkāla（“骨骼”）。但此词也出现在第 3 品第 104 至第 108 颂中，求译、菩译和实译均为“钩锁”（或“钩琐”），喻指“因缘”。

② “三乐”（trayasukha）据释正受《楞伽经集注》，指禅定、菩提和涅槃。

義禪，攀緣如禪，如來禪。云何愚夫所行禪？謂聲聞、緣覺外道修行者，觀人無我性、自相、共相、骨鏁、無常、苦、不淨相，計著為首，如是相不異觀，[1]前後轉進，想不除滅[2]。是名愚夫所行禪。云何觀察義禪？謂人無我、自相、共相、外道自他俱無性已，觀法無我、彼地相義，漸次增進。是名觀察義禪。云何攀緣如禪？謂妄想二無我妄想，如實處不生妄想。是名攀緣如禪。云何如來禪？謂入如來地，行自覺聖智相三種樂住，成辦眾生不思議事。是名如來禪。

实译：復次，大慧！有四種禪。何等為四？謂愚夫所行禪，觀察義禪，攀緣真如禪，諸如來禪。大慧！云何愚夫所行禪？謂聲聞、緣覺諸修行者，知人無我，見自他身骨鎖相連，皆是無常、苦、不淨相，如是觀察，堅著不捨，漸次增勝，至無想滅定。是名愚夫所行禪。云何觀察義禪？謂知自共相、人無我已，亦離外道自他俱作，於法無我、諸地相義，隨順觀察。是名觀察義禪。云何攀緣真如禪？謂若分別無我有二[3]是虛妄念，若如實知彼念不起。是名攀緣真如禪。云何諸如來禪？謂入佛地，住自證聖智三種樂，為諸眾生作不思議事。是名諸如來禪。

तत्रेदमुच्यते --

今译： 这里，这样说道：

求译： 爾時世尊欲重宣此義而說偈言：

实译： 爾時世尊重說頌言：

अर्थप्रविचयं ध्यानं ध्यानं बालोपचारिकम्।

---

[1] "计著为首，如是相不异观" 意谓执著以上这些相，认为别无其他。

[2] 此处"想不除灭"的原文是 saṃjñānirodha ("灭除名想")。实译"无想灭定"，菩译"非想灭尽定解脱"。

[3] "无我有二"指有两种无我，即人无我和法无我。

तथतालम्बनं ध्यानं ध्यानं ताथागतं शुभम्॥ १५९॥

今译：愚夫所行禅，观察义禅，
　　攀缘真如禅，清净如来禅。（159）

求译：凡夫所行禪，觀察相義禪，
　　攀緣如實[1]禪，如來清淨禪。

实译：愚夫所行禪，觀察義相禪，
　　攀緣真如禪，如來清淨禪。

सोमभास्करसंस्थानं पद्मपातालसादृशम्।
गगनाग्निचित्रसदृशं योगी युञ्जन् प्रपश्यति॥ १६०॥

今译：瑜伽行者修行中，看见月形和日形，
　　似有莲花和地狱，似有空中火和画。（160）

求译：譬如日月形，鉢頭摩深嶮，[2]
　　如虛空火燼，修行者觀察。

实译：修行者在定，觀見日月形，
　　波頭摩深險，虛空火及畫。

निमित्तानि च चित्राणि तीर्थमार्गं नयन्ति ते।
श्रावकत्वे निपातन्ति प्रत्येकजिनगोचरे॥ १६१॥

今译：种种相将他引入外道，
　　陷入声闻和缘觉境界。（161）

求译：如是種種相，外道道通禪，
　　亦復墮聲聞，及緣覺境界。

---

[1] “如实”的原词是 tathatā，也译“真如”。

[2] “钵头摩”是 padma（“莲花”）一词的音译。“深嶮”的原词是 pātala，指地下世界或地狱。

实译：如是種種相，墮於外道法，
　　　　亦墮於聲聞，辟支佛境界。

विधूय सर्वाण्येतानि निराभासं यदा भवेत्।
तदा बुद्धकरादित्याः सर्वक्षेत्राः समागताः।
शिरो हि तस्य मार्जन्ति निमित्तं तथतानुगम्॥१६२॥

今译：一旦排除这一切，达到无影像，
　　　　随入真如相，一切佛土佛陀前来，
　　　　用太阳般的佛手抚摸他的头顶。（162）

求译：捨離彼一切，則是無所有，
　　　　一切刹諸佛，以不思議手，
　　　　一時摩其頂，隨順入如相。

实译：捨離此一切，住於無所緣，
　　　　是則能隨入，如如真實相，
　　　　十方諸國土，所有無量佛，
　　　　悉引光明手，而摩是人頂。

अथ खलु महामतिर्बोधिसत्त्वो महासत्त्वः पुनरपि भगवन्तमेतदवोचत् --
निर्वाणं निर्वाणमिति भगवन्नुच्यते। कस्यैतद्भगवन्नधिवचनं यदुत निर्वाणमिति ?
भगवानाह -- सर्वविज्ञानस्वभाववासनालयमनोमनोविज्ञानदृष्टिवासनापरावृत्तिर्नि-
र्वाणमित्युच्यते सर्वबुद्धैर्मया च निर्वाणगतिस्वभावशून्यतावस्तुगोचरम्॥

今译：然后，大慧菩萨大士又对世尊说道：“世尊啊，所说‘涅
槃，涅槃’，究竟什么称为涅槃？”世尊说道：“转离一切识和自性习
气、阿赖耶识、意、意识和诸见习气，一切佛和我称这为涅槃，也就
是达到涅槃，自性空性事境界。

求译：爾時大慧菩薩摩訶薩復白佛言：“世尊，般涅槃者，說何

等法謂為涅槃？”佛告大慧：“一切自性習氣、藏、意、識、見習轉變，名為涅槃。諸佛及我涅槃，自性空事境界。

实译：爾時大慧菩薩摩訶薩復白佛言：“世尊，諸佛如來所說涅槃，說何等法名為涅槃？”佛告大慧：“一切識、自性習氣，及藏識、意、意識、見習轉已，我及諸佛說名涅槃，即是諸法性空境界。

पुनरपरं महामते निर्वाणमार्यज्ञानप्रत्यात्मगतिगोचरं शाश्वतोच्छेदविकल्पभावाभावविवर्जितम्। कथं न शाश्वतम् ? यदुत स्वसामान्यलक्षणविकल्पप्रहीणम् , अतो न शाश्वतम्। तत्रानुच्छेदो यदुत सर्वार्था अतीतानागतप्रत्युत्पन्नाः प्रत्यात्ममपि गच्छन्ति, अतो नोच्छेदः॥

今译：“还有，大慧啊，涅槃是自觉圣智境界，摆脱断常和有无分别。为什么不是常？摆脱自相和共相分别，故而不是常。为什么不是断？过去、未来和现在一切圣者[①]获得自证，故而不是断。

求译：“復次，大慧！涅槃者，聖智自覺境界，離斷常、妄想性非性。云何非常？謂自相共相妄想斷，故非常。云何非斷？謂一切聖去、來、現在得自覺，故非斷。

实译：“復次，大慧！涅槃者，自證聖智所行境界，遠離斷常及以有無。云何非常？謂離自相共相諸分別故。云何非斷？謂去、來、現在一切聖者自證智所行故。

पुनर्महामते महापरिनिर्वाणं न नाशो न मरणम्। यदि पुनर्महामते महापरिनिर्वाणं मरणं स्यात् , पुनरपि जन्मप्रबन्धः स्यात्। अथ विनाशः स्यात् , संस्कृतलक्षणपतितं स्यात्। अत एतस्मात्कारणान्महामते महापरिनिर्वाणं न नाशं न मरणम्। च्युतिविगतं मरणमधिगच्छन्ति योगिनः। पुनरपरं महामते महापरिनिर्वाणमप्रहीणासंप्राप्तितो ऽनुच्छेदाशाश्वततो नैकार्थतो नानार्थतो

① “一切圣者”的原词是 sarvārthā，据南条本应为 sarvāryā。

निर्वाणमित्युच्यते॥

今译：“还有，大慧啊，大般涅槃不是灭，不是死。大慧啊，如果大般涅槃是死，就会连接生。如果是灭，就会陷入有为相。因此，大慧啊，大般涅槃不是灭，不是死。瑜伽行者达到无死之死[①]。还有，大慧啊，大般涅槃无舍也无得，不断也不常，非一义也非种种义[②]，故而称为涅槃。

求译：“大慧！涅槃不壞，不死。若涅槃死者，復應受生相續。若壞者，應墮有為相。是故，涅槃離壞，離死。是故，修行者之所歸依。復次，大慧！涅槃非捨非得，非斷非常，非一義非種種義。是名涅槃。

实译：“復次，大慧！大般涅槃不壞，不死。若死者，應更受生。若壞者，應是有為。是故，涅槃不壞，不死，諸修行者之所歸趣。復次，大慧！無捨無得故，非斷非常故，不一不異故，說名涅槃。

पुनरपरं महामते श्रावकप्रत्येकबुद्धानां निर्वाणं स्वसामान्यलक्षणावबोधादसंसर्गतः। विषयाविपर्यासदर्शनाद्विकल्पो न प्रवर्तते। ततस्तेषां तत्र निर्वाणबुद्धिर्भवति॥

今译：“还有，大慧啊，声闻和缘觉的涅槃。觉知自相和共相，远离尘嚣，于境界不起颠倒妄见，故而不妄想分别。这便是他们的涅槃智。

求译：“復次，大慧！聲聞、緣覺涅槃者，覺自相共相，不習近，境界不顛倒見，妄想不生。彼等於彼作涅槃覺。

---

① “无死之死”的原文为 cyutivigatam maraṇam。此句求译、菩译和实译均为“修行者之所归依（或归趣）”，可能是意译。

② “非种种义”的原词是 nānārtha（“种种义”），而按连声规则，此处可理解前面略去了 a，因此仍可读为 anānārtha（“非种种义”）。此词南条本为 nānartha（“非无义”），读法不如 anānārtha 合理。此处求译和菩译均为“非种种义”。

实译：“復次，大慧！聲聞、緣覺知自共相，捨離憒鬧，不生顛倒，不起分別。彼於其中生涅槃想。

पुनरपरं महामते द्विप्रकारं स्वभावद्वयलक्षणं भवति। कतमत् द्विप्रकारम्？ यदुत अभिलापस्वभावाभिनिवेशतश्च वस्तुस्वभावाभिनिवेशतश्च। तत्र महामते अभिलापस्वभावाभिनिवेशो ऽनादिकालवाक्प्रपञ्चवासनाभिनिवेशात्प्रवर्तते। तत्र वस्तुस्वभावाभिनिवेशः पुनर्महामते स्वचित्तदृश्यमात्रानवबोधात्प्रवर्तते॥

今译：“还有，大慧啊，有两种自性相。哪两种？执著言说自性相和执著事物自性相。其中，大慧啊，执著言说自性相产生于执著无始言语戏论习气。其中，大慧啊，执著事物自性相产生于不觉知唯自心所现。

求译：“復次，大慧！二種自性相。云何為二？謂言說自性相計著，事自性相計著。言說自性相計著者，從無始言說虛偽習氣計著生。事自性相計著者，從不覺自心現分齊生。

实译：“復次，大慧！有二種自性相。何者為二？謂執著言說自性相，執著諸法自性相。執著言說自性相者，以無始戲論執著言說習氣故起。執著諸法自性相者，以不覺自心所現故起。

पुनरपरं महामते अधिष्ठानद्वयाधिष्ठिता बोधिसत्त्वास्तथागतानामर्हतां सम्यक्संबुद्धानां चरणयोर्निपत्य प्रश्नान् परिपृच्छन्ति। कतमेनाधिष्ठानद्वयेनाधिष्ठिताः？ यदुत समाधिसमापत्त्यधिष्ठानेन सर्वकायमुखपाण्यभिषेकाधिष्ठानेन च। तत्र महामते बोधिसत्त्वा महासत्त्वाः प्रथमायां भूमौ बुद्धाधिष्ठानाधिष्ठिता महायानप्रभासं नाम बोधिसत्त्वसमाधिं समापद्यन्ते। समनन्तरसमापन्नानां च तेषां बोधिसत्त्वानां महासत्त्वानां महायानप्रभासं बोधिसत्त्वसमाधिम्, अथ दशदिग्लोकधातुव्यवस्थितास्तथागता अर्हन्तः सम्यक्संबुद्धा मुखान्युपदर्श्य सर्वकायमुखवाचासंदर्शनेनाधिष्ठानं कुर्वन्ति। यथा महामते वज्रगर्भस्य बोधिसत्त्वस्य महासत्त्वस्य अन्येषां

च तादृग्लक्षणगुणसमन्वागतानां बोधिसत्त्वानां महासत्त्वानाम् , एवं महामते प्रथमायां भूमौ बोधिसत्त्वा महासत्त्वाः समाधिसमापत्त्यधिष्ठानं प्रतिलभन्ते। कल्पशतसहस्त्रं संचितैः कुशलमूलैरनुपूर्वेण भूमिपक्षविपक्षलक्षणगतिंगता धर्ममेघायां बोधिसत्त्वभूमौ महापद्मविमानासनस्थस्य बोधिसत्त्वस्य महासत्त्वस्य तदनुरूपैर्बोधिसत्त्वैर्महासत्त्वैः परिवृतस्य सर्वरत्नाभरणविभूषितकिरीटस्य हरिताल-कनकचम्पकचन्द्रांशुमयूखपद्मसदृशा दशादिग्लोकधात्वागता जिनकरास्तस्य बोधिसत्त्वस्य महासत्त्वस्य पद्मविमानासनस्थस्य मूर्धन्यभिषिञ्चन्ति वशवर्ति-चक्रवर्तीन्द्रराजवत्सर्वकायमुखपाण्यभिषेकेन। स च बोधिसत्त्वस्ते च बोधिसत्त्वाः पाण्यभिषेकाधिष्ठानाधिष्ठिता इत्युच्यन्ते। एतन्महामते बोधिसत्त्वानां महासत्त्वा-नामधिष्ठानद्वयम् , येनाधिष्ठानद्वयेनाधिष्ठिता बोधिसत्त्वा महासत्त्वाः सर्वबुद्धमुखा-न्यवलोकयन्ति। अन्यत्राव्यवलोक्यास्तथागता अर्हन्तः सम्यक्संबुद्धाः॥

今译：“还有，大慧啊，众菩萨受两种护持，拜倒在一切如来、阿罗汉、正等觉脚下提问。受哪两种护持？受入定护持和受显现一切身、面以及佛手灌顶护持。其中，大慧啊，众菩萨大士进入初地，受佛护持，进入名为大乘光的菩萨入定。众菩萨大士进入大乘光菩萨入定后，随即住在十方世界的一切如来、阿罗汉、正等觉显现，展示一切身、面和言语，加以护持。大慧啊，如同金刚藏菩萨大士和其他具有同样形象和功德的菩萨大士，大慧啊，众菩萨大士在初地获得入定护持。依靠百千劫积累的善根，通晓诸地正反①相，依次递进，达到法云菩萨地。这样的菩萨大士坐在大莲花宫宝座，与他同类的众菩萨大士围绕，顶冠装饰有一切宝石首饰，来自十方世界的一切佛的佛手如同黄金、瞻波迦花、月光和莲花，为这位坐在莲花宫宝座的菩萨大士灌顶，如同自在转轮王和因陀罗天王接受一切身、面和手灌顶。这称为这位菩萨和众菩萨受佛手灌顶护持。大慧啊，这是众菩萨大士的两种护持。众菩萨大士受这两种护持，看到一切佛面。否则，看不到

① “正反”的原词是pakṣavipakṣa，意谓“正方和反方”或“盟友和敌人”。求译“对治所治”，菩译“对治”，实译“治所治”。

一切如来、阿罗汉、正等觉。

求译：“復次，大慧！如來以二種神力建立，菩薩摩訶薩頂禮諸佛，聽受問義。云何二種神力建立？謂三昧正受，為現一切身面言說神力及手灌頂神力。大慧！菩薩摩訶薩初菩薩地住佛神力，所謂入菩薩大乘照明三昧。入是三昧已，十方世界一切諸佛以神通力為現一切身面言說，如金剛藏菩薩摩訶薩，及餘如是相功德成就菩薩摩訶薩。大慧！是名初菩薩地。菩薩摩訶薩得菩薩三昧正受神力，於百千劫積集善根之所成就，次第諸地對治所治相通達究竟，至法雲地，住大蓮華微妙宮殿，坐大蓮華寶師子座，同類菩薩摩訶薩眷屬圍繞，眾寶瓔珞莊嚴其身。如黃金、瞻蔔、日、月光明，諸最勝手[①]從十方來，就大蓮華宮殿坐上而灌其頂，譬如自在轉輪聖王及天帝釋太子灌頂。是名菩薩手灌頂神力。大慧！是名菩薩摩訶薩二種神力。若菩薩摩訶薩住二種神力，面見諸佛如來。若不如是，則不能見。

实译：“復次，大慧！諸佛有二種加持持諸菩薩，令頂禮佛足，請問眾義。云何為二？謂令入三昧，及身現其前，手灌其頂。大慧！初地菩薩摩訶薩蒙諸佛持力故，入菩薩大乘光明定。入已，十方諸佛普現其前，身語加持，如金剛藏及餘成就如是功德相菩薩摩訶薩者是。大慧！此菩薩摩訶薩蒙佛持力入三昧已，於百千劫集諸善根，漸入諸地，善能通達治所治相，至法雲地，處大蓮花微妙宮殿，坐於寶座，同類菩薩所共圍繞，首戴寶冠。身如黃金、瞻蔔花色，如盛滿月，放大光明，十方諸佛舒蓮花手，於其座上而灌其頂。如轉輪王太子受灌頂已而得自在，此諸菩薩亦復如是。是名為二。諸菩薩摩訶薩為二種持之所持故，即能親見一切諸佛，異則不能。

पुनरपरं महामते यत्किंचिद्बोधिसत्त्वानां महासत्त्वानां प्रतिभाति

① “最胜手”（jinakara，“胜者手”）即佛手。

समाध्यृद्धिदेशनाकारेण, तत्सर्वबुद्धाधिष्ठानद्वयाधिष्ठितानाम्। यदि पुनर्महामते बोधिसत्त्वानां महासत्त्वानामधिष्ठानमन्तरेण प्रतिभानं प्रतिभायात् , बालपृथग्जनानामपि महामते प्रतिभानं प्रतिभायात्। तत्कस्य हेतोः ? यदुत अधिष्ठानानधिष्ठितत्वात्। तृणगुल्मवृक्षपर्वता अपि महामते विविधानि च वाद्यभाण्डानि नगरभवनगृहविमानासनस्थानानि तथागतप्रवेशाधिष्ठानेन प्रवाद्यन्ते। किं पुनर्महामते सचेतना मूकान्धबधिरा अपि महामते स्वदोषेभ्यो विमुच्यन्ते। एवं महागुणविशेषं महामते तथागताधिष्ठानम्॥

今译：“还有，大慧啊，众菩萨大士正是受一切佛的两种护持，而展示入定、神通和说法。大慧啊，如果众菩萨大士不受护持，也能这样，那么，大慧啊，愚夫们也能这样。为什么？因为不受护持。大慧啊，各种草丛、树木和山岳，乐器和器皿，城市、住宅、房屋、宫殿、坐处和立处，因如来进入而受护持，都会发声，大慧啊，何况这些有知觉者？大慧啊，即使是聋子、瞎子和哑巴，也会摆脱自己的缺陷。大慧啊，这是如来护持的大功德。”

求译：“復次，大慧！菩薩摩訶薩凡所分別三昧、神足、說法之行，是等一切悉住如來二種神力。大慧！若菩薩摩訶薩離佛神力，能辯說者，一切凡夫亦應能說。所以者何？謂不住神力故。大慧！山石、樹木及諸樂器、城墎、宮殿，以如來入城威神力故，皆自然出音樂之聲，何況有心者？聾盲瘖瘂無量衆苦皆得解脫。如來有如是等無量神力，利安衆生。”

实译：“復次，大慧！諸菩薩摩訶薩入於三昧，現通，[1]說法，如是一切皆由諸佛二種持力。大慧！若諸菩薩離佛加持，能說法者，則諸凡夫亦應能說。大慧！山、林、草、樹、城郭、宮殿及諸樂器，如來至處，以佛持力尚演法音，況有心者？聾盲瘖瘂離苦解脫。大慧！如來持力有如是等廣大作用。”

---

[1] “现通”指展现神通。

पुनरपरं महामतिराह -- किं पुनर्भगवंस्तथागता अर्हन्तः सम्यक्संबुद्धा बोधिसत्त्वानां महासत्त्वानां समाधिसमापत्त्यवस्थानकाले विशेषभूमौ च अभिषेकाधिष्ठानं प्रकुर्वन्ति ? भगवानाह -- मारकर्मक्लेशवियुक्तार्थं श्रावकध्यानभूम्यप्रपतनतया च तथागतभूमिप्रत्यात्माधिगमनतया च प्राप्तधर्माधिगमविवृद्धये च। एतेन महामते कारणेन तथागता अर्हन्तः सम्यक्संबुद्धा बोधिसत्त्वानां महासत्त्वानामधिष्ठानैरधितिष्ठन्ति। अनधिष्ठिताश्च महामते बोधिसत्त्वा महासत्त्वाः कुतीर्थ्यश्रावकमाराशयपतिता नानुत्तरां सम्यक्संबोधिमभिसंबुध्येरन्। अतस्तेन कारणेन बोधिसत्त्वा महासत्त्वास्तथागतैरर्हद्भिः सम्यक्संबुद्धैरनुगृह्यन्ते॥

今译：大慧又说道："世尊啊，为何一切如来、阿罗汉、正等觉在众菩萨大士入定时和进入殊胜地时给予灌顶和护持？"世尊说道："为了排除摩罗和诸业烦恼，不陷入声闻禅地，自证如来地，增长已经获得的正法。因此，大慧啊，一切如来、阿罗汉、正等觉护持众菩萨大士。大慧啊，众菩萨大士不受护持，会陷入邪恶外道、声闻和摩罗的心思，不能证得无上正等觉。因此，众菩萨大士受一切如来、阿罗汉、正等觉护持。"

求译：大慧菩薩復白佛言："世尊，以何因緣，如來、應供、等正覺，菩薩摩訶薩住三昧正受時，及勝進地灌頂時，加其神力？"佛告大慧："為離魔業煩惱故，及不墮聲聞地禪故，為得如來自覺地故，及增進所得法故。是故，如來、應供、等正覺咸以神力建立諸菩薩摩訶薩。若不以神力建立者，則墮外道惡見妄想及諸聲聞、眾魔悕望，不得阿耨多羅三藐三菩提。以是故，諸佛如來咸以神力攝受諸菩薩摩訶薩。"

实译：大慧菩薩復白佛言："何故如來以其持力，令諸菩薩入於三昧及殊勝地中手灌其頂？"佛言："大慧！為欲令其遠離魔業諸煩惱故，為令不墮聲聞地故，為令速入如來地故，令所得法倍增長故。

是故，諸佛以加持力持諸菩薩。大慧！若不如是，彼菩薩便墮外道及以聲聞魔境之中，則不能得無上菩提。是故，如來以加持力攝諸菩薩。”

तत्रेदमुच्यते --

今译：这里，这样说道：

求译：爾時世尊欲重宣此義而說偈言：

实译：爾時世尊重說頌言：

अधिष्ठानं नरेन्द्राणां प्रणिधानैर्विशोधितम्।
अभिषेकसमाध्याद्याः प्रथमाद्दशमाय वै॥ १६३॥

今译：世尊们的誓愿净化护持，
灌顶和入定，初地至十地。（163）

求译：神力人中尊[1]，大願悉清淨，
三摩提灌頂，初地及十地。

实译：世尊清淨願，有大加持力，
初地十地中，三昧及灌頂。

अथ खलु महामतिर्बोधिसत्त्वः पुनरपि भगवन्तमेतदवोचत् -- प्रतीत्यसमुत्पादं पुनर्भगवता देशयता कारणव्यपदेश एव कृतो न स्वनयप्रकृत्यवस्थानकथा। तीर्थकरा अपि भगवन् कारणत उत्पत्तिं वर्णयन्ति, यदुत प्रधानेश्वरपुरुषकालाणुप्रत्ययेभ्यो भावानामुत्पत्तयः। किं तु भगवता प्रत्ययपर्यायान्तरेणोत्पत्तिर्वर्ण्यते भावानाम्। न च सिद्धान्तविशेषान्तरम्। सदसतो हि भगवंस्तीर्थकरा अप्युत्पत्तिं वर्णयन्ति, भूत्वा च विनाशं प्रत्ययैर्भावानाम्। यदप्युक्तं भगवता -- अविद्याप्रत्ययाः संस्कारा यावज्जरामरणमिति, अहेतुवादव्यपदेश एष भगवतानुवर्णितः, न स हेतुवादः। युगपद्व्यवस्थितानां भगवन्नेतद्भवति -- अस्मिन्

[1] “人中尊”的原词是 narendra，意谓“人中因陀罗”，这里用作世尊的称号。

सतीदं भवतीति, न क्रमवृत्त्यपेक्षावस्थितानाम्। किं तु तीर्थकरव्यपदेश एव भगवन् विशिष्यते न त्वदीयम्। तत्कस्य हेतोः ? तीर्थकराणां हि भगवन् कारणमप्रतीत्य-समुत्पन्नं कार्यमभिनिर्वर्तयति। तव तु भगवन् कारणमपि कार्यापेक्षं कार्यमपि कारणापेक्षम्। हेतुप्रत्ययसंकरश्च एवमन्योन्यानवस्था प्रसज्यते। अहेतुत्वं च भगवन् लोकस्य -- अस्मिन् सतीदं ब्रुवतः। भगवानाह -- न महामते ममाहेतुककारणवादो हेतुप्रत्ययसंकरश्च प्रसज्यते -- अस्मिन् सतीदं ब्रुवतः, ग्राह्यग्राहकाभावात् , स्वचित्तदृश्यमात्रावबोधात्। ये तु महामते ग्राह्यग्राहकाभि-निविष्टाः स्वचित्तदृश्यमात्रं नावबुध्यन्ते बाह्यस्वविषयभावाभावत्वेन, तेषां महामते एष दोषः प्रसज्यते, न तु मम प्रतीत्यकारणव्यपदेशं कुर्वतः ॥

今译：然后，大慧菩萨大士又对世尊说道："世尊宣示缘起，称为原因，并非依据自己的教法本性言说[1]。世尊啊，外道也描述从原因产生，说万物产生缘于原质、自在天、原人、时间和极微。世尊则用另一种缘起名称描述万物的产生，而宗旨并无区别。世尊啊，外道也描述万物从有和无产生，产生后，随缘而毁灭。世尊也说缘无明故有行，直至老和死[2]。世尊描述的是无因说，而非有因说。世尊啊，'此有故彼有'，这是同时确立的说法，不是渐次相待确立的说法。世尊啊，外道的说法而非你的说法优胜。为什么？世尊啊，按照外道的说法，是原因而非缘起产生结果。世尊啊，按照你的说法，原因有待于结果，结果也有待于原因。这样，原因和缘起混杂，陷入互相依待而无穷尽。世尊啊，世间所说的'此有故彼有'是无因说。"世尊说道："大慧啊，我说'此有故彼有'，出自所取和能取不存在，出自觉知唯自心所现，并不陷入无因说以及原因和缘起混杂。大慧啊，他们执著所取和能取，外界事物有无，不觉知唯心所现。大慧啊，是他们陷

[1] 此处"并非依据自己的教法本性言说"，求译"不自说道"，实译"非自体起"。而菩译"不说自心妄想分别见力而生"，则是阐释性翻译。

[2] 这是指"十二因缘说"，也就是缘无明故有行，缘行故有识，缘识故有名色，缘名色故有六处，缘六处故有触，缘触故有受，缘受故有爱，缘爱故有取，缘取故有有，缘有故有生，缘生故有老、死、忧伤、痛苦、烦恼和不安。

入错误，而非我的因缘说。"①

求译：爾時大慧菩薩摩訶薩復白佛言："世尊，佛說緣起，如是說因緣，不自說道。世尊，外道亦說因緣，謂勝、自在、時、微塵生，如是諸性生。然世尊所謂因緣生諸性言說，有間悉檀，無間悉檀。②世尊，外道亦說有無有生，世尊亦說無有生，生已滅，如世尊所說無明緣行乃至老死。此是世尊無因說，非有因說。世尊，建立作如是說，此有故彼有，非建立漸生。觀外道說勝，非如來也。所以者何？世尊，外道說因，不從緣生而有所生。世尊說觀因有事，觀事有因。如是因緣雜亂，如是展轉無窮。③"佛告大慧："我非無因說及因緣雜亂說。此有故彼有者，攝所攝非性，覺自心現量。大慧！若攝所攝計著，不覺自心現量，外境界性非性。彼有如是過，非我說緣起。我常說言因緣和合而生諸法，非無因生。④"

实译：爾時大慧菩薩摩訶薩，復白佛言："世尊，佛說緣起，是由作起，非自體起。外道亦說勝性、自在、時、我、微塵生於諸法。今佛世尊但以異名說作緣起，非義有別。世尊，外道亦說以作者故，從無生有。世尊亦說以因緣故，一切諸法本無而生，生已歸滅。如佛所說，無明緣行乃至老死。此說無因，非說有因。世尊，說言'此有故彼有'，若一時建立非次第相待者，其義不成。是故，外道說勝，非如來也。何以故？外道說因不從緣生而有所生。世尊所說，果待於因，因復待因，如是展轉成無窮過。又此有故彼有者，則無有因。"佛言："大慧！我了諸法唯心所現，無能取所取，說此有故彼有，非

---

① 以上讲述世尊认为万物由因缘和合而生，以缘起为原因。而大慧混淆世尊缘起说和外道原因说，故而产生疑惑。

② 此处有夹注："悉檀者，译义或言宗，或言成，或言默。""悉檀"是 siddhānta（"宗旨"）一词的音译。此处的原文是 na ca siddhāntaviśeṣāntaram，意谓"并非宗旨另有差异"。实译"非义有别"。求译"有间悉檀，无间悉檀"，显然是询问"宗旨有无区别？"

③ 按照现存梵本，此处还有一句："世间所说的'此有故彼有'是无因说。"菩译和实译与现存梵本一致。但其中的"世间所说"，菩译"世尊说言"，而实译中无。

④ 这最后一句不见于现存梵本和实译，而见于菩译。

是無因及因緣過失。大慧！若不了諸法唯心所現，計有能取及以所取，執著外境若有若無，彼有是過，非我所說。”

पुनरपरं महामतिराह -- ननु भगवन् अभिलापसद्भावात्सन्ति सर्वभावाः। यदि पुनर्भगवन् भावा न स्युः, अभिलापो न प्रवर्तते। प्रवर्तते च। तस्माद्-भिलापसद्भावाद्भगवन् सन्ति सर्वभावाः। भगवानाह -- असतामपि महामते भावानामभिलापः क्रियते। यदुत शशविषाणकूर्मरोमवन्ध्यापुत्रादीनां लोके दृष्टो ऽभिलापः। ते च महामते न भावा नाभावाः, अभिलप्यन्ते च। तद्यदवोचस्त्वं महामते -- अभिलापसद्भावात्सन्ति सर्वभावा इति, स हि वादः प्रहीणः। न च महामते सर्वबुद्धक्षेत्रेषु प्रसिद्धो ऽभिलापः। अभिलापो महामते कृतकः। क्वचिन्महामते बुद्धक्षेत्रे ऽनिमिषप्रेक्षया धर्मो देश्यते, क्वचिदिङ्गितैः, क्वचिद्भ्रूविक्षेपेण, क्वचिन्नेत्रसंचारेण, क्वचिदास्येन, क्वचिद्विजृम्भितेन, क्वचिदुत्कासनशब्देन, क्वचित्क्षेत्रस्मृत्या, क्वचित्स्पन्दितेन। यथा महामते अनिमिषायां गन्धसुगन्धायां च लोकधातौ समन्तभद्रस्य तथागतस्यार्हतः सम्यक्संबुद्धस्य बुद्धक्षेत्रे अनिमिषैर्नेत्रैः प्रेक्षमाणास्ते बोधिसत्त्वा महासत्त्वा अनुत्पत्तिकधर्मक्षान्तिं प्रतिलभन्ते अन्यांश्च समाधिविशेषान् , अत एवास्मात्कारणान्महामते नाभिलापसद्भावात्सन्ति सर्वभा-वाः। दृष्टं चैतन्महामते। इह लोके कृमिमक्षिकैवमाद्याः सत्त्वविशेषा अनभिलापेनैव स्वकृत्यं कुर्वन्ति॥

今译：大慧又说道：“世尊啊，一切事物存在难道不是依据言说存在吗？世尊啊，如果事物不存在，言说就不会出现。然而，言说出现。因此，世尊啊，一切事物存在依据言说存在。”世尊说道：“大慧啊，即使事物不存在，言说也出现。兔角、龟毛和石女之子等等言说在世上能见到[①]。大慧啊，它们既非存在，也非不存在，只是有言说。大慧啊，你说‘一切事物存在依据言说存在 ’，此说不成立。大慧啊，一切佛土不重言说。大慧啊，言说是人为造作。大慧啊，在佛土有时

[①] 此处“能见到”的原词是 dṛṣṭa（“见到”），而按南条本是 adṛṣṭa（“不能见到”）。从语法上看，dṛṣṭa 更合理。求译和实译的读法也是 dṛṣṭa（“见到”）。

用瞪眼示法，有时用姿势动作，有时用扬眉，有时用转睛，有时用微笑[①]，有时用哈欠，有时用咳嗽声，有时用回忆佛土，有时用颤动。例如，大慧啊，在无瞬和妙香世界，在普贤如来、阿罗汉、正等觉佛土，众菩萨大士依靠瞪眼不眨达到忍受无生法和获得其他种种殊胜入定。因此，大慧啊，一切事物存在不依据言语存在。大慧啊，可以看到在这世界上，蝼蚁和蚊蝇等等这些特殊生物都不言说而完成自己的事。”

求译：大慧復白佛言：“世尊，非言說有性，有一切性耶？世尊，若無性者，言說不生。世尊，是故，言說有性，有一切性。”佛告大慧：“無性而作言說，謂兔角、龜毛等，世間現言說。大慧！非性，非非性，但言說耳。如汝所說，言說自性，有一切性者，汝論則壞。大慧！非一切刹土有言說。言說者，是作相耳。或有佛刹瞻視顯法，或有作相，或有揚眉，或有動睛，或笑，或欠，或謦咳，或念刹土，或動搖。大慧！如瞻視及香積世界，普賢如來國土，但以瞻視令諸菩薩得無生法忍及殊勝三昧。是故，非言說有性，有一切性。大慧！見此世界蚊蚋蟲蟻，是等衆生無有言說而各辦事。”

实译：大慧菩薩復白佛言：“世尊，有言說故，必有諸法。若無諸法，言依何起？”佛言：“大慧！雖無諸法，亦有言說。豈不現見龜毛、兔角、石女兒等，世人於中皆起言說。大慧！彼非有，非非有，而有言說耳。大慧！如汝所說有言說故，有諸法者，此論則壞。大慧！非一切佛土皆有言說。言說者，假安立耳。大慧！或有佛土瞪視顯法，或現異相，或復揚眉，或動目睛，或示微笑、嚬呻、謦欬、憶念、動搖，以如是等而顯於法。大慧！如不瞬世界、妙香世界及普賢如來佛土之中，但瞪視不瞬，令諸菩薩獲無生法忍及諸勝三昧。大慧！非由言說而有諸法，此世界中蠅蟻等蟲，雖無言說成自事故。”

---

① “微笑”的原词是 āsya（“口”或“脸”）。而求译、菩译和实译此处均译为“笑”或“微笑”，故而原词有可能是 hāsya。

तत्रेदमुच्यते --

今译：这里，这样说道：

求译：爾時世尊欲重宣此義而說偈言：

实译：爾時世尊重說頌言：

आकाशं शशशृङ्गं च वन्ध्यायाः पुत्र एव च।
असन्तो ह्यभिलप्यन्ते तथा भावेषु कल्पना॥ १६४॥

今译：虛空、兔角和石女之子不存在，
而有言说，这些都是事物妄想。（164）

求译：如虛空兔角，及與槃大[①]子，
無而有言說，如是性妄想。

实译：如虛空兔角，及與石女兒，
無而有言說，妄計法如是。

हेतुप्रत्ययसामग्र्यां बालाः कल्पन्ति संभवम्।
अजानाना नयमिदं भ्रमन्ति त्रिभवालये॥ १६५॥

今译：愚夫们将因缘和合妄想为生，
不知道这个法门，在三界游荡。（165）

求译：因緣和合法，凡愚起妄想，
不能如實知，輪迴三有宅。

实译：因緣和合中，愚夫妄謂生，
不能如實解，流轉於三有。

① “槃大”是 vandhyā（“石女”）一词的音译。

अथ खलु महामतिर्बोधिसत्त्वो महासत्त्वः पुनरपि भगवन्तमेतदवोचत् -- नित्यशब्दः पुनर्भगवन् क्काभिहितः ? भगवानाह -- भ्रान्तौ महामते। यस्मादियं भ्रान्तिरार्याणामपि ख्यायते विपर्यासतः। तद्यथा महामते मृगतृष्णालातचक्रकेशोण्डुकगन्धर्वनगरमायास्वप्नप्रतिबिम्बाक्षपुरुषा लोके ऽविद्वद्भिर्विपर्यस्यन्ते, न तु विद्वद्भिः। न च पुनर्न ख्यायन्ते। सा पुनर्भ्रान्तिर्महामते अनेकप्रकारा ख्यायात्। न भ्रान्तेरशाश्वततां कुरुते। तत्कस्य हेतोः ? यदुत भावाभावविवर्जितत्वात्। कथं पुनर्महामते भावाभावविवर्जिता भ्रान्तिः ? यदुत सर्वबालविचित्रगोचरत्वात्समुद्रतरंगगङ्गोदकवत्प्रेतानां दर्शनादर्शनतः। अत एतस्मात्कारणान्महामते भ्रान्तिभावो न भवति। यस्माच्च तदुदकमन्येषां ख्यायते, अतो ह्यभावो न भवति। एवं भ्रान्तिरार्याणां विपर्यासाविपर्यासवर्जिता। अतश्च महामते अस्मात्कारणाच्छाश्वता भ्रान्तिर्यदुत निमित्तलक्षणाभेदत्वात्। न हि महामते भ्रान्तिर्विविधविचित्रनिमित्तविकल्पेन विकल्प्यमाना भेदमुपयाति। अत एतस्मात्कारणान्महामते भ्रान्तिः शाश्वता॥

今译：然后，大慧菩萨大士又对世尊说道："世尊啊，依据什么称说常[①]？"世尊说道："大慧啊，依据迷乱。这种迷乱甚至也向圣者呈现，而不出自颠倒妄想[②]。例如，大慧啊，在世上，无知者颠倒妄想阳焰、火轮、毛发网、乾达婆城、幻觉、梦幻、镜中像和眼中人[③]，而智者不这样。但也不是不向他们呈现。还有，大慧啊，迷乱以多种方式呈现。但不形成迷乱的无常性。为什么？因为摆脱有无。还有，大慧啊，迷乱怎么摆脱有无？由于一切愚夫种种境界，如同海浪和恒河水，饿鬼见而不见。因此，大慧啊，没有迷乱性。而恒河水向其他人呈现，故而并非不存在[④]。这样，对于圣者，迷乱摆脱颠倒妄想和

---

① 此处"称说常"的原词是 nityaśabda，指"常的说法"。求译"常声者"，实译"常声"。其中的"声"（śabda）在这里指"名称"或"说法"。

② "不出自颠倒妄想"的原文是 viparyāsataḥ（"出自颠倒妄想"），按南条本应为 aviparyāsataḥ（"不出自颠倒妄想"）。此处求译、菩译和实译均为"非颠倒"或"不颠倒"。

③ "眼中人"的原词是 akṣapuruṣa，疑有误，应为 akṣipuruṣa，指映入眼瞳中的人影。

④ 这里的意思是饿鬼看不见水，也就没有迷乱性。然而，其他人看见水，说明还是存在迷乱性。前者为"非有"，后者为"非无"，也就是"摆脱有无"。

不颠倒妄想。因此，大慧啊，由于形相不断，迷乱具有常性。大慧啊，由于种种形相妄想分别，迷乱不断。因此，大慧啊，迷乱具有常性。

求译：爾時大慧菩薩摩訶薩復白佛言："世尊，常聲者何事說？"佛告大慧："為惑亂。以彼惑亂，諸聖示[①]現，而非顛倒。大慧！如春時炎、火輪、垂髮、乾闥婆城、幻、夢、鏡像，世間顛倒，非明智也。然非不現。大慧！彼惑亂者，有種種現，非惑亂作無常。所以者何？謂離性非性故。大慧！云何離性非性惑亂？謂一切愚夫種種境界故。如彼恒河，餓鬼見不見故，無惑亂性。於餘現故，非無性。如是惑亂，諸聖離顛倒不顛倒。是故，惑亂常，謂相相不壞故。大慧！非惑亂種種相妄想相壞。[②]是故，惑亂常。

实译：爾時大慧菩薩摩訶薩復白佛言："世尊，所說常聲依何處說？"佛言："大慧！依妄法[③]說。以諸妄法，聖人亦現，然不顛倒。大慧！譬如陽焰、火輪、垂髮、乾闥婆城、夢、幻、鏡像，世無智者生顛倒解，有智不然。然非不現。大慧！妄法現時無量差別，然非無常。何以故？離有無故。云何離有無？一切愚夫種種解故。如恒河水有見不見，餓鬼不見，不可言有。餘所見故，不可言無。聖於妄法，離顛倒見。大慧！妄法是常，相不異[④]故。非諸妄法有差別相，以分別故，而有別異。[⑤]是故，妄法其體是常。

कथं पुनर्महामते भ्रान्तिस्तत्त्वं भवति ? येन पुनः कारणेन महामते आर्याणामस्यां भ्रान्तौ विपर्यासबुद्धिर्न प्रवर्तते, नाविपर्यासबुद्धिः। नान्यत्र महामते आर्या अस्यां भ्रान्तौ यत्किंचित्संज्ञिनो भवन्ति नार्यज्ञानवस्तुसंज्ञिनः। यत्किंचिदिति

---

① 此处"示"字应为"亦"，与原词 api（"也"）对应。据《中华大藏经》校勘记，"《资》、《碛》、《南》、《清》作'亦'"。

② 此句求译按原文逐字对译，意谓由于妄想分别种种相，惑乱不断。

③ "妄法"的原词是 bhrānti（"迷乱"）。求译"惑乱"，菩译"迷惑法"。

④ "不异"的原词是 abhedatva（"不断"）。求译"不坏"。

⑤ 这句与现存梵本有差异。这句实际是进一步解释前面所说"形相不断"，意谓"妄想分别种种相而妄法不断"。

महामते बालप्रलाप एष नार्यप्रलापः। सा पुनर्भ्रान्तिर्विपर्यासाविपर्यासेन विकल्प्यमाना गोत्रद्वयावहा भवति यदुत आर्यगोत्रस्य वा बालपृथग्जनगोत्रस्य वा। आर्यगोत्रं पुनर्महामते त्रिप्रकारमुपयाति यदुत श्रावकप्रत्येकबुद्धबुद्धप्रभेदतः। तत्र कथं पुनर्महामते बालैर्भ्रान्तिर्विकल्प्यमाना श्रावकयानगोत्रं जनयति ? यदुत महामते स्वसामान्यलक्षणाभिनिवेशेनाभिनिविश्यमाना श्रावकयानगोत्राय संवर्तते। एवं महामते सा भ्रान्तिः श्रावकयानगोत्रावहा भवति। तत्र कथं पुनर्महामते सैव भ्रान्तिर्विकल्प्यमाना प्रत्येकबुद्धयानगोत्रावहा भवति ? यदुत तस्या एव महामते भ्रान्तेः स्वसामान्यलक्षणाभिनिवेशासंसर्गतः प्रत्येकबुद्धयानगोत्रावहा भवति। तत्र कथं पुनर्महामते पण्डितैः सैव भ्रान्तिर्विकल्प्यमाना बुद्धयानगोत्रावहा भवति ? यदुत महामते स्वचित्तदृश्यमात्रावबोधाद्बाह्यभावाभावविकल्पनतया विकल्प्यमाना बुद्धयानगोत्रावहा भवति। अत एव महामते गोत्रम्। एष गोत्रार्थः। विचित्रवस्तुभावना पुनर्महामते बालैर्भ्रान्तिर्विकल्प्यमाना संसारयानगोत्रावहा भवति, एवमिदं नान्यथेति। अत एतस्मात्कारणान्महामते भ्रान्तिर्विचित्रवस्तुत्वेन कल्प्यते बालैः। सा च न वस्तु , नावस्तु। सैव महामते भ्रान्तिरविकल्प्यमाना आर्याणां चित्तमनोमनोविज्ञानदौष्ठुल्यवासनास्वभावधर्मपरावृत्तिभावाद्भ्रान्तिरार्याणां तथतेत्युच्यते। अत एतदुक्तं भवति महामते -- तथतापि चित्तविनिर्मुक्तेति। अस्यैव महामते पदस्याभिद्योतनार्थमिदमुक्तं मया -- कल्पनैश्च विवर्जितं सर्वकल्पनाविरहितमिति यावदुक्तं भवति॥

今译：“还有，大慧啊，迷乱怎么会是真实？大慧啊，由于这个原因，圣者于迷乱不起颠倒妄想和不颠倒妄想。并非其他，大慧啊，只要圣者对迷乱产生某种[①]想法，便不是圣智事物想法。所谓‘某种’[②]，大慧啊，那是愚夫言说，而非圣者言说。还有，这种迷乱依据颠倒妄想和不颠倒妄想，分别产生两种种性：圣者种性和愚夫种性。进而，大慧啊，圣者种性依据声闻、缘觉和佛分成三类。其中，大慧啊，愚夫妄想的迷乱怎么会产生声闻乘种性？大慧啊，坚持执著自相和共

---

① “某种”的原词是 yakiṃcit，按南条本应为 yatkiṃcit。求译和实译均为“少分”。

② “某种”（kiṃcit）也就是“某种想法”。

相分别，而产生声闻乘种性。这样，大慧啊，这种迷乱产生声闻乘种性。其中，大慧啊，这种妄想的迷乱怎会产生缘觉乘种性？大慧啊，执著这种迷乱的自相和共相，远离尘嚣，而产生缘觉乘种性。其中，大慧啊，智者妄想的迷乱怎么会产生佛乘种性？大慧啊，觉知唯自心所现，不妄想分别[①]外界事物有无，而产生佛乘种性。大慧啊，这就是种性。这是种性的意义。还有，大慧啊，愚夫妄想分别种种事物，这种迷乱产生生死乘种性。就是这样，别非其他。[②]由于这个原因，大慧啊，愚夫依据种种事物性妄想分别这种迷乱。这种迷乱既非事物，也非非事物。大慧啊，圣者于这种迷乱不起妄想分别，转离心、意、意识、恶劣习气、三自性和五法，故而圣者的这种迷乱[③]称为真如。因此，大慧啊，有这种说法：'真如摆脱心'。大慧啊，为了说明这种句义，我这样说，以至说'摆脱诸妄想，远离一切妄想'。"

求译："大慧！云何惑亂真實？若復因緣，諸聖於此惑亂不起顛倒覺、非不顛倒覺。大慧！除諸聖於此惑亂有少分想，非聖智事想。大慧！凡有者，愚夫妄說，非聖言說。彼惑亂者，倒、不倒妄想，起二種種性，謂聖種性及愚夫種性。聖種性者，三種分別，謂聲聞、緣覺乘、佛乘。云何愚夫妄想起聲聞乘種性？謂自共相計著，起聲聞乘種性。是名妄想起聲聞乘種性。大慧！即彼惑亂妄想，起緣覺乘種性，謂即彼惑亂自共相不觀[④]計著[⑤]，起緣覺乘種性。云何智者即彼惑亂想，起佛乘種性？謂覺自心現量，外性非性不妄想相，起佛乘種性。是名

---

① "不妄想分别"的原词为 vikalpyamānā（"妄想分别"），按南条本此词应与前面的 vikalpanatayā 连读，则此词可读为 avikalpyamānā（"不妄想分别"）。求译和菩译此处分别译为"不妄想"和"不分别"。

② 此句实译"决定如是，决定不异"。按照实译的理解，这是愚夫妄想分别时的想法。求译中未涉及此句。

③ 意谓圣者面对迷乱，不起妄想分别。

④ 此处"观"字应为"亲"。"不亲"与原词 asaṃsarga（"不交往"）对应。据《中华大藏经》校勘记，"《石》、《资》、《碛》、《南》、《径》、《清》作'亲'"。

⑤ 这句的意思是"计著惑乱自共相而不亲"。"不亲"意谓"不交往"或"不染著"。菩译"不乐愦闹"，实译"离于愦闹"。

即彼惑亂起佛乘種性。又種種事性，凡夫惑想，起愚夫種性[①]。彼非有事，非無事。是名種性義。大慧！即彼惑亂不妄想，諸聖心、意、意識、過習氣、自性、法轉變性。是名為如。是故，說如離心。我說此句，顯示離想，即說離一切想。”

实译：“大慧！云何而得妄法真實？謂諸聖者於妄法中不起顛倒、非顛倒覺。若於妄法有少分想，則非聖智。有少想者，當知則是愚夫戲論，非聖言說。大慧！若分別妄法是倒、非倒，彼則成就二種種性，謂聖種性，凡夫種性。大慧！聖種性者，彼復三種，謂聲聞、緣覺、佛乘別故。大慧！云何愚夫分別妄法生聲聞乘種性？所謂計著自相共相。大慧！何謂復有愚夫分別妄法成緣覺乘種性？謂即執著自共相時，離於憒鬧。大慧！何謂智人分別妄法而得成就佛乘種性？所謂了達一切唯是自心分別所見，無有外法。[②]大慧！有諸愚夫分別妄法種種事物，決定如是，決定不異，此則成就生死乘性。大慧！彼妄法中種種事物，非即是物，亦非非物。大慧！即彼妄法，諸聖智者，心、意、意識、諸惡習氣、自性、法轉依故，即說此妄名為真如。是故，真如離於心識。我今明了顯示此句，離分別者，悉離一切諸分別故。”

महामतिराह -- भ्रान्तिर्भगवन् विद्यते नेति ? भगवानाह -- मायावन्महामते न लक्षणाभिनिवेशतो भ्रान्तिर्विद्यते। यदि पुनर्महामते भ्रान्तिर्लक्षणाभिनिवेशेन विद्यते, अव्यावृत्त एव महामते भावाभिनिवेशः स्यात्। प्रतीत्यसमुत्पादवत्तीर्थकरकारणोत्पादवदेतत्स्यान्महामते। महामतिराह -- यदि भगवन् मायाप्रख्या भ्रान्तिः, तेनान्यस्या भ्रान्तेः कारणीभविष्यति। भगवानाह -- न महामते माया भ्रान्तिकारणम्। अदौष्ठुल्यदोषावहत्वान्न हि महामते माया दौष्ठुल्यदोषमावहति। अविकल्प्यमाना माया पुनर्महामते परपुरुषविद्याधिष्ठानात्प्रवर्तते, न स्वविकल्प-

[①] 此处“愚夫种性”的原词是 saṃsārayānagotra（“生死乘种性”）。

[②] 按照现存梵本，此处接着有这两句：“这就是种性。这是种性的意义。”求译也未涉及这两句。

दौष्ठुल्यवासनाधिष्ठानतः। सा न दोषावहा भवति। चित्तदृष्टिमोहमात्रमेतन्महामते बालानां यत्किंचिदभिनिवेशतो न त्वार्याणाम्॥

今译：大慧说道："世尊啊，迷乱不存在吗？"世尊说道："大慧啊，由于不执著相，迷乱如同幻觉。大慧啊，如果执著相，迷乱存在，那么，大慧啊，也就不会转离，而执著存在。大慧啊，那就会如同缘起生，如同外道作因生。"[①]大慧说道："世尊啊，如果迷乱如同幻觉，那么，它将成为其他迷乱的作因。"世尊说道："大慧啊，幻觉不是迷乱的作因。大慧啊，幻觉本身无过失，故而不产生过失。大慧啊，不妄想分别的幻觉产生于他人的幻术，并非产生于自己的妄想恶劣习气。幻觉本身不产生。那完全是愚夫出于种种执著，心怀邪见而痴迷。而圣者不这样。"

求译：大慧白佛言："世尊，惑亂為有為無？"佛告大慧："如幻，無計著相。若惑亂有計著相者，計著性不可滅。緣起應如外道說因緣生法。"大慧白佛言："世尊，若惑亂如幻者，復當與餘惑作因。"佛告大慧："非幻惑因，不起過故。大慧！幻不起過，無有妄想。大慧！幻者，從他明[②]處生，非自妄想過習氣處生。是故，不起過。大慧！此是愚夫心惑計著，非聖賢也。"

实译：大慧菩薩白言："世尊，所說妄法為有為無？"佛言："如幻，無執著相故。若執著相體是有者，應不可轉，則諸緣起，應如外道說作者生。"大慧又言："若諸妄法同於幻者，此則當與餘妄作因。"佛言："大慧！非諸幻事為妄惑因，以幻不生諸過惡故，以諸幻事無分別故。大慧！夫幻事者，從他明呪而得生起，非自分別過習力起。是故，幻事不生過惡。大慧！此妄惑法唯是愚夫心所執著，非諸聖者。"

---

① 以上说明迷乱没有真实的相，并非真实的存在，既不产生于因缘和合，也不产生于外道所谓的作因。

② 此处"明"的原词是 vidyā，指"幻术"。菩译"咒术"，实译"明咒"。

तत्रेदमुच्यते --

今译：这里，这样说道：

求译：爾時世尊欲重宣此義而說偈言：

实译：爾時世尊重說頌言：

आर्यो न पश्यति भ्रान्तिं नापि तत्त्वं तदन्तरे।
भ्रान्तिरेव भवेत्तत्त्वं यस्मात्तत्त्वं तदन्तरे॥१६६॥

今译：圣者不见迷乱，也不见其中真实，
　　　若其中有真实，迷乱也成为真实。（166）

求译：聖不見惑亂，中間亦無實，
　　　中間若真實，惑亂即真實。

实译：聖不見妄法，中間亦非實，
　　　以妄即真故，中間亦真實。

भ्रान्तिं विधूय सर्वां हि निमित्तं जायते यदि।
सैव तस्य भवेद्भ्रान्तिरशुद्धं तिमिरं यथा॥१६७॥

今译：排除一切迷乱，如果还产生相，
　　　那他确有迷乱，犹如不净翳障。（167）

求译：捨離一切惑，若有相生者，
　　　是亦為惑亂，不淨猶如翳。

实译：若離於妄法，而有相生者，
　　　此還即是妄，如翳未清淨。

पुनरपरं महामते न माया नास्ति। साधर्म्यदर्शनात्सर्वधर्माणां मायोपमत्वं
भवति। महामतिराह -- किं पुनर्भगवन् विचित्रमायाभिनिवेशलक्षणेन सर्वधर्माणां

मायोपमत्वं भवति, अथ वितथाभिनिवेशलक्षणेन ? तद्यदि भगवन् विचित्रमायाभिनिवेशलक्षणेन सर्वधर्माणां मायोपमत्वं भवति, हन्त भगवन् न भावा मायोपमाः। तत्कस्य हेतोः ? यदुत रूपस्य विचित्रलक्षणाहेतुदर्शनात्। न हि भगवन् कश्चिद्धेतुरस्ति येन रूपं विचित्रलक्षणाकारं ख्यायते मायावत्। अत एतस्मात्कारणाद्भगवन् न विचित्रमायालक्षणाभिनिवेशसाधर्म्याद्भावा मायोपमाः॥

今译：“还有，大慧啊，幻觉并非不存在。由于发现相似，一切法如同幻觉。”大慧说道：“一切法如同幻觉是由于执著种种幻觉相，还是由于执著不实相？世尊啊，如果由于执著种种幻觉相，一切法如同幻觉，那么，世尊啊，事物并不如同幻觉。为什么？因为没有发现种种色相有这样的原因。世尊啊，没有任何这样的原因，由于它，种种色相呈现如同幻觉。因此，世尊啊，并非由于与执著种种幻觉相相似，一切法如同幻觉。”

求译：“復次，大慧！非幻無有，相似見，一切法如幻。”大慧白佛言：“世尊，為種種幻相計著，言一切法如幻，為異相[①]計著？若種種幻相計著，言一切性如幻者，世尊，有性不如幻者。所以者何？謂色種種相非因。世尊，無有因，色種種相現如幻。世尊，是故，無種種幻相計著相似性如幻。”

实译：“復次，大慧！見諸法，非幻無，有相似，故說一切法如幻。”大慧言：“世尊，為依執著種種幻相，言一切法猶如幻耶？為異依此執著顛倒相耶？若依執著種種幻相，言一切法猶如幻者，世尊，非一切法悉皆如幻。何以故？見種種色相不無因[②]故。世尊，都無有因令種種色相顯現如幻。是故，世尊，不可說言依於執著種種幻相，言一切法與幻相似。”

---

① “异相”的原词是 vitatha（“不实”）。菩译和实译均为“颠倒”。

② 此处“不无因”，按照现存梵本应为“无因”，即“没有这样的原因”。求译与现存梵本一致，但句中少了一个“见”字。

भगवानाह -- न महामते विचित्रमायालक्षणाभिनिवेशसाधर्म्यात्सर्वधर्मा मायोपमाः, किं तर्हि महामते वितथाशुविद्युत्सदृशसाधर्म्येण सर्वधर्मा मायोपमाः। तद्यथा महामते विद्युल्लता क्षणभङ्गदृष्टनष्टदर्शनं पुनर्बालानां ख्यायते, एवमेव महामते सर्वभावाः स्वविकल्पसामान्यलक्षणाः प्रविचयाभावान्न ख्यायन्ते रूपलक्षणाभिनिवेशतः॥

今译：世尊说道："大慧啊，并非由于与执著种种幻觉相相似，一切法如同幻觉。大慧啊，而是由于不实如同稍纵即逝的闪电，一切法如同幻觉。例如，大慧啊，闪电向愚夫们呈现刹那生灭，同样，大慧啊，由于不加观察，执著色相，分别自相和共相，一切法不呈现①。"

求译：佛告大慧："非種種幻相計著相似，一切法如幻。大慧！然不實一切法速滅如電，是則如幻。大慧！譬如電光刹那頃現，現已即滅，非愚夫現②。如是一切性，自妄想自共相，觀察無性，非現，色相計著。"

实译：佛言："大慧！不依執著種種幻相，言一切法如幻。大慧！以一切法不實速滅如電故，說如幻。大慧！譬如電光見已即滅，世間凡愚悉皆現見。一切諸法依自分別自共相現，亦復如是，以不能觀察無所有故，而妄計著種種色相。"

तत्रेदमुच्यते --

今译：这里，这样说道：

求译：爾時世尊欲重宣此義而說偈言：

实译：爾時世尊重說頌言：

---

① "一切法不呈现"意谓一切法并不真正呈现，而是如同幻觉。从"由于不加观察"至此，求译按原文逐字对译，故而句义含混。其中，"观察无性"的原文是 pravicayābhāvāt，意谓"不加观察"。实译将"不呈现"译为"无所有"。而菩译切近现存梵本："以一切法自心分别同相异相，以不能观察故，不如实见，以妄想执著色等法故。"

② "非愚夫现"，按现存梵本，此句中无"非"字。

न माया नास्ति साधर्म्याद्भावानां कथ्यतेऽस्तिता।
वितथाशुविद्युत्सदृशास्तेन मायोपमाः स्मृताः॥१६८॥

今译：幻觉并非不存在，因相似而说事物存在，
不实如同稍纵即逝闪电，因此如同幻觉。（168）

求译：非幻無有譬[1]，說法性如幻，
不實速如電，是故說如幻。

实译：非幻無相似，亦非有諸法，[2]
不實速如電，如幻應當知。

पुनरपरं महामतिराह -- यत्पुनरेतदुक्तं भगवता -- अनुत्पन्नाः सर्वभावा मायोपमाश्चेति। ननु ते भगवन् एवं ब्रुवतः पूर्वोत्तरवचनव्याघातदोषः प्रसज्यते, अनुत्पादं भावानां मायोपमत्वेनाभिलपतः। भगवानाह -- न महामते ममानुत्पादं भावानां मायोपमत्वेनाभिलपतः पूर्वोत्तरवचनव्याघातदोषो भवति। तत्कस्य हेतोः ? यदुत उत्पादानुत्पादस्वचित्तदृश्यमात्रावबोधात्सदसतोर्बाह्यभावाभावानुत्पत्तिदर्शनान्न महामते पूर्वोत्तरवचनव्याघातदोषः प्रसज्यते। किं तु महामते तीर्थकरकारणक्षोत्पत्तिव्युदासार्थमिदमुच्यते -- मायावदनुत्पन्नाः सर्वभावाः। तीर्थकरमोहवर्गा हि महामते सदसतोर्भावानामुत्पत्तिमिच्छन्ति न स्वविकल्पविचित्राभिनिवेशप्रत्ययतः। मम तु महामते न संत्रासमुत्पद्यते। अत एतस्मात्कारणान्महामते अनुत्पादाभिधानमेवाभिधीयते। भावोपदेशः पुनर्महामते संसारपरिग्रहार्थं च नास्तीत्युच्छेदनिवारणार्थं च। मच्छिष्याणां विचित्रकर्मोपपत्त्यायतनपरिग्रहार्थं भावशब्दपरिग्रहेण संसारपरिग्रहः क्रियते। मायाभावस्वभावलक्षणनिर्देशेन महामते भावस्वभावलक्षणव्यावृत्त्यर्थं बालपृथग्जनानां कुदृष्टिलक्षणपतिताशयानां स्वचित्तदृश्यमात्रानवधारिणां हेतुप्रत्ययक्रियोत्पत्तिलक्षणाभिनिविष्टानां निवारणार्थं

[1] “譬”的原词是 sādharmyāt，词义是“相似”。它的语法形态是从格，表示原因，意义与这一行的后半句相连。

[2] 实译这一行与现存梵本有差异。

मायास्वप्नस्वभावलक्षणान् सर्वधर्मान् देशयामि। एते बालपृथग्जनाः कुदृष्टिलक्षणाशयाभिनिविष्टा आत्मानं परं च सर्वधर्मा यथाभूतावस्थानदर्शनाद्विसंवादयिष्यन्ति। तत्र यथाभूतावस्थानदर्शनं महामते सर्वधर्माणां यदुत स्वचित्तदृश्यमात्रावतारः॥

今译：大慧又说道："世尊说一切事物无生，又说如同幻觉。世尊啊，你这样说，难道不会陷入前后矛盾的错误吗？因为你说由于如同幻觉，一切事物无生。"世尊说道："大慧啊，我说由于如同幻觉，一切事物无生，并不会陷入前后矛盾的错误。为什么？觉知生和不生唯自心所现，看到外界事物不存在[1]，不生于有和无，大慧啊，故而不会陷入前后矛盾的错误。然而，大慧啊，为了破除外道的作因生，我说一切事物无生，如同幻觉。大慧啊，外道充满愚痴，以为一切事物生于有和无，而不是缘于自己执著种种妄想分别。大慧啊，不要对我的说法心生疑惧。大慧啊，要依据这个原因理解无生的说法。还有，大慧啊，说有，是为了把握生死，阻止说无的断见。为了让我的弟子们把握种种业的产生和入处，依靠把握说有而把握生死。大慧啊，说事物自性如同幻觉，是为了排除事物自性相。愚夫们的心思陷入恶见相，不理解唯自心所现，执著因缘作用生起相。为了阻止他们，我说一切法自性如幻似梦。这些愚夫的心思执著恶见相，不能洞察一切法的如实所在处[2]，欺诳自己和他人。大慧啊，洞察如实所在处就是明瞭一切法唯自心所现。"

求译：大慧復白佛言："如世尊所說，一切性無生及如幻，將無世尊前後所說自相違耶？說無生，性如幻。"佛告大慧："非我說無生，性如幻，前後相違過。所以者何？謂生、無生，覺自心現量。有

[1] "外界事物不存在"（bāhyabhāvābhāva），求译"外性非性"，菩译"外法有无"，实译"一切外法，见其无性"。其中的 bhāvābhāva 可译为"性无性"或"有和无"，也可像实译那样译为"法""无性"，也就是"事物不存在"。此处实译更确切。

[2] "不能洞察一切法的如实所在处"的原文是 sarvadharmā yathābhūtāvasthānadarśāt，据南条本应该连读，而不应该断开。此处求译"一切如实处见作不正论"，菩译"离如实见一切法"，实译"不能明见一切诸法如实住处。"

非有，外性非性，無生現。[1]大慧！非我前後說相違過。然壞外道因生故，我說一切性無生。大慧！外道癡聚，欲令有無有生，非自妄想種種計著緣。大慧！我非有無有生，是故，我以無生說而說。大慧！說性者，為攝受生死故，壞無見斷見故，為我弟子攝受種種業受生處故，以性聲說[2]攝受生死。大慧！說幻性自性相，為離性自性相故。墮愚夫惡見相悕望，不知自心現量。壞因所作生緣自性相計著，說幻夢自性相一切法，不令愚夫惡見悕望計著自及他[3]，一切法如實處見作不正論。大慧！如實處見一切法者，謂起自心現量。”

实译：爾時大慧菩薩摩訶薩復白佛言：“世尊，如佛先說，一切諸法皆悉無生，又言如幻，將非所說前後相違？”佛言：“大慧！無有相違。何以故？我了於生即是無生，唯是自心之所見故，若有若無，一切外法，見其無性，本不生故。大慧！為離外道因生義故，我說諸法皆悉不生。大慧！外道羣聚共興惡見，言從有無生一切法，非自執著分別為緣。大慧！我說諸法非有無生，故名無生。大慧！說諸法者，為令弟子知依諸業攝受生死，遮其無有斷滅見故。大慧！說諸法相猶如幻者，令離諸法自性相故。為諸凡愚墮惡見欲，不知諸法唯心所現，為令遠離執著因緣生起之相，說一切法如幻如夢。彼諸愚夫執著惡見，欺誑自他，不能明見一切諸法如實住處。大慧！見一切法如實處者，謂能了達唯心所現。”

तत्रेदमुच्यते --

今译：这里，这样说道：

求译：爾時世尊欲重宣此義而說偈言：

---

[1] 这句求译按原文逐字对译，意思是“看到外界事物不存在，不生于有和无”。

[2] “性声说”的原词是 bhāvaśabda（“说有”），菩译“说一切诸法有”，实译“说诸法”。

[3] 按照现存梵本，此处有 visaṃvādayiṣyanti（“欺诳”）一词，即“欺诳自己和他人”。菩译“欺诳自身及于他身”。实译“欺诳自他”。

实译：爾時世尊重說頌言：

अनुत्पादे कारणाभावो भावे संसारसंग्रहः।
मायादिसदृशं पश्येल्लक्षणं न विकल्पयेत्॥ १६९॥

今译：依无生则无作因，依有则执取生死，
看到如同幻觉等，不应妄想分别相。（169）

求译：無生作非性[①]，有性攝生死，
觀察如幻等，於相不妄想。

实译：無作故無生，有法攝生死，
了達如幻等，於相不分別。

पुनरपरं महामते नामपदव्यञ्जनकायानां लक्षणमुद्देक्ष्यामः, यैर्नामपदव्यञ्जनकायैः सूपलक्षितैर्बोधिसत्त्वा महासत्त्वा अर्थपदव्यञ्जनानुसारिणः क्षिप्रमनुत्तरां सम्यक्संबोधिमभिसंबुध्य तथैव सर्वसत्त्वानवबोधयिष्यन्ति। तत्र महामते कायो नाम यदुत यद्वस्त्वाश्रित्य नाम क्रियते, स कायो वस्तु। कायः शरीरमित्यनर्थान्तरम्। एष महामते नामकायः। पदकायः पुनर्महामते यदुत पदार्थकायसद्भावो निश्चयः। निष्ठा उपलब्धिरित्यनर्थान्तरम्। एष महामते पदकायोपदेशः कृतो मया। व्यञ्जनकायः पुनर्महामते यदुत येन नामपदयोरभिव्यक्तिर्भवति। व्यञ्जनं लिङ्गं लक्षणमुपलब्धिः प्रज्ञप्तिरित्यनर्थान्तरम्॥

今译：还有，大慧啊，我们将说明名身、句身和音身[②]。名身、句身和音身得到正确显示，众菩萨大士依据义、句和音，能迅速证得无上正等觉，从而唤醒一切众生。其中，名身是依靠事物而得名，身是事物。“身，身体”，别无他义[③]。大慧啊，这是名身。还有，大慧

[①] “作非性”的原文是 kāraṇābhāva，意谓“无作因”。

[②] “名”（nāma）指名称或概念。“句”（pada）指词。“音”（vyañjana）指音节或字母。其中的“音”，求译“形”，菩译“字”，实译“文”，相当于汉语中的“字形”和“文字”。

[③] “别无他义”（anarthāntaram）也就是说是这种意义。这里和下面两处出现的“……别无他义”不见于求译、菩译和实译。

啊，句身是句义身的真实对象得以确定。"确立，获得"，别无他义。大慧啊，这是我所说的句身。还有，大慧啊，音身是展示名和句这两者。"音，标志，相，获得，表示"，别无他义。

求译：復次，大慧！當說名、句、形身相。善觀名、句、形身，菩薩摩訶薩隨入義、句、形身，疾得阿耨多羅三藐三菩提。如是覺已，覺一切眾生。大慧！名身者，謂若依事立名。是名名身。句身者，謂句有義身，自性決定究竟。是名句身。形身者，謂顯示名句。是名形身。[①]

实译：復次，大慧！我當說名、句、文身相。諸菩薩摩訶薩善觀此相，了達其義，疾得阿耨多羅三藐三菩提，復能開悟一切眾生。大慧！名身者，謂依事立名，名即是身。是名名身。句身者，謂能顯義，決定究竟。是名句身。文身者，謂由於此能成名句。是名文身。

पुनरपरं महामते पदकायो यदुत पदकार्यनिष्ठा। नाम पुनर्महामते यदुत अक्षराणां च नामस्वभावभेदो ऽकाराद्यावद्धकारः। तत्र व्यञ्जनं पुनर्महामते यदुत ह्रस्वदीर्घप्लुतव्यञ्जनानि। तत्र पदकायाः पुनर्महामते ये पदवीथीगामिनो हस्त्यश्वनरमृगपशुगोमहिषाजैडकाद्याः पदकायसंज्ञां लभन्ते। नाम च व्यञ्जनं च पुनर्महामते चत्वार अरूपिणः स्कन्धाः। नाम्नाभिलप्यन्त इति कृत्वा नाम, स्वलक्षणेन व्यज्यते इति कृत्वा व्यञ्जनम्। एतन्महामते नामपदव्यञ्जनकायानां नामपदाभिधानलक्षणम्। अत्र ते परिचयः करणीयः॥

今译：还有，大慧啊，句身是确立句事。还有，大慧啊，名身是从 a 到 h 的字母名自性分别。还有，大慧啊，音身是短音、长音和最长音[②]。其中，大慧啊，句身由象、马、人、鹿、牛、水牛、羊和山羊等等留在路上的蹄印而得名句身。[③]还有，大慧啊，名和音是无色

[①] 此处有夹注："形身即字也"。

[②] "最长音"（pluta）是三倍于短音的长音。

[③] "句"的原词 pada（"词"）也读为"足"。这里以足迹确认具体动物，比喻句身确定真实对象。

的四蕴[①]。以名言说，故而是名。以自相展示，故而是音。大慧啊，这是名身、句身和音身的名相、句相和表示相。[②]你应该这样观察。

求译：又形身者[③]，謂長短高下。又句身者，謂徑跡，如象、馬、人、獸等所行徑跡，得句身名。大慧！名及形者，謂以名說無色四陰，故說名。自相現，故說形。是名名、句、形身。說名、句、形身相分齊[④]，應當修學。

实译：復次，大慧！句身者，謂句事究竟。名身者，謂諸字名各各差別，如從阿字乃至呵字。文身者，謂長短高下。復次，句身者，如足跡，如衢巷中人、畜等跡。名謂非色四蘊，以名說故。文謂名之自相，由文顯故。是名名、句、文身。此名、句、文身相，汝應修學。

तत्रेदमुच्यते --

今译：这里，这样说道：

求译：爾時世尊欲重宣此義而說偈言：

实译：爾時世尊重說頌言：

व्यञ्जने पदकाये च नाम्नि चापि विशेषतः।
बालाः सज्जन्ति दुर्मेधा महापङ्के यथा गजाः॥ १७०॥

今译：音身、句身和名身具有种种差别，
无知愚夫执著，如大象陷入泥沼。（170）

求译：名身與句身，及形身差別，
凡夫愚計著，如象溺深泥。

① 色、受、想、行和识构成五蕴。“无色的四蕴”指受、想、行和识。这里的意思可能是指名和音本身没有色相。
② 以上是说明名（名称或概念）、句（词）和音（展示者或表示者）的特征和相互关系。
③ 按照现存梵本以及菩译和实译，在这前面还有两句论述“句身”和“名身”。
④ 此处“分齐”（即“分别”）一词不见于现存梵本。

实译：名身與句身，及字身差別，
凡愚所計著，如象溺深泥。

पुनरपरं महामते युक्तिहेतुबुद्धिवैकल्यात्कुतार्किका दुर्विदग्धमतयो ऽनागते ऽध्वनि पृष्टा विद्वद्भिरेकत्वान्यत्वोभयानुभयदृष्टिलक्षणविनिर्मुक्तमन्तद्वयविधिं पृच्छद्भिरेवं वक्ष्यन्ति -- अप्रश्नमिदं नेदं योनिश इति, यदुत रूपादिभ्यो ऽनित्यता अन्या अनन्येति। एवं निर्वाणं संस्कारेभ्यो लक्षणाल्लक्षणं गुणेभ्यो गुणी भूतेभ्यो भौतिकं दृश्याद्दर्शनं पांशुभ्यो ऽणवो ज्ञानाद्योगिनः, एवमाद्येनोत्तरोत्तरक्रमलक्षणविधिना अव्याकृतानि पृष्टाः स्थापनीयं भगवता अव्याकृतमिति वक्ष्यन्ति। न तु ते मोहपुरुषा एवं ज्ञास्यन्ति यथा श्रोतॄणां बुद्धिवैकल्यात् तथागता अर्हन्तः सम्यक्संबुद्धा उत्त्रासपदविवर्जनार्थं सत्त्वानां न व्याकुर्वन्ति। अव्याकृतान्यपि च महामते तीर्थकरदृष्टिवादव्युदासार्थं नोपदिश्यन्ते तथागतैः। तीर्थकरा हि महामते एवंवादिनः -- यदुत स जीवस्तच्छरीरम्, अन्यो जीवो ऽन्यच्छरीरम्, इत्येवमाद्ये ऽव्याकृतवादः। तीर्थकराणां हि महामते कारणविसंमूढानामव्याकृतं न तु मत्प्रवचने। मत्प्रवचने तु महामते ग्राह्यग्राहकविसंयुक्ते विकल्पो न प्रवर्तते। तेषां कथं स्थाप्यं भवेत् ? ये तु महामते ग्राह्यग्राहकाभिनिविष्टाः स्वचित्तदृश्यमात्रानवधारितमतयस्तेषां स्थाप्यं भवति। चतुर्विधपदप्रश्नव्याकरणेन महामते तथागता अर्हन्तः सम्यक्संबुद्धाः सत्त्वेभ्यो धर्मं देशयन्ति। स्थापनीयमिति महामते कालान्तरदेशनैषा मया कृता अपरिपक्वेन्द्रियाणाम्। न तु परिपक्वेन्द्रियाणां स्थाप्यं भवति॥

今译：还有，大慧啊，在未来之路上，一些浅陋的思辨者思想不成熟，不理解道理和原因，遇到智者询问他们摆脱一和异、双和非双诸见相这类二边问题，他们会说："这根本不是问题。"例如，无常与色等等既异又不异。同样，涅槃与生死、所相与能相[①]、有性质与性质、造物与四大、能见与所见、极微与尘土和瑜伽行者与智，诸如此

① "所相与能相"（或译"所指与能指"）的原词是 lakṣaṇāllakṣaṇa，据南条本，后面的 lakṣaṇa 为 lakṣyaṇa。但规范的词应为 lakṣya（"所相"或"所指"）。

类依次增加而不必解答的问题。遇到询问，他们会说："世尊搁置不答。"但是，这些愚夫并不知道如来、阿罗汉、正等觉为了避免智力不足的听众惊恐，而不向众生解答。大慧啊，一切如来不宣示这些不必解答的问题，也为了破除外道诸见。大慧啊，外道这样论说："命是身，命异，身异"。诸如此类不必解答的论说。大慧啊，在我的言说中，没有外道迷惑于作因而提出的这种不必解答的问题。大慧啊，在我的言说中，摆脱所取和能取，不起妄想分别。为何对他们搁置不答？大慧啊，他们执著所取和能取，不理解唯自心所现，因而对他们搁置不答。大慧啊，一切如来、阿罗汉、正等觉用四种问答方式[1]向众生示法。大慧啊，我在其他的时间和场合，对诸根不成熟者搁置不答，而对诸根成熟者并不搁置不答。

求译："復次，大慧！未來世智者當以離一異、俱不俱見相，我所通義，問無智者，彼即答言，此非正問。謂色等常無常，為異不異，如是涅槃諸行，相所相，求那所求那，造所造，見所見，塵及微塵，修與修者，如是比展轉相。如是等問，而言佛說無記止論[2]。非彼癡人之所能知，謂聞慧不具故，如來、應供、等正覺令彼離恐怖句故，說言無記，不為記說。又止外道見論故，而不為說。大慧！外道作如是說，謂命即是身，如是等無記論。大慧！彼諸外道愚癡於因作無記論，非我所說。大慧！我所說者，離攝所攝，妄想不生。云何止彼？大慧！若攝所攝計著者，不知自心現量，故止彼。大慧！如來、應供、等正覺以四種記論，為衆生說法。大慧！止記論者，我時時說，為根未熟，不為熟者。

实译："復次，大慧！未來世中有諸邪智惡思覺者，離如實法，以見一異、俱不俱相，問諸智者[3]，彼即答言：'此非正問。'謂色與

[1] 四种"问答方式"（praśnavyākaraṇa）参阅下面第 171 颂。
[2] "无记"（avyākṛta）指"不解释"或"不解答"。"止论"（sthāpanīya）指"搁置不答"。
[3] 此处按现存梵本以及求译和菩译，应为智者询问邪智者。

無常，為異為不異，如是涅槃諸行，相所相，依所依，造所造，見所見，地與微塵，智與智者，為異為不異，如是等不可記事次第而問。世尊說此，當止記答。愚夫無智非所能知，佛欲令其離驚怖處，不為記說。大慧！不記說者，欲令外道永得出離作者見故。大慧！諸外道眾計有作者，作如是說，命即是身，命異身異，如是等說名無記論。大慧！外道癡惑說無記論，非我教中說離能所取，不起分別。云何可止？大慧！若有執著能取所取，不了唯是自心所見，彼應可止。大慧！諸佛如來以四種記論為眾生說法。大慧！止記論者，我別時說，以根未熟，且止說故。[①]

पुनरपरं महामते क्रियाकारकरहिताः सर्वधर्मा नोत्पद्यन्ते ऽकारकत्वात्। तेनोच्यते ऽनुत्पन्नाः सर्वधर्माः। निःस्वभावाः पुनर्महामते सर्वभावाः केन कारणेन ? यस्मान्महामते स्वबुद्ध्या विचार्यमाणानां स्वसामान्यलक्षणाभावा नावधार्यन्ते, तेनोच्यन्ते निःस्वभावाः सर्वधर्मा इति। तत्र अनायूहानिर्यूहाः पुनर्महामते सर्वधर्माः केन कारणेन ? यस्मान्महामते स्वसामान्यलक्षणमायूह्यमानं नायुह्यते, निर्यूह्यमानं न निर्यूह्यते। अत एतस्मात्कारणान्महामते सर्वधर्मा आयूहनिर्यू-हविगताः। अनिरुद्धाः पुनर्महामते सर्वधर्माः केन कारणेन ? यदुत भावस्वभावलक्षणासत्त्वात्सर्वधर्मा नोपलभ्यन्ते। तेनोच्यन्ते ऽनिरुद्धाः सर्वधर्मा इति। तत्र अनित्याः पुनर्महामते सर्वधर्माः केन कारणेनोच्यन्ते ? यदुत लक्षणोत्पत्त्यनित्यभावात्। तेनोच्यन्ते अनित्याः सर्वधर्मा इति। तत्र नित्याः पुनर्महामते सर्वधर्माः केन कारणेन ? यदुत लक्षणोत्पन्नानुत्पन्नाभावादनित्यतया नित्याः। तेनोच्यन्ते महामते नित्याः सर्वधर्मा इति॥

今译：“还有，大慧啊，一切法无所作和能作，无作者而无生。因此，说一切法无生。还有，大慧啊，为何一切事物无自性？大慧啊，凭自己的智慧观察，不获知自相和共相存在。因此，说一切法无自性。还有，大慧啊，为何一切法无来去？大慧啊，自相和共相来无所来，

① 此处按照现存梵本以及求译和菩译，还有一句：“而对诸根成熟者并不搁置不答。”

去无所去。因此，说一切法无来去。还有，大慧啊，为何一切法不灭？事物自性相不存在，一切法不可获得。因此，说一切法不灭。还有，大慧啊，为何一切法无常？诸相生无常。因此，说一切法无常。还有，大慧啊，为何一切法常？诸相生和不生皆不存在，以无常为常。因此，说一切法常。

求译："復次，大慧！一切法離所作因緣不生，無作者故，一切法不生。大慧！何故一切性離自性？以自覺觀時，自共性相不可得故，說一切法不生①。何故一切法不可持來，不可持去？以自共相欲持來無所來，欲持去無所去。是故，一切法離持來去。大慧！何故一切諸法不滅？謂性自性相無故，一切法不可得故，一切法不滅。大慧！何故一切法無常？謂相起無常性。是故，說一切法無常。大慧！何故一切法常？謂相起無生性，無常常，故說一切法常。"

实译："復次，大慧！何故一切法不生？以離能作所作，無作者故。何故一切法無自性？以證智觀自相共相不可得故。何故一切法無來去？以自共相，來無所從，去無所至故。何故一切法不滅？謂一切法無性相故，不可得故。何故一切法無常？謂諸相起無常性故。何故一切法常？謂諸相起即是不起，無所有故，無常性常。是故，我說一切法常。"

तत्रेदमुच्यते --

今译：这里，这样说道：

求译：爾時世尊欲重宣此義而說偈言：

实译：爾時世尊重說頌言：

---

① 此处"不生"的原词是 niḥsvabhāva，应译"离自性"，与前面设问中的"离自性"一致。

चतुर्विधं व्याकरणमेकांशं परिपृच्छनम्।
विभज्यं स्थापनीयं च तीर्थवादनिवारणम्॥ १७१॥

今译：直答[①]、反问、分别和搁置不答，
这是四种解答，制止外道论说。（171）

求译：記論有四種，一向及詰問，
分别及止論，以制諸外道。

实译：一向及返問，分别與置答，
如是四種説，摧伏諸外道。

सदसतोर्ह्यनुत्पादः सांख्यवैशेषिकैः स्मृतः।
अव्याकृतानि सर्वाणि तैरेव हि प्रकाशिता॥ १७२॥

今译：数论和胜论[②]宣称生于有和无[③]，
对他们所说的一切，不必解答。（172）

求译：有及非有生，僧佉毗舍[④]師，
一切悉無記，彼如是顯示。

实译：數論與勝論，言有非有生，
如是等諸説，一切皆無記。

बुद्ध्या विवेच्यमानानां स्वभावो नावधार्यते।
तस्मादनभिलाप्यास्ते निःस्वभावाश्च देशिताः॥ १७३॥

① “直答”的原词是ekāṃśa，本义是“一部分”，引申为“唯一的”、“绝对的”或“肯定的”。作为解答方式，意谓正面的、肯定的或直接的解答。求译和实译均为“一向”，菩译“直答”。

② “数论”（Sāṅkhya）和“胜论”（Vaiśeṣika）是属于婆罗门教的两种哲学派别。

③ “生于有和无”原文为sadasatorhyanutpāda（“不生于有和无”），疑有误。此处求译和菩译为“有及非有生”，实译“有非有生”，意思都是“生于有和无”。据南条本此处注文中标出抄本A为saccāsatorhya utpāda，虽然文字不规范，但意义切合。

④ “僧佉”是“数论”一词的音译。“毗舍”是“胜论”一词的音译。

今译：凭智慧观察，自性不可获知，
也就无可说，故而说无自性。（173）

求译：正覺所分別，自性不可得，
以離於言說，故說離自性。

实译：以智觀察時，體性不可得，
以彼無可說，故說無自性。

अथ खलु महामतिर्बोधिसत्त्वो महासत्त्वः पुनरपि भगवन्तमेतदवोचत् -- देशयतु मे भगवान् स्रोतआपन्नानां स्रोतआपत्तिगतिप्रभेदनयलक्षणम्। येन स्रोतआपत्तिगतिप्रभेदनयलक्षणेन अहं च अन्ये च बोधिसत्त्वा महासत्त्वाः स्रोतआपन्नानां स्रोतआपत्तिगतिप्रभेदनयलक्षणकुशला उत्तरोत्तरसकृदागाम्यनागाम्यर्हत्त्वोपायलक्षणविधिज्ञास्तथा सत्त्वेभ्यो धर्मं देशयेयुः, यथा नैरात्म्यलक्षणद्वयमावरणद्वयं च प्रतिविशोध्य भूमेर्भूमिलक्षणातिक्रमगतिंगतास्तथागताचिन्त्यगतिविषयगोचरं प्रतिलभ्य विश्वरूपमणिसदृशाः सर्वसत्त्वोपजीव्यतामधिगच्छेयुः, सर्वधर्मविषयगतिकायोपभोग्यतोपजीव्याः स्युः ॥

今译：然后，大慧菩萨大士又对世尊说道："请世尊为我宣示众预流进入预流的差别相。凭借这种进入预流的差别相，我和其他菩萨大士可以通晓进入预流的差别相，明瞭依次递进的一来、不还和阿罗汉性的方便相，而后向众生示法。这样，净化二无我相和二障[1]，依次越过诸地相，达到如来不可思议境界，如同一切色摩尼珠，成为一切众生的供养者，供应一切法境界中身体的享受。"

求译：爾時大慧菩薩摩訶薩復白佛言："世尊，唯願為說諸須陀洹須陀洹趣差別通相。若菩薩摩訶薩善解須陀洹趣差別通相，及斯陀含、阿那含[2]、阿羅漢方便相，分別知已，如是如是，為眾生說法，

---

[1] "二障"（āvaraṇadvaya）指烦恼障和所知障。

[2] "斯陀含"是 sakṛdāgāmin（"一来"）一词的音译。"阿那含"是 anāgāmin（"不还"）一词的音译。

謂二無我相及二障淨，度諸地相究竟通達，得諸如來不思議究竟境界，如衆色摩尼，善能饒益一切衆生，以一切法境界無盡身財，攝養一切。”

实译：爾時大慧菩薩摩訶薩復白佛言：“世尊，願為我說諸須陀洹須陀洹果行差別相。我及諸菩薩摩訶薩聞是義故，於須陀洹、斯陀含、阿那含、阿羅漢方便相，皆得善巧，如是而為衆生演說，令其證得二無我法，淨除二障，於諸地相漸次通達，獲於如來不可思議智慧境界，如衆色摩尼，普令衆生悉得饒益。”

भगवानाह -- तेन हि महामते शृणु , साधु च सुष्ठु च मनसिकुरु। भाषिष्ये ऽहं ते। साधु भगवन्निति महामतिर्बोधिसत्त्वो महासत्त्वो भगवतः प्रत्यश्रौषीत्। भगवांस्तस्यैतदवोचत् -- त्रय इमे महामते स्रोतआपन्नानां स्रोतआपत्तिफलप्रभेदाः। कतमे त्रयः ? यदुत हीनमध्यविशिष्टाः तत्र महामते हीनः सप्तजन्मभवपरमः। मध्यः पुनर्महामते त्रिपञ्चभवपरिनिर्वायी भवति। उत्तमः पुनर्महामते तज्जन्मपरिनिर्वायी भवति। एषां तु महामते त्रयाणां त्रीणि संयोजनानि मृदुमध्याधिमात्राण्येव भवन्ति। तत्र महामते कतमानि त्रीणि संयोजनानि ? यदुत सत्कायदृष्टिर्विचिकित्सा शीलव्रतपरामर्शश्च। एतानि महामते त्रीणि संयोजनानि विशेषोत्तरोत्तरेण अर्हतामर्हत्फलीभवन्ति। तत्र महामते सत्कायदृष्टिर्द्विविधा यदुत सहजा च परिकल्पिता च, परतन्त्रपरिकल्पितस्वभाववत्। तद्यथा महामते परतन्त्रस्वभावाश्रयाद्विचित्रपरिकल्पितस्वभावाभिनिवेशः प्रवर्तते। स च तत्र न सन्नासन्न सदसन् , अभूतपरिकल्पलक्षणत्वात्। अथ च बालैर्विकल्प्यते विचित्रस्वभावलक्षणाभिनिवेशेन मृगतृष्णिकेव मृगैः। इयं महामते स्रोतआपन्नस्य परिकल्पिता सत्कायदृष्टिरज्ञानाच्चिरकालाभिनिवेशसंचिता। सा च तस्य पुद्गलनैरात्म्यग्रहाभावतः प्रहीणा। सहजा पुनर्महामते स्रोतआपन्नस्य सत्कायदृष्टिः स्वपरकायसमतया चतुःस्कन्धरूपलक्षणत्वाद्रूपस्योत्पत्तिभूतभौतिकत्वात्परस्परहेतुलक्षणत्वाद्भूतानां रूपस्यासमुदय इति कृत्वा स्रोतआपन्नस्य सदसत्पक्षदृष्टिदर्शनात्सत्कायदृष्टिः प्रहीणा भवति। अत एव सत्कायदृष्टिप्रहीणस्य रागो न प्रवर्तते। एतन्महामते सत्कायदृष्टिलक्षणम्॥

今译：世尊说道："那么，大慧啊，请听！请你安下心来，我会为你讲述。"大慧菩萨大士回答世尊，说道："好吧，世尊。"世尊对他说道："大慧啊，预流获得的预流果有三等。哪三等？下、中和上。其中，大慧啊，下等最多可达七次生。还有，大慧啊，中等三次或五次生后达到般涅槃。还有，大慧啊，上等此生就达到般涅槃。大慧啊，这三等有三种结[①]，也分下、中和上。大慧啊，哪三种结？身见、疑惑和执取持戒。大慧啊，这三种结依次向上，达到阿罗汉果。其中，大慧啊，身见有两种：天生和妄想，如同依他自性和妄想自性。例如，大慧啊，依靠依他自性，产生对种种妄想自性的执著。由于是不实妄想，那里非有，非无，也非有和无。愚夫们执著种种自性相而妄想，如同群鹿妄想阳焰。预流的这种妄想身见是出于无知，长期执著，积累而成。一旦凭借人无我，摆脱执著，就能消除。还有，大慧啊，预流天生的身见。自己和他人的身体相同，有四蕴和色相。色生于四大和造物，而四大互为原因，因此，确认并无色的生起。预流洞悉有无二翼，也就消除身见。而消除身见，贪欲也就不产生。大慧啊，这是身见相。

求译：佛告大慧："諦聽諦聽！善思念之，今為汝說。"大慧白佛言："善哉世尊，唯然聽受。"佛告大慧："有三種須陀洹須陀洹果差別。云何為三？謂下中上。下者極七有生。中者三五有生而般涅槃。上者即彼生而般涅槃。此三種有三結下中上。云何三結？謂身見、疑、戒取，是三結差別，上上昇進，得阿羅漢。大慧！身見有二種，謂俱生[②]及妄想，如緣起妄想、自性妄想。譬如依緣起自性，種種妄想自性計著生，以彼非有，非無，非有無，無實妄想相故。愚夫妄想，種種妄想自性相計著，如熱時炎鹿渴水想。是須陀洹妄想身見。彼以人無我，攝受無性，斷除久遠無知計著。大慧！俱生者須陀洹身見，

① "结"的原词是saṃyojana，本义是"联系"、"结合"，引申为"束缚"。
② "俱生"（sahaja）指"与生俱来"，也就是"天生"。

自他身等四陰無色相[①]故，色生造及所造[②]故，展轉相因相故，大種[③]及色不集故。須陀洹觀有無品見，身見則斷。如是身見斷，貪則不生。是名身見相。

实译：佛言：“諦聽！當為汝說。”大慧言：“唯！”佛言：“大慧！諸須陀洹須陀洹果差別有三，謂下中上。大慧！下者於諸有中極七反生，中者三生五生，上者即於此生而入涅槃。大慧！此三種人斷三種結，謂身見、疑、戒禁取，上上勝進，得阿羅漢果。大慧！身見有二種，謂俱生及分別，如依緣起有妄計性。大慧！譬如依止緣起性故，種種妄計執著性生，彼法但是妄分別相，非有非無，非亦有亦無。凡夫愚癡而横執著，猶如渴獸妄生水想。此分别身見，無智慧故，久遠相應。見人無我，即時捨離。大慧！俱生身見，以普觀察自他之身，受等四蘊無色相故，色由大種而得生故，是諸大種互相因故，色不集故。如是觀已，明見有無，即時捨離。捨身見故，貪則不生。是名身見相。

विचिकित्सालक्षणं पुनर्महामते यदुत प्राप्तिधर्माधिगमसुदृष्टिलक्षणत्वात्पूर्वं सत्कायदृष्टिद्वयविकल्पप्रहीणत्वाच्च विचिकित्सा धर्मेषु न भवति। न चास्य अन्या शास्तृदृष्टिर्भवति शुद्धाशुद्धितः। एतन्महामते विचिकित्सालक्षणं स्रोतआपन्नस्य॥

今译：“还有，大慧啊，疑惑相。通晓获得的正法而具有善见，消除上述两种身见妄想，故而对诸法没有疑惑。考虑到纯洁和不纯洁，也不追随其他导师的见解。大慧啊，这是预流的疑惑相。

求译：“大慧！疑相者，謂得法善見相故，及先二種身見妄想斷故，疑法不生。不於餘處起大師見，為淨不淨。是名疑相須陀洹斷。

---

① “四阴无色相”，按照现存梵本是“四蕴和色相”（catuḥskandharūpalakṣaṇa）。而实译和菩译与求译一致。那么，此处原文可能是 catuḥskandhārūpalakṣaṇa。

② “造及所造”的原文是 bhūtabhautika，意谓“四大和造物”。

③ 此处的“大种”（即“四大”）一词应与前面的“展转相因相故”相连，即“四大展转相因相故”。

实译：“大慧！疑相者，於所證法善見相故，及先二種身見分別斷故，於諸法中疑不得生。亦不於餘生大師想，為淨不淨。是名疑相。

शीलं पुनर्महामते कथं न परामृशति स्रोतआपन्नः ? यदुत दुःखोपपत्त्यायतनलक्षणसंदृष्टत्वान्न परामृशति। परामृष्टिः पुनर्महामते यदुत शीलव्रततपोनियमैर्बालपृथग्जना भोगसुखाभिलाषिणो भवोत्पत्तिं प्रार्थयन्ते, न च परामृशन्ति। एवमन्यत्र स्वप्रत्यात्माधिगमविशेषगामितायां परिणामयन्ति। निर्विकल्पानास्रवधर्मलक्षणाकारेण प्रसज्यन्ते शीलाङ्गैः। एतन्महामते स्रोतआपन्नस्य शीलव्रतपरामर्शलक्षणं भवति। न तु महामते स्रोतआपन्नस्य त्रिसंयोजनप्रहीणस्य रागद्वेषमोहाः प्रवर्तन्ते॥

今译：“还有，大慧啊，预流怎样不执取持戒？看到痛苦的产生和入处相，故而不执取持戒。还有，大慧啊，执取持戒。愚夫们渴望享乐，通过持戒、苦行和约束，追求再生。然而，他们不执取。相反，他们转向自觉内证胜道，而修习具有无分别和无漏[1]法相形态的戒支。[2]大慧啊，这是预流的执取持戒相。大慧啊，预流消除三结，也就不产生贪、瞋和痴。”

求译：“大慧！戒取者，云何須陀洹不取戒？謂善見受生處苦相故，是故不取。大慧！取者，謂愚夫決定受習苦行，為衆樂具故，求受生。彼則不取。除[3]回向自覺勝，離妄想，無漏法相行方便，受持戒支。是名須陀洹取戒相斷。須陀洹斷三結，貪、癡不生。若須陀洹作是念，此諸結我不成就者，應有二過，墮身見及諸結不斷。[4]”

实译：“大慧！何故須陀洹不取戒禁？謂以明見生處苦相，是故不取。夫其取者，謂諸凡愚於諸有中貪著世樂，苦行持戒，願生於彼。

---

[1] “无漏”（anāsrava）意谓没有烦恼。

[2] “戒支”（śīlāṅga）指戒律的种种分支。

[3] 此处“除”的原词是 anyatra，词义为“除了”、“唯有”和“相反”等。这里可译为“相反”。实译“惟”。

[4] 自“若须陀洹作是念”至此这一句，按照现存梵本以及菩译和实译，出现在下面论述阿罗汉的那一段末尾。

須陀洹人不取是相，惟求所證最勝無漏、無分别法，修行戒品。是名戒禁取相。大慧！須陀洹人捨三結故，離貪、瞋、癡。”

महामतिराह -- रागः पुनर्भगवता बहुप्रकार उपदिष्टः। तत्कतमस्तस्यात्र रागः प्रहीणो भवति ? भगवानाह -- विषयकामेन्द्रियः स्त्रीसंयोगरागः प्रत्युत्पन्नसुखः आयत्यां दुःखजन्महेतुकः खटचपेटलिङ्गितचुम्बितपरिष्वक्ताघ्रातकटाक्षेक्षितैः। तस्य महामते रागो न प्रवर्तते। तत्कस्य हेतोः ? यदुत समाधिसुखविहारलाभित्वात्। अत एष प्रहीणो भवति, न निर्वाणाधिगमरागः॥

今译：大慧说道：“世尊指出贪欲有许多种。在这里应该消除哪种贪欲？”世尊说道：“感官贪婪对象，贪求与女人和合，拍打、暗示、亲吻、拥抱、嗅闻、斜视和凝视等等，[①]现时快乐，而将来受苦。大慧啊，不产生这种贪欲。为什么？因为住于入定之乐。因此，消除这种贪欲，而不是消除对涅槃的贪欲。

求译：大慧白佛言：“世尊，世尊說眾多貪欲，彼何者貪斷？”佛告大慧：“愛樂女人，纏綿貪著，種種方便，身口惡業，受現在樂，種未來苦。彼則不生。所以者何？得三昧正受樂故。是故，彼斷，非趣涅槃貪斷。

实译：大慧白言：“貪有多種，捨何等貪？”佛言：“大慧！捨於女色纏綿貪欲，見此現樂，生來苦故，又得三昧殊勝樂故。是故，捨彼，非涅槃貪。

सकृदागामिफललक्षणं पुनर्महामते कतमत् ? यदुत सकृद्रूपलक्षणाभासविकल्पः प्रवर्तते। निमित्तदृष्टिलक्ष्यलक्षणाभावाद्ध्यानगतिलक्षणसुदृष्टत्वात्सकृदेतं लोकमागम्य दुःखस्यान्तक्रियायै परिनिर्वास्यति। तेनोच्यते सकृदागामीति। तत्र अनागामीति महामते कथं भवति ? यदुत अतीतानागतप्रत्युत्पन्नस्य रूपलक्षण-

[①] 这里这些具体描写不见于求译和实译，但见于菩译。

भावाभावप्रवृत्तेर्दृष्टिदोषानुशयविकल्पस्य अनागामित्वादनागामिरूपप्रहीणत्वाच्च संयोजनानामनागामीत्युच्यते। अर्हन् पुनर्महामते ध्यानध्येयसमाधिविमोक्षबलाभिज्ञाक्लेशदुःखविकल्पाभावादर्हन्नित्युच्यते॥

今译：“还有，大慧啊，何为一来果相？只产生一次色相影像分别。由于不存在相见中的所相和能相，而通晓进入禅定相，只是回到这个世界一次，灭除痛苦，达到般涅槃。因此，成为一来。其中，大慧啊，何为不还？过去、未来和现在产生的色相有无以及邪见、谬误、随眠[①]和分别不再返回，诸结[②]不再返回而消除色，故而称为不还。还有，大慧啊，阿罗汉。获得禅、所禅、入定、解脱、诸力和神通，不再有烦恼、痛苦和分别，故而称为阿罗汉。”

求译：“大慧！云何斯陀含相？謂頓[③]照色相妄想生相。見相不生，善見禪趣相故，頓來此世，盡苦際，得涅槃。是故，名斯陀含。大慧！云何阿那含？謂過去、未來、現在色相性非性生、見、過患、使[④]、妄想不生故，及結斷故，名阿那含。大慧！阿羅漢者，謂諸禪、三昧、解脫、力、明，煩惱、苦、妄想非性故，名阿羅漢。”

实译：“大慧！云何斯陀含果？謂不了色相起色分別，一往來已，善修禪行，盡苦邊際而般涅槃。是名斯陀含。大慧！云何阿那含果？謂於過、未、現在色相起有無、見、分別、過惡、隨眠不起，永捨諸結，更不還來。是名阿那含。大慧！阿羅漢者，謂諸禪、三昧、解脫、力、通悉已成就，煩惱、諸苦、分別永盡。是名阿羅漢。”

महामतिराह -- त्रयः पुनर्भगवता अर्हन्तो ऽभिहिताः। तत्कतमस्यायं भगवन्नर्हच्छब्दो निपात्यते ? किं भगवन् शमैकायनमार्गप्रतिलम्भिकस्य, उत बोधि-

① “随眠”（anuśaya）指深藏的烦恼。

② “诸结”（samyojana）指上述三结。

③ 此处的“顿”和下一句中的“顿”的原词是 sakṛt，意谓“一次”。

④ 此处“使”的原词是 anuśaya（“随眠”）。

प्रणिधानाभ्यस्तकुशलमूलसंमूढस्य, उत निर्मितनैर्माणिकस्य ? भगवानाह -- शमैकायनमार्गप्रतिलम्भिकस्य महामते श्रावकस्य, न त्वन्येषाम्। अन्ये पुनर्महामते बोधिसत्त्वचर्याचरिताविनो बुद्धनिर्मितनैर्माणिकाश्च उपायकुशलमूलप्रणिधानपूर्वकत्वात्पर्षन्मण्डलेषूपपत्तिं दर्शयन्ति बुद्धपर्षन्मण्डलोपशोभनार्थम्। विकल्पगतिसंस्थानान्तरविचित्रोपदेशो ऽयं महामते यदुत फलाधिगमध्यानध्यातृध्येयविविक्तत्वात्स्वचित्तदृश्योपगमात्फलप्राप्तिलक्षणमुपदिश्यते। पुनरपरं महामते यदि स्रोतआपन्नस्यैतदभविष्यत् -- इमानि संयोजनानि, अहमेभिर्न संयुक्त इति, तद्द्वित्वप्रसङ्ग आत्मदृष्टिपतितः स्यादप्रहीणसंयोजनश्च॥

今译：大慧说道："世尊说过有三种阿罗汉。世尊啊，这里所说的阿罗汉属于哪一种？属于达到唯一寂静道，或属于实践菩提誓愿而痴迷[①]善根，或属于佛的变化？"世尊说道："大慧啊，属于达到唯一寂静道的声闻，而不属于其他两种。大慧啊，其他两种修习菩萨行，呈现佛的变化，凭借先前的方便、善根和誓愿，为装饰诸佛集会而在集会中示现生。这是各种不同于分别趣向和形态的说法。大慧啊，这是远离得果、禅、禅者和所禅，觉知自心所现，而说得果相。还有，大慧啊，如果预流这样思忖：'我已摆脱这些结'，那么，由于陷入我见，执著二重性，也就没有消除这些结。[②]

求译：大慧白佛言："世尊，世尊說三種阿羅漢。此說何等阿羅漢？世尊，為得寂靜一乘道，為菩薩摩訶薩方便示現阿羅漢，為佛化化？"佛告大慧："得寂靜一乘道聲聞，非餘。餘者行菩薩行，及佛化化，巧方便本願故，於大眾中示現受生，為莊嚴佛眷屬故。大慧！於妄想處種種說法，謂得果、得禪者[③]、入禪悉遠離故，示現得自心

[①] "痴迷"（sammūḍha），菩译"忘"，实译"退"。这里"痴迷"一词的实际意思可能是指"不忘却"，故而下面说到"凭借先前的方便、善根和誓愿"。求译未涉及此词，而采取变通的译法。

[②] 自"还有"至此对"预流"的论述，按求译出现在前面论述"预流"的部分。而菩译和实译与现存梵本一致。

[③] 此处"得禅者"的原文是 dhyānadhyātṛ（"禅和禅者"）。据《中华大藏经》校勘记，"得禅者"中的"禅"字，"《碛》、《南》、《径》、《清》作'禅禅'"。故而，"得禅者"应为"得禅、禅者"。

現量得果相，說名得果。

实译：大慧言："世尊，阿羅漢有三種，謂一向趣寂，退菩提願，佛所變化，此說何者？"佛言："大慧！此說趣寂，非是其餘。大慧！餘二種人，謂已曾發巧方便願，及為莊嚴諸佛眾會，於彼示生。大慧！於虛妄處說種種法，所謂證果、禪者及禪皆性離故，自心所見得果相故。大慧！若須陀洹作如是念，我離諸結，則有二過，謂墮我見及諸結不斷。

पुनरपरं महामते ध्यानाप्रमाणारूप्यधातुसमतिक्रमाय स्वचित्तदृश्यलक्षण-व्यावृत्तिः करणीया। संज्ञावेदितनिरोधसमापत्तिश्च महामते स्वचित्तदृश्यगतिव्य-तिक्रमस्तस्य न युज्यते चित्तमात्रत्वात्॥

今译："还有，大慧啊，你应该摆脱自心所现相，以超越禅、无量和无色界。大慧啊，由于唯心，达到灭想受定①，并不就是超越自心所现。"

求译："復次，大慧！欲超禪、無量、無色界者，當離自心現量相。大慧！受想正受，超自心現量者不然。何以故？有心量故。"

实译："復次，大慧！若欲超過諸禪、無量、無色界者，應離自心所見諸相。大慧！想受滅三昧，超自心所見境者不然，不離心故。"

तत्रेदमुच्यते --

今译：这里，这样说道：

求译：爾時世尊欲重宣此義而說偈言：

实译：爾時世尊重說頌言：

ध्यानानि चाप्रमाणानि आरूप्याश्च समाधयः।

---

① "灭想受定"（sañjñāveditanirodhasamāpatti）指达到灭除想和受的入定。

संज्ञानिरोधो निखिलश्चित्तमात्रे न विद्यते॥ १७४॥

今译：诸禅、无量、无色、入定和
灭除名想，全都不见于唯心。（174）

求译：諸禪四無量，無色三摩提[1]，
一切受想滅，心量彼無有。

实译：諸禪與無量，無色三摩提，
及以想受滅，惟心不可得。

स्रोतापत्तिफलं चैव सकृदागामिनस्तथा।
अनागामिफलं चैव अर्हत्त्वं चित्तविभ्रमः॥ १७५॥

今译：预流果、一来果、不还果和
阿罗汉性，全是心的迷妄。（175）

求译：須陀槃那果，往來及不還，
及與阿羅漢，斯等心惑亂。

实译：預流一來果，不還阿羅漢，
如是諸聖人，悉依心妄有。

ध्याता ध्यानं च ध्येयं च प्रहाणं सत्यदर्शनम्।
कल्पनामात्रमेवेदं यो बुध्यति स मुच्यते॥ १७६॥

今译：禅者、禅、所禅、断除和见真谛，
觉知这些全是妄想，便得解脱。（176）

求译：禪者禪及緣，斷知是真諦，
此則妄想量，若覺得解脫。

实译：禪者禪所緣，斷惑見真諦，

[1] 此处“三摩提”是 samādhi（“入定”）一词的音译。

此皆是妄想，了知即解脱。

पुनरपरं महामते द्विप्रकारा बुद्धिः प्रविचयबुद्धिश्च विकल्पलक्षणग्राहाभिनिवेशप्रतिष्ठापिका च। तत्र महामते प्रविचयबुद्धिर्नाम यदुत यया बुद्ध्या भावस्वभावलक्षणं प्रविचीयमानं चतुष्कोटिकारहितं नोपलभ्यते, सा प्रविचयबुद्धिः। तत्र महामते चतुष्कोटिका यदुत एकत्वान्यत्वोभयनोभयास्तिनास्तिनित्यानित्यरहितां चतुष्कोटिकामिति वदामि। एतया चतुष्कोटिकया महामते रहिताः सर्वधर्मा इत्युच्यते। इयं महामते चतुष्कोटिका सर्वधर्मपरीक्षायां प्रयोक्तव्या। तत्र महामते विकल्पलक्षणग्राहाभिनिवेशप्रतिष्ठापिका बुद्धिः कतमा ? यदुत येन महामते चित्तविकल्पलक्षणग्राहाभिनिवेशेन उष्णद्रवचलकठिनानभूतपरिकल्पलक्षणान् महाभूतान् प्रतिज्ञाहेतुलक्षणदृष्टान्ताभिनिवेशादसद्भूतसमारोपेण समारोपयति, सा विकल्पलक्षणग्राहाभिनिवेशप्रतिष्ठापिका बुद्धिः। एतन्महामते बुद्धिद्वयस्य लक्षणं येन बुद्धिद्वयलक्षणेन समन्वागता बोधिसत्त्वा धर्मपुद्गलनैरात्म्यलक्षणगतिंगता निराभासबुद्धिप्रविचयचर्याभूमिकुशलाः प्रथमां भूमिं प्रतिलभन्ते, समाधिशतं च समापद्यन्ते। बुद्धबोधिसत्त्वशतं च समाधिविशेषप्रतिलम्भेन पश्यन्ति, कल्पशतं च पूर्वान्तापरान्ततो ऽनुप्रविशन्ति, क्षेत्रशतं चावभासयन्ति। क्षेत्रशतं चावभास्य उत्तरोत्तरभूमिलक्षणविधिज्ञाः प्रणिधानवैशेषिकतया विक्रीडन्तो धर्ममेघाभिषेकाभिषिक्तास्तथागतप्रत्यात्मभूमिमधिगम्य दशनिष्ठापदसुनिबद्धधर्माणः सत्त्वपरिपाकाय विचित्रैर्निर्माणकिरणैर्विराजन्ते प्रत्यात्मगतिसुखसमाहिताः॥

今译：还有，大慧啊，觉有两种：观察觉和执著分别相确立觉。其中，大慧啊，观察觉。依靠这种觉，观察到事物自性相离四句[1]而不可得。这是观察觉。其中，大慧啊，四句。我所说四句是离一和异、双和非双、有和无、常和无常。大慧啊，这称为一切法离四句。大慧啊，你应该用这四句观察一切法。其中，大慧啊，何为执著分别相确

[1] “四句”（catuṣkoṭikā，或译“四边”）通常指“有，无，亦有亦无，非有非无”这类句式，即事物存在的方式。但并不限于此。这里的“四句”指“一和异、双和非双、有和无、常和无常。”本品前面也曾论及“四句”（用词是 catuṣṭaya）指“一和异、双和非双、有和无、立和破”。

立觉？执著心分别相，执著宗、因相和喻，以不实为实，确立四大具有暖、湿、动和坚等等不实分别相。这是执著分别相确立觉。大慧啊，这是两种觉相。众菩萨具有这两种觉相，通晓法和人无我相，觉知无影像，通晓观察修行地，进入初地，获得百入定。他们依靠殊胜入定，见到百佛百菩萨，进入前后百劫，照亮百佛土。照亮百佛土后，知道依次向上诸地相，凭借殊胜誓愿，随意游戏，在法云地受灌顶，达到如来自觉地，心系十尽句①，闪耀种种变化的光芒，度化众生，安住自觉内证之乐。

求译：復次，大慧！有二種覺，謂觀察覺，及妄想相攝受計著建立覺。大慧！觀察覺者，謂若覺性自性相，選擇離四句不可得。是名觀察覺。大慧！彼四句者，謂離一異、俱不俱、有無、非有非無②、常無常。是名四句。大慧！此四句離，是名一切法。大慧！此四句觀察一切法，應當修學。大慧！云何妄想相攝受計著建立覺？謂妄想相攝受計著，堅濕煖動不實妄想相四大種，宗因想③譬喻計著，不實建立而建立。是名妄想相攝受計著建立覺。是名二種覺相。若菩薩摩訶薩成就此二覺相，人法無我相究竟，善知方便，無所有覺，觀察行地，得初地，入百三昧。得差別④三昧，見百佛及百菩薩，知前後際各百劫事，光照百刹土。知上上地相，大願殊勝神力自在，法雲灌頂，當得如來自覺地。善繫心十無盡句，成熟眾生，種種變化光明莊嚴，得自覺聖樂三昧正受故。

实译：復次，大慧！有二種覺智，謂觀察智，及取相分別執著建立智。觀察智者，謂觀一切法，離四句不可得。四句者，謂一異、俱

---

① "十尽句"（daśaniṣṭhāpada，或译"十无尽句"）指菩萨的十大誓愿。《八十华严经·十地品》："何等为十？所谓众生界尽，世界尽，虚空界尽，法界尽，涅槃界尽，佛出现界尽，如来智界尽，心所缘界尽，佛智所入境界界尽，世间转、法转、智转界尽。"而这十界无有穷尽，故而菩萨的誓愿也无有穷尽。

② 此处"非有非无"不见于现存梵本和实译。

③ 此处"想"的原词是 lakṣaṇa，应为"相"。

④ "差别"的原词是 viśeṣa。此词也有"特殊"或"优异"的意义。实译"胜"。

不俱、有非有、常無常等。我以諸法離此四句。是故，說言一切法離。大慧！如是觀法，汝應修學。云何取相分別執著建立智？謂於堅濕煖動諸大種性，取相執著，虛妄分別，以宗因喻而妄建立。是名取相分別執著建立智。是名二種覺智相。菩薩摩訶薩知此智相，即能通達人法無我，以無相智於解行地善巧觀察，入於初地，得百三昧。以勝三昧力見百佛百菩薩，知前後際各百劫事，光明照曜百佛世界。善能了知上上地相，以勝願力變現自在，至法雲地而受灌頂，入於佛地，十無盡願成就眾生，種種應現無有休息，而恒安住自覺境界三昧勝樂。

पुनरपरं महामते बोधिसत्त्वेन महासत्त्वेन महाभूतभौतिककुशलेन भवितव्यम्। कथं च महामते बोधिसत्त्वो महाभूतभौतिककुशलो भवति ? तत्र महामते बोधिसत्त्वो महासत्त्व इतः प्रतिसंशिक्षते तत्सत्यं यत्र महाभूतानामसंभवो ऽसंभूतानि चेमानि महामते भूतानीति प्रतिविपश्यति। एवं प्रतिविपश्यन् नाम विकल्पमात्रं स्वचित्तदृश्यमात्रावबोधाद्बाह्यभावाभावान्नाम चित्तदृश्यविकल्पमात्रमिदं यदुत त्रैधातुकं महाभूतभौतिकरहितं प्रतिविपश्यति चातुष्कोटिकनयविशुद्धिमात्मात्मीयरहितं यथाभूतस्वलक्षणावस्थानावस्थितमनुत्पादस्वलक्षणसिद्धम्। तत्र महामते महाभूतेषु कथं भौतिकं भवति ? यदुत स्नेहविकल्पमहाभूतं महामते अब्धातुं निष्पादयत्यध्यात्मबाह्यम्। उत्साहविकल्पमहाभूतं महामते तेजोधातुं निष्पादयत्यध्यात्मबाह्यम्। समुदीरणविकल्पमहाभूतं महामते वायुधातुं निष्पादयत्यध्यात्मबाह्यम्। रूपपरिच्छेदविकल्पमहाभूतं पुनर्महामते पृथिवीधातुं जनयत्याकाशसहितमध्यात्मबाह्यम्। मिथ्यासत्याभिनिवेशात्पञ्चस्कन्धकदम्बकं महाभूतभौतिकं प्रवर्तते। विज्ञानं पुनर्महामते विचित्रपदविषयाभिनिवेशाभिलाषहेतुत्वाद्विज्ञानं प्रवर्तते ऽन्यगतिसंधौ। पृथिवीभूतभौतिकानां महामते कारणमस्ति महाभूतानि, न तु महाभूतानाम्। तत्कस्य हेतोः ? यदुत भावलिङ्गलक्षणग्रहणसंस्थानक्रियायोगवतां महामते क्रियासंयोगोत्पत्तिर्भवति नालिङ्गवताम्। तस्मादेतन्महामते महाभूतभौतिकलक्षणं तीर्थकरैर्विकल्प्यते न तु मया॥

今译：还有，大慧啊，菩萨大士应该通晓四大和造物。大慧啊，菩萨怎样通晓四大和造物？大慧啊，菩萨大士学会知道四大无生这个真谛，观察四大无生。这样观察，觉知唯妄想，唯自心所现，外界事物不存在，唯自心所现妄想。观察到三界离四大和造物，离四句法，离我和我所，确立如实自相，确立无生相。大慧啊，何为造物出自四大？妄想分别湿润大种①产生内外水界，妄想分别活力大种产生内外火界，妄想分别飘动大种产生内外风界，妄想分别各色大种产生内外地界以及空界。由于执著邪谛，五蕴聚集，产生四大和造物。还有，大慧啊，识。由于执著和喜爱种种言说和境界，识在其他趣②中连续产生。大慧啊，地的造物的原因是四大，而四大的原因不是这样。为什么？大慧啊，那些有事物特征、形相、执取、形态、作用和结合者，由作用结合而生，而非那些无特征者。③因此，大慧啊，这是外道妄想分别的四大和造物相。而我不这样。

求译：復次，大慧！菩薩摩訶薩當善四大造色。云何菩薩善四大造色？大慧！菩薩摩訶薩作是學。彼真諦者，四大不生。於彼四大不生，作如是觀察。觀察已，覺名相妄想分齊，自心現分齊，外性非性。是名自心現妄想分齊。謂三界觀彼四大造色性離，四句通淨④，離我、我所，如實相自相分齊住，無生自相成。大慧！彼四大種云何生造色？謂津潤妄想大種生內外水界，堪能妄想大種生內外火界，飄動妄想大種生內外風界，斷截⑤色妄想大種生內外地界，色⑥及虛空俱。計著邪諦，五陰集聚，四大造色生。大慧！識者因樂種種跡⑦境界故，餘趣

---

① mahābhūta 作为复数，可译为“四大”或“四大种”，即四大元素水、火、风和地。作为单数，可译为“大种”。

② 这里的“趣”（gati）指五趣，即五道轮回：天、人、牲畜、饿鬼和地狱。若加上阿修罗，则是六道轮回。

③ 这里意谓“四大”本身并无事物的这些特征。

④ “通净”的原词是 viśuddhi，意谓“净化”或“清除”。

⑤ “断截”的原词是 pariccheda，意谓“分别”。菩译“分别”，实译“分段”。此词在这里与“色”组成复合词，意谓“各种色”。

⑥ 按现存梵本和菩译，此处无“色”这个词。

⑦ 此处“迹”的原词是 pada，既可读为“足”或“足迹”，也可读为“词”或“言词”。

相續。大慧！地等四大及造色等有四大緣，非彼四大緣。所以者何？謂性形、相、處、所作、方便無性，大種不生。[①]大慧！性形、相、處、所作、方便和合生，非無形。是故，四大造色相外道妄想，非我。

实译： 復次，大慧！菩薩摩訶薩當善了知大種造色。云何了知？大慧！菩薩摩訶薩應如是觀，彼諸大種真實不生，以諸三界但是分別，惟心所現，無有外物。如是觀時，大種所造悉皆性離，超過四句，無我、我所，住如實處，成無生相。大慧！彼諸大種云何造色？大慧！謂虛妄分別津潤大種成內外水界，炎盛大種成內外火界，飄動大種成內外風界，色分段大種成內外地界，離於虛空[②]。由執著邪諦，五蘊聚集，大種造色生。大慧！識者以執著種種言說境界為因起故，於餘趣中相續受生。大慧！地等造色有大種因，非四大種為大種因。何以故？謂若有法、有形相者，則是所作，非無形者。大慧！此大種造色相，外道分別，非是我說。

पुनरपरं महामते स्कन्धानां स्कन्धस्वभावलक्षणं निर्देक्ष्यामः। तत्र महामते पञ्च स्कन्धाः। कतमे ? यदुत रूपवेदनासंज्ञासंस्कारविज्ञानानि। तत्र महामते चत्वारः स्कन्धा अरूपिणो वेदना संज्ञा संस्कारा विज्ञानं च। रूपं महामते चातुर्महाभौतिकम्, भूतानि च परस्परविलक्षणानि। न च महामते अरूपिणां चतुष्कसंख्या भवत्याकाशवत्। तद्यथा महामते आकाशं संख्यालक्षणातीतम्, अथ च विकल्प्यते एवमाकाशमिति, एवमेव महामते स्कन्धाः संख्यालक्षणगण-नातीता भावाभावविवर्जिताश्चातुष्कोटिकरहिताः संख्यागणनानिर्देशेन निर्दिश्यन्ते बालैर्न त्वार्यैः ॥

今译： 还有，大慧啊，我们要说明诸蕴的蕴自性相。大慧啊，有五蕴。哪五蕴？色、受、想、行和识。其中，受、想、行和识四蕴无

---

① 此句不见于现存梵本和实译。
② 此处"离于虚空"，按现存梵本以及求译和菩译，应为"连同虚空"。若不是"连同"（sahita），而是"离于"，原词应为 asahita。

色。大慧啊，色是四大的造物，四大的相互不相同。而无色的诸蕴没有四的计数，如同虚空。大慧啊，如同虚空超越数相，而被妄想分别为虚空，同样，大慧啊，诸蕴超越数相和计数，摆脱有无，离四句，而愚夫们进行计数。但圣者们不这样。

求译： 復次，大慧！當說諸陰自性相。云何諸陰自性相？謂五陰。云何五？謂色、受、想、行、識。彼四陰非色，謂受想行識。大慧！色者，四大及造色，各各異相。大慧！非無色有四數，如虛空。譬如虛空過數相，離於數，而妄想言一虛空。大慧！如是陰過數相，離於數，離性非性，離四句。數相者，愚夫言說所說，非聖賢也。

实译： 復次，大慧！我今當說五蘊體相，謂色、受、想、行、識。大慧！色謂四大及所造色，此各異相。受等非色。大慧！非色諸蘊猶如虛空，無有四數。大慧！譬如虛空超過數相，然分別言此是虛空。非色諸蘊亦復如是，離諸數相，離有無等四種句故。數相者，愚夫所說，非諸聖者。

आर्यैः पुनर्महामते मायाविचित्ररूपाकृतिवदन्यानन्यवर्जिताः प्रज्ञाप्यन्ते स्वप्नबिम्बपुरुषवत्। आश्रयानन्यत्वादार्यज्ञानगतिसंमोहान्महामते स्कन्धविकल्पः ख्यायते। एतन्महामते स्कन्धानां स्कन्धस्वभावलक्षणम्। स च विकल्पस्त्वया व्यावर्तनीयः, व्यावृत्य विविक्तधर्मोपदेशः करणीयः। सर्वबुद्धपर्षन्मण्डलेषु तीर्थ्यदृष्टिनिवारणाय विविक्तधर्मोपदेशेन महामते क्रियमाणेन धर्मनैरात्म्यदर्शनं विशुध्यते, दूरंगमाभूमिप्रवेशश्च भवति। स दूरंगमां महाभूमिमनुप्रविश्य अनेक-समाधिवशवर्ती भवति। मनोमयकायप्रतिलम्भाच्च समाधिं मायोपमं प्रतिलभते। बलाभिज्ञावशितागतिंगतः सर्वसत्त्वोपजीव्यो भवति पृथिवीवत्। यथा महामते महापृथिवी सर्वसत्त्वोपजीव्या भवति, एवमेव महामते बोधिसत्त्वो महासत्त्वः सर्वसत्त्वोपजीव्यो भवति॥

今译： 还有，大慧啊，圣者们认为诸蕴如同幻觉中的种种色相和形态，摆脱异和不异，如同幻梦和梦中人。由于别无所依，又对圣智趣向一窍不通，而呈现诸蕴妄想分别。大慧啊，这是诸蕴的蕴自性相。你应该摒弃这种妄想分别。摒弃后，你应该宣示寂静法。在一切佛的集会上，宣示寂静法，阻止外道邪见，净化法无我见，进入远行地[①]。进入远行地后，获得种种入定自在，进而获得意成身，获得如幻入定。通晓诸力、神通和自在，供养一切众生，如同大地。大慧啊，如同大地供养一切众生，同样，大慧啊，菩萨大士供养一切众生。

求译：大慧！聖者如幻種種色像，離異不異施設[②]。又如夢影士夫身，離異不異故。大慧！聖智趣同陰妄想現[③]。是名諸陰自性相。汝當除滅。滅已，說寂靜法，斷一切佛刹諸外道見。大慧！說寂靜時，法無我見淨，及入不動地[④]。入不動地已，無量三昧自在，及得意生身，得如幻三昧，通達究竟力、明、自在，救攝饒益一切眾生。猶如大地載育眾生，菩薩摩訶薩普濟眾生亦復如是。

实译：諸聖但說如幻所作唯假施設，離異不異，如夢如像。無別所有，不了聖智所行境故，見有諸蘊分別現前。是名諸蘊自性相。大慧！如是分別，汝應捨離。捨離此已，說寂靜法，斷一切刹諸外道見，淨法無我，入遠行地，成就無量自在三昧，獲意生身，如幻三昧、力、通、自在皆悉具足，猶如大地普益羣生。

पुनरपरं महामते चतुर्विधं निर्वाणम्। कतमच्चतुर्विधम् ? यदुत भावस्वभावाभावनिर्वाणं लक्षणविचित्रभावाभावनिर्वाणं स्वलक्षणभावाभावावबोधनिर्वाणं स्कन्धानां स्वसामान्यलक्षणसंततिप्रबन्धव्युच्छेदनिर्वाणम्। एतन्महामते चतुर्विधं

---

① “远行地”（dūraṅgamābhūmi）是菩萨修行阶位的第七地。

② 此处“施设”的原词是 prajñāpyante，指圣者们“认为”或“说明”。

③ 此句中与“圣智趣”（āryajñānagati）相连的一词是 sammoha（“迷惑”或“愚痴”），求译未涉及。实译“不了（圣智所行境）”。

④ “不动地”（acāla）是十地中的第八地。按照现存梵本以及菩译和实译，此处均为“远行地”。

तीर्थकराणां निर्वाणं न तु मत्प्रवचने। मत्प्रवचने पुनर्महामते विकल्पकस्य मनोविज्ञानस्य व्यावृत्तिर्निर्वाणमित्युच्यते॥

今译：还有，大慧啊，有四种涅槃。哪四种？无事物自性涅槃、无种种相性涅槃、觉知无自相性涅槃和断除诸蕴自相和共相连续涅槃。大慧啊，这是四种外道涅槃，并非我所说。大慧啊，我所说涅槃称为摒弃分别者意识[①]涅槃。

求译：復次，大慧！諸外道有四種涅槃。云何為四？謂性自性非性涅槃，種種相性非性涅槃，自相自性非性覺涅槃，諸陰自共相相續流注斷涅槃。是名諸外道四種涅槃，非我所說法。大慧！我所說者，妄想識滅名為涅槃。

实译：復次，大慧！涅槃有四種。何等為四？謂諸法自性無性涅槃，種種相性無性涅槃，覺自相性無性涅槃，斷諸蘊自共相流注涅槃。大慧！此四涅槃是外道義，非我所說。大慧！我所說者，分別爾炎識滅名為涅槃。

महामतिराह -- ननु भगवता अष्टौ विज्ञानानि व्यवस्थापितानि ? भगवानाह -- व्यवस्थापितानि महामते। महामतिराह -- तद्यदि भगवन् व्यवस्थापितानि, तत्कथं मनोविज्ञानस्यैव व्यावृत्तिर्भवति न तु सप्तानां विज्ञानानाम् ? भगवानाह -- तद्धेत्वालम्बनत्वान्महामते सप्तानां विज्ञानानां प्रवृत्तिर्भवति। मनोविज्ञानं पुनर्महामते विषयपरिच्छेदाभिनिवेशेन प्रवर्तमानं वासनाभिरालयविज्ञानं प्रपुष्णाति। मनः सहितमात्मात्मीयग्राहाभिनिवेशमन्यनाकारेणानुप्रवर्तते। अभिन्नशरीरलक्षणमालयविज्ञानहेत्वालम्बनं स्वचित्तदृश्यविषयाभिनिवेशाच्चित्तकलापः प्रवर्तते ऽन्योन्यहेतुकः। उदधितरंगा इव महामते स्वचित्तदृश्यविषयपवनेरिताः प्रवर्तन्ते निवर्तन्ते च। अतस्तेन महामते मनोविज्ञानेन व्यावृत्तेन सप्तानां विज्ञानानां व्यावृत्तिर्भवति॥

① “分别者意识”指起分别作用的意识。求译“妄想识”，菩译“见妄想境界分别识”，实译“分别尔炎（即所知）识”。

今译：大慧说道："世尊不是确立了八识吗？"世尊说道："是的，大慧啊！"大慧说道："世尊啊，既然确立了八识，为何摒弃意识，而不摒弃其他七识？"世尊说道："其他七识的生起，以它为原因和所缘。还有，大慧啊，意识执著种种境界分别而生起，并以习气滋养阿赖耶识。意[1]执著我和我所，并不以其他形态[2]生起。它没有独自的身体和相，以阿赖耶识为原因和所缘。由于执著自心所现境界，心聚[3]生起，互为原因。大慧啊，正如自心所现境界之风吹动海浪起而又灭，大慧啊，其他七识随意识灭而灭。"

求译：大慧白佛言："世尊，不建立八識耶？"佛言："建立。"大慧白佛言："若建立者，云何離意識，非七識？"佛告大慧："彼因及彼攀緣故，七識不生[4]。意識者，境界分段計著生，習氣長養藏識。意俱我、我所計著，思惟因緣生。不壞[5]身相，藏識因攀緣。自心現境界計著，心聚生，展轉相因。譬如海浪，自心現境界風吹，若生若滅亦如是。是故，意識滅，七識亦滅。"

实译：大慧言："世尊，豈不建立八種識耶？"佛言："建立。"大慧言："若建立者，云何但說意識滅，非七識滅？"佛言："大慧！以彼為因及所緣故，七識得生。大慧！意識分別境界起執著時，生諸習氣，長養藏識。由是意俱我、我所執，思量隨轉，無別體相，藏識為因為所緣故。執著自心所現境界，心聚生起，展轉為因。大慧！譬如海浪，自心所現境界風吹而有起滅。是故，意識滅時，七識亦滅。"

तत्रेदमुच्यते --

今译：这里，这样说道：

---

① "意"（manas）是八识中的第七识，上述意识是第六识，阿赖耶识是第八识。

② "不以其他形态"的原文是 anyanākāreṇa，疑有误，应为 nānyākāreṇa。求译和实译均未涉及这个词。

③ "心聚"（cittakalāpa）指所有八识。

④ 此处按照现存梵本，应为"生"（pravṛtti，或译"转出"），而非"不生"。实译"得生"。

⑤ "不坏"的原词识 abhinna，意谓"无分别"。实译"无别（体相）"。

求译：爾時世尊欲重宣此義而說偈言：

实译：爾時世尊重說頌曰：

नाहं निर्वामि भावेन क्रियया लक्षणेन च।
विकल्पहेतुविज्ञाने निवृत्ते निर्वृतो ह्यहम्॥१७७॥

今译：我不随事物、作为和相入涅槃，
　　　　以分别为原因的识灭，我入涅槃。（177）

求译：我不涅槃性①，所作及與相，
　　　　妄想爾炎識，此滅我涅槃。

实译：我不以自性，及以於作相，
　　　　分別境識滅，如是說涅槃。

तद्धेतुकं तदालम्ब्य मनोगतिसमाश्रयम्।
हेतुं ददाति चित्तस्य विज्ञानं च समाश्रितम्॥१७८॥

今译：意趣所依以它为原因和所缘，
　　　　而所依之识成为心的原因。②（178）

求译：彼因彼攀緣，意趣等成身，
　　　　與因者是心，為識之所依。

实译：意識為心因，心為意境界，
　　　　因及所緣故，諸識依止生。

यथा क्षीणे महाओघे तरंगाणामसंभवः।
तथा विज्ञानवैचित्र्यं निरुद्धं न प्रवर्तते॥१७९॥

今译：犹如大洪水流尽，波浪不起，
　　　　同样，种种识寂灭，不再转出。（179）

---

① 此处“性”的原词是 bhāva，指“事物”。
② 这颂中的“它”和“所依之识”指意识，“心”指阿赖耶识。

求译：如水大流盡，波浪則不起，
如是意識滅，種種識不生。

实译：如大瀑流盡，波浪則不起，
如是意識滅，種種識不生。

पुनरपरं महामते परिकल्पितस्वभावप्रभेदनयलक्षणमुपदेक्ष्यामो येन परिकल्पितस्वभावप्रभेदनयलक्षणेन सुप्रतिविभागविद्धेन त्वं च अन्ये च बोधिसत्त्वा महासत्त्वा विकल्पकल्परहिताः प्रत्यात्मार्यस्वगतितीर्थ्यनयगतिसुदृष्टबुद्धयो ग्राह्यग्राहकविकल्पप्रहीणाः परतन्त्रविविधविचित्रलक्षणं परिकल्पितस्वभावाकारं न प्रतिविकल्पयिष्यन्ति। तत्र महामते कतमत्परिकल्पितस्वभावप्रभेदनयलक्षणम् ? यदुत अभिलापविकल्पो ऽविधेयविकल्पो लक्षणविकल्पो ऽर्थविकल्पः स्वभावविकल्पो हेतुविकल्पो दृष्टिविकल्पो युक्तिविकल्प उत्पादविकल्पो ऽनुत्पादविकल्पः संबन्धविकल्पो बन्धाबन्धविकल्पः। एतन्महामते परिकल्पितस्वभावप्रभेदनयलक्षणम्॥

今译：还有，大慧啊，我们要说妄想自性分别法相。善于分辨这种妄想自性分别法相，你和其他菩萨大士就会摆脱妄想分别，明瞭自觉圣趣和外道法趣，摒弃所取和能取分别，不会妄想种种依他相，那些妄想的自性形态。大慧啊，何为妄想自性分别法相？言说分别、所说分别、相分别、财[①]分别、自性分别、原因分别、邪见分别、道理分别、生分别、无生分别、束缚分别和束缚不束缚分别。大慧啊，这是妄想自性分别法相。

求译：復次，大慧！今當說妄想自性分別通相。若妄想自性分別通相善分別，汝及餘菩薩摩訶薩離妄想，到自覺聖、外道通趣善見覺，攝所攝妄想斷。緣起種種相妄想自性行，不復妄想。大慧！云何妄想自性分別通相？謂言說妄想，所說事妄想，相妄想，利妄想，自性妄

[①] 此处“财”的原词 artha 是多义词，故而求译“利”，菩译“义”，实译“财”。而从下面的具体论述看，译作“财”更合适。

想，因妄想，見妄想，成[①]妄想，生妄想，不生妄想，相續妄想，縛不縛妄想。是名妄想自性分別通相。

实译：復次，大慧！我今當說妄計自性差別相，令汝及諸菩薩摩訶薩善知此義，超諸妄想證聖智境，知外道法，遠離能取所取分別，於依他起種種相中，不更取著妄所計相。大慧！云何妄計自性差別相？所謂言說分別，所說分別，相分別，財分別，自性分別，因分別，見分別，理分別，生分別，不生分別，相屬分別，縛解分別。大慧！此是妄計自性差別相。

तत्र महामते अभिलापविकल्पः कतमः ? यदुत विचित्रस्वरगीतमाधुर्याभिनिवेशः। एष महामते अभिलापविकल्पः। तत्र महामते अभिधेयविकल्पः कतमः ? यदुत अस्ति तत्किंचिदभिधेयवस्तु स्वभावकमार्यज्ञानगतिगम्यं यदाश्रित्याभिलापः प्रवर्तते इति विकल्पयति। तत्र लक्षणविकल्पः कतमः ? यदुत तस्मिन्नेवाभिधेये मृगतृष्णाख्ये लक्षणवैचित्र्याभिनिवेशेनाभिनिवेशते यदुत उष्णद्रवचलकठिनलक्षणात्सर्वभावान् विकल्पयति। तत्र अर्थविकल्पः कतमः ? यदुत सुवर्णरूप्यविविधरत्नार्थविषयाभिलापः। तत्र स्वभावविकल्पः कतमः ? यदुत भावस्वभावावधारणमिदमेवमिदं नान्यथेति तीर्थ्यविकल्पदृष्ट्या विकल्पयन्ति। तत्र हेतुविकल्पः कतमः ? यदुत यद्येन हेतुप्रत्ययेन सदसतोर्विभज्यते हेतुलक्षणोत्पत्तितः स हेतुविकल्पः। तत्र दृष्टिविकल्पः कतमः ? यदुत नास्त्यस्तित्वैकत्वान्यत्वोभयानुभयकुदृष्टितीर्थ्यविकल्पाभिनिवेशः। तत्र युक्तिविकल्पः कतमः ? यदुत आत्मात्मीयलक्षणयुक्तिविग्रहोपदेशः। तत्र उत्पादविकल्पः कतमः ? यदुत प्रत्ययैः सदसतोर्भावस्योत्पादाभिनिवेशः। तत्र अनुत्पादविकल्पः कतमः ? यदुत अनुत्पन्नपूर्वाः सर्वभावा अभूत्वा प्रत्ययैर्भवन्त्यहेतुशरीराः। तत्र संबन्धविकल्पः कतमः ? यदुत सह संबध्यते सुवर्णतन्तुवत्। तत्र बन्धाबन्धविकल्पः कतमः ? यदुत बन्धहेतुबन्ध्याभिनिवेशवत्। यथा पुरुषः पाशसंयोगाद्रज्जुग्रन्थिः क्रियते मुच्यते

① “成”的原词是 yukti，本义是结合，引申为方法、论证和道理等。菩译“建立”，实译“理”。

च। एवं महामते परिकल्पितस्वभावप्रभेदनयलक्षणम् , यस्मिन् परिकल्पितस्वभाव-
प्रभेदनयलक्षणे सर्वबालपृथग्जना अभिनिविशन्ते। सदसतः परतन्त्राभिनिवेशा-
भिनिविष्टा महामते परिकल्पितस्वभाववैचित्र्यमभिनिविशन्ते। मायाश्रयवैचित्र्य-
दर्शनवदन्यमायादर्शनबुद्ध्या बालैर्विकल्प्यन्ते। माया च महामते वैचित्र्यान्नान्या
नानन्या। यद्यन्या स्यात् , वैचित्र्यं मायाहेतुकं न स्यात्। अथानन्या स्यात् ,
वैचित्र्यान्मायावैचित्र्ययोर्विभागो न स्यात्। स च दृष्टो विभागः। तस्मान्नान्या
नानन्या। अत एतस्मात्कारणान्महामते त्वया अन्यैश्च बोधिसत्त्वैर्महासत्त्वैर्माया
नास्त्यस्तित्वेन नाभिनिवेष्टव्या॥

今译：其中，大慧啊，何为言说分别？执著种种美妙的声音和歌唱，大慧啊，这是言说分别。其中，大慧啊，何为所说分别？依随所说事，自性和证得圣智，而起言说，妄想分别。其中何为相分别？在如同阳焰的所说中，执著种种相，依据暖、湿、动和坚等等，分别一切事物。其中，何为财分别？言说种种金银财宝。其中，何为自性分别？依据外道分别邪见，确定事物自性："就是这样，而非别样。"其中，何为原因分别？依据因缘，依据原因相出现，分别有无，这是原因分别。其中，何为邪见分别？执著有和无、一和异、双和非双外道邪见分别。其中，何为道理分别？宣示依据我和我所相确定道理。其中何为生分别？执著有无依缘起而生。其中何为无生分别？一切事物原先无生，不存在，依缘起而有，而无原因实体。其中，何为束缚分别？互相连结，如金子和线①。其中，何为束缚不束缚分别？执著束缚的原因而受束缚，如同有人使用套索，打结又解结。大慧啊，这些是妄想自性分别法相。一切愚夫执著妄想自性分别法相。他们执著有无依他，大慧啊，执著种种妄想自性。如同依靠幻觉看到种种事物，愚夫们妄想分别，认为所见异于幻觉。大慧啊，幻觉与种种事物既非异，也非非异。如果异，种种事物并不以幻觉为原因。如果不异，幻

---

①　"金和线"（suvarṇatantre）也可读为"金线"。此处求译和菩译均为"金缕"，而实译"针和线"，可能是变通的译法。

觉和种种事物就无分别。而实际看到分别。因此，既非异，也非非异。所以，大慧啊，你和其他菩萨大士不应该执著幻觉有无。

求译：大慧！云何言說妄想？謂種種妙音歌詠之聲美樂計著。是名言說妄想。大慧！云何所說事妄想？謂有所說事，自性聖智所知，依彼而生言說妄想。是名所說事妄想。大慧！云何相妄想？謂即彼所說事，如鹿渴想種種計著而計著，謂堅濕煖動相，一切性妄想。是名相妄想。大慧！云何利妄想？謂樂種種金銀珍寶。是名利妄想。大慧！云何自性妄想？謂自性持此如是不異，惡見妄想。是名自性妄想。大慧！云何因妄想？謂若因若緣，有無分別因相生。是名因妄想。大慧！云何見妄想？謂有無、一異、俱不俱惡見，外道妄想計著妄想。是名見妄想。大慧！云何成妄想？謂我、我所想①成決定論。是名成妄想。大慧！云何生妄想？謂緣有無性生計著。是名生妄想。大慧！云何不生妄想？謂一切性本無生，無種，因緣生，無因身。是名不生妄想。大慧！云何相續妄想？謂彼俱相續如金縷。是名相續妄想。大慧！云何縛不縛妄想？謂縛因緣計著，如士夫方便若縛若解。是名縛不縛妄想。於此妄想自性分別通相，一切愚夫計著有無。大慧！計著緣起而計著者，種種妄想計著自性，如幻示現種種之身，凡夫妄想見種種異幻。大慧！幻與種種非異，非不異。若異者，幻非種種因。若不異者，幻與種種無差別，而見差別。是故，非異，非不異。是故，大慧！汝及餘菩薩摩訶薩，如幻緣起妄想自性，異不異，有無，莫計著。

实译：云何言說分別？謂執著種種美妙音詞。是名言說分別。云何所說分別？謂執有所說事，是聖智所證境，依此起說。是名所說分別。云何相分別？謂即於彼所說事中，如渴獸想，分別執著堅濕煖動等一切諸相。是名相分別。云何財分別？謂取著種種金銀等寶，而起言說。是名財分別。云何自性分別？謂以惡見如是分別此自性，決定

---

① 此处"想"的原词是 lakṣaṇa，应为"相"。

非餘。是名自性分別。云何因分別？謂於因緣分別有無，以此因相而能生故。是名因分別。云何見分別？謂諸外道惡見，執著有無、一異、俱不俱等。是名見分別。云何理分別？謂有執著我、我所相，而起言說。是名理分別。云何生分別？謂計諸法若有若無，從緣而生。是名生分別。云何不生分別？謂計一切法本來不生，未有諸緣而先有體，不從因起。[1]是名不生分別。云何相屬分別？謂此與彼遞相繫屬，如針與線。是名相屬分別。云何縛解分別？謂執因能縛，而有所縛，如人以繩方便力故，縛已復解。是名縛解分別。大慧！此是妄計性差別相，一切凡愚於中執著若有若無。大慧！於緣起中，執著種種妄計自性，如依於幻見種種物，凡愚分別，見異於幻。大慧！幻與種種非異，非不異。若異者，應幻非種種因。若一者，幻與種種應無差別，然見差別。是故，非異，非不異。大慧！汝及諸菩薩摩訶薩於幻有無，不應生著。

तत्रेदमुच्यते --

今译：这里，这样说道：

求译：爾時世尊欲重宣此義而說偈言：

实译：爾時世尊重說頌言：

चित्तं विषयसंबन्धं ज्ञानं तर्के प्रवर्तते।
निराभासे विशेषे च प्रज्ञा वै संप्रवर्तते॥ १८०॥

今译：心与境界相连，智从思辨转出，
而智慧出现在殊胜的无影像中。（180）

求译：心縛於境界，覺想智隨轉，

[1] 此处"未有诸缘而先有体，不从因起"，按照现存梵本应为"不存在，依缘起而有，无原因实体。"求译"无种，因缘生，无因身"。菩译"依因缘有，而无因果。"

無所有及勝，平等智慧生。

实译：心為境所縛，覺想智隨轉，

無相最勝處，平等智慧生。

परिकल्पितस्वभावो ऽस्ति परतन्त्रे न विद्यते।

कल्पितं गृह्यते भ्रान्त्या परतन्त्रं न कल्प्यते॥ १८१ ॥

今译：自性在妄想中有，在依他缘起中无，[1]

迷乱而执著妄想，依他缘起无妄想。（181）

求译：妄想自性有，於緣起則無，

妄想或攝受，緣起非妄想。

实译：在妄計是有，於緣起則無，

妄計迷惑取，緣起離分別。

विविधाङ्गाभिनिर्वृत्त्या यथा माया न सिध्यति।

निमित्तं हि तथा चित्रं कल्प्यमानं न सिध्यति॥ १८२ ॥

今译：展现种种分支，如幻不成立，

同样，妄想的种种相不成立。（182）

求译：種種支分生，如幻則不成，

彼相有種種，妄想則不成。

实译：種種支分生，如幻不成就，

雖現種種相，妄分別則無。

निमित्तं दौष्ठुल्यमयं बन्धनं चित्तसंभवम्।

परिकल्पितं ह्यजानानं परतन्त्रैर्विकल्प्यते॥ १८३ ॥

---

[1] 此句的意思是事物由因缘和合而生，并无自性。

今译：诸相由恶习造成，心生束缚，
　　　无知者①妄想分别依他缘起。(183)

求译：彼相則是過，皆從心縛生，
　　　妄想無所知，於緣起妄想。

实译：彼相即是過，皆從心縛生，
　　　妄計者不了，分別緣起法。

यदेतत्कल्पितं भावं परतन्त्रं तदेव हि।
कल्पितं हि विचित्राभं परतन्त्रे विकल्प्यते॥ १८४॥

今译：妄想的事物，其实是依他缘起，
　　　种种妄想都是据依他缘起分别。(184)

求译：此諸妄想性，即是彼緣起，
　　　妄想有種種，於緣起妄想。

实译：此諸妄計性，皆即是緣起，
　　　妄計有種種，緣起中分別。

संवृतिः परमार्थश्च तृतीयं नास्तिहेतुकम्।
कल्पितं संवृतिर्ह्युक्ता तच्छेदादार्यगोचरम्॥ १८५॥

今译：俗谛，第一义，第三是以无为因，
　　　妄想称为俗谛，破除而入圣境界。(185)

求译：世諦第一義，第三無因生，
　　　妄想說世諦，斷則聖境界。

实译：世俗第一義，第三無因生，
　　　妄計是世俗，斷則聖境界。

---

①　"无知者"的原词为 ajānānam，疑有误。这颂也见于第 10 品第 297 颂，此词在那颂
中为 ajānānaiḥ。

यथा हि योगिनां वस्तु चित्रमेकं विराजते।
न ह्यस्ति चित्रता तत्र तथा कल्पितलक्षणम्॥ १८६ ॥

今译：如同瑜伽行者，于一物呈现种种物，
而那里并无种种物，分别相也如此。（186）

求译：譬如修行事，於一種種現，
於彼無種種，妄想相如是。

实译：如修觀行者，於一種種現，
於彼無種種，妄計相如是。

यथा हि तैमिरैश्चित्रं कल्प्यते रूपदर्शनम्।
तिमिरं न रूपं नारूपं परतन्त्रं तथाबुधैः॥ १८७॥

今译：如同翳障者看见和妄想种种色，而翳障
非色，非非色，愚者依他缘起分别也如此。（187）

求译：譬如種種翳，妄想眾色現，
翳無色非色，緣起不覺然。

实译：如目種種翳，妄想見眾色，
彼無色非色，不了緣起然。

हैमं स्यात्तु यथा शुद्धं जलं कलुषवर्जितम्।
गगनं हि घनाभावात्तथा शुद्धं विकल्पितम्॥ १८८॥

今译：如同金子纯洁，清水摆脱污浊，
晴空无云，清除妄想也是这样。（188）

求译：譬如鍊真金，遠離諸垢穢，
虛空無雲翳，妄想淨亦然。

实译：如金離塵垢，如水離泥濁，

如虛空無雲，妄想淨如是。

नास्ति वै कल्पितो भावः परतन्त्रश्च विद्यते।
समारोपापवादं हि विकल्पन्तो विनश्यति॥१८९॥

今译：并无妄想的事物，只有依他缘起，
由于妄想分别，立和破也就毁灭。[①]（189）

求译：無有妄想性，及有彼緣起，
建立及誹謗，悉由妄想壞。

实译：無有妄計性，而有於緣起，
建立及誹謗，斯由分別壞。

कल्पितं यद्यभावं स्यात्परतन्त्रस्वभावतः।
विना भावेन वै भावो भावश्चाभावसंभवः॥१९०॥

今译：如果妄想无，而有依他缘起自性，
那么，无物而有物，有从无中生。（190）

求译：妄想若無性，而有緣起性，
無性而有性，有性無性生。

实译：若無妄計性，而有緣起者，
無法而有法，有法從無生。

परिकल्पितं समाश्रित्य परतन्त्रोपलभ्यते।
निमित्तनामसंबन्धाज्जायते परिकल्पितम्॥१९१॥

---

① "由于妄想分别，立和破也就毁灭"的原文为 samāropāpavādam hi vikalpanto vinaśyati。求译"建立及诽谤，悉由妄想坏"。实译"建立及诽谤，斯由分别坏"。但原文中的 vikalpanto（"妄想分别"）是阳性复数体格，从语法上说，存在问题。参照求译和实译，此词可能是 vikalpato（"由于妄想分别"）。此句菩译"取有及谤无，分别观者见"，则原文中的 vinaśyati（"毁灭"）应为 vipaśyanti（"看见"）。这颂也见于第 10 品第 305 颂，vikalpanto 这个词在那里变成 vikalpaṃ no。这样，这句可以读成"没有妄想分别，立和破也就毁灭。"

今译：依靠妄想，获得依他缘起，
相和名结合，而产生妄想。（191）

求译：依因於妄想，而得彼缘起，
相名常相隨，而生諸妄想。

实译：依因於妄計，而得有緣起，
相名常相隨，而生於妄計。

अत्यन्तं चाप्यनिष्पन्नं कल्पितं न परोद्भवम्।
तदा प्रज्ञायते शुद्धं स्वभावं पारमार्थिकम्॥ १९२॥

今译：妄想终究不实，不生于其他，[①]
认清自性清净，才是第一义。（192）

求译：究竟不成就，則度諸妄想，
然後知清淨，是名第一義。

实译：以緣起依妄，究竟不成就，
是時現清淨，名為第一義。

परिकल्पितं दशविधं परतन्त्रं च षड्विधम्।
प्रत्यात्मतथताज्ञेयमतो नास्ति विशेषणम्॥ १९३॥

今译：十种妄想，[②]六种依他缘起，
自觉真如境界，没有分别。（193）

求译：妄想有十二，緣起有六種，

[①] “不生于其他”（na parodbhavam）意谓妄想原本虚妄不实，并不产生于其他任何事物。在求译、菩译和实译中，这个短语均未直接译出。求译和菩译“则度诸妄想”，实译“以缘起依妄。”

[②] “妄想”也就是妄想分别。这里说是“十种”（daśavidham），而求译、菩译和实译均为“十二”种。若按照前面对“妄想分别”的论述，言说分别、所说分别等等，确实是十二种。

自覺知爾炎[1]，彼無有差別。

实译：妄計有十二，緣起有六種，
自證真如境，彼無有差別。

पञ्च धर्मा भवेत्तत्त्वं स्वभावा हि त्रयस्तथा।
एतद्विभावयेद्योगी तथतां नातिवर्तते॥ १९४॥

今译：真实应该是五法和三种自性[2]，
修行者这样观察，不逾越真如。（194）

求译：五法為真實，自性有三種。
修行分別此，不越於如如。

实译：五法為真實，三自性亦爾，
修行者觀此，不越於真如。

निमित्तं परतन्त्रं हि यन्नाम तत्प्रकल्पितम्।
परिकल्पितनिमित्तं तु पारतन्त्र्यात्प्रवर्तते॥ १९५॥

今译：由依他缘起相，妄想种种名，
而由依他缘起，产生妄想相。（195）

求译：衆相及緣起，彼名起妄想，
彼諸妄想相，從彼緣起生。

实译：依於緣起相，妄計種種名，
彼諸妄計相，皆因緣起有。

बुद्ध्या विवेच्यमानं तु न तन्त्रं नापि कल्पितम्।
निष्पन्नो नास्ति वै भावः कथं बुद्ध्या विकल्प्यते॥ १९६॥

---

[1] 此处“尔炎”（即“所知”或“境界”）前面还有 tathatā（“真如”）一词，求译未译出。
[2] 此句可理解为惟有洞悉五法和三种自性，才能得知真实。

今译：凭智慧分辨，无缘起，也无妄想，
　　　并无真实存在，智慧何必妄想？（196）

求译：覺慧善觀察，無緣無妄想，
　　　成已無有性，云何妄想覺？

实译：智慧善觀察，無緣無妄計，
　　　真實中無物，云何起分別？

निष्पन्नो विद्यते भावो भावाभावविवर्जितः।
भावाभावविनिर्मुक्तो द्वौ स्वभावौ कथं नु तौ॥१९७॥

今译：摆脱有和无，才是真实存在，
　　　摆脱有和无，哪有两种自性①？（197）

实译：圓成若是有，此則離有無，
　　　既已離有無，云何有二性？

परिकल्पितस्वभावे द्वौ स्वभावौ द्वौ प्रतिष्ठितौ।
कल्पितं दृश्यते चित्रं विशुद्धं चार्यगोचरम्॥१९८॥

今译：妄想两种自性，确立两种自性，
　　　呈现种种妄想，而圣境界清净。（198）

求译：彼妄想自性，建立二自性，
　　　妄想種種現，清淨聖境界。

实译：妄計有二性，二性是安立，
　　　分別見種種，清淨聖所行。

कल्पितं हि विचित्राभं परतन्त्रैर्विकल्प्यते।

---

① "两种自性"指妄想自性和依他自性。

अन्यथा कल्प्यमानं हि तीर्थ्यवादं समाश्रयेत्॥ १९९॥

今译：种种妄想都是依他缘起分别，
不这样理解，是依据外道论。（199）

求译：妄想如畫色[1]，缘起計妄想，
若異妄想[2]者，即依外道論。

实译：妄計種種相，緣起中分别，
若異此分别，則墮外道論。

कल्पना कल्पितेत्युक्तं दर्शनाद्धेतुसंभवम्।
विकल्पद्वयनिर्मुक्तं निष्पन्नं स्यात्तदेव हि॥ २००॥

今译：看到因缘生，而说妄想所妄想，
摆脱二重性分别，便是真实法。（200）

求译：妄想說所想，因見和合生，
離二妄想者，如是則為成。

实译：以諸妄見故，妄計於妄計，
離此二計者，則為真實法。

पुनरपि महामतिराह -- देशयतु मे भगवान् प्रत्यात्मार्यज्ञानगतिलक्षणमेकयानं च, येन भगवन् प्रत्यात्मैकयानगतिलक्षणेन अहं च अन्ये च बोधिसत्त्वा महासत्त्वाः प्रत्यात्मार्यज्ञानैकयानकुशला अपरप्रणेया भविष्यन्ति बुद्धधर्मेषु॥

今译：大慧又对世尊说道："请世尊为我宣示自觉圣智相和一乘。世尊啊，凭借自觉圣智相，我和其他菩萨大士通晓自觉圣智和一乘，就能不依靠他人领悟佛法。"

---

[1] "如画色"的原文是 vicitrābham，词义为"如杂色"或"多种多样"。
[2] 此处的"妄想"（实译"分别"）的原词是 kalpyamānam，本义是"安排"或"设想"，故而也可译为"设想"或"理解"。

求译：大慧菩薩摩訶薩復白佛言："世尊，唯願為說自覺聖智相及一乘。若說自覺聖智相及一乘，我及餘菩薩善自覺聖智相及一乘，不由於他通達佛法。"

实译：大慧菩薩摩訶薩復白佛言："世尊，惟願為說自證聖智行相及一乘行相。我及諸菩薩摩訶薩得此善巧，於佛法中不由他悟。"

भगवानाह -- तेन हि महामते शृणु , साधु च सुष्ठु च मनसिकुरु। भाषिष्ये ऽहं ते। साधु भगवन्निति महामतिर्बोधिसत्त्वो महासत्त्वो भगवतः प्रत्यश्रौषीत्। भगवांस्तस्यैतदवोचत् -- प्रमाणाप्तोपदेशविकल्पाभावान्महामते बोधिसत्त्वो महासत्त्व एकाकी रहोगतः स्वप्रत्यात्मबुद्ध्या विचारयत्यपरप्रणेयो दृष्टिविकल्पविवर्जित उत्तरोत्तरतथागतभूमिप्रवेशनतया व्यायमते। एतन्महामते स्वप्रत्यात्मार्यज्ञानगतिलक्षणम्। तत्र एकयानगतिलक्षणं कतमत् ? यदुत एकयानमार्गाधिगमावबोधादेकयानमिति वदामि। एकयानमार्गाधिगमावबोधः कतमः ? यदुत ग्राह्यग्राहकविकल्पयथाभूतावस्थानादप्रवृत्तेर्विकल्पस्य एकयानावबोधः कृतो भवति। एष एकयानावबोधो महामते नान्यतीर्थ्यश्रावकप्रत्येकबुद्धब्रह्मादिभिः प्राप्तपूर्वो ऽन्यत्र मया। अत एतस्मात्कारणान्महामते एकयानमित्युच्यते॥

今译：世尊说道："那么，大慧啊，请听！请你安下心来，我会为你讲述。"大慧菩萨大士回答世尊，说道："好吧，世尊。"世尊对他说道："大慧啊，依照正确的教导无分别，独自隐居，凭自觉智观察，不由他悟，摆脱邪见分别，依次向上进入如来地，努力修行。大慧啊，这是自觉圣智相。其中，何为一乘相？由于觉知趣向一乘道，我称为一乘。何为觉知趣向一乘道？如实确定所取和能取分别，而不起分别，也就是觉知一乘。大慧啊，这种觉知一乘，除了我，其他外道、声闻、缘觉和梵天等等都未曾获得。因此，大慧啊，这称为一乘。"

求译：佛告大慧："諦聽諦聽！善思念之，當為汝說。"大慧白佛言："唯然受教。"佛告大慧："前聖所知轉相傳授，妄想無性[1]，菩薩摩訶薩獨一靜處，自覺觀察，不由於他，離見妄想，上上昇進，入如來地。是名自覺聖智相。大慧！云何一乘相？謂得一乘道覺，我說一乘。云何得一乘道覺？謂攝所攝妄想，如實處不生妄想。是名一乘覺。大慧！一乘覺者，非餘外道、聲聞、緣覺、梵天王等之所能得，唯除如來。以是故，說名一乘。"

实译：佛言："諦聽！當為汝說。"大慧言："唯！"佛言："大慧！菩薩摩訶薩依諸聖教，無有分別，獨處閑靜，觀察自覺，不由他悟，離分別見，上上昇進，入如來地。如是修行，名自證聖智行相。云何名一乘行相？謂得證知一乘道故。云何名為知一乘道？謂離能取所取分別，如實而住。大慧！此一乘道惟除如來，非外道、二乘、梵天王等之所能得。"

महामतिराह -- किं कारणं भगवता यानत्रयमुपदिष्टम्, एकयानं नोपदिश्यते ? भगवानाह -- स्वयमपरिनिर्वाणधर्मत्वान्महामते सर्वश्रावकप्रत्येकबुद्धानामेकयानं न वदामि। यस्मान्महामते सर्वश्रावकप्रत्येकबुद्धास्तथागतविनयविवेकयोगोपदेशेन विमुच्यन्ते न स्वयम्॥

今译：大慧说道："为何世尊说三乘，而不说一乘？"世尊说道："由于他们不能自己获得般涅槃法，大慧啊，我不向一切声闻和缘觉说一乘。大慧啊，一切声闻和缘觉依靠如来关于戒律、寂静和修行的教导获得解脱，而不是自己解脱。

求译：大慧白佛言："世尊，何故說三乘，而不說一乘？"佛告大慧："不自般涅槃法故，不說一切聲聞、緣覺一乘。以一切聲聞、緣覺，如來調伏，授寂靜、方便而得解脫，非自己力。是故，不說一乘。

---

[1]　"妄想无性"的意思是"不妄想分别"。

实译：大慧白佛言："世尊，何故說有三乘，不說一乘？"佛言："大慧！聲聞、緣覺無自般涅槃法故，我說一乘[1]。以彼但依如來所說調伏、遠離，如是修行而得解脫，非自所得。

पुनरपरं महामते ज्ञेयावरणकर्मवासनाप्रहीणत्वात्सर्वश्रावकप्रत्येकबुद्धानां नैकयानम्। धर्मनैरात्म्यानवबोधाच्च अचिन्त्यपरिणामच्युतेरप्राप्तिवाच्च यानत्रयं देशयामि श्रावकाणाम्। यदा तेषां महामते सर्वदोषवासनाः प्रहीणा भवन्ति धर्मनैरात्म्यावबोधात् , तदा ते वासनादोषसमाधिमदाभावादनास्रवधातौ प्रतिविबुध्यन्ते। पुनरपि लोकोत्तरानास्रवधातुपर्यापन्नान् संभारान् परिपूर्य अचिन्त्यधर्मकायवशवर्तितां प्रतिलप्स्यन्ते॥

今译："还有，大慧啊，由于没有摒弃所知障和业的习气，我不向一切声闻和缘觉说一乘。由于不觉知法无我，没有达到不可思议变易死，我向众声闻说三乘。大慧啊，一旦他们觉知法无我，摒弃一切错误习气，就会摆脱错误习气和入定迷醉，在无漏界中获得觉悟。进而，他们在出世间无漏界中功德圆满，获得不可思议法身自在。"

求译："復次，大慧！煩惱障[2]、業習氣不斷故，不說一切聲聞、緣覺一乘。不覺法無我，不離分段死，故說三乘。大慧！彼諸一切起煩惱過習氣斷，及覺法無我，彼一切起煩惱過習氣斷，三昧樂味著非性[3]，無漏界覺。覺已，復入出世間上上無漏界，滿足衆具，當得如來不思議自在法身。"

实译："又彼未能除滅智障及業習氣，未覺法無我，未名不思議變易死。是故，我說以為三乘。若彼能除一切過習，覺法無我，是時乃離三昧所醉，於無漏界而得覺悟已，於出世上上無漏界中修諸功德，普使滿足，獲不思議自在法身。"

---

[1] 此处"我说一乘"，按照现存梵本和求译，应为"我不说一乘"。

[2] "烦恼障"的原词是 jñeyāvaraṇa，应译"所知障"。菩译和实译均为"智障"。

[3] "非性"的原词是 abhāva，意谓"不存在"，也就是"摆脱"。菩译和实译均为"离"。

तत्रेदमुच्यते --

今译：这里，这样说道：

求译：爾時世尊欲重宣此義而說偈言：

实译：爾時世尊重說頌言：

देवयानं ब्रह्मयानं श्रावकीयं तथैव च।
ताथागतं च प्रत्येकं यानानेतान् वदाम्यहम्॥ २०१ ॥

今译：天乘、梵乘、声闻和缘觉乘，
　　　还有如来乘，我说这些乘。（201）

求译：諸天及梵乘，聲聞緣覺乘，
　　　諸佛如來乘，我說此諸乘。

实译：天乘及梵乘，聲聞緣覺乘，
　　　諸佛如來乘，諸乘我所說。

यानानां नास्ति वै निष्ठा यावच्चित्तं प्रवर्तते।
चित्ते तु वै परावृत्ते न यानं न च यानिनः॥ २०२ ॥

今译：只要心转出，诸乘无终极，
　　　一旦心转灭，无乘无乘者。（202）

求译：乃至有心轉，諸乘非究竟，
　　　若彼心滅盡，無乘及乘者。

实译：乃至有心起，諸乘未究竟，
　　　彼心轉滅已，無乘及乘者。

यानव्यवस्थानं नैवास्ति यानभेदं वदाम्यहम्।

परिकर्षणार्थं बालानां यानभेदं वदाम्यहम्॥२०३॥

今译： 诸乘不确定，我说各种乘，
为吸引愚夫，我说各种乘。①（203）

求译： 無有乘建立，我說為一乘。
引導眾生故，分別說諸乘。

实译： 無有乘建立，我說為一乘，
為攝愚夫故，說諸乘差別。

विमुक्तयस्तथा तिस्रो धर्मनैरात्म्यमेव च।
समताज्ञानक्लेशाख्या विमुक्त्या ते विवर्जिताः॥२०४॥

今译： 有三种解脱，②还有法无我，
平等智③和烦恼，解脱皆摒弃。（204）

求译： 解脫有三種，及與法無我，
煩惱智慧等，解脫則遠離。

实译： 解脫有三種，謂離諸煩惱，
及以法無我，平等智解脫。④

यथा हि काष्ठमुदधौ तरंगैर्विप्रवाह्यते।
तथा हि श्रावको मूढो लक्षणेन प्रवाह्यते॥२०५॥

今译： 如同海中浮木，随波逐流，
同样，声闻愚痴，随相运转。（205）

求译： 譬如海浮木，常隨波浪轉，

---

① 这颂也见于第 10 品第 445 颂。此颂前一行中的“各种乘”（yānabhedam）在那一颂中为“一乘”（yānam ekam）。此处求译、菩译和实译均为“一乘”。

② “三种解脱”指空解脱、无相解脱和无愿解脱。

③ “平等智”（samatājñāna）或译“平等性智”，指平等对待一切。

④ 这颂实译与现存梵本有差异，而求译与现存梵本一致。

聲聞愚亦然，相風所飄蕩。

实译：譬如海中木，常隨波浪轉，

聲聞心亦然，相風所漂激。

वासनाक्लेशसंबद्धाः पर्युत्थानैर्विसंयुताः।
समाधिमदमत्तास्ते धातौ तिष्ठन्त्यनास्रवे॥२०६॥

今译：不起烦恼，仍有烦恼习气，

沉醉入定酒，住于无漏界。（206）

求译：彼起煩惱滅，除[1]習煩惱愚，

味著三昧樂，安住無漏界。

实译：雖滅起煩惱，猶被習氣縛，

三昧酒所醉，住於無漏界。

निष्ठागतिर्न तस्यास्ति न च भूयो निवर्तते।
समाधिकायं संप्राप्य आ कल्पान्न प्रबुध्यते॥२०७॥

今译：没有达到终极，也不退转，

获得入定身，历劫不觉悟。（207）

求译：無有究竟趣，亦復不退還，

得諸三昧身，乃至劫不覺。

实译：彼非究竟趣，亦復不退轉，

以得三昧身，乃至劫不覺。

यथा हि मत्तपुरुषो मद्याभावाद्विबुध्यते।
तथा ते बुद्धधर्माख्यं कायं प्राप्स्यन्ति मामकम्॥२०८॥

[1] 此处“除”字，应为“余”字。据《中华大藏经》校勘记，“《径》作‘余’”。

今译：如同醉汉，酒性消失后醒悟，
　　　他们也会获得我的佛法身。（208）

求译：譬如昏醉人，酒消然後覺，
　　　彼覺法亦然，得佛無上身。

实译：譬如昏醉人，酒消然後悟，
　　　聲聞亦如是，覺後當成佛。

इति लङ्कावतारे षड्त्रिंशत्साहस्रसर्वधर्मसमुच्चयो नाम द्वितीयः परिवर्तः॥

　　今译：以上是名为《三万六千一切法集品》的第二品。

　　　求译：《楞伽阿跋多羅寶經》卷第二。

　　　　实译：《大乘入楞伽經》卷第三。

३ अनित्यतापरिवर्तो नाम तृतीयः।

今译：第三 无常品

求译：一切佛語心品之三

实译：無常品第三之一

अथ खलु भगवान् पुनरपि महामतिं बोधिसत्त्वं महासत्त्वमेतदवोचत् -- मनोमयकायगतिप्रभेदनयलक्षणं महामते उपदेक्ष्यामि। तच्छृणु , साधु च सुष्ठु च मनसिकुरु। भाषिष्ये ऽहं ते। साधु भगवन्निति महामतिर्बोधिसत्त्वो महासत्त्वो भगवतः प्रत्यश्रौषीत्। भगवांस्तस्यैतदवोचत् -- त्रिप्रकारो महामते कायो मनोमयः। कतमस्त्रिप्रकारः ? यदुत समाधिसुखसमापत्तिमनोमयो धर्मस्वभावावबोधमनोमयो निकायसहजसंस्कारक्रियामनोमयश्च। प्रथमोत्तरोत्तरभूमिलक्षणपरिज्ञानादधिगच्छन्ति योगिनः। तत्र कतमो महामते समाधिसुखसमापत्तिमनोमयः कायः ? यदुत त्रिचतुर्थपञ्चम्यां भूमौ स्वचित्तविविधविवेकविहारेण चित्तोदधिप्रवृत्तितरंगविज्ञानलक्षणसुखसमापत्तिमनसो ऽप्रवृत्तिः स्वचित्तदृश्यविषयाभावाभावपरिज्ञानान्मनसो मनोमयः काय इत्युच्यते। तत्र धर्मस्वभावावबोधमनोमयः कायः कतमः ? यदुत अष्टम्यां भूमौ मायादिधर्मनिराभासप्रविचयावबोधेन चित्ताश्रयपरावृत्तस्य मायोपमसमाधिप्रतिलम्भादन्येषां च समाधिमुखानां प्रतिलम्भादनेकलक्षणवशिताभिज्ञाकुसुमितं मनोजवसदृशं मायास्वप्नबिम्बप्रख्यमभौतिकं भूतभौतिकसदृशं सर्वरूपविचित्राङ्गसमुदितं सर्वबुद्धक्षेत्रपर्षन्मण्डलानुगतं कायं धर्मस्वभावगतिंगतत्वान्मनोमय इत्युच्यते। तत्र निकायसहजसंस्कारक्रियामनोमयः कायः कतमः ? यदुत सर्वबुद्धधर्मप्रत्यात्माधिगमसुखलक्षणावबोधान्निकायसहजसंस्कारक्रियामनोमय इत्युच्यते। अत्र ते महामते कायत्रयलक्षण-

प्रविचयावबोधे योगः करणीयः ॥

今译：然后，世尊又对大慧菩萨大士说道："大慧啊，我要宣示各种意成身相。请听！请你安下心来，我会为你讲述。"大慧菩萨大士回答世尊，说道："好吧，世尊。"世尊对他说道："大慧啊，有三种意成身。哪三种？达到入定之乐意成身、觉知法自性意成身和种类俱生行为[1]意成身。瑜伽行者依靠通晓从初地依次向上的诸地而证得。其中，大慧啊，何为达到入定之乐意成身？在第三、四和五地，住于种种自心寂静，心海转识波浪相达到快乐而不起，心中明瞭自心所现境界事物不存在[2]，这称为意成身。其中，何为觉知法自性意成身？在第八地，观察觉知诸法如幻等等无影像，心转变所依，获得如幻入定和其他入定之乐，各种神通自在如同繁花盛开，迅疾如同心意，如同幻觉、梦幻和镜像，非造物而如同四大的造物，具有一切奇妙色，随入一切佛土集会，通晓法自性而称为意成身。其中，何为种类俱生行为意成身？觉知一切佛法自觉乐相，称为种类俱生行为意成身。大慧啊，你应该修行观察觉知这三种身相。"

求译：爾時世尊告大慧菩薩摩訶薩言："意生身分別通相，我今當說。諦聽諦聽！善思念之。"大慧白佛言："善哉世尊，唯然受教。"佛告大慧："有三種意生身。云何為三？所謂三昧樂正受意生身，覺法自性性[3]意生身，種類俱生無行作意生身。修行者了知初地上增進

---

[1] "种类俱生行为"的原文是 nikāyasahajasaṃskārakriyā。其中，nikāya 的词义是身体、部派或种类，sahaja 的词义是同时产生或天生，saṃskāra 的词义是行为或意志活动，kriyā 的词义是作为或作用。此处求译"种类俱生无作为"，菩译"种类生无作行"，实译"种类俱生无作行"。其中都有一个"无"字。据此原文应该是 nikāyasahajāsaṃskārakriyā（"种类俱生无作为"）。释正受《楞伽经集注》解释说："谓觉了一切诸佛所证之法，缘自得乐相而千种万类之身于无功用行，无作而作，一时俱生，犹如意生，无障碍也。"但在前面第 2 品中提及"意成身"时，与此类似的用语是 āryagatinikāyasahaja（"生于圣趣种类"），求译"圣种类一时俱生"，实译"生于一切诸圣众中"。如果结合这个用语，对于此处现存梵本"种类俱生行为"的用语，也可理解为"生于圣趣种类，具有圣者的行为。"

[2] "事物不存在"的原文是 abhāvābhāva，疑有误。此处求译"性无性"，菩译"有无"，实译"无所有"。据此原文应该是 bhāvābhāva（"事物不存在"）。

[3] 此处及本段下面两处的"法自性性"的原文是 dharmasvabhāva，应译"法自性"。

相，得三種身。大慧！云何三昧樂正受意生身？謂第三、第四、第五
地，三昧樂正受故，種種自心寂靜安住，心海起浪識相不生，知自心
現境界性非性。是名三昧樂正受意生身。大慧！云何覺法自性性意生
身？謂第八地，觀察覺了如幻等法悉無所有，身心轉變，得如幻三昧
及餘三昧門，無量相力、自在、明，如妙華莊嚴，迅疾如意，猶如幻、
夢、水月、鏡像，非造、非所造如造、所造，一切色種種支分具足莊
嚴，隨入一切佛刹大眾，通達自性法故。是名覺法自性性意生身。大
慧！云何種類俱生無行作意生身？所謂覺一切佛法緣自得樂相。是名
種類俱生無行作意生身。大慧！於彼三種身相，觀察覺了，應當修學。”

实译：爾時佛告大慧菩薩摩訶薩言：“今當為汝說意成身差別相。
諦聽諦聽！善思念之。”大慧言：“唯。”佛言：“大慧！意成身有三種。
何者為三？謂入三昧樂意成身，覺法自性意成身，種類俱生無作行意
成身。諸修行者入初地已，漸次證得。大慧！云何入三昧樂意成身？
謂三、四、五地，入於三昧，離種種心，寂然不動，心海不起轉識波
浪，了境心現，皆無所有。是名入三昧樂意成身。云何覺法自性意成
身？謂八地中了法如幻，皆無有相，心轉所依，住如幻定及餘三昧，
能現無量自在神通，如花開敷，速疾如意，如幻，如夢，如影，如像，
非四大造，與造相似，一切色相具足莊嚴，普入佛刹，了諸法性。是
名覺法自性意成身。云何種類俱生無作行意成身？謂了達諸佛自證法
相。是名種類俱生無作行意成身。大慧！三種身相，當勤觀察。”

तत्रेदमुच्यते --

今译：这里，这样说道：

求译：爾時世尊欲重宣此義而說偈言：

实译：爾時世尊重說頌言：

न मे यानं महायानं न घोषो न च अक्षराः।
न सत्या न विमोक्षा वै न निराभासगोचरम्॥ १॥

今译：我的大乘非乘，非声音，非字母，
非真谛，非解脱，非无影像境界。（1）

求译：非我乘大乘，非說亦非字，
非諦非解脫，非無有境界。

实译：我大乘非乘，非聲亦非字，
非諦非解脫，亦非無相竟。

किं तु यानं महायानं समाधिवशवर्तिता।
कायो मनोमयश्चित्रो वशितापुष्पमण्डितः॥ २॥

今译：然而我的大乘也是乘，入定自在，
种种意成身，自在如同繁花盛开。（2）

求译：然乘摩訶衍[①]，三摩提自在，
種種意生身，自在華莊嚴

实译：然乘摩訶衍，三摩提自在，
種種意成身，自在花莊嚴。

अथ खलु महामतिर्बोधिसत्त्वो महासत्त्वः पुनरपि भगवन्तमेतदवोचत् -- पञ्चानन्तर्याणि भगवता निर्दिष्टानि। कतमानि तानि भगवन् पञ्चानन्तर्याणि यान्यध्यापद्य कुलपुत्रो वा कुलदुहिता वा अवीचिको भवति ? भगवानाह -- तेन हि महामते शृणु , साधु च सुष्ठु च मनसिकुरु। भाषिष्ये ऽहं ते। साधु भगवन्निति महामतिर्बोधिसत्त्वो महासत्त्वो भगवतः प्रत्यश्रौषीत्। भगवानेतदवोचत् -- तत्र महामते पञ्चानन्तर्याणि कतमानि ? यदुत मातृपितृर्हद्बधसंघभेदास्तथागतकाये दुष्टचित्तरुधिरोत्पादश्च॥

① “摩诃衍”是 mahāyāna（“大乘”）一词的音译。

今译：然后，大慧菩萨大士又对世尊说道："世尊说有五种无间业[①]。世尊啊，哪五种无间业，良家子或良家女犯下后，堕入阿鼻地狱[②]？"世尊说道："那么，大慧啊，请听！请你安下心来，我会为你讲述。"大慧菩萨大士回答世尊，说道："好吧，世尊。"世尊对他说道："大慧啊，哪五种无间业？杀母、杀父、杀阿罗汉、分裂僧团和起坏心使如来身体出血。

求译：爾時大慧菩薩摩訶薩白佛言："世尊，如世尊說，若男子女人行五無間業，不入無擇地獄。世尊，云何男子女人行五無間業，不入無擇地獄[③]？"佛告大慧："諦聽諦聽！善思念之，當為汝說。"大慧白佛言："善哉世尊，唯然受教。"佛告大慧："云何五無間業？所謂殺父母，及害羅漢，破壞眾僧，惡心出佛身血。

实译：爾時大慧菩薩摩訶薩復白佛言："世尊，如世尊說五無間業，何者為五，若人作已，墮阿鼻獄？"佛言："諦聽！當為汝說。"大慧言："唯。"佛告大慧："五無間者，所謂殺母，殺父，殺阿羅漢，破和合僧，懷惡逆心出佛身血。

तत्र महामते माता कतमा सत्त्वानाम् ? यदुत तृष्णा पौनर्भविकी नन्दीरागसहगता मातृत्वेनोत्तिष्ठते। अविद्या पितृत्वेनायतनग्रामस्योत्पत्तये। अनयोरुभयोर्मातापित्रोरत्यन्तमूलोपच्छेदान्मातृपितृवधो भवति। तत्र अनुशयानामरिप्रख्याणां मूषिकाविषवत्प्रकोपधर्मिणामत्यन्तसमुद्घातादर्हद्वधो भवति। तत्र संघभेदः कतमः ? यदुत भिन्नान्योन्यलक्षणस्य स्कन्धसंघातस्यात्यन्तमूलोपघातात्संघभेद इत्युच्यते। स्वसामान्यबाह्यस्वचित्तदृश्यमात्रावबोधकानां महामते अष्टानां

---

① "无间业"（ānantarya）指五种重罪。

② "阿鼻地狱"（avīcika）又称"无间地狱"或"无择地狱"。"阿鼻"是 avīci 的音译，"无间"是意译。vīci 在巴利文中的词义为"间隔"，佛教梵语沿用，故而将 avīci 译为"无间"。

③ 以上两处的"不入无择地狱"应为"入无择地狱"。原文为 avīcikaḥ，菩译"入于无间"，实译"堕阿鼻狱"。

विज्ञानकायानां विमोक्षत्रयानास्रवदुष्टविकल्पेनात्यन्तोपघाताद्विज्ञानबुद्धस्य दुष्टचित्तरुधिरोत्पादनादानन्तर्यकारीत्युच्यते। एतानि महामते आध्यात्मिकानि पञ्चानन्तर्याणि यान्यध्यापद्य कुलपुत्रो वा कुलदुहिता वा आनन्तर्यकारी भवत्यभिसमितधर्मः॥

今译：“大慧啊，何为众生之母？由母性生起贪爱和再生，伴随欢喜和贪欲。[①]由父性而有无明，[②]生于诸处村落[③]中。彻底斩断父母二根，称为杀父母。彻底灭除如同怨敌的随眠和如同鼠毒的愤怒等等，[④]称为杀阿罗汉。其中，何为分裂僧团？彻底根除互相不同而又聚合的诸蕴，[⑤]称为分裂僧团。大慧啊，以三解脱和无漏恶见妄想分别[⑥]根除不觉知外界自相和共相唯自心所现的八识身，起坏心使识佛[⑦]出血，称为行无间业。大慧啊，这些是五种内无间业。良家子或良家女做出这五种无间业，成为行无间业者，现证诸法。[⑧]

求译：“大慧！云何衆生母？謂愛更受生，貪喜俱，如緣母立。無明為父，生入處聚落。斷二根本，名害父母。彼諸使不現[⑨]，如鼠毒發，諸法究竟斷彼，名害羅漢。云何破僧？謂異相諸陰和合積聚，究竟斷彼，名為破僧。大慧！不覺外自共相自心現量七識身[⑩]，以三解脫無漏惡想，究竟斷彼七種識佛，名為惡心出佛身血。若男子女人行此無間者，名五無間事，亦名無間業。

实译：“大慧！何者為衆生母？謂引生愛與貪喜俱，如母養育。

---

① 这里以母性喻指贪爱等。
② 这里以父性喻指无明（即无知）。
③ “诸处村落”（āyatanagrāma）指六处或十二处。这里的“村落”喻指“诸处”。
④ 这里以阿罗汉喻指随眠（即烦恼）和愤怒。
⑤ 这里是以僧团喻指诸蕴。
⑥ 这里以“三解脱”和“无漏（即‘无烦恼’）”喻指“恶见妄想分别”，即“起坏心”。
⑦ “识佛”（vijñānabuddha）是以佛喻指识或识身。
⑧ 以上显然是譬喻说法，对无间业，反其意用之。
⑨ “诸使不现”的原文是 anuśayānāmariprakhyāṇām，意谓“如同敌人的随眠（‘诸使’）”。此处译成“诸使不现”，可能是原文中丢失了 ri 这个音。
⑩ 现存梵本以及菩译和实译均为“八识身”。

何者為父？所謂無明令生六處聚落中故。斷二根本，名殺父母。云何殺阿羅漢？謂隨眠為怨，如鼠毒發，究竟斷彼。是故，說名殺阿羅漢。云何破和合僧？謂諸蘊異相和合積聚，究竟斷彼，名為破僧。云何惡心出佛身血？謂八識身妄生思覺，見自心外自相共相，以三解脫無漏惡心，究竟斷彼八識身佛，名為惡心出佛身血。大慧！是為內五無間，若有作者，無間即得，現證實法。

पुनरपरं महामते बाह्यानि ते आनन्तर्याण्युपदेक्ष्यामि, यैरुपदिष्टैस्त्वं च अन्ये च बोधिसत्त्वा अनागते ऽध्वनि संमोहं न गमिष्यन्ति। तत्र कतमानि तानि ? यदुत यानि देशनापाठे ऽनुसंवर्णितान्यानन्तर्याणि, यान्यध्यापद्य तिसृणां विमुक्तीना-मन्यतरान्यतरस्यां नाभिसमेता भवन्ति अन्यत्र निर्मिताधिष्ठानाभिसमयात्। निर्मिताधिष्ठानश्रावको हि महामते बोधिसत्त्वाधिष्ठानेन वा तथागताधिष्ठानेन वा। यस्य कस्यचिदन्यस्यानन्तर्यकारिणः कौकृत्यं तस्य कौकृत्यदृष्टिविनिवर्तनार्थं निक्षिप्तधुरस्य कौकृत्यदृष्ट्यभावार्थम्। पुनरपि प्रोत्साहनां करिष्यत इति कृत्वा निर्मिताधिष्ठानाभिसमयः प्रदर्श्यते मया। नास्त्येकान्तेन महामते आनन्तर्यकारिणो ऽभिसमयः अन्यत्र स्वचित्तदृश्यभावनामात्रतावबोधाद्देहभोगप्रतिष्ठागतिविकल्पा-त्मात्मीयग्राहविविक्तदर्शनात्कदाचित्कर्हिचित्कल्याणमित्रमासाद्य अन्यगतिसंधौ स्वविकल्पदोषैर्विमुच्यते॥

今译：“还有，大慧啊，我要为你说那些外无间业。闻听后，你和未来之路上其他菩萨大士就不会愚痴。它们是哪些？诵经说法中称述的那些无间业。[①]犯下这些无间业，不能一一现证三解脱，除非依靠变化佛护持现证。大慧啊，受变化佛护持的声闻或受菩萨护持，或受如来护持，也会努力劝导其他犯有无间业者消除恶行和恶见，卸下重负，摆脱恶见。这是我宣示的依靠变化佛护持现证。大慧啊，也有犯下无间业者始终不能获得现证，除非觉知唯自心所现，明瞭身体、

① 这里意谓“外无间业”是指以往诵经说法中所说的“无间业”，也就是通常所说的“杀母、杀父、杀阿罗汉、分裂僧团和起坏心使如来身体出血”。

享受和住处是妄想分别，远离对我和我所的执著，或在另外的转生中遇见善友，才能摆脱自心分别的过错。”[①]

求译：“復次，大慧！有外無間，今當演說。汝及餘菩薩摩訶薩聞是義已，於未來世不墮愚癡。云何五無間？謂先所說無間。若行此者，於三解脱一一不得無間等法[②]。除此已[③]，餘化神力現無間等，謂聲聞化神力，菩薩化神力，如來化神力，為餘作無間罪者除疑悔故，為勸發故，神力變化現無間等。無有一向作無間事，不得無間等法[④]，除覺自心現量，離身、財妄想，離我、我所攝受，或時遇善知識，解脱餘趣相續妄想。[⑤]”

实译：“復次，大慧！今為汝說外五無間，令汝及餘菩薩聞是義已，於未來世不生疑惑。云何外五無間？謂餘教中所說無間。若有作者，於三解脱不能現證，唯除如來諸大菩薩及大聲聞，見其有造無間業者，為欲勸發令其改過，以神通力示同其事，尋即悔除，證於解脱。此皆化現，非是實造。[⑥]若有實造無間業者，終無現身而得解脱，唯除覺了自心所現身、資、所住，離我、我所分別執見，或於來世餘處受生，遇善知識，離分別過，方證解脱。”

तत्रेदमुच्यते --

今译：这里，这样说道：

求译：爾時世尊欲重宣此義而說偈言：

---

① 此段关于“外五无间业”的论述，在求译、菩译和实译中，菩译与现存梵本基本一致。

② 此处“不得无间等法”的原文是 nābhisametā，菩译和实译均为“不得现证”。而求译通常将“现证”（abhisamaya）译为“无间”。

③ 此处“除此已”的原词是 anyatra，意谓“除了”或“除非”。菩译“除”，实译“唯除”。

④ 这里按照现存梵本，应为“犯下无间业者始终不能获得现证。”

⑤ 此句中的“余趣相续”的原词是 anyagatisaṃdhau，意谓“在另外的转生中。”菩译“于异道身”，实译“于来世余处受生”。因此，此句的意思是“在另外的转生中，摆脱自心分别的过错。”

⑥ “此皆化现，非是实造”，这句不见于现存梵本以及求译和菩译。

实译：爾時世尊重說頌言：

तृष्णा हि माता इत्युक्ता अविद्या च पिता तथा।
विषयावबोधाद्विज्ञानं बुद्ध इत्युपदिश्यते॥३॥

今译：贪爱称为母，无明称为父，
诸识觉知境界，而称为佛。（3）

求译：貪愛名為母，無明則為父，
覺境識為佛，諸使為羅漢。

实译：貪愛名為母，無明則是父，
識了於境界，此則名為佛。

अर्हन्तो ह्यनुशयाः पञ्च संघाः स्कन्धकदम्बकः।
निरन्तरान्तरच्छेदात्कर्मस्यानन्तरं भवेत्॥४॥

今译：阿罗汉是随眠，僧团是五蕴，
斩断这些无间，称为无间业。（4）

求译：陰集名為僧，無間次第斷，
謂是五無間，不入無擇獄。[①]

实译：隨眠阿羅漢，蘊聚和合僧，
斷彼無餘間，是名無間業。

पुनरपि महामतिराह -- देशयतु मे भगवान् बुद्धानां भगवतां कथं भगवन् बुद्धानां बुद्धता भवति ? भगवानाह -- धर्मपुद्गलनैरात्म्यावबोधान्महामते आवरणद्वयपरिज्ञानावबोधाच्च च्युतिद्वयाधिगमात्क्लेशद्वयप्रहाणाच्च महामते बुद्धानां भगवतां बुद्धता भवति। एतेषामेव महामते धर्माणामधिगमाच्छ्रावकप्रत्येकबुद्धसंबुद्धता भवति। अत एतस्मान्महामते एकयानं देशयामि॥

---

① "不入无择狱"，这句不见于现存梵本以及菩译和实译。

今译：大慧又说道："请世尊为我宣示诸佛。世尊啊，何以诸佛有佛性？"世尊说道："大慧啊，觉知法和人无我，觉知二障①，理解两种死②，摒弃两种烦恼，大慧啊，故而诸佛有佛性。大慧啊，理解这些法，故而声闻和缘觉有佛性。因此，大慧啊，我宣示一乘。"

求译：爾時大慧菩薩復白佛言："世尊，唯願為說佛之知覺③。世尊，何等是佛之知覺？"佛告大慧："覺人法無我，了知二障，離二種死，斷二煩惱。是名佛之知覺。聲聞、緣覺得此法者，亦名為佛。以是因緣故，我說一乘。"

实译：爾時大慧菩薩摩訶薩復白佛言："世尊，願為我說諸佛體性。"佛言："大慧！覺二無我，除二種障，離二種死，斷二煩惱，是佛體性。大慧！聲聞、緣覺得此法已，亦名為佛。我以是義，但說一乘。"

तत्रेदमुच्यते --

今译：这里，这样说道：

求译：爾時世尊欲重宣此義而說偈言：

实译：爾時世尊重說頌言：

नैरात्म्यस्य द्वयं क्लेशास्तथैवावरणद्वयम् ।
अचिन्त्यपरिणामिन्याश्च्युतेर्लाभात्तथागतः ॥५॥

今译：理解两种无我、烦恼和二障，
　　　　不可思议变易死，成为如来。（5）

求译：善知二無我，二障煩惱斷，

---

① "二障"（āvaraṇadvaya）指所知障和烦恼障。

② "两种死"（cyutidvaya）指通常的死和不可思议变易死。

③ "佛之知觉"的原词 buddhatā（"佛性"）。此词是 buddha（"佛"）加上后缀 tā（"性质"或"状态"）。实译"佛体性"。

永離二種死，是名佛知覺。

实译：善知二無我，除二障二惱，

及不思議死，是故名如來。

अथ खलु महामतिर्बोधिसत्त्वो महासत्त्वः पुनरपि भगवन्तमेतदवोचत् -- किं संधाय भगवता पर्षन्मध्यगतेन वाग्भाषिता -- अहमेव सर्वबुद्धा ये ऽतीता जातकोपपत्तिवैचित्र्यं च। अहमेव च तेन कालेन तेन समयेन राजा मांधाता। गजः शुक इन्द्रो व्यासः सुनेत्रः, इत्येवमाद्यानि भगवता जातकशतसहस्रा-ण्युपदिष्टानि ? भगवानाह -- चतुर्विधां समतां संधाय महामते तथागता अर्हन्तः सम्यक्संबुद्धाः पर्षन्मध्यगता वाचं निश्चारयन्ति यदुत अहमेव तेन कालेन तेन समयेन क्रकुच्छन्दः कनकमुनिः काश्यपश्चाभवम्। कतमां चतुर्विधसमतां संधाय ? यदुत अक्षरसमतां वाक्समतां धर्मसमतां कायसमतां च। इमां महामते चतुर्विधां समतां संधाय तथागता अर्हन्तः सम्यक्संबुद्धाः पर्षन्मध्यगता वाचं निश्चारयन्ति। तत्र महामते कतमा अक्षरसमता ? यदुत यैरक्षरैर्मम नाम बुद्ध इति, तैरेवाक्षरैस्तेषां बुद्धानां भगवतां तान्यक्षराणि महामते निर्विशिष्टान्यक्षराण्यक्षरस्वभावत्वेन। इयं महामते अक्षरसमता। तत्र महामते कतमा वाक्समता तथागतानामर्हतां सम्यक्संबुद्धानाम् ? यदुत ममापि चतुष्षष्ट्याकारो ब्रह्मस्वररुतघोषवाग्विकल्पः प्रवर्तते, तेषामपि महामते तथागतानामर्हतां सम्यक्संबुद्धानामेवमेव चतुष्षष्ट्याकारो ब्रह्मस्वररुतघोषो वाग्विकल्पः प्रवर्तते ऽनूनानधिका निर्विशिष्टाः कलविङ्क-ब्रह्मस्वररुतघोषस्वभावेन। तत्र कतमा कायसमता ? यदुत अहं च ते च तथागता अर्हन्तः सम्यक्संबुद्धा धर्मकायेन च रूपलक्षणानुव्यञ्जनकायेन च समा निर्विशिष्टा अन्यत्र वैनेयवशमुपादाय। तत्र तत्र सत्त्वगतिविशेषेण तथागता रूपवैचित्र्य-मादर्शयन्ति। तत्र धर्मसमता महामते कतमा ? यदुत ते च अहं च सप्तत्रिंशतां बोधिपक्ष्याणां धर्माणामधिगन्तारः। इमां महामते चतुर्विधां समतां संधाय तथागता अर्हन्तः सम्यक्संबुद्धाः पर्षन्मध्यगता वाचं निश्चारयन्ति॥

今译：然后，大慧菩萨大士又对世尊说道："世尊依据什么在集会上说：'我是过去一切佛，有种种前生。我曾经是国王曼陀多①。'世尊说自己有百千种前生，大象、鹦鹉、因陀罗、毗耶娑②或妙眼③，如此等等。"世尊说道："大慧啊，依据四种平等性，一切如来、阿罗汉、正等觉在集会上说：'我曾经是迦留孙、拘那含牟尼和迦叶。'依据哪四种平等性？字母平等性、言语平等性、法平等性和身平等性。大慧啊，依据这四种平等性，一切如来、阿罗汉、正等觉在集会上这样说。其中何为字母平等性？我的名字是佛陀，大慧啊，那些世尊佛陀也使用这些字母。这些字母依据字母自性，互相没有差别。大慧啊，这是字母平等性。其中，大慧啊，何为一切如来、阿罗汉、正等觉的言语平等性？我使用六十四种梵音声④的言语，大慧啊，一切如来、阿罗汉、正等觉也使用六十四种梵音声的言语，无增无减，没有差别，具有迦陵频伽鸟⑤、梵音声自性。其中何为身平等性？我和一切如来、阿罗汉、正等觉都有法身、色相和随好⑥，互相平等，没有差别，除非为了度化众生，适应不同的众生，展现种种色相。大慧啊，何为法平等性？我和他们都通晓三十七菩提分法⑦。大慧啊，一切如来、阿罗汉、正等觉依据这四种平等性在集会上这样说。"

求译：爾時大慧菩薩白佛言："世尊，何故世尊於大眾中唱如是言：'我是過去一切佛，及種種受生。我爾時作漫陀轉輪聖王、六牙大象及鸚鵡鳥、釋提桓因⑧、善眼仙人，'如是等百千生經說？"佛

---

①　"曼陀多"（Māndhātṛ）是一位著名的转轮王。求译"漫陀"，菩译和实译"顶生王"。
②　毗耶娑（Vyāsa）是一位著名的仙人，相传是吠陀的编订者以及史诗《摩诃婆罗多》和各种往世书的作者。
③　"妙眼"（Sunetra，或译"善眼"）是一位古代仙人。
④　"梵音声"（brahmasvararutaghoṣa）指如同梵天清净美妙的声音。
⑤　"迦陵频伽鸟"（kalaviṅka）具有美妙的鸣声。
⑥　"色相"（rūpalakṣaṇa）和"随好"（anuvyañjana）指佛陀的吉相，包括三十二"大人相"和八十种"随好"。
⑦　"三十七菩提分法"（bodhipakṣya）包括四念处、四正勤、四神足、五根、五力、七觉支和八正道。
⑧　"释提桓因"即天王因陀罗。

告大慧："以四等故，如來、應供、等正覺於大眾中唱如是言：'我爾時作拘留孫，鈎那含牟尼，迦葉佛。'云何四等？謂字等，語等，法等，身等。是名四等。以四種等故，如來、應供、等正覺於大眾中唱如是言。云何字等？若字稱我為佛，彼字亦稱一切諸佛。彼字自性無有差別。是名字等。云何語等？謂我六十四種梵音言語相生，彼諸如來、應供、等正覺亦如是。六十四種梵音言語相生，無增無減，無有差別，迦陵頻伽、梵音聲性。云何身等？謂我與諸佛法身及色身相好，無有差別，除為調伏彼彼諸趣差別眾生故，示現種種差別色身。是名身等。云何法等？謂我及彼佛得三十七菩提分法，略說佛法無障礙智[1]。是名四等。是故，如來、應供、等正覺於大眾中唱如是言。"

实译：爾時大慧菩薩摩訶薩復白佛言："世尊，如來以何密意，於大眾中唱如是言：'我是過去一切諸佛'，及說百千本生之事：'我於爾時，作頂生王、大象、鸚鵡、月光[2]、妙眼如是等'？"佛言："大慧！如來、應、正等覺依四平等祕密意故，於大眾中作如是言：'我於昔時作拘留孫佛，拘那含牟尼佛，迦葉佛。'云何為四？所謂字平等，語平等，身平等，法平等。云何字平等？謂我名佛，一切如來亦名為佛，佛名無別。是謂字等。云何語平等？謂我作六十四種梵音聲語，一切如來亦作此語，迦陵頻伽、梵音聲性，不增不減，無有差別。是名語等。云何身平等？謂我與諸佛，法身色相及隨形好等無差別，除為調伏種種眾生現隨類身。是謂身等。云何法平等？謂我與諸佛皆同證得三十七種菩提分法。是謂法等。是故，如來、應、正等覺於大眾中作如是說。"

तत्रेदमुच्यते --

今译：这里，这样说道：

---

[1] 这个短语不见于现存梵本以及菩译和实译。

[2] 按照现存梵本和菩译，此处有"因陀罗"和"毗耶娑"，而无"月光"。

求译：爾時世尊欲重宣此義而說偈言：

实译：爾時世尊重說頌言：

काश्यपः क्रकुछन्दश्च कोनाकमुनिरप्यहम्।
भाषामि जिनपुत्राणां समतायां समुद्गतः॥६॥

今译：我依据平等性，对众佛子说：
“我是迦叶、迦留孙和拘那含。”（6）

求译：迦葉拘留孫，鉤那含是我，
以此四種等，我為佛子說。

实译：迦葉拘留孫，拘那含是我，
依四平等故，為諸佛子說。

पुनरपि महामतिराह -- यदिदमुक्तं भगवता -- यां च रात्रिं तथागतोऽभिसंबुद्धो यां च रात्रिं परिनिर्वास्यति, अत्रान्तरे एकमप्यक्षरं तथागतेन नोदाहृतम्, न प्रव्याहरिष्यति, अवचनं बुद्धवचनमिति, तत्किमिदं संधायोक्तं तथागतेनार्हता सम्यक्संबुद्धेन अवचनं बुद्धवचनमिति ? भगवानाह -- धर्मद्वयं महामते संधाय मयैतदुक्तम्। कतमद्धर्मद्वयम् ? यदुत प्रत्यात्मधर्मतां च संधाय पौराणस्थितिधर्मतां च। इदं महामते धर्मद्वयं संधायेदमुक्तं मया। तत्र स्वप्रत्यात्मधर्मतानुसंधिः कतमः ? यत्तैस्तथागतैरधिगतं तन्मयाप्यधिगतमनूनमनधिकं स्वप्रत्यात्मगतिगोचरं वाग्विकल्परहितमक्षरगतिद्वयविनिर्मुक्तम्। तत्र पौराणस्थितिधर्मता कतमा ? यदुत पौराणमिदं महामते धर्मतावन्मे हिरण्यरजतमुक्ताकरवन्महामते धर्मधातुस्थितिता -- उत्पादाद्वा तथागतानामनुत्पादाद्वा तथागतानां स्थितैवैषां धर्माणां धर्मता धर्मस्थितिता धर्मनियामता। पौराणनगरपथवन्महामते। तद्यथा महामते कश्चिदेव पुरुषो ऽटव्यां पर्यटन् पौराणं नगरमनुपश्येदविकलपथप्रवेशम्। स तं नगरमनुप्रविशेत्। तत्र प्रविश्य प्रतिनिविश्य नगरं नगरक्रियासुखमनुभवेत्। तत्किं मन्यसे महामते अपि नु तेन पुरुषेण स पन्था उत्पादितो येन पथा तं

नगरमनुप्रविष्टो नगरवैचित्र्यं च [अनुभूतम्] ? आह -- नो भगवन्। भगवानाह --
एवमेव महामते यन्मया तैश्च तथागतैरधिगतम् -- स्थितैवैषा धर्मता धर्मस्थितिता
धर्मनियामता तथता भूतता सत्यता। अत एतस्मात्कारणान्महामते मयेदमुक्तम् --
यां च रात्रिं तथागतो ऽभिसंबुद्धो यां च रात्रिं परिनिर्वास्यति, अत्रान्तरे एकमप्यक्षरं
तथागतेन नोदाहृतं नोदाहरिष्यति॥

今译：大慧又说道："世尊这样说：'如来在某夜觉悟，将在某夜
般涅槃。在这中间，没有说一字，将来也不会说。不说即佛说。'依
据什么，如来、阿罗汉、正等觉说'不说即佛说'？"世尊说道："大
慧啊，依据两种法，我这样说。哪两种法？依据自觉法性和古已有之
法性。大慧啊，依据两种法，我这样说。其中，何为依据自觉法性？
一切如来证得的，我也证得，无增无减。自觉境界离言语分别，摆脱
文字二趣①。其中，何为古已有之法性？大慧啊，法性之路②古已有之，
如同金银珠宝在矿中，法界常在。无论如来出世或不出世，那些法的
法性、法住性和法定性常在。大慧啊，如同古城旧道。例如，大慧啊，
有人在旷野中行走，发现一座古城，有入城的完整道路。他进入这座
古城。进入后，留在此城，体验城中的种种行为和快乐。大慧啊，这
个人通过这条路进入城中，体验城中的种种生活，你认为这条路是他
造出来的吗？"大慧说道："不是，世尊。"世尊说道："正是这样，
大慧啊，我和一切如来知道这种法性、法住性、法定性、真如性、真
实性和真谛性常在。因此，大慧啊，我说：'如来在某夜觉悟，将在
某夜般涅槃。在这中间，没有说一字，将来也不会说。'"

求译：大慧復白佛言："如世尊所說：'我從某夜得最正覺，乃
至某夜入般涅槃，於其中間乃至不說一字，亦不已說、當說。不說是

---

① "文字二趣"（akṣaragatidvaya）的意思不明确。此处求译"字二趣"，菩译"两种字"，
实译"名字相"。可能是指有和无、生和灭之类二重性的文字表述。
② "法性之路"的原文为 dharmatāvanme（"如同我的法性"），疑有误。此处求译"圣道"，
菩译"本行路"。南条本此处注文中据藏译本推断为 dharmatāvartma（"法性之路"）。

佛說。’”大慧白佛言：“世尊，如來、應供、等正覺何因說言不說是佛說？”佛告大慧：“我因二法故，作如是說。云何二法？謂緣自得法及本住法。是名二法。因此二法故，我如是說。云何緣自得法？若彼如來所得，我亦得之，無增無減。緣自得法究竟境界，離言說妄想，離字二趣。云何本住法？謂古先聖道如金銀等性，法界常住。若如來出世，若不出世，法界常住，如趣彼成[1]道。譬如士夫行曠野中，見向古城平坦正道，即隨入城，受如意樂。大慧！於意云何？彼士夫作是道及城中種種樂耶？”答言：“不也。”佛告大慧：“我及過去一切諸佛法界常住，亦復如是。是故，說言：‘我從某夜得最正覺，乃至某夜入般涅槃，於其中間不說一字，亦不已說、當說。’”

实译：爾時大慧菩薩摩訶薩復白佛言：“世尊，如世尊說：‘我於某夜成最正覺，乃至某夜當入涅槃，於其中間不說一字，亦不已說，亦不當說。不說是佛說。’世尊，依何密意作如是語？”佛言：“大慧！依二密法故，作如是說。云何二法？謂自證法及本住法。云何自證法？謂諸佛所證，我亦同證，不增不減。證智所行，離言說相，離分別相，離名字相。云何本住法？謂法本性如金等在鑛，若佛出世，若不出世，法住、法位、法界、法性皆悉常住。大慧！譬如有人行曠野中，見向古城平坦舊道，即便隨入，止息遊戲。大慧！於汝意云何，彼作是道及以城中種種物耶？”白言：“不也。”佛言：“大慧！我及諸佛所證真如常住法性亦復如是。是故，說言始從成佛乃至涅槃，於其中間不說一字，亦不已說，亦不當說。”

तत्रेदमुच्यते --

今译：这里，这样说道：

求译：爾時世尊欲重宣此義而說偈言：

[1] 此处“成”字，据《中华大藏经》校勘记，“《南》、《径》、《清》作‘城’”。

实译：爾時世尊重說頌言：

यस्यां च रात्र्यां धिगमो यस्यां च परिनिर्वृतः।
एतस्मिन्नन्तरे नास्ति मया किंचित्प्रकाशितम्॥७॥

今译：在某夜觉悟，在某夜般涅槃，
在这两者中间，我一无所说。（7）

求译：我某夜成道，至某夜涅槃，
於此二中間，我都無所說。

实译：某夜成正覺，某夜般涅槃，
於此二中間，我都無所說。

प्रत्यात्मधर्मस्थितितां संधाय कथितं मया।
तैश्च बुद्धैर्मया चैव न च किंचिद्विशेषितम्॥८॥

今译：我所说者依据自觉法住性，
我和一切佛没有任何差别。[①](8)

求译：缘自得法住，故我作是說，
彼佛及與我，悉無有差別。

实译：自證本住法，故作是密語，
我及諸如來，無有少差別。

अथ खलु महामतिर्बोधिसत्त्वो महासत्त्वः पुनरपि भगवन्तमध्येषते स्म -- देशयतु मे भगवान्नास्त्यस्तित्वलक्षणं सर्वधर्माणां यथा अहं च अन्ये च बोधिसत्त्वा महासत्त्वा नास्त्यस्तित्ववर्जिताः क्षिप्रमनुत्तरां सम्यक्संबोधिमभिसंबुध्येरन्। भगवानाह -- तेन हि महामते शृणु , साधु च सुष्ठु च मनसि कुरु। भाषिष्ये ऽहं ते। साधु भगवन्निति महामतिर्बोधिसत्त्वो महासत्त्वो भगवतः प्रत्यश्रौषीत्।

① 这两颂的意思是佛陀从觉悟至涅槃，自己并没有说什么，所说的只是原本常在的法性。

भगवानेतदवोचत् -- द्वयनिश्रितो ऽयं महामते लोको यदुत अस्तित्वनिश्रितश्च नास्तित्वनिश्रितश्च। भावाभावच्छन्ददृष्टिपतितश्च अनिःशरणे निःशरणबुद्धिः। तत्र महामते कथमस्तित्वनिश्रितो लोकः ? यदुत विद्यमानैर्हेतुप्रत्ययैर्लोक उत्पद्यते नाविद्यमानैः, विद्यमानं चोत्पद्यमानमुत्पद्यते नाविद्यमानम्। स चैवं ब्रुवन् महामते भावानामस्तित्वहेतुप्रत्ययानां लोकस्य च हेत्वस्तिवादी भवति। तत्र महामते कथं नास्तित्वनिश्रितो भवति ? यदुत रागद्वेषमोहाभ्युपगमं कृत्वा पुनरपि रागद्वेषमोह-भावाभावं विकल्पयति। यश्च महामते भावानामस्तित्वं नाभ्युपैति भावलक्षण-विविक्तत्वात् , यश्च बुद्धश्रावकप्रत्येकबुद्धानां रागद्वेषमोहान्नाभ्युपैति भावलक्षणवि-निर्मुक्तत्वाद्विद्यन्ते नेति। कतमो ऽत्र महामते वैनाशिको भवति ? महामतिराह -- य एष भगवन् अभ्युपगम्य रागद्वेषमोहान् न पुनरभ्युपैति। भगवानाह -- साधु साधु महामते, साधु खलु पुनस्त्वं महामते, यस्त्वमेवं प्रभाषितः। केवलं महामते न रागद्वेषमोहभावाभावाद्वैनाशिको भवति। बुद्धश्रावकप्रत्येकबुद्धवैनाशिको ऽपि भवति। तत्कस्य हेतोः ? यदुत अध्यात्मबहिर्धानुपलब्धित्वाच्च क्लेशानाम्। न हि महामते रागद्वेषमोहा अध्यात्मबहिर्धोपलभ्यन्ते ऽशरीरत्वात्। अनभ्युपगमत्वाच्च महामते रागद्वेषमोहाभावानां बुद्धश्रावकप्रत्येकबुद्धवैनाशिको भवति। प्रकृतिवि-मुक्तास्ते बुद्धश्रावकप्रत्येकबुद्धा बन्ध्यबन्धहेत्वभावात्। बन्ध्ये सति महामते बन्धो भवति बन्धहेतुश्च। एवमपि ब्रुवन् महामते वैनाशिको भवति। इदं महामते नास्त्यस्तित्वस्य लक्षणम्। इदं च महामते संधायोक्तं मया -- वरं खलु सुमेरुमात्रा पुद्गलदृष्टिर्न त्वेव नास्त्यस्तित्वाभिमानिकस्य शून्यतादृष्टिः। नास्त्यस्तित्वाभि-मानिको हि महामते वैनाशिको भवति। स्वसामान्यलक्षणदृष्टिपतिताशयः स्वचित्तदृश्यमात्राभावान्न प्रतिजानन् , अप्रतिज्ञानाद्बाह्यभावान्नित्यदर्शनात्क्षण-परंपराभेदभिन्नानि स्कन्धधात्वायतनानि संततिप्रबन्धेन विनिवृत्य विनिवर्तन्त इति कल्पाक्षररहितानि प्रतिविकल्पयन् पुनरपि वैनाशिको भवति॥

今译：然后，大慧菩萨大士又请求世尊，说道：“世尊啊，请为我宣示一切法的有无相。这样，我和其他菩萨大士能摆脱有无，迅速证得正等觉。”世尊说道：“那么，大慧啊，请听！请你安下心来，我会为你讲述。”大慧菩萨大士回答世尊，说道：“好吧，世尊。”世尊对他说道："大慧啊，世人执著二见，或执著有，或执著无，陷入有无贪见[①]，以不出离为出离。其中，大慧啊，世人怎样执著有？因缘存在，则世界产生；不存在，则不产生。存在则产生，不存在则不产生。大慧啊，这样讲述事物和世界有因缘，则是有因论者[②]。其中，大慧啊，怎样执著无？接受贪、瞋和痴，而又妄想无贪、瞋和痴。大慧啊，有人摆脱事物相，而不认可事物有。也有人发现佛、声闻和缘觉没有贪、瞋和痴，摆脱事物相，而不认可事物有。大慧啊，这里，哪一种成为毁灭者？"大慧说道："世尊啊，接受贪、瞋和痴，而又否认者。"世尊说道："善哉，善哉！大慧啊，确实，善哉，大慧啊，你这样说。大慧啊，他们否认贪、瞋和痴，不仅毁坏自己，也毁坏佛、声闻和缘觉。为什么？诸烦恼既异又非异[③]，内外不可得。大慧啊，贪、瞋和痴无实体，内外不可得。正是由于否认贪、瞋和痴[④]，而毁坏佛、声闻和缘觉。佛、声闻和缘觉本性解脱，没有受束缚和束缚的原因。大慧啊，如果受束缚，则有束缚和束缚的原因。大慧啊，即使如此，有人还那样说，[⑤]而成为毁灭者。大慧啊，这是有无相[⑥]。依据这个，大慧啊，我说宁可有大似须弥山的人见[⑦]，也不要有自恃有无

---

① "有无贪见"（bhāvābhavacchandadṛṣṭi）指贪求或执著有无之见。

② "有因论者"（hetvastivadī），此处实译"说无因"，求译和菩译也类似。但从语境上看，似乎称为"有因论者"更合理。

③ "既异又非异"（anyānanyatvāt）在原文中无，应据南条本补上。求译、菩译和实译均有此句。

④ "否认贪、瞋和痴"，此句原文中的 rāgadveṣamohābhāvānām 疑有误，据南条本此处注文中标出抄本 T 为 rāgadveṣamohabhāvānām。

⑤ 指否认贪、瞋和痴。这里的意思可能是：不能因为佛、声闻和缘觉没有贪、瞋和痴，而否认有贪、瞋和痴，同样也不能因为佛、声闻和缘觉没有束缚，而否认有束缚。或者说，贪、瞋和痴既非有，也非无。

⑥ "有无相"，也就是大慧询问的"有无相"（nāstyastilakṣaṇa，或按原文直译为"无有相"）。此词求译在前面译为"有无有相"，在这里译为"无有相"。实译在前面译为"有无相"，在这里译为"无有相"。菩译在前面译为"有无相"，在这里译为"无法相"。其实都是同一个词。

⑦ "人见"（pudgaladṛṣṭi）也可理解为"我见"。

的傲慢空见。①大慧啊，自恃有无者成为毁灭者。他们的心思陷入自相和共相见，不知道唯自心所现而无事物。由于不知道，而看到外界事物无常②，依次刹那分解破裂，种种蕴、界和处聚合，转出又破灭③。这样，自以为脱离妄想文字④，而依然妄想分别，成为毁灭者。"

求译：爾時大慧菩薩復請世尊："唯願為說一切法有無有相，令我及餘菩薩摩訶薩離有無有相，疾得阿耨多羅三藐三菩提。"佛告大慧："諦聽諦聽！善思念之，當為汝說。"大慧白佛言："善哉世尊，唯然受教。"佛告大慧："此世間依有二種，謂依有及⑤，墮性非性欲見⑥，不離離相⑦。大慧！云何世間依有？謂有世間因緣生，非不有。從有生，非無有生。大慧！彼如是說者，是說世間無因。大慧！云何世間依無？謂受貪、恚、癡性已，然後妄想計著貪、恚、癡性非性。大慧！若不取有性者，性相寂靜故，謂諸如來聲聞、緣覺不取貪、恚、癡性為有為無。大慧！此中何等為壞者？"大慧白佛言："世尊，若彼取貪、恚、癡性，後不復取。"佛告大慧："善哉善哉，汝如是解。大慧！非但貪、恚、癡性非性為壞者，於聲聞、緣覺及佛亦是壞者。所以者何？謂內外不可得故，煩惱性異不異故。大慧！貪、恚、癡性若內若外不可得，貪、恚、癡性無身故。無取故，非佛、聲聞、緣覺是壞者。⑧佛、聲聞、緣覺自性解脫故，縛與縛因非性故。大慧！若

---

① 这里是针对上述执著有和执著无，强调指出执著有无的危害甚至比执著我见更大。

② "外界事物无常"的原文为 bāhyabhāvānnitya，疑有误，应为 bāhyabhāvānitya。此处求译"外性无常"，菩译"外物无常"，实译"外法无常"。

③ "转出又破灭"的原文是 vinivṛtya vinivartante。其中，vinivṛtya（"破灭"）一词，按南条本校注，在 T 抄本中为 pravṛtya（"转出"）。这个读法比较合理，故而这里译为"转出又破灭"。实译"起已还灭"，与这个读法一致。

④ "妄想文字"（kalpākṣara）指经文。

⑤ 此处"有及"，据《中华大藏经》校勘记，"《径》作'有及无'。"

⑥ "性非性欲见"的意思是"执著有无之见"。

⑦ "不离离相"的意思是"以不出离为出离"。其中，"相"的原词是 buddhi（"觉"）。故而，这个"相"字应为"想"。

⑧ 此句按照现存梵本，意思是"由于否认贪、瞋和痴，而毁灭佛、声闻和缘觉。"菩译"不许有贪、瞋、痴。是故，彼人灭声闻、辟支、佛法。"实译此句未译全。

有縛者，應有縛，是縛因故。大慧！如是說壞者。是名無有相。大慧！因是故，我說寧取人見如須弥山，不起無所有增上慢空見。大慧！無所有增上慢者，是名為壞。墮自共相見悕望，不知自心現量，見外性無常，刹那展轉壞，陰、界、入相續流注變滅。離文字相妄想，是名壞者。”

实译： 爾時大慧菩薩摩訶薩復白佛言：“世尊，願說一切法有無相，令我及諸菩薩摩訶薩離此相，疾得阿耨多羅三藐三菩提。”佛言：“諦聽！當為汝說。”大慧言：“唯。”佛言：“大慧！世間眾生多墮二見，謂有見無見。墮二見故，非出出想。云何有見？謂實有因緣而生諸法，非不實有。實有諸法從因緣生，非無法生。大慧！如是說者，則說無因。云何無見？謂知受貪、瞋、癡已，而妄計言無。大慧！及彼分別[①]有相，而不受諸法有。復有知諸如來、聲聞、緣覺無貪、瞋、癡性而計為非有。此中誰為壞者？”大慧白言：“謂有貪、瞋、癡性，後取於無，名為壞者。”佛言：“善哉！汝解我問。此人非止無貪、瞋、癡名為壞者，亦壞如來、聲聞、緣覺。何以故？煩惱內外不可得故，體性非異非不異故。大慧！貪、瞋、癡性若內若外皆不可得，無體性故，無可取故。聲聞、緣覺及以如來本性解脫，無有能縛及縛因故。大慧！若有能縛及以縛因，則有所縛。作如是說，名為壞者。是為無有相。我依此義密意而說，寧起我見如須弥山，不起空見懷增上慢。若起此見，名為壞者，墮自共見樂欲之中，不了諸法惟心所現。以不了故，見有外法刹那無常，展轉差別，蘊、界、處相相續流轉，起已還滅。虛妄分別，離文字相，亦成壞者。”

तत्रेदमुच्यते --

今译： 这里，这样说道：

---

① 此处“分别”的原词是 vivikta（“远离”或“摆脱”）。求译“寂静”，菩译“不见”。

求译：爾時世尊欲重宣此義而說偈言：

实译：爾時世尊重說頌言：

अस्तिनास्तीत्युभावन्तौ यावच्चित्तस्य गोचरः।
गोचरेण निरुद्धेन सम्यक्चित्तं निरुध्यते॥९॥

今译：有和无两边，乃至心境界，
　　　若境界寂灭，心也就寂灭。(9)

求译：有無是二邊，乃至心境界，
　　　淨除彼境界，平等①心寂滅。

实译：有無是二邊，乃至心所行，
　　　淨除彼所行，平等心寂滅。

विषये ग्रहणाभावान्निरोधो न च नास्ति च।
विद्यते तथतावस्तु आर्याणां गोचरो यथा॥१०॥

今译：不执取境界而寂灭，并非无，
　　　有真如存在，如圣者境界。(10)

求译：無取境界性，滅非無所有，
　　　有事悉如如，如賢聖境界。

实译：不取於境界，非滅無所有，
　　　有真如妙物，如諸聖所行。

अभूत्वा यस्य उत्पादो भूत्वा वापि विनश्यति।
प्रत्ययैः सदसच्चापि न ते मे शासने स्थिताः॥११॥

今译：无中生有，有而毁灭，以及

---

① 此处“平等”的原词是 samyak，词义为“正确地”或“完全地”。

缘起有无，都不是我的教导。（11）

求译：無種而有生，生已而復滅，

因緣有非有，不住我教法。

实译：本無而有生，生已而復滅，

因緣有及無，彼非住我法。

न तीर्थकैर्न बुद्धैश्च न मया न च केनचित्।
प्रत्ययैः साध्यते ऽस्तित्वं कथं नास्ति भविष्यति॥ १२॥

今译：并不是由外道、诸佛、我或其他，

而是由缘起成为有，怎会成为无？（12）

求译：非外道非佛，非我亦非餘，

因緣所集起，云何而得無？

实译：非外道非佛，非我非餘眾，

能以緣成有，云何而得無？

केन प्रसाधितास्तित्वं प्रत्ययैर्यस्य नास्तिता।
उत्पादवादद्दुर्दृष्ट्या नास्त्यस्तीति विकल्प्यते॥ १३॥

今译：由缘起成为有，凭什么成为无？

凭有生邪见，妄想分别有和无。（13）

求译：誰集因緣有，而復說言無？

邪見論生法，妄想計有無。

实译：誰以緣成有，而復得言無？

惡見說為生，妄想計有無。

यस्य नोत्पद्यते किंचिन्न च किंचिन्निरुध्यते।
तस्यास्तिनास्ति नोपैति विविक्तं पश्यतो जगत्॥ १४॥

今译：既没有任何生，也没有任何灭，
观察寂静世界，不执取有和无。（14）

求译：若知無所生，亦復無所滅，
觀世悉空寂，有無二俱離。

实译：若知無所生，亦復無所滅，
觀世悉空寂，有無二俱離。

अथ खलु महामतिर्बोधिसत्त्वो महासत्त्वः पुनरपि भगवन्तमध्येषते -- देशयतु मे भगवान् , देशयतु मे सुगतः, देशयतु मे तथागतो ऽर्हन् सम्यक्संबुद्धो वदतां वरिष्ठः सिद्धान्तनयलक्षणम् , येन सिद्धान्तनयलक्षणेन सुप्रतिविभागविद्धेन अहं च अन्ये च बोधिसत्त्वा महासत्त्वाः सिद्धान्तनयलक्षणगतिंगताः क्षिप्रमनुत्तरां सम्यक्संबोधिमभिसंभोत्स्यन्ते, अपरप्रणेयाश्च भविष्यन्ति सर्वतार्किकतीर्थकराणाम्। भगवानाह -- तेन हि महामते शृणु , साधु च सुष्ठु च मनसिकुरु। भाषिष्ये ऽहं ते। साधु भगवन्निति महामतिर्बोधिसत्त्वो महासत्त्वो भगवतः प्रत्यश्रौषीत्। भगवांस्तस्यैतदवोचत् -- द्विविधं महामते सिद्धान्तनयलक्षणं सर्वश्रावकप्रत्येकबुद्धबोधिसत्त्वानां यदुत सिद्धान्तनयश्च देशनानयश्च। तत्र सिद्धान्तनयो महामते यदुत प्रत्यात्माधिगमविशेषलक्षणं वाग्विकल्पाक्षररहितमनास्रवधातुगतिप्रापकं प्रत्यात्मगतिभूमिगतिस्वलक्षणं सर्वतर्कतीर्थ्यमारवर्जितम्। विनिहत्य च तांस्तीर्थ्यमारान् प्रत्यात्मगतिर्विराजते। एतन्महामते सिद्धान्तनयलक्षणम्। तत्र देशनानयः कतमः ? यदुत नवाङ्गशासनविचित्रोपदेशो ऽन्यानन्यसदसत्पक्षवर्जितः उपायकुशलविधिपूर्वकः सत्त्वेषु दर्शनावतारः। यद्येनाधिमुच्यते तत्तस्य देशयेत्। एतन्महामते देशनानयलक्षणम्। अत्र महामते त्वया अन्यैश्च बोधिसत्त्वैर्महासत्त्वैर्योगः करणीयः॥

今译：然后，大慧菩萨大士又请求世尊，说道："请世尊为我宣示！请善逝为我宣示！请如来、阿罗汉、正等觉、最优秀的说法者为我宣示宗通[①]相！这样，依靠善于分辨宗通相，我和其他菩萨大士能通晓宗通相，迅速证得无上正等觉，而不依随其他一切思辨外道。”世尊说道：“那么，大慧啊，请听！请你安下心来，我会为你讲述。”大慧菩萨大士回答世尊，说道：“好吧，世尊。”世尊对他说道：“一切声闻、缘觉和菩萨的宗通相有两种：宗通相和说通[②]相。其中，大慧啊，宗通相是自觉内证殊胜相，摆脱言语文字分别，进入无漏界，自觉内证地自相，摆脱一切思辨外道魔。制服了那些外道魔，自觉内证闪耀光芒。大慧啊，这是宗通相。其中，何为说通？宣说九部法[③]种种言说，摆脱异和非异、有和无二翼。依靠种种方便善巧，深知众生而顺应众生志趣，随类说法。大慧啊，这是说通相。大慧啊，你和其他菩萨大士应该修习。”

求译：爾時大慧菩薩復白佛言：“世尊，唯願為我及諸菩薩說宗通相。若善分別宗通相者，我及諸菩薩通達是相。通是相已，速成阿耨多羅三藐三菩提，不隨覺想及衆魔外道。”佛告大慧：“諦聽諦聽！善思念之，當為汝說。”大慧白佛言：“唯然受教。”佛告大慧：“一切聲聞、緣覺、菩薩有二種通相，謂宗通及說通。大慧！宗通者，謂緣自得勝進相，遠離言說文字妄想，趣無漏界，自覺地自相，遠離一切虛妄覺想，降伏一切外道衆魔，緣自覺趣光明暉發。是名宗通相。云何說通相？謂說九部種種教法，離異不異、有無等相。以巧方便隨順衆生，如應說法，令得度脫。是名說通相。大慧！汝及餘菩薩應當修學。”

---

① “宗通”（siddhāntanaya）由 siddhānta 和 naya 两词组成。Siddhānta 音译“悉檀”，词义为根本宗旨或终极真理，naya 的词义为法规、法则或通则。此处求译“宗通”，菩译“建立修行正法”或“建立正法”，实译“宗趣”、“宗法”或“宗趣法”。由于求译比较流行，这里采用求译“宗通”。

② “说通”（deśanānaya），求译“说通”，菩译“说建立正法”，实译“言说法”。

③ “九部法”（navāṅgaśāsana）指九类经义：契经（经，sūtra）、伽陀（偈颂，gāthā）、本事（itivṛttaka）、本生（jātaka）、因缘（nidāna）、譬喻（aupamya）、祇夜（歌，geya）和论说（upadeśa）。

实译：爾時大慧菩薩摩訶薩復請佛言："世尊，惟願為說宗趣之相，令我及諸菩薩摩訶薩善達此義，不隨一切眾邪妄解，疾得阿耨多羅三藐三菩提。"佛言："諦聽！當為汝說。"大慧言："唯。"佛言："大慧！一切二乘及諸菩薩有二種宗法相。何等為二？謂宗趣法相，言說法相。宗趣法相者，謂自所證殊勝之相，離於文字語言分別，入無漏界，成自地行，超過一切不正思覺，伏魔外道，生智慧光。是名宗趣法相。言說法相者，謂說九部種種教法，離於一異、有無等相，以巧方便，隨眾生心，令入此法。是名言說法相。汝及諸菩薩當勤修學。"

तत्रेदमुच्यते --

今译：这里，这样说道：

求译：爾時世尊欲重宣此義而說偈言：

实译：爾時世尊重說頌言：

सिद्धान्तश्च नयश्चापि प्रत्यात्मशासनं च वै।
ये पश्यन्ति विभागज्ञा न ते तर्कवशं गताः॥१५॥

今译：宗通和说通，自觉和言教，
　　　　善于分辨观察，不陷入思辨。（15）

求译：宗及說通相，緣自與教法，
　　　　若見善分別，不隨諸覺想。

实译：宗趣與言說，自證及教法，
　　　　若能善知見，不隨他妄解。

न भावो विद्यते सत्यं यथा बालैर्विकल्प्यते।
अभावेन तु वै मोक्षं कथं नेच्छन्ति तार्किकाः॥१६॥

今译：没有真实存在，如愚夫所妄想，

思辨者为何不依靠虚无求解脱？（16）

求译：非有真實性，如愚夫妄想，

云何起欲想[①]，非性為解脱？

实译：如愚所分别，非是真實相，

彼豈不求度[②]？無法而可得。

उत्पादभङ्गसंबद्धं संस्कृतं प्रतिपश्यतः।

दृष्टिद्वयं प्रपुष्णान्ति न पश्यन्ति विपर्ययात्॥ १७॥

今译：看到有为法生和灭相连，

养成二见，颠倒而盲目。（17）

求译：觀察諸有為，生滅等相續，

增長於二見，顛倒無所知。

实译：觀察諸有為，生滅等相續，

增長於二見，顛倒無所知。

एकमेव भवेत्सत्यं निर्वाणं मनवर्जितम्।

कदलीस्कन्धमायाभं लोकं पश्येद्विकल्पितम्॥ १८॥

今译：涅槃是唯一的真实，摆脱心意，

妄想的世界看似芭蕉秆[③]和幻觉。（18）

求译：一是為真諦，無罪[④]為涅槃，

觀察世妄想，如幻夢芭蕉。

---

① 按照现存梵本，此处“起欲想”，应为“不起欲想”（necchanti）。

② “求度”意谓“追求解脱”。

③ “芭蕉秆”（kadalīskandha）喻指空心不实。此词中的 skandha（“秆”）也读作“蕴”，与下一首偈颂中的“诸蕴”相呼应。

④ 按照现存梵本，此处的原词是 manavarjitam（“摆脱心意”）。菩译“离于识”，实译“离心意”。但南条本此处注文中标出抄本 C 为 malavarjitam（“摆脱污垢”），与“无罪”意义接近。

实译：涅槃離心意，唯此一法實，
观世悉虛妄，如幻夢芭蕉。

रागो न विद्यते द्वेषो मोहश्चापि न पुद्गलः।
तृष्णाया ह्युदिताः स्कन्धा विद्यन्ते स्वप्नसादृशाः॥१९॥

今译：没有贪、瞋和痴，也没有人，
从贪爱生起诸蕴，如同梦幻。（19）

求译：雖有貪恚癡[①]，而實無有人，
從愛生諸陰，有皆如幻夢。

实译：無有貪恚癡，亦復無有人，
從愛生諸蘊，如夢之所見。

अथ खलु महामतिर्बोधिसत्त्वो महासत्त्वः पुनरपि भगवन्तमध्येषते स्म -- देशयतु मे भगवान् , देशयतु मे सुगतः अभूतपरिकल्पस्य लक्षणम्। कथं किं केन कस्य भगवन् अभूतपरिकल्पः प्रवर्तमानः प्रवर्तते ? अभूतपरिकल्पो ऽभूतपरिकल्प इति भगवन्नुच्यते। कतमस्यैतद्भगवन् धर्मस्याधिवचनं यदुत अभूतपरिकल्प इति ? किं वा प्रतिविकल्पयन् अभूतपरिकल्पो भवति ? भगवानाह -- साधु साधु महामते। साधु खलु पुनस्त्वं महामते, यत्त्वमेतमर्थमध्येषितव्यं मन्यसे। बहुजनहिताय त्वं महामते प्रतिपन्नो बहुजनसुखाय लोकानुकम्पायै महतो जनकायस्यार्थाय हिताय सुखाय देवानां च मनुष्याणां च। तेन हि महामते शृणु , साधु च सुष्ठु च मनसिकुरु। भाषिष्ये ऽहं ते। साधु भगवन्निति महामतिर्बोधिसत्त्वो महासत्त्वो भगवतः प्रत्यश्रौषीत्। भगवांस्तस्यैतदवोचत् -- अर्थविविधवैचित्र्याभूतपरिकल्पाभिनिवेशान्महामते विकल्पः प्रवर्तमानः प्रवर्तते। नृणां ग्राह्यग्राहकाभिनिवेशाभिनिविष्टानां च महामते स्वचित्तदृश्यमात्रानवधारितमतीनां च सदसद्दृष्टिपक्षपतितानां च महामते तीर्थकरदृष्टिप्रतिविकल्पवासनाप्रतिपुष्टानां बाह्यविचित्रार्थोपलम्भाभिनि-

[①] 按照现存梵本，这句应是“没有贪、恚、痴”。此处菩译也是“虽有贪、瞋、痴”，而实译“无有贪、恚、痴”。

वेशाच्चित्तचैत्तकलापो विकल्पसंशब्दितः प्रवर्तमानः प्रवर्तते आत्मात्मीयाभि-
निवेशात्। महामतिराह -- तद्यदि भगवन्नर्थविविधवैचित्र्याभूतपरिकल्पाभिनिवेशा-
न्नृणां विकल्पः प्रवर्तमानः प्रवर्तते सदसद्दृष्टिपक्षपतितानां ग्राह्यग्राहकतीर्थकर-
दृष्टिप्रतिविकल्पपुष्टानां बाह्यविचित्रार्थोपलम्भाभिनिवेशाच्चित्तचैत्तकलापो विकल्प-
संशब्दितः स्वचित्तदृश्यमात्रानवबोधात्सन्तासन्तविचित्रभावाभिनिवेशात्प्रवर्तमानः
प्रवर्तते। तद्यथैव भगवन् बाह्यार्थविचित्रलक्षणः सदसत्पक्षपतितलक्षणो भावाभा-
वविविक्तो दृष्टिलक्षणविनिवृत्तः, तथैव भगवन् परमार्थप्रमाणेन्द्रियावयवदृष्टा-
न्तहेतुलक्षणविनिवृत्तः। तत्कथं भगवन्नेकत्र विचित्रविकल्पो ऽभूतार्थविचित्रभावा-
भिनिवेशं प्रतिविकल्पयन् प्रवर्तते, न पुनः परमार्थलक्षणाभिनिवेशं प्रतिविकल्पयन्
प्रवर्तते विकल्पः ? ननु भगवन् विषमहेतुवादस्तव प्रसज्यते एकत्र प्रवर्तते एकत्र
नेति ब्रुवतः, सदसत्पक्षाश्रयाभिनिवेशश्च अभूतप्रतिविकल्पदृष्टिप्रवृत्तिं ब्रुवतो
विविधमायाङ्गपुरुषवैचित्र्यान्निष्पन्नैकरूपवत्प्रतिविकल्पयन् विकल्पेन लक्षणवैचि-
त्र्यभावाभावं च विकल्पस्य विनिवृत्तेर्लोकायतिकदृष्ट्याशयपतितश्च। भगवानाह --
न हि महामते विकल्पः प्रवर्तते निवर्तते वा। तत्कस्य हेतोः ? यदुत सदसतो
विकल्पस्याप्रवृत्तित्वाद्बाह्यदृश्यभावाभावात्स्वचित्तदृश्यमात्रावबोधान्महामते विक-
ल्पो न प्रवर्तते न निवर्तते। अन्यत्र महामते बालानां स्वचित्तवैचित्र्यविकल्प-
कल्पितत्वात्। क्रियाप्रवृत्तिपूर्वको विकल्पो वैचित्र्यभावलक्षणाभिनिवेशात्प्रवर्तत
इति वदामि। कथं खलु महामते बालपृथग्जनाः स्वविकल्पचित्तमात्रावबोधादा-
त्मात्मीयाभिविनिवृत्तदृष्टयः कार्यकारणप्रत्ययविनिवृत्तदोषाः स्वचित्तमात्रावबोधा-
त्परावृत्तचित्ताश्रयाः सर्वासु भूमिषु कृतविद्यास्तथागतस्वप्रत्यात्मगतिगोचरं
पञ्चधर्मस्वभाववस्तुदृष्टिविकल्पविनिवृत्तिं प्रतिलभेरन् ? अत एतस्मात्कारणान्म-
हामते इदमुच्यते मया -- विकल्पो ऽभूतार्थवैचित्र्यादभिनिवेशात्प्रवर्तते, स्वविक-
ल्पवैचित्र्यार्थयथाभूतार्थपरिज्ञानाद्विमुच्यत इति॥

今译：然后，大慧菩萨大士又请求世尊，说道："请世尊为我宣
示！请善逝为我宣示不实妄想分别相。世尊啊，怎样、为何、由谁和
谁的不实妄想分别转出？世尊啊，一再称说不实妄想分别。世尊啊，
这种所谓的不实妄想分别属于哪种法？或者，妄想分别什么，而成为

不实妄想分别？"世尊说道："善哉，善哉！大慧啊，确实，善哉！大慧啊，你想到应该询问这个问题。大慧啊，你确实为了众生的利益，为了众生的幸福，同情世界，为了大众的福利，为了天神和凡人的利益和幸福。那么，大慧啊，请听！请你安下心来，我会为你讲述。"大慧菩萨大士回答世尊，说道："好吧，世尊。"世尊对他说道："大慧啊，执著种种对象和种种不实妄想分别，故而妄想分别转出。大慧啊，人们执著所取和能取，不理解唯自心所现，陷入有无二见。大慧啊，他们养成外道邪见妄想分别习气，执著获取外界种种对象，执著我和我所，故而称为妄想分别的心和种种心所①转出。"大慧说道："世尊啊，如果人们执著种种对象和种种不实妄想分别，故而妄想分别转出。人们陷入有无二见，养成所取和能取外道邪见妄想分别习气，执著获取外界种种对象，不觉知唯自心所现，执著种种事物有无，故而称为妄想分别的心和种种心所转出。那么，世尊啊，如同外界种种对象相，陷入有无二翼相，远离有无，远离见相，②同样，世尊啊，第一义远离三量、诸根、论支、喻和因相。③世尊啊，为何在那边妄想分别执著种种不实对象，种种妄想分别转出，而这边妄想分别，执著第一义相，妄想分别不转出？④世尊啊，你岂不陷入不平等原因说，说这边转出，说那边不转出？说执著有无二翼，不实妄想分别转出，如同幻化出种种人像，因妄想而分别种种相有无，而又远离分别，陷入顺世论⑤邪见。⑥"世尊说道："大慧啊，妄想分别并不转出或远离。为什么？有无分别不转出，所现外界事物不存在，觉知唯自心所现，

---

① "心所"（caitta 或译"心数"）指种种心理状态，计有 51 种或 46 种。

② 这句在原文中，由四个并列的短语组成，均为阳性单数体格，而前面两个短语和后面两个短语意义相违。这句要表达的意思可能是：如同外界种种对象相，陷入有无二翼相，而实际远离有无，远离见相。

③ 此句是一个长复合词。如果将"第一义"这个词从这个长复合词中分离出来，在语法上更合理。

④ 这里意谓大慧认为执著第一义相，也是妄想分别。

⑤ "顺世论"（lokāyatika）是一种唯物论派别。

⑥ 从"说执著有无二翼"至此，原文可能存在问题，读解有难度，这里勉强译出。从世尊接着的回答看，涉及的问题主要是关于妄想分别的转出和远离。此处求译无，菩译和实译也不尽相同。

大慧啊，故而妄想分别既不转出，也不远离。然而，大慧啊，愚夫们自心作出种种妄想分别，因此，我说由于执著种种事物相，能起作用的妄想分别转出。大慧啊，愚夫们怎样能觉知唯自心分别，远离我和我所，远离因果缘起弊端？怎样能觉知唯自心，转离心所依，通晓诸地，达到如来自觉境界，摆脱五法、自性、事物的分别邪见？出于这个原因，大慧啊，我才这样说：'执著种种不实对象，妄想分别转出，而如实了解自心分别种种对象，获得解脱。'"

求译：爾時大慧菩薩白佛言："世尊，唯願為說不實妄想相。不實妄想云何而生？說何等法，名不實妄想？於何等法中不實妄想？"佛告大慧："善哉善哉！能問如來如是之義，多所饒益，多所安樂，哀愍世間一切天人。諦聽諦聽！善思念之，當為汝說。"大慧白佛言："善哉世尊，唯然受教。"佛告大慧："種種義，種種不實妄想計著，妄想生。大慧！攝所攝計著，不知自心現量，及墮有無見，增長外道見妄想習氣，計著外種種義，心、心數妄想計著我、我所生。"大慧白佛言："世尊，若種種義、種種不實妄想計著，妄想生。攝所攝計著，不知自心現量，及墮有無見，增長外道見妄想習氣，計著外種種義，心、心數妄想，我、我所計著生。世尊，若如是外種種義相，墮有無相，離性非性，離見相。世尊，第一義亦如是，離量、限①、分、譬、因相。世尊，何故一處妄想不實義種種性計著，妄想生，非計著第一義處相，妄想生？將無世尊說耶②因論耶？說一生一不生。"佛告大慧："非妄想一生一不生。所以者何？謂有無妄想不生故，外現性非性，覺自心現量，妄想不生。大慧！我說餘愚夫自心種種妄想相故，事業在前③種種妄想性想④計著生。云何愚夫得離我、我所計著見，離作、所作因緣過，覺自妄想心量，身心轉變，究竟明解一切地如來

---

① 此处"限"的原词是 indriya，应为"根"。据《中华大藏经》校勘记，"《石》、《资》、《碛》、《南》、《径》、《清》作'根'"。

② 此处"耶"字应为"邪"。据《中华大藏经》校勘记，"《资》、《碛》、《南》、《径》、《清》作'邪'"。

③ "事业在前"的原词是 kriyāpravṛttipūrvaka，意谓"能起作用的"。

④ 此处"想"的原词是 lakṣaṇa，应为"相"。

自覺境界，離五法、自性、事見妄想？以是因緣故，我說妄想從種種不實義計著生，知如實義，得解脫，息種種妄想。”

实译：爾時大慧菩薩摩訶薩復白佛言：“世尊，願為我說虛妄分別相。此虛妄分別云何而生？是何而生？因何而生？誰之所生？何故名為虛妄分別？”佛言：“大慧！善哉善哉！汝為哀愍世間天人而問此義，多所利益，多所安樂。諦聽諦聽！善思念之，當為汝說。”大慧言：“唯。”佛言：“大慧！一切眾生於種種境，不能了達自心所現，計能所取，虛妄執著，起諸分別，墮有無見，增長外道妄見習氣，心、心所法相應起時，執有外義種種可得，計著於我及以我所。是故，名為虛妄分別。”大慧白言：“若如是者，外種種義性離有無起諸見相，世尊，第一義諦亦復如是，離諸根、量、宗、因、譬喻。世尊，何故於種種義言起分別，第一義中不言起耶？將無世尊所言乖理，一處言起，一不言故？世尊，又說虛妄分別墮有無見，譬如幻事，種種非實，分別亦爾，有無相離。云何而說墮二見耶？此說豈不墮於世見？”佛言：“大慧！分別不生不滅。何以故？不起有無分別相故，所見外法皆無有故，了唯自心之所現故，但以愚夫分別自心種種諸法，著種種相，而作是說，令知所見皆是自心，斷我、我所一切見著，離作、所作諸惡因緣，覺唯心故，轉其意樂，善明諸地，入佛境界，捨五法、自性諸分別見。是故，我說虛妄分別執著種種自心所現，諸境界生，如實了知，則得解脫。”[1]

तत्रेदमुच्यते --

今译：这里，这样说道：

求译：爾時世尊欲重宣此義而說偈言：

实译：爾時世尊重說頌言：

---

[1] 这一段比照现存梵本，实译文字表述有所简化。

कारणैः प्रत्ययैश्चापि येषां लोकः प्रवर्तते।
चातुष्कोटिकया युक्ता न ते मन्नयकोविदाः॥२०॥

今译：认为世界依靠作因和缘起产生，
运用四句，他们不通晓我的法。（20）

求译：諸因及與緣，從此生世間，
妄想著四句，不知我所通。

实译：諸因及與緣，從此生世間，
與四句相應，不知於我法。

असन्न जायते लोको न सन्न सदसन् क्वचित्।
प्रत्ययैः कारणैश्चापि यथा बालैर्विकल्प्यते॥२१॥

今译：世界产生非无，非有，也非有和无[1]，
如愚夫们以作因和缘起妄想分别。（21）

求译：世間非有生，亦復非無生，
不從有無生，亦非非有無，
諸因及與緣，云何愚妄想？

实译：世非有無生，亦非俱不俱，
云何諸愚夫，分別因緣起？

न सन्नासन्न सदसद्यदा लोकं प्रपश्यति।
तदा व्यावर्तते चित्तं नैरात्म्यं चाधिगच्छति॥२२॥

今译：看到世界非无，非有，也非有和无，
那时，心就会转离，而证得无我。（22）

[1] 此处“有和无”的原词是 sadasan。这颂也见于第 10 品第 475 颂。在那颂中，此处是 sadasat。

求译：非有亦非無，亦復非有無，
如是觀世間，心轉得無我。

实译：非有亦非無，亦復非有無，
如是觀世間，心轉證無我。

अनुत्पन्नाः सर्वभावा यस्मात्प्रत्ययसंभवाः।
कार्यं हि प्रत्ययाः सर्वे न कार्याज्जायते भवः॥२३॥

今译：一切事物无生，因缘和合而生，
一切缘起产生果[1]，并非果生有。（23）

求译：一切性不生，以從緣生故，
一切緣所作，所作非自有。

实译：一切法不生，以從緣生故，
諸緣之所作，所作法非生。

कार्यान्न जायते कार्यं द्वित्वं कार्ये प्रसज्यते।
न च द्वित्वप्रसङ्गेन कार्याद्भावोपलभ्यते॥२४॥

今译：果非由果生，否则陷入双果，
不应陷入双果，并非果生有。（24）

求译：事不自生事，有二事過故，
無二事過故，非有性可得。

实译：果不自生果，有二果失故，
無有二果故，非有性可得。

आलम्बालम्ब्यविगतं यदा पश्यति संस्कृतम्।
निश्चितं चित्तमात्रं हि चित्तमात्रं वदाम्यहम्॥२५॥

[1] “果”的原词是 kārya，词义为“结果”、“所作”或“事情”。

今译：看到有为法摆脱缘和所缘，
便确定唯心，因此我说唯心。（25）

求译：觀諸有為法，離攀緣所緣，
無心①之心量，我說為心量。

实译：觀諸有為法，離能緣所緣，
決定唯是心，故我說心量。

मात्रा स्वभावसंस्थानं प्रत्ययैर्भाववर्जितम्।
निष्ठाभावः परं ब्रह्म एतां मात्रां वदाम्यहम्॥२६॥

今译：量②是自性形态，摆脱因缘性，
我说此量是终极，至高的梵③。（26）

求译：量者自性處，緣性二俱離，
性究竟妙淨，我說名為量。

实译：量之自性處，緣法二俱離，
究竟妙淨事，我說名心量。

प्रज्ञप्तिसत्यतो ह्यात्मा द्रव्यसन्न हि विद्यते।
स्कन्धानां स्कन्धता तद्वत्प्रज्ञप्त्या न तु द्रव्यतः॥२७॥

今译：自我是假名真实，并无真实存在，
同样，诸蕴蕴性为假名，并非真实。（27）

求译：施設世諦我，彼則無實事，
諸陰陰施設，無事亦復然。

---

① 按照现存梵本，此处“无心”的原词 niścita（“确定”），实译“决定”。若是“无心”，原词应为 niścitta。

② “量”（mātrā）指量度或准则。这里使用此词，实际上与“唯心”（cittamātra）一词同义。

③ “梵”（Brahman）是婆罗门教哲学中对终极存在的指称，这里用作喻指。

实译：施設假名我，而實不可得，
　　　諸蘊蘊假名，亦皆無實事。

चतुर्विधा वै समता लक्षणं हेतुभावजम्।
नैरात्म्यसमता चैव चतुर्थं योगयोगिनाम्॥२८॥

今译：有四种平等：相、因和所生，
　　　无我是第四，修行者所修行。（28）

求译：有四種平等，相及因性生，
　　　第三無我等，第四修修者。①

实译：有四種平等，相因及所生，
　　　無我為第四，修行者觀察。

व्यावृत्तिः सर्वदृष्टीनां कल्प्यकल्पनवर्जिता।
अनुपलम्भो ह्यजातिश्च चित्तमात्रं वदाम्यहम्॥२९॥

今译：远离一切邪见，摆脱分别所分别，
　　　无所执取，无生，我说这种唯心。（29）

求译：妄想習氣轉，有種種心生，
　　　境界於外現，是世俗心量。②
　　　外現而非有，心見彼種種，
　　　建立於身財，我說為心量。③
　　　離一切諸見，及離想所想，
　　　無得亦無生，我說為心量。

实译：離一切諸見，及能所分別，

---

① 按照现存梵本以及菩译和实译，四种平等是相平等、因平等、所生平等和无我平等，也就是修行者修习的四种平等。
② 求译此颂与第 32 颂对应。
③ 求译此颂与第 33 颂对应。

無得亦無生，我說是心量。

न भावं नापि चाभावं भावाभावविवर्जितम्।
तथता चित्तविनिर्मुक्तं चित्तमात्रं वदाम्यहम्॥ ३०॥

今译：既非有，也非无，摆脱有和无，
这样[①]摆脱心，我说这种唯心。（30）

求译：非性非非性，性非性悉離，
謂彼心解脱，我說為心量。

实译：非有亦非無，有無二俱離，
如是心亦離，我說是心量。

तथताशून्यताकोटि निर्वाणं धर्मधातुकम्।
कायं मनोमयं चित्रं चित्तमात्रं वदाम्यहम्॥ ३१॥

今译：真如、空性、实际、涅槃和法界，
种种意成身，我说这种唯心。（31）

求译：如如與空際，涅槃及法界，
種種意生身，我說為心量。

实译：真如空實際，涅槃及法界，
種種意成身，我說是心量。

विकल्पवासनाबद्धं विचित्रं चित्तसंभवम्।
बहिराख्यायते नृणां चित्तमात्रं हि लौकिकम्॥ ३२॥

① “这样”的原词是 tathatā（“真如”），但求译、菩译和实译中均未有“真如”一词，菩译和实译均为“如是”，故而此词应该是 tathā（“这样”）。而且，如果是 tathatā，这一行就多出一个音节，不合诗律。这颂也见于第 10 品第 484 颂。在那里，其中的 cittavinirmuktam 变成 cittanirmuktam，这样，加上 tathatā，音节也就合适。可是，tathatā 和 cittanirmuktam 词性不一致，译成“真如摆脱心”也嫌勉强。

今译：受分别习气束缚，心生种种外物，
向众人呈现，这是世俗的唯心。（32）

实译：妄想習氣縛，種種從心生，
眾生見為外，我說是心量。[1]

दृश्यं न विद्यते बाह्यं चित्तं चित्रं हि दृश्यते।
देहभोगप्रतिष्ठानं चित्तमात्रं वदाम्यहम्॥ ३३॥

今译：所现外物并不存在，种种心所现，
身体、享受和住处，我说这种唯心。（33）

实译：外所見非有，而心種種現，
身資及所住，我說是心量。

अथ खलु महामतिर्बोधिसत्त्वो महासत्त्वो भगवन्तमेतदवोचत् -- यत्पुनरेतदुक्तं भगवता -- यथारुतार्थग्रहणं न कर्तव्यं बोधिसत्त्वेन महासत्त्वेन अन्यैश्चेति। कथं च भगवन् बोधिसत्त्वो महासत्त्वो यथारुतार्थग्राही न भवति ? किं च रुतम् ? को ऽर्थः ? भगवानाह -- तेन हि महामते शृणु , साधु च सुष्ठु च मनसि कुरु। भाषिष्ये ऽहं ते। साधु भगवन्निति महामतिर्बोधिसत्त्वो महासत्त्वो भगवतः प्रत्यश्रौषीत्। भगवांस्तस्यैतदवोचत् -- तत्र रुतं महामते कतमत् ? यदुत वागक्षरसंयोगविकल्पो दन्तहनुतालुजिह्वौष्ठपुटविनिःसृतपरस्परजल्पो विकल्पवासनाहेतुको रुतमित्युच्यते। तत्र अर्थः पुनर्महामते कतमः ? यदुत श्रुतचिन्ताभावनामय्या प्रज्ञया एको रहोगतो निर्वाणपुरगामिमार्गः स्वबुद्ध्या वासनाश्रयपरावृत्तिपूर्वकः स्वप्रत्यात्मगतिगोचरभूमिस्थानान्तरविशेषार्थलक्षणगतिं प्रविचारयन् बोधिसत्त्वो महासत्त्वो ऽर्थकुशलो भवति॥

今译：然后，大慧菩萨大士又对世尊说道："世尊曾说：'菩萨大士和其他人都不应依音取义。'世尊啊，菩萨大士为何不依音取义？

[1] 按照现存梵本，此处有一个修饰"心量"的词 laukikam（"世俗的"）。求译"世俗心量"。

何为音？何为义？”世尊说道：“那么，大慧啊，请听！请你安下心来，我会为你讲述。”大慧菩萨大士回答世尊，说道：“好吧，世尊。”世尊对他说道：“其中，大慧啊，何为音？以分别习气为原因，言语和字母结合和分别，由齿、颊、颚、舌、唇和口腔发出，互相言谈，这称为音。其中，大慧啊，何为义？菩萨大士依据所闻、思考和沉思形成的智慧，独自隐居，走上通向涅槃城之道，凭自己的觉知，转离习气所依，观察自觉境界和诸地中殊胜义相，这称为通晓义。

求译：爾時大慧菩薩白佛言：“世尊，如世尊所說，菩薩摩訶薩當善語義[①]。云何為菩薩善語義？云何為語？云何為義？”佛告大慧：“諦聽諦聽！善思念之，當為汝說。”大慧白佛言：“善哉世尊，唯然受教。”佛告大慧：“云何為語？謂言字妄想和合，依咽喉、脣舌、齒齗、頰輔，因彼我言說，妄想習氣計著生。是名為語。大慧！云何為義？謂離一切妄想相、言說相。是名為義。[②]大慧！菩薩摩訶薩於如是義，獨一靜處，聞思修慧，緣自覺了，向涅槃城，習氣身轉變已，自覺境界，觀地地中間勝進義相。是名菩薩摩訶薩善義。

实译：爾時大慧菩薩摩訶薩復白佛言：“世尊，如來說言：‘如我所說，汝及諸菩薩不應依語而取其義。’世尊，何故不應依語取義？云何為語？云何為義？”佛言：“諦聽！當為汝說。”大慧言：“唯。”佛言：“大慧！語者所謂分別習氣而為其因，依於喉、舌、脣、齶、齒、輔，而出種種音聲文字，相對談說。是名為語。云何為義？菩薩摩訶薩住獨一靜處，以聞思修慧，思惟觀察向涅槃道，自智境界，轉諸習氣，行於諸地種種行相。是名為義。

पुनरपरं महामते रुतार्थकुशलो बोधिसत्त्वो महासत्त्वो रुतमर्थादन्यन्नान्यदिति समनुपश्यति, अर्थं च रुतात्। यदि च पुनर्महामते अर्थो रुतादन्यः स्यात्,

---

① 此处“善语义”的原文是“不应依音取义”，实译“不应依语而取其义”。

② 此句不见于现存梵本以及菩译和实译。

अरुतार्थाभिव्यक्तिहेतुकः स्यात्। स चार्थो रुतेनानुप्रविश्यते प्रदीपेनेव धनम्। तद्यथा महामते कश्चिदेव पुरुषः प्रदीपं गृहीत्वा धनमवलोकयेत् -- इदं मे धनमेवंविधमस्मिन् प्रदेशे इति। एवमेव महामते वाग्विकल्परुतप्रदीपेन बोधिसत्त्वा महासत्त्वा वाग्विकल्परहिताः स्वप्रत्यात्मार्यगतिमनुप्रविशन्ति॥

今译：“还有，大慧啊，通晓音和义的菩萨大士了解音与义既异，又非异，义与音也是如此。大慧啊，如果义与音异，那么，音就不会成为显示义的原因。由音入义，犹如灯光照见财物。例如，大慧啊，有人手持灯，照见财物：‘我的这件财物在这个地方！’同样，大慧啊，凭借言语分别的音灯，众菩萨大士摆脱言语分别，进入自觉圣境界。

求译：“復次，大慧！善語義菩薩摩訶薩觀語與義非異非不異，觀義與語亦復如是。若語異義者，則不因語辯義。而以語入義，如燈照色。[1]

实译：“復次，大慧！菩薩摩訶薩善於語義，知語與義不一不異。義之與語亦復如是。若義異語，則不應因語而顯於義。而因語見義，如燈照色。大慧！譬如有人持燈照物，知此物如是，在如是處。菩薩摩訶薩亦復如是，因語言燈，入離言說自證境界。

पुनरपरं महामते अनिरुद्धा अनुत्पन्नाः प्रकृतिपरिनिर्वृतास्त्रियानमेकयानं च पञ्चचित्तस्वभावादिषु यथारुतार्थाभिनिवेशं प्रतीत्य अभिनिवेशतः समारोपापवाददृष्टिपतितो भवति। अन्यथा व्यवस्थितानन्यथा प्रतिविकल्पयन् मायावैचित्र्यदर्शनविकल्पनवत्। तद्यथा महामते अन्यथा हि मायावैचित्र्यं द्रष्टव्यमन्यथा प्रतिकल्प्यते बालैर्न त्वार्यैः॥

今译：“还有，大慧啊，如果对不灭、不生、本性涅槃、三乘、一乘、五法、心和自性等等，执著依音取义，那么，由于这种执著，陷入立和破的见解。别样的确立，别样的分别，如同看见种种幻觉而

[1] 按照现存梵本以及菩译和实译，此处还有“持灯照见财物”的譬喻说明。

分别。例如，大慧啊，愚夫们见到别样的种种幻觉，作出别样的分别。而圣者们不这样。”

求译：“復次，大慧！不生、不滅、自性涅槃、三乘、一乘、心、自性等，如緣言說義計著，墮建立及誹謗見。異建立，異妄想，如幻種種妄想現。譬如種種幻，凡愚衆生作異妄想，非聖賢也。”

实译：“復次，大慧！若有於不生、不滅、自性涅槃、三乘、一乘、五法、諸心、自性等中如言取義，則墮建立及誹謗見。以異於彼起分別故，如見幻事，計以為實，是愚夫見，非賢聖也。”

तत्रेदमुच्यते --

今译：这里，这样说道：

求译：爾時世尊欲重宣此義而說偈言：

实译：爾時世尊重說頌言：

यथारुतं विकल्पित्वा समारोपेन्ति धर्मताम्।
ते च वै तत्समारोपात्पतन्ति नरकालये॥ ३४॥

今译：如果依音分别，确立法性，
由于这种确立，堕入地狱。（34）

求译：彼言說妄想，建立於諸法，
以彼建立故，死墮泥犁[①]中。

实译：若隨言取義，建立於諸法，
以彼建立故，死墮地獄中。

न ह्यात्मा विद्यते स्कन्धैः स्कन्धाश्चैव हि नात्मनि।

---

① “泥犁”是 niraya（“地狱”）一词的音译。此处“地狱”的原词是 naraka。

न ते यथा विकल्प्यन्ते न च ते वै न सन्ति च॥३५॥

今译：诸蕴中无我，我中也无诸蕴，
既非如所分别，也非无所有。（35）

求译：陰中無有我，陰非即是我，
不如彼妄想，亦復非無我。

实译：蘊中無有我，非蘊即是我，
不如彼分別，亦復非無有。

अस्तित्वं सर्वभावानां यथा बालैर्विकल्प्यते।
यदि ते भवेद्यथादृष्टाः सर्वे स्युस्तत्त्वदर्शिनः॥३६॥

今译：如愚夫们分别一切事物有性，
若如他们所见，一切皆见真实。（36）

求译：一切悉有性，如凡愚妄想，
若如彼所見，一切應見諦。

实译：如愚所分別，一切皆有性，
若如彼所見，皆應見真實。

अभावात्सर्वधर्माणां संक्लेशो नास्ति शुद्धितः।
न ते तथा यथा दृष्टा न च ते वै न सन्ति च॥३७॥

今译：一切法无性，清净无烦恼，
既非如所见，也非无所有。（37）

求译：一切法無性，淨穢悉無有，
不實如彼見，亦非無所有。

实译：一切染淨法，悉皆無體性，
不如彼所見，亦非無所有。

पुनरपरं महामते ज्ञानविज्ञानलक्षणं ते उपदेक्ष्यामि, येन ज्ञानविज्ञानलक्षणेन सुप्रतिविभागविद्धेन त्वं च अन्ये च बोधिसत्त्वा महासत्त्वा ज्ञानविज्ञानलक्षणगतिंगताः क्षिप्रमनुत्तरां सम्यक्संबोधिमभिसंभोत्स्यन्ते। तत्र महामते त्रिप्रकारं ज्ञानं लौकिकं लोकोत्तरं च लोकोत्तरतमं च। तत्रोत्पन्नप्रध्वंसि विज्ञानम्। अनुत्पन्नप्रध्वंसि ज्ञानम्। पुनरपरं महामते निमित्तानिमित्तपतितं विज्ञानं नास्त्यस्तिवैचित्र्यलक्षणहेतुकं च। निमित्तानिमित्तव्यतिक्रान्तलक्षणं ज्ञानम्। पुनरपरं महामते उपचयलक्षणं विज्ञानम्। अपचयलक्षणं ज्ञानम्। तत्र त्रिविधं ज्ञानं स्वसामान्यलक्षणावधारकं च उत्पादव्ययावधारकं च अनुत्पादानिरोधावधारकं च। तत्र लौकिकं ज्ञानं सदसत्पक्षाभिनिविष्टानां सर्वतीर्थकरबालपृथग्जनानां च। तत्र लोकोत्तरं ज्ञानं सर्वश्रावकप्रत्येकबुद्धानां च स्वसामान्यलक्षणपतिताशयाभिनिविष्टानाम्। तत्र लोकोत्तरतमं ज्ञानं बुद्धबोधिसत्त्वानां निराभासधर्मप्रविचयादनिरोधानुत्पाददर्शनात्सदसत्पक्षविगतं तथागतभूमिनैरात्म्याधिगमात्प्रवर्तते॥

今译：“还有，大慧啊，我要为你宣示智识相。这样，依靠善于分辨智识相，你和其他菩萨大士通晓智识相，就能迅速证得无上正等觉。其中，大慧啊，有三种智：世间智、出世间智和出世间最上智。其中，识有生有灭，而智无生无灭。还有，大慧啊，识陷入有相和无相，以有无种种相为原因。而智超越有相和无相。还有，大慧啊，识有积累相，而智有减损相。其中，有三种智：把握自相和共相、把握生和灭以及把握不生和不灭。其中，世间智是一切外道愚夫执著有无二翼。其中，出世间智是一切声闻和缘觉心中执著和陷入自相和共相。其中，出世间最上智是众菩萨观察无影像法，洞悉不生不灭，证得如来地和无我，远离有无二翼。[1]

求译：“復次，大慧！智識相今當說。若善分別智識相者，汝及諸菩薩則能通達智識之相，疾成阿耨多羅三藐三菩提。大慧！彼智有三種，謂世間，出世間，出世間上上智。云何世間智？謂一切外道凡

[1] 这段的内容与求译和实译一致，只是其中的叙事次序有所差异。而菩译的叙事次序与现存梵本一致。

夫計著有無。云何出世間智？謂一切聲聞、緣覺墮自共相，悕望計著。云何出世間上上智？謂諸佛、菩薩觀無所有法，見不生不滅，離有無品，入如來地，人法無我，緣自得生。大慧！彼生滅者是識，不生不滅者是智。復次，墮相無相，及墮有無種種相因是識。超有無相是智。復次，長養相是識，非長養相是智。復次，有三種智，謂知生滅，知自共相，知不生不滅。

实译：“復次，大慧！我當為汝說智識相。汝及諸菩薩摩訶薩若善了知智識之相，則能疾得阿耨多羅三藐三菩提。大慧！智有三種，謂世間智，出世間智，出世間上上智。云何世間智？謂一切外道凡愚計有無法。云何出世間智？謂一切二乘著自共相。云何出世間上上智？謂諸佛菩薩觀一切法皆無有相，不生不滅，非有非無，證法無我，入如來地。大慧！復有三種智，謂知自相共相智，知生滅智，知不生不滅智。復次，大慧！生滅是識，不生滅是智。墮相無相及以有無種種相因是識，離相無相及有無因是智。有積集相是識，無積集相是智。

पुनरपरं महामते असङ्गलक्षणं ज्ञानम्, विषयवैचित्र्यसङ्गलक्षणं च विज्ञानम्। पुनरपरं महामते त्रिसङ्गक्षयोत्पादयोगलक्षणं विज्ञानमसङ्गस्वभावलक्षणं ज्ञानम्। पुनरपरं महामते अप्राप्तिलक्षणं ज्ञानं स्वप्रत्यात्मार्यज्ञानगतिगोचरमप्रवेशानिर्गमत्वादुदकचन्द्रवज्जले॥

今译：“还有，大慧啊，智没有执著相，识有执著种种境界相。还有，大慧啊，识有三合[①]生灭相应相，而智无执著自性相。还有，大慧啊，智有不可获得相，自觉圣智境界，不入不出，如同水中月。”

求译：“復次，無礙相是智，境界種種礙相是識。復次，三事和合生方便相是識，無事方便自性相是智。復次，得相是識，不得相是智。自得聖智境界不出不入故，如水中月。”

[①] “三合”的原词为 trisaṅga，按南条本应为 trisaṅgati。此词也出现在第 2 品中，与 pratyaya 连用，意谓“三合缘起”。

实译："著境界相是識，不著境界相是智。三和合相應生是識，無礙相應自性相是智。有得相是識，無得相是智。證自聖智所行境界，如水中月，不入不出故。"

तत्रेदमुच्यते --

今译：这里，这样说道：

求译：爾時世尊欲重宣此義而說偈言：

实译：爾時世尊重說頌言：

चित्तेन चीयते कर्म ज्ञानेन च विधीयते।
प्रज्ञया च निराभासं प्रभावं चाधिगच्छति॥ ३८॥

今译：业由心采集，而由智安排，
智慧证得无影像和威力。（38）

求译：採集業為識，不採集為智，
觀察一切法，通達無所有，
逮得自在力，是則名為慧。

实译：採集業為心，觀察法為智，
慧能證無相，逮自在威光。

चित्तं विषयसंबद्धं ज्ञानं तर्के प्रवर्तते।
निराभासे विशोषे च प्रज्ञा वै संप्रवर्तते॥ ३९॥

今译：心与境界相连，智从思辨转出，
智慧出现在殊胜的无影像中。（39）

求译：縛境界為心，覺想生為智，
無所有及勝，慧則從是生。

实译：境界縛為心，覺想生為智，

無相及增勝，智慧於中起。

चित्तं मनश्च विज्ञानं संज्ञावैकल्पवर्जिताः।
विकल्पधर्मतां प्राप्ताः श्रावका न जिनात्मजाः॥४०॥

今译：心、意和意识摆脱名想和分别，

众声闻而非众佛子获得分别法。①（40）

求译：心意及與識，遠離思惟想，

得無思想法，佛子非聲聞。

实译：心意及與識，離諸分別想，

得無分別法，佛子非聲聞。

शान्ते क्षान्तिविशेषे वै ज्ञानं ताथागतं शुभम्।
संजायते विशेषार्थं समुदाचारवर्जितम्॥४१॥

今译：在寂静和殊胜的安忍中，有清净的

如来智，产生殊胜义，摆脱种种行。（41）

求译：寂靜勝進忍，如來清淨智，

生於善勝義，所行悉遠離。

实译：寂滅殊勝忍，如來清淨智，

生於善勝義，遠離諸所行。

प्रज्ञा हि त्रिविधा मह्यं आर्या येन प्रभाविता।
लक्षणं कल्प्यते येन यश्च भावान् वृणोति च॥४२॥

---

① 这颂也见于第 10 品第 287 颂。其中 vikalpadharmatām（"分别法"）在那颂中为 avikalpa-
dharmatām（"无分别法"）。从求译和实译看，可能出自这种读法。然而，菩译"声闻分别法，
非是诸弟子。"

今译：我有三种智慧，圣者得以观照，
或思考种种相，或选择事物。（42）

求译：我有三種智，聖開發真實，
於彼相思惟，悉攝受諸性。

实译：我有三種智，聖者能明照，
分別於諸相，開示一切法。

यानद्वयविसंयुक्ता प्रज्ञा ह्यभाववर्जिता।
सद्भावाभिनिवेशेन श्रावकाणां प्रवर्तते।
चित्तमात्रावतारेण प्रज्ञा ताथागती मता॥ ४३॥

今译：智慧摆脱二乘，摆脱诸有，[1]
执著种种有，出自众声闻，
通晓唯心，而称为如来智。[2]（43）

求译：二乘不相應，智離諸所有，
計著於自性，從諸聲聞生，
超度諸心量，如來智清淨。

实译：我智離諸相，超過於二乘，
以諸聲聞等，執著諸法有，
如來智無垢，了達唯心故。

पुनरपरं महामते नवविधा परिणामवादिनां तीर्थकराणां परिणामदृष्टिर्भवति यदुत संस्थानपरिणामो लक्षणपरिणामो हेतुपरिणामो युक्तिपरिणामो दृष्टिपरिणाम

[1] “诸有”的原词是 abhāva（“无”），疑有误。此处求译“智离诸所有”，那么，此处原文应该是 hi bhāvavarjitā。这颂也见于第 10 品第 294 颂。在那颂中，此处原文是 hyābhāsavarjitā（“摆脱影像”）。那么，实译“我智离诸相”与这一读法一致。

[2] “称为如来智”，此处求译“如来智清净”，菩译“智慧无垢相”，实译“如来清净智”。若按他们的译法，“称为”（matā）的原词应为 amalā（“无垢”），与第 10 品第 294 颂中的读法一致。

उत्पादपरिणामो भावपरिणामः प्रत्ययाभिव्यक्तिपरिणामः क्रियाभिव्यक्तिपरिणामः। एता महामते नव परिणामदृष्टयः, याः संधाय सर्वतीर्थकराः सदसत्पक्षोत्पादपरिणामवादिनो भवन्ति॥

今译：“还有，大慧啊，有九种外道所说的转变论：形转变、相转变、因转变、理转变、见转变、生转变、事物转变、缘起展现转变和行为展现转变。大慧啊，这是九种转变论。依据它们，一切外道论说有无二翼、发生和转变。

求译：“復次，大慧！外道有九種轉變論，外道轉變見生，所謂形處轉變，相轉變，因轉變，成轉變，見轉變，性轉變，緣分明轉變，所作分明轉變，事轉變。大慧！是名九種轉變見。一切外道因是起有無生轉變論。

实译：“復次，大慧！諸外道有九種轉變見，所謂形轉變，相轉變，因轉變，相應轉變，見轉變，生轉變，物轉變，緣明了轉變，所作明了轉變，是為九。一切外道因是見故，起有無轉變論。

तत्र महामते संस्थानपरिणामो यदुत संस्थानस्यान्यथाभावदर्शनात्, सुवर्णस्य भूषणविकृतिवैचित्र्यदर्शनवत्। तद्यथा महामते सुवर्णं कटकरुचकस्वस्त्यादिपरिणामेन परिणाम्यमानं विचित्रसंस्थानपरिणतं दृश्यते। न सुवर्णं भावतः परिणमति। एवमेव महामते सर्वभावानां परिणामः कैश्चित्तीर्थकरैर्विकल्प्यते अन्यैश्च कारणतः। न च ते तथा, न चान्यथा परिकल्पमुपादाय। एवं सर्वपरिणामभेदो द्रष्टव्यो दधिक्षीरमद्यफलपाकवत्। तद्यथा महामते एवं दधिक्षीरमद्यफलादीनामेकैकस्य परिणामो विकल्पस्य परिणामो विकल्प्यते तीर्थकरैः, न चात्र कश्चित्परिणमति सदसतोः स्वचित्तदृश्यबाह्यभावाभावात्, एवमेव महामते बालपृथग्जनानां स्वचित्तविकल्पभावनाप्रवृत्तिर्द्रष्टव्या। नात्र महामते कश्चिद्धर्मः प्रवर्तते वा निवर्तते वा, मायास्वप्नप्रवृत्तरूपदर्शनवत्। तद्यथा महामते स्वप्ने प्रवृत्तिनिवृत्ती उपलभ्येते वन्ध्यापुत्रमृतजन्मवत्॥

今译："其中，大慧啊，形转变出自看到形的变化，如同看到种种形状的金首饰。例如，大慧啊，看到金子转变成手镯、项链和卍等等，具有各种形状，而金子的性质没有变。同样，一些外道依据作因，分别一切事物的转变。出于分别，它们既不是这样，又不是别样。这样，应该认为一切种种转变如同凝乳和牛奶，酒和熟果。大慧啊，如同凝乳和牛奶、酒和熟果等等各种转变，外道分别这些转变。而这里并无转变，因为有无是自心所现，外界事物不存在。正是这样，大慧啊，应该认为愚夫们自心出现妄想分别。大慧啊，这里没有任何法出现或消失，如同看到幻觉和梦中出现的色相。大慧啊，如同梦中感受的出现和消失，如同石女之子的生和死。"

求译："云何形處轉變？謂形處異見。譬如金變作諸器物，則有種種形處顯現，非金性變。一切性變亦復如是。或有外道作如是妄想，乃至事變妄想。彼非如非異，妄想故。如是一切性轉變，當知如乳酪、酒果等熟。外道轉變妄想，彼亦無有轉變。若有若無，自心現外性非性。大慧！如是凡愚眾生自妄想修習生。大慧！無有法若生若滅，如見幻夢色生。"

实译："此中形轉變者，謂形別異見。譬如以金作莊嚴具，環釧瓔珞種種不同，形狀有殊，金體無易，一切法變亦復如是。諸餘外道種種計著，皆非如是，亦非別異，但分別故。一切轉變，如是應知。譬如乳酪、酒果等熟，外道言此皆有轉變，而實無有。若有若無，自心所見，無外物故。如此皆是愚迷凡夫從自分別習氣而起，實無一法若生若滅，如因幻夢所見諸色，如石女兒說有生死。"

तत्रेदमुच्यते --

今译：这里，这样说道：

求译：爾時世尊欲重宣此義而說偈言：

实译：爾時世尊重說頌言：

परिणामं कालसंस्थानं भूतभावेन्द्रियेषु च।
अन्तराभवसंग्राह्यो ये कल्पेन्ति न ते बुधाः॥४४॥

今译：转变、时间、形状、四大和诸根，
执取中有[1]，妄想分别，并非智者。（44）

求译：形處時轉變，四大種諸根，
中陰漸次生，妄想非明智。

实译：形處時轉變，大種及諸根，
中有漸次生，妄想非明智。

न प्रतीत्यसमुत्पन्नं लोकं कल्पेन्ति वै जिनाः।
किं तु प्रत्यय एवेदं लोकं गन्धर्वसंनिभम्॥४५॥

今译：诸佛并不妄想世界缘起，
而世界缘起如乾达婆城。（45）

求译：最勝[2]於緣起，非如彼妄想，
然世間緣起，如乾闥婆城。

实译：諸佛不分別，緣起及世間，
但諸緣世間，如乾闥婆城。

अथ खलु महामतिर्बोधिसत्त्वो महासत्त्वः पुनरपि भगवन्तं सर्वधर्मसंध्यर्थपरिमोचनार्थमध्येषते स्म -- देशयतु मे भगवान्, देशयतु मे तथागतो ऽर्हन् सम्यक्संबुद्धः सर्वधर्माणां संध्यसंधिलक्षणम्, येन संध्यसंधिलक्षणेन सुप्रतिविभागाभिविद्धेन अहं च अन्ये च बोधिसत्त्वा महासत्त्वाः सर्वसंध्यसंध्युपायकुशला

---

① “中有”（antarābhava，或译“中阴”）指人在死去和再生之间的识身。
② “最胜”的原词是 Jina（“胜者”），指佛。

यथारुतार्थाभिनिवेशसंधौ न प्रपतेयुः। सर्वधर्माणां संध्यसंधिकौशलेन वागक्षरप्रतिविकल्पनं च विनिहत्य बुद्ध्या सर्वबुद्धक्षेत्रपर्षच्चारिणो बलवशिताभिज्ञाधारणीमुद्रासुमुद्रिता विचित्रैर्निर्माणकिरणैर्दशनिष्ठापादे सुनिबद्धबुद्धयो ऽनाभोगचन्द्रसूर्यमणिमहाभूतचर्यागतिसमाः सर्वभूमिषु स्वविकल्पलक्षणविनिवृत्तदृष्टयः स्वप्नमायादिसर्वधर्मानुदर्शनाद्बुद्धभूम्याश्रयानुप्रविष्टाः सर्वसत्त्वधातुं यथार्हत्त्वधर्मदेशनया आकृष्य स्वप्नमायादिसर्वधर्मसदसत्पक्षवर्जिते भङ्गोत्पादविकल्परहिते रुतान्यथापर्यायवृत्त्याश्रयतया प्रतिष्ठापयेयुः। भगवानाह -- साधु साधु महामते। तेन हि महामते श्रृणु , साधु च सुष्ठु च मनसिकुरु। भाषिष्ये ऽहं ते। साधु भगवन्निति महामतिर्बोधिसत्त्वो महासत्त्वो भगवतः प्रत्यश्रौषीत्। भगवांस्तस्यैतदवोचत् -- अपरिमितो महामते सर्वधर्माणां यथारुतार्थाभिनिवेशसंधिः, लक्षणाभिनिवेशसंधिः, प्रत्ययाभिनिवेशसंधिः, भावाभावाभिनिवेशसंधिः, उत्पादानुत्पादविकल्पाभिनिवेशसंधिः, निरोधानिरोधाभिनिवेशप्रतिविकल्पसंधिः, यानायानाभिनिवेशप्रतिविकल्पसंधिः, संस्कृतासंस्कृतप्रतिविकल्पाभिनिवेशसंधिः, भूम्यभूमिस्वलक्षणविकल्पाभिनिवेशसंधिः, स्वविकल्पाभिसमयविकल्पसंधिः, सदसत्पक्षतीर्थ्याश्रयप्रतिविकल्पसंधिः, त्रियानैकयानाभिसमयविकल्पसंधिः। एते चान्ये च महामते बालपृथग्जनानां स्वविकल्पसंधयः, यां संधिं संधाय बालपृथग्जनाः प्रतिविकल्पयमानाः कौशेयक्रिमय इव स्वविकल्पदृष्टिसंधिसूत्रेण आत्मानं परांश्च स्वविकल्पदृष्टिसंधिसूत्ररोचनतया परिवेष्टयन्ति भावाभावसंधिलक्षणाभिनिवेशाभिनिविष्टाः। न चात्र महामते कश्चित्संधिर्न संधिलक्षणं विविक्तदर्शनात्सर्वधर्माणाम्। विकल्पस्याप्रवृत्तत्वान्महामते बोधिसत्त्वो महासत्त्वः सर्वधर्मेषु विविक्तदर्शी विहरति॥

今译：然后，大慧菩萨大士又向世尊求教一切法相续义和解脱义："请世尊为我宣示吧！请如来、阿罗汉、正等觉为我宣示一切法相续不相续相。依靠善于分辨相续不相续相，我和其他菩萨大士通晓一切相续不相续方便善巧，不会陷入执著依音取义相续。依靠通晓一切法相续不相续，摒弃言语和字母妄想分别，凭智慧漫游一切佛土集会，具有诸力、自在、神通、陀罗尼[1]和印相[2]，闪耀种种变化的光芒，智慧紧密联系十尽句，自然而行，如同月亮、太阳、摩尼珠和四大，住于一切地，远离自心分别相，洞悉一切法如幻似梦，进入佛地，随类说法，吸引一切众生界，摆脱如幻似梦一切法有无二翼，摆脱生灭分别，以有别于言说的方式，使他们[3]安住。”世尊说道：“善哉，善哉，大慧啊，请听！请你安下心来，我会为你讲述。”大慧菩萨大士回答世尊，说道：“好吧，世尊。”世尊对他说道：“大慧啊，无穷无尽，执著一切法依音取义相续，执著相相续，执著缘起相续，执著有无相续，执著生不生分别相续，执著灭不灭分别相续，执著乘非乘分别相续，执著有为无为分别相续，执著地非地自相分别相续，执著自心分别现证分别相续，执著有无二翼外道所依分别相续，执著三乘一乘现证分别相续，大慧啊，愚夫们的这些和其他的自心分别相续。愚夫们依据这种相续，妄想分别，犹如蚕热爱自心分别相续之丝，用自心分别相续之丝作茧，束缚自己和他人，执著有无相续相。大慧啊，洞悉一切法寂静，便知道其中没有任何相续，没有相续相。大慧啊，菩萨大士不起分别，洞悉一切法寂静而安住。

求译：爾時大慧菩薩復白佛言：“世尊，唯願為說一切法相續義、解脫義。若善分別一切法相續不相續相，我及諸菩薩善解一切相續巧方便，不墮如所說義計著相續。善於一切諸法相續不相續相，及離言說文字妄想覺，遊行一切諸佛剎土無量大眾[4]，力、自在、神通、總持之印，種種變化光明照曜，覺慧善入十無盡句，無方便行，猶如日、月、摩尼、四大，於一切地離自妄想相見，見一切法如幻夢等，入佛地身，於一切眾生界，隨其所應，而為說法，而引導之，悉令安住。一切諸法如幻夢等，離有無品及生滅妄想，異言說義，其身轉勝。”

---

[1] “陀罗尼”（dhāraṇī，也译“总持”或“能持”）指能记住一切佛法的能力。

[2] “印相”（mudrā）指具有象征意义的手势或其他标识。

[3] “他们”指一切众生界。

[4] “无量大众”的原词是 parṣad，指“集会”或“集会大众”。

佛告大慧："善哉善哉！諦聽諦聽！善思念之，當為汝說。"大慧白佛言："唯然受教。"佛告大慧："無量一切諸法，如所說義計著相續。所謂相計著相續，緣計著相續，性非性計著相續，生不生妄想計著相續，滅不滅妄想計著相續，乘非乘妄想計著相續，有為無為妄想計著相續，地地①自相妄想計著相續，自妄想無間妄想計著相續，有無品外道依妄想計著相續，三乘一乘無間妄想計著相續。復次，大慧！此及餘凡愚眾生自妄想相續。以此相續故，凡愚妄想如蠶作繭，以妄想絲自纏纏他，有無有②相續相計著。復次，大慧！彼中亦無相續及③相續相，見一切法寂靜。妄想不生故，菩薩摩訶薩見一切法寂靜。

实译：爾時大慧菩薩摩訶薩復白佛言："世尊，惟願如來為我解說於一切法深密④義及解義相，令我及諸菩薩摩訶薩善知此法，不墮如言取義深密執著，離文字語言虛妄分別，普入一切諸佛國土，力、通、自在、總持、所印，覺慧善住十無盡願，以無功用種種變現，光明照曜，如日、月、摩尼、地、水、火、風，住於諸地，離分別見，知一切法如幻如夢，入如來位，普化眾生，令知諸法虛妄不實，離有無品，斷生滅執，不著言說，令轉所依。"佛言："諦聽！當為汝說。大慧！於一切法如言取義執著深密，其數無量，所謂相執著，緣執著，有非有執著，生非生執著，滅非滅執著，乘非乘執著，為無為執著，地地自相執著，自分別現證執著，外道宗有無品執著，三乘一乘執著。大慧！此等密執有無量種，皆是凡愚自分別執而密執著，此諸分別如蠶作繭，以妄想絲自纏纏他，執著有無，欲樂堅密。大慧！此中實無密非密相，以菩薩摩訶薩見一切法住寂靜故，無分別故。

---

① "地地"的原词是 bhūmyabhūmi，意谓"地非地"。而求译、菩译和实译均为"地地"。
② 此处"有"字，据《中华大藏经》校勘记，"《资》、《碛》、《清》无"。
③ 此处"及"，据《中华大藏经》校勘记，"《南》、《径》作'及不'，《清》作'不'"。
④ "深密"的原词是 saṃdhi，求译和菩译"相续"。此词的本义是"连接"，实译"深密"，意谓"紧密连接"或"执著"。

पुनरपरं महामते बाह्यभावाभावस्वचित्तदृश्यलक्षणावबोधान्निराभासचित्तमात्रानुसारित्वात्सदसतोः सर्वभावविकल्पसंधिविविक्तदर्शनान्न संधिर्नासंधिलक्षणं सर्वधर्माणाम्। नात्र कश्चिन्महामते बध्यते न च मुच्यते, अन्यत्र वितथपतितया बुद्ध्या बन्धमोक्षौ प्रज्ञायेते। तत्कस्य हेतोः ? यदुत सदसतोः संध्यनुपलब्धित्वात्सर्वधर्माणाम्॥

今译：“还有，大慧啊，觉知外界事物有无自心所现相，依随无影像和唯心，洞悉一切事物有无分别相续寂静，故而一切法没有相续和不相续相。大慧啊，这里无人受束缚，也无人解脱。除非知觉陷入虚妄，而认为有束缚和解脱。为什么？一切法有无相续不可得。

求译：“復次，大慧！覺外性非性自心現相，無所有，隨順觀察自心現量，有無一切性無相，見相續寂靜故，於一切法無相續不相續相。復次，大慧！彼中無有若縛若解。餘[①]墮不如實覺知，有縛有解。所以者何？謂於一切法有無有，無眾生可得故。

实译：“若了諸法唯心所見，無有外物，皆同無相，隨順觀察，於若有若無分別密執，悉見寂靜。是故，無有密非密相。大慧！此中無縛亦無有解，不了實者見縛解耳。何以故？一切諸法若有若無，求其體性不可得故。

पुनरपरं महामते त्रयः संधयो बालानां पृथग्जनानां यदुत रागो द्वेषो मोहश्च। तृष्णा च पौनर्भविकी नन्दीरागसहगता यां संधाय गतिसंधयः प्रजायन्ते। तत्र संधिसंधानं सत्त्वानां गतिपञ्चकं संधेर्व्युच्छेदान्महामते नसंधिर्नासंधिलक्षणं प्रज्ञायते। पुनरपरं महामते त्रिसंगतिप्रत्ययक्रियायोगाभिनिवेशाय संधिः। विज्ञानानां नैरन्तर्यात्प्रवृत्तियोगेनाभिनिवेशतो भवसंधिर्भवति। त्रिसंगतिप्रत्ययव्यावृत्तेर्विज्ञानानां विमोक्षत्रयानुदर्शनात्सर्वसंधयो न प्रवर्तन्ते॥

① 此处“余”的原词是 anyatra，词义是“除了”或“除非”。因此，这个“余”字应为“除”。

今译："还有，大慧啊，愚夫们的三种相续：贪、瞋和痴。这样，贪爱再生，欢喜和贪欲相伴。依据它们，趣相续产生。众生的五趣①依据相续。大慧啊，斩断相续，也就不见相续②不相续相。还有，大慧啊，相续造成执著三合缘起作用。诸识连续不断，执著生起流转，形成诸有相续。摆脱诸识三合缘起，洞悉三解脱，一切相续也就不产生。"

求译："復次，大慧！愚夫有三相續，謂貪、恚、癡，及愛未來有，喜愛俱。以此相續故，有趣相續。彼相續者續五趣。大慧！相續斷者，無有相續不相續相。復次，大慧！三和合緣作方便計著，識相續無間③，生方便計著，則有相續。三和合緣識斷，見三解脫，一切相續不生。"

实译："復次，大慧！愚癡凡夫有三種密縛，謂貪、恚、癡，及愛來生，與貪喜俱。以此密縛，令諸眾生續生五趣。密縛若斷，是則無有密非密相。復次，大慧！若有執著三和合緣，諸識密縛次第而起。有執著故，則有密縛。若見三解脫，離三和合識，一切諸密皆悉不生。"

तत्रेदमुच्यते --

今译：这里，这样说道：

求译：爾時世尊欲重宣此義而說偈言：

实译：爾時世尊重說頌言：

अभूतपरिकल्पो हि संधिलक्षणमुच्यते।
तस्य भूतपरिज्ञानात्संधिजालं प्रसीदति॥४६॥

今译：不实妄想分别，称为相续相，

---

① "五趣"（gatipañcaka）指五道轮回。
② 此处原文 nasandhir，按照南条本应为 na sandhir。
③ 此处"无间"（nairantarya）一词指"连续不断"。前面求译种种相续义中出现的"无间"（abhisamaya）一词指"现证"。

一旦如实了解，相续网破裂。（46）

求译：不真實妄想，是說相續相，
若知彼真實，相續網則斷。

实译：不實妄分別，是名為密相，
若能如實知，諸密網皆斷。

भावज्ञानरुतग्राहात्कौशेयक्रिमयो यथा।
बध्यन्ते स्वविकल्पेन बालाः संध्यविपश्चितः॥४७॥

今译：愚夫们依据言词[1]执取事物和智，
不了解相续，自心分别，如蚕自缚。（47）

求译：於諸性無知，隨言說攝受，
譬如彼蠶蟲，結網而自纏，
愚夫妄想縛，相續不觀察。

实译：凡愚不能了，隨言而取義，
譬如蠶處繭，妄想自纏縛。

पुनरपि महामतिराह -- यत्पुनरेतदुक्तं भगवता -- येन येन विकल्पेन ये ये भावा विकल्प्यन्ते, न हि स तेषां स्वभावो भवति। परिकल्पित एवासौ। तद्यदि भगवन् परिकल्पित एवासौ न भावस्वभावलक्षणावधारणम् , ननु ते भगवन् एवं ब्रुवतः संक्लेशव्यवदानाभावः प्रसज्यते परिकल्पितस्वभावभावितत्वात्सर्वधर्माणाम्। भगवानाह -- एवमेतन्महामते यथा वदसि। न महामते यथा बालपृथग्जनैर्भावस्वभावो विकल्प्यते, तथा भवति। परिकल्पित एवासौ महामते, न भावस्वभावलक्षणावधारणम्। किं तु यथा महामते आर्यैर्भावस्वभावो ऽवधार्यते आर्येण ज्ञानेन आर्येण दर्शनेन आर्येण प्रज्ञाचक्षुषा तथा भावस्वभावो भवति॥

今译：大慧又说道：“世尊曾说种种事物凭妄想而分别，并无自

[1] “言词”的原词是 ruta（“音”）。这里表达的也就是前面所说的“依音取义”。

性。这只是妄想分别。世尊啊，如果只是妄想分别，而不能获知事物自性相，世尊啊，你这样说，岂不陷入一切法自性只是妄想分别，也就无所谓烦恼和清净？”世尊说道：“大慧啊，正如你所说。大慧啊，事物自性并不像愚夫们妄想分别的那样。大慧啊，那只是妄想分别，而不能获知事物自性相。然而，大慧啊，事物自性是圣者们凭圣智、圣见和圣智慧眼获知的那种事物自性。”

求译：大慧復白佛言：“如世尊所說，以彼彼妄想，妄想彼彼性，非有彼自性，但妄想自性耳。”大慧白佛言[①]：“世尊，若但妄想自性，非性自性相待[②]者，非為世尊如是說煩惱清淨無性過耶？[③]一切法妄想自性非性故。”佛告大慧：“如是如是，如汝所說。大慧！非如愚夫性自性妄想真實。此妄想自性，非有性自性相然。大慧！如聖智有性自性，聖知、聖見、聖慧眼，如是性自性知。”

实译：爾時大慧菩薩摩訶薩復白佛言：“世尊，如世尊說，由種種心分別諸法，非諸法有自性，此但妄計耳。世尊，若但妄計，無諸法者，染淨諸法將無[④]悉壞？”佛言：“大慧！如是如是，如汝所說，一切凡愚分別諸法，而諸法性非如是有，此但妄執無有性相。然諸聖者以聖慧眼如實知見有諸法自性。”

महामतिराह -- तद्यदि भगवन् यथा आर्यैरार्येण ज्ञानेन आर्येण दर्शनेन आर्येण प्रज्ञाचक्षुषा न दिव्यमांसचक्षुषा भावस्वभावो ऽवधार्यते तथा भवति, न तु यथा बालपृथग्जनैर्विकल्प्यते भावस्वभावः, तत्कथं भगवन् बालपृथग्जनानां विकल्पव्यावृत्तिर्भविष्यति आर्यभाववस्त्वनवबोधात् ? न च ते भगवन् विपर्यस्ताः नाविपर्यस्ताः। तत्कस्य हेतोः ? यदुत आर्यवस्तुस्वभावानवबोधात्सदसतोर्लक्षण-

① 此处“大慧白佛言”，据《中华大藏经》校勘记，“《径》无”。

② 这句中“待”的原词是 avadhāraṇam，词义为“获知”。因此，这句的意思是“不能获知事物自性相”。

③ 这句的意思是：世尊岂不犯了说烦恼和清净不存在的过失？

④ 此处“将无”的原词是 nanu，意谓“岂不”。求译“非为”。

स्य वृत्तिदर्शनात्। आर्यैरपि भगवन् यथा वस्तु विकल्प्यते, न तथा भवति स्वलक्षणविषयागोचरत्वात्। स तेषामपि भगवन् भावस्वभावलक्षणः परिकल्पित-स्वभाव एव ख्यायते हेत्वहेतुव्यपदेशात्। यदुत भावस्वलक्षणदृष्टिपतितत्वादन्येषां गोचरो भवति न यथा तेषाम्। इत्येवमनवस्था प्रसज्यते भगवन् भावस्वभाव-लक्षणानवबोधात्। न च भगवन् परिकल्पितस्वभावहेतुको भावस्वभावलक्षणः। स च कथं परिकल्पेन प्रतिविकल्प्यमानो न तथा भविष्यति यथा परिकल्प्यते ? अन्यदेव भगवन् प्रतिविकल्पस्य लक्षणम् , अन्यदेव स्वभावलक्षणम्। विसदृश-हेतुके च भगवन् विकल्पस्वभावलक्षणे। ते च परस्परं परिकल्प्यमाने बाल-पृथग्जनैर्न तथा भविष्यतः। किं तु सत्त्वानां विकल्पव्यावृत्त्यर्थमिदमुच्यते। यथा प्रतिविकल्पेन विकल्प्यन्ते तथा न विद्यन्ते॥

今译：大慧说道："世尊啊，如果像圣者们那样凭圣智、圣见和圣智慧眼而非天眼或肉眼获知事物自性，而不是像愚夫们那样妄想分别事物自性，那么，世尊啊，愚夫们不觉知圣事，怎么能摆脱妄想分别？他们既非颠倒，也非不颠倒。为什么？不觉知圣事自性，看到有无相转动。世尊啊，即使圣者们妄想分别圣事，也不会有这样的圣事，因为不以自相境界为境界。[①]世尊啊，他们借口[②]有因和无因，而呈现事物自性相，也就是妄想分别的自性。陷入事物自性相，而说别人的境界不像他们的境界。这样，世尊啊，不觉知事物自性相，而陷入无穷说[③]。世尊啊，事物自性相不以妄想分别的自性为原因。这种妄想分别怎么会不像那种妄想分别？世尊啊，不同的妄想分别相，不同的自性相。世尊啊，依据原因不同的妄想分别自性相，各自妄想分别，他们与愚夫们不一样。[④]但是，为了让众生摆脱妄想分别，而这样说：

---

① 这句的意思是圣人妄想分别的圣事也与愚夫妄想分别的事物一样不存在。

② "借口"的原词是 vyapadeśa，词义通常是指称或托辞，而求译、菩译和实译均为"不说"。

③ "无穷说"（anavasthā）指无穷地论说，而达不到结论。

④ 此句原文中的 bhaviṣyataḥ 疑有误，似应为 bhaviṣyanti。这句求译和菩译均为疑问句，意谓"为何他们与愚夫们不一样？"

像妄想分别那样的事物不存在。①

求译：大慧白佛言：“若使如聖以聖知、聖見、聖慧眼，非天眼，非肉眼，性自性如是知，非如愚夫妄想。世尊，云何愚夫離是妄想，不覺聖性事故？世尊，彼亦非顛倒，非不顛倒。所以者何？謂不覺聖事性自性故，不見離有無相故。世尊，聖亦不如是見如事妄想，不以自相境界為境界故。世尊，彼亦性自性相，妄想自性如是現，不說因無因故。謂墮性相見故，異境界非如彼等。如是無窮過，世尊，不覺性自性相故。世尊，亦非妄想自性因，性自性相。②彼云何妄想非妄想如實知妄想？世尊，妄想異，自性相異。世尊，不相似因，妄想自性想③。彼云何各各不妄想④，愚夫不如實知？然為眾生離妄想故，說如妄想相，不如實有。

实译：大慧白言：“若諸聖人以聖慧眼見有諸法性，非天眼、肉眼，不同凡愚之所分別。云何凡愚得離分別，不能覺了諸聖法故？世尊，彼非顛倒，非不顛倒。何以故？不見聖人所見法故，聖見遠離有無相故，聖亦不如凡所分別如是得故，非自所行境界相故。彼亦見有諸法性相，如妄執性而顯現故，不說有因及無因故，墮於諸法性相見故。世尊，其餘境界既不同此，如是則成無窮之失，孰能於法了知性相？世尊，諸法性相不因分別，云何而言以分別故而有諸法？世尊，分別相異，諸法相異，因不相似，云何諸法而由分別？復以何故凡愚分別不如是有？⑤而作是言：‘為令眾生捨分別故，說如分別，所見法相無如是法。’

---

① 以上大慧的论述是针对世尊所谓圣者们也获知“事物自性”而说的。这样就出现如何区分圣者们和愚夫们的“妄想分别”和“事物自性”的问题。

② 这句的意思是：事物自性相不以妄想分别的自性为原因。

③ 此处“想”的原词是 lakṣaṇa，应为“相”。据《中华大藏经》校勘记，“《碛》、《南》、《径》、《清》、《丽》作‘相’”。

④ 按照现存梵本和菩译，此处“不妄想”应为“妄想”。

⑤ 这里连续四个问句的表述方式与现存梵本有差异。

किमिदं भगवन् सत्त्वानां त्वया नास्त्यस्तित्वदृष्टिं विनिवार्य वस्तुस्वभावाभिनिवेशेन आर्यज्ञानगोचरविषयाभिनिवेशान्नास्तित्वदृष्टिः पुनर्निपात्यते, विविक्तधर्मोपदेशाभावश्च क्रियते आर्यज्ञानस्वभाववस्तुदेशनया ? भगवानाह -- न मया महामते विविक्तधर्मोपदेशाभावः क्रियते, न चास्तित्वदृष्टिर्निपात्यते आर्यवस्तुस्वभावनिर्देशेन। किं तु उत्त्रासपदविवर्जनार्थं सत्त्वानां महामते मया अनादिकालभावस्वभावलक्षणाभिनिविष्टानामार्यज्ञानवस्तुस्वभावाभिनिवेशलक्षणदृष्ट्या विविक्तधर्मोपदेशः क्रियते। न मया महामते भावस्वभावोपदेशः क्रियते। किं तु महामते स्वयमेवाधिगतयाथातथ्यविविक्तधर्मविहारिणो भविष्यन्ति। भ्रान्तेर्निर्निमित्तदर्शनात् स्वचित्तदृश्यमात्रमवतीर्य बाह्यदृश्यभावाभावविनिवृत्तदृष्टयो विमोक्षत्रयाधिगतयाथातथ्यविविक्तधर्मविहारिणो भविष्यन्ति। भ्रान्तेर्निर्निमित्तदृष्टयो विमोक्षत्रयाधिगतयाथातथ्यमुद्रासुमुद्रिता भावस्वभावेषु प्रत्यात्माधिगतया बुद्ध्या प्रत्यक्षविहारिणो भविष्यन्ति नास्त्यस्तित्ववस्तुदृष्टिविवर्जिताः॥

今译：“世尊啊，你为何让众生摆脱有无见，却执著事物自性，执著圣智境界，而陷入有见[①]，不宣示寂静法，而宣说圣智自性事物？”世尊说道：“我并非不宣示寂静法。我宣示圣事自性，也不陷入有见。大慧啊，众生执著无始事物自性相。为了避免他们受惊吓，我采用执著圣智事物自性相，宣示寂静法。大慧啊，我并非宣示事物自性。大慧啊，他们自己会如实证得和住于寂静法。他们会看到迷乱无相，理解唯自心所现，摆脱外界所现有无，获得三解脱，如实证得和住于寂静法。他们会看到迷乱无相，获得三解脱和如实印相，依靠自觉智，现证事物自性，摆脱有无事物见。

求译：“世尊，何故遮衆生有無有見，事自性計著，聖智所行境界計著，墮有見，說空法非性[②]，而說聖智自性事？”佛告大慧：“非

① 此处“有见”的原词是 nāstitvadṛṣṭi（“无见”），疑有误，应为 astitvadṛṣṭi（“有见”）。求译和实译均为“有见”。但菩译“无见”。这可能因为菩译所据原文是这种读法。

② 此句中“非性”的原词是 abhāva，意谓“不存在”。故而，这句的意思是“不说空法”。此处“空法”指“寂静法”。

我說空法非性，亦不墮有見，說聖智自性事，然為令眾生離恐怖句①故。
眾生無始已來，計著性自性相，聖智事自性計著相見說空法。大慧！
我不說性自性相。大慧！但我②住自得如實空法，離惑亂相見，離自
心現性非性見，得三解脫，如實印所印，於性自性得緣自覺觀察住，
離有無事見相。

实译："世尊，何故令諸眾生離有無見所執著法③，而復執著聖智
境界，墮於有見？何以故不說寂靜空無之法，而說聖智自性事故？"
佛言："大慧！我非不說寂靜空法，墮於有見。何以故？已說聖智自
性事故。我為眾生無始時來計著於有，於寂靜法以聖事說，今④其聞
已，不生恐怖，能如實證寂靜空法，離惑亂相，入唯識理，知其所見
無有外法，悟三脫門，獲如實印，見法自性，了聖境界，遠離有無一
切諸著。

पुनरपरं महामते अनुत्पन्नाः सर्वधर्मा इति बोधिसत्त्वेन महासत्त्वेन प्रतिज्ञा न
करणीया। तत्कस्य हेतोः ? प्रतिज्ञायाः सर्वस्वभावभावित्वात्तद्धेतुप्रवृत्तिलक्षण-
त्वाच्च। अनुत्पन्नान् सर्वधर्मान् प्रतिज्ञाय प्रतिब्रुवन् महामते बोधिसत्त्वो महासत्त्वः
प्रतिज्ञाया हीयते। या प्रतिज्ञा -- अनुत्पन्नाः सर्वधर्मा इति, सास्य प्रतिज्ञा हीयते,
प्रतिज्ञायास्तदपेक्षोत्पत्तित्वात्। अथ सापि प्रतिज्ञा अनुत्पन्ना सर्वधर्माभ्यन्तरादनु-
त्पन्नलक्षणानुत्पत्तित्वात्प्रतिज्ञायाः, अनुत्पन्नाः सर्वधर्मा इति स वादः प्रहीयते।
प्रतिज्ञावयवकारणेन सदसतो ऽनुत्पत्तिः प्रतिज्ञायाः। सा हि महामते प्रतिज्ञा
सर्वभावाभ्यन्तरा सदसतोरनुत्पत्तिलक्षणात्। यदि महामते तया प्रतिज्ञया
अनुत्पन्नया अनुत्पन्नाः सर्वभावा इति प्रतिज्ञां कुर्वन्ति, एवमपि प्रतिज्ञाहानिः

---

① 此处"句"的原词是 pada，可理解为"状态"。
② 此处"我"按照现存梵本以及菩译和实译，应为"他们"。
③ 按照现存梵本以及求译和菩译，此处"执著法"（即"执著事物自性"）应与"执著圣
智境界"并列。
④ 此处"今"字，据《中华大藏经》校勘记，"《石》、《资》、《碛》、《普》、《南》、《径》、
《清》作'令'"。

प्रसज्यते। प्रतिज्ञायाः सदसतोरनुत्पत्तिभावलक्षणत्वात्प्रतिज्ञा न करणीया। अनुत्पन्नस्वभावलक्षणा हि महामते तेषां प्रतिज्ञा भवति। अतस्ते महामते प्रतिज्ञा न करणीया। बहुदोषदुष्टत्वादवयवानां परस्परहेतुविलक्षणकृतकत्वाच्च अवयवानां प्रतिज्ञा न करणीया -- यदुत अनुत्पन्नाः सर्वधर्माः। एवं शून्या अस्वभावाः सर्वधर्मा इति महामते बोधिसत्त्वेन महासत्त्वेन प्रतिज्ञा न करणीया। किं तु महामते बोधिसत्त्वेन महासत्त्वेन मायास्वप्नवत्सर्वभावोपदेशः करणीयो दृश्यादृश्य-लक्षणत्वात्। दृष्टिबुद्धिमोहनत्वाच्च सर्वधर्माणां मायास्वप्नवद्भावोपदेशः करणीयो ऽन्यत्र बालानामुत्त्रासपदविवर्जनतया। बालाः पृथग्जना हि महामते। नास्त्य-स्तित्वदृष्टिपतितानां तेषामुत्त्रासः स्यान्मा इति। उत्त्रास्यमाना महामते दूरीभवन्ति महायानात्॥

今译：“还有，大慧啊，菩萨大士不应提出一切法不生的命题。为什么？这个命题依据一切自性存在，以及由于这种存在而出现相[①]。大慧啊，菩萨大士提出一切法不生，这个命题不能成立。提出一切法不生这个命题，出自与它相对的命题，因此，这个命题不能成立。还有，这个不生命题处在一切法中，不产生不生相，因此，一切法不生这种说法不能成立。这个命题依据论支[②]，有无皆不产生。大慧啊，有无相皆不产生，故而这个命题处在一切事物中。大慧啊，如果依据不生这个命题，提出一切事物不生这个命题，也不能成立。有无事物相皆不产生，故而不应该提出这个命题。大慧啊，不生自性相成为他们的命题，因此，大慧啊，你不应该提出这个命题。论支存在许多错误，由论支的原因互不相同造成，因此，不应该提出一切法不生这个命题。这样，大慧啊，菩萨大士不应该提出一切法空和无自性这个命题。然而，大慧啊，菩萨大士应该依据所现和无所现相，宣示一切事物如幻似梦。应该依据见解和觉知受迷惑，宣示一切法如幻似梦，除

① 从下面的论述可知，这里的意思是说提出“一切法不生”这个命题以一切法（或一切事物）存在为前提，故而这个命题本身不能成立。

② “论支”（avayava）指推理论式的五支（宗、因、喻、合和结）或三支（宗、因和喻）。

非为了避免愚夫们受到惊吓。大慧啊，愚夫们陷入有无见，不要让他们受惊吓。大慧啊，他们受到惊吓，便会远离大乘。”①

求译：“復次，大慧！一切法不生者，菩薩摩訶薩不應立是宗。所以者何？謂宗一切性非性故②，及彼因生相故。說一切法不生宗，彼宗則壞。彼宗一切法不生，彼宗壞者，以宗有待而生故。又彼宗不生入一切法故，不壞相③不生故，立一切法不生宗者，彼說則壞。大慧！有無不生宗，彼宗入一切法性，有無相不可得。大慧！若使彼宗不生，一切性不生而立宗，如是彼宗壞。以有無性相不生故，不應立宗。五分論多過故，展轉因異相故，及為作故④，不應立宗分，謂一切法不生。如是一切法空，如是一切法無自性，不應立宗。大慧！然菩薩摩訶薩說一切法如幻夢，現不現相故，及見覺過故，當說一切法如幻夢性，除為愚夫離恐怖句故。大慧！愚夫墮有無見，莫令彼恐怖，遠離摩訶衍。”

实译：“復次，大慧！菩薩摩訶薩不應成立一切諸法皆悉不生。何以故？一切法本無有故，及彼宗因生相故。復次，大慧！一切法不生，此言自壞。何以故？彼宗有待而生故，又彼宗即入一切法中不生相亦不生故，又彼宗諸分而成故，又彼宗有無法皆不生，此宗即入一切法中，有無相亦不生故。是故，一切法不生，此宗自壞。不應如是立，諸分多過故，展轉因異相故。如不生一切法，空、無自性亦如是。大慧！菩薩摩訶薩應說一切法如幻如夢，見不見故，一切皆是惑亂相故，除為愚夫而生恐怖。大慧！凡夫愚癡墮有無見，莫令於彼而生驚恐，遠離大乘。”

① 以上关于“一切法不生”的论述，求译和实译与现存梵本基本一致。其中实译文字更为简略。而菩译含有阐释，文字多于求译和实译。

② 此处“一切性非性故”的原文是 sarvasvabhāvabhāvitvāt（“依据一切自性存在”）。实译“一切法本无有故”，与求译一致。实际上，与下面一句“由于这种存在而出现相”相连，“依据一切自性存在”的读法更合理。

③ 此处“不坏相”的原词是 anutpannalakṣaṇa（“不生相”）。实译“不生相”。

④ 这里两个短语原本是一个复合词，可以合读为“由原因互不相同造成。”

तत्रेदमुच्यते --

今译：这里，这样说道：

求译：爾時世尊欲重宣此義而說偈曰：

实译：爾時世尊重說頌言：

न स्वभावो न विज्ञप्तिर्न वस्तु न च आलयः।
बालैर्विकल्पिता ह्येते शवभूतैः कुतार्किकैः॥४८॥

今译：无自性，无假名，无事物，无阿赖耶识，
这些是愚顽如死尸的思辨者们妄想分别。(48)

求译：無自性無說，無事無相續[1]，
彼愚夫妄想，如死尸惡覺。

实译：無自性無說，無事無依處[2]，
凡愚妄分別，惡覺如死屍。

अनुत्पन्नाः सर्वधर्माः सर्वतीर्थ्यप्रसिद्धये।
न हि कस्यचिदुत्पन्ना भावा वै प्रत्ययान्विताः॥४९॥

今译：一切法不生，为一切外道所确立，[3]
因为没有任何生，事物皆有缘起。(49)

求译：一切法不生，非彼外道宗，
至竟無所生，性緣所成就。

实译：一切法不生，外道所成立，

[1] 按现存梵本，此处“相续”的原词是 ālaya（“阿赖耶识”）。菩译“阿梨耶识”。

[2] “依处”是 ālaya 一词的原义。

[3] “为一切外道所确立”的原文是 sarvatīrthyaprasiddhaye，疑有误，南条本此处注文中标出抄本 A 为 sarvatīrthyaprasiddhayaḥ。实译“外道所成立”，与现存梵本一致。求译“非彼外道宗”，与现存梵本和实译有差异，但似乎更合理。

以彼所有生，非缘所成故。[1]

अनुत्पन्नाः सर्वधर्माः प्रज्ञया न विकल्पयेत्।
तद्धेतुमत्त्वात्तत्सिद्धेर्बुद्धिस्तेषां प्रहीयते॥५०॥

今译：一切法不生，不应该用智慧分别，
结论必有原因，想法也就不成立。（50）

求译：一切法不生，慧者不作想，
彼宗因生故，覺者悉除滅。

实译：一切法不生，智者不分別，
彼宗因生故，此覺則便壞。

केशोण्डुकं यथा मिथ्या गृह्यते तैमिरैर्जनैः।
तथा भावविकल्पो ऽयं मिथ्या बालैर्विकल्प्यते॥५१॥

今译：犹如翳障者执取虚妄毛发网，
同样，愚夫们妄想分别事物。（51）

求译：譬如翳目視，妄見垂髮相，
計著性亦然，愚夫邪妄想。

实译：譬如目有瞖，妄想見毛輪，
諸法亦如是，凡愚妄分別。

प्रज्ञप्तिमात्रात्त्रिभवं नास्ति वस्तुस्वभावतः।
प्रज्ञप्तिवस्तुभावेन कल्पयिष्यन्ति तार्किकाः॥५२॥

今译：三有[2]唯假名，不依据事物自性存在，
而思辨者们依据事物假名妄想分别。（52）

---

[1] “以彼所有生，非缘所成故”与现存梵本和求译有差异。
[2] “三有”（tribhava）指三界：欲界、色界和无色界。

求译：施設於三有，無有事自性，
　　　施設事自性，思惟起妄想。

实译：三有唯假名，無有實法體，
　　　由此假施設，分別妄計度。

निमित्तं वस्तु विज्ञप्तिं मनोविस्पन्दितं च तत्।
अतिक्रम्य तु पुत्रा मे निर्विकल्पाश्चरन्ति ते॥५३॥

今译：相、事物、假名和心意的流动，
　　　佛子们皆能超越，而不妄想分别。(53)

求译：相事設言教，意亂極震掉，
　　　佛子能超出，遠離諸妄想。

实译：假名諸事相，動亂於心識，
　　　佛子悉超過，遊行無分別。

अजले च जलग्राहो मृगतृष्णा यथा नभे।
दृश्यं तथा हि बालानामार्याणां च विशेषतः॥५४॥

今译：于无水处执取水，犹如空中阳焰，
　　　这是愚夫们所见，圣者们则不同。(54)

求译：非水水相受，斯從渴愛生，
　　　愚夫如是惑，聖見則不然。

实译：無水取水相，斯由渴愛起，
　　　凡愚見法人[1]，諸聖則不然。

आर्याणां दर्शनं शुद्धं विमोक्षत्रयसंभवम्।
उत्पादभङ्गनिर्मुक्तं निराभासप्रचारिणाम्॥५५॥

---

[1] 此处“法人”的原词是 tathā（“这样”或“如此”）。求译“如是”。

今译：圣者们修行无影像，所见清净，
由此产生三解脱，摆脱生和灭。（55）

求译：聖人見清淨，三脫三昧生，
遠離於生死，遊行無所畏[①]。

实译：聖人見清淨，生於三解脫，
遠離於生滅，常行無相境。

निराभासो हि भावानामभावे नास्ति योगिनाम्।
भावाभावसमत्वेन आर्याणां जायते फलम्।
कथं ह्यभावो भावानां कुरुते समतां कथम्॥५६॥

今译：一旦无所有，修行者们的无影像
也没有；依靠有无平等，圣果产生。
怎样成为无所有？怎样达到平等？（56）

求译：修行無所有，亦無性非性，
性非性平等，從是生聖果。
云何性非性？云何為平等？

实译：修行無相境，亦復無有無，
有無悉平等，是故生聖果。
云何法有無？云何成平等？

यदा चित्तं न जानाति बाह्यमाध्यात्मिकं चलम्।
तदा तु कुरुते नाशं समताचित्तदर्शनम्॥५७॥

今译：如果心不明瞭，则内外躁动，
一旦灭除躁动，则心见平等。（57）

---

① 此处"畏"字应为"有"。原词是 nirābhāsa，意谓"无所有"，也译"无影像"。据《中华大藏经》校勘记，"《石》、《径》作'有'"。

求译：謂彼心不知，內外極漂動，
若能壞彼者，心則平等見。

实译：若心不了法，內外斯動亂，
了已則平等，亂相爾時滅。

पुनरपि महामतिराह -- यत्पुनरिदमुक्तं भगवता -- यदा त्वालम्ब्यमर्थं नोपलभते ज्ञानं तदा विज्ञप्तिमात्रव्यवस्थानं भवति। विज्ञप्तेर्ग्राह्याभावाद्ग्राहकस्याप्यग्रहणं भवति। तदग्रहणान्न प्रवर्तते ज्ञानं विकल्पसंशब्दितम्। तत्किं पुनर्भगवन् भावानां स्वसामान्यलक्षणानन्यवैचित्र्यानवबोधान्नोपलभते ज्ञानम् ? अथ स्वसामान्यलक्षणवैचित्र्यभावस्वभावाभिभवान्नोपलभते ज्ञानम्। अथ कुड्यकटवप्राकारभूजलपवनाग्निव्यवहितातिदूरसामीप्यान्नोपलभते ज्ञानं ज्ञेयम्। अथ बालान्धवृद्धयोगादिन्द्रियाणां ज्ञेयार्थं नोपलभते ज्ञानम्। तद्यदि भगवन् स्वसामान्यलक्षणानन्यवैचित्र्यानवबोधान्नोपलभते ज्ञानम् , न तर्हि भगवन् ज्ञानं वक्तव्यम्। अज्ञानमेतद्भगवन् यद्विद्यमानमर्थं नोपलभते। अथ स्वसामान्यलक्षणवैचित्र्यभावस्वभावाभिभवान्नोपलभते ज्ञानम् , तदज्ञानमेव भगवन् न ज्ञानम्। ज्ञेये सति भगवन् ज्ञानं प्रवर्तते नाभावात्। तद्योगाच्च ज्ञेयस्य ज्ञानमित्युच्यते। अथ कुड्यकटवप्राकारभूजलपवनाग्निव्यवहितातिदूरसामीप्यान्नोपलभते बालवृद्धान्धयोगवद्वैकल्यादिन्द्रियाणां ज्ञानं नोपलभते। तद्यदेवं नोपलभते, न तद्भगवन् ज्ञानम्। अज्ञानमेव तद्विद्यमानमर्थं बुद्धिवैकल्यात्॥

今译：大慧又说道："世尊曾说一旦智不获取所缘对象，也就确立唯假名。假名无所取，也就不执著能取。不执著能取，名为分别的智也就不转出。世尊啊，是由于不觉知种种自相和共相不异，智不获取[①]吗？是由于种种自相和共相遮蔽[②]事物自性，智不获取吗？是由于墙壁、帷幕、山坡和围墙或地、水、风和火阻隔，过远或过近，智不获取所知吗？是由于诸根如同幼儿、盲人或老人，智不获取所知对象

① "不获取"指不获取所缘对象。
② "遮蔽"的原词是 abhibhava，本义是压倒或征服。求译和实译均为"隐蔽"。

吗？世尊啊，如果不觉知种种自相和共相不异，智不获取，那么，世尊啊，不能称为智。不获取存在的对象，世尊啊，那是无智。如果由于种种自相和共相遮蔽事物自性，智不获取，世尊啊，那是无智，而不是智。世尊啊，所知存在，智就转出，不存在，也就不转出。由于与所知联系，才称为智。由于墙壁、帷幕、山坡和围墙或地、水、风和火阻隔，过远或过近，智不获取。由于诸根不足，如同幼儿、老人和盲人，智不获取。诸如此类不获取，世尊啊，那不是智。知觉不足，不获取存在对象，那是无智。”

求译：爾時大慧菩薩白佛言：“世尊，如世尊說，如攀緣事智慧不得，是施設量[1]建立。施設所攝受非性，攝受亦非性。以無攝故，智則不生，唯施設名耳。云何世尊為不覺性自相共相異不異故，智不得耶？為自相共相種種性自性相隱蔽故，智不得耶？為山巖、石壁、地、水、火、風障故，智不得耶？為極遠極近故，智不得耶？為老小盲冥諸根不具故，智不得耶？世尊，若不覺自共相異不異，智不得者，不應說智，應說無智，以有事不可得故。若復種種自共相性自性相隱蔽故，智不得者，彼亦無智，非是智。世尊，有爾炎故，智生，非無性。[2]會爾炎故，[3]名為智。若山巖、石壁、地、水、火、風，極遠極近，老小盲冥諸根不具，智不得者，此亦非智，應是無智，以有事不可得故。”

实译：爾時大慧菩薩摩訶薩復白佛言：“世尊，如佛所說，若知境界但是假名，都不可得，則無所取。無所取故，亦無能取。能取所取二俱無故，不起分別，說名為智。世尊，何故彼智不得於境，為不能了一切諸法自相共相、一異義，故言不得耶？為以諸法自相共相種

---

[1] “施设量”的原词是 vijñaptimātra（“唯假名”）。实译“但是假名”，即“仅仅是假名”。

[2] “非无性”的原义是 nābhāvāt。这是接着前面“有尔炎（即“所知”）故，智生”而说，意谓“无尔炎，则不生”。

[3] “会尔炎故”的意思是“由于与所知联系”。这里“会”的原词是 yoga（“联系”）。

種不同更相隱蔽而不得耶？為山巖、石壁、簾幔、帷障之所覆隔而不得耶？為極遠極近，老小盲冥諸根不具而不得耶？若不了諸法自相共相一異義，故言不得者，此不名智，應是無智，以有境界而不知故。若以諸法自相共相種種不同更相隱蔽而不得者，此亦非智，以知於境，說名為智，非不知故。若山巖、石壁、簾幔、帷障之所覆隔，極遠極近，老小盲冥而不知者，彼亦非智，以有境界，智不具足而不知故。”

भगवानाह -- न हि तन्महामते एवमज्ञानं भवति। ज्ञानमेव तन्महामते, नाज्ञानम्। न चैतत्संधायोक्तं मया -- यदा त्वालम्ब्यमर्थं नोपलभते ज्ञानं तदा विज्ञप्तिमात्रव्यवस्थानं भवतीति। किं तु स्वचित्तदृश्यमात्रावबोधात्सदसतोर्बाह्यभावाभावाज्ज्ञानमप्यर्थं नोपलभते। तदनुपलम्भाज्ज्ञानज्ञेययोरप्रवृत्तिः। विमोक्षत्रयानुगमाज्ज्ञानस्याप्यनुपलब्धिः। न च तार्किका अनादिकालभावाभावप्रपञ्चवासितमतय एवं प्रजानन्ति। ते चाप्रजानन्तो बाह्यद्रव्यसंस्थानलक्षणभावाभावं कृत्वा विकल्पस्याप्रवृत्तिं चित्तमात्रतां निर्देक्ष्यन्ति। आत्मात्मीयलक्षणग्राहाभिनिवेशाभिनिविष्टाः स्वचित्तदृश्यमात्रानवबोधाज्ज्ञानं ज्ञेयं प्रतिविकल्पयन्ति। ते च ज्ञानज्ञेयप्रतिविकल्पनया बाह्यभावाभावप्रविचयानुपलब्धेरुच्छेददृष्टिमाश्रयन्ते॥

今译：世尊说道：“大慧啊，这不是无智，大慧啊，这是智，不是无智。我说一旦不获取所缘对象，也就确立唯假名，并非依据那种说法。[①]我是说由于觉知唯自心所现，外界事物有无皆不存在，智不获取对象。不获取对象，智和所知皆不转出。而后达到三解脱，连智也不获取。而思辨者们的思想受无始有无戏论熏习，不知道这样。他们不知道这样，而确立外界事物形态有无，然后将不起分别说成唯心。他们执著我和我所相，不觉知唯自心所现，而分别智和所知。他们分别智和所知，观察外界事物有无，不获取，而依附断见。”

求译：佛告大慧：“不如是無智，應是智，非非智。我不如是隱

[①] “那种说法”指上述大慧的说法。

覆[①]說攀緣事智慧不得，是施設量建立。覺自心現量，有無有外性非性，智而事不得[②]。不得故，智於爾炎不生。順三解脫，智亦不得。非妄想者無始性非性虛偽習智作如是知。是知彼不知故，於外事處所相性作無性[③]，妄想不斷，自心現量建立說。[④]我、我所相，攝受計著，不覺自心現量，於智、爾炎而起妄想。妄想故，外性非性觀察不得，依於斷見。”

实译：佛言：“大慧！此實是智，非如汝說。我之所說非隱覆說。我言境界唯是假名不可得者，以了但是自心所見外法有無，智慧於中畢竟無得。以無得故，爾焰不起，入三脫門，智體亦忘。非如一切覺想凡夫無始已來戲論熏習，計著外法若有若無種種形相。如是而知，名為不知，不了諸法唯心所見，著我、我所，分别境智，不知外法是有是無，其心住於斷見中故。為令捨離如是分别，說一切法唯心建立。”[⑤]

तत्रेदमुच्यते --

今译：这里，这样说道：

求译：爾時世尊欲重宣此義而說偈言：

实译：爾時世尊重說頌言：

विद्यमानं हि आलम्ब्यं यदि ज्ञानं न पश्यति।
अज्ञानं तद्धि न ज्ञानं तार्किकाणामयं नयः॥५८॥

---

① 此处“隐覆”的原词是 saṃdhāya（“依据”），与前面的 etat（“那个”）相连，也就是“依据那种说法”。

② 此处两个短语，求译按原文逐字对译，意思是“外界事物有无皆不存在，智不得事”。

③ “性作无性”的原文是 bhāvābhāvam kṛtvā，意谓“确立性无性”，即“确立有无”。

④ 按照现存梵本，此处的意思是：将不起妄想分别说成是唯心。这里，“不断”的原词是 apravṛttim，意谓“不起”，而非“不断”。这句不见于实译。

⑤ 实译这段最后一句不见于现存梵本以及求译和菩译。

今译：如果智看不到存在的所缘对象，
思辨者说这是无智，不是智。（58）

求译：有諸攀緣事，智慧不觀察，
此無智非智，是妄想者說。

实译：若有於所緣，智慧不觀見，
彼無智非智，是名妄計者。

अनन्यलक्षणाभावाज्ज्ञानं यदि न पश्यति।
व्यवधानदूरसामीप्यं मिथ्याज्ञानं तदुच्यते॥५९॥

今译：不知诸相不异，受远近阻隔，
智看不到，这称为虚妄之智。（59）

求译：於不異相性，智慧不觀察，
障礙及遠近，是名為邪智。

实译：無邊相互隱，障礙及遠近，
智慧不能見，是名為邪智。

बालवृद्धान्धयोगाच्च ज्ञानं यदि न जायते।
विद्यमानं हि तज्ज्ञेयं मिथ्याज्ञानं तदुच्यते॥६०॥

今译：如同幼儿、老人和盲人，智不产生，
而所知对象存在，这称为虚妄之智。[1]（60）

求译：老小諸根冥，而智慧不生，
而實有爾炎，是亦說邪智。

实译：老小諸根冥，而實有境界，
不能生智慧，是名為邪智。

[1] 以上三颂是归纳上述大慧的说法，也就是外道思辨者的说法。

पुनरपरं महामते बालपृथग्जना अनादिकालप्रपञ्चदौष्ठुल्यस्वप्रतिविकल्पनानाटके नृत्यन्तः स्वसिद्धान्तनयदेशनायामकुशलाः स्वचित्तदृश्यबाह्यभावलक्षणाभिनिविष्टा उपायदेशनापाठमभिनिविशन्ते, न स्वसिद्धान्तनयं चातुष्कोटिकनयविशुद्धं प्रतिविभावयन्ति। महामतिराह -- एवमेतद्भगवन् यथा वदसि। देशयतु मे भगवान् देशनासिद्धान्तनयलक्षणं येन अहं च अन्ये च बोधिसत्त्वा महासत्त्वा अनागते ऽध्वनि देशनासिद्धान्तनयकुशला न विप्रलभ्येरन् कुतार्किकैस्तीर्थकरश्रावकप्रत्येकबुद्धयानिकैः। भगवानाह -- तेन हि महामते शृणु , साधु च सुष्ठु च मनसिकुरु। भाषिष्ये ऽहं ते। साधु भगवन्निति महामतिर्बोधिसत्त्वो महासत्त्वो भगवतः प्रत्यश्रौषीत्। भगवांस्तस्यैतदवोचत् -- द्विप्रकारो महामते अतीतानागतप्रत्युत्पन्नानां तथागतानामर्हतां सम्यक्संबुद्धानां धर्मनयो यदुत देशनानयश्च सिद्धान्तप्रत्यवस्थाननयश्च। तत्र देशनापाठनयो महामते यदुत विचित्रसंभारसूत्रोपदेशः। यथाचित्ताधिमुक्तिकतया देशयन्ति सत्त्वेभ्यः। तत्र सिद्धान्तनयः पुनर्महामते कतमः ? येन योगिनः स्वचित्तदृश्यविकल्पव्यावृत्तिं कुर्वन्ति यदुत एकत्वान्यत्वोभयत्वानुभयत्वपक्षापतनताचित्तमनोमनोविज्ञानातीतं स्वप्रत्यात्मार्यगतिगोचरं हेतुयुक्तिदृष्टिलक्षणविनिवृत्तमनालीढं सर्वकुतार्किकैस्तीर्थकरश्रावकप्रत्येकबुद्धयानिकैर्नास्त्यस्तित्वान्तद्वयपतितैः, तमहं सिद्धान्त इति वदामि। एतन्महामते सिद्धान्तनयदेशनालक्षणं यत्र त्वया च अन्यैश्च बोधिसत्त्वैर्महासत्त्वैर्योगः करणीयः॥

今译：“还有，大慧啊，愚夫们在无始戏论恶习造成的自心分别戏剧中跳舞表演[①]，不通晓自宗通和说通，执著自心所现外界事物相，执著方便诵经说法，而不明瞭净化[②]四句法的自宗通。”大慧说道：“世尊啊，正如你说。请世尊为我宣示说通和宗通相。这样，我和未来之路上的其他菩萨大士通晓说通和宗通，不会受外道、声闻和缘觉乘和

① 此处“戏剧中跳舞表演”，求译“回转”，实译“幻惑”，均未将这个比喻译出。而菩译“幻舞”，比较接近。

② 此处“净化”（viśuddha）一词意谓“清除”或“摆脱”。

恶劣的思辨者迷惑。”世尊说道：“那么，大慧啊，请听！请你安下心来，我会为你讲述。” 大慧菩萨大士回答世尊，说道：“好吧，世尊。”世尊对他说道：“大慧啊，过去、未来和现在的如来、阿罗汉、正等觉的法门有两种：说通和宗通。其中，大慧啊，诵经说法是宣说种种资粮[①]和经文，顺应众生志趣，随类说法。其中，大慧啊，何为宗通？瑜伽行者依靠它，摆脱自心所现分别，不陷入一和异、双和非双二翼，超越心、意和意识。这是自觉圣智境界，远离原因、道理和见相。恶劣的思辨者和外道、声闻和缘觉陷入有无二边，品尝不到。我称之为宗通。大慧啊，你和其他菩萨大士应该修习宗通和说通。”

求译：“復次，大慧！愚癡凡夫無始虛偽惡邪妄想之所迴轉，迴轉時，自宗通及說通不善了知，著自心現外性相故，著方便說，於自宗四句清淨通相不善分別。”大慧白佛言：“誠如尊教。唯願世尊為我分別說通及宗通，我及餘菩薩摩訶薩善於二通，來世凡夫、聲聞、緣覺不得其短。”佛告大慧：“善哉善哉！諦聽諦聽！善思念之，當為汝說。”大慧白佛言：“唯然受教。”佛告大慧：“三世如來有二種法通，謂說通及自宗通。說通者，謂隨衆生心之所應，為說種種衆具、契經[②]。是名說通。自宗通者，謂修行者離自心現種種妄想，謂不墮一異、俱不俱品，超度一切心、意、意識，自覺聖境離因、成、見相，一切外道、聲聞、緣覺墮二邊者所不能知。我說是名自宗通法。大慧！是名自宗通及說通相，汝及餘菩薩摩訶薩應當修學。”

实译：“復次，大慧！愚癡凡夫無始虛偽惡邪分別之所幻惑，不了如實及言說法，計心外相，著方便說，不能修習清淨真實離四句法。”大慧白言：“如是如是，誠如尊教。願為我說如實之法及言說法，令我及諸菩薩摩訶薩於此二法而得善巧，非外道、二乘之所能入。”佛

① “资粮”（sambhāra）指达到觉悟的必备条件，主要指功德和智慧。求译“众具”，菩译“功德”，实译“方便”。

② “契经”（sūtra）通常译为“经”。菩译“修多罗”是音译。

言："諦聽！當為汝說。大慧！三世如來有二種法，謂言說法及如實法。言說法者，謂隨眾生心，為說種種諸方便教。如實法者，謂修行者於心所現離諸分別，不墮一異、俱不俱品，超度一切心、意、意識，於自覺聖智所行境界，離諸因緣、相應、見相，一切外道、聲聞、緣覺墮二邊者所不能知。是名如實法。此二種法，汝及諸菩薩摩訶薩當善修學。"

तत्रेदमुच्यते --

今译：这里，这样说道：

求译：爾時世尊欲重宣此義而說偈言：

实译：爾時世尊復說頌言：

नयो हि द्विविधो मह्यं सिद्धान्तो देशना च वै।
देशेमि या बालानां सिद्धान्तं योगिनामहम्॥६१॥

今译：我有两个法门：宗通和说通，
　　　说通为愚夫，宗通为修行者。（61）

求译：謂我二種通，宗通及言說，
　　　說者授童蒙，宗為修行者。

实译：我說二種法，言教及如實，
　　　教法示凡夫，實為修行者。

अथ खलु महामतिर्बोधिसत्त्वो महासत्त्वः पुनरपि भगवन्तमेतदवोचत् --
उक्तमेतद्भगवंस्तथागतेनार्हता सम्यक्संबुद्धेन एकस्मिन् काले एकस्मिन् समये यथा
लोकायतिको विचित्रमन्त्रप्रतिभानो न सेवितव्यो न भक्तव्यो न पर्युपासितव्यः, यं च
सेवमानस्य लोकामिषसंग्रहो भवति न धर्मसंग्रह इति। किं कारणं पुनर्भगवतेदमुक्तं
लोकायतिको विचित्रमन्त्रप्रतिभानः, यं च सेवमानस्य लोकामिषसंग्रहो भवति न

धर्मसंग्रहः ? भगवानाह -- विचित्रमन्त्रप्रतिभानो महामते लोकायतिको विचित्रैर्हेतुपदव्यञ्जनैर्बालान् व्यामोहयति न युक्तियुक्तं नार्थोपसंहितम्। अथ यावदेव यत्किंचिद्बालप्रलापं देशयति। एतेन महामते कारणेन लोकायतिको विचित्रमन्त्रप्रतिभान इत्युच्यते। अक्षरवैचित्र्यसौष्ठवेन बालानाकर्षति, न तत्त्वनयप्रवेशेन प्रविशति। स्वयं सर्वधर्मानवबोधादन्तद्वयपतितया दृष्ट्या बालान् व्यामोहयति, स्वात्मानं च क्षिणोति। गतिसंध्यप्रमुक्तत्वात्स्वचित्तदृश्यमात्रानवबोधाद्बाह्यभावस्वभावाभिनिवेशाद्विकल्पस्य व्यावृत्तिर्न भवति। अत एतस्मात्कारणान्महामते लोकायतिको विचित्रमन्त्रप्रतिभानो ऽपरिमुक्त एव जातिजराव्याधिमरणशोकपरिदेवदुःखदौर्मनस्योपायासादिभ्यो विचित्रैः पदव्यञ्जनैर्हेतुदृष्टान्तोपसंहारैर्बालान् व्यामोहयति॥

今译：然后，大慧菩萨大士又对世尊说道："世尊啊，如来、阿罗汉、正等觉过去曾经说顺世论者擅长种种咒语[①]，巧言善辩，不应该受到侍奉、供养和亲近。如果侍奉他们，只能获取世俗享受，不能获取正法。为何世尊说顺世论者擅长种种咒语，巧言善辩，而侍奉他们，只能获取世俗享受，不能获取正法？"世尊说道："大慧啊，顺世论者擅长种种咒语，巧言善辩，以种种美妙言辞说种种原因，迷惑愚夫们。既无道理，也无意义，甚至说些幼稚的话。因此，大慧啊，说顺世论者擅长咒语，巧言善辩。他们善于用种种言词吸引愚夫们，而不入真实法门。他们自己不觉知一切法，陷入二边，迷惑愚夫们，也毁灭自己。没有摆脱轮回，不觉知唯自心所现，执著外界事物自性，不能脱离分别。因此，大慧啊，顺世论者擅长种种咒语，巧言善辩，不能摆脱生、老、病、死、忧愁、哀伤、痛苦、不安和烦恼等等，而用种种美妙言辞，说种种原因、例证和结论，迷惑愚夫们。

求译：爾時大慧菩薩白佛言："世尊，如世尊一時說言：'世間諸論種種辯說，慎勿習近。若習近者，攝受貪欲，不攝受法。'世尊，

[①] "咒语"的原词是 mantra，通常指吠陀颂诗、咒语或祷词。

何故作如是說？”佛告大慧：“世間言論，種種句味，因緣譬喻，採習莊嚴，誘引誑惑愚癡凡夫，不入真實自通，不覺一切法，妄想顛倒，墮於二邊，凡愚癡惑而自破壞，諸趣相續，不得解脫，不能覺知自心現量，不離外性自性妄想計著。是故，世間言論種種辯說，不脫生老病死、憂悲、苦惱，誑惑迷亂。

实译：爾時大慧菩薩摩訶薩復白佛言：“世尊，如來一時說盧迦耶陀[①]呪術詞論，但能攝取世間財利，不得法利。不得法利，不應親近，承事，供養。世尊何故作如是說？”佛言：“大慧！盧迦耶陀所有詞論，但飾文句，誑惑凡愚，隨順世間虛妄言說，不如於義，不稱於理，不能證入真實境界，不能覺了一切諸法，恒墮二邊，自失正道，亦令他失，輪迴諸趣，永不出離。何以故？不了諸法唯心所見，執著外境，增分別故。是故，我說世論文句因喻莊嚴但誑愚夫，不能解脫生老病死、憂悲等患。[②]

इन्द्रो ऽपि महामते अनेकशास्त्रविदग्धबुद्धिः स्वशब्दशास्त्रप्रणेता। तच्छिष्येण नागवेशरूपधारिणा स्वर्गे इन्दसभायां प्रतिज्ञां कृत्वा तव वा सहस्रारो रथो भज्यतां मम वा एकैकनागभावस्य फणाच्छेदो भवत्विति। सहधर्मेण च नागवेशधारिणा लोकायतिकशिष्येण देवानामिन्द्रं विजित्य सहस्रारं रथं भङ्क्त्वा पुनरपीमं लोकमागतः। एवमिदं महामते लोकायतिकविचित्रहेतुदृष्टान्तोपनिबद्धं येन तिर्यञ्चो ऽप्यधीत्य देवासुरलोकं विचित्रपदव्यञ्जनैर्व्यामोहयति। आयव्ययदृष्टाभिनिवेशेनाभिनिवेशयति किमङ्ग पुनर्मानुषान्। अत एतस्मात्कारणान्महामते लोकायतिकः परिवर्जितव्यो दुःखजन्महेतुवाहकत्वात्, न सेवितव्यो न भजितव्यो न पर्युपासितव्यः। शरीरबुद्धिविषयोपलब्धिमात्रं हि महामते लोकायतिकैर्देश्यते विचित्रैः पदव्यञ्जनैः। शतसहस्रं महामते लोकायतम्। किं तु पश्चिमे लोके पश्चिमायां पञ्चाशत्यां भिन्नसंहितं भविष्यति कुतर्कहेतुदृष्टिप्रणीतत्वात्। भिन्नसंहितं

① “卢迦耶陀”是 Lokāyata（“顺世论”）一词的音译。

② 与现存梵本相比，这段的求译和实译文字简约。

भविष्यत्यशिष्यपरिग्रहात्। एवदेव महामते लोकायतं भिन्नसंहितं विचित्रहेतूपनिबद्धं तीर्थकरैर्देश्यते स्वकारणाभिनिवेशाभिनिविष्टैः, न स्वनयः। न च महामते कस्यचित्तीर्थकरस्य स्वशास्त्रनयः। अन्यत्र लोकायतमेव अनेकैराकारैः कारणमुखशतसहस्रैर्देशयन्ति। न स्वनयं च न प्रजानन्ति मोहोहाल्लोकायतमिदमिति॥

今译：“大慧啊，因陀罗也通晓许多经论，自己也是声论[①]的作者。他的一位具有蛇形的学生在天国因陀罗的集会上提出一个论题，说道：‘或者，砸碎你的车成千块，或者斩断我的一个个蛇冠！’[②]这位与因陀罗同道、具有蛇形的顺世论学生战胜了神中因陀罗[③]。他将因陀罗的车砸碎成千块后，又来到这个世界。大慧啊，他依靠顺世论的种种原因和例证，甚至了解牲畜，用种种美妙言词迷惑天神和阿修罗世界。他让他们执著来去生灭之见，更何况对于凡人？因此，大慧啊，那是造成痛苦产生的原因，应该远离顺世论者，不应该侍奉、供养和亲近他们。大慧啊，顺世论者的种种美妙言词只是用于宣示觉知身体境界。大慧啊，顺世论数有百千[④]。但在五百年后末世，由于宣说低劣的思辨和原因论，它会发生分裂。由于不能稳住学生，它会发生分裂。大慧啊，外道们执著自己的原因论，宣说这种依靠种种原因论的、分裂的顺世论，而非宣说自己的教法[⑤]。大慧啊，没有任何外道自己的教法。他们只是以百千种不同形态的原因论宣说这种顺世论。由于愚痴[⑥]，他们并不了解自己的教法，也不知道这就是顺世论。”

求译：“大慧！釋提桓因廣解衆論，自造聲論。彼世論者有一弟

① “声论”（śabdaśāstra）指语言论。

② 意思是说辩论中的输方应该如此。

③ “神中因陀罗”（devānāmindra）或称“因陀罗”，即帝释天。求译、菩译和实译“释提桓因”。其中“释”指帝释天（Śakra），而“提桓因”是“神中因陀罗”一词的音译。

④ “数有百千”泛指顺世论经论很多。

⑤ 此处和下面两处的“自己的教法”，原文是 svanaya。求译均为“自通”，而实译“能立教法”和“如实理”。

⑥ “愚痴”的原词是 mohohāt，疑有误，应为 mohāt。

子，持龍形像，詣釋天宫，建立論宗，要[①]‘壞帝釋千輻之輪。隨我不如，斷一一頭，以謝所屈。’作是要已，即以釋法摧伏帝釋。釋墮負處，即壞其輪。還來人間。如是，大慧！世間言論，因譬莊嚴，乃至畜生，亦能以種種句味，惑彼諸天及阿修羅，著生滅見，而況於人？是故，大慧！世間言論應當遠離，以能招致苦生因故，慎勿習近。大慧！世論者惟說身覺境界而已。大慧！彼世論者[②]乃有百千，但於後時後五十年，當破壞結集，惡覺因見盛故，惡弟子受。如是，大慧！世論破壞結集，種種句味，因譬莊嚴，說外道事，著自因緣，無有自通。大慧！彼諸外道無自通論，於餘世論廣說無量百千事門，無有自通，亦不自知愚癡世論。”

实译：“大慧！釋提桓因廣解衆論，自造諸論。彼世論者有一弟子，現作龍身，詣釋天宫，而立論宗，作是要言：‘憍尸迦[③]，我共汝論。汝若不如，我當破汝千輻之輪。我若不如，斷一一頭，以謝所屈。’說是語已，即以論法摧伏帝釋，壞千輻輪，還來人間。大慧！世間言論，因喻莊嚴，乃至能現龍形[④]，以妙文詞迷惑諸天及阿修羅，令其執著生滅等見，而況於人？是故，大慧！不應親近、承事，供養，以彼能作生苦因故。大慧！世論唯說身覺境界。大慧！彼世論有百千字句，後末世中惡見乖離，邪衆崩散，分成多部，各執自因。大慧！非餘外道能立教法，唯盧迦耶以百千句，廣說無量差別因相，非如實理，亦不自知是惑世法。”

महामतिराह -- यदि भगवन् सर्वतीर्थकरा लोकायतमेव विचित्रैः पदव्यञ्जनैर्दृष्टान्तोपसंहारैर्देशयन्ति, न स्वनयं स्वकारणाभिनिवेशाभिनिविष्टाः, अथ किं

---

① 此处“要”意谓立下誓约。菩译“立要”。原文中此处只有 pratijñām kṛtvā（“提出论题”或“建立论宗”），但 pratijñā 此词本身也有“誓言”的意思。

② 此处“世论者”的原词是 lokāyata（“顺世论”），而非 lokāyatika（“顺世论者”）。

③ “憍尸迦”（Kauśika）是因陀罗的称号。此处原文中并无此词。

④ 此处“能现龙形”，菩译“现畜生身”，而原文是 tiryañco ‘pyadhītya（“甚至了解牲畜”）。

भगवानपि लोकायतमेव देशयति आगतागतानां नानादेशसंनिपतितानां देवासुरमनुष्याणां विचित्रैः पदव्यञ्जनैः, न स्वमतं सर्वतीर्थ्यमतोपदेशाभ्यन्तरत्वात्? भगवानाह -- नाहं महामते लोकायतं देशयामि न चायव्ययम्। किं तु महामते अनायव्ययं देशयामि। तत्र आयो नाम महामते उत्पादराशिः समूहागमादुत्पद्यते। तत्र व्ययो नाम महामते विनाशः। अनायव्यय इत्यनुत्पादस्यैतदधिवचनम्। नाहं महामते सर्वतीर्थकरविकल्पाभ्यन्तरं देशयामि। तत्कस्य हेतोः? यदुत बाह्यभावाभावादनभिनिवेशात्स्वचित्तदृश्यमात्रावस्थानाद्द्विधावृत्तिनो ऽप्रवृत्तेर्विकल्पस्य। निमित्तगोचराभावात्स्वचित्तदृश्यमात्रावबोधनात्स्वचित्तदृश्यविकल्पो न प्रवर्तते। अप्रवृत्तिविकल्पस्यानिमित्तशून्यताप्रणिहितविमोक्षत्रयावतारान्मुक्त इत्युच्यते॥

今译：大慧说道："世尊啊，如果一切外道执著自己的原因论，用种种美妙言词、例证和结论宣说这种顺世论，而非宣说自己的教法，那么，世尊是否也用种种美妙言词向从各地前来集会的天神、阿修罗和凡人宣说这种顺世论，属于一切外道的思想和说法，而非宣说自己的思想？" 世尊说道："大慧啊，我不宣说顺世论，不宣说来去。大慧啊，我宣说无来无去。其中，大慧啊，所谓来是生的积累，产生于聚合。其中，大慧啊，所谓去是毁灭。无来无去就是所谓的不生。大慧啊，我不宣说属于一切外道的分别。为什么？外界事物无性，不执著，确定唯自心所现，摆脱二重，不起分别。相和境界无性，觉知唯自心所现，不起自心所现分别。不起分别，通晓无相、空性和无愿三解脱，这称为获得解脱。

求译：爾時大慧白佛言："世尊，若外道世論種種句味，因譬莊嚴，無有自通，自事計著者，世尊亦說世論，為種種異方諸來會眾天、人、阿修羅廣說無量種種句味，亦非自通耶？亦入一切外道智慧言說數耶？" 佛告大慧："我不說世論，亦無來去。惟說不來不去。大慧！來者趣聚會生，去者散壞。不來不去者，是不生不滅。我所說不墮世論妄想數中。所以者何？謂不計著，外性非性，自心現處，二邊妄想所不能轉。相境非性，覺自心現，則自心現妄想不生。妄想不生者，空，無相，無作，入三脫門，名為解脫。

实译：爾時大慧白言："世尊，若盧迦耶所造之論，種種文字，因喻莊嚴，執著自宗，非如實法，名外道者，世尊亦說世間之事，謂以種種文句言詞，廣說十方一切國土天、人等眾而來集會，非是自智所證之法。世尊亦同外道說耶？"佛言："大慧！我非世說，亦無來去。我說諸法不來不去。大慧！來者集生，去者壞滅。不來不去，此則名為不生不滅。大慧！我之所說不同外道墮分別中。何以故？外法有無無所著故，了唯自心，不見二取，不行相境，不生分別，入空、無相、無願之門而解脫故。

अभिजानाम्यहं महामते अन्यतरस्मिन् पृथिवीप्रदेशे विहरामि। अथ येनाहं तेन लोकायतिको ब्राह्मण उपसंक्रान्तः। उपसंक्रम्य अकृतावकाश एव मामेवमाह -- सर्वं भो गौतम कृतकम्। तस्याहं महामते एवमाह -- सर्वं भो ब्राह्मण यदि कृतकम् , इदं प्रथमं लोकायतम्। सर्वं भो गौतम अकृतकम्। यदि ब्राह्मण सर्वमकृतकम् , इदं द्वितीयं लोकायतम्। एवं सर्वमनित्यं सर्वं नित्यं सर्वमुत्पाद्यं सर्वमनुत्पाद्यम्। इदं ब्राह्मण षष्ठं लोकायतम्। पुनरपि महामते मामेवमाह ब्राह्मणो लोकायतिकः -- सर्वं भो गौतम एकत्वं सर्वमन्यत्वं सर्वमुभयत्वं सर्वमनुभयत्वं सर्वं कारणाधीनं विचित्रहेतूपपत्तिदर्शनात्। इदमपि ब्राह्मण एकादशं लोकायतम्। पुनरपि भो गौतम सर्वमव्याकृतं सर्वं व्याकृतम् , अस्त्यात्मा नास्त्यात्मा, अस्त्ययं लोको नास्त्ययं लोकः, अस्ति परो लोको नास्ति परो लोकः, नास्त्यस्ति च परो लोकः, अस्ति मोक्षो नास्ति मोक्षः, सर्वं क्षणिकं सर्वमक्षणिकम् , आकाशमप्रतिसंख्यानिरोधो निर्वाणं भो गौतम कृतकमकृतकम् , अस्त्यन्तराभवो नास्त्यन्तराभव इति। तस्यैतदुक्तं महामते मया -- यदि भो ब्राह्मण एवम् , इदमपि ब्राह्मण लोकायतमेव भवतीति, न मदीयम्। त्वदीयमेतद्ब्राह्मण लोकायतम्। अहं भो ब्राह्मण अनादिकालप्रपञ्चविकल्पवासनादौष्ठुल्यहेतुकं त्रिभवं वर्णयामि। स्वचित्तदृश्यमात्रानवबोधाद्ब्राह्मण विकल्पः प्रवर्तते न बाह्यभावोपलम्भात्। यथा तीर्थकराणामात्मेन्द्रियार्थसंनिकर्षात्त्रयाणां न तथा मम। अहं भो ब्राह्मण न हेतुवादी

नाहेतुवादी अन्यत्र विकल्पमेव ग्राह्यग्राहकभावेन प्रज्ञाप्य प्रतीत्यसमुत्पादं देशयामि। न च त्वादृशा अन्ये वा बुध्यन्ते आत्मग्राहपतितया संतत्या। निर्वाणाकाशनिरोधानां महामते तत्त्वमेव नोपलभ्यते संख्यायाम्, कुतः पुनः कृतकत्वम्॥

今译：“大慧啊，我记得我曾住在一个地方。有个顺世论婆罗门来到那里。来到后，突然对我说：‘乔答摩[1]啊，一切都是创造物。’大慧啊，我对他说：‘婆罗门啊，如果一切都是创造物，这是第一种顺世论。’‘乔答摩啊，一切不是创造物。’‘婆罗门啊，如果一切不是创造物，这是第二种顺世论。同样，一切无常，一切常；一切生，一切不生，婆罗门啊，这是第六种顺世论。’大慧啊，这位顺世论婆罗门又对我说：‘乔答摩啊，一切一，一切异，一切双，一切非双，由于看到产生于种种原因，一切依靠作因。’‘婆罗门啊，这是第十一种顺世论。’‘还有，乔答摩啊，一切无解释，一切有解释；有我，无我；有这个世界，无这个世界；有另一个世界，无另一个世界；亦有亦无另一个世界[2]；有解脱，无解脱；有刹那生灭，无刹那生灭；虚空，非择灭[3]和涅槃，乔答摩啊，创造物，非创造物；有中有，无中有。’大慧啊，我对他说：‘婆罗门啊，如果是这样，便是顺世论。婆罗门啊，我不是这样。婆罗门啊，这是你的顺世论。婆罗门啊，我描述三有以无始戏论分别恶劣习气为原因。婆罗门啊，不觉知唯自心所现，外界事物不可得，故而分别转出。我不像外道那样说我、诸根和对象三者结合而生。婆罗门啊，我不说有因，也不说无因。我只是利用所取和能取，假分别之名，宣说因缘和合而生。像你这样的人或其他的人执著我和相续，不能理解。’大慧啊，涅槃、虚空和非择灭的名目可数，真实不可获得，更何况创造物！

求译：“大慧！我念一時於一處住，有世論婆羅門來詣我所，不

---

[1] “乔答摩”（Gautama，又译“瞿昙”）是佛陀释迦牟尼的族姓。

[2] 这句不见于求译、菩译和实译。

[3] “非择灭”（apratisaṅkhyānirodha，又译“非数灭”或“非缘灭”）指自然而然的寂灭。求译“灭非有”。

請空閑[①]，便問我言：‘瞿曇！一切所作耶？’我時答言：‘婆羅門！一切所作是初世論。’彼復問言：‘一切非所作耶？’我復報言：‘一切非所作，是第二世論。’彼復問言：‘一切常耶？一切無常耶？一切生耶？一切不生耶？’我時報言：‘是六世論。’大慧！彼復問我言：‘一切一耶？一切異耶？一切俱耶？一切不俱耶？一切因種種受生現耶？’我時報言：‘是十一世論。’大慧！彼復問言：‘一切無記耶？一切記[②]耶？有我耶？無我耶？有此世耶？無此世耶？有他世耶？無他世耶？有解脱耶？無解脱耶？一切刹那耶？一切不刹那耶？虛空耶？非數滅耶？涅槃耶？瞿曇，作耶？非作耶？有中陰耶？無中陰耶？’大慧！我時報言：‘婆羅門！如是說者悉是世論，非我所說，是汝世論。我唯說無始虛偽妄想習氣種種諸惡三有之因，不能覺知自心現量，而生妄想，攀緣外性。如外道法，我、諸根、義三合智生。我不如是。婆羅門！我不說因，不說無因，惟說妄想攝所攝性，施設緣起，非汝所及餘墮受我、相續者所能覺知。’大慧！涅槃、虛空、滅非有三種，但數有三耳。[③]

实译：“大慧！我憶有時於一處住，有世論婆羅門來至我所，遽問我言：‘瞿曇，一切是所作耶？’我時報言：‘婆羅門一切所作，是初世論。’又問我言：‘一切非所作耶？’我時報言：‘一切非所作是第二世論。’彼復問言：‘一切常耶？一切無常耶？一切生耶？一切不生耶？’我時報言：‘是第六世論。’彼復問言：‘一切一耶？一切異耶？一切俱耶？一切不俱耶？一切皆由種種因緣而受生耶？’我時報言：‘是第十一世論。’彼復問言：‘一切有記耶？一切無記耶？有我耶？無我耶？有此世耶？無此世耶？有他世耶？無他世耶？有解脱耶？無解脱耶？是刹那耶？非刹那耶？虛空、涅槃及非擇滅，是所作

[①] “不请空闲”的原词是akṛtāvakāśa，意谓“未给机会”或“未获容许”。
[②] 此处“记”，据《中华大藏经》校勘记，“《丽》作‘有记’”。
[③] 这里最后一句按照现存梵本和实译，意义没有译全。

耶？非所作耶？有中有耶？無中有耶？’我時報言：‘婆羅門！如是皆是汝之世論，非我所說。婆羅門！我說因於無始戲論諸惡習氣而生三有，不了唯是自心所見，而取外法，實無可得。如外道說，我及根、境三合知生。我不如是。我不說因，不說無因，唯緣妄心似能所取，而說緣起，非汝及餘取著我者之所能測。’大慧！虛空、涅槃及非擇滅，但有三數，本無體性，何況而說作與非作。

पुनरपि महामते लोकायतिको ब्राह्मण एवमाह -- अज्ञानतृष्णाकर्महेतुकमिदं भो गौतम त्रिभवम् , अथाहेतुकम् ? द्वयमप्येतद्ब्राह्मण लोकायतम्। स्वसामान्यलक्षणपतिता भो गौतम सर्वभावाः। इदमपि ब्राह्मण लोकायतमेव भवति। यावद्ब्राह्मण मनोविस्पन्दितं बाह्यार्थाभिनिवेशविकल्पस्य तावल्लोकायतम्॥

今译：“还有，大慧啊，这位顺世论婆罗门说：‘三有以无知、贪爱和业为原因，或者无原因？’‘婆罗门啊，这种二见也是顺世论。’‘乔答摩啊，一切事物陷入自相和共相。’‘婆罗门啊，这也是顺世论。婆罗门啊，只要心意流动，执著外界对象分别，就是顺世论。’

求译：“復次，大慧！爾時世論婆羅門復問我言：‘癡、愛、業因故，有三有耶？為無因耶？’我時報言：‘此二者亦是世論耳。’彼復問言：‘一切性皆入自共相耶？’我復報言：‘此亦世論。婆羅門！乃至意流妄計外塵，皆是世論。’

实译：“大慧！爾時世論婆羅門，復問我言：‘無明、愛、業為因緣故，有三有耶？為無因耶？’我言‘此二亦是世論。’又問我言：‘一切諸法皆入自相及共相耶？’我時報言：‘此亦世論。婆羅門！乃至少有心識流動，分別外境，皆是世論。’

पुनरपरं महामते लोकायतिको ब्राह्मणो मामेतदवोचत् -- अस्ति भो गौतम किंचिद्यन्न लोकायतम् ? मदीयमेव भो गौतम सर्वतीर्थकरैः प्रसिद्धं विचित्रैः

पदव्यञ्जनैर्हेतुदृष्टान्तोपसंहारैर्देश्यते। अस्ति भो ब्राह्मण यन्न त्वदीयं न च न प्रसिद्धं देश्यते न च न विचित्रैः पदव्यञ्जनैर्न च नार्थोपसंहितमेव। किं तदलोकायतं यन्न प्रसिद्धं देश्यते च ? अस्ति च भो ब्राह्मण अलोकायतं यत्र सर्वतीर्थकराणां तव च बुद्धिर्न गाहते बाह्यभावादसद्भूतविकल्पप्रपञ्चाभिनिविष्टानाम्। यदुत विकल्पस्याप्रवृत्तिः सदसतः स्वचित्तदृश्यमात्रावबोधाद्विकल्पो न प्रवर्तते। बाह्यविषयग्रहणाभावाद्विकल्पः स्वस्थाने ऽवतिष्ठते दृश्यते। तेनेदमलोकायतं मदीयं न च त्वदीयम्। स्वस्थाने ऽवतिष्ठत इति न प्रवर्तत इत्यर्थः। अनुत्पत्तिविकल्पस्याप्रवृत्तिरित्युच्यते। एवमिदं भो ब्राह्मण यन्न लोकायतम्। संक्षेपतो ब्राह्मण यत्र विज्ञानस्यागतिर्गतिश्च्युतिरुपपत्तिः प्रार्थनाभिनिवेशाभिष्वङ्गो दर्शनं दृष्टिः स्थानं परामृष्टिर्विचित्रलक्षणाभिनिवेशः संगतिः सत्त्वानां तृष्णायाः कारणाभिनिवेशश्च। एतद्धो ब्राह्मण त्वदीयं लोकायतं न मदीयम्। एवमहं महामते पृष्टो लोकायतिकेन ब्राह्मणेनागत्य। स च मयैवं विसर्जितस्तूष्णीभावेन प्रक्रान्तः॥

今译：“还有，这位顺世论婆罗门对我说：‘乔答摩啊，有任何非顺世论吗？一切外道用种种美妙言词、原因、例证和结论宣说我的宗旨[1]。’‘婆罗门啊，有不属于你的，而且并非不宣说宗旨，也非不用种种美妙言词，也非没有意义。’‘有不宣说顺世论宗旨的非顺世论吗？’‘婆罗门啊，有非顺世论，而你和一切外道的知觉执著外界事物不实分别戏论，不能理解。那是不起有无分别。一旦觉知唯自心所现，也就不起分别。不执取外在境界，也就看到分别安分守己。这就是非顺世论，属于我，而不属于你。所谓安分守己，也就是不转出。不产生分别，称为不转出。婆罗门啊，这是非顺世论。总之，婆罗门啊，诸识来去、生灭、追求、执著、沉迷、见解、观点、住处、接触、执著种种相、和合和执著众生贪爱的作因，婆罗门啊，这是顺世论，属于你，而不属于我。’大慧啊，这位顺世论婆罗门前来询问我，我这样回答后，他默然离去。”

---

① 此处“宗旨”的原词是 prasiddha，求译“宗”，菩译“建立”，实译“世许”。

求译：“復次，大慧！爾時世論婆羅門復問我言：‘頗有非世論者不？我是一切外道之宗，說種種句味，因緣譬喻莊嚴。’我復報言：‘婆羅門！有非汝有者，非為非宗非說，非不說種種句味，非不因譬莊嚴。’婆羅門言：‘何等為非世論，非非宗，非非說？’我時報言：‘婆羅門！有非世論，汝諸外道所不能知。以於外性不實妄想虛偽計著故，謂妄想不生。覺了有無自心現量，妄想不生，不受外塵，妄想永息。是名非世論。此是我法，非汝有也。婆羅門！略說[1]彼識若來若去，若死若生，若樂若苦，若溺，若見，若觸，若著種種相，若和合相續，若受，若因計著，婆羅門！如是等比皆是汝等世論，非是我有。’大慧！世論婆羅門作如是問，我如是答。彼即默然，不辭而退，

实译：“大慧！爾時彼婆羅門復問我言：‘頗有非是世論者不？一切外道所有詞論，種種文句，因喻莊嚴，莫不皆從我法中出。’我報言：‘有，非汝所許，非世不許，非不說種種文句義理相應，非不相應。’彼復問言：‘豈有世許非世論耶？’我答言：‘有，但非於汝及以一切外道能知。何以故？以於外法虛妄分別生執著故。若能了達有無等法一切皆是自心所見，不生分別，不取外境，於自處住。自處住者是不起義。不起於何？不起分別。此是我法，非汝有也。婆羅門！略而言之，隨何處中，心識往來，死生求戀，若受，若見，若觸，若住，取種種相，和合相續，於愛於因而生計著，皆汝世論，非是我法。’大慧！世論婆羅門作如是問，我如是答，不問於我自宗實法，默然而去，

अथ खलु कृष्णपक्षिको नागराजो ब्राह्मणरूपेणागत्य भगवन्तमेतदवोचत् -- तेन हि गौतम परलोक एव न संविद्यते। तेन हि माणव कुतस्त्वमागतः ? इहाहं गौतम श्वेतद्वीपादागतः। स एव ब्राह्मण परो लोकः। अथ माणवो निष्प्रतिभानो

---

[1] 此处“略说”的原词是 saṃkṣepataḥ，意谓“简而言之”或“总之”。菩译“略说言之”。实译“略而言之”。

निगृहीतो ऽन्तर्हितो ऽपृष्ट्वैव मां स्वनयप्रत्यवस्थानकथां चिन्तयन् शाक्यपुत्रो मन्नयबहिर्धा वराको ऽप्रवृत्तिलक्षणहेतुवादी स्वविकल्पदृश्यलक्षणावबोधाद्विकल्पस्याप्रवृत्तिं वर्णयति। त्वं चैतर्हि महामते मां पृच्छसि -- किं कारणं लोकायतिकविचित्रमन्त्रप्रतिभानं सेव्यमानस्यामिषसंग्रहो भवति न धर्मसंग्रह इति। महामतिराह -- अथ धर्मामिषमिति भगवन् कः पदार्थः ? भगवानाह -- साधु साधु महामते। पदार्थद्वयं प्रति मीमांसा प्रवृत्ता अनागतां जनतां समालोक्य। तेन हि महामते शृणु , साधु च सुष्ठु च मनसि कुरु। भाषिष्ये ऽहं ते। साधु भगवन्निति महामतिर्बोधिसत्त्वो महासत्त्वो भगवतः प्रत्यश्रौषीत्॥

今译：“然后，有位黑翼蛇王乔装婆罗门前来对世尊说道：‘乔答摩啊，确实没有另一个世界。’‘青年啊，你来自哪儿？’‘乔答摩啊，我来自白岛。’‘婆罗门啊，这就是另一个世界。’这个青年遭到反驳，默然消失，[1]不询问我确立自己教法的说法，而思忖：‘这个可怜的释子[2]处在我的教法之外，宣说相和原因不起，描述觉知自心所现分别相，而不起分别。’如今，大慧啊，你询问我为何侍奉擅长种种咒语、巧言善辩的顺世论者，只能获取世俗享受，不能获取正法。”大慧说道：“世尊啊，什么是世俗享受和正法的句义？”世尊说道：“善哉，善哉！大慧啊，你关心未来众生，而思考这两个句义，那么，大慧啊，请听！请你安下心来，我会为你讲述。”大慧菩萨大士回答世尊，说道：“好吧，世尊。”

求译：“思自通處[3]，作是念言：‘沙門[4]釋子出於通外，說無生，無相，無因，覺自妄想現，妄想不生。’大慧！此即是汝向所問我何故說習近世論種種辯說，攝受貪欲，不攝受法。”大慧白佛言：“世

---

[1] 以上这段黑翼蛇王和世尊的对话不见于求译、菩译和实译。这段对话是世尊讲给大慧听的，因此，前面的“对世尊说道”若原文改为“对我说道”，则更合理。

[2] “释子”（śākyaputra）指佛弟子。

[3] “思自通处”意谓思考自己的教法。此处与现存梵本以及菩译和实译有差异。菩译“不问我建立真法”。实译“不问我自宗实法。”

[4] “沙门”（śramaṇa）指出家修行者。此处原文中无此词。

尊，攝受貪欲及法有何句義？”佛告大慧：“善哉善哉！汝乃能為未來眾生，思惟諮問如是句義。諦聽諦聽！善思念之，當為汝說。”大慧白佛言：“唯然受教。”

实译：“作是念言：‘沙門瞿曇無可尊重，說一切法無生，無相，無因，無緣，唯是自心分別所見，若能了此，分別不生。’大慧！汝今亦復問我是義，何故親近諸世論者，唯得財利，不得法利。”大慧白言：“所言財、法是何等義？”佛言：“善哉，汝乃能為未來眾生思惟是義，諦聽諦聽！當為汝說。

भगवांस्तस्यैतदवोचत् -- तत्र आमिषं महामते कतमत् ? यदुत आमिषमामृशमाकर्षणं निर्मृषं परामृष्टिः स्वादो बाह्यविषयाभिनिवेशो ऽन्तद्वयप्रवेशः। कुदृष्ट्या पुनः स्कन्धप्रादुर्भावो जातिजराव्याधिमरणशोकपरिदेवदुःखदौर्मनस्योपायासप्रवृत्तिस्तृष्णायाः पौनर्भविक्या आदिं कृत्वा। आमिषमिदमित्युच्यते मया च अन्यैश्च बुद्धैर्भगवद्भिः। एष महामते आमिषसंग्रहो न धर्मसंग्रहो यं लोकायतिकं सेवमानो लभते लोकायतम्॥

今译：世尊对他说道：“其中，大慧啊，何为世俗享受？世俗享受是接触、吸引、取舍和品尝，执著外在境界，执著二边。怀有邪见，展现诸蕴，贪爱再生，产生生、老、病、死、忧愁、哀伤、痛苦、不安和烦恼，如此等等，我和其他佛称为世俗享受。大慧啊，这是获取世俗享受，而不是获取正法。侍奉顺世论者就获得这种顺世论。

求译：佛告大慧：“所謂貪者，若取，若捨，若觸，若味，繫著外塵，墮二邊見，復生苦陰、生老病死、憂悲、苦惱。如是諸患皆從愛起，斯由習近世論及世論者，我及諸佛說名為貪。是名攝受貪欲，不攝受法。

实译：“大慧！所言財者，可觸，可受，可取，可味，令著外境，墮在二邊，增長貪愛、生老病死、憂悲、苦惱，我及諸佛說名財利，親近世論之所獲得。

तत्र महामते धर्मसंग्रहः कतमः? यदुत स्वचित्तधर्मनैरात्म्यद्वयावबोधाद्धर्मपुद्गलनैरात्म्यलक्षणदर्शनाद्विकल्पस्याप्रवृत्तिः, भूम्युत्तरोत्तरपरिज्ञानाच्चित्तमनोमनोविज्ञानव्यावृत्तिः, सर्वबुद्धज्ञानाभिषेकगतिः अनधिष्ठापदपरिग्रहः, सर्वधर्मानाभोगवशवर्तिता धर्म इत्युच्यते, सर्वदृष्टिप्रपञ्चविकल्पभावान्तद्वयापतनतया। प्रायेण हि महामते तीर्थकरवादो बालानन्तद्वये पातयति न तु विदुषाम्, यदुत उच्छेदे च शाश्वते च। अहेतुवादपरिग्रहाच्छाश्वतदृष्टिर्भवति, कारणविनाशहेत्वभावादुच्छेददृष्टिर्भवति। किं तु उत्पादस्थितिभङ्गदर्शनाद्धर्म इत्येवं वदामि। एष महामते धर्मामिषनिर्णयः, यत्र त्वया अन्यैश्च बोधिसत्त्वैर्महासत्त्वैः शिक्षितव्यम्॥

今译：“其中，大慧啊，何为获取正法？觉知自心法和二无我，洞悉法和人无我相，不起分别，依次向上通晓诸地，转离心、意和意识，达到一切佛智灌顶，把握十尽句[①]，于一切法自然而行，获得自在，不陷入一切邪见戏论分别二边，这称为正法。大慧啊，通常，外道论能让愚夫们而不能让智者们陷入断常二边。执著无因说，成为常见。执著作因毁灭而无因，成为断见。而我洞悉生、住和灭，这样说正法。大慧啊，这是正法和世俗享受的定义。你和其他菩萨大士应该修习。”

求译：“大慧！云何攝受法？謂善覺知自心現量，見人無我及法無我相，妄想不生，善知上上地，離心、意、意識，一切諸佛智慧灌頂，具足攝受十無盡句，於一切法無開發自在。是名為法，所謂不墮一切見、一切虛偽、一切妄想、一切性、一切二邊。大慧！多有外道癡人墮於二邊，若常若斷，非黠慧者。受無因論，則起常見。外因壞，因緣非性，則起斷見。大慧！我不見生、住、滅故，說名為法。大慧！

[①] “十尽句”的原词是 anadhiṣṭhāpada，疑有误。此处求译“十无尽句”，菩译“一切诸句尽处”，实译“十无尽愿”，则原文应为 daśaniṣṭhāpada（“十尽句”，或译“十无尽句”）。

是名貪欲及法，汝及餘菩薩摩訶薩應當修學。”

实译：“云何法利？謂了法是心，見二無我，不取於相，無有分別，善知諸地，離心、意、識，一切諸佛所共灌頂，具足受行十無盡願，於一切法悉得自在。是名法利。以是不墮一切諸見戲論，分別常斷二邊。大慧！外道世論令諸癡人墮在二邊，謂常及斷。受無因論，則起常見。以因壞滅，則生斷見。我說不見生、住、滅者，名得法利。是名財、法二差別相，汝及諸菩薩摩訶薩應勤觀察。”

तत्रेदमुच्यते --

今译：这里，这样说道：

求译：爾時世尊欲重宣此義而說偈言：

实译：爾時世尊重說頌言：

संग्रहैश्च दमेत्सत्त्वान् शीलेन च वशीकरेत्।
प्रज्ञया नाशयेद्दृष्टिं विमोक्षैश्च विवर्धयेत्॥ ६२॥

今译：以摄受[①]调伏众生，以戒律控制，
以智慧灭除邪见，以解脱增长。（62）

实译：調伏攝眾生，以戒降諸惡，
智慧滅諸見，解脫得增長。

लोकायतमिदं सर्वं यत्तीर्थ्यैर्देश्यते मृषा।
कार्यकारणसद्दृष्ट्या स्वसिद्धान्तो न विद्यते॥ ६३॥

今译：外道宣说的顺世论全然虚妄，
怀抱因果邪见，没有自宗通。（63）

① “摄受”（saṅgraha）指种种吸引众生的方法。有四种“摄受”：布施、爱语、利行和同事，称为“四摄事”。

求译： 一切世間論，外道虛妄說，
妄見作所作，彼則無自宗。

实译： 外道虛妄說，皆是世俗論，
橫計作所作，不能自成立。

अहमेकः स्वसिद्धान्तं कार्यकारणवर्जितम्।
देशेमि शिष्यवर्गस्य लोकायतविवर्जितम्॥६४॥

今译：唯独我向弟子宣说自宗通，
摆脱因果论，摆脱顺世论。（64）

求译： 惟我一自宗，離於作所作，
為諸弟子說，遠離諸世論。

实译： 唯我一自宗，不著於能所，
為諸弟子說，令離於世論。

चित्तमात्रं न दृश्यो ऽस्ति द्विधा चित्तं हि दृश्यते।
ग्राह्यग्राहकभावेन शाश्वतोच्छेदवर्जितम्॥६५॥

今译：心现有二边，所取和能取，
唯心无所现，摆脱常和断。（65）

求译： 心量不可見，不觀察二心，
攝所攝非性，斷常二俱離。[1]

实译： 能取所取法，唯心無所有，
二種皆心現，斷常不可得。

यावत्प्रवर्तते चित्तं तावल्लोकायतं भवेत्।

[1] 这颂求译与现存梵本和实译有差异。

अप्रवृत्तिर्विकल्पस्य स्वचित्तं पश्यते जगत्॥ ६६॥

今译：只要心转出，便成为顺世论，
不起分别，看到世界即自心。（66）

求译：乃至心流轉，是則為世論，
妄想不轉者，是人見自心。

实译：乃至心流動，是則為世論，
分別不起者，是人見自心。

आयं कार्यार्थनिर्वृत्तिं व्ययं कार्यस्य दर्शनम्।
आयव्ययपरिज्ञानाद्विकल्पो न प्रवर्तते॥ ६७॥

今译：来是结果灭，去是见结果，[①]
理解来和去，分别不转出。（67）

求译：來者謂事生，去者事不現，
明了知去來，妄想不復生。

实译：來者見事生，去者事不現，
明了知來去，不起於分別。

नित्यमनित्यं कृतकमकृतकं परापरम्।
एवमाद्यानि सर्वाणि लोकायतनयं भवेत्॥ ६८॥

今译：常无常，造物非造物，此世彼世，
如此等等，这一切都是顺世论。（68）

求译：有常及無常，所作無所作，
此世他世等，斯皆世論通。

实译：有常及無常，所作無所作，

① 这句按原文译出。按照求译、菩译和实译，应为“来是见结果，去是结果灭”。这样，也符合前面的相关论述。

此世他世等，皆是世論法。

अथ खलु महामतिर्बोधिसत्त्वो महासत्त्वः पुनरपि भगवन्तमेतदवोचत् -- निर्वाणं निर्वाणमिति भगवन्नुच्यते। कस्यैतदधिवचनं यदुत निर्वाणमिति यत्सर्वतीर्थकरैर्विकल्प्यते ? भगवानाह -- तेन हि महामते शृणु , साधु च सुष्ठु च मनसिकुरु। भाषिष्ये ऽहं ते। यथा तीर्थकरा निर्वाणं विकल्पयन्ति, न च भवति तेषां विकल्पानुरूपं निर्वाणम्। साधु भगवन्निति महामतिर्बोधिसत्त्वो महासत्त्वो भगवतः प्रत्यश्रौषीत्। भगवांस्तस्यैतदवोचत् -- तत्र केचित्तावन्महामते तीर्थकराः स्कन्धधात्वायतननिरोधाद्विषयवैराग्यान्नित्यवैधर्म्याद्दर्शनाच्चित्तचैत्तकलापो न प्रवर्तते। अतीतानागतप्रत्युत्पन्नविषयाननुस्मरणाद्दीपबीजानलवदुपादानोपरमादप्रवृत्तिर्विकल्पस्येति वर्णयन्ति। अतस्तेषां तत्र निर्वाणबुद्धिर्भवति। न च महामते विनाशदृष्ट्या निर्वायते॥

今译：然后，大慧菩萨大士又对世尊说道："世尊啊，总是说涅槃，涅槃。一切外道所分别的涅槃是指什么？"世尊说道："那么，大慧啊，请听！请你安下心来，我会为你讲述。那些外道分别涅槃，但并没有他们所分别的涅槃。"大慧菩萨大士回答世尊，说道："好吧，世尊。"世尊对他说道："大慧啊，有些外道描述灭除蕴、界和处，不贪恋境界，看到诸法无常，心和种种心所不转出。不忆念过去、将来和现在的境界，如同灯、种子和火，[①]不再执取，故而不起分别。这是他们的涅槃想法。大慧啊，涅槃并非依靠看见毁灭。

求译：爾時大慧菩薩復白佛言："世尊，所言涅槃者，為何等法名為涅槃，而諸外道各起妄想？"佛告大慧："諦聽諦聽！善思念之，當為汝說。如諸外道妄想涅槃，非彼妄想隨順涅槃。"大慧白佛言："唯然受教。"佛告大慧："或有外道，陰、界、入滅，境界離欲，見法無常，心、心法品不生，不念去、來、現在境界，諸受陰盡，如

① 意谓如同灯灭、种子烧焦和火熄。

燈火滅，如種子壞，妄想不生。斯等於此作涅槃想。大慧！非以見壞名為涅槃。

实译： 爾時大慧菩薩摩訶薩復白佛言："世尊，佛說涅槃，說何等法以為涅槃，而諸外道種種分別？"佛言："大慧！如諸外道分別涅槃，皆不隨順涅槃之相。諦聽諦聽！當為汝說。大慧！或有外道言：'見法無常，不貪境界，蘊、界、處滅，心、心所法不現在前，不念過、現、未來境界，如燈盡，如種敗，如火滅，諸取不起，分別不生，起涅槃想。'大慧！非以見壞名為涅槃。

अन्ये पुनर्देशान्तरस्थानगमनं मोक्ष इति वर्णयन्ति विषयविकल्पोपरमादिषु पवनवत्। अन्ये पुनर्वर्णयन्ति तीर्थकराः बुद्धिबोद्धव्यदर्शनविनाशान्मोक्ष इति। अन्ये विकल्पस्याप्रवृत्तेर्नित्यानित्यदर्शनान्मोक्षं कल्पयन्ति। अन्ये पुनर्वर्णयन्ति विविधनिमित्तविकल्पो दुःखजन्मवाहक इति स्वचित्तदृश्यमात्राकुशलाः। निमित्तभयभीता निमित्तदर्शनात्सुखाभिलाषनिमित्ते निर्वाणबुद्धयो भवन्ति। अन्ये पुनरध्यात्मबाह्यानां सर्वधर्माणां स्वसामान्यलक्षणावबोधादविनाशतो ऽतीतानागतप्रत्युत्पन्नभावास्तितया निर्वाणं कल्पयन्ति। अन्ये पुनरात्मसत्त्वजीवपोषपुरुषपुद्गलसर्वधर्माविनाशतश्च निर्वाणं कल्पयति। अन्ये पुनर्महामते तीर्थकरा दुर्विदग्धबुद्धयः प्रकृतिपुरुषान्तरदर्शनाद्गुणपरिणामकर्तृत्वाच्च निर्वाणं कल्पयन्ति। अन्ये पुण्यापुण्यपरिक्षयात्। अन्ये क्लेशक्षयाज्ज्ञानेन च। अन्ये ईश्वरस्वतन्त्रकर्तृत्वदर्शनाज्जगतो निर्वाणं कल्पयन्ति। अन्ये अन्योन्यप्रवृत्तो ऽयं संभवो जगत इति न कारणतः। स च कारणाभिनिवेश एव, न चावबुध्यन्ते मोहात्, तदनवबोधान्निर्वाणं कल्पयन्ति। अन्ये पुनर्महामते तीर्थकराः सत्यमार्गाधिगमान्निर्वाणं कल्पयन्ति। अन्ये गुणगुणिनोरभिसंबद्धादेकत्वान्यत्वोभयत्वानुभयत्वदर्शनान्निर्वाणबुद्धयो भवन्ति। अन्ये स्वभावतः प्रवृत्तितो मयूरवैचित्र्यविविधरत्नाकरकण्टकतैक्ष्ण्यवद्भावानां स्वभावं दृष्ट्वा निर्वाणं विकल्पयन्ति। अन्ये पुनर्महामते पञ्चविंशतितत्त्वावबोधात्, अन्ये प्रजापालेन षाड्गुण्योपदेशग्रहणान्निर्वाणं कल्पयन्ति। अन्ये कालकर्तृदर्शनात्कालायत्ता लोकप्रवृत्तिरिति तदवबोधान्निर्वाणं कल्पयन्ति। अन्ये पुनर्महामते

भवेन, अन्ये ऽभवेन, अन्ये भवाभवपरिज्ञया, अन्ये भवनिर्वाणाविशेषदर्शनेन निर्वाणं कल्पयन्ति। अन्ये पुनर्महामते वर्णयन्ति सर्वज्ञसिंहनादनादिनो यथा स्वचित्तदृश्यमात्रावबोधाद्ग्राह्यभावाभावानभिनिवेशाच्चातुष्कोटिकरहिताद् यथाभूतावस्थानदर्शनात्स्वचित्तदृश्यविकल्पस्यान्तद्वयापतनतया ग्राह्यग्राहकानुपलब्धेः सर्वप्रमाणाग्रहणाप्रवृत्तिदर्शनात्तत्त्वस्य व्यामोहकत्वादग्रहणं तत्त्वस्य, तद्व्युदासात्स्वप्रत्यात्मार्यधर्माधिगमान्नैरात्म्यद्वयावबोधात्क्लेशद्वयविनिवृत्तेरावरणद्वयविशुद्धत्वाद्भूम्युत्तरोत्तरतथागतभूमिमायादिविश्वसमाधिचित्तमनोमनोविज्ञानव्यावृत्तेर्निर्वाणं कल्पयन्ति। एवमन्यान्यपि यानि तार्किकैः कुतीर्थ्यप्रणीतानि तान्ययुक्तियुक्तानि विद्वद्भिः परिवर्जितानि। सर्वे ऽप्येते महामते अन्तद्वयपतितया संतत्या निर्वाणं कल्पयन्ति। एवमादिभिर्विकल्पैर्महामते सर्वतीर्थकरैर्निर्वाणं परिकल्प्यते। न चात्र कश्चित्प्रवर्तते वा निवर्तते वा। एकैकस्य महामते तीर्थकरस्य निर्वाणं तत्स्वशास्त्रमतिबुद्ध्या परीक्ष्यमाणं व्यभिचरति। तथा न तिष्ठते यथा तैर्विकल्प्यते। मनस आगतिगतिविस्पन्दनान्नास्ति कस्यचिन्निर्वाणम्। अत्र त्वया महामते शिक्षित्वा अन्यैश्च बोधिसत्त्वैर्महासत्त्वैः सर्वतीर्थकरनिर्वाणदृष्टिर्व्यावर्तनीया॥

今译：“另一些描述解脱是前往另一个地方，境界分别停止，如同风[①]。另一些外道描述解脱是灭除觉知和所觉知见解。另一些设想解脱是不起常无常见分别。另一些描述分别种种相造成痛苦产生，而不通晓唯自心所现。他们惧怕相，看到无相[②]，而追求这种快乐，[③]成为他们的涅槃想法。另一些觉知内外一切法自相和共相不毁灭，过去、未来和现在存在，而设想涅槃。另一些依据自我、众生、命、养育者、原人、人和一切法不毁灭，设想涅槃。大慧啊，另一些外道心智愚钝，看到原质和原人有别，性质变化造物，[④]而设想涅槃。另一些依据功

① 意谓风停息。

② “无相”的原词是 nimitta（“相”），疑有误，应为 animitta（“无相”）。此处求译、菩译和实译均为“无相”。

③ 此处原文 sukhābhilāṣanimitte 中的 nimitta（“相”）一词似乎多余，求译、菩译和实译均不涉及此词。

④ 这是古代数论（Sāṅkhya）哲学的观点：原人（puruṣa）是至高的精神或灵魂，原质（prakṛti）是原初物质，具有三种性质（guṇa）：善性（sattva）、忧性（rajas）和暗性（tamas）。这三种性质永远处在运动中，使原质发生变化，从而创造世界万物。

德尽和不尽。另一些依据有智慧而烦恼尽。另一些认为自在天是独立的创世者，而设想涅槃。另一些认为世界是互相转出，和合而成，并无作因。而这正是执著作因，因愚痴不觉知，因不觉知而设想涅槃。大慧啊，另一些外道依据达到真谛道，设想涅槃。另一些依据性质和有性质者两者结合，看到一和异、双和非双，而形成涅槃想法。另一些依据自性转出，看到种种事物的自性，如同孔雀的绚丽多彩，宝藏的丰富多样，荆棘的锐利，而设想涅槃。大慧啊，另一些依据觉知二十五谛①，另一些依据国王遵守六德②教诫，设想涅槃。另一些认为时间是创造者，世界出现依靠时间，故而依据这种觉知，设想涅槃。大慧啊，另一些依据有，另一些依据无，另一些依据有和无，另一些依据有和涅槃无差别，设想涅槃。大慧啊，另一些发出通晓一切者的狮子吼，描述觉知唯自心所现，不执著外界事物有无，摆脱四句，看到如实所在，不陷入自心所现分别二边，所取和能取皆不可得，不执取一切量，不起邪见，因真实具有迷惑性而不执著真实，远离它，证得自觉圣法，觉知二无我，摆脱二烦恼，净化二障，依次向上进入诸地，达到如来地，获得如幻等等一切入定，心、意和意识转离，而设想涅槃。③诸如此类外道思辨者所说皆不合道理，为智者们所摒弃。大慧啊，所有这些都陷入二边和相续，而设想涅槃。大慧啊，一切外道以诸如此类分别，妄想涅槃。而这里既无所出现，也无所消失。大慧啊，每种外道都按照自己的经典、思想和觉知考察涅槃，变化不定。但实际并非像他们妄想的那样。由于心的来去流动，任何一种外道的涅槃都不存在。大慧啊，你和其他菩萨大士应该修习，摆脱一切外道涅槃

---

①　"二十五谛"（pañcaviṃśatitattva），按照数论，身体由二十四谛构成，原人或灵魂是第二十五谛。

②　"六德"（ṣaḍguṇya）指国王治国的六种策略：和平、战争、进攻、扎营、求援和分化。此词求译"六德"，而实译"六分"。

③　从"另一些发出通晓一切者的狮子吼"至此这段关于涅槃的描述，应该不是外道的见解。求译中明确指出"如我所说涅槃者"。而且，这段出现在求译这部分的末尾。菩译中指出这是"建立法智者所言"，实译指出这是"异彼外道所说"。这个提示不见于现有原文。

见解。”

求译：“大慧！或以從方至方[①]名為解脫，境界想滅，猶如風止。或復以覺所覺見壞，名為解脫。或見常無常，作解脫想。或見種種相想招致苦生因，思惟是已，不善覺知自心現量，怖畏於相而見無相，深生愛樂，作涅槃想。或有覺知內外諸法自相共相，去、來、現在有性不壞，作涅槃想。或謂我、人、衆生、壽命一切法壞[②]，作涅槃想。或以外道惡燒智慧，見自性及士夫，彼二有間，士夫所出，名為自性，如冥初比[③]，求那轉變，求那是作者，作涅槃想。或謂福非福盡，或謂諸煩惱盡，或謂智慧[④]，或見自在是真實作生死者，作涅槃想。或謂展轉相生，生死更無餘因，如是即是計著因，而彼愚癡不能覺知，不知故，作涅槃想。或有外道，言得真諦道，作涅槃想。或見功德功德所[⑤]起和合，一異、俱不俱，作涅槃想。或見自性所起孔雀文彩、種種雜寶及利刺等性，見已，作涅槃想。大慧！或有覺二十五真實，或王守護國，受六德論，作涅槃想。或見時是作者，時節世間，如是覺者，作涅槃想。或謂性，或謂非性，或謂知性非性，或見有覺與涅槃差別[⑥]，作涅槃想。有如是比種種妄想。外道所說不成所成，智者所棄。大慧！如是一切悉墮二邊，作涅槃想。如是等外道涅槃妄想，彼中都無若生若滅。大慧！彼一一外道涅槃，彼等自論，智慧觀察都無所立。如彼妄想心意來去，漂馳，流動，一切無有得涅槃者。大慧！如我所說涅槃者，謂善覺知自心現量，[⑦]不著外性，離於四句，見如

---

① “从方至方”意谓从一个地方到达另一个地方。

② 此处“一切法坏”，按照现存梵本以及菩译和实译，应为“一切法不坏”。

③ “如冥初比”这个词语不见于现存梵本以及菩译和实译。此句中提到的“士夫”指“原人”(puruṣa),“自性”指“原质”(prakṛti,“原初物质”),“求那”指“原质”的“性质”(guṇa)。因此,“冥初”一词可能与“原质”有关。

④ 按照现存梵本，这两个短语应该合读为“依据有智慧而烦恼尽”。

⑤ 此处“功德功德所”的原词是 guṇaguṇinoḥ，意谓“性质和有性质者”。

⑥ 按照现存梵本和实译，这句应为“见有和涅槃无差别”。

⑦ 此处有夹注：“量有四种：一现见，二比知，三譬喻，四先胜。相传彼外道于四度量悉皆不成也。”这里所说四种量，也就是通常所说现量、比量、喻量和圣教量。但此处求译“自心现量”的原文是 svacittadṛśyamātra，即“唯自心所现”。“现量”的用词是 pratyakṣa-pramāṇa。可见，这个夹注是后人添加的。

實處，不隨自心現妄想二邊，攝所攝不可得，一切度量不見所成，愚於真實不應攝受，棄捨彼已，得自覺聖法，知二無我，離二煩惱，淨除二障，永離二死[①]，上上地如來地，如影幻等諸深三昧，離心、意、意識，說名涅槃。大慧！汝等及餘菩薩摩訶薩應當修學，當疾遠離一切外道諸涅槃見。”

实译：“或謂至方名得涅槃，境界想離，猶如風止。或謂不見能覺所覺，名為涅槃。或謂不起分別常無常見，名得涅槃。或有說言分別諸相發生於苦，而不能知自心所現。以不知故，怖畏於相，以求無相，深生愛樂，執為涅槃。或謂覺知內外諸法自相共相，去、來、現在有性不壞，作涅槃想。或計我、人、眾生、壽命及一切法無有壞滅，作涅槃想。復有外道無有智慧，計有自性及以士夫、求那轉變作一切物，以為涅槃。或有外道計福非福盡，或計不由智慧[②]諸煩惱盡，或計自在是實作者，以為涅槃。或謂眾生展轉相生，以此為因，更無異因，彼無智故，不能覺了。以不了故，執為涅槃。或計證於諦道虛妄分別，以為涅槃。或計求那與求那者而共和合，一性異性、俱及不俱執為涅槃。或計諸物從自然生，孔雀文彩，棘針銛利，生寶之處出種種寶，如此等事是誰能作，即執自然以為涅槃。或謂能解二十五諦即得涅槃。或有說言能受六分，守護眾生，斯得涅槃。或有說言時生世間，時即涅槃。或執有物以為涅槃。或計無物以為涅槃。或有計著有物無物為涅槃者。或計諸物與涅槃無別，作涅槃想。大慧！復有異彼外道所說，以一切智大師子吼說，能了達唯心所現，不取外境，遠離四句，住如實見，不墮二邊，離能所取，不入諸量，不著真實，住於聖智所現證法，悟二無我，離二煩惱，淨二種障，轉修諸地，入於佛地，得如幻等諸大三昧，永超心、意及以意識，名得涅槃。大慧！彼諸外道虛妄計度，不如於理，智者所棄，皆墮二邊，作涅槃想。於此

---

①　“永离二死”这个短语不见于现存梵本以及菩译和实译。
②　按照现存梵本和菩译，此处“不由智慧”应为“由智慧”。

無有若住若出，彼諸外道皆依自宗而生妄覺，違背於理，無所成就，唯令心意馳散往來，一切無有得涅槃者，汝及諸菩薩宜應遠離。”

तत्रेदमुच्यते --

今译：这里，这样说道：

求译：爾時世尊欲重宣此義而說偈言：

实译：爾時世尊重說頌言：

निर्वाणदृष्टयस्तीर्थ्या विकल्पेन्ति पृथक्पृथक्।
कल्पनामात्रमेवैषां मोक्षोपायो न विद्यते॥ ६९॥

今译：外道的涅槃见解各自有别，
但只是妄想，并无解脱方法。（69）

求译：外道涅槃見，各各起妄想，
斯從心想生，無解脫方便。

实译：外道涅槃見，各各異分別，
彼唯是妄想，無解脫方便。

बन्ध्यबन्धननिर्मुक्ता उपायैश्च विवर्जिताः।
तीर्थ्या मोक्षं विकल्पेन्ति न च मोक्षो हि विद्यते॥ ७०॥

今译：摆脱束缚和所束缚，并无方法，
外道妄想解脱，而实际无解脱。（70）

求译：愚於縛縛者，遠離善方便，
外道解脫想，解脫終不生。

实译：遠離諸方便，不至無縛處，
妄生解脫想，而實無解脫。

अनेकभेदभिन्नो हि तीर्थ्यानां दृश्यते नयः।
अतस्तेषां न मोक्षो ऽस्ति कस्मान्मूढैर्विकल्प्यते॥ ७१॥

今译：所见外道种种不同法门，
愚痴者妄想，故而无解脱。（71）

求译：眾智各異趣，外道所見通，
彼悉無解脱，愚癡妄想故。

实译：外道所成立，眾智各異取，
彼悉無解脱，愚癡妄分別。

कार्यकारणदुर्दृष्ट्या तीर्थ्याः सर्वे विमोहिताः।
अतस्तेषां न मोक्षो ऽस्ति सदसत्पक्षवादिनाम्॥ ७२॥

今译：持因果邪见，一切外道愚痴，
宣说有无二翼，故而无解脱。（72）

求译：一切癡外道，妄見作所作，
有無有品論，彼悉無解脱。

实译：一切癡外道，妄見作所作，
悉著有無論，是故無解脱。

जल्पप्रपञ्चाभिरता हि बाला-
स्तत्त्वे न कुर्वन्ति मतिं विशालाम्।
जल्पो हि त्रैधातुकदुःखयोनि-
स्तत्त्वं हि दुःखस्य विनाशहेतुः॥ ७३॥

今译：愚夫们热衷言谈戏论，
而对真实却无大智慧，
言说是三界痛苦之源，

真实是灭除痛苦之因。(73)

求译：凡愚樂妄想，不聞真實慧，
　　　言語三苦本，真實滅苦因。

实译：凡愚樂分別，不生真實慧，
　　　言說三界本，真實滅苦因。

यथा हि दर्पणे रूपं दृश्यते न च विद्यते।
वासनादर्पणे चित्तं द्विधा दृश्यति बालिशैः॥७४॥

今译：犹如镜中像，所现并非实有，
　　　心在习气镜中，愚夫生二见。(74)

求译：譬如鏡中像，雖現而非有，
　　　於妄想心鏡，愚夫見有二。

实译：譬如鏡中像，雖現而非實，
　　　習氣心鏡中，凡愚見有二。

चित्तदृश्यापरिज्ञानाद्विकल्पो जायते द्विधा।
चित्तदृश्यपरिज्ञानाद्विकल्पो न प्रवर्तते॥७५॥

今译：不知心所现，产生二分别，
　　　知道心所现，分别不转出。(75)

求译：不識心及緣，則起二妄想，
　　　了心及境界，妄想則不生。

实译：不了唯心現，故起二分別，
　　　若知但是心，分別則不生。

चित्तमेव भवेच्चित्रं लक्ष्यलक्षणवर्जितम्।
दृश्याकारं न दृश्यो ऽस्ति यथा बालैर्विकल्प्यते॥७६॥

今译： 心即是种种，远离所相和能相，
愚夫妄想分别所现形态不可见。（76）

求译： 心者即種種，遠離相所相，
事現而無現，如彼愚妄想。

实译： 心即是種種，遠離想所相，
如愚所分别，雖見而無見。

विकल्पमात्रं त्रिभवं बाह्यमर्थं न विद्यते।
विकल्पं दृश्यते चित्रं न च बालैर्विभाव्यते॥७७॥

今译： 三有唯分别，并无外界对象，
心分别所现，愚夫们不理解。（77）

求译： 三有惟妄想，外義悉無有，
妄想種種現，凡愚不能了。

实译： 三有唯分别，外境悉無有，
妄想種種現，凡愚不能覺。

सूत्रे सूत्रे विकल्पोक्तं संज्ञानामान्तरेण च।
अभिधानविनिर्मुक्तमभिधेयं न लक्ष्यते॥७८॥

今译： 诸经依据不同名想说分别，
摆脱能说，也就没有所说。（78）

求译： 經經說妄想，終不出於名，
若離於言語，亦無有所說。

求译：《楞伽阿跋多羅寶經》卷第三。

实译： 經經說分别，但是異名字，
若離於語言，其義不可得。

实译：《大乘入楞伽經》卷第四。

अथ खलु महामतिर्बोधिसत्त्वो महासत्त्वो भगवन्तमेतदवोचत् -- देशयतु मे भगवांस्तथागतो ऽर्हन् सम्यक्संबुद्धः स्वबुद्धबुद्धताम् , येन अहं च अन्ये च बोधिसत्त्वा महासत्त्वास्तथागतस्वकुशलाः स्वमात्मानं परांश्चावबोधयेयुः। भगवानाह -- तेन हि महामते त्वमेव परिपृच्छ। यथा ते क्षमते, तथा विसर्जयिष्यामि। महामतिराह -- किं पुनर्भगवन् तथागतो ऽर्हन् सम्यक्संबुद्धो ऽकृतकः कृतकः कार्यं कारणं लक्ष्यं लक्षणमभिधानमभिधेयं बुद्धिर्बोद्धव्यः, एवमाद्यैः पदनिरुक्तैः किं भगवानन्यो ऽनन्यः ?

今译：然后，大慧菩萨大士对世尊说道："请世尊、如来、阿罗汉、正等觉为我宣示自觉佛性。这样，我和其他菩萨大士就能通晓如来自觉性，使自己和他人觉悟。"世尊说道："那么，大慧啊，你就提问吧！我会随你所问，作出回答。"大慧说道："世尊，如来、阿罗汉、正等觉是造物或非造物，果或因，能相或所相，能说或所说，能觉或所觉？世尊与诸如此类的解释异或不异？"

求译：一切佛語心品之四

求译：爾時大慧菩薩白佛言："世尊，唯願為說三藐三佛陀[①]，我及餘菩薩摩訶薩善於如來自性自覺覺他。"佛告大慧："恣所欲問。我當為汝隨所問說。"大慧白佛言："世尊，如來、應供、等正覺為作耶？為不作耶？為事耶？為因耶？為相耶？為所相耶？為說耶？為所說耶？為覺耶？為所覺耶？如是等辭句為異為不異？"

实译：無常品第三之餘

[①] 此处"三藐三佛陀"的原词是 svabuddhabuddhatā，意谓"自觉佛性"。

实译：爾時大慧菩薩摩訶薩復白佛言："世尊，願為我說如來、應、正等覺自覺性，令我及諸菩薩摩訶薩而得善巧，自悟悟他。"佛言："大慧！如汝所問，當為汝說。"大慧言："唯！世尊，如來、應供、正等覺為作非作，為果非[1]因，為相所相，為說所說，為覺所覺？如是等為異不異？"

भगवानाह -- न महामते तथागतो ऽर्हन् सम्यक्संबुद्ध एवमाद्यैः पदनिरुक्तैरकृतको न कृतकं न कार्यं न कारणम्। तत्कस्य हेतोः ? यदुत उभयदोषप्रसङ्गात्। यदि हि महामते तथागतः कृतकः स्यात् , अनित्यत्वं स्यात्। अनित्यत्वात्सर्वं हि कार्यं तथागतः स्यात्। अनिष्टं चैतन्मम च अन्येषां च तथागतानाम्। अथाकृतकः स्यात् , अलब्धात्मकत्वात्समुदागतसंभारवैयर्थ्यं स्यात् , शशविषाणवद्वन्ध्यापुत्रतुल्यश्च स्यादकृतकत्वात्। यच्च महामते न कार्यं न कारणं तन्न सन्नासत्। यच्च न सन्नासत् , तच्चातुष्कोटिकबाह्यम्। चातुष्कोटिकं च महामते लोकव्यवहारः। यच्च चातुष्कोटिकबाह्यं तद्वाग्मात्रं प्रसज्यते वन्ध्यापुत्रवत्। वन्ध्यापुत्रो हि महामते वाग्मात्रं न चातुष्कोटिकपतितः। अपतितत्वादप्रमाणं विदुषाम्। एवं सर्वतथागतपदार्था विद्वद्भिः प्रत्यवगन्तव्याः। यदप्युक्तं मया निरात्मानः सर्वधर्मा इति, तस्याप्यर्थं निबोद्धव्यं महामते। निरात्मभावो महामते नैरात्म्यम्। स्वात्मना सर्वधर्मा विद्यन्ते न परात्मना गोश्ववत्। तद्यथा महामते न गोभावो ऽश्वात्मको न चाश्वभावो गवात्मकः, न सन्नासत् , न च तौ स्वलक्षणतो न, विद्येते एव तौ स्वलक्षणतः, एवमेव महामते सर्वधर्मा न च स्वलक्षणेन न संविद्यन्ते। विद्यन्त एव। तेन च बालपृथग्जनैर्निरात्मार्थता अवबुध्यते विकल्पमुपादाय, न त्वविकल्पम्। एवं शून्यानुत्पादास्वाभाव्यं सर्वधर्माणां प्रत्यवगन्तव्यम्। एवं स्कन्धेभ्यो नान्यो नानन्यस्तथागतः। यद्यनन्यः स्कन्धेभ्यः स्यात् , अनित्यः स्यात् कृतत्वात्स्कन्धानाम्। अथान्यः स्यात् , द्वये सत्यन्यथा भवति गोविषाणवत्॥

今译：世尊说道："大慧啊，按照诸如此类的解释，如来、阿罗

[1] 此处"非"字，据《中华大藏经》校勘记，"《石》、《碛》、《普》、《南》、《径》、《清》、《丽》作'为'"。

汉、正等觉不是非造物，也不是造物；不是果，也不是因。为什么？
那样陷入成双的过错。如果如来是造物，就成为无常。由于无常，一
切造物都成为如来。这并非我和其他如来所希望的。而如果不是造物，
那么，由于不可获得性，种种资粮①也就落空。不是造物，也就如同
兔角，如同石女之子。大慧啊，不是果，也不是因，也就是非有非无。
非有非无，也就是在四句之外。大慧啊，四句是世间言说。在四句之
外，也就成为唯言语，如同石女之子。大慧啊，因为石女之子是唯言
语，不陷入四句。不陷入四句，智者们也就不可度量。智者们应该这
样理解一切如来句义。我说一切法无我，大慧啊，也应该这样理解它
的意义。大慧啊，无我性是无我。一切法有自身而无他身，如同牛马②。
大慧啊，正如牛性不以马为体，马性不以牛为体，非有非无，两
者并非无自相，两者都有自相。同样，大慧啊，一切法并非无自相，
而是有自相。因此，愚夫们出于分别，而不是无分别，不理解无我的
意义。应该这样理解一切法空、不生和无自性。同样，如来与诸蕴不
异，又非不异。如果与诸蕴不异，就成为无常，因为诸蕴是造物。如
果相异，两者各自存在，如同牛的双角。

求译：佛告大慧："如來、應供、等正覺於如是等辭句非事非因。
所以者何？俱有過故。大慧！若如來是事者，或作，或無常。無常故，
一切事應是如來，我及諸佛皆所不欲。若非所作者，無所得故，方便
則空，同於兔角、般大之子，以無所有故。大慧！若無事無因者，則
非有非無。若非有非無，則出於四句。四句者是世間言說。若出四句
者，則不墮四句。不墮故，智者所取③。一切如來句義亦如是，慧者
當知。如我所說一切法無我，當知此義。無我性是無我。一切法有自
性，無他性，如牛馬。大慧！譬如非牛馬性馬牛性，④其實非有非無，

---

① "资粮"（sambhāra），求译"方便"，实译"所修方便"，菩译"修行无量功德"。
② 此处"牛马"的原词是gośvavat，按南条本应为go 'śvavat。
③ 此处"所取"的原词是apramāṇam（"不可度量"）。
④ 这句可读为"非牛马性，非马牛性"，意思是"牛无马性，马无牛性"。

彼非無自相。如是，大慧！一切諸法非無自相，有自相。但非無我愚夫之所能知，①以妄想故。如是一切法空、無生、無自性，當如是知。如是如來與陰非異非不異。若不異陰者，應是無常。若異者，方便則空②。若二者應有異，如牛角。

实译：佛言：“大慧！如來、應、正等覺，非作非非作，非果非因，非相非所相，非說非所說，非覺非所覺③。何以故？俱有過故。大慧！若如來是作，則是無常。若是無常，一切作法應是如來，我及諸佛皆不忍可。若非作法，則無體性，所修方便悉空無益，同於兔角、石女之子，非作因成故。若非因非果，則非有非無。若非有非無，則超過四句。言四句者，但隨世間而有言說。若超過四句，惟有言說，則如石女兒。大慧！石女兒者，惟有言說，不墮四句。以不墮故，不可度量。諸有智者，應如是知如來所有一切句義。大慧！如我所說諸法無我，以諸法中無有我性，故說無我，非是無有諸法自性。如來句義應知亦然。大慧！譬如牛無馬性，馬無牛性，非無自性。一切諸法亦復如是，無有自相，而非有即有，非諸凡愚之所能知。④何以⑤故不知？以分別故。一切法空，一切法無生，一切法無自性，悉亦如是。大慧！如來與蘊非異非不異。若不異者，應是無常，五蘊諸法是所作故。若異者，如牛二角，有異不異。

तत्र सादृश्यदर्शनादनन्यत्वं ह्रस्वदीर्घदर्शनादन्यत्वं सर्वभावानाम्। दक्षिणं हि महामते गोविषाणं वामस्यान्यद्भवति, वाममपि दक्षिणस्य। एवं ह्रस्वदीर्घत्वयोः

---

① 这句可理解为“无我非愚夫之所能知。”

② 此处“若异者，方便则空”不见于现存梵本以及菩译和实译。

③ 这里的三个短语也见于菩译，而不见于现存梵本和求译。但这三个短语也出现在下面一段中。

④ 实译此句与现存梵本有差异。求译和菩译此句与现存梵本一致。菩译“非无体相，有自体相。愚痴凡夫不知诸法无我体相。”

⑤ 此处“以”字，据《中华大藏经》校勘记，“《资》、《碛》、《普》、《南》、《径》、《清》、《丽》无”。

परस्परतः। एवं वर्णवैचित्र्यतश्च। अतश्चापरस्परतो ऽन्यः। न चान्यस्तथागतः स्कन्धधात्वायतनेभ्यः। एवं विमोक्षात्तथागतो नान्यो नानन्यः। तथागत एव मोक्षशब्देन देश्यते। यदि अन्यः स्यान्मोक्षात्तथागतः, रूपलक्षणयुक्तः स्यात्। रूपलक्षणयुक्तत्वादनित्यः स्यात्। अथानन्यः स्यात् , प्राप्तिलक्षणविभागो न स्याद्योगिनाम्। दृष्टश्च महामते विभागो योगिभिः। अतो नान्यो नानन्यः। एवं ज्ञानं ज्ञेयान्नान्यन्नानन्यत्। यद्धि महामते न नित्यं नानित्यं न कार्यं न कारणं न संस्कृतं नासंस्कृतं न बुद्धिर्न बोद्धव्यं न लक्ष्यं न लक्षणं न स्कन्धा न स्कन्धेभ्यो ऽन्यत् नाभिधेयं नाभिधानं नैकत्वान्यत्वोभयत्वानुभयत्वसंबद्धम् , तत्सर्वप्रमाणविनिवृत्तम्। यत्सर्वप्रमाणविनिवृत्तं तद्वाङ्मात्रं संपद्यते। यद्वाङ्मात्रं तदनुत्पन्नम्। यदनुत्पन्नं तदनिरुद्धम्। यदनिरुद्धं तदाकाशसमम्। आकाशं च महामते न कार्यं न कारणम्। यच्च न कार्यं न कारणं तन्निरालम्ब्यम्। यन्निरालम्ब्यं तत्सर्वप्रपञ्चातीतम्। यत्सर्वप्रपञ्चातीतं स तथागतः। एतद्धि महामते सम्यक्संबुद्धत्वम्। एषा सा बुद्धबुद्धता सर्वप्रमाणेन्द्रियविनिवृत्ता॥

今译：“这里，一切事物，看到相似，则不异；看到长短不同，则相异。大慧啊，牛的右角不同于左角，左角不同于右角，两者互有长短。依据种种色彩，也是这样。因此，如来与蕴、界和处互相既异[①] 又不异。同样，如来与解脱不异，又非不异。如来确实被称为解脱。如果如来与解脱相异，则具有色相。具有色相，则成为无常。如果不异，则修行者得相没有差别。然而，大慧啊，修行者见到差别。因此，不异，又非不异。同样，智和所知不异，又非不异。大慧啊，不是常，也不是无常；不是果，也不是因；不是有为，也不是无为；不是能觉，也不是所觉；不是能相，也不是所相；不是蕴，也不与蕴相异；不是能说，也不是所说；不与一和异、双和非双相连，远离一切度量。远离一切度量，则成为唯言语。唯言语，则不生。不生，则不灭。不灭，则如同虚空。大慧啊，虚空无果无因。无果无因，则无所缘。无所缘，

[①] 此处“互相既异”的原文是 cāparasparato 'nyaḥ，疑有误，应为 ca parasparato 'nyaḥ。

则超越一切戏论。超越一切戏论，也就是如来。大慧啊，这便是正等觉性。这便是自觉佛性，远离一切度量和诸根。

求译："相似故不異，長短差別故有異。一切法亦如是。大慧！如牛右角異左角，左角異右角，如是長短、種種色各各異。大慧！如來於陰、界、入非異非不異。如是如來解脫非異非不異。如是如來以解脫名說。若如來異解脫者，應色相成。色相成故，應無常。若不異者，修行者得相，應無分別。而修行者見分別。是故，非異非不異。如是智及爾炎非異非不異。大慧！智及爾炎非異非不異者，非常非無常，非作非所作，非有為非無為，非覺非所覺，非相非所相，非陰非異陰，非說非所說，非一非異，非俱非不俱。非一非異，非俱非不俱故，悉離一切量①。離一切量則無言說。無言說則無生。②無生則無滅。無滅則寂滅。寂滅則自性涅槃。自性涅槃則無事無因。③無事無因則無攀緣。無攀緣則出過一切虛偽。出過一切虛偽則是如來。如來則是三藐三佛陀。大慧！是名三藐三佛陀。佛陀者，離一切根、量。"

实译："互相似故不異，長短別故有異。如牛右角異左，左角異右，長短不同，色相各別。然亦不異，如於蘊、於界、處等。一切法亦如是。大慧！如來者依解脫說。如來解脫非異非不異。若異者，如來便與色相相應。色相相應即是無常。若不異者，修行者見應無差別，然者④差別，故非不異。如是智與所知，非異非不異。若非異非不異，則非常非無常，非作非所作，非為非無為，非覺非所覺，非相非所相，非蘊非異蘊，非說非所說，非一非異，非俱非不俱。以是義故，超一切量。超一切量故，惟有言說。惟有言說故，則無有生。無有生故，

---

① 此处有夹注："见闻觉识，识名为量。"求译"一切量"中的"量"，原词是pramāṇa，指现量、比量、喻量和圣教量。可见，这个夹注是后人添加的。

② 按照现存梵本，这里两句中，"无言说"的原词是vāṅmātra（"唯言说"）。菩译"但有其名"，实译"惟有言说"。

③ 这里三句按照现存梵本以及菩译和实译，应为"无灭则如同虚空。虚空则无事无因。"

④ 此处"者"字，据《中华大藏经》校勘记，"《石》、《碛》、《普》、《南》、《径》、《清》、《丽》作'有'"。

則無有滅。無有滅故，則如虛空。大慧！虛空非作非所作。非作非所作故，遠離攀緣故出過[1]。遠離攀緣[2]一切諸戲論法。出過一切諸戲論法，即是如來。如來即是正等覺體。正等覺者永離一切諸根境界。”

तत्रेदमुच्यते --

今译：这里，这样说道：

求译：爾時世尊欲重宣此義而說偈言：

实译：爾時世尊重說頌曰：

प्रमाणेन्द्रियनिर्मुक्तं न कार्यं नापि कारणम्।
बुद्धिबोद्धव्यरहितं लक्ष्यलक्षणवर्जितम्॥ ७९॥

今译：摆脱度量和诸根，非果，也非因，
远离能觉和所觉，能相和所相。（79）

求译：悉離諸根量，無事亦無因，
已離覺所覺，亦離相所相。

实译：出過諸根量，非果亦非因，
相及所相等，如是悉皆離。

स्कन्धान् प्रतीत्य संबुद्धो न दृष्टः केनचित्कचित्।
यो न दृष्टः क्वचित्केनचित्कथं तस्य विभावना॥ ८०॥

今译：诸蕴、缘起和等觉，无人无处可见，
无人无处可见，又怎样观察分别？（80）

---

[1] 此处“故出过”，据《中华大藏经》校勘记，“《资》、《碛》、《普》、《南》、《径》、《清》、《丽》无”。

[2] 此处“缘”字，据《中华大藏经》校勘记，“《资》、《碛》、《普》、《南》、《径》、《清》、《丽》作‘缘故出过’”。因此，此处和上一处的读法是“非作非所作故，远离攀援。远离攀援故，出过一切诸戏论法。”与现存梵本和求译一致。

求译：陰緣等正覺，一異莫能見，

若無有見者，云何而分別？

实译：蘊緣與正覺，一異莫能見，

既無有見者，云何起分別？

न कृतको नाकृतको न कार्यं नापि कारणम्।
न च स्कन्धा न चास्कन्धा न चाप्यन्यत्र संकरात्॥८१॥

今译：非造物，非非造物，非果，非因，

非诸蕴，非非诸蕴，也非不混合①。（81）

求译：非作非不作，非事亦非因，

非陰不在陰，亦非有餘雜。

实译：非作非非作，非因非非因，

非蘊非不蘊，亦不離餘物。

न हि यो येन भावेन कल्प्यमानो न दृश्यते।
न तं नास्त्येव गन्तव्यं धर्माणामेव धर्मता॥८२॥

今译：并非有，依有所妄想者不可见，②

无也不可得，这就是诸法法性。（82）

求译：亦非有諸性，如彼妄想見，

當知亦非無，此法法自爾③。

实译：非有一法體，如彼分別見，

亦復非是無，諸法性如是。

---

① "也非不混合"的原文是 na cāpyanyatra saṃkarāt。求译"亦非有余杂"。菩译和实译均为"亦不离余物"，更接近原文。

② 这句原文中有两个 na（"不"），难以读通。这里参照求译和实译译出。

③ "法自尔"的原词是 dharmatā，意谓"法性"。

अस्तित्वपूर्वकं नास्ति अस्ति नास्तित्वपूर्वकम्।
अतो नास्ति न गन्तव्यमस्तित्वं न च कल्पयेत्॥ ८३॥

今译：有有则有无，有无则有有，
无既不可得，也不妄想有。（83）

求译：以有故有無，以無故有有，
若無不應受，若有不應想。

实译：待有故成無，待無故成有，
無既不可取，有亦不應說。

आत्मनैरात्म्यसंमूढाद्धोषमात्रावलम्बिनः।
अन्तद्वयनिमग्नास्ते नष्टा नाशेन्ति बालिशान्॥ ८४॥

今译：痴迷我和无我，只知依附言语，
陷入二边，毁灭自己和愚夫们。（84）

求译：或於我非我，言說量留連，
沈溺於二邊，自壞壞世間。

实译：不了我無我，但著於語言，
彼溺於二邊，自壞壞世間。

सर्वदोषविनिर्मुक्तं यदा पश्यन्ति मन्नयम्।
तदा सम्यक्प्रपश्यन्ति न ते दूषेन्ति नायकान्॥ ८५॥

今译：一旦摆脱一切错误，看到我的法门，
他们就会正确观察，不亵渎导师们。（85）

求译：解脫一切過，正觀察我通，
是名為正觀，不毀大導師。

实译：若能見此法，則離一切過，

是名為正觀，不毀大導師。

अथ खलु महामतिर्बोधिसत्त्वो महासत्त्वः पुनरपि भगवन्तमेतदवोचत् -- देशयतु मे भगवान् , देशयतु सुगतः, यद्देशनापाठे भगवता अनिरोधानुत्पादग्रहणं कृतम्। उक्तं च त्वया यथा तथागतस्यैतदधिवचनमनिरोधानुत्पाद इति। तत्किमयं भगवन् अभावो ऽनिरोधानुत्पादः उत तथागतस्यैतत्पर्यायान्तरम् ? यद्भगवानेवमाह -- अनिरुद्धा अनुत्पन्नाश्च भगवता सर्वधर्मा देश्यन्ते सदसत्पक्षादर्शनात्। यद्यनुत्पन्नाः सर्वधर्मा इति भगवन् धर्मग्रहणं न प्राप्नोति, अजातत्वात्सर्वधर्माणाम्। अथ पर्यायान्तरमेतत्कस्यचिद्धर्मस्य, तदुच्यतां भगवन्। भगवानाह -- तेन हि महामते शृणु , साधु च सुष्ठु च मनसिकुरु। भाषिष्ये ऽहं ते। साधु भगवन्निति महामतिर्बोधिसत्त्वो महासत्त्वो भगवतः प्रत्यश्रौषीत्। भगवांस्तस्यैतदवोचत् -- न हि महामते अभावस्तथागतो न च सर्वधर्माणामनिरोधानुत्पादग्रहणम्। न प्रत्ययो ऽपेक्षितव्यो न च निरर्थकमनुत्पादग्रहणं क्रियते मया। किं तु महामते मनोमयधर्मकायस्य तथागतस्यैतदधिवचनं यत्र सर्वतीर्थकरश्रावकप्रत्येकबुद्धसप्तभूमिप्रतिष्ठितानां च बोधिसत्त्वानामविषयः। सो ऽनुत्पादस्तथागतस्य। एतन्महामते पर्यायवचनम्। तद्यथा महामते इन्द्रः शक्रः पुरंदरः, हस्तः करः पाणिः, तनुर्देहं शरीरम् , पृथिवी भूमिर्वसुंधरा, खमाकाशं गगनम्। इत्येवमाद्यानां भावानामेकैकस्य भावस्य बहवः पर्यायवाचकाः शब्दा भवन्ति विकल्पिताः। न चैषां नामबहुत्वाद्भावबहुत्वं विकल्प्यते। न च स्वभावो न भवति। एवं महामते अहमपि सहायां लोकधातौ त्रिभिर्नामासंख्येयशतसहस्रैर्बालानां श्रवणावभासमागच्छामि। तैश्चाभिलपन्ति माम् , न च प्रजानन्ति तथागतस्यैते नामपर्याया इति। तत्र केचिन्महामते तथागतमिति मां संप्रजानन्ति। केचित्स्वयंभुवमिति। नायकं विनायकं परिणायकं बुद्धमृषिं वृषभं ब्रह्माणं विष्णुमीश्वरं प्रधानं कपिलं भूतान्तमरिष्टनेमिनं सोमं भास्करं रामं व्यासं शुकमिन्द्रं बलिं वरुणमिति चैके संजानन्ति। अपरे अनिरोधानुत्पादं शून्यतां तथतां सत्यतां भूततां भूतकोटिं धर्मधातुं निर्वाणं नित्यं समतामद्वयमनिरोधमनिमित्तं प्रत्ययं बुद्धहेतूपदेशं विमोक्षं मार्गसत्यानि सर्वज्ञं जिनं मनोमयमिति चैके संजानन्ति। एवमादिभिर्महामते

परिपूर्णं त्रिभिर्नामासंख्येयशतसहस्रैरनूनैरनधिकैरिहान्येषु च लोकधातुषु मां जनाः संजानन्ते उदकचन्द्र इवाप्रविष्टनिर्गतम्। न च बाला अवबुध्यन्ते द्वयान्तपतितया संतत्या। अथ च सत्कुर्वन्ति गुरुकुर्वन्ति मानयन्ति पूजयन्ति च मां पदार्थनिरुक्त्यकुशला अभिन्नसंज्ञाः, न स्वनयं प्रजानन्ति देशनारुतपाठाभिनिविष्टाः। अनिरोधानुत्पादमभावं कल्पयिष्यन्ति न च तथागतनामपदपर्यायान्तरमिन्द्रशक्रपुरंदरं न स्वनयप्रत्यवस्थानपाठमधिमोक्षन्ति, यथारुतार्थपाठानुसारित्वात्सर्वधर्माणाम्। एवं च महामते वक्ष्यन्ति ते मोहपुरुषाः -- यथारुत एवार्थः, अनन्यो ऽर्थो रुतादिति। तत्कस्य हेतोः ? यदुत अर्थस्याशरीरत्वाद्रुतादन्यो ऽर्थो न भवति। किं तु रुतमेवार्थ इति रुतस्वभावापरिज्ञानादविदग्धबुद्धयः। न त्वेवं ज्ञास्यन्ति महामते यथा रुतमुत्पन्नप्रध्वंसि, अर्थो ऽनुत्पन्नप्रध्वंसी। रुतं महामते अक्षरपतितम् , अर्थो ऽनक्षरपतितः। भावाभावविवर्जितत्वादजन्माशरीरम्। न च महामते तथागता अक्षरपतितं धर्मं देशयन्ति। अक्षराणां सदसतो ऽनुपलब्धेः। अन्यत्र अक्षरपतिताशयः पुनर्महामते यो ऽक्षरपतितं धर्मं देशयति, स च प्रलपति, निरक्षरत्वाद्धर्मस्य। अत एतस्मात्कारणान्महामते उक्तं देशनापाठे मया अन्यैश्च बुद्धबोधिसत्त्वैः यथैकमप्यक्षरं तथागता नोदाहरन्ति न प्रत्याहरन्तीति। तत्कस्य हेतोः ? यदुत अनक्षरत्वाद्धर्माणाम्। न च नार्थोपसंहितमुदाहरन्ति। उदाहरन्त्येव विकल्पमुपादाय। अनुपादानान्महामते सर्वधर्माणां शासनलोपः स्यात्। शासनानां लोपाच्च बुद्धप्रत्येकबुद्धश्रावकबोधिसत्त्वानामभावः स्यात्। तदभावात्किं कस्य देश्येत ? अत एतस्मात्कारणान्महामते बोधिसत्त्वेन महासत्त्वेन देशनापाठरुतानभिनिविष्टेन भवितव्यम्। स व्यभिचारी महामते देशनापाठः। सत्त्वाशयप्रवृत्तत्वान्नानाधिमुक्तिकानां सत्त्वानां धर्मदेशना क्रियते चित्तमनोमनोविज्ञानव्यावृत्त्यर्थं मया अन्यैश्च तथागतैरर्हद्भिः सम्यक्संबुद्धैः, न स्वप्रत्यात्मार्यज्ञानाधिगमप्रत्यवस्थानात् सर्वधर्मनिराभासस्वचित्तदृश्यमात्रावबोधाद्विधाविकल्पस्य व्यावृत्तितः। अर्थप्रतिशरणेन महामते बोधिसत्त्वेन महासत्त्वेन भवितव्यं न व्यञ्जनप्रतिशरणेन। व्यञ्जनानुसारी महामते कुलपुत्रो वा कुलदुहिता वा स्वात्मानं च नाशयति, परार्थांश्च नावबोधयति। कुदृष्टिपतितया संतत्या स्वपक्षं विभ्राम्यते कुतीर्थ्यैः सर्वधर्मभूमिस्वलक्षणाकुशलैः पदनिरुक्त्यनभिज्ञैः॥

今译：然后，大慧菩萨大士又对世尊说道："请世尊为我宣示吧！请善逝为我宣示吧！世尊在诵经说法中称说不生不灭。你说不生不灭是如来的称谓。那么，世尊啊，不生不灭是不存在，为何是如来的别名？世尊曾说：'由于不见有无二翼，世尊宣示不生不灭。'如果一切法不生，世尊啊，那就不能获取法。如果一切法不生，那么，那是哪种法的别名，请世尊说说吧！"世尊说道："那么，大慧啊，请听！请你安下心来，我会为你讲述。"大慧菩萨大士回答世尊，说道："好吧，世尊。"世尊对他说道："大慧啊，如来不是不存在，也不是称说一切法不生不灭。我所说不生，不是有赖缘起，也不是无意义。大慧啊，那是如来意成法身的称谓。它超越一切外道、声闻、缘觉和安住七地的菩萨的境界。大慧啊，这种不生是如来的称谓。例如，大慧啊，因陀罗、帝释天和摧毁城堡者①，手、掌和手掌，身、身体和躯体，地、土地和大地，天、空和天空，诸如此类事物，每种事物有多种不同称谓。并非有多种名称，而妄想有多种事物。但是也并非没有自性。同样，大慧啊，在这娑诃②世界上，我有无数三百千名称进入愚夫们的耳中。他们用这些名称谈论我，但不知道这些是如来的名号。其中，大慧啊，有些人知道我是如来。有些人知道我是自在。有些人知道我是导师，引导者，指导者，佛陀，仙人，雄牛，梵天，毗湿奴，自在天，至尊，迦比罗，坚辋，月亮，太阳，罗摩，毗耶娑，苏迦，因陀罗，钵利，伐楼那。③另一些人知道我是不生不灭，空性，真如，真谛性，如实性，实际，法界，涅槃，常，平等性，无双，不灭，无相，缘起，说佛因，解脱，道真谛，知一切，胜者，意成身。④大慧啊，诸如此类，足有无数三百千名称，无增无减，这里和其他世界的众生

---

①　"帝释天"（Śakra）和"摧毁城堡者"（Purandara）是因陀罗（Indra）的称号。

②　"娑诃"（sahā，或译"娑婆"）的词义是大地。"娑诃世界"也就是指这个现实的世界。

③　其中的梵天、毗湿奴和自在天（湿婆）是古代三位大神，因陀罗和伐楼那也是天神，钵利是一位魔王，罗摩和坚辋是神话传说人物，迦比罗、毗耶娑是和苏迦是仙人。

④　以上罗列的如来名号，求译、菩译和实译不尽一致。其中，菩译比较接近现存梵本。

知道我，犹如水中月，不入不出。然而，愚夫们始终陷入二边，并不理解。他们善待我，尊重我，尊敬我，供奉我，但不通晓句义解释，不能分辨名想，执著诵经说法，不理解自己的教法。他们会妄想不生不灭是不存在，不理解如来的别名如同因陀罗、帝释天和摧毁城堡者，不懂得依据自己的教法诵读。他们对于一切法，追随依音取义的诵读法。这样，大慧啊，这些愚夫们会说：'义依照音，义与音不异。 为什么？义无身体，故而义与音不异。'他们头脑愚钝，不瞭解音的自性，而说音就是义。大慧啊，他们并不明白音有生有灭，而义不生不灭。大慧啊，音依赖字母，而义不依赖字母。由于摆脱有无，不生，无身体。①因此， 大慧啊，一切如来说法不依赖字母。字母有无不可得。大慧啊，不然，有人一心执著字母，说法依赖字母，那么，他只是言说而已，因为法离字母。因此，大慧啊，我和其他菩萨在诵经说法中说：'一切如来不说一字，不答一字。'为什么？因为法离字母。但他们并非不依义而说。他们确实依分别而说。大慧啊，如果不说，一切法经就会消失。一切法经消失，一切佛、缘觉、声闻和菩萨也就不存在。他们不存在，那么，为谁宣示什么？因此，大慧啊，菩萨大士不应该执著诵经说法之音。大慧啊，诵经说法变化不定，众生有种种意趣，我和其他如来、阿罗汉、正等觉依据众生心意说法，让他们远离心、意和意识，而不是确定证得自觉圣智。一旦觉知一切法无影像，唯身心所现，也就摆脱二重分别。大慧啊，菩萨大士应该依靠义，而不依靠字母。大慧啊，善男子或善女子追随字母，毁灭自己，也不能令他人觉悟。始终陷入邪见，就会让那些低劣的外道搅乱自己的见解。他们不通晓一切法、诸地和自相，也不通晓句义解释。

求译： 爾時大慧菩薩復白佛言："世尊，如世尊說修多羅攝受不

---

① 这句具体所指不明确。从语法上判断，这里的"不生"和"无身体"是中性形容词，应该是指"字母"（akṣara，中性），而不是指"义"（artha，阳性）。但从意义上理解，似乎应该是指"义"。

生不滅。又世尊說不生不滅是如來異名。云何世尊為無性故，說不生不滅[1]，為是如來異名？”佛告大慧：“我說一切法不生不滅，有無品不現。”[2]大慧白佛言：“世尊，若一切法不生者，則攝受法不可得，一切法不生故。若名字中有法者，惟願為說。”佛告大慧：“善哉善哉！諦聽！善思念之，吾當為汝分別解說。”大慧白佛言：“唯然受教。”佛告大慧：“我說如來非無性，亦非不生不滅攝一切法，亦不待緣故不生不滅，亦非無義。大慧！我說意生法身如來名號。彼不生者，一切外道、聲聞、緣覺、七住菩薩非其境界。大慧！彼不生即如來異名。大慧！譬如因陀羅、釋迦、不蘭陀羅，[3]如是等諸物，一一各有多名。亦非多名而有多性，亦非無自性。如是，大慧！我於此娑呵世界，[4]有三阿僧祇[5]百千名號，愚夫悉聞，各說我名，而不解我如來異名。大慧！或有眾生知我如來者，有知一切智者，有知佛者，有知救世者，有知自覺者，有知導師者，有知廣導者，有知一切導者，有知仙人者，有知梵者，有知毗紐[6]者，有知自在者，有知勝者，有知迦毗羅者，有知真實邊者，有知月者，有知日者，有知生者，有知無生者，有知無滅者，有知空者，有知如如者，有知諦者，有知實際者，有知法性者，有知涅槃者，有知常者，有知平等者，有知不二者，有知無相者，有知解脫者，有知道者，有知意生者。大慧！如是等三阿僧祇百千名號不增不減，此及餘世界皆悉知我，如水中月，不出不入。彼諸愚夫不能知我，墮二邊故。然悉恭敬供養於我，而不善解知

---

[1] 此处“为无性故，说不生不灭”，按照现存梵本，意思是“不生不灭是不存在”。其中的“无性”（即“不存在”）和“不生不灭”在原文中同为阳性体格。

[2] 按照现存梵本，这里“佛告大慧”的这句话属于大慧问语中的引语。其中，“有无品”中的“品”，原词为 pakṣa，词义为“翼”。

[3] “释迦”是 Śakra（“帝释天”）的又一种音译。“不兰陀罗”是 Purandara（“摧毁城堡者”）的音译。

[4] 此处有夹注：“娑呵译言能忍。”这里的“娑呵”和“能忍”分别是 sahā 一词的音译和意译。

[5] “阿僧祇”是 asaṃkhyeya（“无数”）一词的音译。

[6] “毗纽”是 Viṣṇu（毗湿奴）的又一种音译。

辭句義趣，不分別名，不解自通。計著種種言說章句，於不生不滅作無性想。不知如來名號差別，如因陀羅、釋迦、不蘭陀羅，不解自通，會歸終極，於一切法隨說計著。大慧！彼諸癡人作如是言：'義如言說，義說無異。所以者何？謂義無身故。言說之外更無餘義，惟止言說。'大慧！彼惡燒智不知言說自性，不知言說生滅，義不生滅。大慧！一切言說墮於文字，義則不墮。離性非性故，無受生亦無身故。大慧！如來不說墮文字法，文字有無不可得故。除不墮文字。[①]大慧！若有說言如來說墮文字法者，此則妄說，法離文字故。是故，大慧！我等諸佛及諸菩薩不說一字，不答一字。[②]所以者何？法離文字故。非不饒益義說，言說者，衆生妄想故。[③]大慧！若不說一切法者，教法則壞。教法壞者，則無諸佛、菩薩、緣覺、聲聞。若無者，誰說為誰？是故，大慧！菩薩摩訶薩莫著言說，隨宜方便廣說經法。以衆生悕望煩惱不一故，我及諸佛為彼種種異解衆生而說諸法，令離心、意、意識故，不為得自覺聖智處。大慧！於一切法無所有覺自心現量，離二妄想。諸菩薩摩訶薩依於義，不依文字。若善男子善女人依文字者，自壞第一義，亦不能覺他，墮惡見相續而為衆說，不善了知一切法、一切地、一切相，亦不知章句。

实译：爾時大慧菩薩摩訶薩復白佛言："世尊，如佛經中分別攝取不生不滅，言此即是如來異名。世尊，願為我說不生不滅，此則無法，云何說是如來異名？如世尊說法不生不滅，當知此則墮有無見。[④]世尊，若法不生，則不可取。無有少法，誰是如來？惟願世尊為我

---

① "除不堕文字"的原文是 anyatra akṣarapatitāśayaḥ（"不然，一心执著字母"）。其中的 anyatra，词义是"在别处"、"除了"、"不然"或"否则"。实译"惟除不堕于文字者"，与求译类似。而菩译"若人执著名字说者"，切合原文。而即使按照求译和实译将 anyatra 译为"惟除"，这句也应译为"惟除堕于文字者"。

② 这句按照现存梵本，应为"我和其他菩萨在诵经说法中说：'一切如来不说一字，不答一字。'"实译与求译类似。而菩译与现存梵本基本一致。

③ 这句实译"非不随义而分别说"，与现存梵本一致。

④ 这句按照现存梵本，应为"由于不见有无二翼，世尊宣示不生不灭。"求译和菩译与现存梵本一致。

宣說。”佛言：“諦聽！當為汝說。大慧！我說如來非是無法，亦非攝取不生不滅，亦不待緣，亦非無義。我說無生即是如來意生法身別異之名，一切外道、聲聞、獨覺、七地菩薩不了其義。大慧！譬如帝釋、地及虛空乃至手足，隨一一物各有多名，非以名多而有多體，亦非無體。大慧！我亦如是，於此娑婆世界，有三阿僧祇百千名號，諸凡愚人雖聞雖說，而不知是如來異名。其中或有知如來者，知無師者，知導師者，知勝導者，普通[1]者，知是佛者，知牛王者，知梵王者，知毗紐者，知自在者，知是勝者，知迦毗羅者，知真實邊者，知無盡者，知瑞相者，知如風者，知如火者，知如俱毗羅者，知如月者，知如日者，知如王者，知如仙者，知戍迦者，知因陀羅者，知明星者，知大力者，知如水者，知無滅者，知無生者，知性空者，知真如者，知是諦者，知實性者，知實際者，知法界者，知涅槃者，知常住者，知平等者，知無二者，知無相者，知寂滅者，知具相者，知因緣者，知佛性者，知教導者，知解脫者，知道路者，知一切智者，知最勝者，知意成身者，如是等滿足三阿僧祇百千名號，不增不減。於此及餘諸世界中，有能知我如水中月，不入不出。但諸凡愚心沒二邊，不能解了，然亦尊重、承事、供養，而不善解名字句義，執著言教，昧於真實，謂無生無滅是無體性，不知是佛差別名號如因陀羅、釋揭羅[2]等。以信言教，昧於真實，於一切法如言取義，彼諸凡愚作如是言：‘義如言說，義說無異，何以故？義無體故。’是人不了言音自性，謂言即義，無別義體。大慧！彼人愚癡，不知言說是生是滅，義不生滅。大慧！一切言說墮於文字，義則不墮於，離有離無故，無生無體故。大慧！如來不說墮文字法，文字有無不可得故。惟除不墮於文字者。大慧！若人法說[3]墮文字者是虛誑說。何以故？諸法自性離文字故。是

[1] 此处“普通”，据《中华大藏经》校勘记，“《资》、《碛》、《普》、《南》、《径》、《清》、《丽》作‘知普导’”。

[2] “释揭罗”是 Śakra（“帝释天”）的又一种音译。

[3] 此处“法说“，据《中华大藏经》校勘记，“《碛》、《普》、《南》、《径》、《清》、《丽》作‘说法’”。

故，大慧！我經中說，我與諸佛及諸菩薩，不說一字，不答一字。所以者何？一切諸法離文字故，非不隨義而分別說。大慧！若不說者，教法則斷。教法斷者，則無聲聞、緣覺、菩薩、諸佛。若總無者，誰說為誰？是故，大慧！菩薩摩訶薩應不著文字，隨宜說法。我及諸佛皆隨眾生煩惱解欲種種不同而為開演，令知諸法自心所見，無外境界，捨二分別，轉心、意、識，非為成立聖自證處。大慧！菩薩摩訶薩應隨於義，莫依文字。依文字者墮於惡見，執著自宗而起言說，不能善了一切法相、文辭、章句，既自損壞，亦壞於他，不能令人心得悟解。

अथ सर्वधर्मभूमिस्वलक्षणकुशला भवन्ति पदपर्यायनिरुक्तिगतिंगता भावार्थयुक्तिकुशलाः। ततः स्वात्मानं च सम्यगनिमित्तसुखेन प्रीणयन्ति, परांश्च सम्यङ्महायाने प्रतिष्ठापयन्ति। महायाने च महामते सम्यक्परिगृह्यमाणे बुद्धश्रावकप्रत्येकबुद्धबोधिसत्त्वानां परिग्रहः कृतो भवति। बुद्धबोधिसत्त्वश्रावकप्रत्येकबुद्धपरिग्रहात्सर्वसत्त्वपरिग्रहः कृतो भवति। सर्वसत्त्वपरिग्रहात्सद्धर्मपरिग्रहः कृतो भवति। सद्धर्मपरिग्रहाच्च महामते बुद्धवंशस्यानुपच्छेदः कृतो भवति। बुद्धवंशस्यानुपच्छेदादायतनविशेषप्रतिलम्भाः प्रज्ञायन्ते। अतस्तेषु विशिष्टायतनप्रतिलम्भेषु बोधिसत्त्वा महासत्त्वा उपपत्तिं परिगृह्य महायाने प्रतिष्ठापनतया दशवशिताविचित्ररूपवेशधारिणो भूत्वा सत्त्वविशेषानुशयलक्षणगतिभूतास्तथात्वाय धर्मं देशयन्ति॥

今译：“然而，通晓一切法、诸地和自相，通晓句义解释，通晓事物的意义和道理，就会让自己享有无相之乐，也会让他人安住大乘。大慧啊，正确接受大乘，也就会接受一切佛、声闻、缘觉和菩萨。接受一切佛、声闻、缘觉和菩萨，也就会接受一切众生。接受一切众生，也就会接受正法。接受正法，大慧啊，佛种就不会断绝。佛种不断绝，也就会知道获得殊胜入处。获得殊胜入处，一切菩萨接受生，为了让众生安住大乘，凭借十自在[①]采取种种形象，了解众生种种特殊烦恼相，宣示如实法。

求译：“若善一切法、一切地、一切相，通達章句，具足性義，彼則能以正無相樂而自娛樂，平等大乘建立眾生[②]。大慧！攝受大乘者，則攝受諸佛、菩薩、緣覺、聲聞。攝受諸佛、菩薩、緣覺、聲聞者，則攝受一切眾生。攝受一切眾生者，則攝受正法。攝受正法者，則佛種不斷。佛種不斷者，則能了知得殊勝入處。知得殊勝入處，菩薩摩訶薩常得化生，建立大乘，十自在力現眾色像，通達眾生形類悕望煩惱諸相，如實說法。

实译：“若能善知一切法相，文辭句義悉皆通達，則能令自身受無相樂，亦能令他安住大乘。若能令他安住大乘，則得一切諸佛、聲聞、緣覺及諸菩薩之所攝受。若得諸佛、聲聞、緣覺及諸菩薩之所攝受，則能攝受一切眾生。若能攝受一切眾生，則能攝受一切正法。若能攝受一切正法，則不斷佛種。若不斷佛種，則得勝妙處。大慧！菩薩摩訶薩生勝妙處，欲令眾生安住大乘，以十自在力現眾色像，隨其所宜，說真實法。

तत्र तथात्वमनन्यथात्वं तत्त्वम्। अनायूहानिर्यूहलक्षणं सर्वप्रपञ्चोपशमं तत्त्वमित्युच्यते। तेन न महामते कुलपुत्रेण वा कुलदुहित्रा वा यथारुतार्थाभिनि-वेशकुशलेन भवितव्यम्। निरक्षरत्वात्तत्त्वस्य। न चाङ्गुलिप्रेक्षकेण भवितव्यम्। तद्यथा महामते अङ्गुल्या कश्चित्कस्यचित्किंचिदादर्शयेत्। स चाङ्गुल्यग्रमेव प्रतिसेरद्वीक्षितुम्। एवमेव महामते बालजातीया इव बालपृथग्जनवर्गा यथारुताङ्गुल्यग्राभिनिवेशाभिनिविष्टा एव कालं करिष्यन्ति, न यथारुताङ्गुल्यग्रार्थं

① “十自在”（daśavaśitā）包括命自在、心自在、财自在、业自在、生自在、信自在、愿自在，神通自在、法自在和智自在。

② 这句的意思是“让众生安住大乘”。其中，“平等”的原词是 samyak，词义是“正确地”或“合适地”。此句实译“令他安住大乘”。

हित्वा परमार्थमागमिष्यन्ति। तद्यथा महामते अन्नं भोज्यं बालानां च कश्चिदनभिसंस्कृतं परिभोक्तुम्। अथ कश्चिदनभिसंस्कृतं परिभुञ्जीत, स उन्मत्त इति विकल्प्येत अनुपूर्वसंस्कारानवबोधादन्नस्य, एवमेव महामते अनुत्पादो ऽनिरोधो नानभिसंस्कृतः शोभते। अवश्यमेवात्राभिसंस्कारेण भवितव्यम् , न चात्मानम-ङ्गुल्यग्रग्रहणार्थदर्शनवत्। अत एतेन कारणेन महामते अर्थाभियोगः करणीयः। अर्थो महामते विविक्तो निर्वाणहेतुः। रुतं विकल्पसंबद्धं संसारावाहकम्। अर्थश्च महामते बहुश्रुतानां सकाशाल्लभ्यते। बाहुश्रुत्यं च नाम महामते यदुत अर्थकौशल्यं न रुतकौशल्यम्। तत्रार्थकौशल्यं यत्सर्वतीर्थकरवादासंसृष्टं दर्शनम्। यथा स्वयं च न पतति परांश्च न पातयति। एवं सत्यर्थे महामते बाहुश्रुत्यं भवति। तस्मादर्थकामेन ते सेवनीयाः। अतो विपरीता ये यथारुतार्थाभिनिविष्टास्ते वर्जनीयास्तत्त्वान्वेषिणा॥

今译：“这里，如实性是不异性，真实性。无来去相，平息一切戏论，称为真实。因此，大慧啊，善男子和善女子不应该执著依音取义。真实离字母。不应该依指观物。例如，大慧啊，有人用手指向某人指示某物，某人依随而看到指尖。[①]同样，大慧啊，愚夫们如同幼儿，执著依音指取指尖义，至死都不会摒弃依音指取指尖义，而获得第一义。又如，大慧啊，婴儿应该吃熟食，而有人喂给他生食。如果有人吃生食，会被人认为疯了，因为他不知道按照步骤准备食物。同样，大慧啊，如果不经过修习，不生不灭就不会展露光辉。因此，必须修习，而不要让自己像依指尖取义那样。因此，大慧啊，应该修习义。大慧啊，义者，寂静，是涅槃之因。音与妄想分别相连，造成生死轮回。大慧啊，义从博闻者那里获得。所谓博闻，大慧啊，是擅长义，而非擅长音。这里，擅长义是见解不与一切外道学说混同。自己不陷入，也不令他人陷入。大慧啊，这样把握真实义，才是博闻。因此，他们应该受到求义者侍奉。反之，那些执著依音取义的人，追求

[①] 这里意谓只看到指尖，将指尖视为“某物”。

真实者应该远离。"

求译："如實者，不異。如實者，不來不去相，一切虛偽息。是名如實。大慧！善男子善女人不應攝受隨說計著。真實者，離名字故。大慧！如為愚夫以指指物，愚夫觀指，不得實義。如是愚夫隨言說指，攝受計著，至竟不捨，終不能得離言說指第一實義。大慧！譬如嬰兒應食熟食，不應食生。若食生者，則令發狂，不知次第方便熟故。大慧！如是不生不滅，不方便修，則為不善。是故，應當善修方便，莫隨言說，如視指端。是故，大慧！於真實義當方便修。真實義者，微妙寂靜，是涅槃因。言說者，妄想合。妄想者，集生死。大慧！實義者，從多聞者得。大慧！多聞者，謂善於義，非善言說。善義者，不隨一切外道經論，身自不隨，亦不令他隨，是則名曰大德多聞。是故，欲求義者，當親近多聞所謂善義者①，當親近多聞所謂善義。與此相違，計著言說，應當遠離。"

实译："真實法者，無異無別，不來不去，一切戲論悉皆息滅。是故，大慧！善男子善女人不應如言執著於義。何以故？真實之法離文字故。大慧！譬如有人以指指物，小兒觀指，不觀於物。愚癡凡夫亦復如是，隨言說指而生執著，乃至盡命終不能捨文字之指取第一義。大慧！譬如嬰兒應食熟食，有人不解成熟方便，而食生者，則發狂亂。不生不滅亦復如是，不方便修則為不善。是故，宜應善修方便，莫隨言說，如觀指端。大慧！實義者，微妙寂靜，是涅槃因。言說者，與妄想合，流轉生死。大慧！實義者，從多聞得。多聞者，謂善於義，非善言說。善義者不隨一切外道惡見，身自不隨，亦令他不隨，是則名曰於義多聞。欲求義者應當親近。與此相違，著文字者宜速捨離。"

पुनरपरं महामतिर्बुद्धाधिष्ठानाधिष्ठित एवमाह -- न भगवता अनिरोधानु-

---

① 此句"当亲近多闻所谓善义者"，据《中华大藏经》校勘记，"《碛》、《南》、《径》、《清》无"，可删。

त्पाददर्शनेन किंचिद्विशिष्यते। तत्कस्य हेतोः ? सर्वतीर्थकराणामपि भगवन्
कारणान्यनुत्पन्नान्यनिरुद्धानि। तवापि भगवन् आकाशमप्रतिसंख्यानिरोधो निर्वा-
णधातुश्चानिरोधो ऽनुत्पन्नः। तीर्थकरा अपि भगवन् कारणप्रत्ययहेतुकीं जगत
उत्पत्तिं वर्णयन्ति। भगवानपि अज्ञानतृष्णाकर्मविकल्पप्रत्ययेभ्यो जगत उत्पत्तिं
वर्णयति। तस्यैव कारणस्य संज्ञान्तरविशेषमुत्पाद्य प्रत्यया इति। एवं बाह्यैः
प्रत्ययैर्बाह्यानाम्। ते च त्वं च भावानामुत्पत्तये। अतो निर्विशिष्टो ऽयं भगवन्
वादस्तीर्थकरवादेन भवति। अणुप्रधानेश्वरप्रजापतिप्रभृतयो नवद्रव्यसहिता अनि-
रुद्धा अनुत्पन्नाः। तवापि भगवन् सर्वभावा अनुत्पन्नानिरुद्धाः सदसतो ऽनुपलब्धेः।
भूताविनाशाच्च स्वलक्षणं नोत्पद्यते, न निरुध्यते। यां तां गतिं गत्वा भूतो
भूतस्वभावं न विजहाति। भूतविकल्पविकारो ऽयं भगवन् सर्वतीर्थकरैर्विकल्प्यते
त्वया च। अत एतेन कारणेन अविशिष्टो ऽयं वादः। विशेषो वात्र वक्तव्यो येन
तथागतवादो विशेष्यते, न सर्वतीर्थकरवादः। अविशिष्यमाणे भगवन् स्ववादे
तीर्थकराणामपि बुद्धप्रसङ्गः स्यादनिरोधानुत्पादहेतुत्वात्। अस्थानमनवकाशं चोक्तं
भगवता यदेकत्र लोकधातौ बहवस्तथागता उत्पद्येरन्निति। प्राप्तं चैतत्तथागतबहुत्वं
सदसत्कार्यपरिग्रहाच्चाविशिष्यमाणे स्ववादे॥

今译：大慧受佛护持，又说道："世尊的不生不灭见解并没有什
么特殊。为什么？世尊啊，一切外道也说作因不生不灭。世尊啊，你
也说虚空、非择灭和涅槃界不生不灭。世尊啊，外道也描述世界的产
生以作因为缘起。世尊也描述世界的产生以无知、贪爱、业和分别为
缘起。两者都是生于缘起，作因只是另一种不同的名称。这样，他们
和你都认为外界事物生于外界缘起。因此，世尊啊，你和外道的说法
没有差别。极微、原质、自在天和生主等等以及九物①都不生不灭。
世尊啊，你也说一切事物不生不灭，因为有无皆不可得。四大不灭，
故而自相不生不灭。即使转生，也不会抛弃四大自性。世尊啊，外道

---

① 这里所说的"极微、原质、自在天和生主"等等是外道确认的世界产生的原因。除了
这里列举的这四种，前面第 2 品中还提到时间和原人。这里所说的"九物"（navadravya）是
指胜论确认的九种实体：地、水、火、风、空、时、方、我和意。

和你都妄想这种四大的分别变化。这种说法与那种作因并没有差别。你应该说出差别，表明如来的说法特殊，而不是外道的说法。世尊啊，如果自己的说法并不特殊，那么，外道也说明不生不灭的原因，故而也依附佛。世尊曾说不会在同一世界同时出现众多佛。而如果你自己的说法与有无因果的说法无差别，那么，可以出现众多佛。"

求译：爾時大慧菩薩復承佛威神而白佛言："世尊，世尊顯示不生不滅，無有奇特。所以者何？一切外道因亦不生不滅，世尊亦說虛空、非數緣滅及涅槃界不生不滅。世尊，外道說因生諸世間，世尊亦說無明、愛、業妄想為緣，生諸世間。彼因此緣，名差別耳。外物因緣亦如是。如是世尊與外道論無有差別。微塵、勝妙、自在、眾生主等，如是九物①不生不滅，世尊亦說一切性不生不滅，有無不可得。外道亦說四大不壞，自性不生不滅，四大常。是四大乃至周流諸趣，不捨自性。世尊所說亦復如是。是故，我言無有奇特。惟願世尊為說差別，所以奇特勝諸外道。若無差別者，一切外道皆亦是佛，以不生不滅故。而世尊說一世界中多佛出世者無有是處。如向所說，一世界中應有多佛，無差別故。"

实译：爾時大慧菩薩摩訶薩承佛威神，復白佛言："世尊，如來演說不生不滅非為奇特。何以故？一切外道亦說作者不生不滅，世尊亦說虛空、涅槃及非數滅不生不滅。外道亦說作者因緣生於世間，世尊亦說無明、愛、業生諸世間。俱是因緣，但名別耳。外物因緣亦復如是。是故，佛說與外道說無有差別。外道說言微塵、勝妙、自在、生主等，如是九物不生不滅，世尊亦說一切諸法不生不滅，若有若無皆不可得。世尊，大種不壞，以其自相不生不滅，周流諸趣，不捨自性。世尊，分別雖稍變異，一切無非外道已說。是故，佛法同於外道。

---

① 这里，将"九物"理解为微尘等等"九物"。菩译和实译与求译相同。而按照现存梵本，此处原文中的 navadravyasahitā，词义是"连同九物"。因此，这里是说"微尘等等以及九物"。

若有不同，願佛為演，有何以故佛說為勝？若無別異，外道即佛，以其亦說不生不滅故。世尊常說一世界中無有多佛，如向所說，[1]是則應有。”

भगवानाह -- न मम महामते अनिरोधानुत्पादस्तीर्थकरानुत्पादानिरोधवादेन तुल्यो नाप्युत्पादानित्यवादेन। तत्कस्य हेतोः ? तीर्थकराणां हि महामते भावस्वभावो विद्यत एवानुत्पन्नाविकरलक्षणप्राप्तः। न त्वेवं मम सदसत्पक्षपतितः। मम तु महामते सदसत्पक्षविगत उत्पादभङ्गविरहितो न भावो नाभावः, मायास्वरूपवैचित्र्यदर्शनवन्नाभावः। कथं न भावः ? यदुत रूपस्वभावलक्षण-ग्रहणाभावाद्दृश्यादृश्यतो ग्रहणाग्रहणतः। अत एतस्मात्कारणात्सर्वभावा न भावा नाभावाः। किं तु स्वचित्तदृश्यमात्रावबोधाद्विकल्पस्याप्रवृत्तेः स्वस्थो लोको निष्क्रियः। बालाः क्रियावन्तं कल्पयन्ति, न त्वार्याः। अभूतार्थविकल्पार्थविभ्रम् एष महामते गन्धर्वनगरमायापुरुषवत्। तद्यथा महामते कश्चिद्गन्धर्वनगरे बालजातीयो मायापुरुषसत्त्वसार्थवैचित्र्यं प्रविशन्तं वा निर्गच्छन्तं वा कल्पयेत् -- अमी प्रविष्टा अमी निर्गताः। न च तत्र कश्चित्प्रविष्टो वा निर्गतो वा। अथ यावदेव विकल्पविभ्रमभाव एषः, तेषामेवमेव महामते उत्पादानुत्पादविभ्रम एष बालानाम्। न चात्र कश्चित्संस्कृतो ऽसंस्कृतो वा मायापुरुषोत्पत्तिवत्। न च मायापुरुष उत्पद्यते वा निरुध्यते वा भावाभावाकिंचित्करत्वात्। एवमेव सर्वधर्मा भङ्गोत्पादवर्जिताः। अन्यत्र वितथपतितया संज्ञया बाला उत्पादनिरोधं कल्पयन्ति न त्वार्याः। तत्र वितथमिति महामते न तथा यथा भावस्वभावः कल्प्यते। नाप्यन्यथा। अन्यथा कल्प्यमाने सर्वभावस्वभावाभिनिवेश एव स्यात्। न विविक्तदर्शनाविविक्तदर्शनाद्विकल्पस्य व्यावृत्तिरेव न स्यात्। अत एतस्मात्का-रणान्महामते अनिमित्तदर्शनमेव श्रेयो न निमित्तदर्शनम्। निमित्तं पुनर्जन्म-हेतुत्वादश्रेयः। अनिमित्तमिति महामते विकल्पस्याप्रवृत्तिरनुत्पादो निर्वाणमिति वदामि। तत्र निर्वाणमिति महामते यथाभूतार्थस्थानदर्शनं विकल्पचित्तचैत्त-

[1] 按照现存梵本以及求译和菩译，此处对“如向所说”还有具体说明。求译“无差别故”，菩译“所说有无因无差故”。

कलापस्य परावृत्तिपूर्वकम्। तथागतस्वप्रत्यात्मार्यज्ञानाधिगमं निर्वाणमिति वदामि॥

今译：世尊说道:“大慧啊，我的不生不灭说不同于外道的不生不灭说，也不同于生和无常说。为什么？大慧啊，外道认为事物自性造成不生不变相。而我不陷入这种有无二翼。大慧啊，我远离有无二翼，摆脱生、住和灭，非有非无。如同看到种种色相如幻似梦[①]，非无。何谓非有？既可见，又不可见；既可取，又不可取，故而不能把握色自性相。因此，一切事物非有非无，而觉知唯自心所现，不起分别，那么，世界自在无为。愚夫们妄想有为，而圣者们不这样。大慧啊，分别和妄想不实义，如同乾达婆城和虚幻人像。例如，大慧啊，有幼儿在乾达婆城中看到种种虚幻人像，众生和商人或进或出，妄想分别：‘这些人进，这些人出。’其实，那里没有任何人出入。大慧啊，那些愚夫的生和不生妄想，就是这种妄想分别。这里，没有有为或无为，如同虚幻人像产生。虚幻人像不涉及任何有无，不生不灭。同样，一切法摆脱生和灭。只是愚夫们陷入不实名想，妄想生和灭，而圣者们不这样。大慧啊，所谓不实是事物自性并不像妄想的那样。但也非是别样。如果妄想是别样，就会执著一切事物自性，而不见寂静。不见寂静，就不会远离分别。因此，大慧啊，无相见优异，而不是相见。相是再生的原因，故而不优异。大慧啊，所谓无相是远离分别，不生，我称为涅槃。这里，大慧啊，所谓涅槃是摆脱心和种种心所分别，如实洞悉事物所在，证得如来自觉圣智，我称为涅槃。”

求译：佛告大慧：“我說不生不滅不同外道不生不滅。所以者何？彼諸外道有性自性，得不生不變相。我不如是墮有無品。大慧！我者離有無品，離生滅，非性非無性。如種種幻夢現，故非無性。云何無性？謂色無自性相攝受，現不現故，攝不攝故。以是故，一切性無性

① “如幻似梦”的原词是 māyāsva，按南条本应为 māyāsvapna。

非無性，但覺自心現量，妄想不生，安隱快樂，世事永息。愚癡凡夫妄想作事，非諸賢聖。不實妄想如揵闥婆城及幻化人。大慧！如揵闥婆城及幻化人，種種眾生商賈出入，愚夫妄想謂真出入，而實無有出者入者，但彼妄想故。如是，大慧！愚癡凡夫起不生不滅。彼亦無有有為無為，如幻人生。其實無有若生若滅、性無性，無所有故。一切法亦如是，離於生滅。愚癡凡夫墮不如實，起生滅妄想，非諸賢聖。不如實者，不爾如性自性妄想[①]，亦不異。若異妄想者，計著一切性自性，不見寂靜。不見寂靜者終不離妄想。是故，大慧！無相見勝，非相見。相者，受生因故，不勝。大慧！無相者，妄想不生，不起不滅，我說涅槃。大慧！涅槃者，如真實義見，離先妄想心、心數法，逮得如來自覺聖智，我說是涅槃。"

实译：佛言："大慧！我之所說不生不滅，不同外道不生不滅、不生[②]、無常論。何以故？外道所說有實性相不生不變，我不如是隨[③]有無品。我所說法非有非無，離生離滅。云何非無？如幻夢色種種見故。云何非有？色相自性非是有故，見不見故，取不取故。是故，我說一切諸法非有非無。若覺惟是自心所見，住於自性，分別不生，世間所作悉皆永息。分別者是凡愚事，非賢聖耳。大慧！妄心分別不實境界，如乾闥婆城幻所作人。大慧！譬如小兒見乾闥婆城及以幻人商賈入出，迷心分別，言有實事。凡愚所見生與不生、有為無為悉亦如是。如幻人生，如幻人滅，幻人其實不生不滅。諸法亦爾，離於生滅。大慧！凡夫虛妄起生滅見，非諂[④]聖人。言虛妄者，不如法性，起顛倒見[⑤]。顛倒見者，執法有性，不見寂滅。不見寂滅故，不能遠離虛

[①] 这句求译按原文逐字对译，意思是"事物自性并不像妄想的那样"。

[②] 按照现存梵本，此处"不生"的原词是 utpāda（"生"）。

[③] 此处"随"字，据《中华大藏经》校勘记，"诸本作'堕'"。

[④] 此处"谄"字应为"诸"。

[⑤] 此处"起颠倒见"的原文是 nāpyanyathā，意谓"也非是别样"。求译"亦不异"。菩译"亦非颠倒。"

妄分别。是故，大慧！無相見勝，非是相見。相是生因。若無有相[①]則無分別，不生不滅則是涅槃。大慧！言涅槃者，見如實處，捨離分別心、心所法，獲於如來內證聖智。我說此是寂滅涅槃。”

तत्रेदमुच्यते --

今译：这里 ，这样说道：

求译：爾時世尊欲重宣此義而說偈言：

实译：爾時世尊重說頌言：

उत्पादविनिवृत्त्यर्थमनुत्पादप्रसाधकम्।
अहेतुवादं देशेमि न च बालैर्विभाव्यते॥८६॥

今译：为了消除生说，而确立不生说，
我宣示无因说，愚夫们不理解。（86）

求译：滅除彼生論，建立不生義，
我說如是法，愚夫不能知。

实译：為除有生執，成立無生義，
我說無因論，非愚所能了。

अनुत्पन्नमिदं सर्वं न च भावा न सन्ति च।
गन्धर्वस्वप्नमायाख्या भावा विद्यन्त्यहेतुकाः॥८७॥

今译：所有一切不生，也非事物不存在，
如同幻、梦和乾达婆城，事物无因。（87）

求译：一切法不生，無性無所有，[②]

[①] 本段中从“我所说法”至此，《中华大藏经》的文字显然存在错乱。它的校勘记中提供的“诸本”文字与现存梵本和求译一致。因此，这里直接采用“诸本”文字。

[②]这句的意思是“亦非事物无所有”。

乾闥婆幻夢，有性者無因。

实译：一切法無生，亦非是無法，

如乾城幻夢，雖有而無因。

अनुत्पन्नस्वभावाश्च शून्याः केन वदाहि मे।
समवायाद्विनिर्मुक्तो बुध्या भावो न गृह्यते।
तस्माच्छून्यमनुत्पन्नं निःस्वभावं वदाम्यहम्॥८८॥

今译：为何自性不生而空？请告诉我！

事物摆脱和合，知觉不能获得，

因此，我说空、不生和无自性。（88）

求译：無生無自性，何因空當說？

以離於和合，覺知性不現，

是故空不生，我說無自性。

实译：空無生無性，云何為我說？

離諸和合緣，智慧不能見，

以是故我說，空無生無性。

समवायस्तथैकैकं दृश्याभावान्न विद्यते।
न तीर्थ्यदृष्ट्यप्रलयात्समवायो न विद्यते॥८९॥

今译：如此一一和合，无所见，不可得，

非如外道见，和合因瓦解不可得。[①]（89）

求译：謂一一和合，性現而非有，

分析無和合，非如外道見。

实译：一一緣和合，雖現而非有，

分析無和合，非如外道見。

[①]此句原文中的 tīrthyadṛṣṭyapralayāt 疑有误，南条本此处注文中标出的抄本 C 和 T 为 tīrthyadṛṣṭyā pralayāt。

स्वप्न केशोण्डुकं माया गन्धर्वं मृगतृष्णिका।
अहेतुकानि दृश्यन्ते तथा लोकविचित्रता॥९०॥

今译：梦、幻、毛发网、乾达婆城和阳焰，
世界种种这样呈现，并无原因。（90）

求译：夢幻及垂髮，野馬[①]乾闥婆，
世間種種事，無因而相現。

实译：幻夢及垂髮，野馬與乾城，
無因而妄現，世事皆如是。

निगृह्याहेतुवादेन अनुत्पादं प्रसाधयेत्।
अनुत्पादे प्रसाध्यन्ते मम नेत्री न नश्यति।
अहेतुवादे देश्यन्ते तीर्थ्यानां जायते भयम्॥९१॥

今译：用无因说制伏外道，确立不生说，
确立不生说，我的正法不会毁灭，
只要宣示无因说，外道就会恐惧。（91）

求译：折伏有因論，申暢無生義，
申暢無生者，法流[②]永不斷，
熾然無因論，恐怖諸外道。

实译：折伏有因論，申述無生旨，
無生義若存，法眼恒不滅，
我說無因論，外道咸驚怖。

कथं केन कुतः कुत्र संभवो ऽहेतुको भवेत्।

---

① “野马”的原词是 mṛgatṛṣṇikā（“鹿渴”），指“阳焰”，意谓焦渴的鹿将光线视为雨水。“野马”在古代汉语中指尘埃或雾气。

② “法流”的原词是 netrī，词义是“正法”、“河流”或“眼睛”。

नाहेतुको न हेतुभ्यो यदा पश्यन्ति संस्कृतम्।
तदा व्यावर्तते दृष्टिर्विभङ्गोत्पादवादिनी॥९२॥

今译：为何、由何、怎么会和合无因？
只要看到有为法非无因，非有因，
那么，生灭论的见解就会消失。（92）

求译：云何何所因，彼以何故生，
於何處和合，而作無因論？
觀察有為法，非無因有因，
彼生滅論者，所見從是滅。

实译：云何何所因，復以何故生？
於何處和合，而作無因論？
觀察有為法，非因非無因，
彼生滅論者，所見從是滅。

किमभावो ह्यनुत्पाद उत प्रत्ययवीक्षणम्।
अथ भावस्य नामेदं निरर्थं वा ब्रवीहि मे॥९३॥

今译：无是不生，还是有待于缘起？
或是名为有而无实[①]？请告诉我！（93）

求译：云何為無生，為是無性耶？
為顧視諸緣，有法名無生？
名不應無義，惟為分別說。[②]

实译：為無故不生，為待於眾緣？
為有名無義？願為我宣說。

न चाभावो ह्यनुत्पादो न च प्रत्ययवीक्षणम्।

① “或是名为有而无实？”是询问无是否是有的名称而无有的实质。

② 求译这颂前两行的实际意思是“无是不生，还是有待于缘起？或者无是有的名称？”

न च भावस्य नामेदं न च नाम निरर्थकम्॥९४॥

今译：无不是不生，也不是有待于缘起；
它不是有的名，也不是有名无实。（94）

求译：非無性無生，亦非顧諸緣，
非有性而名，名亦非無義。

实译：非無法不生，亦非以待緣，
非有物而名，亦非名無義。

यत्र श्रावकप्रत्येकबुद्धानां तीर्थ्यानां च अगोचरः।
सप्तभूमिगतानां च तदनुत्पादलक्षणम्॥९५॥

今译：这不是声闻、缘觉和外道的境界，
也不是七地的境界，而是不生相。（95）

求译：一切諸外道，聲聞及緣覺，
七住非境界，是名無生相。

实译：一切諸外道，聲聞及緣覺，
十[1]住非所行，此是無生相。

हेतुप्रत्ययव्यावृत्तिं कारणस्य निरोधनम्।
चित्तमात्रव्यवस्थानमनुत्पादं वदाम्यहम्॥९६॥

今译：远离原因和缘起，灭除作因，
确立唯心，我说这是不生。（96）

求译：遠離諸因緣，亦離一切事，
惟有微心[2]住。

---

[1] 此处“十”字，据《中华大藏经》校勘记，“《资》、《碛》、《普》、《南》、《径》、《清》作‘七’”。

[2] “惟有微心”的原词是 cittamātra，即“唯心”。求译在别处常将此词译为“心量”。

实译：遠離諸因緣，無有能作者，
　　　惟心所建立，我說是無生。

अहेतुवृत्तिर्भावानां कल्प्यकल्पनवर्जितम्।
सदसत्पक्षनिर्मुक्तमनुत्पादं वदाम्यहम्॥९७॥

今译：事物无因而生，摒弃妄想所妄想，
　　　摆脱有无二翼，我说这是不生。（97）

求译：想所想俱離。

实译：諸法非因生，非無亦非有，
　　　能所分別離，我說是無生。

चित्तं दृश्यविनिर्मुक्तं स्वभावद्वयवर्जितम्।
आश्रयस्य परावृत्तिमनुत्पादं वदाम्यहम्॥९८॥

今译：心摆脱所现，摒弃二自性，[①]
　　　转离所依，我说这是不生。（98）

求译：其身隨轉變，我說是無生。

实译：惟心無所見，亦離於二性，
　　　如是轉所依，我說是無生。

न बाह्यभावं नाभावं नापि चित्तपरिग्रहः।
स्वप्नं केशोण्डुकं माया गन्धर्वं मृगतृष्णिका।
सर्वदृष्टिप्रहाणं च तदनुत्पादलक्षणम्॥९९॥

今译：外界事物非有非无，心也不执取，
　　　梦、幻、毛发网、乾达婆城和阳焰，

---

① “二自性”指妄想自性和依他自性。

摒弃一切邪见，这便是不生相。[1]（99）

求译：無外性無性，亦無心攝受，

斷除一切見，我說是無生。

实译：外物有非有，其心無所取，

一切見咸斷，此是無生相。

एवं शून्यास्वभावाद्यान् पदान् सर्वान् विभावयेत्।
न जातु शून्यया शून्या किं त्वनुत्पादशून्यया॥ १००॥

今译：应该这样理解空和无自性等，

并非因空而空，而是不生而空。(100)

求译：如是無自性，空等應分別，

非空故說空，無生故說空。

实译：空無性等句，其義皆如是，

非以空故空，無生故說空。

कलापः प्रत्ययानां च प्रवर्तते निवर्तते।
कलापाच्च पृथग्भूतं न जातं न निरुध्यते॥ १०१॥

今译：缘起聚合，转出又转离，

聚合分散，不生也不灭。（101）

求译：因緣數和合，則有生有滅，

離諸因緣數，無別有生滅。

实译：因緣苦[2]集會，是故有生滅，

分散於因緣，生滅則無有。

---

[1] 这颂也见于第10品第595颂。那颂并非三行，没有这里的中间一行。这颂求译和实译均为两行，没有这中间一行，但菩译有这中间一行。

[2]此处“苦”字，据《中华大藏经》校勘记，“《碛》、《普》、《南》、《径》、《清》、《丽》作‘共’”。

भावो न विद्यते ऽन्यो ऽन्यः कलापाच्च पृथक् क्वचित्।
एकत्वेन पृथक्त्वेन यथा तीर्थ्यैर्विकल्प्यते॥१०२॥

今译：一旦脱离聚合，事物不存在，
　　　一性和异性，外道妄想分别。（102）

求译：捨離因緣數，更無有異性，
　　　若言一異者，是外道妄想。

实译：若離諸因緣，則更無有法，
　　　一性及異性，凡愚所分別。

असन्न जायते भावो नासन्न सदसत्क्वचित्।
अन्यत्र हि कलापो ऽयं प्रवर्तते निवर्तते॥१०३॥

今译：无物产生，非有非无，非有无，
　　　只有这种聚合，转出又转离。（103）

求译：有無性不生，非有亦非無，
　　　除其數轉變，是悉不可得。

实译：有無不生法，俱非亦復然，
　　　惟除眾緣會，於中見起滅。

संकेतमात्रमेवेदमन्योन्यापेक्षसंकला।
अन्यमर्थं न चैवास्ति पृथक्प्रत्ययसंकलात्॥१०४॥

今译：这只是假名①，锁链环环相扣，
　　　脱离因缘锁链，也就无生义②。（104）

---

① 此处 "假名" 的原词是 saṃketa，本义为 "标记"、"标志" 或 "习俗"。求译 "俗数"，菩译 "名字"，实译 "随俗假言说"。
② "生义" 的原词是 anyam artham，按南条本应为 janyam artham。此处求译和实译 "生义"，菩译 "生法"。

求译：但有諸俗數，展轉為鉤鏁，
　　　離彼因緣鎖，生義不可得。

实译：隨俗假言說，因緣遞鈎瑣，
　　　若離因緣瑣，生義不可得。

जन्याभावादनुत्पादं तीर्थ्यदोषविवर्जितम्।
देशेमि संकलामात्रं न च बालैर्विभाव्यते॥ १०५॥

今译：无生故而不生，摆脱外道错误，
　　　我宣示唯锁链，愚夫们不理解。(105)

求译：生無性不起，離諸外道過，
　　　但說緣鉤鏁，凡愚不能了。

实译：我說惟鈎瑣，生無故不生，
　　　離諸外道過，非凡愚所了。

यस्य जन्यो भवेद्भावः संकलायाः पृथक् क्वचित्।
अहेतुवादी विज्ञेयः संकलाया विनाशकः॥ १०६॥

今译：如果脱离锁链，而有事物产生，
　　　这称为无因论者，毁灭锁链者。（106）

求译：若離緣鉤鏁，別有生性者，
　　　是則無因論，破壞鉤鏁義。

实译：若離緣鈎瑣，別有生法者，
　　　是則無因論，破壞鈎瑣義。

प्रदीपो द्रव्यजातीनां व्यञ्जकः संकला भवेत्।
यस्य भावो भवेत्कश्चित्संकलायाः पृथक् क्वचित्॥ १०७॥

今译：若锁链似灯光，显示种种事物，

那么，有有别锁链的事物存在。（107）

求译：如燈顯眾像，鉤鏁現若然，
是則離鉤鏁，別更有諸性。

实译：如燈能照物，鉤瑣現若然，
此則離鉤瑣，別有於諸法。

अस्वभावा ह्यनुत्पन्नाः प्रकृत्या गगनोपमाः।
संकलायाः पृथग्भूता ये धर्माः कल्पिताबुधैः॥१०८॥

今译：无自性，无生，本性如同虚空，
而愚夫们妄想诸法脱离锁链。（108）

求译：無性無有生，如虛空自性，
若離於鉤鏁，慧無所分別。

实译：無生則無性，體相如虛空，
離鉤瑣求法，愚夫所分別。

अन्यमन्यमनुत्पादमार्याणां प्राप्तिधर्मता।
यस्य जातिमनुत्पादं तदनुत्पादे क्षान्तिः स्यात्॥१०९॥

今译：还有另一种无生，圣者获得的法性，
它的生[1]是无生，也就应该忍受无生。（109）

求译：復有餘無生，賢聖所得法，
彼生無生者，[2]是則無生忍。

实译：復有無餘[3]生，眾聖所得法，

[1] 此处“生”的原词是 jātim，在语法上存在问题，因为它是 jāti（阴性）的业格形式。

[2] 此处有夹注：“彼生是四相生”。“四相”指生、住、异和灭。释正受《楞伽经集注》解释说，贤圣“于彼生、住、异、灭当体即空。此无生即是无生法忍也。”

[3] 此处“无余”，据《中华大藏经》校勘记，“诸本作‘余无”。

彼生無生者，是則無生忍。

यदा सर्वमिमं लोकं संकलामेव पश्यति।
संकलामात्रमेवेदं तदा चित्तं समाध्यते॥११०॥

今译：一旦看到世界一切是锁链，
唯有锁链，心也就会入定。（110）

求译：若使諸世間，觀察鉤鏁者，
一切離鉤鏁，從是得三昧。

实译：一切諸世間，無非是鉤瑣，
若能如是解，此人心得定。

अज्ञानतृष्णाकर्मादिः संकलाध्यात्मिको भवेत्।
खेजमृद्भाण्डचक्रादि बीजभूतादि बाहिरम्॥१११॥

今译：内锁链是无知、贪爱和业等等，外锁链是
搅棒[1]、泥土、器皿、转轮、种子和四大等。（111）

求译：癡愛諸業等，是則内鉤鏁，
攢燧泥團輪，種子等名外。

实译：無明與愛業，是則内鉤瑣，
種子泥輪等，如為名為外。

परतो यस्य वै भावः प्रत्ययैर्जायते क्वचित्।
न संकलामात्रमेवेदं न ते युक्त्यागमे स्थिताः॥११२॥

今译：如果任何事物依靠其他缘起产生，
而非唯有锁链，则不符合教理。（112）

[1] “搅棒”的原词是 kheja，疑有误。这颂也见于第 10 品第 607 颂。按照那颂，此词应为 khaja（“搅棒”）。

求译：若使有他性，而從因緣生，
彼非鉤鏁義，是則不成就。

实译：若言有他法，而從因緣生，
離於鈎瑣義，此則非教理。

यदि जन्यो न भावो ऽस्ति स्याद्बुद्धिः कस्य प्रत्ययात्।
अन्योन्यजनका ह्येते तेनैते प्रत्ययाः स्मृताः॥ ११३॥

今译：如果事物产生而不存在，谁会觉知缘起？
他们都是互相和合而生，因此称为缘起。（113）

求译：若生無自性，彼為誰鉤鏁？
展轉相生故，當知因緣義。
使生有他性，而從因緣生，
彼非鉤鏁義，是則不成就。[①]

实译：生法若非有，彼為誰因緣？
展轉而相生，此是因緣義。

उष्णद्रवचलकठिना धर्मा बालैर्विकल्पिताः।
कलापो ऽयं न धर्मो ऽस्ति अतो वै निःस्वभावता॥ ११४॥

今译：愚夫们依据暖、湿、动和坚分别诸性，
这是聚合，而不是法，因此，无自性。（114）

求译：堅濕煖動法，凡愚生妄想，
離數無異法，是則說無性。

实译：堅濕暖動等，凡愚所分別，
但緣無有法，故說無因緣[②]。

---

① 这两行与第 112 颂意义相同，据《中华大藏经》校勘记，“《资》、《碛》、《南》、《径》、《清》无”，可删。

② 此处“因缘”，据《中华大藏经》校勘记，“诸本作‘自性’”。

वैद्या यथातुरवशात्क्रियाभेदं प्रकुर्वते।
न तु शास्त्रस्य भेदो ऽस्ति दोषभेदात्तु भिद्यते॥ ११५॥

今译：医生们依照疾病，分别对症下药，
医典无分别，依疾病分别而分别。（115）

求译：如醫療眾病，無有若干論，
以病差別故，為設種種治。

实译：如醫療眾病，其論無差別，
以病不同故，方藥種種殊。

तथाहं सत्त्वसंतानं क्लेशदोषैः सदूषितैः।
इन्द्रियाणां बलं ज्ञात्वा नयं देशेमि प्राणिनाम्॥ ११६॥

今译：同样，众生绵延不绝，生有烦恼病，
我依照众生的根力，为他们说法。（116）

求译：我為彼眾生，破壞諸煩惱，
知其根優劣，為彼說度門。

实译：我為諸眾生，滅除煩惱病，
知其根勝劣，演說諸法門。

न क्लेशेन्द्रियभेदेन शासनं भिद्यते मम।
एकमेव भवेद्यानं मार्गमष्टाङ्गिकं शिवम्॥ ११७॥

今译：烦恼根有分别，我的法无分别，
始终只是一乘，有清净八正道[1]。（117）

求译：非煩惱根異，而有種種法，

[1] “八正道”指正见，正思、正语、正业、正命、正勤、正念和正定。

唯說一乘法，是則為大乘。

实译：　非煩惱根異，而有種種法，

惟有一大乘，清涼八支道。

अथ खलु महामतिर्बोधिसत्त्वो महासत्त्वः पुनरपि भगवन्तमेतदवोचत् -- अनित्यता अनित्यतेति भगवन् सर्वतीर्थकरैर्विकल्प्यते। त्वया च सर्वदेशनापाठे देश्यते -- अनित्या बत संस्कारा उत्पादव्ययधर्मिण इति। तत्किमियं भगवंस्तथ्या मिथ्येति ? कतिप्रकारा भगवन् अनित्यता ? भगवानाह -- अष्टप्रकारा हि महामते सर्वतीर्थकरैरनित्यता कल्प्यते, न तु मया। कतमाष्टप्रकारा ? तत्र केचित्ता- वन्महामते आहुः -- प्रारम्भविनिवृत्तिरनित्यतेति। प्रारम्भो नाम महामते उत्पादो ऽनुत्पादो ऽनित्यता। अन्ये संस्थानविनिवृत्तिमनित्यतां वर्णयन्ति। अन्ये रूपमेवानित्यमिति। अन्ये रूपस्य विकारान्तरमनित्यताम्। नैरन्तर्यप्रबन्धेन स्वरसभङ्गभेदं सर्वधर्माणां क्षीरदधिपरिणामविकारान्तरवद्दृष्टनष्टा सर्वभावेषु प्रवर्तते न नित्यतेति। अन्ये पुनर्भावमनित्यतां कल्पयन्ति। अन्ये भावाभावमनित्यतां कल्पयन्ति। अन्ये अनुत्पादानित्यतां सर्वधर्माणामनित्यतायाश्च तदन्तर्गतत्वात्। तत्र महामते भावाभावानित्यता नाम यदुत भूतभौतिकस्वलक्षणविनाशानुपल- ब्धिरप्रवृत्तिर्भूतस्वभावस्य। तत्र अनुत्पादानित्यता नाम यदुत नित्यमनित्यं सदसतोरप्रवृत्तिः सर्वधर्माणामदर्शनं परमाणुप्रविचयाददर्शनम्। अनुत्पादस्यै- तदधिवचनं नोत्पादस्य। एतद्धि महामते अनुत्पादानित्यताया लक्षणं यस्यानवबो- धात्सर्वतीर्थकरा उत्पादानित्यतावादे प्रपतन्ति॥

今译：　然后，大慧菩萨大士又对世尊说道："世尊啊，一切外道都妄想分别，说道：'无常，无常！'世尊啊，你在诵经说法中宣示：'诸行无常是生灭法。'世尊啊，此法是真实，还是虚妄？世尊啊，无常有多少种？"世尊说道："大慧啊，一切外道妄想无常有八种，并非我的说法。哪八种？其中，大慧啊，有些说开始和停止是无常。大慧啊，这是说开始有生，而后无生，故而无常。另一些描述形态停止是无常。另一些说色是无常。另一些说色起变化是无常，一切法连

续不断自然破裂，如同牛奶转变成凝乳。不可见的毁灭发生在一切事物中，故而无常。另一些妄想事物无常。另一些妄想有无无常。另一些说一切法不生无常，因为无常深入其中。[1]这里，大慧啊，所谓有无无常是四大的造物自相毁灭不可得，而四大的自性不转出。所谓不生无常是一切法的常和无常、有和无不转出，不可见，观察直至极微，也不可见。这是不生的称谓，而不是生的称谓。大慧啊，这是不生无常相，一切外道不觉知，而陷入生无常说。

求译：爾時大慧菩薩摩訶薩復白佛言："世尊，一切外道皆起無常妄想。世尊亦說一切行無常是生滅法。此義云何？為邪為正？為有幾種無常？"佛告大慧："一切外道有七種無常，非我法也。何等為七？彼有說言作已而捨，是名無常。有說形處壞，是名無常。有說即色是無常。有說色轉變中間，是名無常。無間自之散壞，如乳酪等轉變中間不可見。無常毀壞，一切性轉。有說性無常。有說性無性無常。有說一切法不生無常，入一切法。大慧！性無性無常者，謂四大及所造自相壞，四大自性不可得，不生。彼不生無常者，非常無常，一切法有無不生，分析乃至微塵不可見。是不生義，非生。是名不生無常相。若不覺此者，墮一切外道生無常義。[2]

实译：爾時大慧菩薩摩訶薩復白佛言："世尊，一切外道妄說無常，世尊亦言諸行無常是生滅法，未知此說是邪是正？所言無常復有幾種？"佛言："大慧！外道說有七種無常，非是我法。何等為七？謂有說始起即捨，是名無常，生已不生，無常性故。有說形處變壞，是名無常。有說色即無常。有說色之變異，是名無常。一切諸法相續不斷，能令變異，自然歸滅，猶如乳酪前後變異，雖不可見，然在法中壞一切法。有說物無常。有說物無物無常。有說不生無常，遍住一

---

[1] 以上实际只有七种无常。求译和实译中明确称为"七种无常"。菩译中称为"八种无常"。其中的第七种描述为"本无后有，名为无常。谓依诸四大所生相灭，不见其生，离相续体，名为无常。"但类似求译和实译中对有无无常的描述。

[2] 这句按照现存梵本，应为"一切外道不觉知，而陷入生无常说。"实译与求译相同，而菩译与现存梵本一致。

切諸法之中。其中物無物無常者，謂能造所造其相滅壞，大種自性本來無起。不生無常者，謂常與無常、有無等法，如是一切皆無有起，乃至分析至於微塵亦無所見。以不起故，說名無生。此是不生無常相。若不了此，則墮外道生無常義。

पुनरपरं महामते यस्य भावो नित्यता, तस्य स्वमतिविकल्पेनैव नित्यता नानित्यता भावः। तत्कस्य हेतोः ? यदुत स्वयमविनाशित्वादनित्यतायाः। इह महामते सर्वभावानामभावो ऽनित्यतायाः कार्यम्। न चानित्यतामन्तरेण सर्वभावाभाव उपलभ्यते दण्डशिलामुद्गरान्यतरभेद्यभेदकवत्। अन्योन्याविशेषदर्शनं दृष्टम्। अतो ऽनित्यता कारणं सर्वभावाभावः कार्यम्। न च कार्यकारणयोर्विशेषो ऽस्ति इयमनित्यता इदं कार्यमिति। अविशेषात्कार्यकारणयोर्नित्याः सर्वभावा अहेतुकत्वाद्भावस्य। सर्वभावाभावो हि महामते अहेतुकः। न च बालपृथग्जना अवबुध्यन्ते। न च कारणं विसदृशं कार्यं जनयति। अथ जनयेत् , तेषामनित्यता सर्वभावानां विसदृशं कार्यं स्यात् , कार्यकारणविभागो न स्यात्। दृष्टश्च कार्यकारणविभागस्तेषाम्। यदि वा अनित्यता अभावः स्यात् , क्रियाहेतुभावलक्षणपतितश्च स्यात् , एकभावेन वा परिसमाप्तः स्यात्सर्वभावेषु। क्रियाहेतुभावलक्षणपतितत्वाच्च स्वयमेवानित्यता नित्या स्यात् , अनित्यत्वादयः सर्वभावा नित्याः स्युर्नित्या एव भवेयुः॥

今译：“还有，大慧啊，所谓事物无常[①]，那是自己妄想分别事物非常和非无常[②]。为什么？因为无常自身不毁灭。这里，大慧啊，一切事物消失，是无常造成的结果。如果没有无常，一切事物就不会消失，如同棍棒、石头和锤子能毁灭他者而自己不毁灭。然而，并没有看到互相之间的这种差别，能说无常是原因，一切事物消失是结果。没有原因和结果的差别，说这是无常，这是结果。没有原因和结果的

[①] “无常”的原词是 nityatā（“常”），但按连声规则，可读为 anityatā（“无常”），也就是原词应为’nityatā。此处求译、菩译和实译均为“无常”。

[②] 此句原文中的 svamativikalpenaiva，按南条本应为 svamativikalpe naiva。

差别，事物无原因，故而一切事物是常。大慧啊，一切事物消失有原因[①]，而愚夫们不能理解。原因不会产生不相似的结果。如果产生，那么，一切事物无常成为不相似的结果，也就没有原因和结果的分别。然而，实际上能看到一切事物有原因和结果的分别。如果无常是事物，[②]那就陷入作因事物相，或者说，一种事物包含在一切事物中。陷入作因事物相，那么，无常自身成为常。一切事物以无常为起因，也成为常。这样，一切事物成为常。

求译："大慧！性無常者，是自心妄想非常無常性。所以者何？謂無常自性不壞。大慧！此是一切性無性無常事。[③]除無常，無有能令一切法性無性者，如杖瓦石破壞諸物。現見各各不異是性無常事。[④]非作所作有差別，此是無常，此是事。作所作無異者，一切性常，無因性。大慧！一切性無性有因，非凡愚所知。非因不相似事生。[⑤]若生者，一切性悉皆無常，是不相似事，作所作無有別異，而悉見有異。若性無常者，墮作因性相。若墮者，一切性不究竟[⑥]。一切性作因相墮者，自無常，應無常。無常無常故[⑦]，一切性不無常，應是常。

实译："[⑧]有物無常者，謂於非常非無常處，自生分別。其義云何？彼立無常自不滅壞，能壞諸法。若無無常壞一切法，法終不滅，成於

[①] "有原因"的原词是 ahetuka（"无原因"），疑有误，应为 hetuka（"有原因"）。此处求译、菩译和实译均为"有因"。

[②] "无常是事物"的原文是 anityatā abhāvaḥ（"无常不是事物"），疑有误，应为 anityatā bhāvaḥ（"无常是事物"）。此处求译"性无常者"，菩译"无常是有物者"，实译"无常性是有法者"。

[③] 这句的意思是：一切事物不存在（即消失或毁灭）是无常的事（即无常造成的结果）。

[④] 这句的意思是：所见到的是事物和无常没有显现这种差异。

[⑤] 这句求译按原文逐字对译，意思是"原因不会产生不相似的结果"。

[⑥] "一切性不究竟"，按照现存梵本，这里是说"一种事物包含在一切事物中。"此处菩译采取阐释性译法："于一法中即应具足一切诸法，以同一切所作，因果业相无差故。"

[⑦] 此处"无常无常故"可能是接应前一句中所说的"自无常，应无常"。而按照现存梵本，此处原文是 anityatvādayaḥ，意谓"以无常为起因"。

[⑧] 此处《中华大藏经》空缺五字。据校勘记，此处"《丽》作'有物无常义'"。而按照现存梵本和求译，可以认为"有物无常义"是衍文，因为与紧接的"有物无常者"语义重复。

無有，如杖搥瓦石能壞於物而自不壞，此亦如是。大慧！現見無常與一切法，無有能作所作差別，云此是無常，此是所作。無差別故，能作所作應俱是常，不見有因，能令諸法成於無故。大慧！諸法壞滅，實亦有因，但非凡愚之所能了。大慧！異因不應生於異果。若能生者，一切異法應並相生，彼法此法能生所生應無有別。現見有別，云何異因生於異果？大慧！若無常性是有法者，應同所作，自是無常。自無常故，所無常法皆應是常。[①]

अथ सर्वभावान्तर्गता अनित्यता, तेन त्र्यध्वपतिता स्यात्। तत्र यदतीतं रूपं तत्तेन सह विनष्टम्। अनागतमपि नोत्पन्नम्। रूपानुत्पत्तितया वर्तमानेनापि रूपेण सहाभिन्नलक्षणम्। रूपं च भूतानां संनिवेशविशेषः। भूतानां भौतिकस्वभावो न विनश्यते अन्यानन्यविवर्जितत्वात्। सर्वतीर्थकराणामविनाशात्सर्वभूतानां सर्वं त्रिभवं भूतभौतिकं यत्रोत्पादस्थितिविकारः प्रज्ञप्यते। किमन्यदनित्यं भूतभौतिकविनिर्मुक्तं यस्यानित्यता कल्प्यते तीर्थकरैः ? भूतानि च न प्रवर्तन्ते न निवर्तन्ते स्वभावलक्षणाभिनिवेशात्॥

今译：“还有，如果无常深入一切事物中，就会陷入三世。其中，过去的色与无常一起毁灭。未来的无常还没有产生，因为色还没有产生。而现在的无常与现在的色一起具有毁灭相。还有，色是四大聚合的差异。四大的造物自性不灭，因为摆脱异和不异。一切外道认为一切四大不灭，而一切三有和四大的造物被确认有生、住和灭。这些外道执著自性相，认为四大既不转出，也不转离，那么，他们怎样妄想另一种摆脱四大的造物的无常？

求译：“若無常入一切性者，應墮三世。彼過去色與壞俱。未來不生，色不生故。現在色與壞相俱。色者，四大積集差別。四大及造色自性不壞，離異不異故。一切外道一切四大不壞。一切三有、四大

[①] 自“若无常性是有法者”至此，实译采取简化的译法。

及造色，在所知[①]有生滅。離四大造色，一切外道於何所思惟無常？四大不生，自性相不壞故。

实译：“大慧！若無常性住諸法中，應同諸法墮於三世。與過去色同時已滅，未來不生，現在俱壞。一切外道計四大種體性不壞。色者，即是大種差別。大種造色，離異不異故，其自性亦不壞滅。大慧！三有之中能造所造，莫不皆是生、住、滅相，豈更別有無常之性，能生於物而不滅耶？

तत्र प्रारम्भविनिवृत्तिर्नाम अनित्यता -- न पुनर्भूतानि भूतान्तरमारभन्ते परस्परविलक्षणस्वलक्षणान्न विशेषः प्रारभ्यते। तदविशेषात्तेषामपुनरारम्भाद्विधायोगादनारम्भस्यानित्यताबुद्धयो भवन्ति॥

今译：“其中，所谓开始和停止是无常。四大不能造出另外的四大，因为自相互相不同。也不能造出差别，因为它们无差别。它们也不另有所造，因为两者无联系[②]。因此，开始无常的想法不成立。

求译：“離始造[③]無常者。非四大復有異四大，各各異相自相故。非差別可得，彼無差別。斯等不更造，二方便不作。當知是無常[④]。

实译：“始造即捨[⑤]無常者。非大種互造大種，以各別故。非自相造，以無異故。非復共造，以乖離故。當知非是始造無常。

तत्र संस्थानविनिवृत्तिर्नाम अनित्यता -- यदुत न भूतभौतिकं विनश्यति आ प्रलयात्। प्रलयो नाम महामते आ परमाणोः प्रविचयपरीक्षा विनाशो भूतभौतिकस्य संस्थानस्यान्यथाभूतदर्शनाद्दीर्घह्रस्वानुलब्धिः। न परमाणुभूतेषु विनाशा-

---

① “在所知”的原词是 prajñapyate（即 prajñā 的致使被动形式），意谓“被认为”。

② “因为两者无联系”的原文是 dvidhāyogāt。求译“二方便不作”。实译“以乖离故”。菩译未涉及。

③ 此处“离始造”，求译在前面译为“作已而舍”。

④ 按照现存梵本和实译，此处“是无常”应为“非是无常”。而菩译与求译一致：“而于彼处生无常智。”

⑤ 此处“始造即舍”，实译在前面译为“始起即舍”。

द्भूतानां संस्थानविनिवृत्तिदर्शनात्सांख्यवादे प्रपतन्ति॥

今译：“其中，所谓形态停止是无常。四大的造物直至毁灭也不灭。大慧啊，所谓毁灭是观察直至极微见到的毁灭。四大的造物形态变异，而有长短。四大在极微中不灭，所见只是形态停止，他们陷入数论。

求译：“彼形處壞無常者。謂四大及造色不壞，至竟不壞。大慧！竟者，分析乃至微塵觀察壞。四大及造色形處異見，長短不可得[①]，非四大。四大不壞，形處壞現，墮在數論。

实译：“形狀壞無常者。此非能造及所造壞，但形狀壞。其義云何？謂分析色乃至微塵，但滅形狀長短等見，不滅能造所造色體。此見墮在數論之中。

तत्र संस्थानानित्यता नाम -- यदुत यस्य रूपमेवानित्यं तस्य संस्थानस्यानित्यता न भूतानाम्। अथ भूतानामनित्यता स्यात्, लोकसंव्यवहाराभावः स्यात्। लोकसंव्यवहाराभावाल्लोकायतिकदृष्टिपतितः स्यात्, वाग्मात्रत्वात्सर्वभावानाम्। न पुनः स्वलक्षणोत्पत्तिदर्शनात्॥

今译：“其中，所谓形态无常。形态无常是色无常，而不是四大无常。如果四大无常，世间法[②]就不存在。世间法不存在，就会陷入顺世论，因为一切事物唯言语，不再看到自相产生。

求译：“色即無常者。謂色即是無常。彼則形處無常，非四大。若四大無常者，非俗數言說。世俗言說非性者，則墮世論。見一切性但有言說，不見自相生。

实译：“色即是無常者。謂此即是形狀無常，非大種性。若大種性亦無常者，則無世事。無世事者，當知則墮盧迦耶見。以見一切法

---

① 按照现存梵本以及菩译和实译，此处“长短不可得”应为“长短可得”。

② “世间法”的原词是 lokasaṃvyavahāra，指世间的行为、习惯或习俗。

自相生，[1]惟有言說故。

तत्र विकारानित्यता नाम -- यदुत रूपस्यान्यथाभूतदर्शनं न भूतानां सुवर्णसंस्थानभूषणविकारदर्शनवत्। न सुवर्णं भावाद्विनश्यति किं तु भूषणसंस्थानविनाशो भवति॥

今译：“其中，所谓变化无常。看到色的变异，而不是四大的变异，如同金子转变成各种形状的首饰。金性不会毁灭，而首饰形状会毁灭。

求译：“轉變無常者。謂色異性現，非四大。如金作莊嚴具，轉變現，非金性壞，但莊嚴具處所壞。如是餘性轉變等亦如是。

实译：“轉變無常者。謂色體變，非大種變。譬如以金作莊嚴具，嚴具有變，而金無改。此亦如是。

ये चान्ये विकारपतिताः, एवमाद्यादिभिः प्रकारैस्तीर्थकरैरनित्यतादृष्टिर्विकल्प्यते। भूतानि हि दह्यमानान्यग्निना स्वलक्षणत्वान्न दह्यन्ते। अन्योन्यतः स्वलक्षणविगमान्महाभूतभौतिकभावोच्छेदः स्यात्॥

今译：“诸如此类的外道陷入变化之类无常，妄想无常见。四大即使遭火焚烧，它们的自相也不会烧毁。只有各自的自相消失，四大的造物性才会毁灭。

求译：“如是等種種外道無常見妄想。火燒四大時，自相不燒。各各自相相壞者，四大造色應斷。

实译：“大慧！如是等種種外道，虛妄分別見無常性。彼作是說，火不能燒諸火自相，但各分散。若能燒者，能造所造則皆斷滅。[2]

[1] 按照现存梵本和求译，此处“见一切法自相生”应为“不见一切法自相生”。而菩译与实译一致：“见诸法自体相生”。

[2] 自“但各分散”至此，与现存梵本有差异。此处求译与现存梵本一致。

मम तु महामते न नित्या नानित्या। तत्कस्य हेतोः ? यदुत बाह्यभावानभ्युपगमात्त्रिभवचित्तमात्रोपदेशाद्विचित्रलक्षणानुपदेशान्न प्रवर्तते न निवर्तते महाभूतसंनिवेशविशेषः। न भूतभौतिकत्वाद्विकल्पस्य द्विधा प्रवर्तते ग्राह्यग्राहकालक्षणता। विकल्पस्य प्रवृत्तिद्वयपरिज्ञानाद्बाह्यभावाभावदृष्टिविगमात्स्वचित्तमात्रावबोधाद्विकल्पो विकल्पाभिसंस्कारेण प्रवर्तते नानभिसंस्कुर्वतः। चित्तविकल्पभावाभावविगमाल्लौकिकलोकोत्तरतमानां सर्वधर्माणां न नित्यता नानित्यता। स्वचित्तदृश्यमात्रानवबोधात्कुदृष्ष्यान्तद्वयपतितया संतत्या सर्वतीर्थकरैः स्वविकल्पानवबोधात्कथापुरुषैरसिद्धपूर्वैरनित्यता कल्प्यते। त्रिविधं च महामते सर्वतीर्थकरलौकिकलोकोत्तरतमानां सर्वधर्माणां लक्षणं वाग्विकल्पविनिःसृतानाम्। न च बालपृथग्जना अवबुध्यन्ते॥

今译：“然而，大慧啊，我的看法既非常，也非无常。为什么？不认同外界事物，教导三界唯心，不教导种种相，故而四大聚合和差别不转出，不转离。没有四大和造物性，因妄想分别，产生所取和能取相[①]二重性。明瞭妄想分别产生二重性，远离外界事物有无见，觉知唯自心。妄想起作用，则妄想生；不起作用，则不生。[②]远离心分别有无，一切世间法、出世间法和至上法，既非常，也非无常。不觉知唯自心所现，始终陷入二边邪见，不觉知自心分别，一切外道无成就者妄谈[③]无常性。大慧啊，一切外道所说一切世间法、出世间法和至上法三种相，出自言语分别。而愚夫们不理解。”

求译：“大慧！我法起非常非無常。所以者何？謂外性不決定[④]故。

---

① 此处“所取和能取相”的原词是 grāhyagrāhakālakṣaṇatā，疑有误，应为 grāhyagrāhakalakṣaṇatā 。

② 此句求译与现存梵本一致。菩译“唯是自心分别作业，而名为生，而业不生，”与现存梵本有差异。实译未涉及。

③ 此句原文中 kathā(“谈话”)和 puruṣa（“人”）两个词连读，而按南条本应该断开。若这两个词连读，组成复合词 kathāpuruṣa，词义为“故事手”，用在这里似乎不太合适。若将这个复合词读作“说者”，似乎也适用。那么，此句可译为“一切无成就的外道说者妄想无常性。”

④ “不决定”的原词是 anabhyupagama，意谓“不承认”或“不认同”。菩译“不说”，实译“不取”。

惟說三有微心，不說種種相有生有滅、四大合會差別、四大及造色故。妄想二種事攝所攝。知二種妄想，離外性無性二種見，覺自心現量。妄想者，思想作行生，非不作行。離心性無性妄想，世間、出世間、上上一切法非常非無常。不覺自心現量，墮二邊惡見相續，一切外道不覺自妄想。此凡夫無有根本。謂世間、出世間、上上法從說妄想[①]生，非凡愚所覺。"

实译："大慧！我說諸法非常無常。何以故？不取外法故，三界唯心故，不說諸相故，大種性處種種差別不生不滅故，非能造所造故，能取所取二種體性一切皆從分別起故，如實而知二取性故，了達惟是自心現故，離外有無二種見故，離有無見則不分別能所造故。大慧！世間、出世間及出世間上上諸法，惟是自心，非常非無常。不能了達，墮於外道二邊惡見。大慧！一切外道不能解了此三種法，依自分別而起言說，著無常性。大慧！此三種法所有語言分別境界，非諸凡愚之所能知。"

तत्रेदमुच्यते --

今译：这里，这样说道：

求译：爾時世尊欲重宣此義而說偈言：

实译：爾時世尊重說頌言：

प्रारम्भविनिवृत्तिं च संस्थानस्यान्यथात्वताम्।
भावमनित्यतां रूपं तीर्थ्याः कल्पेन्ति मोहिताः ॥ ११८॥

今译：开始和停止，形态变异，事物无常，
　　　　还有色，愚痴的外道们妄想分别。（118）

求译：遠離於始造，及與形處異，

[①]　"说妄想"的原词是 vāgvikalpa，即"言语分别"。

性與色無常，外道愚妄想。

实译：始造即便捨，形狀有轉變，
色物等無常，外道妄分別。

भावानां नास्ति वै नाशं भूता भूतात्मना स्थिताः।
नानादृष्टिनिमग्नास्ते तीर्थ्याः कल्पेन्ति नित्यताम्॥११९॥

今译：事物不毁灭，四大凭自身安住，
外道陷入种种邪见，妄想无常。（119）

求译：諸性無有壞，大大自性住，
外道無常想，沒在種種見。

实译：諸法無壞滅，諸大自性住，
外道種種見，如是說無常。

कस्यचिन्न हि तीर्थ्यस्य विनाशो न च संभवः।
भूता भूतात्मना नित्याः कस्य कल्पेन्त्यनित्यताम्॥१२०॥

今译：对于任何外道，既无灭，也无生，
四大凭自身而常，妄想什么无常？（120）

求译：彼諸外道等，無若生若滅，
大大性自常，何謂無常想？

实译：彼諸外道眾，皆說不生滅，
諸大性自常，誰是無常法？

चित्तमात्रमिदं सर्वं द्विधा चित्तं प्रवर्तते।
ग्राह्यग्राहकभावेन आत्मात्मीयं न विद्यते॥१२१॥

今译：这一切唯心，心转出二重性，
并无所取和能取，我和我所。（121）

求译：一切唯心量，二種心流轉，
　　　　攝受及所攝，無有我我所。

实译：能取及所取，一切惟是心，
　　　　二種從心現，無有我我所。

ब्रह्मादिस्थानपर्यन्तं चित्तमात्रं वदाम्यहम्।
चित्तमात्रविनिर्मुक्तं ब्रह्मादिर्नोपलभ्यते॥१२२॥

今译：我说梵天等等境界为唯心，
　　　　摆脱唯心，梵天等等不可得。（122）

求译：梵天為樹根，枝條普周遍，^①
　　　　如是我所說，惟是彼心量。

实译：梵天等諸法，我說惟是心，
　　　　若離於心者，一切不可得。

इति लङ्कावतारे महायानसूत्रे अनित्यतापरिवर्तस्तृतीयः॥

今译：以上是《大乘入楞伽经》中第三《无常品》。

---

① 此句译文对原文有所发挥。

४ अभिसमयपरिवर्तो नाम चतुर्थः।

今译：第四 现证品

实译：現證品第四

अथ खलु महामतिर्बोधिसत्त्वो महासत्त्वः पुनरपि भगवन्तमेतदवोचत् -- देशयतु मे भगवान् सर्वबोधिसत्त्वश्रावकप्रत्येकबुद्धनिरोधक्रमानुसंधिलक्षणकौशल्यं येन क्रमानुसंधिलक्षणकौशल्येन अहं च अन्ये च बोधिसत्त्वा महासत्त्वा निरोधसुखसमापत्तिमुखेन न प्रतिमुह्येम, न च श्रावकप्रत्येकबुद्धतीर्थ्यकरव्यामोहे प्रपतेम। भगवानाह -- तेन महामते शृणु , साधु च सुष्ठु च मनसिकुरु। भाषिष्ये ऽहं ते। साधु भगवन्निति महामतिर्बोधिसत्त्वो महासत्त्वो भगवतः प्रत्यश्रौषीत्॥

今译：然后，大慧菩萨大士又对世尊说道："请世尊为我宣示一切菩萨、声闻和缘觉通晓灭尽定次第连续相。凭借通晓次第连续相，我和其他菩萨大士能依靠灭尽定之乐摆脱迷惑，不陷入声闻、缘觉和外道的愚痴。"世尊说道："那么，大慧啊，请听！请你安下心来，我会为你讲述。"大慧菩萨大士回答世尊，说道："好吧，世尊。"

求译：爾時大慧菩薩復白佛言："世尊，惟願為說一切菩薩、聲聞、緣覺滅正受次第相續。若善於滅正受次第相續相者，我及餘菩薩終不妄捨滅正受樂門，不墮一切聲聞、緣覺、外道愚癡。"佛告大慧："諦聽諦聽！善思念之，當為汝說。"大慧白佛言："世尊，惟願為說。"

实译：爾時大慧菩薩摩訶薩復白佛言："世尊，願為我說一切聲聞、緣覺入滅次第相續相，令我及諸菩薩摩訶薩善知此已，於滅盡三味樂心無所惑，不墮二乘及諸外道錯亂之中。”佛言：“諦聽！當為汝說。

भगवांस्तस्यैतदवोचत् -- षष्ठीं महामते भूमिमुपादाय बोधिसत्त्वा महासत्त्वाः सर्वश्रावकप्रत्येकबुद्धाश्च निरोधं समापद्यन्ते। सप्तम्यां भूमौ पुनश्चित्तक्षणे चित्तक्षणे बोधिसत्त्वा महासत्त्वाः सर्वभावस्वभावलक्षणव्युदासात्समापद्यन्ते, न तु श्रावकप्रत्येकबुद्धाः। तेषां हि श्रावकप्रत्येकबुद्धानामाभिसंस्कारिकी ग्राह्यग्राहकलक्षणपतिता च निरोधसमापत्तिः। अतस्ते सप्तम्यां भूमौ चित्तक्षणे चित्तक्षणे समापद्यन्ते -- मा सर्वधर्माणामविशेषलक्षणप्राप्तिः स्यादिति। विचित्रलक्षणाभावश्च। कुशलाकुशलस्वभावलक्षणानवबोधात्सर्वधर्माणां समापत्तिर्भवति। अतः सप्तम्यां भूमौ चित्तक्षणे चित्तक्षणे समापत्तिकौशल्यं नास्ति येन समापद्येरन्॥

今译：世尊对他说道：“大慧啊，在第六地，菩萨大士以及一切声闻和缘觉达到灭尽定。在第七地，菩萨大士远离一切事物自性相，心中每一刹那入定。而声闻和缘觉不是这样。声闻和缘觉的灭尽定有所作为，陷入所取和能取相。因此，他们在第七地达到心中每一刹那入定[①]，并没有达到一切法无差别相：无种种相，不觉知一切法善不善自性相，而入定。因此，在第七地，他们并不通晓心中每一刹那入定。

求译：佛告大慧：“六地起，菩薩摩訶薩及聲聞、緣覺入滅正受。第七地菩薩摩訶薩念念正受[②]，離一切性自性相。正受非聲聞、緣覺。諸聲聞、緣覺墮有行攝所攝相滅正受。是故，七地非念正受，得一切法無差別相非分[③]，得種種相性，覺一切法善不善性相正受。是故，

[①] 这句按求译、菩译和实译均为“没有达到心中每一刹那入定”。那么，这句原文或者漏了一个否定词 na（“不”），或者可按连声规则，将 samāpadyante（“入定”）读作 asamāpadyante（“不入定”）。

[②] “念念正受”指心中每一刹那入定。

[③] 这句的意思是：没有获得一切法无差别相。

七地無善[①]念正受。

实译：“大慧！菩薩摩訶薩至于六地，及聲聞、緣覺入於滅定。七地菩薩念念恒入，離一切法自性相故，非諸二乘。二乘有作，墮能所取，不得諸法無差别相，了善不善自相共相入於滅定。是故，不能念念恒入。

अष्टम्यां महामते भूमौ बोधिसत्त्वानां महासत्त्वानां श्रावकप्रत्येकबुद्धानां च चित्तमनोमनोविज्ञानविकल्पसंज्ञाव्यावृत्तिर्भवति। प्रथमषष्ठ्यां भूमौ चित्तमनोमनोविज्ञानमात्रं त्रैधातुकं समनुपश्यति आत्मात्मीयविगतं स्वचित्तविकल्पोद्भवम् , न च बाह्यभावलक्षणवैचित्र्यपतितमन्यत्र स्वचित्तमेव। द्विधा बालानां ग्राह्यग्राहकभावेन परिणाम्य स्वज्ञानं न चावबोध्यन्ते अनादिकालदौष्ठुल्यविकल्पप्रपञ्चवासनावासिताः॥

今译：“大慧啊，在第八地，菩萨大士、声闻和缘觉摆脱心、意和意识分别名想。他们从初地至第六地，观察到三界唯心、意和意识，产生于自心妄想分别，远离我和我所，不陷入种种外界事物相，那只是自心所现。而受无始恶劣分别戏论习气熏染的人们依随愚夫们的所取和能取二重性转变自智而不觉知。

求译：“大慧！八地菩薩及聲聞、緣覺，心、意、意識妄想相[②]滅。初地乃至七地[③]，菩薩摩訶薩觀三界心、意、意識量[④]，離我、我所。自妄想修，墮外性種種相。[⑤]愚夫二種自心攝所攝向[⑥]，無知不覺無始過惡虛偽習氣所薰。

---

① 此处“善”的原词是 kauśalyam，意谓“善巧”或“通晓”。

② 此处“相”的原词是 saṃjñā（“名想”），故而此字应为“想”。

③ “七地”按照现存梵本以及菩译和实译，应为“六地”。

④ 此处“量”的原词是 mātra，在这里意谓“唯有”或“仅仅”。

⑤ “自妄想修，堕外性种种相”与现存梵本有差异。菩译“唯是自心分别，不堕外法种种诸相”，与现存梵本和实译一致。

⑥ 此处“向”的原词是 pariṇāmya，意谓“弯下”、“倾向”或“转变”。实译“变作”。

实译："大慧！八地菩薩、聲聞、緣覺，心、意、意識分別想滅，始從初地乃至六地，觀察三界一切唯是心、意、意滅[①]自分別起，離我、我所，不見外法種種諸相。凡愚不知由無始來過惡薰習，於自心內變作能取所取之相而生執著。

अष्टम्यां महामते निर्वाणं श्रावकप्रत्येकबुद्धबोधिसत्त्वानाम्। बोधिसत्त्वाश्च समाधिबुद्धैर्विधार्यन्ते तस्मात्समाधिसुखाद्, येन न परिनिर्वान्ति अपरिपूर्णत्वात्तथागतभूमेः। सर्वकार्यप्रतिप्रस्रम्भणं च स्यात्, यदि न संधारयेत्, तथागतकुलवंशोच्छेदश्च स्यात्। अचिन्त्यबुद्धमाहात्म्यं च देशयन्ति ते बुद्धा भगवन्तः। अतो न परिनिर्वान्ति। श्रावकप्रत्येकबुद्धास्तु समाधिसुखेनापह्रियन्ते। अतस्तेषां तत्र परिनिर्वाणबुद्धिर्भवति॥

今译："大慧啊，在第八地，有声闻、缘觉和菩萨的涅槃。而菩萨受三昧佛护持，不由入定之乐入般涅槃。如来地尚未圆满，如果停止一切活动，不加护持，如来世系就会断绝。诸佛世尊宣示不可思议佛威力。因此，他们不入般涅槃。而声闻和缘觉沉迷入定之乐。因此，他们怀有般涅槃的想法。

求译："大慧！八地菩薩摩訶薩、聲聞、緣覺涅槃。菩薩者，三昧覺所持。是故，三昧門樂，不般涅槃。若不持者，如來地不滿足，棄捨一切為眾生事，佛種則斷。諸佛世尊為示如來不可思議無量功德。[②] 聲聞、緣覺三昧門得樂所牽，故作涅槃想。

实译："大慧！八地菩薩所得三昧，同諸聲聞、緣覺涅槃。以諸佛力所加持故，於三昧門不入涅槃。若不持者，便不化度一切眾生，不能滿足如來之地，亦則斷絕如來種性。是故，諸佛為說如來不可思議諸大功德，令其究竟不入涅槃。聲聞、緣覺著三昧樂。是故，於中

---

① 此处"灭"字，据《中华大藏经》校勘记，"《资》、《碛》、《普》、《南》、《径》、《清》、《丽》作'识'。"

② 按照现存梵本以及菩译和实译，这里还有一句："因此，他们不入般涅槃。"

生涅槃想。

सप्तसु महामते भूमिषु चित्तमनोमनोविज्ञानलक्षणपरिचयकौशल्यात्मात्मीयग्राह्यग्राहधर्मपुद्गलनैरात्म्यप्रवृत्तिनिवृत्तिस्वसामान्यलक्षणपरिचयचतुःप्रतिसंविद्विनिश्वयकौशल्यवशितास्वादसुखभूमिक्रमानुप्रवेशबोधिपाक्षिकधर्मविभागः क्रियते मया -- मा बोधिसत्त्वा महासत्त्वाः स्वसामान्यलक्षणानवबोधाद्भूमिक्रमानुसंध्यकुशलास्तीर्थकरकुदृष्टिमार्गे प्रपतेयुः, इत्यतो भूमिक्रमव्यवस्था क्रियते। न तु महामते अत्र कश्चित्प्रवर्तते वा निवर्तते वा अन्यत्र स्वचित्तदृश्यमात्रमिदं यदुत भूमिक्रमानुसंधिस्त्रैधातुकविचित्रोपचारश्च। न च बाला अवबुध्यन्ते। अनवबोधाद्बालानां भूमिक्रमानुसंधिव्यपदेशं त्रैधातुकविचित्रोपचारश्च व्यवस्थाप्यते बुद्धधर्मालया च॥

今译："大慧啊，在七地中，善于观察心、意和意识相，观察我和我所、所取和能取、法和人无我、转出和转离、自相和共相，通晓四无碍辩[①]和决定[②]，品尝自在之乐，依次进入诸地，分辨菩提分支法。我这样安排，以免菩萨大士不觉知自相和共相，不通晓诸地次第连续，而陷入外道邪见之路。因此，我确立诸地次第。但是，大慧啊，这里并没有什么转出或转离。诸地次第连续和三界种种行状，这只是唯自心所现。愚夫们并不理解。愚夫们不理解，故而我和诸佛[③]宣说诸地次第连续，确立三界种种行状。

求译："大慧！我分部七地[④]，善修心、意、意識相，善修我、我所，攝受[⑤]人法無我、生滅、自共相，善四無礙、決定力、三昧門[⑥]，地次第相續，入道品法。不令菩薩摩訶薩不覺自共相，不善七地，墮

① "四无碍辩"(catuḥpratisaṃvid，或译"四无碍解")指法无碍、义无碍、辞无碍和辩无碍。

② "决定"的原词是viniśvaya，据南条本应为viniścaya。

③ "我和诸佛"的原词是buddhadharmālayā，疑有误。此处求译和实译"我及诸佛"，菩译"我及一切诸佛"。南条本在此处注文中，据藏译本推断为tairbuddhairmayā("我和诸佛")。

④ "我分部七地"的意思是"我分别部署七地"。按照现存梵本，这里只是说"在七地中"。

⑤ 此处"摄受"，按照现存梵本，应为"所摄和能摄"。

⑥ 按照现存梵本，此处"三昧门"的原词是vaśitāsvādasukha，即"品尝自在之乐"。

外道邪徑，故立地次第。大慧！彼實無有若生若滅，除自心現量，所謂地次第相續，及三界種種行，愚夫所不覺。愚夫所不覺者，謂我及諸佛說地次第相續，及說三界種種行。

实译：“大慧！七地菩薩善能觀察心、意、意識，我、我所執，生法無我[①]，若生若滅，自相共相，四無礙辯，善巧決定，於三昧門而得自在，漸入諸地，具菩提分法。大慧！我恐諸菩薩不善了知自相共相，不知諸地相續次第，墮於外道諸惡見中，故如是說。大慧！彼實無有若生若滅，諸地次第三界往來，一切皆是自心所見，而諸凡愚不能了知。以不知故，我及諸佛為如是說。

पुनरपरं महामते श्रावकप्रत्येकबुद्धा अष्टम्यां बोधिसत्त्वभूमौ निरोधसमापत्तिसुखमदमत्ताः स्वचित्तदृश्यमात्राकुशलाः स्वसामान्यलक्षणावरणवासनापुद्गलधर्मनैरात्म्यग्राहकदृष्टिपतिता विकल्पनिर्वाणमतिबुद्धयो भवन्ति, न विविक्तधर्ममतिबुद्धयः। बोधिसत्त्वाः पुनर्महामते निरोधसमाधिसुखमुखं दृष्ट्वा पूर्वप्रणिधानकृपाकरुणोपेता निष्ठपदगतिविभागज्ञा न परिनिर्वान्ति। परिनिर्वृताश्च ते विकल्पस्याप्रवृत्तत्वात्। ग्राह्यग्राहकविकल्पस्तेषां विनिवृत्तः। स्वचित्तदृश्यमात्रावबोधात् सर्वधर्माणां विकल्पो न प्रवर्तते। चित्तमनोमनोविज्ञानबाह्यभावस्वभावलक्षणाभिनिवेशं विकल्पयति। तेन पुनर्बुद्धधर्महेतुर्न प्रवर्तते, ज्ञानपूर्वकः प्रवर्तते तथागतस्वप्रत्यात्मभूम्यधिगमनतया स्वप्नपुरुषौघोत्तरणवत्॥

今译：“还有，大慧啊，声闻和缘觉在第八地沉迷灭尽定之乐，不通晓唯自心所现，陷入自相和共相的障碍和习气，执取人和法无我见，妄想分别，产生涅槃的想法，而不是寂静法的想法。然而，大慧啊，菩萨看到灭尽定法门之乐，记住以前的誓愿，怀抱同情和慈悲，明确修行十尽句，不入般涅槃。而由于不起妄想分别，他们已经达到般涅槃。他们摆脱所取和能取分别。他们觉知唯自心所现，不分别一

① 此处“生法无我”，按照现存梵本以及求译和菩译，应为“人法无我”。

切法。执著心、意和意识以及外界事物自性相，妄想分别，那么，佛法的原因就不出现。而证得如来自觉地，佛法的原因便伴随这种智慧出现。这如同人在梦中渡河。

求译：“復次，大慧！聲聞、緣覺第八菩薩地滅三昧樂門醉所醉，不善自心現量，自共相習氣所障，墮人法無我法攝受見，妄想涅槃想，非寂滅智慧覺。大慧！菩薩者見滅三昧門樂，本願哀愍，大悲成就，知分別十無盡句，不妄想涅槃想。彼已涅槃，妄想不生故。離攝所攝妄想，覺了自心現量一切諸法，妄想不生，不墮心、意、意識、外性自性相計著妄想。非佛法因不生，隨智慧生，得如來自覺地。

实译：“大慧！聲聞、緣覺至於菩薩第八地中，為三昧樂之所昏醉，未能善了惟心所見，自共相習纏覆其心，著二無我，生涅槃覺，非寂滅慧。大慧！諸菩薩摩訶薩見於寂滅三昧樂門，即便憶念本願大悲，具足修行十無盡句。是故，不即入於涅槃。以入涅槃不生果故，[①] 離能所取故，了達惟心故，於一切法無分別故，不墮心、意及以意識、外法性相執著中故。然非不起佛法正因，隨[②]慧行如是起故，得於如來自證地故。

तद्यथा पुनर्महामते कश्चिच्छयितः स्वप्नान्तरे महाव्यायामौत्सुक्येन महौघादात्मानमुत्तारयेत्। स चानुत्तीर्ण एव प्रतिबुध्येत। प्रतिबुद्धश्च सन्नेवमुपपरीक्षेत -- किमिदं सत्यमुत मिथ्येति। स एवं समनुपश्येत् -- नेदं सत्यं न मिथ्या अन्यत्र दृष्टश्रुतमतविज्ञातानुभूतविकल्पवासनाविचित्ररूपसंस्थानानादिकालविकल्पपतिता नास्त्यस्तिदृष्टिविकल्पपरिवर्जिता मनोविज्ञानानुभूताः स्वप्ने दृश्यन्ते। एवमेव महामते बोधिसत्त्वा महासत्त्वा अष्टम्यां बोधिसत्त्वभूमौ विकल्पस्याप्रवृत्तिं

① 这句按照现存梵本以及求译和菩译，应为“已经达到涅槃”。

② 此处“随”字，据《中华大藏经》校勘记，“《资》、《碛》、《普》、《南》、《径》、《清》、《丽》作‘随智’”。

दृष्ट्वा प्रथमसप्तमीभूमिसंचारात्सर्वधर्माभिसमयान्मायादिधर्मसमतया सर्वधर्मौत्सुक्यग्राह्यग्राहकविकल्पोपरतं चित्तचैतसिकविकल्पप्रसरं दृष्ट्वा बुद्धधर्मेषु प्रयुज्यन्ते। अनधिगतानामधिगमाय प्रयोग एष महामते निर्वाणं बोधिसत्त्वानां न विनाशः चित्तमनोमनोविज्ञानविकल्पसंज्ञाविगमाच्च अनुत्पत्तिकधर्मक्षान्तिप्रतिलम्भो भवति। न चात्र महामते परमार्थे क्रमो न क्रमानुसंधिर्निराभासविकल्पविविक्तधर्मोपदेशात्॥

今译：“例如，大慧啊，有人在睡梦中，竭尽全力，要让自己游过一条大河。然而，还没游到对岸，醒了。醒后，他思忖道：‘这是真是假？’他继而观察到这非真非假。梦中所见只是心和意识的体验。它们陷入过去体验的所见所闻、分别习气、种种色和形态的无始分别，没有摆脱有无分别邪见。[①]同样，大慧啊，菩萨大士从初地至第七地，现证一切法，依据诸法平等如幻等等，停止追求一切法以及所取和能取分别，看到心和心所种种分别，在第八菩萨地，看到分别不起，而修行种种佛法。大慧啊，这些修行为了让那些没有证得佛法者证得佛法。菩萨的涅槃不是毁灭。由于远离心、意和意识分别名想，而达到忍受无生法。大慧啊，这里所说的是无影像分别的寂静法，故而第一义不是次第，也不是次第连续。”

求译：“如人夢中方便度水，未度而覺。覺已，思惟為正為邪？非正非邪。餘[②]無始見聞覺識因想，種種習氣，種種形處，墮有無想，心、意、意識夢現。大慧！如是菩薩摩訶薩於第八菩薩地見妄想生[③]，從初地轉進至第七地，見一切法如幻等，方便度攝所攝心妄想行已，

① “没有摆脱有无分别邪见”的原文是 nāstyastidṛṣṭivikalpaparivarjitā（“摆脱有无分别邪见”）。此处求译“堕有无想”，菩译“不离有无”。然而实译“离有无念”。从语境看，求译和菩译应该更合理。那么原文应该是 nāstyastidṛṣṭivikalpāparivarjitā（“没有摆脱有无分别邪见”）。

② 此处“余”的原词是 anyatra，词义为“除了”或“唯有”。菩译“唯是”，实译“但是”。

③ 按照现存梵本和实译，此处“见妄想生”应为“见妄想不生”（即“看到分别不起”）。

作佛法方便①，未得者令得。大慧！此是菩薩涅槃，方便②不懷③，離心、意、意識，得無生法忍。大慧！於第一義無次第相續，說無所有妄想寂滅法。"④

实译："大慧！如人夢中方便度河，未度便覺。覺已，思惟向之所見，為是真實為是虛妄？復自念言非實非妄。如是但是見聞覺知，曾所更事，分別習氣，離有無念，意識夢中之所現耳。大慧！菩薩摩訶薩亦復如是，始從初地，而至七地，乃至增進入於第八，得無分別，見一切法如幻夢等，離能所取，見心、心所廣大力用，勤修佛法，未證令證，離心、意、意識妄分別想，獲無生忍。此是菩薩所得涅槃，非滅壞也。大慧！第一義中無有次第，亦無相續，遠離一切境界分別。此則名為寂滅之法。"

तत्रेदमुच्यते --

今译：这里，这样说道：

求译：爾時世尊欲重宣此義而說偈言：

实译：爾時世尊重說頌言：

चित्तमात्रे निराभासे विहारा बुद्धभूमि च।
एतद्धि भाषितं बुद्धैर्भाषन्ते भाषयन्ति च॥ १॥

今译：诸住以及佛地唯心无影像，

---

① "作佛法方便"的原文是 buddhadharmeṣu prayujyante，意谓修行佛法。

② 此处"方便"的原词是 prayoga，也是指修行。但此词应与前面的"未得者令得"相连，意谓"这种修行让未得佛法者得佛法"。这样，此处与它相连的"不坏"，是指"菩萨的涅槃不是毁灭"。

③ 此处"怀"字应为"坏"。据《中华大藏经》校勘记，"《碛》、《南》、《径》、《清》作'坏'"。

④ 按照现存梵本，求译这段文字有所简化，句子的次序也有所变动。

诸佛过去、现在和未来所说。① （1）

求译：心量無所有，此住及佛地，
去來及現在，三世諸佛說。

实译：諸住及佛地，惟心無影像，
此是去來今，諸佛之所說。

चित्तं हि भूमयः सप्त निराभासा त्विहाष्टमी।
द्वे हि भूमी विहारो ऽत्र शेषा भूमिर्ममात्मिका॥२॥

今译：前七地是心，第八地无影像，
这两地是住，其余地属于我。② （2）

求译：心量地第七，無所有第八，
二地名為住，佛地名最勝。

实译：七地是有心，八地無影像，
此二名地③住，餘則我所得。

प्रत्यात्मवेद्या शुद्धा च भूमिरेषा ममात्मिका।
माहेश्वरं परं स्थानमकनिष्ठो विराजते॥३॥

今译：清净的自觉，这是属于我的地，
至高自在处，光辉阿迦尼吒天。（3）

求译：自覺智及淨，此則是我地，
自在最勝處，清淨妙莊嚴。

---

① 这颂也见于第10品第105颂。其中第一行，在那颂中的读法有所不同。第二行中，"未来所说"的原文是 bhāṣayanti。按照将来时，应为 bhāṣiṣyanti。

② 这里，"两地"所指不明确。可能是指第七地和第八地，或者是指第九地和第十地。"其余地"（śeṣā bhūmi，语法形式是单数）在下面有具体描述。这里的"住"（vihāra）和前面一颂中的"诸住"，是指住于诸地修行。

③ 此处"名地"，据《中华大藏经》校勘记，"诸本作'地名'"。

实译：自證及清淨，此則是我地，
　　　　摩醯①最勝處，色究竟莊嚴。

हुताशनस्य हि यथा निश्चेरुस्तस्य रश्मयः।
चित्रा मनोहराः सौम्यास्त्रिभवं निर्मिणन्ति ते॥४॥

今译：犹如火焰闪耀美妙光辉，
　　　　灿烂而迷人，化出三有。（4）

求译：照曜如盛火，光明悉遍至，
　　　　熾炎不壞目，周輪化三有。

实译：譬如大火聚，光焰熾然發，
　　　　化現於三有，悅意而清涼。

निर्माय त्रिभवं किंचित्किंचिद्वै पूर्वनिर्मितम्।
तत्र देशेमि यानानि एषा भूमिर्ममात्मिका॥५॥

今译：现在和过去化出的种种三有，
　　　　我在那里说诸乘，这是我的地。（5）

求译：化現在三有，或有先時化，
　　　　於彼演說乘，皆是如來地。

实译：或有現變化，或有先時化，
　　　　於彼說諸乘，皆是如來地。

दशमी तु भवेत्प्रथमा प्रथमा चाष्टमी भवेत्।
नवमी सप्तमी चापि सप्तमी चाष्टमी भवेत्॥६॥

今译：第十地为第一地，第一地为第八地，

---

① “摩醯”是 Maheśvara（“大自在天”）一词音译略称。全称是摩醯首罗。

第九地为第七地，第七地为第八地。（6）

求译：十地則為初，初則為八地，

第九則為七，七亦復為八。

实译：十地則為初，初則為八地，

第九則為七，第七復為八。

द्वितीया च तृतीया स्याच्चतुर्थी पञ्चमी भवेत्।

तृतीया च भवेत्षष्ठी निराभासे क्रमः कुतः॥७॥

今译：第二地为第三地，第四地为第五地，

第三地为第六地，无影像哪有次第？（7）

求译：第二為第三，第四為第五，

第三為第六，無所有何次？

实译：第二為第三，第四為第五，

第三為第六，無相有何次？

इति लङ्कावतारे अभिसमयपरिवर्तश्चतुर्थः॥

今译：以上是《入楞伽经》中第四《现证品》。

५ तथागतनित्यानित्यप्रसङ्गपरिवर्तो नाम पञ्चमः।

今译：第五 如来常无常品[1]

实译：如來常無常品第五

अथ खलु महामतिर्बोधिसत्त्वो महासत्त्वः पुनरपि भगवन्तमेतदवोचत् -- किं भगवंस्तथागतो ऽर्हन् सम्यक्संबुद्धो नित्य उताहो ऽनित्यः ? भगवानाह -- न महामते तथागतो नित्यो नानित्यः। तत्कस्यः हेतोः ? यदुत उभयदोषप्रसङ्गात्। उभयथा हि महामते दोषप्रसङ्गः स्यात्। नित्ये सति कारणप्रसङ्गः स्यात्। नित्यानि हि महामते सर्वतीर्थकराणां कारणान्यकृतकानि च। अतो न नित्यस्तथागतो ऽकृतकनित्यत्वात्। अनित्ये सति कृतकप्रसङ्गः स्यात्। स्कन्धलक्ष्यलक्षणाभावात्स्कन्धविनाशादुच्छेदः स्यात्। न चोच्छेदो भवति तथागतः। सर्वं हि महामते कृतकमनित्यं घटपटतृणकाष्ठेष्टकादि। सर्वानित्यत्वप्रसङ्गात् सर्वज्ञज्ञानसंभारवैयर्थ्यं भवेत्कृतकत्वात्। सर्वं हि कृतकं तथागतः स्याद्विशेषहेत्वभावात्। अत एतस्मात्कारणान्महामते न नित्यो नानित्यस्तथागतः॥

今译：然后，大慧菩萨大士又对世尊说道："世尊啊，如来、阿罗汉、正等觉是常，还是无常？"世尊说道："大慧啊，如来非常非无常。为什么？因为陷入成双的过失。大慧啊，成双陷入过失。如果是常，则陷入作因。一切外道认为作因不是造物，是常。而如来并不由于不是造物而是常。如果是无常，则陷入造物。诸蕴所相和能相不存在，造物随诸蕴毁灭而断灭。而如来不断灭。大慧啊，罐、布、草、

[1] 本品标题中还有 prasaṅga 一词，词义为"执著"、"陷入"、"关联"和"论题"等。因此，也可译为《论如来常无常品》。菩译《问如来常无常品》。

木和砖等等一切造物无常。由于是造物，陷入一切无常，那么，全知者[①]积累的功德智慧资粮也就毫无用处。因为没有特殊原因，如来也就成为造物。因此，大慧啊，如来非常非无常。

求译：爾時大慧菩薩復白佛言：“世尊，如來、應供、等正覺為常無常？”佛告大慧：“如來、應供、等正覺非常非無常。謂二俱有過。常者，有作主過。常者，一切外道說作者無所作。[②]是故，如來常非常。非作常[③]，有過故。若如來無常者，有作無常過。陰所相相無性，陰壞則應斷，而如來不斷。大慧！一切所作皆無常，如瓶、衣等。一切皆無常過，一切智眾具方便[④]應無義，以所作故。一切所作皆應是如來，無差別因性故。是故，大慧！如來非常非無常。

实译：爾時大慧菩薩摩訶薩復白佛言：“世尊，如來、應、正等覺為常為無常？”佛言：“大慧！如來、應、正等覺非常非無常。何以故？俱有過故。云何有過？大慧！若如來常者，有能作過，一切外道說能作常。若無常者，有所作過，同於諸蘊，為相所相，畢竟斷滅而成無有，然佛如來實非斷滅。大慧！一切所作如瓶、衣等，皆是無常，是則如來有無常過，所修福智悉空無益。又諸作法應是如來，無異因故。是故，如來非常非無常。

पुनरपि महामते न नित्यस्तथागतः। कस्मात् ? आकाशसंभारवैयर्थ्यप्रसङ्गात्। तद्यथा महामते आकाशं न नित्यं नानित्यं नित्यानित्यव्युदासादेकत्वान्यत्वोभयत्वानुभयत्वनित्यानित्यत्वदोषैरवचनीयः॥

今译：“还有，大慧啊，如来不是常。为什么？因为陷入如同虚空，积累资粮毫无用处。大慧啊，如同虚空非常非无常，远离常和无

① “全知者”（Sarvajña，或译“一切智”）指如来。

② 这句的意思是：一切外道认为作因不是造物，是常。这里译为“作者”（或“作主”）的原词是 kāraṇa（“原因”或“作因”）。菩译“诸因”，实译“能作”。

③ “非作常”的意思：不是造物而成为常。也就是说，如来并不因为不是造物而成为常。

④ “智众具方便”的原词是 sambhāra（“资粮”），指修行积累的功德和智慧。

常，故而不应该说具有一和异、双和非双、常和无常等等过失。

求译：“復次，大慧！如來非如虚空常。如虚空常者，自覺聖智眾具無義過。大慧！譬如虚空非常非無常，離常無常，一異、俱不俱、常無常過，故不可說。是故，如來非常。

实译：“復次，大慧！如來非常。若是常者，應如虚空，不待因成[①]。大慧！譬如虚空非常非無常，何以故？離常無常、若一若異、俱不俱等諸過失故。

पुनरपरं महामते शशहयखरोष्ट्रमण्डूकसर्पमक्षिकामीनविषाणतुल्यः स्याद्-नुत्पादनित्यत्वात्। अतो ऽनुत्पादनित्यत्वप्रसङ्गान्न नित्यस्तथागतः॥

今译：“还有，大慧啊，无生之常如同兔、马、驴、骆驼、青蛙、蛇、飞蝇和鱼之角。由于陷入无生之常，如来不是常。

求译：“復次，大慧！若如來無生常者，如兔、馬等角。以無生常故，方便無義。[②]以無生常過故，如來非常。

实译：“復次，大慧！如來非常。若是常者，則是不生，同於兔、馬、魚、蛇等角。

पुनरपरं महामते अस्त्यसौ पर्यायो येन नित्यस्तथागतः। तत्कस्य हेतोः ? यदुत अभिसमयाधिगमज्ञाननित्यत्वान्नित्यस्तथागतः। अभिसमयाधिगमज्ञानं हि महामते नित्यं तथागतानामर्हतां सम्यक्संबुद्धानाम्। उत्पादाद्वा तथागताना-मनुत्पादाद्वा स्थितैवैषा धर्मता धर्मनियामता धर्मस्थितिता सर्वश्रावकप्रत्येक-बुद्धतीर्थकराभिसमयेषु। न तु गगने धर्मस्थितिर्भवति। न च बालपृथग्जना अवबुध्यन्ते। अधिगमज्ञानं च महामते तथागतानां प्रज्ञाज्ञानप्रभावितम्। न महामते तथागता अर्हन्तः सम्यक्संबुद्धाश्चित्तमनोमनोविज्ञानस्कन्धधात्वायतना-

① “不待因成”，按照现存梵本以及求译和菩译，应为“积累资粮毫无意义”。

② 这句不见于现存梵本以及菩译和实译。“方便无义”也就是上面所说的“众具无义”，即“积累资粮毫无意义”。

विद्यावासनाप्रभाविताः। सर्वं हि महामते त्रिभवमभूतविकल्पप्रभवम्। न च तथागता अभूतविकल्पप्रभवाः। द्वये हि सति महामते नित्यता चानित्यता च भवति, नाद्वयात्। द्वयं हि महामते विविक्तमद्वयानुत्पादलक्षणात्सर्वधर्माणाम्। अत एतस्मात्कारणान्महामते तथागता अर्हन्तः सम्यक्संबुद्धा न नित्या नानित्याः। यावन्महामते वाग्विकल्पः प्रवर्तते, तावन्नित्यानित्यदोषः प्रसज्यते। विकल्पबुद्धिक्षयान्महामते नित्यानित्यग्राहो निवार्यते बालानां न तु विविक्तदृष्टिबुद्धिक्षयात्॥

今译：“还有，大慧啊，按照另一种说法，如来是常。为什么？现证智有常性，故而如来是常。大慧啊，如来、阿罗汉、正等觉的现证智是常。无论如来生或不生，这种法性、法定性和法住性住于一切声闻、缘觉和外道的现证中。这种法住并不是在虚空中。而愚夫们不理解。大慧啊，这种现证智是如来展现的智慧智。大慧啊，如来、阿罗汉、正等觉不展现心、意、意识、蕴、界和处的无知习气。大慧啊，一切三界产生于不实妄想分别。而诸如来不产生于不实妄想分别。有二重性，则有常性和无常性。无二重性，则没有。无二重性[①]是寂静。大慧啊，因为一切法无二重性和无生相。因此，大慧啊，如来、阿罗汉、正等觉非常非无常。大慧啊，只要出现言语分别，就会陷入常和无常的错误。大慧啊，清除愚夫们对常和无常的执取，依靠灭除分别智，而不是灭除寂静智[②]。”

求译：“復次，大慧！更有餘事知如來常。所以者何？謂無間所得智常，故如來常。大慧！若如來出世若不出世，法畢定住。聲聞、緣覺、諸佛如來無間住[③]，不住虛空，亦非愚夫之所覺知。大慧！如來所得智是般若所熏[④]。大慧！如來非心、意、意識、彼諸陰、界、

---

① 此处“无二重性”的原词是 dvayam，疑有误，应为 advayam。求译“不二者”，菩译“二法不生”，实译“无二”。

② 这里最后一句，求译和实译均与现存梵本有差异。

③ 这里和前面的“无间”（abhisamaya）一词指“现证”。“住无间”即住于现证中。

④ 此处“所熏”的原词是 prabhāvita，词义是“展示”或“显示”。“所熏”的通常用词是 vāsita 或 bhāvita。

入處所熏。大慧！一切三有皆是不實妄想所生。如來不從不實虛妄想生。大慧！以二法故，有常無常，非不二。不二者寂靜，一切法無二生相①故。是故，如來、應供、等正覺非常非無常。大慧！乃至言說分別生，則有常無常過。分別覺滅者，則離愚夫常無常見。寂靜慧者永離常無常，非常無常熏。"

实译："復次，大慧！以別義故，亦得言常。何以故？謂以現智證常法故。證智是常，如來亦常。大慧！諸佛如來所證法性、法住、法位，如來出世若不出世，常住不易，在於一切二乘、外道所得法中，非是空無，然非凡愚之所能知。大慧！夫如來者，以清淨慧內證法性而得其名，非以心、意、意識、蘊、界、處法妄習得名。一切三界皆從虛妄分別而生，如來不從妄分別生。大慧！若有於二，有常無常。如來無二，證一切法無生相故。是故，非常，亦非無常。大慧！乃至少有言說分別生，即有常無常過。是故，應除二分別覺，勿令少在。"

तत्रेदमुच्यते --

今译：这里，这样说道：

求译：爾時世尊欲重宣此義而說偈言：

实译：爾時世尊重說頌言：

नित्यानित्यविनिर्मुक्तान् नित्यानित्यप्रभावितान्।
ये पश्यन्ति सदा बुद्धान् न ते दृष्टिवशं गताः॥ १॥

今译：摆脱常无常，揭示常无常，
这样看诸佛，不陷入邪见。（1）

实译：遠離常無常，而現常無常，
如是恒觀佛，不生於惡見。

---

① 此处"无二生相"指"无二和无生相"。

समुदागमवैयर्थ्यं नित्यानित्ये प्रसज्यते।
विकल्पबुद्धिवैकल्यान्नित्यानित्यं निवार्यते॥२॥

今译：陷入常无常，修行无意义，
　　　摆脱分别智，消除常无常。（2）

求译：衆具無義者，生常無常過，
　　　若無分別覺，永離常無常。

实译：若常無常者，所集皆無益，
　　　為除分別覺，不說常無常。

यावत्प्रतिज्ञा क्रियते तावत्सर्वं ससंकरम्।
स्वचित्तमात्रं संपश्यन् न विवादं समारभेत्॥३॥

今译：只要立命题，便会起混乱，
　　　看到唯自心，分歧不会起。（3）

求译：從其所立宗，則有衆雜義，
　　　等觀自心量，言說不可得。

实译：乃至有所立，一切皆錯亂，
　　　若見惟自心，是則無違諍。

इति लङ्कावतारे तथागतनित्यानित्यत्वप्रसङ्गपरिवर्तः पञ्चमः॥

今译：以上是《入楞伽经》中第五《如来常无常品》。

६ क्षणिकपरिवर्तो नाम षष्ठः।

今译：第六 刹那品

实译：刹那品第六

अथ खलु महामतिर्बोधिसत्त्वो महासत्त्वः पुनरपि भगवन्तमध्येषते स्म -- देशयतु मे भगवान् , देशयतु मे सुगतः स्कन्धधात्वायतनानां प्रवृत्तिनिवृत्तिम्। असत्यात्मनि कस्य प्रवृत्तिर्वा निर्वृत्तिर्वा ? बालाश्च प्रवृत्तिनिवृत्त्याश्रिता दुःखक्षयानवबोधान्निर्वाणं न प्रजानन्ति। भगवानाह -- तेन हि महामते शृणु , साधु च सुष्ठु च मनसिकुरु। भाषिष्ये ऽहं ते। साधु भगवन्निति महामतिर्बोधिसत्त्वो महासत्त्वो भगवतः प्रत्यश्रौषीत्॥

今译：然后，大慧菩萨大士又请求世尊，说道："请世尊为我宣示吧！请善逝为我宣示蕴、界和处的转出和转离。如果没有自我，谁转出和转离？愚夫们依附转出和转离，不觉知苦灭，不知道涅槃。"世尊说道："那么，大慧啊，请听！请你安下心来，我会为你讲述。"大慧菩萨大士回答世尊，说道："好吧，世尊。"

求译：爾時大慧菩薩復白佛言："世尊，惟願世尊更為我說陰、界、入生滅。彼無有我，誰生誰滅？愚夫者依於生滅，不覺苦盡，不識涅槃。"佛言："善哉諦聽！當為汝說。"大慧白佛言："唯然受教。"

实译：爾時大慧菩薩摩訶薩復白佛言："世尊，惟願為我說蘊、界、處生滅之相。若無有我，誰生誰滅？而諸凡夫依於生滅，不求盡苦，不證涅槃。"佛言："大慧！諦聽諦聽！當為汝說。

भगवांस्तस्यैतदवोचत् -- तथागतगर्भो महामते कुशलाकुशलहेतुकः सर्वजन्मगतिकर्ता प्रवर्तते नटवद्गतिसंकट आत्मात्मीयवर्जितः। तदनवबोधात्त्रिसंगतिप्रत्ययक्रियायोगः प्रवर्तते। न च तीर्थ्या अवबुध्यन्ते कारणाभिनिवेशाभिनिविष्टाः। अनादिकालविविधप्रपञ्चदौष्ठुल्यवासनावासितः आलयविज्ञानसंशब्दितोऽविद्यावासनभूमिजैः सप्तभिर्विज्ञानैः सह महोदधितरंगवन्नित्यमव्युच्छिन्नशरीरः प्रवर्तते अनित्यतादोषरहित आत्मवादविनिवृत्तो ऽत्यन्तप्रकृतिपरिशुद्धः। तदन्यानि विज्ञानान्युत्पन्नापवर्गाणि मनोमनोविज्ञानप्रभृतीनि क्षणिकानि, सप्ताप्यभूतपरिकल्पहेतुजनितसंस्थानाकृतिविशेषसमवायावलम्बीनि नामनिमित्ताभिनिविष्टानि स्वचित्तदृश्यरूपलक्षणावबोधकानि सुखदुःखाप्रतिसंवेदकानि अमोक्षकारणानि नामनिमित्तपर्युत्थानरागजनितजनकतद्धेत्वालम्बानि। तेषां चोपात्तानामिन्द्रियाख्यानां परिक्षयनिरोधे समनन्तरानुत्पत्तेरन्येषां स्वमतिविकल्पसुखदुःखाप्रतिसंवेदिनां संज्ञावेदितनिरोधसमापत्तिसमापन्नानां चतुर्ध्यानसत्यविमोक्षकुशलानां योगिनां विमोक्षबुद्धिर्भवत्यप्रवृत्तेः॥

今译：世尊对他说道："大慧啊，如来藏是善和不善的原因，一切出生和趣向[①]的作者，如同演员表演，摆脱我和我所，在种种趣向中转出。由于不觉知如来藏，才有三合缘起作用。外道不觉知，执著作因。受无始种种戏论恶劣习气熏染，所谓阿赖耶识与产生于无知习气之地的七识一起转出，如同大海，波浪永远翻滚，而自身不断灭，远离无常性错误，摆脱自我论，本性无限纯洁。而意和意识等其他七识刹那生灭，因不实妄想分别而产生，依附种种特殊形态，执著名和相，觉知自心所现色相[②]，不感受苦乐[③]，不成为解脱原因。名和相产生贪欲，贪欲产生名和相，互为原因。一旦执取的诸根毁灭，其他的

---

① "趣向"（gati）指生死轮回，通常是"五道轮回"（gatipañcaka）。

② "觉知自心所现色相"的原文是 svacittadṛṣyarūpalakṣaṇāvabodhākāni。求译"不觉自心所现色相"，实译"不了色等自心所现"，则原文应为 svacittadṛṣyarūpalakṣaṇānavabodhākāni。而菩译"能令自心见色相"，与现存梵本一致。

③ "不感受苦乐"的原文是 sukhaduḥkhāpratisaṃvedakāni。菩译"能知苦乐"，实译"起苦乐受"，则原文应为 sukhaduḥkhapratisaṃvedakāni。而求译"不觉苦乐"，与现存梵本一致。

识①也就不相继产生。由于它们不转出，瑜珈行者不感受自心分别的苦乐，进入灭想受定②，通晓四禅、真谛和解脱，产生解脱的想法。

求译：佛告大慧："如來之藏是善不善因，能遍興造一切趣生，譬如伎兒變現諸趣，離我、我所。不覺彼故，三緣和合方便而生。外道不覺，計著作者。為無始虛偽惡習所薰，名為識藏，生無明住地，與七識俱③。如海浪身常生不斷，離無常過，離於我論，自性無垢，畢竟清淨。其諸餘識有生有滅，意、意識等念念有七，④因不實妄想，取諸境界種種形處，計著名相，不覺自心所現色相，不覺苦樂，不至解脫。名相諸纏，貪生生貪，若因若攀緣。彼諸受根滅，次第不生除，⑤自心妄想，不知苦樂⑥，入滅受想，正受第四禪，善真諦、解脫，修行者作解脫想。

实译："大慧！如來藏是善不善因，能遍興造一切趣生，譬如伎兒變現諸趣，離我、我所。以不覺故，三緣和合而有果生。外道不知，執為作者。無始虛偽惡習所熏，名為藏識，生於七識無明住地，譬如大海而有波浪，其體相續恒注不斷，本性清淨，離無常過，離於我論。其餘七識，意、意識等念念生滅，妄想為因，境相為緣，和合而生，不了色等自心所現，計著名相，起苦樂受。名相纏縛，既從貪生，復生於貪，若因及所緣。諸取根滅，不相續生，自慧分別苦樂受者⑦，或得滅定，或得四禪，或復善入諸諦、解脫，便妄生⑧於得解脫想。

---

① 这里"其他的识"按原文只是"其他的"（anyeṣām），但依照前面"其他七识"的表述，这里可理解为"其他的识"。

② "灭想受定"（saṃjñāveditanirodhasamāpatti）指灭除名想和感受的入定。

③ 此处按照现存梵本，应为"与生无明住地七识俱"。菩译"与无明七识共俱"。

④ 这里的两句求译按原文逐字对译，意思是"意和意识等其他七识刹那生灭。"

⑤ 此处"除"的原词是 anyeṣām（"其他的"），故而应该是"余"。据《中华大藏经》校勘记，"《资》、《碛》、《南》、《径》、《清》作'余'"。这句的意思是"其他的（识）不相继产生"。

⑥ 按照现存梵本，这两个短语合读为"不感知自心妄想分别的苦乐"。

⑦ 此处按照现存梵本以及求译和菩译，应为"不感受苦乐"。

⑧ 此处"妄生"一词不见于现存梵本以及求译和菩译。

अपरावृत्ते च तथागतगर्भशब्दसंशब्दिते आलयविज्ञाने नास्ति सप्तानां प्रवृत्तिविज्ञानानां निरोधः। तत्कस्य हेतोः ? तद्धेत्वालम्बनप्रवृत्तत्वाद्विज्ञानानाम् , अविषयत्वाच्च सर्वश्रावकप्रत्येकबुद्धतीर्थ्ययोगयोगिनां स्वपुद्गलनैरात्म्यावबोधात्स्वसामान्यलक्षणपरिग्रहात्स्कन्धधात्वायतनानां प्रवर्तते तथागतगर्भः। पञ्चधर्मस्वभावधर्मनैरात्म्यदर्शनान्निवर्तते भूमिक्रमानुसंधिपरावृत्त्या। नान्यतीर्थ्यमार्गदृष्टिभिर्विचारयितुं शक्यते। ततो ऽचलायां भूमौ बोधिसत्त्वभूमौ प्रतिष्ठितो दशसमाधिसुखमुखमार्गान् प्रतिलभते। समाधिबुद्धैः संधार्यमाणो ऽचिन्त्यबुद्धधर्मस्वप्रणिधानव्यवलोकनतया समाधिसुखभूतकोट्या विनिवार्य प्रत्यात्मार्यगतिगम्यैः सर्वश्रावकप्रत्येकबुद्धतीर्थकरासाधारणैर्योगमार्गैर्दशार्यगोत्रमार्गं प्रतिलभते, कायं च ज्ञानमनोमयं समाध्यभिसंस्काररहितम्। तस्मात्तर्हि महामते तथागतगर्भः आलयविज्ञानसंशब्दितो विशोधयितव्यो विशेषार्थिभिर्बोधिसत्त्वैर्महासत्त्वैः॥

今译：“只要名为如来藏的阿赖耶识不转离[1]，其他七识就会转出而不灭。为什么？七识以它为原因，依附它而转出，自身不是境界[2]。一切声闻、缘觉和外道修行者觉知人无我，执取蕴、界和处的自相和共相，如来藏转出。一旦洞悉五法、自性和法无我，依靠诸地次第连续转离，如来藏就停息，不会受其他外道邪见牵引。这样，安住不动菩萨地，得以进入十种入定快乐之门。于是，受三昧佛护持，观察不可思议的佛法和自己的誓愿，而摆脱入定之乐和实际，依靠不同于一切声闻、缘觉和外道的自觉圣趣修行之路，获得十圣种性道，获得脱离入定修行的智意成身。因此，大慧啊，追求殊胜法的菩萨大士应该净化名为阿赖耶识的如来藏。

求译：“不離不轉名如來藏識藏，七識流轉不滅。所以者何？彼

---

[1] 这句在原文中的语法形式是独立依格，而求译和实译均译成类似一个复合名词。而且，将“不转离”（aparāvṛtte）译成“不离不转”或“未舍未转”。菩译将此句译为“如来藏识不在阿梨耶识中”，更加偏离原意。

[2] “不是境界”指不是独立的对象或领域。

因攀緣，諸識生故。非聲聞、緣覺修行境界。不覺無我，[①]自共相攝受，生陰、界、入，見如來藏[②]，五法、自性、人法無我[③]，則滅。地次第相續轉進，餘外道見不能傾動。是名住菩薩不動地，得十三昧道門樂。三昧覺所持，觀察不思議佛法、自願，不受三昧門樂及實際，向自覺聖趣，不共一切聲聞、緣覺及諸外道所修行道，得十賢聖種性道，及身智意生，離三昧行。是故，大慧！菩薩摩訶薩欲求勝進者，當淨如來藏及藏識名。

实译：“而實未捨未轉如來藏中藏識之名。若無藏識，七識則滅。[④]何以故？因彼及所緣而得生故。然非一切外道、二乘諸修行者所知境界，以彼惟了人無我性，於蘊、界、處取於自相及共相故。若見如來藏、五法、自性、諸法無我，隨地次第而漸轉滅，不為外道惡見所動，住不動地，得於十種三昧樂門。為三昧力諸佛所持，觀察不思議佛法及本願力，不住實際及三昧樂，獲自證智，不與二乘、諸外道共，得十聖種性道，及意生智身，離於諸行。是故，大慧！菩薩摩訶薩欲得勝法，應淨如來藏藏識之名。

यदि हि महामते आलयविज्ञानसंशब्दितस्तथागतगर्भों ऽत्र न स्यादिति असति महामते तथागतगर्भे आलयविज्ञानसंशब्दिते न प्रवृत्तिर्न निवृत्तिः स्यात्। भवति च महामते प्रवृत्तिर्निवृत्तिश्च बालार्याणाम्। स्वप्रत्यात्मार्यगतिदृष्टधर्मसुखविहारेण च विहरन्ति योगिनो ऽनिक्षिप्तधुरा दुष्प्रतिवेधाश्च। महामते अयं तथागतगर्भालयविज्ञानगोचरः सर्वश्रावकप्रत्येकबुद्धतीर्थ्यवितर्कदर्शनानां प्रकृतिपरिशुद्धो ऽपि सन् अशुद्ध इवागन्तुक्लेशोपक्लिष्टतया तेषामाभाति न तु तथागतानाम्। तथागतानां पुनर्महामते करतलामलकवत्प्रत्यक्षगोचरो भवति।

① 按照现存梵本和实译，此处“不觉无我”，应为“觉知人无我”。

② 此处“见如来藏”，按照现存梵本，其中的“见”（darśana）属于下一句，即“见五法”等等，而“如来藏”属于上一句，即“如来藏转出”。实译与求译相同。

③ 按照现存梵本以及菩译和实译，此处“人法无我”应为“法无我”。

④ 此处与现存梵本有差异，而求译与现存梵本基本一致。

एतदेव महामते मया श्रीमालां देवीमधिकृत्य देशनापाठे अन्यांश्च सूक्ष्मनिपुणविशुद्धबुद्धीन् बोधिसत्त्वानधिष्ठाय तथागतगर्भ आलयविज्ञानसंशब्दितः सप्तभिर्विज्ञानैः सह प्रवृत्त्यभिनिविष्टानां श्रावकाणां धर्मनैरात्म्यप्रदर्शनार्थं श्रीमालां देवीमधिष्ठाय तथागतविषयो देशितो न श्रावकप्रत्येकबुद्धान्यतीर्थकरतर्कविषयो ऽन्यत्र महामते तथागतविषय एव तथागतगर्भ आलयविज्ञानविषयस्त्वत्सदृशानां च सूक्ष्मनिपुणमतिबुद्धिप्रभेदकानां बोधिसत्त्वानां महासत्त्वानामर्थप्रतिशरणानां नो तु यथारुतदेशनापाठाभिनिविष्टानां सर्वान्यतीर्थ्यश्रावकप्रत्येकबुद्धानाम्। तस्मात्तर्हि महामते त्वया अन्यैश्च बोधिसत्त्वैर्महासत्त्वैः सर्वतथागतविषये ऽस्मिंस्तथागतगर्भालयविज्ञानपरिज्ञाने योगः करणीयः। न श्रुतमात्रसंतुष्टैर्भवितव्यम्॥

今译：“大慧啊，如果说名为阿赖耶识的如来藏不存在，那么，大慧啊，没有名为阿赖耶识的如来藏，也就没有转出和转离。然而，大慧啊，愚夫和圣者们转出和转离。修行者住于自觉圣趣和现法乐中，不放弃重担，难以洞察。大慧啊，这种如来藏阿赖耶识境界即使本性清净，但如果怀有一切声闻、缘觉和外道思辨者的见解，受外来烦恼污染，对于这样的人也显得仿佛不清净。而一切如来不是这样。大慧啊，对于一切如来，眼前境界如同掌中庵摩罗果。大慧啊，我在诵经说法中护持胜鬘夫人[①]和其他具有微妙精深清净智的菩萨，宣说名为阿赖耶识的如来藏和七识，为了让执著转出的声闻们明瞭法无我。我护持胜鬘夫人，宣说如来境界，而不是声闻、缘觉和外道思辨者的境界。大慧啊，如来境界就是如来藏阿赖耶识境界，只属于像你这样的菩萨大士，具有微妙精深清净智，善于辨别而追求真实意义，而不属于依音执著诵经说法的一切外道、声闻和缘觉。因此，大慧啊，你和其他菩萨大士应该修习一切如来境界，通晓如来藏阿赖耶识，而不应该仅仅满足于闻听。”

求译：“大慧！若無識藏名如來藏者，則無生滅。大慧！然諸凡

① “胜鬘夫人”（Śrīmālādevī）曾受佛力护持，宣说《胜鬘狮子吼经》。

聖悉有生滅。修行者自覺聖趣，現法樂住，不捨方便①。大慧！此如來藏識藏，一切聲聞、緣覺心想所見，雖自性淨，客塵所覆故，猶見不淨，非諸如來②。大慧！如來者，現前境界猶如掌中視阿摩勒果。大慧！我於此義以神力建立，令勝鬘夫人及利智滿足諸菩薩等宣揚演說如來藏及識藏名與七識俱生。聲聞計著，見人法無我③。故勝鬘夫人承佛威神，說如來境界，非聲聞、緣覺及外道境界。如來藏識藏，唯佛及餘利智依義菩薩智慧境界。是故，汝及餘菩薩摩訶薩於如來藏識藏，當勤修學，莫但聞覺，作知足想。”

实译：“大慧！若無如來藏名藏識者，則無生滅。然諸凡夫及以聖人悉有生滅。是故，一切諸修行者雖見內境界，住現法樂，而不捨於勇猛精進。大慧！此如來藏藏識本性清淨，客塵所染而為不淨，一切二乘及諸外道臆度起見，不能現證。如來於此分明現見，如觀掌中菴摩勒果。大慧！我為勝鬘夫人及餘深妙淨智菩薩說如來藏名藏識，與七識俱起，令諸聲聞見法無我。大慧！為勝鬘夫人說佛境界，非是外道、二乘境界。大慧！此如來藏藏識是佛境界，與汝等比淨智菩薩隨順義者所行之處，非是一切執著文字外道、二乘之所行處。是故，汝及諸菩薩摩訶薩於如來藏藏識，當勤觀察，莫但聞已，便生足想。”

तत्रेदमुच्यते --

今译：这里，这样说道：

求译：爾時世尊欲重宣此義而說偈言：

实译：爾時世尊重說頌言：

---

① 此处“不舍方便”的原词是 anikṣiptadhurāḥ，意谓不卸下车轭或重担。菩译“不休息”，实译“不舍于勇猛精进”。

② 此处“非诸如来”的意思是：诸如来不是这样。

③ 按照现存梵本以及菩译和实译，此处应是“令执著的声闻见法无我”。

गर्भस्तथागतानां हि विज्ञानैः सप्तभिर्युतः।
प्रवर्तते ऽद्वयो ग्राहात्परिज्ञानान्निवर्तते॥ १॥

今译：如来藏与七识相连，二重性[1]
因执取而转出，因了解而转离。（1）

求译：甚深如來藏，而與七識俱，
二種攝受生，智者則遠離。

实译：甚深如來藏，而與七識俱，
執著二種生，了知則遠離。

बिम्बवद्दृश्यते चित्तमनादिमतिभावितम्।
अर्थाकारो न चार्थो ऽस्ति यथाभूतं विपश्यतः॥ २॥

今译：无始习气熏染，心所现似影像，
如实观察，则无对象及其形态。（2）

求译：如鏡像現心，無始習所薰，
如實觀察者，諸事悉無事。

实译：無始習所熏，如像現於心，
若能如實觀，境相悉無有。

अङ्गुल्यग्रं यथा बालो न गृह्णाति निशाकरम्।
तथा ह्यक्षरसंसक्तस्तत्त्वं वेत्ति न मामकम्॥ ३॥

今译：犹如愚夫看指尖，而不看月亮，
同样，执著文字，不知我的真谛。（3）

求译：如愚見指月，觀指不觀月，
計著名字者，不見我真實。

[1] “二重性”的原词是 advaya（“非二重性”），按南条本应为 dvaya（“二重性”）。此处求译和实译“二种”，菩译“二法”。

实译：如愚見指月，觀指不觀月，
計著文字者，不見我真實。

नटवन्नृत्यते चित्तं मनो विदूषसादृशम्।
विज्ञानं पञ्चभिः सार्धं दृश्यं कल्पेति रङ्गवत्॥४॥

今译：心如同演员跳舞，意如同丑角，
识与五识一起妄想所见似舞台。①（4）

求译：心為工伎兒，意如和伎者，
五識為伴侶，妄想觀伎衆。②

实译：心如工伎兒，意如和伎者，
五識為伴侶，妄想觀伎衆。

अथ खलु महामतिर्बोधिसत्त्वो महासत्त्वः पुनरपि भगवन्तमध्येषते स्म -- देशयतु मे भगवान् , देशयतु मे सुगतः पञ्चधर्मस्वभावविज्ञाननैरात्म्यद्वय-प्रभेदगतिलक्षणम् , येन नैरात्म्यद्वयप्रभेदगतिलक्षणेन अहं च अन्ये च बोधिसत्त्वा महासत्त्वाः सर्वभूमिक्रमानुसंधिष्वेतान् धर्मान् विभावयेम, यथा तैर्धर्मैः सर्वबुद्धधर्मानुप्रवेशो भवेत्। सर्वबुद्धधर्मानुप्रवेशाच्च यावत्तथागतस्वप्रत्ययात्म-भूमिप्रवेशः स्यादिति। भगवानाह -- तेन हि महामते शृणु , साधु च सुष्ठु च मनसिकुरु। भाषिष्ये ऽहं ते। साधु भगवन्निति महामतिर्बोधिसत्त्वो महासत्त्वो भगवतः प्रत्यश्रौषीत्। भगवांस्तस्यैतदवोचत् -- पञ्चधर्मस्वभावविज्ञाननैरात्म्यद्वय-प्रभेदगतिलक्षणं ते महामते देशयिष्यामि। यदुत नाम निमित्तं विकल्पः सम्यग्ज्ञानं तथता च तथागतप्रत्यात्मार्यगतिप्रवेशः शाश्वतोच्छेदसदसद्दृष्टिविवर्जितो दृष्ट-धर्मसुखसमापत्तिसुखविहार आमुखीभवति योगयोगिनाम्। तत्र महामते पञ्च-धर्मस्वभावविज्ञाननैरात्म्यद्वयस्वचित्तदृश्यबाह्यभावाभावानवबोधाद्विकल्पः प्रवर्तते

① 这句中的“识”指意识，“五识”指眼识、耳识、鼻识、舌识和身识。

② 按照现存梵本和菩译，这句译文略去了“识”。“观伎众”的原词是 raṅga，意谓“舞台”或“剧场”。

बालानां न त्वार्याणाम्॥

今译：然后，大慧菩萨大士又请求世尊，说道："请世尊为我宣示吧！诸善逝为我宣示五法、自性、识、二无我的分别相。凭借二无我分别相，我和其他菩萨大士按照次第连续进入诸地，就能明瞭这些法。依靠这些法，进入一切佛法。进入一切佛法，就能进入如来自觉地①。"世尊说道："那么，大慧啊，请听！请你安下心来，我会为你讲述。"大慧菩萨大士回答世尊，说道："好吧，世尊。"世尊对他说道："大慧啊，我要向你宣示五法、自性、识、二无我的分别相。名、相、分别、正智和真如，②进入如来自觉圣趣，摒弃常断和有无邪见，修行者直接住于现法之乐和入定之乐。大慧啊，在这里，愚夫们不觉知五法、自性、识、二无我和外界事物有无唯自心所见，而起分别。而圣者们不是这样。"

求译：爾時大慧菩薩白佛言："世尊，惟願為說五法、自性、識、二種無我究竟分別相。我及餘菩薩摩訶薩於一切地次第相續，分別此法，入一切佛法。入一切佛法者，乃至如來自覺地。"佛告大慧："諦聽諦聽！善思念之。"大慧白佛："唯然受教。"佛告大慧："五法、自性、識、二無我分別趣相者，謂名、相、妄想、正智、如如。若修行者，修行入如來自覺聖趣，離於斷常、有無等見，現法樂正受住現在前。大慧！不覺彼五法、自性、識、二無我，自心現外性，凡夫妄想，非諸賢聖。"

实译：爾時大慧菩薩摩訶薩復白佛言："世尊，願為我說五法、自性、諸識、無我差別之相。我及諸菩薩摩訶薩善知此已，漸修諸地，具諸佛法，至於如來自證之位。"佛言："諦聽！當為汝說。大慧！五法、自性、諸識、無我，所謂名、相、分別、正智、如如。若修行者觀察此法，入於如來自證境界，遠離常斷、有無等見，得現法樂甚深

---

① 此处"自觉地"的原词是 pratyayātmabhūmi，据南条本应为 pratyātmabhūmi。
② 这些是"五法"。

三昧。大慧！凡愚不了五法、自性、諸識、無我，於心所現見有外物，而起分別，非諸聖人。”

महामतिराह -- कथं पुनर्भगवन् बालानां विकल्पः प्रवर्तते, न त्वार्याणाम् ? भगवानाह -- नामसंज्ञासंकेताभिनिवेशेन महामते बालाश्चित्तमनुसरन्ति। अनुसरन्तो विविधलक्षणोपचारेण आत्मात्मीयदृष्टिपतिताशया वर्णपुष्कलतामभिनिविशन्ते। अभिनिविशन्तश्च अज्ञानावृताः संरज्यन्ते। संरक्ता रागद्वेषमोहजं कर्माभिसंस्कुर्वन्ति। अभिसंस्कृत्य पुनः पुनः कोशकारकीटका इव स्वविकल्पपरिवेष्टितमतयो गतिसमुद्रकान्तारप्रपतिता घटियन्त्रवन्नातिप्रवर्तन्ते। न च प्रजानन्ति मोहान्मायामरीच्युदकचन्द्रस्वभावकल्पनात्मात्मीयरहितान् सर्वधर्मानभूतविकल्पोदितांल्लक्ष्यलक्षणापगतान् भङ्गोत्पादस्थितिगतिविनिवृत्तान् स्वचित्तदृश्यविकल्पप्रभवानीश्वरकालाणुप्रधानप्रभवान्। नामनिमित्तानुप्लवेन महामते बाला निमित्तमनुसरन्ति॥

今译：大慧说道：“世尊啊，怎么愚夫们会起分别，而圣者们不是这样？”世尊说道：“大慧啊，愚夫们执著名、想和假名，追随心。追随心，伴随种种相，心思陷入我和我所，执著种种色彩。执著种种色彩，受无知蒙蔽，受污染。受污染，产生贪、瞋和痴，从事诸业。一再从事诸业，思想执著妄想分别，如蚕作茧自缚，陷入生死轮回之海，如汲水辘轳，不能自拔。由于愚痴，他们不知道一切法自性如同幻觉、阳焰和水中月，是妄想分别，没有我和我所，产生于不实妄想，没有所相和能相，远离生、住和灭，产生于自心所现分别，并非产生于自在天、时间、极微和原质。大慧啊，愚夫们追随相，随名和相漂流。

求译：大慧白佛言：“世尊，云何愚夫妄想生，非諸賢聖？”佛告大慧：“愚夫計著俗數名相[1]，隨心流散。流散已，種種相像貌，

[1] 这句中，“俗数”的原词是 saṃketa，词义为“标志”或“习惯”，指约定俗成的行为或言语，也译“施设”或“假名”。“相”的原词 saṃjñā（“名想”），故而此字应为“想”。

墮我、我所見，悕望計著妙色。計著已，無知覆障，生染著。染著已，貪、恚所生，業積集。積集已，妄想自纏，如蠶作繭，墮生死海諸趣曠野，如汲井輪。以愚癡故，不能知如幻、野馬、水月，自性離我、我所，起於一切不實妄想，離相所相及生、住、滅，從自心妄想生，非自在、時節、微塵、勝妙生。愚癡凡夫隨名、相流。

实译：大慧白言："云何不了而起分別？"佛言："大慧！凡愚不知名是假立，心隨流動，見種種相，計我、我所，染著於色，覆障聖智，起貪、瞋、癡，造作諸業，如蠶作繭，妄想自纏，墮於諸趣生死大海，如汲水輪循環不絕，不知諸法如幻，如焰，如水中月，自心所見，妄分別起，離能所取及生、住、滅，謂從自在、時節、微塵、勝性而生，隨名、相流。

तत्र निमित्तं पुनर्महामते यच्चक्षुर्विज्ञानस्याभासमागच्छति रूपसंज्ञकम्। एवं श्रोत्रघ्राणजिह्वाकायमनोविज्ञानानां शब्दगन्धरसस्प्रष्टव्यधर्मसंज्ञकमेतन्निमित्तमिति वदामि। तत्र विकल्पः पुनर्महामते येन नाम समुदीरयति। निमित्तव्यञ्जकमिदम् -- एवमिदं नान्यथेति हस्त्यश्वरथपदातिस्त्रीपुरुषादिकसंज्ञकं तद्विकल्पः प्रवर्तते। सम्यग्ज्ञानं पुनर्महामते येन नामनिमित्तयोरनुपलब्धिः। अन्योन्यागन्तुकत्वादप्रवृत्तिर्विज्ञानस्य अनुच्छेदाशाश्वततः सर्वतीर्थकरश्रावकप्रत्येकबुद्धभूम्यपातनत्वात्सम्यग्ज्ञानमित्युच्यते। पुनरपरं महामते येन सम्यग्ज्ञानेन बोधिसत्त्वो महासत्त्वो न नाम भावीकरोति, न च निमित्तमभावीकरोति। समारोपापवादान्तद्वयकुदृष्टिविवर्जितं नामनिमित्तार्थयोरप्रवृत्तिविज्ञानम्। एवमेतां तथतां वदामि। तथताव्यवस्थितश्च महामते बोधिसत्त्वो महासत्त्वो निराभासगोचरप्रतिलाभित्वात्प्रमुदितां बोधिसत्त्वभूमिं प्रतिलभते॥

今译："其中，大慧啊，相呈现给眼识，名为色。同样，呈现给耳识、鼻识、舌识、身识和心识，名为声、香、味、触和法。我说这是相。其中，大慧啊，那是依靠分别而命名，说明种种相：'是这样，不是别样。'指称象、马、车、步兵、男女等等，作出分别。还有，大慧啊，那是依靠正智而不执取名和相。由于互为过客，诸识不起，不断不常，不陷入一切外道、声闻和缘觉之地，而称为正智。还有，大慧啊，凭借正智，菩萨大士不以名为有，也不以相为无。摆脱破立论、二边邪见，诸识不起名和相二义。我说这是真如。大慧啊，菩萨大士确立真如，达到无影像境界，进入欢喜菩萨地。

求译：“大慧！彼相者，眼識所照，名為色。耳、鼻、舌、身、意識所照，名為聲、香、味、觸、法。是名為相。大慧！彼妄想者，施設眾名，顯示諸相，如此不異，象、馬、車、步、男女等名。是名妄想。大慧！正智者，彼名、相不可得，猶如過客[1]，諸識不生，不斷不常，不墮一切外道、聲聞、緣覺之地。復次，大慧！菩薩摩訶薩以此正智不立名、相，非不立名、相，捨離二見、建立及誹謗，知名、相不生。是名如如。大慧！菩薩摩訶薩住如如者，得無所有境界故，得菩薩歡喜地。

实译：“大慧！此中相者，謂眼識所見，名之為色。耳、鼻、舌、身、意識得者，名之為聲、香、味、觸、法。如是等我說為相。分別者，施設眾名，顯示諸相，謂以象、馬、車、步、男女等名而顯其相，此事如是，決定不異。是名分別。正智者，謂觀名相互為其客，識心不起，不斷不常，不墮外道、二乘之地。是名正智。大慧！菩薩摩訶薩以其正智觀察名、相，非有非無，遠離損益二邊惡見，名、相及識本來不起，我說此法名為如如。大慧！菩薩摩訶薩住如如已，得無照現境，昇歡喜地，

स प्रतिलभ्य प्रमुदितां बोधिसत्त्वभूमिं व्यावृत्तः सर्वतीर्थ्यापायगतिभ्यो भवति लोकोत्तरधर्मगतिसमवसृतः। लक्षणपरिचयान्मायादिपूर्वकां सर्वधर्मगतिं विभावयन् स्वप्रत्यात्मार्यधर्मगतिलक्षणं तर्कदृष्टिविनिवृत्तकौतुको ऽनुपूर्वेण यावद्धर्ममेघा भूमि-

---

[1] “犹如过客”的原文是 anyonyāgantukatvāt，意思是“由于互为过客”。

रिति। धर्ममेघानन्तरं यावत्समाधिबलवशिताभिज्ञाकुसुमितां तथागतभूमिं प्रतिलभते। स प्रतिलभ्य सत्त्वपरिपाचनतया विचित्रैर्निर्माणकिरणैर्विराजते जलचन्द्रवत्। अष्टापदसुनिबद्धधर्मा नानाधिमुक्तिकतया सत्त्वेभ्यो धर्मं देशयति। कायं मनोविज्ञप्तिरहितम्। एतन्महामते तथताप्रवेशात्प्रतिलभन्ते बोधिसत्त्वा महासत्त्वाः॥

今译：“达到欢喜菩萨地，远离一切外道恶趣，追求出世间法，熟习种种相，明瞭一切法原本如幻等等，证得自觉圣趣法相，积极摒弃思辨邪见，依次达到法云地。达到法云地后，达到如来地，入定、诸力、自在和神通如同繁花盛开。达到如来地后，度化众生，闪耀种种变化光芒，如同水中月。坚持十尽句[①]法，顺应种种志趣，为众生说法。身体摆脱意和假名。大慧啊，这是菩萨大士进入真如而获得的成就。”

求译：“得菩薩歡喜地已，永離一切外道惡趣，正住出世間趣，法相成熟，分別幻等一切法，自覺法趣相，離諸妄見怪異相，次第乃至法雲地。於其中間，三昧、力、自在、神通開敷。得如來地已，種種變化，圓照示現，成熟眾生，如水中月。善究竟滿足十無盡句，為種種意解[②]眾生分別說法，法身離意、所作[③]。是名菩薩入如如所得。”

实译：“離外道惡趣，入出世法，法相淳熟，知一切法猶如幻等，證自聖智所行之法，離臆度見，如是次第乃至法雲。至法雲已，三昧、諸力，自在、神通開敷滿足，成於如來。成如來已，為眾生故，如水中月，普現其身，隨其欲樂，而為說法。其身清淨，離心、意、識[④]，被弘誓甲[⑤]，具足成滿十無盡願。是名菩薩摩訶薩入於如如之所獲得。”

---

① “十尽句”的原词是 aṣṭāpada（“八句”），疑有误，应为(daśa) niṣṭhāpada。此处求译“十无尽句”，菩译“无尽句”，实译“十无尽愿”。

② “意解”的原词是 adhimuktikatā，词义是信任、爱好、意愿、志趣或悟解。这里意谓顺应众生的意愿和理解。菩译“随众生信者”，实译“随其欲乐”。

③ “所作”的原词是 vijñapti（“假名”）。此词求译在别处译为“施设”。

④ 按照现存梵本，此处应为“离意和假名”。

⑤ “被弘誓甲”是汉译佛经中的常用语，梵文为 mahāsannāhasannaddha（“披戴大铠甲”），比喻“发大誓愿”。但此处原文中并无此词。

पुनरपि महामतिराह -- किं पुनर्भगवन् पञ्चसु धर्मेष्वन्तर्गतास्त्रयः स्वभावा उत स्वलक्षणसिद्धाः ? भगवानाह -- अत्रैव महामते त्रयः स्वभावा अन्तर्गताः, अष्टौ च विज्ञानानि, द्वे च नैरात्म्ये। तत्र नाम च निमित्तं च परिकल्पितः स्वभावो वेदितव्यः। यः पुनर्महामते तदाश्रयप्रवृत्तो विकल्पश्चित्तचैत्तसंशब्दितो युगपत्कालोदित आदित्य इव रश्मिसहितो विचित्रलक्षणस्वभावो विकल्पाधारकः, स महामते स्वभावः परतन्त्र इत्युच्यते। सम्यग्ज्ञानं तथता च महामते अविनाशत्वात्स्वभावः परिनिष्पन्नो वेदितव्यः॥

今译：大慧又说道："世尊啊，三自性是包含在五法之内，还是有独立的自相?"世尊说道："大慧啊，三自性、八识和二无我都包含在五法中，应该知道名和相是妄想自性。大慧啊，依靠他们产生的分别名为心和种种心所，同时并起，犹如太阳和光芒。这是带有分别的种种相自性。大慧啊，它称为依他自性。大慧啊，正智和真如不毁灭，应该知道这是圆成自性。

求译：爾時大慧菩薩白佛言："世尊，云何世尊為三種自性入於五法，為各有自相宗？"佛告大慧："三種自性及八識、二種無我悉入五法。大慧！彼名及相是妄想自性。大慧！若依彼妄想生心、心法，名俱時生，如日、光俱。種種相各別分別持[1]，是名緣起自性。大慧！正智、如如者，不可壞故，名成自性。

实译：爾時大慧菩薩摩訶薩復白佛言："世尊，為三性入五法中，為各有自相？"佛言："大慧！三性、八識及二無我悉入五法，其中名及相是妄計性。以依彼分別，心、心所法俱時而起，如日與光，是緣起性。正智、如如不可壞故，是圓成性。

पुनरपरं महामते स्वचित्तदृश्यमभिनिविश्यमानं विकल्पो ऽष्टधा भिद्यते।

---

[1] 这句求译按原文逐字对译，意思是"带有分别的种种相（自性）"。实译略去了此句。

निमित्तस्याभूतलक्षणपरिकल्पितत्वादात्मात्मीयग्राहद्वयव्युपशमान्नैरात्म्यद्वयमाजायते। एषु महामते पञ्चसु धर्मेषु सर्वबुद्धधर्मा अन्तर्गताः, भूमिविभागानुसंधिश्च श्रावकप्रत्येकबुद्धबोधिसत्त्वानाम् , तथागतानां च प्रत्यात्मार्यज्ञानप्रवेशः॥

今译：“还有，大慧啊，执著自心所现，形成八种分别[1]。这是由于妄想诸相的不实相。一旦停止执取我和我所这两者，就会产生二无我。大慧啊，声闻、缘觉和菩萨的诸地次第连续，如来进入的自觉圣智，一切佛法都包含在这五法中。

求译：“復次，大慧！自心現妄想八種分別，謂識藏、意、意識及五識身。相者，不實相妄想故。我、我所二攝受滅，二無我生。是故，大慧！此五法者，聲聞、緣覺、菩薩、如來自覺聖智，諸地相續次第，一切佛法悉入其中。

实译：“大慧！於自心所現生執著時，有八種分別起。此差別相皆是不實，惟妄計性。若能捨離二種我執，二無我智即得生長。大慧！聲聞、緣覺、菩薩、如來自證聖智，諸地位次，一切佛法悉皆攝入此五法中。

पुनरपरं महामते पञ्चधर्माः -- निमित्तं नाम विकल्पस्तथता सम्यग्ज्ञानं च। तत्र महामते निमित्तं यत्संस्थानाकृतिविशेषाकाररूपादिलक्षणं दृश्यते तन्निमित्तम्। यत्तस्मिन्निमित्ते घटादिसंज्ञाकृतकम् -- एवमिदं नान्यथेति, तन्नाम। येन तन्नाम समुदीरयति निमित्ताभिव्यञ्जकं समधर्मेति वा, स महामते चित्तचैत्तसंशब्दितो विकल्पः। यन्नामनिमित्तयोरत्यन्तानुपलब्धिता बुद्धिप्रलयादन्योन्याननुभूतापरिकल्पितत्वादेषां धर्माणां सा तथतेति। तत्त्वं भूतं निश्चयो निष्ठा प्रकृतिः स्वभावोऽनुपलब्धिस्तत्तथालक्षणम्। मया अन्यैश्च तथागतैरनुगम्य यथावद्देशितं प्रज्ञप्तं विवृतमुत्तानीकृतम् , यत्रानुगम्य सम्यगवबोधानुच्छेदाशाश्वततो विकल्पस्याप्रवृत्तिः स्वप्रत्यात्मार्यज्ञानानुकूलं तीर्थकरपक्षपरपक्षश्रावकप्रत्येकबुद्धागतिलक्षणं

[1] 按照求译，这里所谓的“八种分别”是指八识。

तत्सम्यग्ज्ञानम्। एते च महामते पञ्च धर्माः। एतेष्वेव त्रयः स्वभावाः, अष्टौ च विज्ञानानि, द्वे च नैरात्म्ये, सर्वबुद्धधर्माश्चान्तर्गताः। अत्र ते महामते स्वमतिकौशलं करणीयम्, अन्यैश्च कारयितव्यम्। न परप्रणेयेन भवितव्यम्॥

今译：“还有，大慧啊，五法是相、名、分别、真如和正智。其中，大慧啊，相是可见的形状、形态、特征、状态和色等等相。这是相。依据这种相，产生罐等等名想：‘是这样，不是别样。’这是名。大慧啊，予以命名，说明种种相，或说明相同的性质[①]，这是所谓心和心所的分别。而名和相终究不可获得，知觉瓦解，不感知和分别诸法，这是真如。真谛、真实、决定、终极、原始、自性和不可得，这是如实相。我和其他佛证得后，如实演说，展示，弘扬。证得后，正确觉知，不断不常，不起分别，遵循自觉圣智，远离外道宗派、声闻和缘觉相。这是正智。大慧啊，这些是五法。三自性、八识和二无我一切佛法都包含在这五法中。大慧啊，你应该自己通晓，也让别人通晓，不要听从他人教导。”

求译：“復次，大慧！五法者，相、名、妄想、如如、正智。大慧！相者，若處所、形相、色像等現。是名為相。若彼有如是相，名為瓶等，即此非餘。是說為名。施設衆名，顯示諸相，瓶等心、心法。是名妄想。彼名彼相畢竟不可得，始終無覺，於諸法無展轉，離不實妄想。是名如如。真實、決定、究竟、自性、不可得，彼是如相。我及諸佛隨順入處，普為衆生如實演說，施設顯示於彼，隨入正覺，不斷不常，妄想不起，隨順自覺聖趣，一切外道、聲聞、緣覺所不得相。是名正智。大慧！是名五法，三種自性、八識、二種無我，一切佛法悉入其中。是故，大慧！當自方便學，亦教他人，勿隨於他。”

实译：“復次，大慧！五法者，所謂相、名、分別，如如、正智。此中相者，謂所見色等形狀各別。是名為相。依彼諸相立瓶等名，此

[①] “或说明相同的性质”的原文是 samadharmeti vā。这个短语不见于求译、菩译和实译。

如是，此不異。是名為名。施設衆名，顯示諸相，心、心所法。是名分別。彼名彼相畢竟無有，但是妄心展轉分別，如是觀察乃至覺滅。是名如如。大慧！真實、決定、究竟、根本、自性、可得[①]，是如如相。我及諸佛隨順證入，如其實相開示演說。若能於此隨順悟解，離斷離常，不生分別，入自證處，出於外道、二乘境界。是名正智。大慧！此五種法，三性、八識及二無我，一切佛法普皆攝盡。大慧！於此法中，汝應以自智善巧通達，亦勸他人令其通達。通達此已，心則決定，不隨他轉。”

तत्रेदमुच्यते --

今译：这里，这样说道：

求译：爾時世尊欲重宣此義而說偈言：

实译：爾時世尊重說頌言：

पञ्च धर्माः स्वभावश्च विज्ञानान्यष्ट एव च।
द्वे नैरात्म्ये भवेत्कृत्स्नो महायानपरिग्रहः ॥५॥

今译：五法、三自性、八识和
二无我，囊括整个大乘。[②]（5）

求译：五法三自性，及與八種識，
二種無有我，悉攝摩訶衍。

实译：五法三自性，及與八種識，
二種無我法，普攝於大乘。

नामनिमित्तसंकल्पाः स्वभावद्वयलक्षणम्।

[①] 按照现存梵本和求译，此处“可得”应为“不可得”。

[②] 这颂也见于第 10 品第 638 颂。其中，svabhāvaḥ（“自性”）一词在那颂中是复数 svabhāvāḥ，即“三自性”。

सम्यग्ज्ञानं तथात्वं च परिनिष्पन्नलक्षणम्॥ ६ ॥

今译：名、相和分别是二自性相，
正智和真如则是圆成相。[①]（6）

求译：名相虛妄想，自性二種相，
正智及如如，是則為成相。

实译：名相及分別，二種自性攝，
正智與如如，是則圓成相。

अथ खलु महामतिर्बोधिसत्त्वो महासत्त्वः पुनरपि भगवन्तमेतदवोचत् -- यत्पुनरेतदुक्तं भगवता देशनापाठे यथा गङ्गानदीवालुकासमास्तथागता अतीता अनागता वर्तमानाश्च। तत्किमिदं भगवन् यथारुतार्थग्रहणं कर्तव्यम् , आहोस्विदन्यः कश्चिदर्थान्तरविशेषो ऽस्तीति ? तदुच्यतां भगवन्। भगवानाह -- न महामते यथारुतार्थग्रहणं कर्तव्यम्। न च महामते गङ्गानदीवालुकाप्रमाणतया त्र्यध्वकबुद्धप्रमाणता भवति। तत्कस्य हेतोः ? यदुत लोकातिशयातिक्रान्तत्वान्महामते दृष्टान्तो ऽदृष्टान्तः सदृशासदृशत्वात्। न च महामते तथागता अर्हन्तः सम्यक्संबुद्धाः सदृशासदृशं लोकातिशयातिक्रान्तं दृष्टान्तं प्राविष्कुर्वन्ति। अन्यत्र उपमामात्रमेतन्महामते मयोपन्यस्तम् , तैश्च तथागतैः। यथा गङ्गानदीवालुकासमास्तथागता अर्हन्तः सम्यक्संबुद्धा इति नित्यानित्याभिनिवेशाभिनिविष्टानां बालपृथग्जनानां तीर्थकराशयकुदृष्टियुक्तानां संसारभवचक्रानुसारिणामुद्वेजनार्थम् -- कथमेते उद्विग्ना भवगतिचक्रसंकटाद्विशेषार्थिनो विशेषमारभेरन्निति सुलभबुद्धत्वप्रदर्शनार्थं न नोदुम्बरपुष्पतुल्यस्तथागतानामुत्पाद इति कृत्वा वीर्यमारप्स्यन्ते। देशनापाठे तु मया वैनेयजनतापेक्षया उदुम्बरपुष्पसुदुर्लभप्रादुर्भावास्तथागता इति देशितम्। न च महामते उदुम्बरपुष्पं केनचिद्दृष्टपूर्वं न द्रक्ष्यते। तथागताः पुनर्महामते लोके दृष्टाः, दृश्यन्ते चैतर्हि। न स्वनयप्रत्यवस्थानकथामधिकृत्य उदुम्बरपुष्पसुदुर्लभप्रादुर्भावास्तथागता इति। स्वनयप्रत्यवस्थानकथायां महामते

① 这里的“二自性”指妄想自性和依他自性。“圆成”指圆成自性。

निर्दिश्यमानायां लोकातिशयातिक्रान्ता दृष्टान्ता युक्ताः क्रियन्ते ऽश्रद्धेयत्वात्।
अश्रद्धेयं स्याद्बालपृथग्जनानां च। स्वप्रत्यात्मार्यज्ञानगोचरे न दृष्टान्ता न प्रवर्तन्ते।
तत्त्वं च तथागताः। अतस्तेषु दृष्टान्ता नोपन्यस्यन्ते॥

今译：然后，大慧菩萨大士又对世尊说道："世尊在诵经说法中
说：'过去、未来和现在如来如同恒河沙。'世尊啊，对此应该依音取
义，还是其中别有含义？世尊啊，请你说说吧！"世尊说道："大慧啊，
不应该依音取义。大慧啊，恒河沙无法衡量三世诸佛。为什么？由于
超越世间，由于相似非相似，譬喻不成譬喻。大慧啊，如来、阿罗汉、
正等觉并非展示这种相似非相似、超越世间的譬喻。大慧啊，我和诸
如来只是取譬而已。例如，说如来、阿罗汉、正等觉如同恒河沙，是
为了让执著常和无常、依随外道邪见、陷入生死轮回的愚夫们震惊。
他们陷入生死轮回困境，忧愁烦恼，渴望殊胜法，心想怎样获得殊胜
法？为了让他们看到佛性不难获得，而不让他们觉得如来出现如同优
昙花，而失去勇气。但在诵经说法中，对于受教化者，我又宣示如来
难遇如同优昙花。大慧啊，没有人过去见到，将来也未必见到优昙花。
然而，大慧啊，如来在这世上过去曾见，现在也可见。说如来难遇如
同优昙花，并非是依据自己的教法言说。然而，大慧啊，在宣示自己
的教法时，考虑到难以置信，运用这种超越世间的譬喻。因为愚夫们
可能会不相信。而在自觉圣智境界，不会出现这类譬喻。[①]一切如来
是真实，因此，无须使用譬喻。[②]

求译：爾時大慧菩薩復白佛言："世尊，如世尊所說句，過去諸
佛如恒河沙，未來現在亦復如是。云何世尊為如說而受，為更有餘義？
惟願如來哀愍解說。"佛告大慧："莫如說而受。三世諸佛量非如恒

[①]这句原文中有两个 na，按南条本，前一个 na 应为 ca。同时，按南条本，这句后面应该
还有一句：cittamanomanovijñānadṛṣṭalakṣaṇātikrāntatvāttattvasya（"真实超越心、意和意识所
见相"）。求译、菩译和实译中均有此句。

[②] 这段的求译和实译都有所简化。而菩译与现存梵本一致，而且带有阐释性，文字略多
于原文。

河沙。所以者何？過世間望，非譬所譬。以凡愚計常，外道妄想，長養惡見，生死無窮。欲令厭離生死趣轉，精勤勝進故，為彼說言諸佛易見，非如優曇鉢華難得見故，息方便求。有時復觀諸受化者，作是說言：‘佛難值遇，如優曇鉢華。’優曇鉢華無已見、今見、當見。如來者，世間悉見。不以建立自通故，說言如來出世如優曇鉢華。大慧！自建立自通者，過世間望，彼諸凡愚所不能信。自覺聖智境界無以為譬。真實如來過心、意、意識所見之相，不可為譬。

实译：爾時大慧菩薩摩訶薩復白佛言：“世尊，如經中說，過去、未來、現在諸佛如恒河沙，此當云何，為如言而受，為別有義？”佛告大慧：“勿如言受。大慧！三世諸佛非如恒沙。何以故？如來最勝，超諸世間，無與等者，非喻所及，唯以少分為其喻耳。我以凡愚諸外道等心恒執著常與無常，惡見增長，生死輪迴，令其厭離，發勝悕望，言佛易成，易可逢值。若言難遇如優曇花，彼便退怯，不勤精進。是故，我說如恒河沙。我復有時觀受化者，說佛難值，如優曇花。大慧！優曇鉢花無有曾見、現見、當見，如來則有已見、當見。大慧！如是譬喻非說自法。自法者內證聖智所行境界，世間無等過，諸譬喻一切凡愚不能信受。大慧！真實如來超心、意、意識所見之相，不可於中而立譬喻。

किं तु उपमामात्रमेतन्महामते कृतं यदुत गङ्गानदीवालुकासमास्तथागताः समा न विषमा अकल्पाविकल्पनतः। तद्यथा महामते गङ्गायां नद्यां वालुका मीनकच्छपशिशुमारनक्रमहिषसिंहहस्त्यादिभिः संक्षोभ्यमाणा न कल्पयन्ति न विकल्पयन्ति -- संक्षोभ्यामहे न वेति निर्विकल्पाः स्वच्छा मलव्यपेताः। एवमेव महामते तथागतानामर्हतां सम्यक्संबुद्धानां स्वप्रत्यात्मार्यज्ञानगङ्गामहानदी-बलाभिज्ञावशितावालुकाः सर्वतीर्थकरबालमीनपरप्रवादिभिः संक्षोभ्यमाणा न कल्पयन्ति न विकल्पयन्ति। तथागतपूर्वप्रणिहितत्वात्सर्वसुखसमापत्तिपरिपूर्या सत्त्वानां न कल्पयन्ति न विकल्पयन्ति। अतस्ते गङ्गानदीवालुकासमास्तथागता

निर्विशिष्टा अनुनयप्रतिघापगतत्वात्॥

今译：“而这样做，大慧啊，只是取譬而已。如来如同恒河沙，无妄想分别，故而平等，而非不平等。例如，大慧啊，恒河沙受到鱼、龟、河豚、鳄鱼、水牛、狮子和象等等侵扰，不妄想，不分别，不在意‘我们是不是受侵扰’，清净无垢。同样，大慧啊，如来、阿罗汉、正等觉的自觉圣智恒河中的诸力、神通和自在沙，受到一切外道、愚夫和其他宗派鱼侵扰，不妄想，不分别。如来怀抱以前的誓愿，充满一切入定之乐，对众生不妄想，不分别。因此，如来如同恒河沙，摆脱爱憎，不起分别。

求译：“大慧！然我說譬佛如恒沙，無有過咎。大慧！譬如恒沙，一切魚、鼈、輸牧魔羅[①]、師子、象、馬、人、獸踐踏，沙不念言彼惱亂我而生妄想，自性清淨，無諸垢污。如來、應供、等正覺自覺聖智恒河，大力、神通、自在等沙，一切外道諸人獸等一切惱亂，如來不念而生妄想。如來寂然無有念想。如來本願以三昧樂安眾生故，無有惱亂，猶如恒沙，等無有異，又斷貪、恚故。

实译：“然亦有時而為建立言恒河沙等，無有相違。大慧！譬如恒沙，龜、魚、象、馬之所賤踏，不生分別，恒淨無垢。如來聖智如彼恒河，力、通、自在以為其沙，外道龜、魚競來擾亂，而佛不起一念分別。何以故？如來本願以三昧樂普安眾生，如恒河沙無有愛憎，無分別故。

तद्यथा महामते गङ्गायां नद्यां वालुका पृथिवीलक्षणस्वभावत्वात्पृथिवी, कल्पोद्दाहे दह्यमानापि न पृथिवीस्वभावं विजहाति। न च महामते पृथिवी दह्यते तेजोधातुप्रतिबद्धत्वादन्यत्र बालपृथग्जना वितथतापतितया संतत्या दह्यमानां कल्पयन्ति, न च दह्यते तदग्निहेतुभूतत्वात्। एवमेव महामते तथागतानां धर्मकायो

---

① “输牧魔罗”是 śisumāra（“河豚”）一词的音译。其中的“牧”字与 su 对音有距离，应为“收”字。据《中华大藏经》校勘记，“《碛》、《南》、《径》、《清》作‘收’”。

गङ्गानदीवालुकासमो ऽविनाशी। तद्यथा महामते नद्यां गङ्गायां वालुका अप्रमाणाः, एवमेव महामते तथागतानां रश्म्यालोको ऽप्रमाणः सत्त्वपरिपाकसंचोदनमुपादाय सर्वबुद्धपर्षन्मण्डलेषु प्रसर्प्यते तथागतैः। तद्यथा महामते गङ्गायां नद्यां वालुका न वालुकास्वभावान्तरमारभन्ते, वालुकावस्था एव वालुकाः, एवमेव महामते तथागतानामर्हतां सम्यक्संबुद्धानां संसारे न प्रवृत्तिर्न निवृत्तिः, भवप्रवृत्त्यु-च्छिन्नहेतुत्वात्। तद्यथा महामते गङ्गायां नद्यां वालुका अपकृष्टा अपि न प्रज्ञायन्ते, प्रक्षिप्ता अपि न प्रज्ञायन्ते, महामते एवमेव तथागतानां ज्ञानं सत्त्वपरिपाकयोगेन न क्षीयते न वर्धते, अशरीरत्वाद्धर्मस्य। शरीरवतां हि महामते नाशो भवति नाशरीरवताम्। धर्मश्चाशरीरः। तद्यथा महामते गङ्गायां नद्यां वालुका निष्पीड्यमाना घृततैलार्थिभिर्घृततैलादिविरहिताः, एवमेव महामते तथागताः सत्त्वदुःखैर्निष्पीड्यमाना धर्मधात्वीश्वरप्रणिधानसुखं न विजहति महामते महाकरुणोपेतत्वात्, यावत्सर्वसत्त्वा न निर्वाप्यन्ते तथागतैः। तद्यथा महामते गङ्गायां नद्यां वालुकाः प्रवाहानुकूलाः प्रवहन्ति नानुदके, एवमेव महामते तथागतानां सर्वबुद्धधर्मदेशना निर्वाणप्रवाहानुकूला संवर्तते। तेन गङ्गानदी-वालुकासमास्तथागता इत्युच्यन्ते। नायं महामते गत्यर्थस्तथागतेषु प्रवर्तते। विनाशो महामते गत्यर्थो भवति। न च महामते संसारस्य पूर्वा कोटिः प्रज्ञायते। अप्रज्ञायमाना कथं गत्यर्थेन निर्देक्ष्यामि ? गत्यर्थो महामते उच्छेदः। न च बालपृथग्जनाः संप्रजानन्ति॥

今译：“例如，大慧啊，恒河沙具有地自性相。作为地，即使遭到劫火焚烧，也不会失去地自性。大慧啊，地不会受焚烧，因为地与火界紧密相连。只是愚夫们始终陷入不实性，妄想地受焚烧。而地不受焚烧，因为地以火为原因。同样，大慧啊，如来的法身如同恒河沙，不会毁灭。例如，大慧啊，恒河沙不可计量。同样，大慧啊，如来的光芒不可计量。如来在一切佛的集会上，放射光芒，激励和度化众生。例如，大慧啊，恒河沙不会改变沙的自性。沙自为沙。同样，大慧啊，如来、阿罗汉、正等觉不会在生死轮回中转出和转离，因为诸有转出的原因已斩断。例如，大慧啊，恒河沙即使取走也不知，即使投入也不知。同样，大慧啊，如来的智慧用于度化众生，不减也不增，因为法无身体。大慧啊，有身体者毁灭，无身体者不毁灭。法无身体。例如，大慧啊，无论渴望酥油者怎样压榨，恒河沙也不会产生酥油。同样，大慧啊，无论众生的痛苦怎样压榨，如来具有大慈悲，只要尚未引导众生达到涅槃，也不会放弃法界自在誓愿之乐。例如，大慧啊，恒河沙随水流流动，而不会在无水处流动。同样，大慧啊，如来宣示的一切佛法随涅槃水流流出。因此，说如来如同恒河沙。大慧啊，在一切如来中，不出现'去'这种义。大慧啊，'去'这种义是毁灭。大慧啊，生死轮回的本际①并不知道。既然不知道，我怎么宣示'去'这种义？大慧啊，'去'这种义是断灭。而愚夫们不了解。"

求译："譬如，恒沙是地自性，劫盡燒時，燒一切地，而彼地大不捨自性，與火大俱生故。其餘愚夫作地燒想，而地不燒，以火因故。如是，大慧！如來法身如恒沙不壞。大慧！譬如，恒沙無有限量，如來光明亦復如是，無有限量。為成熟眾生故，普照一切諸佛大眾。大慧！譬如，恒沙別求異沙，永不可得。如是，大慧！如來、應供、等正覺無生死生滅，有因緣斷故。大慧！譬如，恒河沙增減不可得知。如是，大慧！如來智慧成熟眾生，不增不減，非身法故。身法者有壞，如來法身非是身法。如壓恒沙，油不可得，如是一切極苦眾生逼迫如來，乃至眾生未得涅槃，不捨法界自三昧願樂，以大悲故。大慧！譬如，恒沙隨水而流，非無水也。如是，大慧！如來所說一切諸法隨涅槃流。是故，說言如恒河沙。如來不隨諸去流轉，去是壞義故。大慧！生死本際不可知。不知故，云何說去？大慧！去者斷義，而愚夫不知。"

实译："大慧！譬如，恒沙是地自性，劫盡燒時，燒一切地，而彼地大不捨本性，恒與火大俱時生故。諸凡愚人謂地被燒，而實不燒，火所因故。如來法身亦復如是，如恒河沙終不壞滅。大慧！譬如，恒

---

① "本际"（pūrvā koṭi）的词义是"前面的边际"或"前端"，可以理解为起源或本原。

沙無有限量，如來光明亦復如是，為欲成就無量眾生，普照一切諸佛大會。大慧！譬如，恒河沙彼沙[①]，自性不更改變而作餘物。如來亦爾，於世間中不生不滅，諸有生因悉已斷故。大慧！譬如，恒沙取不知減，投不見增。諸佛亦爾，以方便智成熟眾生，無減無增。何以故？如來法身無有身故。大慧！以有身故，而有滅壞。法身無身，故無滅壞。大慧！譬如，恒沙雖苦壓治，欲求蘇油，終不可得。如來亦爾，雖為眾生眾苦所壓，乃至蠢動，未盡涅槃，欲令捨離於法界中深心願樂，亦不可得。何以故？具足成就大悲心故。大慧！譬如，恒沙隨水而流，非無水也。如來亦爾，所有說法莫不隨順涅槃之流。以是說言諸佛如來如恒河沙。大慧！如來說法不隨於趣，趣是壞義。生死本際不可得知。既不可知，云何說趣？大慧！趣義是斷，凡愚莫知。”

महामतिराह -- तद्यदि भगवन् पूर्वा कोटिर्न प्रज्ञायते सत्त्वानां संसरताम् , तत्कथं मोक्षः प्रज्ञायते प्राणिनाम् ? भगवानाह -- अनादिकालप्रपञ्चदौष्ठुल्यविकल्पवासनाहेतुविनिवृत्तिर्महामते स्वचित्तदृश्यबाह्यार्थपरिज्ञानाद्विकल्पस्याश्रयपरावृत्तिर्महामते मोक्षो न नाशः। अतो नानन्तकथा महामते किंचित्कारी भवति। विकल्पस्यैव महामते पर्यायो ऽनन्तकोटिरिति। न चात्र विकल्पादन्यत्किंचित्सत्त्वान्तरमस्ति, अध्यात्मं वा बहिर्धा वा परीक्ष्यमाणं बुद्ध्या। ज्ञानज्ञेयविविक्ता हि महामते सर्वधर्माः। अन्यत्र स्वचित्तविकल्पापरिज्ञानाद्विकल्पः प्रवर्तते, तदवबोधान्निवर्तते॥

今译：大慧说道：“世尊啊，如果不知道众生轮回的本际，怎么能知道众生的解脱呢？”世尊说道：“大慧啊，了解外界事物自心所现，消除无始戏论恶劣分别习气的原因，摆脱分别所依，大慧啊，这是解脱，不是毁灭。因此，大慧啊，不要谈论无限。大慧啊，无限的边际是分别的说法。除了分别之外，别无众生。用智慧考察内在和外

[①] 此处“恒河沙彼沙”，据《中华大藏经》校勘记，“诸本作‘恒沙住沙’”。

在，大慧啊，一切法也就摆脱能知和所知。否则，不了解自心分别，分别就会转出。而觉知自心分别，分别就会转离。”

求译：大慧白佛言：“世尊，若衆生生死本際不可知者，云何解脱可知？”佛告大慧：“無始虚偽過惡妄想習氣因滅，自心現知外義，妄想身轉，解脱不滅[①]。是故，無邊非都無所有，[②]為彼妄想作無邊等異名。觀察内外，離於妄想，無異衆生，智及爾炎一切諸法悉皆寂靜。不識自心現妄想故，妄想生。若識則滅。”

实译：大慧菩薩復白佛言：“若生死本際不可知者，云何衆生在生死中而得解脱？”佛言：“大慧！無始虚偽過習因滅，了知外境自心所現，分别轉依，名為解脱，非滅壞也。是故，不得言無邊際。大慧！無邊際者，但是分别異名。大慧！離分别心，無别衆生。以智觀察内外諸法，知與所知悉皆寂滅。大慧！一切諸法唯是自心分别所見。不了知故，分别心起。了心則滅。”

तत्रेदमुच्यते --

今译：这里，这样说道：

求译：爾時世尊欲重宣此義而說偈言：

实译：爾時世尊重說頌言：

गङ्गायां वालुकासमान् ये पश्यन्ति विनायकान्।
अनाशगतिनिष्ठान् वै ते पश्यन्ति तथागतान्॥ ७॥

今译：若是看到诸导师，如同恒河沙，
不灭不去无尽，是看到诸如来。（7）

---

① 此处“解脱不灭”应理解为“是解脱，不是毁灭”。实译“名为解脱，非灭坏也。”菩译“言解脱者，非为灭法。”

② 此句与现存梵本有差异。实译“不得言无边际”，与现存梵本一致。

求译：觀察諸導師，猶如恒河沙，
不壞亦不去，亦復不究竟，
是則為平等，觀察諸如來。

实译：觀察諸導師，譬如恒河沙，
非壞亦非趣，是人能見佛。

गङ्गायां वालुका यद्वत्सर्वदोषैर्विवर्जिताः।
वाहानुकूला नित्याश्च तथा बुद्धस्य बुद्धता॥८॥

今译：如同恒河沙，摆脱一切错误，
永远随顺水流，这便是佛性。（8）

求译：猶如恒沙等，悉離一切過，
隨流而性常，是則佛正覺。

实译：譬如恒河沙，悉離一切過，
而恒隨順流，佛體亦如是。

अथ खलु महामतिर्बोधिसत्त्वो महासत्त्वः पुनरपि भगवन्तमेतदवोचत् -- देशयतु भगवान् , देशयतु मे सुगतस्तथागतो ऽर्हन् सम्यक्संबुद्धः सर्वधर्माणां क्षणभङ्गं भेदलक्षणं चैषाम्। तत्कथं भगवन् सर्वधर्माः क्षणिकाः ? भगवानाह -- तेन हि महामते शृणु , साधु च सुष्ठु च मनसिकुरु। भाषिष्ये ऽहं ते। साधु भगवन्निति महामतिर्बोधिसत्त्वो महासत्त्वो भगवतः प्रत्यश्रौषीत्। भगवांस्तस्यैतदवोचत् -- सर्वधर्माः सर्वधर्मा इति महामते यदुत कुशलाकुशलाः संस्कृतासंस्कृता लौकिकलोकोत्तराः सावद्यानवद्याः सास्त्रवानास्त्रवा उपात्तानुपात्ताः। संक्षेपेण महामते पञ्चोपादानस्कन्धाश्चित्तमनोमनोविज्ञानवासनाहेतुकाश्चित्तमनोमनोविज्ञान-वासनापुष्टैर्बालपृथग्जनैः कुशलाकुशलेन परिकल्प्यन्ते। समाधिसुखसमापत्तयो महामते दृष्टधर्मसुखविहारभावेन आर्याणां कुशलानास्त्रवा इत्युच्यन्ते। कुशला-कुशलाः पुनर्महामते यदुत अष्टौ विज्ञानानि। कतमान्यष्टौ ? यदुत तथागतगर्भ

आलयविज्ञानसंशब्दितो मनो मनोविज्ञानं च पञ्च च विज्ञानकायास्तीर्थ्यानुवर्णिताः। तत्र महामते पञ्च विज्ञानकाया मनोविज्ञानसहिता कुशलाकुशलक्षणपरंपराभेदभिन्नाः संततिप्रबन्धनाभिन्नशरीराः प्रवर्तमानाः प्रवर्तन्ते। प्रवृत्य च विनश्यन्ति। स्वचित्तदृश्यानवबोधात्समनन्तरनिरोधे ऽन्यद्विज्ञानं प्रवर्तते। संस्थानाकृतिविशेषग्राहकं मनोविज्ञानं पञ्चभिर्विज्ञानकायैः सह संप्रयुक्तं प्रवर्तते क्षणकालानवस्थायि। तत्क्षणिकमिति वदामि। क्षणिकं पुनर्महामते आलयविज्ञानं तथागतगर्भसंशब्दितं मनःसहितं प्रवृत्तिविज्ञानवासनाभिः क्षणिकमनास्रववासनाभिरक्षणिकम्। न च बालपृथग्जना अवबुध्यन्ते क्षणिकवादाभिनिविष्टाः क्षणिकाक्षणिकतामिमां सर्वधर्माणाम्। तदनवबोधादुच्छेददृष्ट्या असंस्कृतानपि धर्मान्नाशयिष्यन्ति। असंसारिणो महामते पञ्च विज्ञानकाया अननुभूतसुखदुःखा अनिर्वाणहेतवः। तथागतगर्भः पुनर्महामते अनुभूतसुखदुःखहेतुसहितः प्रवर्तते निवर्तते च चतसृभिर्वासनाभिः संमूर्च्छितः। न च बाला अवबुध्यन्ते क्षणिकदृष्टिविकल्पवासितमतयः॥

今译：然后，大慧菩萨大士又对世尊说道："请世尊宣示吧！请善逝、如来、阿罗汉、正等觉为我宣示一切法破灭相。世尊啊，为何一切法刹那？"世尊说道："那么，大慧啊，请听！请你安下心来，我会为你讲述。"大慧菩萨大士回答世尊，说道："好吧，世尊。"世尊对他说道："一切法，一切法，大慧啊，善和不善，有为和无为，世间和出世间，有罪和无罪，有烦恼和无烦恼，取和不取。总之，大慧啊，五取蕴[1]以心、意和意识习气为原因。愚夫们受心、意和意识习气熏染，将它们分别为善和不善。而圣者们达到入定之乐，住于现法之乐，大慧啊，称为善和无烦恼。大慧啊，善和不善是八识。哪八识？如来藏名为阿赖耶识，还有意和意识以及五识身[2]，外道这样描述。其中，大慧啊，五识身和意识一起，互相连接和分离，呈现善和不善相。诸身连续不断转出。转出后，又毁灭。不觉知自心所现，毁

① "五取蕴"（pañcopādānaskandha ）指五种能执取的蕴，即色、受、想、行和识。
② "五识身"（pañcavijñānakāyāḥ）指眼识、耳识、鼻识、舌识和身识。

灭后，又转出另外的识。意识作为形状、形态和特征的摄取者，与五识身一起转出，不停留刹那的时间。我说这是刹那。还有，大慧啊，阿赖耶识名为如来藏，与意一起，具有转出的诸识习气，这是刹那。而不具有烦恼习气，则不是刹那。愚夫们执著刹那说，不理解一切法的这种刹那和非刹那性。由于不理解，怀抱断见，他们甚至毁灭无为法。大慧啊，五识身不属于生死轮回，不感受苦乐，不是涅槃的原因。大慧啊，如来藏受四种习气[①]蒙蔽，感受苦乐，与原因一起转出和转离。愚夫们受刹那邪见和分别习气熏染，不能理解。

求译：爾時大慧菩薩復白佛言："惟願為說一切諸法剎那壞相。世尊，云何一切法剎那？"佛告大慧："諦聽諦聽！善思念之，當為汝說。"佛告大慧："一切法者，謂善、不善、無記[②]，有為無為，世間出世間，有罪無罪，有漏無漏，受不受。大慧！略說心、意、意識及習氣是五受陰因。是心、意、意識習氣長養凡愚善不善妄想。大慧！修三昧樂，三昧正受現法樂住，名為賢聖善、無漏。大慧！善不善者，謂八識。何等為八？謂如來藏名識藏，心、意、意識及五識身，非外道所說。[③]大慧！五識身者，心、意、意識俱[④]，善不善相展轉變壞，相續流注，不壞身生。亦生亦滅，不覺自心現。次第滅，餘識生。形相差別攝受，意識五識俱相應生，剎那時不住，名為剎那。大慧！剎那者，名識藏如來藏意俱，生識習氣剎那。無漏習氣，非剎那。非凡愚所覺，計著剎那論故。不覺一切法剎那非剎那，以斷見壞無為法。大慧！七識[⑤]不流轉，不受苦樂，非涅槃因。大慧！如來藏者，受苦

---

① "四种习气 "（catasṛbhirvāsanābhiḥ），按照下面第七《变化品》中第 4 首偈颂的说法是"有、欲、色和见"。《大乘起信论》中也提到四种熏习，指无明熏习、妄心熏习、妄境界熏习和净法熏习。

② "无记"指非善非不善。现存梵本以及菩译和实译中无此词。

③ 按照现存梵本和实译，这句中无"心"字。同时，"非外道所说"的原文是 tīrthyānuvarṇitāḥ，意谓"外道所描述"。但求译似乎是合理的。菩译和实译均未涉及此词。

④ 按照现存梵本以及菩译和实译，这句中无"心、意"两字。

⑤ 按照现存梵本以及菩译和实译，此处"七识"应为"五识"。

樂，與因俱，若生若滅，四住地[①]無明住地所醉。凡愚不覺，剎那見妄想勳[②]心。

实译：爾時大慧菩薩摩訶薩復白佛言："世尊，願為我說一切諸法剎那壞相。何等諸法名有剎那？"佛言："諦聽！當為汝說。大慧！一切法者，所謂善法、不善法，有為法、無為法，世間法、出世間法，有漏法、無漏法，有受法、無受法。大慧！舉要言之，五取蘊法以心、意、意識習氣為因而得增長。凡愚於此而生分別，謂善不善。聖人現證三昧樂住，是則名為善、無漏法。復次，大慧！善不善者，所謂八識。何等為八？謂如來藏名藏識，意及意識并五識身。大慧！彼五識身與意識俱，善不善相展轉差別，相續不斷，無異體生[③]。生已，即滅。不了於境自心所現，次第滅時，別識生起。意識與彼五識共俱，取於種種差別形相，剎那不住，我說此等名剎那法。十[④]慧！如來藏名藏識，所與意等諸習氣俱，是剎那法。無漏習氣，非剎那法。此非凡愚剎那法，此非剎那[⑤]論者之所能知。彼不能知一切諸法有是剎那非剎那故，彼計無為同諸法壞，墮於斷見。大慧！五識身非流轉，不受苦樂，非涅槃因。如來藏受苦樂，與因俱，有生滅，四種習氣之所迷覆。而諸凡愚分別熏心，不能了知，起剎那見。

पुनरपरं महामते समधारणं कल्पस्थिताः सुवर्णवज्रजिनधातुप्राप्तिविशेषा अभङ्गिनः। यदि पुनर्महामते अभिसमयप्राप्तिः क्षणिका स्यात् , अनार्यत्वमार्याणां स्यात्। न च अनार्यत्वमार्याणां भवति। सुवर्णं वज्रं च महामते समधारणं

---

① 这里的"四住地"是指"四种习气"（catasṛbhirvāsanābhiḥ）。严格说来，vāsanā 一词不同于 vāsa 或 vāsana（"住地"），应该译为"习气"或"熏习"。

② 此处"勋"的原词是 vāsita（"熏染"），故而此字应为"熏"。

③ "相续不断，无异体生"的原文是 santatiprabandhanābhinnaśarīrāḥ pravartamānāḥ，意谓"诸身连续不断转出"。其中的 abhinna 一词，实译"无异"，求译"不坏"，其实在这里可译为"不断"。

④ 此处"十"字，应为"大"。

⑤ 此处"法，此非剎那"，据《中华大藏经》校勘记，"《石》、《碛》、《普》、《南》、《径》、《清》、《丽》无"，可删。

कल्पस्थिता अपि तुल्यमाना न हीयन्ते न वर्धन्ते। तत्कथं बालैः क्षणिकार्थे विकल्प्यते आध्यात्मिकबाह्यानां सर्वधर्माणामसंधाभाष्यकुशलैः ?

今译："还有，大慧啊，金子、金刚和佛骨[1]具有特殊性，历劫保持相同，不破灭。大慧啊，如果现证所得是刹那，那么，圣者也就没有圣性。然而，圣者并非没有圣性。大慧啊，犹如金子和金刚历劫保持相同，他们同样不减不增。愚夫们为何不通晓关于内外一切法所说的含义，而妄想刹那义？"

求译："復次，大慧！如金、金剛、佛舍利，得奇特性，終不損壞。大慧！若得無間有刹那者，聖應非聖。而聖未曾不聖。如金、金剛，雖經劫數，稱量不減。云何凡愚不善於我隱覆[2]之說，於内外一切法作刹那想？"

实译："大慧！如金、金剛、佛之舍利，是奇特性，終不損壞。若得證法有刹那者，聖應非聖。而彼聖人未曾非聖。如金、金剛，雖經劫住，稱量不減。云何凡愚不解於我祕密之說，於一切法作刹那想？"

पुनरपि महामतिराह -- यत्पुनरेतदुक्तं भगवता -- षट्पारमितां परिपूर्य बुद्धत्वमवाप्यत इति। तत्कतमास्ताः षट्पारमिताः ? कथं च परिपूरिं गच्छन्ति ? भगवानाह -- त्रय एते महामते पारमिताभेदाः। कतमे त्रयः ? यदुत लौकिक-लोकोत्तरलोकोत्तरतमाः। तत्र महामते लौकिक्यः पारमिता आत्मात्मीयग्राहा-भिनिवेशाभिनिविष्टाः। अन्तद्वयग्राहिणो विचित्रभवोपपत्त्यायतनार्थं रूपादिविषया-भिलाषिणो दानपारमितां परिपूरयन्ति। एवं शीलक्षान्तिवीर्यध्यानप्रज्ञापारमितां महामते परिपूरयन्ति बालाः। अभिज्ञाश्चाभिनिर्हरन्ति ब्रह्मत्वाय। तत्र लोको-त्तराभिः पारमिताभिः श्रावकप्रत्येकबुद्धा निर्वाणग्राहपतिताशया दानादिषु प्रयुज्यन्ते

---

[1] "佛骨"（jinadhātu）指佛的遗骨。"佛骨"的另一个用词是 śarīra，音译"舍利"。

[2] "隐覆"的原词是 saṃdhā，词义为"含义"，引申为"隐秘的意义"。菩译"意"，实译"秘密"。

यथैव बाला आत्मसुखनिर्वाणाभिलाषिणः। लोकोत्तरतमाः पुनर्महामते स्वचित्तदृश्यविकल्पमात्रग्रहणात्स्वचित्तद्वयावबोधादप्रवृत्तेर्विकल्पस्य उपादानग्रहणाभावात्स्वचित्तरूपलक्षणानभिनिवेशाद्दानपारमिता सर्वसत्त्वहितसुखार्थमाजायते बोधिसत्त्वानां महासत्त्वानां परमयोगयोगिनाम्। यत्तत्रैवालम्बने विकल्पस्याप्रवृत्तिं शीलयन्ति, तच्छीलं पारमिता च सा। या तस्यैव विकल्पस्याप्रवृत्तिक्षमणता ग्राह्यग्राहकपरिज्ञया, सा क्षान्तिपारमिता। येन वीर्येण पूर्वरात्रापररात्रं घटते योगानुकूलदर्शनाद्विकल्पस्य व्यावृत्तेः, सा वीर्यपारमिता। यद्विकल्पनिवृत्तेस्तीर्थ्यनिर्वाणग्राहापतनं सा ध्यानपारमिता। तत्र प्रज्ञापारमिता यदा स्वचित्तविकल्पाभावादाबुद्धिप्रविचयात्प्रतिविचिन्वन् अन्तद्वये न पतति आश्रयपरावृत्तिपूर्वकर्मविनाशतः, स्वप्रत्यात्मार्यगतिप्रतिलम्भाय प्रयुज्यते, सा प्रज्ञापारमिता। एता महामते पारमिताः। एष पारमितार्थः।

今译：大慧又说道："世尊曾说完成六种波罗蜜[1]，便获得佛性。哪六种波罗蜜？怎样完成？"世尊说道："大慧啊，有三类波罗蜜。哪三类？世间、出世间和至上出世间。其中，大慧啊，世间波罗蜜执著我和我所，执取二边，追求种种有、生和处，渴望色等等境界，完成布施波罗蜜。同样，大慧啊，愚夫们也完成持戒、忍辱、精进、禅定和智慧波罗蜜。他们获得神通，达到梵界。其中，声闻和缘觉依靠出世间波罗蜜，一心获取涅槃，实行布施等等，像愚夫们那样，渴求自己的涅槃之乐。还有，大慧啊，修行最高瑜伽的菩萨大士的至上出世间波罗蜜，理解唯自心所现分别，觉知自心二重性，不起分别，不执取，不执著自心色相，为一切众生的利益和幸福，实行布施波罗蜜。他们持戒，对所缘境界不起分别。这是持戒波罗蜜。了解所取和能取，而能忍受不起分别，这是忍辱波罗蜜。前夜至后夜，精进努力，顺应修行所见，远离分别，这是精进波罗蜜。不起分别，不陷入外道的涅槃执著，这是禅定波罗蜜。其中，智慧波罗蜜。一旦自心不起分别，依靠智慧观察，不陷入二边，转离所依，宿业毁灭，也就证得自觉圣

[1] "波罗蜜"（pāramitā）的词义是"到达彼岸"。

趣。这是智慧波罗蜜。大慧啊，这些是波罗蜜。这是波罗蜜的含义。”

求译：大慧菩薩復白佛言：“世尊，如世尊說六波羅蜜滿足，得成正覺。何等為六？”佛告大慧：“波羅蜜有三種分別，謂世間、出世間、出世間上上。大慧！世間波羅蜜者，我、我所攝受計著，攝受二邊，為種種受生處，樂色、聲、香、味、觸故，滿足檀[1]波羅蜜。戒、忍、精進、禪定、智慧亦如是，凡夫神通及生梵天。大慧！出世間波羅蜜者，聲聞、緣覺墮攝受涅槃故，行六波羅蜜，樂自己涅槃樂。出世間上上波羅蜜者，覺自心現妄想量、攝受及自心二故，不生妄想，於諸趣攝受非分[2]，自心色相不計著，為安樂一切眾生故，生檀波羅蜜，起上方便[3]。即於彼緣妄想不生戒[4]，是尸[5]波羅蜜。即彼妄想不生，忍知攝所攝，是羼提[6]波羅蜜。初、中、後夜精勤方便，隨順修行方便，妄想不生，是毗梨耶[7]波羅蜜。妄想悉滅，不墮聲聞涅槃攝受，是禪波羅蜜。自心妄想非性，智慧觀察，不墮二邊，先身轉勝而不可壞，[8]得自覺聖趣，是般若[9]波羅蜜。”

实译：大慧菩薩復白佛言：“世尊，常說六波羅蜜若得滿足，便成正覺。何等為六？云何滿足？”佛言：“大慧！波羅蜜者，差別有三，所謂世間、出世間、出世間上上。大慧！世間波羅蜜者，謂諸凡愚著我、我所，執取二邊，求諸有身、貪色等境，如是修行檀波羅蜜。持

[1] “檀”是 dāna（“布施”）一词的音译。

[2] 这句的意思是：不于诸趣摄受。

[3] 此处“起上方便”的原文是 paramayogayoginām，意谓“修行最高瑜伽的”。其中的“上”字，据《中华大藏经》校勘记，“《径》作‘上上’”。

[4] 这句中的“戒”在原文中是动词形式，意谓持戒而于彼缘妄想不生。

[5] “尸”是 śīla（“持戒”）一词的音译。

[6] “羼提”是 kṣānti（“忍辱”）一词的音译。

[7] “毗梨耶”是 vīrya（“精进”）一词的音译。

[8] 此处“先身转胜而不可坏”的原文是 āśrayaparāvṛttipūrvakarmavināśataḥ（“转离所依，宿业毁灭”）。若按求译，可能是将原文读作 āśrayaparāvṛttipūrvakam avināśataḥ。但这种读法似嫌勉强。实译“转净所依，而不坏灭”，与求译类似。菩译“依如实修行转身，不见一法生，不见一法灭”，也与现存梵本有差异。

[9] “般若”是 prajñā（“智慧”）一词的音译。

戒、忍辱、精進、禪定成就神通，生於梵世。大慧！出世間波羅蜜者，謂聲聞、緣覺執著涅槃，希求自樂，如是修習諸波羅蜜。大慧！出世間上上波羅蜜者，謂菩薩摩訶薩於自心二法，了知惟是分別所現，不起妄想，不生執著，不取色相，為欲利樂一切眾生，而恒修行檀波羅蜜。於諸境界不起分別，是則修行尸波羅蜜。即於不起分別之時，忍知能取所取自性，是則名為羼提波羅蜜。初、中、後夜勤修匪懈，隨順實解，不生分別，是則名為毗梨耶波羅蜜。不生分別，不起外道涅槃之見，是則名為禪波羅蜜。以智觀察，心無分別，不墮二邊，轉淨所依，而不壞滅，獲於聖智內證境界，是則名為般若波羅蜜。”

तत्रेदमुच्यते --

今译：这里，这样说道：

求译：爾時世尊欲重宣此義而說偈言：

实译：爾時世尊重說頌曰：

शून्यमनित्यं क्षणिकं बालाः कल्पेन्ति संस्कृतम्।
नदीदीपबीजदृष्टान्तैः क्षणिकार्थो विकल्प्यते॥९॥

今译：愚夫们妄想有为是空、无常和刹那，
以河、灯和种子为譬喻，妄想刹那义。（9）

求译：空無常刹那，愚夫妄想作，
如河燈種子，而作刹那想。

实译：愚分別有為，空無常刹那，
分別刹那義，如河燈種子。

निर्व्यापारं क्षणिकं विविक्तं क्षयवर्जितम्।
अनुत्पत्तिश्च धर्माणां क्षणिकार्थं वदाम्यहम्॥१०॥

今译：刹那无作用，寂静，摆脱毁灭，
一切法不生，我说这种刹那义。（10）

求译：刹那息煩亂，寂靜離所作，
一切法不生，我說刹那義。

实译：一切法不生，寂靜無所作，
諸事性皆離，是我刹那義。

उत्पत्त्यनन्तरं भङ्गं न वै देशेमि बालिशान्।
नैरन्तर्येण भावानां विकल्पः स्पन्दते गतौ॥ ११॥

今译：我不向愚夫们宣示生而又灭，
事物不间断，诸趣流转起分别。（11）

求译：物生則有滅，不為愚者說，
無間相續性，妄想之所勳[1]。

实译：生無間即滅，不為凡愚說，
無間相續法，諸趣分別起。

सा विद्या कारणं तेषां चित्तानां संप्रवर्तिकम्।
अन्तरा किमवस्थासौ यावद्रूपं न जायते॥ १२॥

今译：种种心转出，无知是原因[2]，
一旦色不生，怎会住其间？（12）

求译：無明為其因，心則從彼生，
乃至色未生，中間有何分？

实译：無明為其因，心則從彼生，
未能了色來，中間何所住？

---

[1] 这句与现存梵本有差异。其中的“勳”字疑有误，应为“熏”。
[2] 这句原文中的 sā vidyā，按南条本应连写为 sāvidyā。

समनन्तरप्रध्वस्तं चित्तमन्यत्प्रवर्तते।
रूपं न तिष्ठते काले किमालम्ब्य प्रवर्त्स्यते॥ १३॥

今译：连续不断毁灭，转出别的心，
一旦不住于色，缘何而转出？（13）

求译：相續次第滅，餘心隨彼生，
不住於色時，何所緣而生？

实译：無間相續滅，而有別心起，
不住於色時，何所緣而生？

यस्माद्यत्र प्रवर्तते चित्तं वितथहेतुकम्।
न प्रसिद्धं कथं तस्य क्षणभङ्गो ऽवधार्यते॥ १४॥

今译：心得以转出，不实为原因，
既然不成立，谈何刹那灭？（14）

求译：以從彼生故，不如實因生，
云何無所成，而知刹那壞？

实译：若緣彼而起，其因則虛妄，
因妄體不成，云何刹那滅？

योगिनां हि समापत्तिः सुवर्णं जिनधातवः।
आभास्वरविमानाश्च अभेद्या लोककारणात्॥ १५॥

今译：修行者的入定，金子，佛舍利，
光音天[①]宫，不会随世界毁灭。（15）

求译：修行者正受，金剛佛舍利，

[①] “光音天”（ābhāsvara）是天国之一。词义是“以光为音”。意谓居于光音天的众生凭禅定中发出的光芒代替语言，互相交流。

光音天宫殿，世間不壞事。

实译：修行者正受，金剛佛舍利，

及以光音宮，世間不壞事。

स्थितयः प्राप्तिधर्माश्च बुद्धानां ज्ञानसंपदः।
भिक्षुत्वं समयप्राप्तिर्दृष्टा वै क्षणिकाः कथम्॥ १६॥

今译：诸佛证得的正法和圆满智慧常住，

比丘性，现证所得，怎能看成刹那？（16）

求译：住於正法得，如來智具足，

比丘得平等，云何見刹那？

实译：如來圓滿智，及比丘證得，

諸法性常住，云何見刹那？

गन्धर्वपुरमायाद्या रूपा वै क्षणिका न किम्।
अभूतिकाश्च भूताश्च भूताः केचित्करागताः॥ १७॥

今译：乾达婆城和幻觉等色，怎么不是刹那？[①]

四大原本不实，它们又怎么能造作？（17）

求译：乾闥婆幻等，色無有刹那，

於不實色等，視之若真實。[②]

实译：乾城幻等色，何故非刹那？

大種無實性，云何說能造？

---

① 这颂也见于第 10 品第 828 颂。此处 kṣanikā na kim（“怎么不是刹那？”）在那颂中是 kṣanikā katham（“怎么是刹那？”）。此处实译“何故非刹那？”是前一种读法。而求译“无有刹那”。菩译“云何念不住？”是后一种读法。

② 这颂与现存梵本有差异。而菩译和实译与现存梵本一致。

इति लङ्कावतारे क्षणिकपरिवर्तः षष्ठः॥

今译：以上是《入楞伽经》中第六《刹那品》。

实译：《大乘入楞伽經》卷第五。

७ नैर्माणिकपरिवर्तो नाम सप्तमः।

今译：第七 变化品

实译：變化品第七

अथ खलु महामतिर्बोधिसत्त्वो महासत्त्वः पुनरपि भगवन्तमेतदवोचत् -- अर्हन्तः पुनर्भगवता व्याकृता अनुत्तरायां सम्यक्संबोधौ। अपरिनिर्वाणधर्मकाश्च सत्त्वास्तथागतत्वे। यस्यां च रात्रौ तथागतो ऽनुत्तरां सम्यक्संबोधिमभिसंबुद्धो यस्यां च रात्रौ परिनिर्वृतः, एतस्मिन्नन्तरे भगवता एकमप्यक्षरं नोदाहृतं न प्रव्याहृतम्। सदा समाहिताश्च तथागता न वितर्कयन्ति न व्यवचारयन्ति। निर्माणानि च निर्माय तैस्तथागतकृत्यं कुर्वन्ति। किं कारणं च विज्ञानानां क्षणपरंपराभेदलक्षणं निर्दिश्यते ? वज्रपाणिश्च सततसमितं नित्यानुबद्धः। पूर्वा च कोटिर्न प्रज्ञायते। निर्वृतिश्च प्रज्ञाप्यते। माराश्च मारकर्माणि च कर्मप्लोतयश्च। चञ्चामाणविका सुन्दरिका प्रव्राजिका यथा धौतपात्रादीनि च भगवन् कर्मावरणानि दृश्यन्ते। तत्कथं भगवता सर्वाकारज्ञता प्राप्ता अप्रहीणैर्दोषैः ? भगवानाह -- तेन हि महामते शृणु , साधु च सुष्ठु च मनसिकुरु। भाषिष्ये ऽहं ते। साधु भगवन्निति महामतिर्बोधिसत्त्वो महासत्त्वो भगवतः प्रत्यश्रौषीत्। भगवांस्तस्यैतदवोचत् -- निरुपधिशेषं निर्वाणधातुं संधाय बोधिसत्त्वचर्यां च चरितवतां प्रोत्साहनार्थम्। सन्ति हि महामते बोधिसत्त्वचर्याचारिणः इह अन्येषु च बुद्धक्षेत्रेषु। येषां श्रावकयाननिर्वाणाभिलाषस्तेषां श्रावकयानरुचिव्यावर्तनार्थं महायानगतिप्रोत्साहनार्थं च तन्निर्मितश्रावकान्निर्माणकायैर्व्याकरोति, न च धर्मताबुद्धैः। एतत्संधाय महामते श्रावकव्याकरणं निर्दिष्टम्। न हि महामते श्रावकप्रत्येकबुद्धानां

क्लेशावरणप्रहाणविशेषो विमुक्त्येकरसतया। नात्र ज्ञेयावरणप्रहाणम्। ज्ञेयावरणं पुनर्महामते धर्मनैरात्म्यदर्शनविशेषाद्विशुध्यते। क्लेशावरणं तु पुद्गलनैरात्म्यदर्शनाभ्यासपूर्वकं प्रहीयते, मनोविज्ञाननिवृत्तेः। धर्मावरणविनिर्मुक्तिः पुनरालयविज्ञानवासनाविनिवृत्तेर्विशुध्यति। पूर्वधर्मस्थितितां संधाय अपूर्वचरमस्य चाभावात्पूर्वप्रहीणैरेवाक्षरैस्तथागतो न वितर्क्य न विचार्य धर्मं देशयति। संप्रजानकारित्वादमुषितस्मृतित्वाच्च न वितर्कयति न विचारयति, चतुर्वासनाभूमिप्रहीणत्वाच्च्युतिद्वयविगमात्क्लेशज्ञेयावरणद्वयप्रहाणाच्च॥

今译：然后，大慧菩萨大士又对世尊说道："世尊曾授记[1]阿罗汉获得无上正等觉，而不入般涅槃法的众生也获得如来性[2]。如来从证得无上正等觉之夜到般涅槃之夜，两者之间，没有说一字，也没有答一字。诸如来始终入定，不思辨，不观察。他们以种种变化做如来应做的事。为何宣示诸识互相刹那破灭？金刚力士[3]始终随身护卫。不知道本际，而知道涅槃。魔、魔业和业报。婆罗门女旃遮、外道女孙陀利和空钵等等，[4]种种业障可见。世尊啊，不摆脱这些过失，世尊怎样获得一切智性？"世尊说道："那么，大慧啊，请听！请你安下心来，我会为你讲述。"大慧菩萨大士回答世尊，说道："好吧，世尊。"世尊对他说道："依据无余涅槃[5]界，为了鼓励修行者修习菩萨行。大慧啊，在这里和其他佛土，都有修习菩萨行者。为了让那些渴望声闻乘涅槃者摆脱对声闻乘的喜爱，鼓励他们走上大乘，由化身[6]而不是由法性佛向变化声闻授记。大慧啊，正是据此向声闻授记。大慧啊，

---

[1] "授记"（vyākṛta）指预言将来会成佛。

[2] 这句求译"一切众生不涅槃，谁至佛道？"菩译"诸佛如来不入涅槃"。两者均与现存梵本不一致。而实译"无般涅槃法，众生得成佛道"，与现存梵本一致。

[3] "金刚力士"（vajrapāṇi）指手持金刚杵的天神。

[4]《大智度论》卷九中记载佛陀曾受九种"罪报"。其中，有婆罗门女旃遮假装怀孕，诬陷佛陀；外道女孙陀利诽谤五百阿罗汉；佛陀进入婆罗门聚落乞食不得，空钵而还。

[5] "无余涅槃"（nirupadhiśeṣam nirvāṇam，或译"无余依涅槃" ）指完全摆脱对生存因素执著的涅槃。

[6] "化身"（nirmāṇakāya）指佛的化身。

声闻和缘觉消除烦恼障，与解脱味一致，没有差异[①]。但这不是消除所知障。大慧啊，所知障必须依靠洞察法无我而得到净化。而烦恼障只要先修习洞察人无我，摆脱意识，就能消除。然后，清除法障，摆脱阿赖耶识习气，获得净化。依据原有的法住性，无前无后，故而如来不思辨，不观察，用原本舍弃[②]的文字说法。由于具有正智，不失去忆念，脱离四种习气之地，摆脱两种死，消除烦恼和所知二障，他不思辨，不观察。

求译：爾時大慧菩薩復白佛言："世尊，世尊記阿羅漢得成阿耨多羅三藐三菩提，與諸菩薩等無差別。一切眾生法不涅槃，誰至佛道？從初得佛至般涅槃，於其中間不說一字，亦無所答。如來常定故，亦無慮，亦無察。化佛化作佛事。何故說識剎那展轉壞相？金剛力士常隨侍衛。不施設本際。現魔、魔業，惡業果報。旃遮摩納[③]，孫陀利女，空鉢而出，惡業障現。云何如來得一切種智，而不離諸過？"佛告大慧："諦聽諦聽！善思念之，當為汝說。"大慧白佛："善哉世尊，唯然受教。"佛告大慧："為無餘涅槃故，說誘進行菩薩行者故。此及餘世界修菩薩行者樂聲聞乘涅槃，為令離聲聞乘，進向大乘，化佛授聲聞記，非是法佛。大慧！因是故，記諸聲聞與菩薩不異。大慧！不異者，聲聞、緣覺、諸佛如來煩惱障斷，解脫一味。非智障斷。大慧！智障者，見法無我，殊勝清淨。煩惱障者，先習見人無我斷，七識[④]滅。法障解脫，識藏習滅，究竟清淨。因本住法故，前後非性，

---

① 按照求译和实译，此处"没有差异"指与诸佛没有差异。这是将 śrāvakapratyeka-buddhānām 读作"声闻、缘觉和佛"。也就是将 pratyekabuddha（"缘觉佛"或"辟支佛"）读作"缘觉和佛"。这种读法也能读通。此处菩译"声闻、辟支佛涅槃无差别。何以故？断烦恼无差别故。"

② "原本舍弃"（pūrvaprahīṇaiḥ）这个词义不见于求译、菩译和实译。此处求译"无尽本愿故"，那么，原文应该是 pūrvapraṇihitaiḥ。菩译"依本名字章句"，实译"先具如是诸文字故"，也许比较符合原文。南条本据藏译本推测此词可能是 pūrvabhāṣitaiḥ，或 pūrvadeśitaiḥ，或 pūrvabhihitaiḥ，即"原先所说"。

③ "旃遮摩那"是 Cañcāmāṇavikā（"旃遮少女"，即"名为旃遮的少女"）一词的音译。

④ 此处"七识"的原词是 manovijñāna（"意识"）。菩译和实译均为"意识"。

無盡本願故，如來無慮無察而演說法。正智所化故，念不忘故，無慮無察。四住地無明住地習氣斷故，二煩惱斷，離二種死，覺人法無我及二障斷。

实译：爾時大慧菩薩摩訶薩復白佛言："世尊，如來何故授阿羅漢阿耨多羅三藐三菩提記？何故復說無般涅槃法，衆生得成佛道？又何故說從初得佛至般涅槃，於其中間不說一字？又言如來常在於定，無覺無觀。又言佛事皆是化作。又言諸識刹那變壞。又言金剛神常隨衛護。又言前際不可知，而說有般涅槃。又現有魔及以魔業，又有餘報。謂旃遮婆羅門女，孫陀利外道女，及空鉢而還等事。世尊既有如是業障，云何得成一切種智？既已成於一切種智，云何不離如是諸過？"佛言："諦聽！當為汝說。大慧！我為無餘涅槃界故，密[1]勸令彼修菩薩行。此界、他土有諸菩薩，心樂求於聲聞涅槃，令捨是心，進修大行，故作是說。又變化佛與化聲聞而授記別，非法性佛。大慧！授聲聞記是祕密說。大慧！佛與二乘無差別者，據斷惑障，解脫一味，非謂智障。智障要見法無我性，乃清淨故。煩惱障者，見人無我，意識捨離，是時初斷。藏識習滅，法障解脫，方得永淨。大慧！我依本住法作是密語，非異前佛，後更有說，先具如是諸文字故。大慧！如來正知無有妄念，不待思慮然後說法。如來久已斷四種習，離二種死，除二種障。

सप्त महामते मनोमनोविज्ञानचक्षुर्विज्ञानादयः क्षणिकाः वासनाहेतुत्वात्कुशलानास्त्रवपक्षरहिताः न संसारिणः। तथागतगर्भः पुनर्महामते संसरति निर्वाणसुखदुःखहेतुकः। न च बालपृथग्जना अवबुध्यन्ते शून्यताविक्षिप्तमतयः। निर्मितनैर्माणिकानां महामते तथागतानां वज्रपाणिः पार्श्वानुगतो न मौलानां तथागतानामर्हतां सम्यक्संबुद्धानाम्। मौलो हि महामते तथागतः सर्वप्रमाणे-

[1] 此处的"密"，原词是 saṃdhāya，词义是"依据"。在这句中的意思是"依据无余涅槃界"。在这段下面两处中出现的"秘密"和"密语"，原词也都是 saṃdhāya（"依据"）。

न्द्रियविनिवृत्तः सर्वबालश्रावकप्रत्येकबुद्धतीर्थ्यानाम्। दृष्टधर्मसुखविहारिणस्तमा-
गच्छन्त्यभिसमयधर्मज्ञानक्षान्त्या। अतो वज्रपाणिस्तान्नानुबध्नाति। सर्वे हि
निर्मितबुद्धा न कर्मप्रभवाः। न तेषु तथागतो न चान्यत्र तेभ्यस्तथागतः।
कुम्भकारालम्बनादिप्रयोगेणेव सत्त्वकृत्यानि करोति, लक्षणोपेतं च देशयति, न तु
स्वनयप्रत्यवस्थानकथां स्वप्रत्यात्मार्यगतिगोचरम्। पुनरपरं महामते षण्णां
विज्ञानकायानां निरोधादुच्छेददृष्टिमाश्रयन्ति बालपृथग्जनाः, आलयानवबोधाच्छा-
श्वतदृष्टयो भवन्ति। स्वमतिविकल्पस्य महामते पूर्वा कोटिर्न प्रज्ञायते।
स्वमतिविकल्पस्यैव विनिवृत्तेर्मोक्षः प्रज्ञायते। चतुर्वासनाप्रहाणात्सर्वदोषप्रहाणम्॥

今译："大慧啊，意、意识和眼识等等七识是刹那，以习气为原
因，不属于善和无烦恼，不属于生死流转。大慧啊，如来藏流转，是
涅槃和苦乐的原因。愚夫们的思想受空性迷惑，不能理解。大慧啊，
变化如来有金刚力士随身护卫，大正等觉根本如来不是这样。大慧啊，
根本如来摆脱一切愚夫外道、声闻和缘觉的度量和诸根。那些住于现
法之乐者堪受现证法智，来到他那里。因此，他们不用金刚力士随身
护卫。一切变化佛不生于业。如来不在他们之中，而离了他们，也没
有如来。如同陶工利用种种所缘，为众生做事，变化佛宣示有相者，
而不是确立自己教法的言说，即自觉圣趣境界。还有，大慧啊，愚夫
们因六识身破灭而依附断见，因不觉知阿赖耶识而怀有常见。大慧啊，
不知道自心分别的本际，但知道摆脱自心分别是解脱。摒弃四种习气，
也就摒弃一切过失。"

求译："大慧！心、意、意識、眼識等七[①]，刹那習氣因離[②]，善
無漏品離，不復輪轉。大慧！如來藏者輪轉，涅槃苦樂因。空亂意，
大慧！愚癡凡夫所不能覺。大慧！金剛力士所隨護者是化佛耳，非真
如來。大慧！真如來者，離一切根、量。一切凡夫聲聞、緣覺及外道
根、量悉滅，得現法樂，住無間法智忍故，非金剛力士所護。一切化

---

① 按照现存梵本以及菩译和实译，此句中无"心"字。如果加上"心"，则成了"八识"。
② 此处"离"字应删，据《中华大藏经》校勘记，"《径》无"。

佛不從業生。化化[1]佛者，非佛，不離佛。因陶家輪等眾生所作相而說法，非自通處說自覺境界。復次，大慧！愚夫依七識身[2]滅，起斷見。不覺識藏故，起常見。自妄想故，不知本際。自妄想慧滅故，解脫。四住地無明住地習氣斷故，一切過斷。”

实译：“大慧！意及意識、眼識等七，習氣為因，是刹那性，離無漏、善，非流轉法。大慧！如來藏者，生死流轉及是涅槃苦樂之因。凡愚不知，妄著於空。大慧！變化如來，金剛力士常隨衛護，非真實佛。真實如來離諸限[3]、量，二乘、外道所不能知。住現法樂，成就智忍，不假金剛力士所護。一切化佛不從業生，非即是佛，亦非非佛。譬如陶師眾事和合而有所作，化佛亦爾，眾相具足而演說法，然不能說自證聖智所行之境。復次，大慧！諸凡愚人見六識滅，起於斷見。不了藏識，起於常見。大慧！自心分別是其本際，故不可得。離此分別，即得解脫。四種習斷，離一切過。”

तत्रेदमुच्यते --

今译：这里，这样说道：

求译：爾時世尊欲重宣此義而說偈言：

实译：爾時世尊重說頌言：

त्रीणि यानान्ययानं च बुद्धानां नास्ति निर्वृतिः।
बुद्धत्वे व्याकृताः सर्वे वीतदेषाश्च देशिताः॥ १॥

今译：三乘和无乘，没有佛涅槃，
摆脱过失者，皆授记成佛。（1）

---

[1] 此处“化化”，据《中华大藏经》校勘记，“《径》作‘化’”。

[2] 按照现存梵本以及菩译和实译，此处“七识身”应为“六识身”。

[3] 此处“限”字，据《中华大藏经》校勘记，“《石》、《资》、《碛》、《南》、《径》、《清》作‘根’”。

求译：三乘亦非乘，如來不磨滅，
一切佛所說，說離諸過惡。[1]

实译：三乘及非乘，無有佛涅槃，
悉授如來記，說離眾過惡。

अभिसमयान्तिकं ज्ञानं निरुपादिगतिस्तथा।
प्रोत्साहना च लीनानामेतत्संधाय देशितम्॥२॥

今译：现证终极智和无余涅槃，
据此而宣示，鼓励怯弱者。（2）

求译：為諸無間智，及無餘涅槃，
誘進諸下劣，是故隱覆說。

实译：成就究竟智，及無餘涅槃，
誘進怯劣人，依此密意說。

बुद्धैरुत्पादितं ज्ञानं मार्गस्तैरेव देशितः।
यान्ति तेनैव नान्येन अतस्तेषां न निर्वृतिः॥३॥

今译：诸佛产生智慧，指明道路，
为此不为别，他们不涅槃。(3)

求译：諸佛所起智，即分別說道，
諸乘非為乘[2]，彼則非涅槃。

实译：諸佛所得智，演說如是道，
惟此更非餘，故彼無涅槃。

भवकामरूपदृष्टीनां वासना वै चतुर्विधा।

[1] 这颂中，“磨灭”的原词是 nirvṛtti，指“涅槃”。“所说”的原词是 vyākṛta，指“授记”。

[2] 此处“诸乘非为乘”与现存梵本和实译有差异。

मनोविज्ञानसंभूता आलयं च मनःस्थिताः ॥४॥

今译：有、欲、色和见，这些是四种习气，
意识得以生，阿赖耶识和意得以住。（4）

求译：欲色有及見，說是四住地，
意識之所起，識宅[1]意所住。

实译：欲色有諸見，如是四種習，
意識所從生，藏意亦在中。

मनोविज्ञाननेत्राद्यैरुच्छेदश्चाप्यनित्यतः।
शाश्वतं च अनाद्येन निर्वाणमतिदृष्टिनाम्॥५॥

今译：意识和眼识等等无常而起断见，
涅槃、思想和邪见无始而起常见。（5）

求译：意及眼識等，斷滅說無常，
或作涅槃見，而為說常住。

实译：見意識眼等，無常故說斷，
迷意藏起常，邪智謂涅槃。

इति लङ्कावतारसूत्रे नैर्माणिकपरिवर्तः सप्तमः॥

今译：以上是《入楞伽经》第七《变化品》。

[1] "识宅"的原词是 ālaya，也就是"阿赖耶识"，或译"藏识"。

८ मांसभक्षणपरिवर्तो नामाष्टमः।

今译：第八 食肉品[1]

实译：斷食肉品第八

अथ खलु महामतिर्बोधिसत्त्वो महासत्त्वो भगवन्तं गाथाभिः परिपृच्छ्य पुनरप्यध्येषते स्म -- देशयतु मे भगवांस्तथागतो ऽर्हन् सम्यक्संबुद्धो मांसभक्षणे गुणदोषम् , येन अहं च अन्ये च बोधिसत्त्वा महासत्त्वा अनागतप्रत्युत्पन्नकाले सत्त्वानां क्रव्यादसत्त्वगतिवासनावासितानां मांसभोजगृद्धाणां रसतृष्णाप्रहाणाय धर्मं देशयाम, यथा च ते क्रव्यादभोजिनः सत्त्वा विराग्य रसतृष्णां धर्मरसाहारकाङ्क्षया सर्वसत्त्वैकपुत्रकप्रेमानुगताः परस्परं महामैत्रीं प्रतिलभेरन्। प्रतिलभ्य सर्वबोधिसत्त्वभूमिषु कृतयोग्याः क्षिप्रमनुत्तरां सम्यक्संबोधिमभिसंबुध्येरन्। श्रावकप्रत्येकबुद्धभूम्या वा विश्रम्य अनुत्तरां ताथागतीं भूमिमुपसर्पयेयुः। दुराख्यातधर्मैरपि तावद्भगवन्नन्यतीर्थिकैर्लोकायतदृष्ट्यभिनिविष्टैः सदसत्पक्षोच्छेदशाश्वतवादिभिर्मांसं निवार्यते भक्ष्यमाणम्। स्वयं च न भक्ष्यते, प्रागेव कृपैकरसे सम्यक्संबुद्धे प्रणीते लोकनाथे। तव शासने मांसं स्वयं च भक्ष्यते, भक्ष्यमाणं च न निवार्यते। तत्साधु भगवान् सर्वलोकानुकम्पकः सर्वसत्त्वैकपुत्रकसमदर्शी महाकारुणिको ऽनुकम्पामुपादाय मांसभक्षणे गुणदोषान् देशयतु मे, यथा अहं च अन्ये च बोधिसत्त्वास्तथत्वाय सत्त्वेभ्यो धर्मं देशयेम। भगवानाह -- तेन हि महामते शृणु , साधु च सुष्ठु च मनसिकुरु। भाषिष्ये ऽहं ते। साधु भगवन्निति महामतिर्बोधिसत्त्वो महासत्त्वो भगवतः प्रत्यश्रौषीत्॥

---

[1] 在本品的求译、菩译和实译中，与现存梵本对照，实译基本一致，求译比较简略，而菩译更加充实。

今译：然后，大慧菩萨大士用偈颂[①]询问世尊，请求道："请世尊、如来、阿罗汉、正等觉为我宣示食肉的功过。这样，在现在和未来，我和其他菩萨大士能为受食肉众生道习气熏染而嗜好食肉的众生说法，让他们摒弃对肉味的贪爱。这样，那些食肉的众生摒弃对肉味的贪爱，而渴望法味，以法为食，关爱一切众生如同独子，互相怀有大慈悲。由此，他们适合进入一切菩萨地修行，迅速证得无上正等觉。或者，在声闻和缘觉地得到平息，然后走向无上如来地。其他的外道执著顺世论恶法邪见，宣说有无二翼和断常，甚至也禁止食肉，而且亲自不食肉，更何况世界导师正等觉以慈悲为唯一的味，你怎么会教诲亲自食肉而不禁止食肉呢？善哉！世尊同情一切世界，将一切众生视同独子，大慈大悲，请你出于同情，为我宣示食肉的功过吧！这样，我和其他菩萨能为众生如实说法。"世尊说道："那么，大慧啊，请听！请你安下心来，我会为你讲述。"大慧菩萨大士回答世尊，说道："好吧，世尊。"

求译：爾時大慧菩薩以偈問言：

彼諸菩薩等，志求佛道者，
酒肉及與葱，飲食為云何？
惟願無上尊，哀愍為演說。
愚夫所貪著，臭穢無名稱，
虎狼所甘嗜，云何而可食？
食者生諸過，不食為福善，
惟願為我說，食不食罪福。

大慧菩薩說偈問已，復白佛言："惟願世尊為我等說食不食肉功德過惡。我及諸菩薩於現在、未來，當為種種悕望食肉眾生分別說法，令彼眾生慈心相向。得慈心已，各於住地清淨明了，疾得究竟無上菩

① 此处原文中并无偈颂。菩译此处也无偈颂。但求译此处有偈颂。实译也有偈颂，内容与求译一致，但出现在大慧的问话之后。

提。聲聞、緣覺自地止息已，亦復逮成無上菩提。惡邪論法諸外道輩
邪見斷常，顛倒計著，尚有遮法不聽食肉，況復如來世間救護正法成
就而食肉耶？"佛告大慧："善哉善哉！諦聽諦聽！善思念之，當為
汝說。"大慧白佛："唯然受教。"

实译：爾時大慧菩薩摩訶薩復白佛言："世尊，願為我說食不食
肉功德過失。我及諸菩薩摩訶薩知其義已，為未來、現在報習所熏食
肉眾生而演說之，令捨肉味，求於法味，於一切眾生起大慈心，更相
親愛，如一子想，住菩薩地，得阿耨多羅三藐三菩提。或二乘地暫時
止息，究竟當成無上正覺。世尊，路迦耶等諸外道輩起有無見，執著
斷常，尚有遮禁，不聽食肉，何況如來、應、正等覺大悲含育，世所
依怙，而許自他俱食肉耶？善哉世尊，具大慈悲，哀愍世間，等觀眾
生猶如一子，願為解說食肉過惡，不食功德，令我及與諸菩薩等聞已
奉行，廣為他說。"爾時大慧菩薩重說頌言：

> 菩薩摩訶薩，志求無上覺，
> 酒肉及與葱，為食為不食？
> 愚夫貪嗜肉，臭穢無名稱，
> 與彼惡獸同，云何而可食？
> 食者有何過，不食有何德？
> 惟願最勝尊，為我具開演。

爾時佛告大慧菩薩摩訶薩言："大慧！諦聽諦聽！善思念之，吾
當為汝分別解說。

भगवांस्तस्यैतदवोचत् -- अपरिमितैर्महामते कारणैर्मांसं सर्वमभक्ष्यं कृपा-
त्मनो बोधिसत्त्वस्य। तेभ्यस्तूपदेशमात्रं वक्ष्यामि। इह महामते अनेन दीर्घेणाध्वना
संसरतां प्राणिनां नास्त्यसौ कश्चित्सत्त्वः सुलभरूपो यो न माताभूत्पिता वा भ्राता
वा भगिनी वा पुत्रो वा दुहिता वा अन्यतरान्यतरो वा स्वजनबन्धुबन्धूभूतो वा।
तस्य अन्यजन्मपरिवृत्ताश्रयस्य मृगपशुपक्षियोन्यन्तर्भूतस्य बन्धोर्बन्धुभूतस्य वा

सर्वभूतात्मभूतानुपागन्तुकामेन सर्वजन्तुप्राणिभूतसंभूतं मांसं कथमिव भक्ष्यं स्याद्बुद्धधर्मकामेन बोधिसत्त्वेन महासत्त्वेन ? राक्षसस्यापि महामते तथागताना-मिमां धर्मसुधर्मतामुपश्रुत्य उपगतरक्षभावाः कृपालवा भवन्ति मांसभक्षण-विनिवृत्ताः, किमुत धर्मकामा जनाः। एवं तावन्महामते तेषु तेषु जातिपरिवर्तेषु सर्वसत्त्वाः स्वजनबन्धुभावसंज्ञाः सर्वसत्त्वैकपुत्रकसंज्ञाभावनार्थं मांसं सर्वम-भक्ष्यम्। कृपात्मनो बोधिसत्त्वस्याभक्ष्यं मांसम्। व्यभिचारादपि महामते मांसं सर्वमभक्ष्यं चारित्रवतो बोधिसत्त्वस्य। श्वखरोष्ट्राश्वबलीवर्दमानुषमांसादीनि हि महामते लोकस्याभक्ष्याणि मांसानि। तानि च महामते वीथ्यन्तरेष्वौरभ्रिका भक्ष्याणीति कृत्वा मूल्यहेतोर्विक्रीयन्ते यतः, ततो ऽपि महामते मांसमभक्ष्यं बोधिसत्त्वस्य॥

今译：世尊对他说道："大慧啊，菩萨慈悲为怀，有无数理由不食一切肉。我只为你说一些。大慧啊，众生在长久的生死轮回中，很容易获得色身，没有哪个不曾是父亲、母亲、兄弟、姐妹、儿子或女儿，或此或彼，互为亲友。或在其他转生中投胎走兽飞禽，互为亲友。菩萨大士热爱佛法，愿意亲近[1]如同自身的一切众生，怎么会食形成一切生物生命的肉？大慧啊，甚至罗刹聆听如来的这种妙法，也摆脱罗刹性，略起慈悲，停止食肉，更何况热爱正法的人们？因此，大慧啊，想到一切众生在种种转生中是自己的亲友，想到一切众生如同独子，就不会食一切肉。菩萨慈悲为怀，不会食肉。大慧啊，即使遇到意外情况，有品行的菩萨也不会食一切肉。大慧啊，街头屠夫宰杀的狗、驴、马、牛和人等，用来换钱，世人不应该食这些肉。因此，大慧啊，菩萨不应该食肉。

求译：佛告大慧："有無量因緣不應食肉，然我今當為汝略說。謂一切衆生從本已來，展轉因緣，常為六親。以親想故，不應食肉。驢、騾、駱駝、狐、狗、牛、馬、人、獸等肉，屠者雜賣故，不應食

[1] 此处"亲近"的原词是 anupāgantu，按南条本应为 anūpāgantu。

肉。

实译："大慧！一切諸肉有無量緣，菩薩於中當生悲愍，不應噉食，我今為汝說其少分。大慧！一切眾生從無始來，在生死中輪迴不息，靡不曾作父母、兄弟、男女眷屬，乃至朋友、親愛、侍使，易生而受鳥獸等身，云何於中取之而食？大慧！菩薩摩訶薩觀諸眾生同於己身，念肉皆從有命中來，云何而食？大慧！諸羅剎等聞我此說尚應斷肉，況樂法人？大慧！菩薩摩訶薩在在生處，觀諸眾生皆是親屬，乃至慈念如一子想。是故，不應食一切肉。大慧！衢路市肆諸賣肉人或將犬、馬、人、牛等肉，為求利故而販鬻之，如是雜穢，云何可食？

शुक्रशोणितसंभवादपि महामते शुचिकामतामुपादाय बोधिसत्त्वस्य मांसमभक्ष्यम्। उद्वेजनकरत्वादपि महामते भूतानां मैत्रीमिच्छतो योगिनो मांसं सर्वमभक्ष्यं बोधिसत्त्वस्य। तद्यथापि महामते डोम्बचाण्डालकैवर्तादीन् पिशिताशिनः सत्त्वान् दूरत एव दृष्ट्वा श्वानः प्रभयन्ति भयेन, मरणप्राप्ताश्चैके भवन्ति -- अस्मानपि मारयिष्यन्तीति। एवमेव महामते अन्ये ऽपि खभूजलसंनिश्रितान् सूक्ष्मजन्तवो ये मांसाशिनो दर्शनाद्दूरादेव पटुना घ्राणेनाघ्राय गन्धं राक्षसस्येव मानुषा द्रुतमपसर्पन्ति, मरणसंदेहाश्चैके भवन्ति। तस्मादपि च महामते उद्वेजनकरत्वान्महामैत्रीविहारिणो योगिनो मांसमभक्ष्यं बोधिसत्त्वस्य अनार्यजनजुष्टं दुर्गन्धम्। अकीर्तिकरत्वादपि महामते आर्यजनविवर्जितत्वाच्च मांसमभक्ष्यं बोधिसत्त्वस्य। ऋषिभोजनाहारो हि महामते आर्यजनो न मांसरुधिराहारः, इत्यतो ऽपि बोधिसत्त्वस्य मांसमभक्ष्यम्॥

今译："肉由精血产生，大慧啊，菩萨热爱纯洁，不应该食肉。食肉令人惧怕，大慧啊，修行的菩萨对众生满怀慈悲，不应该食一切肉。例如，大慧啊，那些狗远远看到猎人、旃陀罗[①]和渔夫等等食肉的众生，就会心生恐惧：'他们已经杀死一些，也会杀死我们。'同样，

---

① "旃陀罗"（cāṇḍāla）是四种姓之外的贱民。

大慧啊，其他一些微小的生物远远看到空中、地上或水下的食肉动物，也会像人闻到罗刹的腥味，感受到死亡威胁，而赶快逃跑。因此，大慧啊，食肉令人惧怕，修行的菩萨慈悲为怀，不应该食不洁之人喜爱的、难闻的肉。大慧啊，食肉败坏名声，圣者远避，因此，菩萨不应该食肉。大慧啊，圣者食仙人所食，而不食肉和血，因此，菩萨也不应该食肉。

求译：“不淨氣分所生長故，不應食肉。衆生聞氣悉生恐怖，如旃陀羅及譚婆[①]等，狗見憎惡，驚怖群吠故，不應食肉。又令修行者慈心不生故，不應食肉。凡愚所嗜臭穢不淨，無善名稱故，不應食肉。

实译：“大慧！一切諸肉皆是精血污穢所成，求清淨人云何取食？大慧！食肉之人，衆生見之悉皆驚怖，修慈心者云何食肉？大慧！譬如獵師及旃陀羅，捕魚網鳥諸惡人等，狗見驚吠，獸見奔走。空飛水住一切衆生，若有見之，咸作是念：‘此人氣息猶如羅刹，今來至此，必當殺我。’為護命故，悉皆走避。食肉之人亦復如是。是故，菩薩為修慈行，不應食肉。大慧！夫食肉者，身體臭穢，惡名流布，賢聖善人不用親狎。是故，菩薩不應食肉。大慧！夫血肉者，衆仙所棄，群聖不食。是故，菩薩不應食肉。

बहुजनचित्तानुरक्षणतयापि अपवादपरिहारं चेच्छतः शासनस्य महामते मांसमभक्ष्यं कृपात्मनो बोधिसत्त्वस्य। तद्यथा महामते भवन्ति लोके शासनापवादवक्तारः। किंचित्तेषां श्रामण्यम् , कुतो वा ब्राह्मण्यम् ? यन्नामैते पूर्वर्षिभोजनान्यपास्य क्रव्यादा इवामिषाहाराः परिपूर्णकुक्षयः खभूमिजलसंनिश्रितान् सूक्ष्मांस्त्रासयन्तो जन्तून् समुत्त्रासयन्त इमं लोकं समन्ततः पर्यटन्ति। निहतमेषां श्रामण्यम् , ध्वस्तमेषां ब्राह्मण्यम् , नास्त्येषां धर्मो न विनयः, इत्यनेकप्रकारप्रतिहतचेतसः शासनमेवापवदन्ति। तस्माद्बहुजनचित्तानुरक्षण-

① “谭婆”是 ḍomba（“猎人”）一词的音译。

तयापि अपवादपरिहारं चेच्छतः शासनस्य महामते मांसं सर्वमभक्ष्यं कृपात्मनो बोधिसत्त्वस्य॥

今译："为护持众人之心，不让佛法受到毁谤，大慧啊，慈悲为怀的菩萨不应该食肉。例如，大慧啊，世上有些人毁谤佛法：'他们的沙门性①或婆罗门性何在？他们舍弃以前仙人的食物，而像食肉兽那样食肉，填满肚子，在这世上到处游荡，令空中、地上和水中的动物恐惧，也令微小的生物恐惧。他们损害沙门性，破坏婆罗门性。他们没有正法和戒律。'心中怀有种种不满的人们这样毁谤佛法。因此，为护持众人之心，不让佛法受到诽谤，大慧啊，慈悲为怀的菩萨不应该食一切肉。

实译："大慧！菩薩為護眾生信心，令於佛法不生譏謗，以慈愍故，不應食肉。大慧！若我弟子食噉於肉，令諸世人悉懷譏謗，而作是言：'云何沙門修淨行人，棄捨天仙所食之味，猶如惡獸，食肉滿腹，遊行世間，令諸眾生悉懷驚怖，壞清淨行，失沙門道？是故，當知佛法之中無調伏行。'菩薩慈愍，為護眾生，令不生於如是之心，不應食肉。

मृतशवदुर्गन्धप्रतिकूलसामान्यादपि महामते मांसमभक्ष्यं बोधिसत्त्वस्य। मृतस्यापि हि महामते मनुष्यस्य मांसे दह्यमाने तदन्यप्राणिमांसे च, न कश्चिद्गन्धविशेषः। सममुभयमांसयोर्दह्यमानयोर्दौर्गन्ध्यम्। अतो ऽपि महामते शुचिकामस्य योगिनः सर्वं मांसमभक्ष्यं बोधिसत्त्वस्य॥

今译："与死尸一样气味难闻，大慧啊，菩萨不应该食肉。死人的肉和其他生物的肉在遭到焚烧时，气味没有区别。这两种肉在遭到焚烧时，同样难闻。因此，大慧啊，修行的菩萨热爱纯洁，不应该食一切肉。

---

① "沙门性"（śrāmaṇya）指沙门（śrāmaṇa）的品性。"沙门"泛指出家修行者。

实译："大慧！如燒人肉，其氣臭穢，與燒餘肉等無差別。云何於中有食不食？是故，一切樂清淨者不應食肉。

श्मशानिकानां च महामते अरण्यवनप्रस्थान्यमनुष्यावचराणि प्रान्तानि शयनासनान्यध्यावसतां योगिनां योगाचाराणां मैत्रीविहारिणां विद्याधराणां विद्यां साधयितुकामानां विद्यासाधनमोक्षविघ्नकरत्वान्महायानसंप्रस्थितानां कुलपुत्राणां कुलदुहितॄणां च सर्वयोगसाधनान्तरायकरमित्यपि समनुपश्यतां महामते स्वपरात्महितकामस्य मांसं सर्वमभक्ष्यं बोधिसत्त्वस्य। रूपालम्बनविज्ञानप्रत्ययास्वादजनकत्वादपि सर्वभूतात्मभूतस्य कृपात्मनः सर्वं मांसमभक्ष्यं बोधिसत्त्वस्य। देवता अपि चैनं परिवर्जयन्तीति कृत्वा महामते कृपात्मनः सर्वं मांसमभक्ष्यं बोधिसत्त्वस्य। मुखं चास्य परमदुर्गन्धि इहैव तावज्जन्मनि, इत्यपि कृत्वा महामते कृपात्मनः सर्वं मांसमभक्ष्यं बोधिसत्त्वस्य। दुःखं स्वपिति, दुःखं प्रतिबुध्यते। पापकांश्च रोमहर्षणान् स्वप्नान् पश्यन्ति। शून्यागारस्थितस्य चैकाकिनो रहोगतस्य विहरतो ऽस्यामनुष्यास्तेजो हरन्ति। उत्त्रस्यन्त्यपि, कदाचित्संत्रस्यन्त्यपि, संत्रासमकस्माच्चापद्यन्ते, आहारे च मात्रां न जानाति नाप्यशितपीतखादिताखादितस्य सम्यग्रसपरिणामपुष्ट्यादि समासादयति, क्रिमिजन्तुप्रचुरकुष्ठनिदानकोष्ठश्च भवति व्याधिबहुलम् , न च प्रतिकूलसंज्ञां प्रतिलभते। पुत्रमांसभैषज्यवदाहारं देशयंश्चाहं महामते कथमिव अनार्यजनसेवितमार्यजनविवर्जितमेवमनेकदोषावहमनेकगुणविवर्जितमनृषिभोजनप्रणीतमकल्प्यं मांसरुधिराहारं शिष्येभ्यो ऽनुज्ञाप्यामि ?

今译："大慧啊，修行者安居坟场、林中、旷野和人迹罕至的僻远处，或卧或坐，修习瑜伽行，心怀慈悲，持有咒术，渴望实现咒术，或善男子和善女子修行大乘，而食肉成为实现咒术和解脱的障碍。他们认识到这阻碍一切修行成功。大慧啊，菩萨为自己和他人谋利益，不应该食一切肉。识一遇色，就会贪图滋味，而菩萨慈悲为怀，将一切众生视同自身，不应该食一切肉。大慧啊，想到诸神也远离食肉者，菩萨慈悲为怀，不应该食一切肉。大慧啊，想到食肉者的口气一生一世都最难闻，菩萨慈悲为怀，不应该食一切肉。食肉者睡也痛苦，醒也痛苦。做噩梦，汗毛直竖。独自住在空宅中或僻静隐密处，妖魔们夺走他的精气。经常惊骇恐惧，突然害怕。饮食没有节制，也不管各种饮食的滋味、消化和营养。腹内有众多害虫诱发癞癣，种种疾病，而仍不知悔悟。大慧啊，我宣示食物如同儿子肉和药物，怎么会教导弟子以肉和血为食？血和肉不合适，不是仙人规定的食物，带来种种过失，远离种种功德，不洁之人喜爱，而圣者远避。

求译：“令諸呪術不成就故，不應食肉。以殺生者見形起識，深味著故，不應食肉。彼食肉者諸天所棄故，不應食肉。令口氣臭故，不應食肉。多惡夢故，不應食肉。空閑林中虎狼聞香故，不應食肉。令飲食無節量故，不應食肉。令修行者不生厭離故，不應食肉。我常說言凡所飲食作食子肉想，作服藥想故，不應食肉。聽食肉者，無有是處。

实译：“大慧！諸善男女塚間、樹下、阿蘭若[1]處寂靜修行，或住慈心，或持呪術，或求解脫，或趣大乘，以食肉故，一切障礙，不得成就。是故，菩薩欲利自他，不應食肉。大慧！夫食肉者，見其形色，則已生於貪滋味心，菩薩慈念一切眾生猶如己身，云何見之而作食想？是故，菩薩不應食肉。大慧！夫食肉者，諸天遠離，口氣常臭，睡夢不安，覺已憂悚，夜叉惡鬼奪其精氣，心多驚怖，食不知足，增長疾病，易生瘡癬，恒被諸蟲之所唼食，不能於食深生厭離。大慧！我常說言凡所食噉作子肉想，餘食尚然，云何而聽弟子食肉？大慧！肉非美好，肉不清淨，生諸罪惡，敗諸功德，諸仙聖人之所棄捨，云何而許弟子食耶？若言許食，此人謗我。

अनुज्ञातवान् पुनरहं महामते सर्वार्यजनसेवितमनार्यजनविवर्जितमनेकगुण-

[1] “阿兰若”是 araṇya（“森林”或“荒野”）一词的音译。

वाहकमनेकदोषविवर्जितं सर्वपूर्वर्षिप्रणीतं भोजनम् , यदुत शालियवगोधूममुद्गमाषमसूरादिसर्पिस्तैलमधुफाणितगुडखण्डमत्स्यण्डिकादिषु समुपपद्यमानं भोजनं कल्प्यमिति कृत्वा। न च महामते अनागते ऽध्वनि एकेषां मोहपुरुषाणां विविधविनयविकल्पवादिनां क्रव्यादकुलवासितावासितानां रसतृष्णाव्यवसितानामिदं प्रणीतं भोजनं प्रतिभाष्यते। न तु महामते पूर्वजिनकृताधिकाराणामवरोपितकुशलमूलानां श्राद्धानामविकल्पानां बहुलानां शाक्यकुलकुलीनानां कुलपुत्राणां कुलदुहितॄणां कायजीवितभोगानध्यवसितानामरसगृध्राणामलोलुपानां कृपालूनां सर्वभूतात्मभूततामुपगन्तुकामानां सर्वसत्त्वैकपुत्रकप्रियदर्शिनां बोधिसत्त्वानां महासत्त्वानमिति वदामि॥

今译：“大慧啊，我认可的食物，一切圣者喜爱，而不洁之人远避。它们带来种种功德，远离种种过失，是以前一切仙人规定的食物：稻子、大麦、小麦、大豆、小豆和扁豆等等，酥油、麻油、蜜、砂糖、糖蜜、蔗糖和糖浆等等。这些是合适的食物。大慧啊，在未来之路上，一些愚痴的人妄说种种戒律，受食肉种族习气熏染，一心贪爱肉味。这些规定的食物，并非为他们而说。但是，大慧啊，我要说菩萨大士们不是这样。他们供养过去佛，培植善根，有信仰，无妄想，许多是释迦族善男子和善女子，不执著身体、生命和享受，不贪图美味，不贪婪，心怀慈悲，乐意将一切众生视同自身，看待一切众生可爱如同独子。

实译：“大慧！淨美食者，應知則是粳米、粟米、大小麥、豆、蘇油、石蜜，如是等類。此是過去諸佛所許，我所稱說。我種性中諸善男女心懷淨信，久植善根，於身、命、財不生貪著，慈愍一切猶如己身，如是之人之所應食，非諸惡習虎狼性者心所愛重。

भूतपूर्वं महामते अतीते ऽध्वनि राजाभूत्सिंहसौदासो नाम। स मांसभोजनाहारातिप्रसङ्गेन प्रतिसेवमानो रसतृष्णाध्यवसानपरमतया मांसानि मानुष्याण्यपि भक्षितवान्। तन्निदानं च मित्रामात्यज्ञातिबन्धुवर्गेणापि परित्यक्तः,

प्रागेव पौरजानपदैः। स्वराज्यविषयपरित्यागाच्च महद्व्यसनमासादितवान् मांसहेतोः॥

今译："大慧啊，从前有个国王，名为辛诃绍陀萨。他极其嗜好食肉，贪图滋味，以至食人肉。因此，朋友、大臣和亲属都抛弃他，更不用说城乡居民。这样，由于食肉，他失去王位和王国，遭受大苦难。

求译："復次，大慧！過去有王名師子蘇陀娑[①]，食種種肉，遂至食人。臣民不堪，即便謀反，斷其奉祿。以食肉者有如是過故，不應食肉。

实译："大慧！過去有王名師子生，耽著肉味，食種種肉，如是不已，遂至食人。臣民不堪，悉皆離叛。亡失國位，受大苦惱。

इन्द्रेणापि च महामते देवाधिपत्यं प्राप्तेन (पूर्वाभूत्वा) पूर्वजन्ममांसादवासनादोषाच्छ्येनरूपमास्थाय कपोतवेषरूपधारी विश्वकर्मा समभिद्रुतो ऽभूत्। तुलायां चात्मानमारोपित आसीत्। यस्माद्राजा अनपराधिभूतानुकम्पकः शिबी दुःखेन महता लम्भितः। तदेवमनेकजन्माभ्यस्तमपि महामते देवेन्द्रभूतस्य शक्रस्यापि सतः स्वपरदोषावहनमभूत्, प्रागेव तदन्येषाम्॥

今译："大慧啊，甚至因陀罗成为天王之后，出于前生食肉习气的过失，化身兀鹫追逐化身为鸽子的工巧天。于是，鸽子被放在天平秤上。尸毗王同情无辜的鸽子，遭受巨大的痛苦。[②]这样，大慧啊，即使经过许多生的修行，帝释天成为天王，也给自己和他人带来不幸，更何况其他人！

实译："大慧！釋提桓因處天王位，以於過去食肉餘習，變身為

[①] "师子苏陀娑"的原词是siṃhasaudāsa。其中siṃha的词义是"狮子"，故而译为"师子苏陀娑"。

[②] 这里讲述的是佛本生故事。佛前生曾是尸毗王，为救鸽子，从身上割取与鸽子同样重量的肉，献给兀鹰，直至献出全身。

鷹，而逐於鴿。我時作王，名曰尸毗，愍念其鴿，自割身肉，以代其命。大慧！帝釋餘習尚惱衆生，況餘無慚常食肉者。當知食肉自惱惱他。是故，菩薩不應食肉。

अन्येषां च महामते नरेन्द्रभूतानां सतामश्वेनापहृतानामटव्यां पर्यटमानानां सिंह्या सह मैथुनं गतवतां जीवितभयादपत्यानि चोत्पादितवन्तः सिंहसंवासान्वयात्कल्माषपादप्रभृतयो नृपपुत्राः पूर्वजन्ममांसाददोषवासनतया मनुष्येन्द्रभूता अपि सन्तो मांसादा अभूवन्। इहैव च महामते जन्मनि सप्तकुटीरकेऽपि ग्रामे प्रचुरमांसलौल्यादतिप्रसङ्गेन निषेवमाना मानुषमांसादा घोरा डाका वा डाकिन्यश्च संजायन्ते। जातिपरिवर्ते च महामते तथैव मांसरसाध्यवसानतया सिंहव्याघ्रद्वीपिवृकतरक्षुमार्जारजम्बुकोलूकादिप्रचुरमांसादयोनिषु प्रचुरतरपिशिताशना राक्षसादिघोरतरयोनिषु विनिपात्यन्ते। यत्र विनिपतितानां दुःखेन मानुष्ययोनिरपि समापद्यते, प्रागेव निर्वृतिः। इत्येवमादयो महामते मांसाददोषाः प्रागेव निषेवमानानां समुपजायन्ते, विपर्ययाच्च भूयांसो गुणाः। न च महामते बालपृथग्जना एतांश्चान्यांश्च गुणदोषानवबुध्यन्ते। एवमादिगुणदोषदर्शनान्महामते मांसं सर्वमभक्ष्यं कृपात्मनो बोधिसत्त्वस्येति वदामि॥

今译：“大慧啊，还有一些国王被马匹带入森林游荡。遇见母狮，害怕丢失性命，与母狮交配，繁衍后代，生下斑足等等王子。他们是与狮子同居产生的后代，由于前生食肉的恶劣习气，成为国王后，仍然食肉。大慧啊，在这一生，他们生活在七屋村，极其嗜好食肉，以至食人肉，而生下可怕的妖男和妖女。而在转生时，大慧啊，由于嗜好食肉，投胎狮子、老虎、豹子、豺狼、猫、狐狸和猫头鹰等等食肉兽，以至投胎更嗜好食肉而更可怕的罗刹等等。他们甚至难以投胎为人，更不用说达到涅槃！大慧啊，嗜好食肉产生诸如此类过失，而摆脱食肉，有许多功德。大慧啊，愚夫们不觉知这些和其他种种功过。大慧啊，由于洞察这些功过，我说菩萨慈悲为怀，不应该食一切肉。

实译：“大慧！昔有一王乘馬遊獵，馬驚奔逸，入於山險，既無歸路，又絕人居。有牝師子與同遊處，遂行醜行，生諸子息。其最長者名曰班足，後得作王，領七億家①。食肉餘習，非肉不食。初食禽獸，後乃至人，所生男女悉是羅刹。轉此身已，復生師子、豺狼、虎豹、雕鷲等中，欲求人身終不可得，況出生死涅槃之道。大慧！夫食肉者，有如是等無量過失。斷而不食，獲大功德。凡愚不知如是損益。是故，我今為汝開演，凡是肉者，悉不應食。

यदि च महामते मांसं न कथंचन केचन भक्षयेयुः, न तन्निदानं घातेरन्। मूल्यहेतोर्हि महामते प्रायः प्राणिनो निरपराधिनो वध्यन्ते स्वल्पादन्यहेतोः। कष्टं महामते रसतृष्णायामतिसेवतां मांसानि मानुषान्यपि मानुषैर्भक्ष्यन्ते, किं पुनरितरमृगपक्षिप्राणिसंभूतमांसानि। प्रायो महामते मांसरसतृष्णार्तैरिदं तथा तथा जालयन्त्रमाविद्धं मोहपुरुषैः, यच्छाकुनिकौरभ्रककैवर्तादयः खेचरभूचरजलचरान् प्राणिनो ऽनपराधिनो ऽनेकप्रकारं मूल्यहेतोर्विशसन्ति। न चैषां महामते किंकनीकृतरूक्षचेतसां राक्षसानामिव गतघृणानां कदाचिदपि प्राणिषु प्राणिसंज्ञया घातयतां भक्षयतां न घृणोत्पद्यते॥

今译："大慧啊，任何人在任何情况下都不食肉，就不会由此杀生。大慧啊，通常杀死无辜生物，很少是为了别的原因，而是为了换钱。大慧啊，真是可悲，由于极其贪图滋味，一些人甚至食人肉，更何况其他走兽飞禽的肉！大慧啊，愚痴的人贪图肉味，通常设置套索和机关，或为了换钱，捕鸟者、猎人和愚夫等等杀死空中、地上或水下的各种无辜生物。大慧啊，他们心狠如同紧迦罗②，像罗刹那样残忍，即使知道是生物，照样杀死生物食肉，毫无怜悯心。③

求译："復次，大慧！凡諸殺者，為財利故，殺生屠販。彼諸愚

---

① 此处"七亿家"，按照原文是 saptakuṭīrake grāme（"七屋村"），其中的一个音组 kuṭī 与 koṭi（"亿"）音近。菩译"七屋（村）"。

② "紧迦罗"的原词是 kiṅkanīkṛta，而一般应为 kiṅkarīkṛta 或 kiṅkara。"紧迦罗"指奴仆。

③ 这句原文中前后出现两个 na，从句义上看，应该删去前面一个 na。南条本此处注文中，据藏译本推断前面一个 na 应为 api。

癡食肉眾生，以錢為網而捕諸肉。彼殺生者，若以財物，若以鉤網，取彼空行水陸眾生，種種殺害，屠販求利。

实译：“大慧！凡殺生者，多為人食。人若不食，亦無殺事。是故，食肉與殺同罪。奇哉！世間貪著肉味，於人身肉尚取食之，況於鳥獸有不食者。以貪味故，廣設方便，罝羅網罟，處處安施，水陸飛行皆被殺害。設自不食，為貪價直而作是事。大慧！世復有人心無慈愍，專行慘暴，猶如羅刹，若見眾生其身充盛，便生肉想，言此可食。

न च महामते अकृतकमकारितमसंकल्पितं नाम मांसं कल्प्यमस्ति यदुपादाय अनुजानीयां श्रावकेभ्यः। भविष्यन्ति तु पुनर्महामते अनागते ऽध्वनि ममैव शासने प्रव्रजित्वा शाक्यपुत्रीयत्वं प्रतिजानानाः काषायध्वजधारिणो मोहपुरुषा मिथ्यावितर्कोपहतचेतसो विविधविनयविकल्पवादिनः सत्कायदृष्टियुक्ता रसतृष्णाध्यवसितास्तां तां मांसभक्षणहेत्वाभासां ग्रन्थयिष्यन्ति। मम चाभूताभ्याख्यानं दातव्यं मंस्यन्ते। तत्तदर्थोत्पत्तिनिदानं कल्पयित्वा वक्ष्यन्ति -- इयमर्थोत्पत्तिरस्मिन्निदाने, भगवता मांसभोजनमनुज्ञातं कल्प्यमिति। प्रणीतभोजनेषु चोक्तम् , स्वयं च किल तथागतेन परिभुक्तमिति। न च महामते कुत्रचित्सूत्रे प्रतिसेवितव्यमित्यनुज्ञातम् , प्रणीतभोजनेषु वा देशितं कल्प्यमिति॥

今译：“大慧啊，并不是自己不杀，也没有吩咐他人杀，也没有想到杀，这样的肉就合适，我允许声闻们食用。还有，大慧啊，在未来之路上，会有愚痴的人按照我的教导出家，决定成为释子，身穿袈裟衣作为标识，但心思受虚妄思辨侵害，妄说种种戒律，执著有身见[①]，贪图滋味，会编出种种食肉的理由。他们想要以不实之词毁谤我。他们会妄想事实成立的原因，说‘按照这种事实成立的原因，世尊认可食肉是合适的。这已经在规定的食物中提到，如来自己也食用。’但是，大慧啊，在任何经中，都没有认可这可以食用，也没有在规定

① “有身见”（satkāyadṛṣṭi）指视五蕴和合的身体为“有”，为“我”。

的食物中宣示这是合适的。

求译：“大慧！亦無不教、不求、不想而有魚肉。以是義故，不應食肉。

实译：“大慧！世無有肉非是自殺，亦非他殺，心不疑殺，而可食者，以是義故，我許聲聞食如是肉。大慧！未來之世有愚癡人，於我法中而為出家，妄說毗尼，壞亂正法，誹謗於我，言聽食肉，亦自曾食。

यदि तु महामते अनुज्ञातुकामता मे स्यात् , कल्प्यं वा मे श्रावकाणां प्रतिसेवितुं स्यात् , नाहं मैत्रीविहारिणां योगिनां योगाचाराणां श्मशानिकानां महायानसंप्रस्थितानां कुलपुत्राणां कुलदुहितॄणां च सर्वसत्त्वैकपुत्रकसंज्ञाभावनार्थं सर्वामांसभक्षणप्रतिषेधं कुर्याम् , कृतवांश्च। अस्मिन् महामते धर्मकामानां कुलपुत्राणां कुलदुहितॄणां च सर्वयानसंप्रस्थितानां श्मशानिकानां मैत्रीविहारिणामारण्यकानां योगिनां योगाचाराणां सर्वयोगसाधनाय सर्वसत्त्वैकपुत्रकसंज्ञाभावनार्थं सर्वमांसप्रतिषेधम्॥

今译：“大慧啊，如果我心中认可，或者我认为声闻们适合食用，就不会劝说将一切众生视同独子，禁止修行者食一切肉[①]。然而，我提出禁止。这些修行者心怀慈悲，在坟场修行瑜伽行，或善男子和善女子修行大乘。大慧啊，善男子和善女子热爱正法，修行任何乘，或修行者心怀慈悲，在坟场或森林修行瑜伽行，为了完成一切修行，将一切众生视同独子，禁止食一切肉。

实译：“大慧！我若聽許聲聞食肉，我則非是住慈心者，修觀行者，行頭陀[②]者，趣大乘者，云何而勸諸善男子及善女人於諸眾生生一子想，斷一切肉？

---

① “一切肉”的原文是 sarvāmāṃsa，按南条本应为sarvamāṃsa。

② “行头陀”指修苦行。“头陀”是 dhūta 一词的音译。现存梵本中此处未使用此词。

तत्र तत्र देशनापाठे शिक्षापदानामनुपूर्वीबन्धं निःश्रेणीपदविन्यासयोगेन त्रिकोटिं बद्ध्वा न तदुद्दिश्य कृतानि प्रतिषिद्धानि। ततो दशप्रकृतिमृतान्यपि मांसानि प्रतिषिद्धानि। इह तु सूत्रे सर्वेण सर्वं सर्वथा सर्वं निरुपायेन सर्वं प्रतिषिद्धम्। यतोऽहं महामते मांसभोजनं न कस्यचिदनुज्ञातवान्, नानुजानामि, नानुज्ञास्यामि। अकल्प्यं महामते प्रव्रजितानां मांसभोजनमिति वदामि। यदपि च महामते ममाभ्याख्यानं दातव्यं मंस्यन्ते तथागतेनापि परिभुक्तमिति, तदन्येषां महामते मोहपुरुषाणां स्वकर्मदोषावरणावृतानां दीर्घरात्रमनर्थायाहिताय संवर्तकं भविष्यति। न हि महामते आर्यश्रावकाः प्राकृतमनुष्याहारमाहरन्ति, कुत एव मांसरुधिराहारमकल्प्यम्। धर्माहारा हि महामते मम श्रावकाः प्रत्येकबुद्धा बोधिसत्त्वाश्च नामिषाहाराः, प्रागेव तथागताः। धर्मकाया हि महामते तथागता धर्माहारस्थितयो नामिषकाया न सर्वामिषाहारस्थितयो वान्तसर्वभवोपकरणतृष्णैषणावासनाः सर्वक्लेशदोषवासनापगताः सुविमुक्तचित्तप्रज्ञाः सर्वज्ञाः सर्वदर्शिनः सर्वसत्त्वैकपुत्रकसमदर्शिनो महाकारुणिकाः। सोऽहं महामते सर्वसत्त्वैकपुत्रकसंज्ञी सन् कथमिव स्वपुत्रमांसमनुज्ञास्यामि परिभोक्तुं श्रावकेभ्यः, कुत एव स्वयं परिभोक्तुम्? अनुज्ञातवानस्मि श्रावकेभ्यः स्वयं वा परिभुक्तवानिति महामते नेदं स्थानं विद्यते॥

今译：“在诵经说法中，时常提到弟子戒规如同阶梯，循序渐进。先确定三种清净肉[①]，不加禁止。而后，即使是自然死亡的十种肉，也予以禁止。而在这里的经中，无论什么情况和条件，一律禁止。大慧啊，我过去和现在都没有认可任何人食肉，将来也一样。大慧啊，我说出家人食肉不合适。大慧啊，有些人想要毁谤我，说如来自己也食用。大慧啊，这些愚痴的人受自己的恶业缠绕，将在长夜中流转，无意义，无利益。大慧啊，高尚的声闻甚至不食凡夫的粗食，更何况不合适的肉和血！大慧啊，我的声闻、缘觉和菩萨以正法为食，不以

---

① “三种清净肉”（trikoṭi，全称为 trikoṭiśuddhamāṃsa）指前面所说的“自己不杀，也没有吩咐他人杀，也没有想到杀”。或者如下面第 12 首偈颂中所说的“不想、不求和不唆使”而得到的肉。

肉为食，更何况一切如来！大慧啊，一切如来是法身，始终以法为食；不是肉身，始终不以一切肉为食。他们摆脱一切有、资财、贪爱和渴求的习气，摆脱一切烦恼和错误的习气，心和智慧获得解脱，通晓一切，洞悉一切，将一切众生视同独子，大慈大悲。大慧啊，我将一切众生视同独子，怎么会认可声闻们食自己儿子的肉，更何况自己食肉？大慧啊，说我认可声闻们食肉，或自己食肉，这毫无根据。”

求译：“大慧！我有時說遮五種肉，或制十種。今於此經，一切種，一切時，開除方便，一切悉斷。大慧！如來、應供、等正覺尚無所食，況食魚肉。亦不教人。以大悲前行故，視一切衆生猶如一子。是故，不聽令食子肉。”

实译：“大慧！我於諸處說遮十種，許三種者，是漸禁斷，令其修學。今此經中，自死他殺，凡是肉者，一切悉斷。大慧！我不曾許弟子食肉，亦不現許，亦不當許。大慧！凡是肉食，於出家人悉是不淨。大慧！若有癡人，謗言如來聽許食肉，亦自食者，當知是人惡業所纏，必當永墮不饒益處。大慧！我之所有諸聖弟子尚不食於凡夫段食[①]，況食血肉不淨之食？大慧！聲聞、緣覺及諸菩薩尚惟法食，豈況如來？大慧！如來法身，非雜食身。大慧！我已斷除一切煩惱，我已浣滌一切習氣，我已善擇諸心智慧，大悲平等，普觀衆生猶如一子，云何而許聲聞弟子食於子肉，何況自食？作是說者，無有是處。”

तत्रेदमुच्यते --

今译：这里，这样说道：

求译：爾時世尊欲重宣此義而說偈言：

实译：爾時世尊重說頌言：

---

① “段食”（kavaḍīkārāhara）指通常的食物。现存梵本此处未使用此词。

मद्यं मांसं पलाण्डुं न भक्षयेयं महामुने।
बोधिसत्त्वैर्महासत्त्वैर्भाषद्भिर्जिनपुंगवैः॥ १॥

今译：酒、肉和葱头不应食，大慧啊！
菩萨大士和胜者雄牛如是说。(1)

अनार्यजुष्टदुर्गन्धमकीर्तिकरमेव च।
क्रव्यादभोजनं मांसं ब्रूह्यभक्ष्यं महामुने॥ २॥

今译：肉是食肉兽食物，不洁之人嗜好，气味
难闻，败坏名声，请说不应食，大慧啊！(2)

भक्ष्यमाणे च ये देषा अभक्ष्ये तु गुणाश्च ये।
महामते निबोध त्वं ये दोषा मांसभक्षणे॥ ३॥

今译：食肉有种种过失，不食肉有种种功德。
大慧啊，你要知道食肉的种种过失！(3)

स्वाजन्याद्व्यभिचाराच्च शुक्रशोणितसंभवात्।
उद्वेजनीयं भूतानां योगी मांसं विवर्जयेत्॥ ४॥

今译：与自己有亲缘，不正当，精血生成，
令众生恐惧，故而修行者不应食用。(4)

求译：曾悉為親屬，鄙穢不淨雜，
不淨所生長，聞氣悉恐怖。

实译：悉曾為親屬，眾穢所成長，
恐怖諸含生，是故不應食。

मांसानि च पलाण्डूंश्च मद्यानि विविधानि च।
गृञ्जनं लशुनं चैव योगी नित्यं विवर्जयेत्॥ ५॥

今译：肉、酒、葱头、蒜和葱，
修行者应该永远远离。（5）

求译：一切肉與葱，及諸韮蒜等，
種種放逸酒，修行常遠離。

实译：一切肉與葱，韮蒜及諸酒，
如是不淨物，修行者遠離。

म्रक्षणं वर्जयेत्तैलं शल्यविद्धेषु न स्वपेत्।
छिद्राच्छिद्रेषु सत्त्वानां यच्च स्थानं महद्भयम्॥ ६॥

今译：别用麻油涂身，别睡在被箭射穿的
地方，种种孔穴对众生造成大恐惧。[①]（6）

求译：亦常離麻油，及諸穿孔床，
以彼諸細蟲，於中極恐怖。

实译：亦常離麻油，及諸穿孔床，
以彼諸細蟲，於中大驚怖。

आहाराज्जायते दर्पः संकल्पो दर्पसंभवः।
संकल्पजनितो रागस्तस्मादपि न भक्षयेत्॥ ७॥

今译：食肉产生骄慢，骄慢产生妄想，
妄想产生贪欲，因此不应食肉。（7）

求译：飲食生放逸，放逸生諸覺，
從覺生貪欲，是故不應食。

实译：飲食生放逸，放逸生邪覺。

① 这颂原文难以读解。求译、菩译和实译均将 śalyaviddheṣu（“被箭射穿的地方”）译为“穿孔床”。同时，可能将“种种孔穴”理解为其中有种种“细虫”。这样，会对这些“细虫”造成“恐怖”。

從覺生於貪，是故不應食。

संकल्पाज्जायते रागश्चित्तं रागेण मुह्यते।
मूढस्य संगतिर्भवति जायते न च मुच्यते॥८॥

今译：妄想产生贪欲，贪欲造成愚痴，
愚痴产生爱欲，也就不能解脱。（8）

求译：由食生貪欲，貪令心迷醉，
迷醉長愛欲，生死不解脫。

实译：邪覺生貪故，心為貪所醉，
心醉長愛欲，生死不解脫。

लाभार्थं हन्यते सत्त्वो मांसार्थं दीयते धनम्।
उभौ तौ पापकर्माणौ पच्येते रौरवादिषु॥९॥

今译：为谋利而杀生，为换肉而耗资，
两种恶业成熟，堕入号叫地狱[①]。（9）

求译：為利殺衆生，以財網諸肉，
二俱是惡業，死墮叫呼獄。

实译：為利殺衆生，以財取諸肉，
二俱是惡業，死墮叫喚獄。

यो ऽतिक्रम्य मुनेर्वाक्यं मांसं भक्षति दुर्मतिः।
लोकद्वयविनाशार्थं दीक्षितः शाक्यशासने॥१०॥

今译：已按释迦教导入道，思想依然邪恶，
违背牟尼教诲食肉，毁掉两个世界。(10)

① “号叫地狱”（raurava）是八大地狱之一。

ते यान्ति परमं घोरं नरकं पापकर्मिणः।
रौरवादिषु रौद्रेषु पच्यन्ते मांसखादकाः॥ ११॥

今译：犯下恶业者堕入最可怕的地狱，
食肉者在恐怖的号叫地狱受煎熬。(11)

त्रिकोटिशुद्धमांसं वै अकल्पितमयाचितम्।
अचोदितं च नैवास्ति तस्मान्मांसं न भक्षयेत्॥ १२॥

今译：并没有所谓不想、不求和不唆使，
这三种清净肉，因此，不应该食肉。(12)

求译：若無教想求，則無三淨肉，
彼非無因有，是故不應食。

实译：不想不教求，此三種名淨，
世無如是肉，食者我訶責。

मांसं न भक्षयेद्योगी मया बुद्धैश्च गर्हितम्।
अन्योन्यभक्षणाः सत्त्वाः क्रव्यादकुलसंभवाः॥ १३॥

今译：受我和诸佛责备，修行者不应该食肉，
那些出生于食肉族的众生互相吞噬。(13)

求译：彼諸修行者，由是悉離遠，
十方佛世尊，一切咸呵責，
展轉更相食，死墮虎狼類。

实译：更互相食噉，死墮惡獸中，
臭穢而癲狂，是故不應食。

दुर्गन्धिः कुत्सनीयश्च उन्मत्तश्चापि जायते।
चण्डालपुक्कसकुले डोम्बेषु च पुनः पुनः॥ १४॥

今译：难闻，可恶，疯癫，一再投生
旃陀罗，布迦萨[①]和猎人家族。(14)

求译：臭穢可厭惡，所生常愚癡，
多生栴陀羅，獵師譚婆種，

डाकिनीजातियोन्याश्च मांसादे जायते कुले।
राक्षसीमार्जारयोनौ च जायते ऽसौ नरो ऽधमः॥१५॥

今译：不法之人投胎妖女，生于食肉
家族，又投胎罗刹女和猫族。(15)

求译：或生陀夷尼[②]，及諸肉食性，
羅刹猫狸等，遍於是中生。

实译：獵師旃荼[③]羅，屠兒羅刹娑，
此等種中生，斯皆食肉報。

हस्तिकक्ष्ये महामेघे निर्वाणाङ्गुलिमालिके।
लङ्कावतारसूत्रे च मया मांसं विवर्जितम्॥१६॥

今译：我已在《象腋经》、《大云经》、《涅槃经》、
《央掘魔罗经》和《入楞伽经》中禁肉。(16)

求译：縛象與大雲，央掘利魔羅，
及此楞伽經，我悉制斷肉。

实译：食已無慚愧，生生常癲狂，
諸佛及菩薩，聲聞所嫌惡。[④]
象脇與大雲，涅槃央掘摩，

① “布迦萨”（pukkasa）和旃陀罗同为贱民。
② “陀夷尼”是 ḍākinī（“妖女”）一词的音译。
③ 此处“荼”，据《中华大藏经》校勘记，“诸本作‘茶’”。
④ 这两行与第 17 颂对应。

及此楞伽經，我皆制斷肉。

बुद्धैश्च बोधिसत्त्वैश्च श्रावकैश्च विगर्हितम्।
खादते यदि नैर्लज्ज्यादुन्मत्तो जायते सदा॥ १७॥

今译：受到诸佛、菩萨和声闻谴责，
依然无耻食肉，会永远疯癫。(17)

求译：諸佛及菩薩，聲聞所呵責，
食已無慚愧，生生常癡冥。

ब्राह्मणेषु च जायेत अथ वा योगिनां कुले।
प्रज्ञावान् धनवांश्चैव मांसाद्यानां विवर्जनात्॥ १८॥

今译：远离食肉等，则生于婆罗门和
修行者家族，具有智慧和财富。(18)

दृष्टश्रुतविशङ्काभिः सर्वं मांसं विवर्जयेत्।
तार्किका नावबुध्यन्ते क्रव्यादकुलसंभवाः॥ १९॥

今译：惧怕所见所闻，应该摒弃一切肉，
出生于食肉族的思辨者不觉知。(19)

求译：先說見聞疑，已斷一切肉，
忘想不覺知，故生食肉處。

实译：先說見聞疑，已斷一切肉，
以其惡習故，愚者妄分別。

यथैव रागो मोक्षस्य अन्तरायकरो भवेत्।
तथैव मांसमद्याद्या अन्तरायकरो भवेत्॥ २०॥

今译：如同贪欲成为解脱的障碍，

肉和酒等等也会成为障碍。(20)

求译：如彼貪欲過，障礙聖解脫，
酒肉葱韮蒜，悉為聖道障。

实译：如貪障解脫，肉等亦復然，
若有食之者，不能入聖道。

वक्ष्यन्त्यनागते काले मांसादा मोहवादिनः।
कल्पिकं निरवद्यं च मांसं बुद्धानुवर्णितम्॥२१॥

今译：未来会有食肉者发表荒谬言论说：
“诸佛称述食肉合适，无可非议。” (21)

求译：未來世衆生，於肉愚癡說，
言此淨無罪，佛聽我等食。

实译：未來世衆生，於肉愚癡說，
言此淨無罪，佛聽我等食。

भैषज्यं मांसमाहारं पुत्रमांसोपमं पुनः।
मात्रया प्रतिकूलं च योगी पिण्डं समाचरेत्॥२२॥

今译：肉食是药物，又如同儿子肉，
修行者不食肉，而是适量乞食。(22)

求译：食如服藥想，亦如食子肉，
知足生厭離，修行行乞食。

实译：淨食尚如藥，猶如子肉想，
是故修行者，知量而行乞。

मैत्रीविहारिणां नित्यं सर्वथा गर्हितं मया।
सिंहव्याघ्रवृकाद्यैश्च सह एकत्र संभवेत्॥२३॥

今译：我始终阻止心怀慈悲者食肉，
　　　食肉将成为狮虎豺狼的同类。①(23)

求译：安住慈心者，我說常厭離，
　　　虎狼諸惡獸，恒可同遊止。

实译：食肉背解脫，及違聖表相，
　　　令眾生生怖，是故不應食。②
　　　安住慈心者，我說常厭離，
　　　師子及虎狼，應共同遊止。

तस्मान्न भक्षयेन्मांसमुद्वेजनकरं नृणाम्।
मोक्षधर्मविरुद्धत्वादार्याणामेष वै ध्वजः॥२४॥

今译：食肉令众人惧怕，也毁灭解脱法，
　　　因此，不该食肉，这是圣者标志。（24）

求译：若食諸血肉，眾生悉恐怖，
　　　是故修行者，慈心不食肉。
　　　食肉無慈悲，永背正解脫，
　　　及違聖表相，是故不應食。
　　　得生梵志種，及諸修行處，
　　　智慧富貴家，斯由不食肉。③

实译：若於酒肉等，一切皆不食，
　　　必生賢聖中，豐財具智慧。④

---

① 这颂原文中无"食肉"一词，因而在理解上可能会产生歧义。求译、菩译和实译都将第二行译为应该与狮虎豺狼"同游止"。然而，在前面的论述中，已提到食肉者会投胎食肉兽。
② 这两行与第24颂对应。
③ 这两行与第18颂对应。
④ 这颂与第18颂对应。

इति लङ्कावतारात्सर्वबुद्धप्रवचनहृदयान्मांसभक्षणपरिवर्तोऽष्टमः॥

今译：以上是《入楞伽经》即《一切佛语之心》中第八《食肉品》。

求译：《楞伽阿跋多羅寶經》卷第四。

९ धारणीपरिवर्तो नाम नवमः।

今译：第九 陀罗尼品[1]

实译：陀羅尼品第九

अथ खलु भगवान् महामतिं बोधिसत्त्वं महासत्त्वमामन्त्रयते स्म -- उद्गृह्ण त्वं महामते लङ्कावतारे मन्त्रपदानि यान्यतीतानागतप्रत्युत्पन्नैर्बुद्धैर्भगवद्भिर्भाषितानि, भाषन्ते, भाषिष्यन्ते च। अहमप्येतर्हि भाषिष्ये धर्मभाणकानां परिग्रहार्थम्। तद्यथा। तुट्टे २। वुट्टे २। पट्टे २। कट्टे २। अमले २। विमले २। निमे २। हिमे २। वमे २। कले २। कले २। अट्टे मट्टे। वट्टे तुट्टे। ज्ञेट्टे स्पुट्टे। कट्टे २। लट्टे पट्टे। दिमे २। चले २। पचे पचे। बन्धे २। अञ्चे मञ्चे। दुतारे २। पतारे २। अर्के २। सर्के २। चक्रे २। दिमे २। हिमे २। टु टु टु टु। ४। डु डु डु डु। ४। रु रु रु रु। ४। फु फु फु फु। ४। स्वाहा॥

今译：然后，世尊告诉大慧菩萨大士说："大慧啊，你要记住《入楞伽经》中这些咒语。过去、未来和现在的佛世尊过去念诵，现在念诵，未来也念诵。为了让说法者们掌握，我现在为你念诵。它们是这样：杜代（二次）[2]，浮代（二次），波代（二次），葛代（二次），阿摩罗（二次），维摩罗（二次），尼弥（二次），希弥（二次），婆弥（二次），葛莱（二次），葛莱（二次），阿代，摩代，婆代，杜代，吉涅

---

[1] 本品无求译，有菩译和实译。"陀罗尼"是 dhāraṇī（"咒语"）一词的音译。本品品名为《陀罗尼品》，而经文中使用的"咒语"一词是 mantrapada。

[2] "二次"指念诵二次。

代，斯布代，葛代（二次），罗代，波代，迪弥（二次），遮莱（二次），波吉，波吉，般代（二次），安吉，曼吉，杜达雷（二次），波达雷（二次），阿盖（二次），萨盖（二次），遮格雷（二次），迪梅（二次），希弥（二次），杜杜杜杜（四次），都都都都（四次），鲁鲁鲁鲁（四次），浦浦浦浦（四次），娑婆诃！

实译：爾時佛告大慧菩薩摩訶薩言："大慧！過去、未來、現在諸佛為欲擁護持此經者，皆為演說楞伽經呪。我今亦說，汝當受持。即說呪曰：怛姪他(一)，覩吒覩吒(都騃反下同二)，杜吒杜吒(三)，鉢吒鉢吒(四)，葛吒葛吒(五)，阿麼㘇阿麼㘇(六)，毗麼㘇毗麼㘇(七)，你謎你謎(八)，呬謎呬謎(九)，縛(扶可反)謎縛謎(十)，葛㘇葛㘇(十一)，揭囉葛㘇(十二)，阿吒末吒(十三)，折吒咄吒(十四)，耆若(攘舸反二合)吒薩普(二合)吒(十五)，葛地(雜計反下同)剌地(十六)，鉢地(十七)，呬謎呬謎(十八)，第謎(十九)，折㘇折㘇(二十)，鉢利鉢利(二十一)，畔第毗第(二十二)，案制滿制(二十三)，黚(胝戶反下同)茶(去聲下同)㘇(二十四)，杜茶㘇(二十五)，鉢茶㘇(二十六)，遏計遏計(二十七)，末計末計(二十八)，斫結斫結㘇(二合二十九)，地(依字呼)謎地謎(三十)，呬謎呬謎(三十一)，黚 黚 黚 黚 (三十二)，楮(笞矩反)楮楮楮(三十三)，杜杜杜(三十四)，杜虎(二合)杜虎杜虎杜虎(三十五)，莎婆訶(三十六)！

इमानि महामते मन्त्रपदानि लङ्कावतारे महायानसूत्रे। यः कश्चिन्महामते कुलपुत्रो वा कुलदुहिता वा इमानि मन्त्रपदान्युद्ग्रहीष्यति धारयिष्यति वाचयिष्यति पर्यवाप्स्यति, न तस्य कश्चिदवतारं लप्स्यते देवो वा देवी वा नागो वा नागी वा यक्षो वा यक्षी वा असुरो वा असुरी वा गरुडो वा गरुडी वा किन्नरो वा किन्नरी वा महोरगो वा महोरगी वा गन्धर्वो वा गन्धर्वी वा भूतो वा भूती वा कुम्भाण्डो वा कुम्भाण्डी वा पिशाचो वा पिशाची वा ओस्तारको वा औस्तारकी वा अपस्मारो वा अपस्मारी वा राक्षसो वा राक्षसी वा डाको वा डाकिनी वा ओजोहारो वा ओजोहारी वा कटपूतनो वा कटपूतनी वा अमनुष्यो वा अमनुष्यी वा, सर्वे ते ऽवतारं न

लप्स्यते। स चेद्विषमग्रहो भविष्यति, सो ऽस्याष्टोत्तरशताभिमन्त्रितेन रोदन् क्रन्दन्तो कं दिशं दृष्ट्वा यास्यति॥

今译：“大慧啊，这些是大乘《入楞伽经》中的咒语。大慧啊，如果善男子或善女子掌握、记住、宣示和通晓这些咒语，那么，谁也不能侵扰他们。无论是天神或女神，蛇或蛇女，夜叉或夜叉女，阿修罗或阿修罗女，金翅鸟或金翅鸟女，紧那罗或紧那罗女，大蛇或大蛇女，乾达婆或乾达婆女，鬼怪或鬼怪女，鸠槃荼鬼或鸠槃荼鬼女，毕舍遮鬼或毕舍遮鬼女，奥斯达罗迦鬼或奥斯达罗迦鬼女[①]，阿波斯摩罗鬼[②]或阿波斯摩罗鬼女，罗刹或罗刹女，妖男或妖女，奥决诃罗鬼[③]或奥决诃罗鬼女，迦吒布多那鬼[④]或迦吒布多那鬼女，鬼神或鬼神女，都不能侵扰他们。如果遇到麻烦，只要念诵一百零八遍咒语，就会看到恶鬼哭喊着逃向他方。

实译：“大慧！未來世中，若有善男子善女人受持讀誦，為他解說此陀羅尼，當知此人不為一切人與非人、諸鬼神等之所得便。若復有人卒中於惡，為其誦念一百八遍，即時惡鬼疾走而去。

पुनरपराणि महामते मन्त्रपदानि भाषिष्ये। तद्यथा -- पद्मे पद्मदेवे। हिने हिनि हिने। चु चुले चुलु चुले। फले फुल फुले। युले घुले युल युले। घुले घुल घुले। पले पल पले। मुञ्चे ३। छिन्दे भिन्दे भञ्जे मर्दे प्रमर्दे दिनकरे स्वाहा॥

今译：“大慧啊，我为你念诵另一些咒语。它们是这样：波陀弥，波陀摩代韦，希奈，希尼，希奈，朱，朱莱，朱卢，朱莱，泼莱，浦罗，浦莱，瑜莱，古莱，瑜罗，瑜莱，古莱，古罗，古莱，波莱，波罗，波莱，孟吉（三次），钦代，品代，朋杰，摩尔代，波罗摩尔代，

---

① “奥斯达罗迦鬼女”的原词是 austārakī，应为 ostārakī。

② “阿波斯摩罗鬼”（apasmāra）是让人失去记忆或疯癫的鬼。

③ “奥决诃罗鬼”（ojohāra）是夺走人的精气的鬼。

④ “迦吒布多那”（kaṭapūtana）是发出腐臭的鬼。

迪那葛雷，娑婆诃！

实译：“大慧！我更為汝說陀羅尼，即說呪曰：怛姪他(一)，鉢頭摩第鞞(二)，鉢頭迷(三)，醯(去聲下同)泥醯禰醯泥(四)，毠主羅主毠(五)，虎毠虎羅虎毠(六)，庾毠庾毠(七)，跛毠跛羅跛毠(八)，嗔(上聲呼)第膩第(九)，畔逝末第(十)，尼羅迦毠(十一)，莎婆訶(十二)！

इमानि महामते मन्त्रपदानि यः कश्चित्कुलपुत्रो वा कुलदुहिता वा उद्ग्रहीष्यति धारयिष्यति वाचयिष्यति पर्यवाप्स्यति, तस्य न कश्चिदवतारं लप्स्यते देवो वा देवी वा नागो वा नागी वा यक्षो वा यक्षी वा असुरो वा असुरी वा गरुडो वा गरुडी वा किन्नरो वा किन्नरी वा महोरगो वा महोरगी वा गन्धर्वो वा गन्धर्वी वा भूतो वा भूती वा कुम्भाण्डो वा कुम्भाण्डी वा पिशाचो वा पिशाची वा ओस्तारको वा ओस्तारकी वा, अपस्मारो वा अपस्मारी वा, राक्षसो वा राक्षसी वा, डाको वा डाकिनी वा, ओजोहरो वा ओजोहरी वा, कटपूतनो वा कटपूतनी वा, मनुष्यो वा मनुष्यी वा, सर्वे ते ऽवतारं न लप्स्यते। य इमानि मन्त्रपदानि पठिष्यति, तेन लङ्कावतारसूत्रं पठितं भविष्यति। इमानि भगवता मन्त्रपदानि भाषितानि राक्षसानां निवारणार्थम्॥

今译：“大慧啊，如果善男子或善女子掌握、记住、宣示和通晓这些咒语，那么，谁也不能侵扰他们。无论是天神或女神，蛇或蛇女，夜叉或夜叉女，阿修罗或阿修罗女，金翅鸟或金翅鸟女，紧那罗或紧那罗女，大蛇或大蛇女，乾达婆或乾达婆女，鬼怪或鬼怪女，鸠槃荼鬼或鸠槃荼鬼女，毕舍遮鬼或毕舍遮鬼女，奥斯达罗迦鬼或奥斯达罗迦鬼女，阿波斯摩罗鬼或阿波斯摩罗鬼女，罗刹或罗刹女，妖男或妖女，奥决诃罗鬼或奥决诃罗鬼女，迦吒布多那鬼或迦吒布多那鬼女，鬼神或鬼神女，都不能侵扰他们。念诵这些咒语，也就能念诵《入楞伽经》。为了驱除罗刹，世尊宣示这些咒语。”

实译：“大慧！若有善男子善女人受持讀誦，為他解說此陀羅尼，不為一切天、龍、夜叉、人、非人等諸惡鬼神之所得便。我為禁止諸羅刹故，說此神呪。若持此呪，則為受持入楞伽經，一切文句悉已具足。”

इति लङ्कावतारे धारणीपरिवर्तो नाम नवमः ॥

今译：以上是《入楞伽经》中第九《陀罗尼品》。

१० सगाथकम्।

今译：第十 偈颂品[①]

实译：偈頌品第十之初

अथ खलु महामतिर्बोधिसत्त्वो महासत्त्वो भगवन्तमेतदवोचत्--

今译[②]：然后，大慧菩萨大士又对世尊说道：[③]

实译：爾時世尊欲重宣此修多羅中諸廣義故，而說偈言：

उत्पादभङ्गरहितो लोकः खेपुष्पसंनिभः।
सदसन्नोपलब्धो ऽयं प्रज्ञया कृपया च ते॥ १॥

今译：世界没有生和灭，犹如空中花，
你凭智慧和悲悯，不执取有无。(1)

शाश्वतोच्छेदवर्ज्यश्च लोकः स्वप्नोपमः सदा।
सदसन्नोपलब्धो ऽयं प्रज्ञया कृपया च ते॥ २॥

今译：世界远离于常和断，永远如梦，
你凭智慧和悲悯，不执取有无。(2)

---

① 本品无求译，有菩译和实译。
② 现存各种抄本中，在这前面有一首偈颂：
laṅkāvatārasūtroktam gāthāratnamayam śṛṇu/
mahāyānanayam citram dṛṣṭijālavighātanam//
请听《入楞伽经》中宣示的大乘奇妙
法门，由偈颂宝石组成，破除邪见网。
③ 此处菩译"尔时世尊欲重宣此修多罗深义，而说偈言"，与实译一致。

मायोपमाः सर्वधर्माश्चित्तविज्ञानवर्जिताः।
सदसन्नोपलब्धास्ते प्रज्ञया कृपया च ते॥ ३॥

今译：一切法如同幻觉，远离于心识，
你凭智慧和悲悯，不执取有无。(3)

धर्मपुद्गलनैरात्म्यं क्लेशज्ञेयं च ते सदा।
विशुद्धमनिमित्तेन प्रज्ञया कृपया च ते॥ ४॥

今译：你凭智慧和悲悯，知道法和人无我，
知道烦恼和所知，永远清净，无相。(4)

न निर्वासि न निर्वाणे न निर्वाणं त्वयि स्थितम्।
बुद्धिबोद्धव्यरहितं सदसत्पक्षवर्जितम्॥ ५॥

今译：你不住于涅槃，涅槃不住于你，
摆脱觉和所觉，远离有无二翼。(5)

ये पश्यन्ति मुनिं शान्तमेवमुत्पत्तिवर्जितम्।
ते भवन्त्यनुपादाना इहामुत्र निरञ्जनाः॥ ६॥

今译：看到牟尼如此平静，远离于生起，
人们今世后世不执著，不受污染。[①](6)

मृगतृष्णा यथा ग्रीष्मे स्पन्दते चित्तमोहनी।
मृगा गृह्णन्ति पानीयं वस्तु तस्य न विद्यते॥ ७॥

今译：犹如暑天阳焰水流迷惑心，
群鹿取水，而那里实际无水。（7）

---

① 以上六首偈颂取自第 2 品第 1、3、2、6、7 和 8 颂，均是大慧赞颂世尊的话语。

एवं विज्ञानबीजो ऽयं स्पन्दते दृष्टिगोचरे।
बाला गृह्णन्ति जायन्तं तिमिरं तैमिरा यथा॥ ८॥

今译：同样，识种子在邪见境界中流动，
愚夫执取所生者，似翳障者见幻影。（8）

ध्याता ध्यानं च ध्येयं च प्रहाणं सत्यदर्शनम्।
कल्पनामात्रमेवेदं यो बुध्यति स मुच्यति॥ ९॥

今译：禅者，禅、所禅、断除和见真谛，
觉知这些全是妄想，便得解脱。[①]（9）

असारका इमे धर्मा मन्यनायाः समुत्थिताः।
साप्यत्र मन्यना शून्या यया शून्येति मन्यते॥ १०॥

今译：这些法虚妄不实，产生于妄想，
妄想本是空，所妄想者也是空。（10）

实译：諸法不堅固，皆從分別生，
以分別即空，所分別非有。

जलवृक्षच्छायासदृशाः स्कन्ध विज्ञानपञ्चमाः।
मायास्वप्नोपमं दृश्यं विज्ञप्त्या न विकल्पयेत्॥ ११॥

今译：以识为第五的诸蕴如同水中的树影，
所见如同幻觉和梦，别以假名分别。（11）

मायावेतालयन्त्राभं स्वप्नं विद्युद्घनं सदा।
त्रिसंततिव्यवच्छिन्नं जगत्पश्यन् विमुच्यते॥ १२॥

---

① 以上三首偈颂取自第 2 品第 149、150 和 176 颂。

今译：永远如同魔法僵尸、机关、梦、电和云[①]，
　　　这样看待世界，斩断三相续，获得解脱。[②]（12）

अयोनिशो विकल्पेन विज्ञानं संप्रवर्तते।
अष्टधा नवधा चित्रं तरंगाणि महोदधौ॥ १३॥

今译：识依随虚妄分别而转出，
　　　八种九种[③]，如大海波浪。(13)

实译：由虚妄分别，是則有識生，
　　　八九識種種，如海眾波浪。

वासनैर्बृंहितं नित्यं बुद्ध्या मूलं स्थिराश्रयम्।
भ्रमते गोचरे चित्तमयस्कान्ते यथायसम्॥ १४॥

今译：始终随习气增长，紧系[④]坚固的根，
　　　心在境界中转动，如铁附着磁石。(14)

实译：習氣常增長，槃根堅固依，
　　　心隨境界流，如鐵於磁石。

आश्रिता सर्वभूतेषु गोत्रभूस्तर्कवर्जिता।
निवर्तते क्रियामुक्ता ज्ञानज्ञेयविवर्जिता॥ १५॥

今译：种性[⑤]依附一切众生，摒弃思辨，远离
　　　能知和所知，摆脱作为，也就停息。(15)

实译：眾生所依性，遠離諸計度，

---

① 此处"云"的原词是 dhanam，按南条本应为 ghanam。
② 以上两首偈颂取自第 2 品第 147 颂和第 152 颂。
③ "八种九种"指八种识和九种识。在本经前面部分，未曾提及"九种识"。
④ "紧系"的原词是 buddhyā，按南条本应为 baddhvā。
⑤ 前面第 2 品中论及五种现证种性，还论及愚夫种性和圣者种性。

及離智所知，轉依得解脫。

मायोपमं समाधिं च दशभूमिविनिर्गतम्।
पश्यथ चित्तराजानं संज्ञाविज्ञानवर्जितम्॥ १६॥

今译：如幻入定超越十地，你们
　　　看到心王摆脱名想和识。(16)

实译：得如幻三昧，超過於十地，
　　　觀見心王時，想識皆遠離。

परावृत्तं यदा चित्तं तदा तिष्ठति शाश्वतम्।
विमाने पद्मसंकाशे मायागोचरसंभवे॥ १७॥

今译：一旦心转离，也就永远住在
　　　产生于幻境的莲花宫殿中。(17)

实译：爾時心轉依，是則為常住，
　　　在於蓮花宮，幻境之所起。

तस्मिन् प्रतिष्ठितो भवत्यनाभोगचरिं गतः।
करोति सत्त्वकार्याणि विश्वरूपामणिर्यथा॥ १८॥

今译：住在其中，自然而行，为众生
　　　做种种事，如一切色摩尼珠①。(18)

实译：既住彼宮已，自在無功用，
　　　利益諸眾生，如眾色摩尼。

संस्कृतासंस्कृतं नास्ति अन्यत्र हि विकल्पनात्।

---

① "一切色摩尼珠"的原文是 viśvarūpāmaṇiḥ，疑有误，应为 viśvarūpamaṇiḥ。南条本为 viśvarūpā maṇiḥ，但两词词性不一，不合语法。

बाला गृह्णन्ति धिङ्मूढा वन्ध्याः स्वप्ने यथा सुतम्॥ १९॥

今译：除非妄想分别，并无有为和无为，
可悲愚夫执著，如石女梦见儿子。(19)

实译：無有為無為，惟除妄分別，
愚夫迷執取，如石女夢子。

नैःस्वाभाव्यमनुत्पादो पुद्गलः स्कन्ध संततिः।
प्रत्यया धातवो ज्ञेया शून्यता च भवाभवम्॥ २०॥

今译：无自性，无生，人、诸蕴相续①、
缘起、诸界、所知和有无皆空。(20)

实译：應知補伽羅，蘊界諸緣等，
悉空無自性，無生有非有。

उपायदेशना मह्यं नाहं देशेमि लक्षणम्।
बाला गृह्णन्ति भावेन लक्षणं लक्ष्यमेव च॥ २१॥

今译：我以方便说法，而不是宣示相，
愚夫执著事物的能相和所相。(21)

实译：我以方便說，而實無有相，
愚夫妄執取，能相及所相。

सर्वस्य वेत्ता न च सर्ववेत्ता
सर्वस्य मध्ये न च सर्वमस्ति।
बाला विकल्पेन्ति बुधश्च लोको
न चापि बुध्यामि न च बोधयामि॥ २२॥

① “诸蕴相续”的原文是 skandha santati，按南条本应为 skandhasantati。

今译：知一切者并非知一切者，
一切也并非在一切之中，
愚夫们分别，觉者和世间，
而我并非觉，也不令人觉。(22)

实译：一切知非知，一切非一切，
愚夫所分别，佛無覺自他。

प्रज्ञप्तिर्नाममात्रेयं लक्षणेन न विद्यते।
स्कन्धाः केशोण्डुकाकारा यत्र बालैर्विकल्प्यते॥ २३॥

今译：假名仅仅是名称，并无相可得，
诸蕴似毛发网，愚夫妄想分别。[1] (23)

नाभूत्वा जायते किंचित्प्रत्ययैर्न विनश्यते।
वन्ध्यासुताकाशपुष्पं यदा पश्यति संस्कृतम्।
तदा ग्राहश्च ग्राह्यं च भ्रान्तिं दृष्ट्वा निवर्तते॥ २४॥

今译：原本不存在者不由缘起生和灭，
看到有为如同石女之子和空中花，
就会看清能取和所取迷乱而摒弃。[2] (24)

नाहं निर्वामि भावेन क्रियया लक्षणेन च।
विकल्पहेतुविज्ञाननिवृत्तेर्निर्वृतो ह्यहम्।
(न विनश्यति लक्षणं यत्र बालैर्विकल्प्यते)॥ २५॥

今译：我不随事物、作为和相入涅槃，
以分别为原因的识灭，我入涅槃，

[1] 这颂取自第 2 品第 154 颂。
[2] 这颂取自第 2 品第 140 颂第三行和第 141 颂。

（愚夫们妄想分别，故而相不灭。）[①] (25)

यथा क्षीणे महत्योघे तरंगाणामसंभवः।
तथा विज्ञानवैचित्र्यं निरुद्धं न प्रवर्तते॥ २६॥

今译：犹如大洪水流尽，波浪不起，
同样，种种识灭寂，不再转出。[②] (26)

शून्याश्च निःस्वभावाश्च मायोपमा अजातकाः।
सदसन्तो न विद्यन्ते भावाः स्वप्नोपमा इमे॥ २७॥

今译：这些事物皆空，无自性，无生，
如幻似梦，有和无皆不可得。(27)

实译：諸法如幻夢，無生無自性，
以皆性空故，無有不可得。

स्वभावमेकं देशेमि तर्कविज्ञप्तिवर्जितम्।
आर्याणां गोचरं दिव्यं स्वभावद्वयवर्जितम्॥ २८॥

今译：我宣示一种自性，摆脱思辨假名，
那是圣者圣境界，摒弃两种自性。[③] (28)

实译：我惟說一性，離於妄計度，
自性無有二，眾聖之所行。

---

① 这颂中的前两行取自第 2 品第 177 颂。这颂的第三行原文加有括号。校刊者在注文中说明这是南条本依据汉译（即菩译）还原的。菩译的原文是“非灭诸法相，愚痴妄分别。”严格地说，校刊者只能依据现存抄本选取合理的文字，而不能直接改动抄本文字，或增添抄本中没有的文字。校刊者改动或增添文字的意见只能写入注文，而不能直接体现在正文中。不过，这里加了括号，还勉强可以。

② 这颂取自第 2 品第 179 颂。

③ 这里所说的“一种自性”指圆成自性，“两种自性”指妄想自性和依他自性。

खद्योता इव मत्तस्य यथा चित्रा न सन्ति च।
दृश्यन्ते धातुसंक्षोभादेवं लोकः स्वभावतः॥२९॥

今译：元素失调而疯颠，见到许多萤火虫，
而实际不存在，这个世界也是如此。(29)

实译：如四大不調，變吐見螢光，
所見皆非有，世間亦如是。

तृणकाष्ठकठल्लेषु यथा माया विराजते।
न चासौ विद्यते माया एवं धर्माः स्वभावतः॥३०॥

今译：正如依靠草木沙砾展现幻象，
而幻象不可得，诸法原本如此。(30)

实译：猶如幻所現，草木瓦礫等，
彼幻無所有，諸法亦如是。

न ग्राहको न च ग्राह्यं न बन्ध्यो न च बन्धनम्।
मायामरीचिसदृशं स्वप्नाख्यं तिमिरं यथा॥३१॥

今译：无能取和所取，无能缚和所缚，
如幻觉和阳焰，如梦幻和翳障。(31)

实译：非取非所取，非縛非所縛，
如幻如陽焰，如夢亦如翳。

यदा पश्यति तत्त्वार्थी निर्विकल्पो निरञ्जनः।
तदा योगं समापन्नो द्रक्ष्यते मां न संशयः॥३२॥

今译：观察求真，不分别，不受污染，
完成修行，他无疑会见到我。(32)

实译：若欲見真實，離諸分別取，

應修真實觀，見佛必無疑。

न ह्यत्र काचिद्विज्ञप्तिर्नभे यद्वन्मरीचयः।
एवं धर्मान् विजानन्तो न किंचित्प्रतिजानति॥३३॥

今译：并无任何假名，如同空中阳焰，
　　　这样认知一切法，也就无所认知。[1] (33)

सदसतः प्रत्ययेषु धर्माणां नास्ति संभवः।
भ्रान्तं त्रैधातुके चित्तं विचित्रं ख्यायते यतः॥३४॥

今译：诸法并非依据缘起从有无产生，
　　　因为迷惑于三界，种种心展现。[2](34)

स्वप्नं च लोकं च समस्वभावं
　　　रूपाणि चित्राणि हि तत्र चापि।
दृश्यन्ति भोगं स्परिशं समानं
　　　देहान्तगं लोकगुरुं क्रियां च॥३५॥

今译：梦幻和世界，自性平等，
　　　所见种种色，也是如此，
　　　享受、接触、死亡和作为，
　　　还有世界导师，一视同仁。[3](35)

实译：世間等於夢，色資具亦爾，
　　　若能如是見，身為世所尊。

---

[1] 这颂取自第2品第153颂。
[2] 这颂实译无，而菩译有。
[3] 这颂原文的语法不规则，说明原文存在问题。实译和菩译均与现存梵本有差异。菩译"梦及世间法，此二法平等，可见与资生，诸触及与量，身无常世间，种种色亦尔，世间尊者说，如是所作事。"

चित्तं हि त्रैधातुकयोनिरेत-
  द्भ्रान्तं हि चित्तमिहमुत्र दृश्यते।
न कल्पयेल्लोकमसत्त एषा-
  मेतादृशीं लोकगतिं विदित्वा॥ ३६॥

今译：因为心是这三界的起源，
此世和彼世，[1]但见心乱动，
知道这个世界正是这样，
既然不存在，也就不妄想。(36)

实译：三界由心起，迷惑妄所見，
離妄無世間，知已轉染依。

संभवं विभवं चैव मोहात्पश्यन्ति बालिशाः।
न संभवं न विभवं प्रज्ञायुक्तो विपश्यति॥ ३७॥

今译：愚夫愚痴，看到生成和毁灭，
而智者看到无生成和无毁灭。(37)

实译：愚夫之所見，妄謂有生滅，
智者如實觀，不生亦不滅。

अकनिष्ठभवने दिव्ये सर्वपापविवर्जिते।
निर्विकल्पाः सदा युक्ताश्चित्तचैत्तविवर्जिताः॥ ३८॥

今译：在阿吒尼迦天宫，摒弃一切罪业，
永远无分别，摆脱心和种种心所。（38）

实译：常行無分別，遠離心心法，
住色究竟天，離諸過失處。

[1] “此世和彼世”的原文是 ihamutra，疑有误，应为 ihāmutra。

बलाभिज्ञावशिप्राप्ताः तत्समाधिगतिंगताः।
तत्र बुध्यन्ति संबुद्धा निर्मितस्त्विह बुध्यते॥ ३९॥

今译：这样，通晓入定，获得诸力、神通和自在，
等觉们在那里觉悟，变化佛在这里觉悟。（39）

实译：於彼成正覺，具力通自在，
及諸勝三昧，現化於此成。

निर्माणकोट्यो ह्यमिता बुद्धानां निश्चरन्ति च।
सर्वत्र बालाः शृण्वन्ति धर्मं तेभ्यः प्रतिश्रुत्वा ॥ ४० ॥

今译：无数亿变化佛相继出世，愚夫们
听他们说法，不可思议如同回音[①]。（40）

实译：化身無量億，遍遊一切處，
令愚夫得聞，如響難思法。

आदिमध्यान्तनिर्मुक्तं भावाभावविवर्जितम्।
व्यापिनमचलं शुद्धमचित्रं चित्रसंभवम्॥ ४१ ॥

今译：摆脱开头、中间和末端，摆脱有和无，
遍布，不动，清净，非多样而产生多样。（41）

实译：遠離初中後，亦離於有無，
非多而現多，不動而普遍。

विज्ञप्तिगोत्रसंछन्नमालीनं सर्वदेहिनाम्।
भ्रान्तेश्च विद्यते माया न माया भ्रान्तिकारणम्॥ ४२ ॥

今译：一切有身者受假名和种性遮蔽，

[①] “不可思议如同回音”的原文是 pratiśrutvā。此词是 pratiśru（“听取”或“答应”）的独立式，用在这里并不合适。此处菩译“如响不思议”，实译“如响难思法”。按南条本此处注文中，抄本 K 和 T 增加有 vadacintyam。这样，pratiśrutvadacintyam 便可读成“不可思议如同回音”。但这不合诗律，只是说明菩译和实译是有所依据的。

迷乱生幻觉，而非幻觉生迷乱。（42）

实译：說眾生身中，所覆之性實[1]，
迷惑令幻有，非幻為迷惑。

चित्तस्य मोहेनाप्यस्ति यत्किंचिदपि विद्यते।
स्वभावद्वयनिबद्धमालयविज्ञाननिर्मितम्।
लोकं विज्ञप्तिमात्रं च दृष्ट्यौघं धर्मपुद्गलम्॥४३॥

今译：无论出现什么，全是出自心的愚痴，
受两种自性束缚，阿赖耶识起变化，
世界唯假名，法和人成为邪见洪流。（43）

实译：由心迷惑故，一切皆悉有，
以此相繫縛，藏識起世間，
如是諸世間，惟有假施設，
諸見如暴流，行於人法中。

विभाव्य लोकमेवं तु परावृत्तो यदा भवेत्।
तदा पुत्रो भवेन्मह्यं निष्पन्नधर्मवर्तकः॥४४॥

今译：这样理解世界，也就会转离，
成为我的佛子，转动圆成法。（44）

实译：若能如是知，是則轉所依，
乃為我真子，成就隨順法。

उष्णद्रवचलकठिना धर्मा बालैर्विकल्पिताः।
असद्भूतसमारोपो नास्ति लक्ष्यं न लक्षणम्॥४५॥

[1] 此处“性实”，据《中华大藏经》校勘记，“诸本作‘真性’”。此词的原文是 vijñaptigotra（“假名和种性”）。因此，无论是“性实”或“真性”，都与现存梵本有差距。而菩译“识性”切近原文。

今译：愚夫们依据暖、湿、动和坚分别诸法，
这是不实之论，既无所相，也无能相。（45）

实译：愚夫所分别，堅濕暖動法，
假名無有實，亦無相所相。

अष्टद्रव्यकमेतत्तु कायसंस्थानमिन्द्रियम्।
रूपं कल्पन्ति वै बाला भ्रान्ताः संसारपञ्जरे॥४६॥

今译：身体、形状和诸根由八物[①]构成，
愚夫陷入轮回牢笼，妄想诸色。（46）

实译：身形及諸根，皆以八物成，
凡愚妄計色，迷惑身籠檻。

हेतुप्रत्ययसामग्र्या बालाः कल्पन्ति संभवम्।
अजानाना नयमिदं भ्रमन्ति त्रिभवालये॥४७॥

今译：愚夫们妄想因缘和合而生，
不理解法门，在三界中流转。（47）

实译：凡愚妄分别，因緣和合生，
不了真實相，流轉於三有。

सर्वभावास्वभावा च वचनमपि नृणाम्।
कल्पनाच्चापि निर्माणं नास्ति स्वप्नोपमं भवम्।
* * * *परीक्षेन्न संसरेन्नापि निर्वायात्॥४८॥

今译：一切事物的自性以及人的言语
出自妄想，诸有似梦，并不存在，

① “八物”（aṣṭadravya）指地、水、火、风和空等物。

这样观察，不入轮回，也不涅槃。[1]（48）

चित्तं विचित्रं बीजाख्यं ख्यायते चित्तगोचरम्।
ख्यातौ कल्पन्ति उत्पत्तिं बालाः कल्पद्वये रताः॥४९॥

今译：种种心如同种子，展现心境界，
愚夫由此妄想生，热衷妄想二重。（49）

实译：識中諸種子，能現心境界，
愚夫起分別，妄計於二取。

अज्ञान तृष्णा कर्मं च चित्तचैत्ता न मारकम्।
प्रवर्तति ततो यस्मात्पारतन्त्र्यं हि तन्मतम्॥५०॥

今译：无知、贪爱和业，心和心所作因，
依此转出，故而称为依他自性。[2]（50）

实译：無明愛及業，諸心依彼生，
以是我了知，為依他起性。

ते च कल्पन्ति यद्वस्तु चित्तगोचरविभ्रमम्।
कल्पनायामनिष्पन्नं मिथ्याभ्रान्तिविकल्पितम्॥५१॥

今译：心境界幻影，他们妄想为事物，
妄想中的虚幻分别，不能成立。（51）

实译：妄分別有物，迷惑心所行，

---

[1] 这颂相当于第 2 品第 144 颂。其中，“一切事物的自性”的原文 sarvabhāvāsvabhāvā，按照那颂应为 sarvabhāvasvabhāvā。这颂原文虽然有残缺，但在读法上，比第 2 品第 144 颂更为合理。

[2] 这颂原文中的 ajñāna tṛṣṇā karmam，按南条本应为 ajñānatṛṣṇākarmam。另外，其中出现的 na mārakam（“不是杀害者”）疑有误。据铃木大拙英译本此处注，提示这里应与 cittacaittā 合读为 cittacaittānām kārakam（“心和心所的作因”）。这一读法可取，与菩译和实译一致。菩译“是心心法因”。

此分別都無，迷妄計為有。

चित्तं प्रत्ययसंबद्धं प्रवर्तति शरीरिणाम्।
प्रत्ययेभ्यो विनिर्मुक्तं न पश्यामि वदाम्यहम्॥५२॥

今译：有身者的心依赖缘起转出，
我说摆脱缘起，也就无所见。（52）

实译：心為諸緣縛，生起於眾生，
諸緣若遠離，我說無所見。

प्रत्ययेभ्यो विनिर्मुक्तं स्वलक्षणविवर्जितम्।
न तिष्ठति यदा देहे तेन मह्यमगोचरम्॥५३॥

今译：一旦摆脱缘起，摒弃自相，
不住身体中，也就无境界。（53）

实译：已離於眾緣，自相所分別，
身中不復起，我為無所行。

राजा श्रेष्ठी यथा पुत्रान् विचित्रैर्मृगसादृशैः।
प्रलोभ्य क्रीडति गृहे वने मृगसमागमम्॥५४॥

今译：如同国王和长者用鹿玩偶吸引儿子，
然后让他们与家中和林中鹿群玩耍。[①]（54）

तथाहं लक्षणैश्चित्रैर्धर्माणां प्रतिबिम्बकैः।
प्रत्यात्मवेद्यां हि सुतां भूतकोटिं वदाम्यहम्॥५५॥

今译：同样，我也先说诸法影像相，

① 这颂相当于第 2 品第 145 颂，但词语变化较多。

然后，为佛子们说自证实际。[①]（55）

तरंगा ह्युदधेर्यद्वत्पवनप्रत्ययोदिताः।
नृत्यमानाः प्रवर्तन्ते व्युच्छेदश्च न विद्यते॥५६॥

今译：犹如大风吹起海浪，
奔腾翻滚，连续不断。（56）

आलयौघस्तथा नित्यं विषयपवनेरितः।
चित्रैस्तरंगविज्ञानैर्नृत्यमानः प्रवर्तते॥५७॥

今译：境界之风永远吹动阿赖耶识
洪流，各种识浪同样奔腾翻滚。[②] (57)

ग्राह्यग्राहकभावेन चित्तं नमति देहिनाम्।
दृश्यस्य लक्षणं नास्ति यथा बालैर्विकल्प्यते॥५८॥

今译：有身者的心随所取和能取而起，
但并无所见相，如愚夫们所妄想。(58)

实译：眾生心所起，能取及所取，
所見皆無相，愚夫妄分別。

परमालयविज्ञानं विज्ञप्तिरालयं पुनः।
ग्राह्यग्राहकापगमात्तथतां देशयाम्यहम्॥५९॥

今译：至高阿赖耶识，阿赖耶是假名，
摆脱所取和能取，我宣示真如。(59)

实译：顯示阿賴耶，殊勝之藏識，

---

① 这颂相当于第 2 品第 146 颂。其中的 sutām 一词，疑有误，在原先那颂中是 putrebhyaḥ（“为佛子们”）。

② 以上两颂取自第 2 品第 99 和 100 颂。

離於能所取，我說為真如。

नास्ति स्कन्धेष्वात्मा न सत्त्वो न च पुद्गलः।
उत्पद्यते च विज्ञानं विज्ञानं च निरुध्यते॥६०॥

今译：诸蕴中并无我、众生和人，
　　　只有识的产生和识的毁灭。(60)

实译：蘊中無有人，無我無眾生，
　　　生唯是識生，滅亦唯識滅。

निम्नोन्नतं यथा चित्रे दृश्यते न च विद्यते।
तथा भावेषु भावत्वं दृश्यते न च विद्यते॥६१॥

今译：正如画中高低可见不可得，
　　　同样事物性质可见不可得。(61)

实译：猶如畫高下，雖見無所有，
　　　諸法亦如是，雖見而非有。

गन्धर्वनगरं यद्वद्यथा च मृगतृष्णिका।
दृश्यं ख्याति तथा नित्यं प्रज्ञया च न विद्यते॥६२॥

今译：犹如乾达婆城，又如阳焰，所见
　　　永远这样显现，而凭智慧不可得。(62)

实译：如乾闥婆城，亦如熱時焰，
　　　所見恒如是，智觀不可得。

प्रमाणेन्द्रियनिर्वृत्तं न कार्यं नापि कारणम्।
बुद्धिबोद्धव्यरहितं लक्ष्यलक्षणवर्जितम्॥६३॥

今译：摆脱度量和诸根，非果，也非因，

远离能觉和所觉，能相和所相。(63)

स्कन्धान् प्रतीत्य संबुद्धो न दृष्टः केनचित्क्वचित्।
यो न दृष्टः क्वचित्केन कुतस्तस्य विभावना॥ ६४॥

今译：诸蕴、缘起和等觉，无人无处可见，
无人无处可见，又怎样观察分别？[①](64)

प्रत्ययैर्हेतुदृष्टान्तैः प्रतिज्ञा कारणेन च।
स्वप्नगन्धर्वचक्रेण मरीच्या सोमभास्करैः॥ ६५॥

今译：依靠缘起、因和喻确立命题，如同
梦幻、乾达婆城、火轮、阳焰和日月。(65)

实译：因缘及譬喻，以此而立宗，
乾城夢火輪，陽焰日月光。

अदृश्यं कुलादिदृष्टान्तैरुत्पत्तिं वादयाम्यहम्।
स्वप्नविभ्रममायाख्यं शून्यं वै कल्पितं जगत्॥ ६६॥

今译：我以种种[②]譬喻说明这种生，
妄想的世界本空，如幻似梦。(66)

实译：火焰毛等喻，以此顯無生，
世分別皆空，迷惑如幻夢。

अनाश्रितश्च त्रैलोक्ये अध्यात्मं च बहिस्तथा।
अनुत्पन्नं भवं दृष्ट्वा क्षान्त्यनुत्पत्ति जायते॥ ६७॥

① 以上两颂取自第 3 品第 79 颂和第 80 颂。

② 这里笼统译为“种种”的原词是 adṛśyam kulādi，疑有误。此处菩译“光焰幻等”，实译“火焰毛等”。按南条本此处注文中，据抄本 T 中的 anyaṅkurā 和汉译中的“火焰毛”，推断为 arcyaṅkurā（“光焰和毛发”）。

今译：无论内在外在，都不依赖三界，
　　　看到诸有无生，也就忍受无生。(67)

实译：見諸有不生，三界無所依，
　　　內外亦如是，成就無生忍。

मायोपमसमाधिं च कायं मनोमयं पुनः।
अभिज्ञा वशिता तस्य बला चित्तस्य चित्रिता॥६८॥

今译：获得如幻入定、意成身、
　　　神通、自在和种种心力。(68)

实译：得如幻三昧，及以意生身，
　　　種種諸神通，諸力及自在。

भावा येषां ह्यनुत्पन्नाः शून्या वै अस्वभावकाः।
तेषामुत्पद्यते भ्रान्तिः प्रत्ययैश्च निरुध्यते॥६९॥

今译：事物皆空，无生，无自性，
　　　迷乱随同缘起生和灭。(69)

实译：諸法本無生，空無有自性，
　　　迷惑諸因緣，而謂有生滅。

चित्तं हि ख्याति चित्तस्य बहिर्धा ख्याति रूपिणः।
अन्यन्न विद्यते दृश्यं यथा बालैर्विकल्प्यते॥७०॥

今译：心展现自己，呈现为外界的色，
　　　并无别的什么，如愚夫所妄想。(70)

实译：愚夫妄分別，以心而現心，
　　　及現於外色，而實無所有。

संकला बुद्धबिम्बं च भूतानां च विदारणम्।
अधिष्ठन्ति जगच्चित्रं प्रज्ञप्त्या वै सुशिक्षिताः॥७१॥

今译：锁链，佛像，剖析四大，善学者
　　依靠假名，把握世界种种现象。(71)

实译：如定力觀見，佛像與骨鎖，
　　及分析大種，假施設世間。

देहः प्रतिष्ठा भोगश्च ग्राह्यविज्ञप्तयस्त्रयः।
मन उद्ग्रहविज्ञप्तिविकल्पो ग्राहकास्त्रयः॥७२॥

今译：身体、住处和享受，所取的三种假名，
　　意、执取和分别，能取的三种假名。(72)

实译：身資及所住，此三為所取，
　　意取及分別，此三為能取。

विकल्पश्च विकल्प्यं च यावत्त्वक्षरगोचरम्।
तावत्तत्त्वं न पश्यन्ति तार्किकास्तर्कविभ्रमात्॥७३॥

今译：分别和所分别，这是文字境界，
　　思辨者思辨混乱，看不见真实。(73)

实译：迷惑妄計著，以能所分別，
　　但隨文字境，而不見真實。

नैःस्वभाव्यं हि भावानां यदा बुध्यन्ति प्रज्ञया।
तदा विश्रमति योगी आनिमित्तप्रतिष्ठितः॥७४॥

今译：一旦凭智慧觉知事物无自性，
　　修行者依据无相，达到平静。(74)

实译：行者以慧觀，諸法無自性，

是時住無相，一切皆休息。

मसिम्रक्षितको यद्वद्गृह्यते कुर्कुटोऽबुधैः।
स एवायमजानानैर्बालैर्यानत्रयं तथा॥ ७५॥

今译：墨汁涂抹而成，愚者执取为鸡，
愚夫无知，也是这样对待三乘。(75)

实译：如以墨塗雞，無智者妄取，
實無有三乘，愚夫不能見。

न ह्यत्र श्रावकाः केचिन्नास्ति प्रत्येकयानिकाः।
यच्चैतद्दृश्यते रूपं श्रावकस्य जिनस्य च।
निर्माणं देशयन्त्येते बोधिसत्त्वाः कृपात्मकाः॥ ७६॥

今译：这里并无声闻，也无缘觉，
若是看到声闻和佛的形象，
那是慈悲的菩萨展示变化。(76)

实译：若見諸聲聞，及以辟支佛，
皆大悲菩薩，變化之所現。

विज्ञप्तिमात्रं त्रिभवं स्वभावद्वयकल्पितम्।
परावृत्तस्तु तथता धर्मपुद्गलसंचरात्॥ ७७॥

今译：三界唯假名，依两种自性分别，
一旦远离法和人，那就是真如。(77)

实译：三界唯是心，分别二自性，
轉依離人法，是則為真如。

सोमभास्करदीपार्चिर्भूतानि मणयस्तथा।

निर्विकल्पाः प्रवर्तन्ते तथा बुद्धस्य बुद्धता॥७८॥

今译：日、月、灯、光焰、四大和摩尼珠，

　　　转出无分别，佛的佛性也是这样。(78)

实译：日月燈光焰，大種及摩尼，

　　　無分別作用，諸佛亦如是。

केशोण्डुकं यथा मिथ्या गृह्यते तैमिरैर्जनैः।
तथा भावविकल्पो ऽयं मिथ्या बालैर्विकल्प्यते॥७९॥

今译：犹如翳障者执取虚妄毛发网，

　　　同样，愚夫们妄想分别事物。① (79)

स्थितिभङ्गोत्पत्तिरहिता नित्यानित्यविवर्जिताः।
संक्लेशव्यवदानाख्या भावाः केशोण्डुकोपमाः॥८०॥

今译：摆脱生、住和灭，摒弃常和无常，

　　　事物污染和清净，如同毛发网。(80)

实译：諸法如毛輪，遠離生住滅，

　　　亦離常無常，染淨亦如是。

पुत्तलिकं यथा कश्चित्कनकाभं पश्यते जगत्।
न ह्यस्ति कनकं तत्र भूमिश्च कनकायते॥८१॥

今译：正如有人看到世界呈现金色，

　　　大地变成金子，而并没有金子。②(81)

实译：如著陀都藥，見地作金色，

---

① 这颂取自第 3 品第 51 颂。

② 这颂原文中的第一个词 puttalika（"玩偶"）疑有误。此处实译"如著陀都药"。按南条本注文，抄本 T 此处为 dhāndhātvāritaḥ，此词虽无法读通，但其中含有 dhātu（"陀都"）一词。

而實彼地中，本無有金相。

एवं हि दूषिता बालाश्चित्तचैत्तैरनादिकैः।
मायामरीचिप्रभवं भावं गृह्णन्ति तत्त्वतः॥८२॥

今译：愚夫们受无始的心和心所误导，
执取如幻似阳焰的事物为真实。(82)

实译：愚夫亦如是，無始迷亂心，
妄取諸有實，如幻如陽焰。

एकबीजमबीजं च समुद्रैकं च बीजकम्।
सर्वबीजकमप्येतच्चित्तं पश्यथ चित्रिकम्॥८३॥

今译：一种子，无种子，一大海种子，
一切种子，你们看到多样的心。(83)

实译：應觀一種子，與非種同印，
一種一切種，是名心種種。

एकं बीजं यदा शुद्धं परावृत्तमबीजकम्।
समं हि निर्विकल्पत्वादुद्रेकाज्जन्मसंकरः।
बीजमावहते चित्रं सर्वबीजं तदुच्यते॥८४॥

今译：一种子清净，转离而成无种子，
无分别则平等，众多而种种生，
带来种种种子，称为一切种子。(84)

实译：種種子為一，轉依為非種，
平等同法印，悉皆無分別，
種種諸種子，能感諸趣生，
種種眾雜苦，名一切種子。

न ह्यत्रोत्पद्यते किंचित्प्रत्ययैर्न निरुध्यते।
उत्पद्यन्ते निरुध्यन्ते प्रत्यया एव कल्पिताः॥८५॥

今译：没有什么由缘起而生和灭，
唯有妄想分别缘起生和灭。[①](85)

प्रज्ञप्तिमात्रं त्रिभवं नास्ति वस्तु स्वभावतः।
प्रज्ञप्तिवस्तुभावेन कल्पयिष्यन्ति तार्किकाः॥८६॥

今译：三有唯假名，不依据事物自性存在，
而思辨者们依据事物假名妄想分别。[②] (86)

भावस्वभावजिज्ञासा न हि भ्रान्तिर्निवार्यते।
भावस्वभावानुत्पत्तिरेवं दृष्ट्वा विमुच्यते॥८७॥

今译：欲知事物自性，无须避开迷乱，
看到事物自性不生，也就解脱。(87)

实译：觀諸法自性，迷惑不待遣，
物性本無生，了知即解脱。

न माया नास्तिसाधर्म्याद्भावानां कथ्यते ऽस्तिता।
वितथाशुविद्युत्सदृशास्तेन मायोपमाः स्मृताः॥८८॥

今译：幻觉并非不存在，因相似而说事物存在，
不实如同稍纵即逝闪电，因此如同幻觉。[③] (88)

न चोत्पद्या न चोत्पन्नाः प्रत्ययो ऽपि न केचन।

[①] 这颂取自第 2 品第 138 颂。
[②] 这颂取自第 3 品第 52 颂。
[③] 这颂取自第 2 品第 168 颂。

संविद्यन्ते क्वचित्तेन व्यवहारं तु कथ्यते॥८९॥

今译：无所生，无已生，也无缘起，
任何所知者皆是世俗言说。[①] (89)

न भङ्गोत्पादसंक्लेशः प्रत्ययानां निवार्यते।
यत्तु बाला विकल्पेन्ति प्रत्ययैः संनिवार्यते॥९०॥

今译：并非避开种种缘起的生灭污染，
而是避开愚夫的缘起妄想分别。[②] (90)

न स्वभावो न विज्ञप्तिर्न वस्तु न च आलयः।
बालैर्विकल्पिता ह्येते वशभूतैः कुतार्किकैः॥९१॥

今译：无自性，无假名，无事物，无阿赖耶识，
这些是愚顽如死尸的思辨者们妄想分别。[③] (91)

चित्तमात्रं यदा लोकं प्रपश्यन्ति जिनात्मजाः।
तदा नैर्वाणिकं कायं क्रियासंस्कारवर्जितम्।
लभन्ते ते बलाभिज्ञावशितैः सह संयुतम्॥९२॥

今译：一旦众佛子看到世界唯心，
他们就会获得摆脱业行的
变化身、诸力、神通和自在。[④] (92)

सर्वरूपावभासं हि यदा चित्तं प्रवर्तते।
नात्र चित्तं न रूपाणि भ्रान्तं चित्तमनादिकम्॥९३॥

---

① 这颂取自第 2 品第 142 颂。
② 这颂取自第 2 品第 139 颂。
③ 这颂取自第 3 品第 48 颂。其中 vaśabhūtaiḥ 一词在那颂中为 śavabhūtaiḥ（“如死尸的”）。
④ 这颂取自第 2 品第 134 颂。

今译：一切色影像随同心转出，其实

无心也无色，唯有无始迷乱心。(93)

实译：定者觀世間，衆色由心起，

無始心迷惑，實無色無心。

तदा योगी ह्यनाभासं प्रज्ञया पश्यते जगत्।
निमित्तं वस्तुविज्ञप्तिर्मनोविस्पन्दितं च यत्।
अतिक्रम्य तु पुत्रा मे निर्विकल्पाश्चरन्ति ते॥९४॥

今译：修行者凭智慧看到世界无影像，

相、事物、假名和心意的流动，

佛子们皆能超越，而不妄想分别。[①] (94)

गन्धर्वनगरं माया केशोण्डुक मरीचिका।
असत्याः सत्यतः ख्यान्ति तथा भावेषु भावना॥९५॥

今译：乾达婆城、幻觉、毛发网和阳焰，

不真实呈现为真实，事物也如此。(95)

实译：如幻與乾城，毛輪及陽焰，

非有而現有，諸法亦如是。

अनुत्पन्नाः सर्वभावा भ्रान्तिमात्रं हि दृश्यते।
भ्रान्तिं कल्पेन्ति उत्पन्नां बालाः कल्पद्वये रताः॥९६॥

今译：一切事物不生，所见唯迷乱，愚夫

妄想迷乱为生，热衷妄想二重性。(96)

实译：一切法不生，唯迷惑所見，

以從迷妄生，愚妄計著二。

[①] 这颂中的第一行实际属于前一颂，后二行取自第3品第53颂。

औपपत्त्यङ्गिकं चित्तं विचित्रं वासनासंभवम्।
प्रवर्तते तरंगौघं तच्छेदान्न प्रवर्तते॥ ९७॥

今译：各种各样的心产生于习气，
转出似浪涛，阻断便停息。(97)

实译：由種種習氣，生諸波浪心，
若彼習斷時，心浪不復起。

विचित्रालम्बनं चित्रं यथा चित्ते प्रवर्तते।
तथाकाशे च कुड्ये च कस्मान्नाभिप्रवर्तते॥ ९८॥

今译：种种所缘如画在心中转出，
为何画不在虚空壁上展现？(98)

实译：心緣諸境起[1]，如畫依於壁，
不爾虛空中，何不起於畫？

निमितं किंचिदालम्ब्य यदि चित्तं प्रवर्तते।
प्रत्ययैर्जनितं चित्तं चित्तमात्रं न युज्यते॥ ९९॥

今译：如果心依靠任何相而转出，
由缘起产生，便不成为唯心。(99)

实译：若緣少分相，令心得生者，
心既從緣起，唯心義不成。

चित्तेन गृह्यते चित्तं नास्ति किंचित्सहेतुकम्।
चित्तस्य धर्मता शुद्धा गगने नास्ति वासना॥ १००॥

[1] 按照现存梵本，此句应为“诸境缘心起”。

今译：心自执取心，并没有其他原因，
　　　　心的法性清净，虚空中无熏习。(100)

实译：心性本清淨，猶若淨虛空，
　　　　令心還取心，由習非異因。

स्वचित्ताभिनिवेशेन चित्तं वै संप्रवर्तते।
बहिर्धा नास्ति वै दृश्यमतो वै चित्तमात्रकम्॥१०१॥

今译：确实，心执著自心而转出，
　　　　并无外界所见，故而唯心。(101)

实译：執著自心現，令心而得起，
　　　　所見實非外，是故說唯心。

चित्तमालयविज्ञानं मनो यन्मन्यनात्मकम्।
गृह्णाति विषयान् येन विज्ञानं हि तदुच्यते॥१०२॥

今译：心是阿赖耶识，意能思维，
　　　　它执取境界，故而称为识。(102)

实译：藏識說名心，思量以為意，
　　　　能了諸境界，是則名為識。

चित्तमव्याकृतं नित्यं मनो ह्युभयसंचरम्।
वर्तमानं हि विज्ञानं कुशलाकुशलं हि तत्॥१०३॥

今译：心永不说明，意执取两端，
　　　　识这样活动，或善或不善。(103)

实译：心常為無記，意具二種行，
　　　　現在識通具，善與不善等。

द्वारं हि परमार्थस्य विज्ञप्तिद्वयवर्जितम्।
यानत्रयव्यवस्थानं निराभासे स्थितं कुतः॥१०४॥

今译：因为第一义门远离二假名，

　　　住于无影像，何须确立三乘？[①] (104)

चित्तमात्रं निराभासं विहारा बुद्धभूमिश्च।
एतद्धि भाषितं बुद्धैर्भाषन्ते भाषयन्ति च॥१०५॥

今译：唯心、无影像、诸住和佛地，

　　　诸佛过去、现在和未来所说。(105)

चित्तं हि भूमयः सप्त निराभासा च अष्टमी।
द्वे भूमयो विहारश्च शेषा भूमिर्ममात्मिका॥१०६॥

今译：前七地是心，第八地无影像，

　　　这两地是住，其余地属于我。(106)

प्रत्यात्मवेद्या शुद्धा च भूमिश्चापि ममात्मिका।
माहेश्वरपरस्थानमकनिष्ठे विराजते॥१०७॥

今译：清净的自觉，这是属于我的地，

　　　至高自在处，光辉阿迦尼吒天。(107)

हुताशनस्यैव यथा निश्चेरुस्तस्य रश्मयः।
चित्रा मनोहराः सौम्यास्त्रिभवं निर्मिणन्ति ये॥१०८॥

今译：犹如火焰闪耀美妙光辉，

　　　灿烂而迷人，化出三有。（108）

[①] 这颂取自第2品第130颂。

निर्माय त्रिभवं किंचित्किंचिद्वै पूर्वनिर्मितम्।
तत्र देशन्ति यानानि एषा भूमिर्ममात्मिका॥ १०९॥

今译：现在和过去化出的种种三有，
我在那里说诸乘，这是我的地。[1] (109)

नास्ति कालो ह्यधिगमे भूमीनां क्षेत्रसंक्रमे।
चित्तमात्रमतिक्रम्य निराभासे स्थितं फलम्॥ ११०॥

今译：依据诸地修行求证没有时限，
超越唯心，获得无影像之果。(110)

实译：證乃無定時，超地及諸刹，
亦越於心量，而住無相果。

असत्ता चैव सत्ता च दृश्यते च विचित्रता।
बाला ग्राहविपर्यस्ता विपर्यासो हि चित्रता॥ १११॥

今译：所见有性、无性和种种性，
全是愚夫们种种颠倒执取。(111)

实译：所見有與無，及以種種相，
皆是諸愚夫，顛倒所執著。

निर्विकल्पं यदि ज्ञानं वस्त्वस्तीति न युज्यते।
यस्माच्चित्तं न रूपाणि निर्विकल्पं हि तेन तत्॥ ११२॥

今译：如果智不分别，便与事物无关，
心本来不是诸色，故而无分别。(112)

实译：智若離分別，物有則相違，

[1] 以上五颂取自第 4 品第 1 至 5 颂。

由心故無色，是故無分別。

इन्द्रियाणि च मायाख्या विषयाः स्वप्नसंनिभाः।
कर्ता कर्म क्रिया चैव सर्वथापि न विद्यते॥ ११३॥

今译：诸根如同幻觉，境界如同梦幻，
　　　作者、所作和作为，全都不存在。(113)

实译：諸根猶如幻，境界悉如夢，
　　　能作及所作，一切皆非有。

ध्यानानि चाप्रमाणानि आरूप्याश्च समाधयः।
संज्ञानिरोधो निखिलश्चित्तमात्रे न विद्यते॥ ११४॥

今译：诸禅、无量、无色定乃至
　　　灭除名想，全都不见于唯心。①(114)

स्रोतापत्तिफलं चैव सकृदागामिफलं तथा।
अनागामिफलं चैव अर्हत्त्वं चित्तविभ्रमः॥ ११५॥

今译：预流果，一来果，不还果，
　　　阿罗汉果，均为心迷乱。②(115)

शून्यमनित्यं क्षणिकं बालाः कल्पन्ति संस्कृतम्।
नदीदीपादिदृष्टान्तैः क्षणिकार्थो विकल्प्यते॥ ११६॥

今译：愚夫们妄想有为是空、无常和刹那，
　　　以河、灯和种子为譬喻，妄想刹那义。(116)

---

① 这颂取自第 2 品第 131 颂。
② 这颂取自第 2 品第 128 颂。

निर्व्यापारं तु क्षणिकं विविक्तं क्रियवर्जितम्।
अनुत्पत्तिं च धर्माणां क्षणिकार्थं वदाम्यहम्॥ ११७॥

今译：刹那无作用，寂静，摆脱作为，
一切法不生，我说这种刹那义。[①]（117）

सच्चासतो ह्यनुत्पादः सांख्यवैशेषिकैः स्मृतः।
अव्याकृतानि सर्वाणि तैरेव हि प्रकाशितम्॥ ११८॥

今译：数论和胜论宣称生于有和无，
对他们所说的一切，不必解答。（118）

चतुर्विधं व्याकरणमेकांशपरिपृच्छनम्।
विभज्यस्थापनीयं च तीर्थवादनिवारणम्॥ ११९॥

今译：直答、反问、分别和搁置不答，
这是四种解答，制止外道论说。[②]（119）

सर्वं विद्यति संवृत्यां परमार्थे न विद्यते।
धर्माणां निःस्वभावत्वं परमार्थेऽपि दृश्यते।
उपलब्धिनिःस्वभावे संवृतिस्तेन उच्यते॥ १२०॥

今译：一切依俗谛有，依第一义无，
依第一义，看到诸法无自性，
无自性而有得，故称为俗谛。（120）

实译：世諦一切有，第一義則無，
諸法無性性，說為第一義，
於無自性中，因諸言說故，

① 以上两颂取自第 6 品第 9 颂和第 10 颂。
② 以上两颂取自第 2 品第 172 颂和第 171 颂。

而有物起者，是名為俗諦。

अभिलापहेतुको भावः स्वभावो यदि विद्यते।
अभिलापसंभवो भावो नास्तीति च न विद्यते॥ १२१॥

今译：如果事物自性以言说为原因，
那么，无言说，事物就不存在。（121）

实译：若無有言說，所起物亦無。

निर्वस्तुको ह्यभिलापस्तत्संवृत्यापि न विद्यते।
विपर्यासस्य वस्तुत्वाच्चोपलब्धिर्न विद्यते॥ १२२॥

今译：依据俗谛，无物的言说不存在，
而缘于颠倒的物性，并无所得。（122）

实译：世諦中無有，有言無事者，
顛倒虛妄法，而實不可得。

विद्यते चेद्विपर्यासो नैःस्वाभाव्यं न विद्यते।
विपर्यासस्य वस्तुत्वाद्यद्यदेवोपलभ्यते।
निःस्वभावं भवेत्तद्धि सर्वथापि न विद्यते॥ १२३॥

今译：如果颠倒成立，无自性便不成立，
那么，颠倒物性，也就会有所得，
而如果无自性，那就一无所得。(123)

实译：若倒是有者，則無無自性，
以有無性故，而彼顛倒法，
一切諸所有，是皆不可得。

यदेतद्दृश्यते चित्रं चित्तं दौष्ठुल्यवासितम्।

रूपावभासग्रहणं बहिर्धा चित्तविभ्रमम्॥१२४॥

今译：所见种种，心受恶劣习气熏染，

迷惑于外界，执取种种色影像。(124)

实译：惡習熏於心，所現種種相，

迷惑謂心外，妄取諸色像。

विकल्पेनाविकल्पेन विकल्पो हि प्रहीयते।
विकल्पेनाविकल्पेन शून्यतातत्त्वदर्शनम्॥१२५॥

今译：分别而不分别，从而消除分别，

分别而不分别，洞悉空性真谛。(125)

实译：分別無分別，分別是可斷，

無分別能見，實性證真空。

मायाहस्ती यथा चित्रं पत्राणि कनका यथा।
तथा दृश्यं नृणां ख्याति चित्ते अज्ञानवासिते॥१२६॥

今译：犹如魔幻大象、图画和黄金树叶，

心受无知熏染，这样向众人展现。(126)

实译：無明熏於心，所現諸眾生，

如幻象馬等，及樹葉為金。

आर्यो न पश्यते भ्रान्तिं नापि तत्त्वं तदन्तरे।
भ्रान्तिरेव भवेत्तत्त्वं यस्मात्तत्त्वं तदन्तरे॥१२७॥

今译：圣者不见迷乱，也不见其中真实，

若其中有真实，迷乱也成为真实。(127)

भ्रान्तिं विधूय सर्वां तु निमित्तं यदि जायते।

सैव चास्य भवेद्भ्रान्तिरशुद्धं तिमिरं यथा॥ १२८॥

今译：排除一切迷乱，如果还产生相，
　　那他确有迷乱，犹如不净翳障。[①] (128)

केशोण्डुकं तैमिरिको यथा गृह्णाति विभ्रमात्।
विषयेषु तद्वद्बालानां ग्रहणं संप्रवर्तते॥ १२९॥

今译：犹如翳障者迷乱而执取毛发网，
　　愚夫们产生对境界的种种执取。(129)

实译：猶如翳目者，迷惑見毛輪，
　　愚夫亦如是，妄取諸境界。

केशोण्डुकप्रख्यमिदं मरीच्युदकविभ्रमम्।
त्रिभवं स्वप्नमायाभं विभावेन्तो विमुच्यते॥ १३०॥

今译：三界如同毛发网，阳焰水错觉，
　　梦幻和幻觉，如是观察得解脱。[②] (130)

विकल्पश्च विकल्प्यश्च विकल्पस्य प्रवर्तते।
बन्धो बन्ध्यश्च बद्धश्च षडेते मोक्षहेतवः॥ १३१॥

今译：分别，所分别，产生分别，束缚，
　　所束缚，受束缚，这是解脱六因。(131)

实译：分别所分别，及起分别者，
　　轉所轉轉因，因此六解脫。

न भूमयो न सत्यानि न क्षेत्रा न च निर्मिताः।

① 以上两颂取自第 2 品第 166 颂和第 167 颂。
② 这颂取自第 2 品第 148 颂。

बुद्धाः प्रत्येकबुद्धाश्च श्रावकाश्चापि कल्पिताः ॥ १३२ ॥

今译：无诸地，无真谛，无国土，无变化佛，
　　佛陀、声闻和缘觉，也都是妄想分别。(132)

实译：由於妄計故，無地無諸諦，
　　亦無諸剎土，化佛及二乘。

पुद्गलः संततिः स्कन्धाः प्रत्यया ह्यणवस्तथा।
प्रधानमीश्वरः कर्ता चित्तमात्रे विकल्प्यते ॥ १३३ ॥

今译：人、相续、诸蕴、缘起、极微、原质、
　　自在天和创造者，唯心妄想分别。① (133)

चित्तं हि सर्वं सर्वत्र सर्वदेहेषु वर्तते।
विचित्रं गृह्यते ऽसद्भिश्चित्तमात्रं ह्यलक्षणम् ॥ १३४ ॥

今译：心是一切，在一切身体中活动，
　　唯心无相，而愚者们执取种种。(134)

实译：心起一切法，一切處及身，
　　心性實無相，無智取種種。

न ह्यात्मा विद्यते स्कन्धे स्कन्धाश्चैव हि नात्मनि।
न ते यथा विकल्प्यन्ते न च ते वै न सन्ति च ॥ १३५ ॥

今译：诸蕴中无我，我中也无诸蕴，
　　既非如所分别，也非无所有。(135)

अस्तित्वं सर्वभावानां यथा बालैर्विकल्प्यते।
यदि ते भवेद्यथादृष्टाः सर्वे स्युस्तत्त्वदर्शिनः ॥ १३६ ॥

① 这颂取自第 2 品第 137 颂。

今译：如愚夫们分别一切事物有性，
若如他们所见，一切皆见真实。(136)

अभावात्सर्वधर्माणां संक्लेशो नास्ति शुद्धि च।
न च ते तथा यथादृष्टा न च ते वै न सन्ति च॥ १३७॥

今译：一切法无性，清净无烦恼，
既非如所见，也非无所有。[①] (137)

भ्रान्तिर्निमित्तं संकल्पः परतन्त्रस्य लक्षणम्।
तस्मिन्निमित्ते यन्नाम तद्विकल्पितलक्षणम्॥ १३८॥

今译：妄想迷乱相，这是依他相，
依相而命名，这是妄想相。（138）

实译：分别迷惑相，是名依他起，
相中所有名，是則為妄計。

नामनिमित्तसंकल्पो यदा तस्य न जायते।
प्रत्ययावस्तुसंकेतं परिनिष्पन्नलक्षणम्॥ १३९॥

今译：不再产生名相和妄想，不再有
缘起事物假名，这是圆成相。(139)

实译：諸緣法和合，分别於名相，
此等皆不生，是則圓成實。

वैपाकिकाश्च ये बुद्धा जिना नैर्माणिकाश्च ये।
सत्त्वाश्च बोधिसत्त्वाश्च क्षेत्राणि च दिशो दिशो॥ १४०॥

今译：那些报生佛和变化佛，

[①] 以上三颂取自第 3 品第 35 至 37 颂。

众生、菩萨和各方佛土，(140)

实译：十方諸刹土，眾生菩薩中，

所有法報佛，化身及變化，

निस्यन्दधर्मनिर्माणा जिना नैर्माणिकाश्च ये।
सर्वे ते ह्यमिताभस्य सुखावत्या विनिर्गताः॥ १४१॥

今译：所流佛、法佛、变化佛和变化身，

他们全都出自无量光佛①极乐界。(141)

实译：皆從無量壽，極樂界中出。

यच्च नैर्माणिकैर्भाष्टं यच्च भाष्टं विपाकजैः।
सूत्रान्तवैपुल्यनयं तस्य संधिं विजानथ॥ १४२॥

今译：你们都知道变化佛所说和

报生佛所说方广经②的含义。(142)

实译：於方廣經中，應知密意說。

यद्भाषितं जिनसुतैर्यच्च भाषन्ति नायकाः।
यद्धि नैर्माणिकाभाष्टं न तु वैपाकिकैर्जिनैः॥ १४३॥

今译：那些菩萨所说和那些导师所说

是变化佛所说，而非报生佛所说。(143)

实译：所有佛子說，及諸導師說，

悉是化身說，非是實報佛。

अनुत्पन्ना ह्यमी धर्मा न चैवैते न सन्ति च।

① “无量光佛”（Amitābha）又称“无量寿佛”（Amitāyus），音译“阿弥陀佛”。

② “方广经”（vaipulya）指大乘经典。

गन्धर्वनगरस्वप्नमायानिर्माणसादृशाः ॥ १४४ ॥

今译：诸法不生，并非不存在，如同
乾达婆城、梦幻、幻觉和变幻。(144)

实译：諸法無有生，彼亦非非有，
如幻亦如夢，如化如乾城。

चित्तं प्रवर्तते चित्तं चित्तमेव विमुच्यते।
चित्तं हि जायते नान्यच्चित्तमेव निरुध्यते ॥ १४५ ॥

今译：心转出种种，心也这样解脱，[①]
心别无所生，心也这样灭寂。(145)

实译：種種由心起，種種由心脱，
心起更非餘，心滅亦如是。

अर्थाभासं नृणां चित्तं चित्तं वै ख्याति कल्पितम्।
नास्त्यर्थश्चित्तमात्रेयं निर्विकल्पो विमुच्यते ॥ १४६ ॥

今译：众人的心呈现种种妄想事物影像，[②]
唯心无事物，不分别则获得解脱。(146)

实译：以衆生分別，所現虛妄相，
惟心實無境，離分別解脱。

अनादिकालप्रपञ्चदौष्ठुल्यं हि समाहितम्।
विकल्पो भावितस्तेन मिथ्याभासं प्रवर्तते ॥ १४७ ॥

今译：无始戏论恶劣习气积集，

---

① 这一行原文中有三个 citta（“心”）字，依据实译和菩译，其中第二个 citta 应为 citra（“种种”）。

② 这一行原文中有两个 citta（“心”）字，其中有一个可能是 citra（“种种”）。

造成分别，产生虚妄影像。(147)

实译：由無始積集，分別諸戲論，
惡習之所熏，起此虛妄境。

अर्थाभासे च विज्ञाने ज्ञानं तथतागोचरम्।
परावृत्तं निराभासमार्याणां गोचरे ह्यसौ॥ १४८॥

今译：识有事物影像，智是真如境界，
转离而无影像，这是圣者境界。[1](148)

अर्थप्रविचयं ध्यानं ध्यानं बालोपचारिकम्।
तथतारम्बणं ध्यानं ध्यानं ताथागतं शुभम्॥ १४९॥

今译：愚夫所行禅，观察义禅，
攀缘真如禅，清净如来禅。[2](149)

परिकल्पितं स्वभावेन सर्वधर्मा अजानकाः।
परतन्त्रं समाश्रित्य विकल्पो भ्रमते नृणाम्॥ १५०॥

今译：妄想分别自性，一切法无生，
依靠依他性，众人妄想分别。(150)

实译：妄計自性故，諸法皆無生，
依止於緣起，眾生迷分別。

परतन्त्रं यथा शुद्धं विकल्पेन विसंयुतम्।
परावृत्तं हि तथता विहारः कल्पवर्जितः॥ १५१॥

今译：净化依他性，摆脱妄想分别，

---

① 这颂实译无，而菩译有。
② 这颂取自第 2 品第 159 颂。

摒弃妄想而转离，住于真如。(151)

实译：分别不相應，依他即清淨，
所住離分別，轉依即真如。

मा विकल्पं विकल्पेथ विकल्पो नास्ति सत्यतः।
भ्रान्तिं विकल्पयन्तस्य ग्राह्यग्राहकयोर्न तु।
बाह्यार्थदर्शनं कल्पं स्वभावः परिकल्पितः॥ १५२॥

今译：你们别妄想分别，妄想分别无真实，
妄想分别迷乱，所取和能取不存在，
妄想看到外界事物，妄想分别自性。（152）

实译：勿妄計虛妄，妄計即無實，
迷惑妄分別，取所取皆無，
分別見外境，是妄計自性。

येन कल्पेन कल्पेन्ति स्वभावः प्रत्ययोद्भवः।
बाह्यार्थदर्शनं मिथ्या नास्त्यर्थं चित्तमेव तु॥ १५३॥

今译：人们妄想分别，而自性生自缘起，所见
外界事物是假象，并无事物，只有心。（153）

实译：由此虛妄計，緣起自性生，
邪見諸外境，無境但是心。

युक्त्या विपश्यमानानां ग्राहग्राह्यं निरुध्यते।
बाह्यो न विद्यते ह्यर्थो यथा बालैर्विकल्प्यते॥ १५४॥

今译：依理观察，所取和能取灭寂，
无外界事物，如愚夫所妄想。（154）

实译：如理正觀察，能所取皆滅，

如愚所分别，外境實非有。

वासनैर्लुलितं चित्तमर्थाभासं प्रवर्तते।
कल्पद्वयनिरोधेन ज्ञानं तथतगोचरम्॥ १५५॥

今译：心受习气迷惑，而转出事物影像，
灭除妄想二重性，智是真如境界。（155）

实译：習氣擾濁心，似外境而轉，
已滅二分別，智契於真如。

उत्पद्यते ह्यनाभासमचिन्त्यमार्यगोचरम्।
नामनिमित्तसंकल्पः स्वभावद्वयलक्षणम्।
सम्यग्ज्ञानं हि तथता परिनिष्पन्नलक्षणम्॥ १५६॥

今译：达到无影像，不可思议圣境界。
名、相和妄想，这是两种自性相，
正智和真如，这是圆成自性相。[1]（156）

实译：起於無影像，難思聖所行。

मातापितृसमायोगादालयमनसंयुतम्।
घृतकुम्भे मूषिका यद्वत्सह शुक्रेण वर्धते॥ १५७॥

今译：父母结合，形成阿赖耶识和意结合，
如酥油罐中耗子，与精液一起成长。（157）

实译：依父母和合，如蘇在於瓶，
阿賴耶意俱，令赤白[2]增長。

---

① 这颂的前一行实际属于前一颂，后两行取自第 2 品第 132 颂。
② 此处“赤白”的原词是 śukra，指“精液”。此词也有“洁白”的意义。

पेशीघनार्बुदं पिटकमशुभं कर्मचित्रितम्।
कर्मवायुमहाभूतैः फलवत्संप्रपद्यते॥ १५८॥

今译：肉团、肉块和胎胞，种种不洁之业，
依靠业、风和四大，如同果子成熟。（158）

实译：閉尸[①]及稠胞，穢業種種生，
業風增四大，出生如果熟。

पञ्चपञ्चकपञ्चैव व्रणाश्चैव नवैव तु।
नखदन्तरोमसंछन्नः स्फुरमाणः प्रजायते॥ १५९॥

今译：五、五和五，伤口有九个，还有
指甲、牙齿和毛发，颤动着降生。[②]（159）

实译：五與五及五，瘡竅有九種，
爪甲齒毛具，滿足即便生。

प्रजातमात्रं विष्ठाकृमिं सुप्तबुद्धेव मानवः।
चक्षुषा स्फुरते रूपं विवृद्धिं याति कल्पनात्॥ १६०॥

今译：降生时如粪中蛆虫，又如睡醒之人，[③]
眼睛见色闪动，随着妄想分别成长。（160）

实译：初生猶糞虫，亦如人睡覺，
眼開見於色，分別漸增長。

ताल्वोष्ठपुटसंयोगाद्विकल्पेनावधार्यते।
वाचा प्रवर्तते नृणां शुकस्येव विकल्पना॥ १६१॥

---

① “闭尸”是 peśī（“肉团”）一词的音译。
② 这颂中的“五”具体所指不详。“伤口有九个”可能指“九窍”。
③ “又如睡醒之人”的原文是 suptabuddheva，疑有误，南条本推断为 suptabuddha iva。

今译：进行分别，颚、唇和口结合，
人的语言产生，如同鹦鹉。（161）

实译：分别决了已，脣齶等和合，
始發於語言，猶如鸚鵡等。

निश्चितास्तीर्थ्यवादानां महायानमनिश्चितम्।
सत्त्वाश्रयप्रवृत्तो ऽयं कुदृष्टीनामनास्पदम्॥१६२॥

今译：外道论已固定，而大乘不固定，
依据众生展示，邪见不能立足。（162）

实译：隨衆生意樂，安立於大乘，
非惡見行處，外道不能受。

प्रत्यात्मवेद्ययानं मे तार्किकाणामगोचरम्।
पश्चात्काले गते नाथे ब्रूहि को ऽयं धरिष्यति॥१६३॥

今译：我的自觉内证乘不是思辨境界。
“请说导师逝世后，谁是传承者？”（163）

实译：自内所證乘，非計度所行，
願說佛滅後，誰能受持此？

निर्वृते सुगते पश्चात्कालो ऽतीतो भविष्यति।
महामते निबोध त्वं यो नेत्रीं धारयिष्यति॥१६४॥

今译：大慧啊，善逝涅槃后，时间流逝，
你要知道未来这位具有法眼者。（164）

实译：大慧汝應知，善逝涅槃後，
未來世當有，持於我法者。

दक्षिणापथवेदल्यां भिक्षुः श्रीमान् महायशाः।
नागाह्वयः स नाम्ना तु सदसत्पक्षदारकः॥१६५॥

今译：在南方吠陀利，有位吉祥的比丘，
　　　声誉卓著，名为龙唤①，能破有无论。（165）

实译：南天竺國中，大名德比丘，
　　　厥號為龍樹，能破有無宗。

प्रकाश्य लोके मद्यानं महायानमनुत्तरम्।
आसाद्य भूमिं मुदितां यास्यते ऽसौ सुखावतीम्॥१६६॥

今译：向世界展示我的乘，无上的大乘，
　　　他将达到欢喜地，而前往极乐界。（166）

实译：世間中顯我，無上大乘法，
　　　得初歡喜地，往生安樂國。

बुद्ध्या विवेच्यमानानां स्वभावो नावधार्यते।
यस्मात्तदनभिलाप्यास्ते निःस्वभावाश्च देशिताः॥१६७॥

今译：凭智慧观察，自性不可获知，
　　　也就无可说，故而说无自性。②（167）

प्रत्ययोत्पादिते ह्यर्थे नास्त्यस्तीति न विद्यते।
प्रत्ययान्तर्गतं भावं ये कल्पेन्त्यस्ति नास्ति च।
दूरीभूता भवेन्मन्ये शासनात्तीर्थदृष्टयः॥१६८॥

今译：事物缘起而生，有无皆不可得，

---

① "龙唤"的原词是 Nāgāhvaya，也可读为"名为龙"或"唤作龙"。此处菩译和实译均
为"龙树"（Nāgārjuna）。
② 这颂取自第 2 品第 173 颂。

而他们妄想事物有无在缘起中，
我认为外道邪见远离我的教导。（168）

实译：眾緣所起義，有無俱不可，
緣中妄計物，分別於有無，
如是外道見，遠離於我法。

अभिधानं सर्वभावानां जन्मान्तरशतैः सदा।
अभ्यस्तमभ्यसन्तं च परस्परविकल्पया॥ १६९॥

今译：数百生来为一切事物命名，
依据互相的分别，重复至今。（169）

实译：一切法名字，生處常隨逐，
已習及現習，展轉共分別。

अकथ्यमाने संमोहं सर्वलोक आपद्यते।
तस्मात्क्रियते नाम संमोहस्य व्युदासार्थम्॥ १७०॥

今译：不命名，一切世界会混乱，
为了避免混乱，故而命名。（170）

实译：若不說於名，世間皆迷惑，
為除迷惑故，是故立名言。

त्रिविधेन विकल्पेन बालैर्भावा विकल्पिताः।
भ्रान्तिर्नामविकल्पेन प्रत्ययैर्जनितेन च॥ १७१॥

今译：愚夫们分别事物依靠三种分别：
迷乱凭借名、缘起和生的分别。（171）

实译：愚分別諸法，迷惑於名字，
及以諸緣生，是三種分別。

अनिरुद्धा ह्यनुत्पन्नाः प्रकृत्या गगनोपमाः।
अभावस्वभावा ये तु ते विकल्पितलक्षणाः॥१७२॥

今译：原本不生不灭，如同天空，
　　　这些分别相并无事物自性。（172）

实译：以不生不滅，本性如虛空，
　　　自性無所有，是名妄計相。

प्रतिभासबिम्बमायाभमरीच्या सुपिनेन तु।
अलातचक्रगन्धर्वप्रतिश्रुत्कासमोद्भवाः॥१७३॥

今译：事物产生如同影像、幻觉、阳焰、
　　　梦幻、火轮、乾达婆城和回音。（173）

实译：如幻影陽焰，鏡像夢火輪，
　　　如響及乾城，是則依他起。

अद्वया तथता शून्या भूतकोटिश्च धर्मता।
निर्विकल्पश्च देशेमि ये ते निष्पन्नलक्षणाः॥१७४॥

今译：不二、真如、空、实际、法性和
　　　不分别，我宣示这些圆成相。（174）

实译：真如空不二，實際及法性，
　　　皆無有分別，我說是圓成。

वाक्चित्तगोचरं मिथ्या सत्यं प्रज्ञा विकल्पिता।
द्वयान्तपतितं चित्तं तस्मात्प्रज्ञा न कल्पिता॥१७५॥

今译：语言虚妄是心境界，智慧分辨真实，
　　　因此，心陷入二边，而智慧不妄想。（175）

实译：語言心所行，虚妄墮二邊，
慧分别實諦，是慧無分別。

अस्ति नास्ति च द्वावन्तौ यावच्चित्तस्य गोचरः।
गोचरेण विधूतेन सम्यक्चित्तं निरुध्यते॥ १७६॥

今译：有和无二边，乃至心境界，
若境界消除，心也就寂灭。（176）

विषयग्रहणाभावान्निरोधेन च नास्ति च।
विद्यते तथतावस्था आर्याणां गोचरो यथा॥ १७७॥

今译：不执取境界而寂灭，并非无，
有真如存在，如圣者境界。[①]（177）

बालानां न तथा ख्याति यथा ख्याति मनीषिणाम्।
मनीषिणां तथा ख्याति सर्वधर्मा अलक्षणाः॥ १७८॥

今译：愚夫所见不同于智者所见，
一切法无相向智者呈现。（178）

实译：於智者所現，於愚則不現，
如是智所現，一切法無相。

हारकूटं यथा बालैः सुवर्णं परिकल्प्यते।
असुवर्णं सुवर्णाभं तथा धर्माः कुतार्किकैः॥ १७९॥

今译：假项链似金非金，愚夫妄想为金，
思辨者也是这样，妄想一切法。（179）

实译：如假金瓔珞，非金愚謂金，

① 以上两颂取自第 3 品第 9 和第 10 颂。

諸法亦如是，外道妄計度。

अभूत्वा यस्य चोत्पादो भूत्वा चापि विनश्यति।
प्रत्ययैः सदसच्चापि न ते मे शासने स्थिताः॥१८०॥

今译：无中生有，有而毁灭，以及
　　　缘起有无，都不是我的教导。① （180）

अनाद्यनिधनाभावाद्भूतलक्षणसंस्थिताः।
कारणकरवल्लोके न च बुध्यन्ति तार्किकाः॥१८१॥

今译：无始无终无事物，②住于真实相，
　　　如同作因和作为，思辨者不理解。（181）

实译：諸法無始終，住於真實相，
　　　世間皆無作，妄計不能了。

अतीतो विद्यते भावो विद्यते च अनागतः।
प्रत्यक्षो विद्यते यस्मात्तस्माद्भावा अजातकाः॥१८२॥

今译：事物过去不存在，未来不存在，
　　　现在也不存在，故而事物无生。（182）

实译：過去所有法，未來及現在，
　　　如是一切法，皆悉是無生。

परिणामकालसंस्थानं भूतभावेन्द्रियेषु च।
अन्तराभवसंग्राहं ये कल्पन्ति न ते बुधाः॥१८३॥

---

① 这颂取自第3品第11颂。
② "无始无终无事物"原文是 anādyanidhanābhāvād。此处菩译"无始无终法"，实译"诸法无始终。"那么，原文是 anādyanidhanabhāvād。这颂原文在语法上存在问题，造成读解困难。

今译：转变、时间、形状、四大和诸根，

　　　　执著中有，妄想分别，并非智者。（183）

न प्रतीत्यसमुत्पन्नं लोकं वर्णन्ति वै जिनाः।

किं तु प्रत्ययमेवायं लोको गन्धर्वसंनिभः॥१८४॥

今译：诸佛并不描述世界缘起，

　　　　而世界缘起如乾达婆城。① （184）

धर्मसंकेत एवायं तस्मिंस्तदिदमुच्यते।

संकेताच्च पृथग्भूतो न जातो न निरुध्यते॥१८५॥

今译：这是诸法俗名②，据此这样说，

　　　　除去这个俗名，不生也不灭。（185）

实译：諸緣和合故，是故說有法，

　　　　若離於和合，不生亦不滅。

दर्पणे उदके नेत्रे भाण्डेषु च मणीषु च।

बिम्बं हि दृश्यते तेषु न च बिम्बो ऽस्ति कुत्रचित्॥१८६॥

今译：镜、水、眼睛、器皿和摩尼珠中

　　　　所见像，实际其中并没有像。（186）

भावाभासं तथा चित्तं मृगतृष्णा यथा नभे।

दृश्यते चित्ररूपेण स्वप्ने वन्ध्यौरसो यथा॥१८७॥

今译：心显事物影像，如同空中阳焰，

　　　　所现种种色，似石女梦见儿子。③ （187）

---

① 以上两颂取自第 3 品第 44 和第 45 颂。

② "俗名"的原词是 saṃketa，指约定俗成的名称，也就是"假名"。

③ 以上两颂取自第 2 品第 157 和第 158 颂。

न मे यानं महायानं न घोषो न च अक्षराः।
न सत्या न विमोक्षा वै न निराभासगोचरम्॥ १८८॥

今译：我的大乘非乘，非声音，非字母，
　　　非真谛，非解脱，非无影像境界。（188）

किं तु यानं महायानं समाधिवशवर्तिता।
कायं मनोमयं चित्रं वशितापुष्पमण्डितम्॥ १८९॥

今译：然而我的大乘也是乘，入定自在，
　　　种种意成身，自在如同繁花盛开。[①]（189）

एकत्वेन पृथक्त्वेन भावो वै प्रत्यये न तु।
जन्म समासमेवोक्तं निरोधो नाश एव हि॥ १९०॥

今译：事物一和异，不在缘起中，
　　　简单说是生，实际则是灭。（190）

实译：而諸緣起法，一異不可得，
　　　略說以為生，廣說則為滅。

अजातशून्यता चैकमेकं जातेषु शून्यता।
अजातशून्यता श्रेष्ठा नश्यते जातशून्यता॥ १९१॥

今译：一是不生的空性，一是生的空性，
　　　不生的空性优胜，生的空性毁灭。（191）

实译：一是不生空，一復是生空，
　　　不生空為勝，生空則滅壞。

तथता शून्यता कोटी निर्वाणं धर्मधातुवत्।

---

① 以上两颂取自第 3 品第 1 和第 2 颂。

कायो मनोमयं चित्रं पर्यायैर्देशितं मया॥ १९२॥

今译：真如、空性、实际、涅槃和法界[①]，
种种意成身，我用这些名称宣示。（192）

实译：真如空實際，涅槃及法界，
種種意生身，我說皆異名。

सूत्रविनयाभिधर्मेण विशुद्धिं कल्पयन्ति ये।
ग्रन्थतो न तु अर्थेन न ते नैरात्म्यमाश्रिताः॥ १९३॥

今译：依据经、律和论，不依据无我，
妄想清净，这是依经不依义。（193）

实译：於諸經律論，而起淨分別，
若不了無我，依教不依義。

न तीर्थिकैर्न बुद्धैश्च न मया न च केनचित्।
प्रत्ययैः साधितास्तित्वं कथं नास्तिर्भविष्यति॥ १९४॥

今译：并不是由外道、诸佛、我或其他，
而是由缘起成为有，怎会成为无？（194）

केन प्रसाधितास्तित्वं प्रत्ययैर्यस्य नास्तिता।
उत्पादवादद्दुर्दृष्ट्या नास्त्यस्तीति विकल्पयेत्॥ १९५॥

今译：由缘起成为有，凭什么成为无？
凭有生邪见，妄想分别有和无。（195）

यस्य नोत्पद्यते किंचिन्न किंचित्तं निरुध्यते।

---

① “法界”的原词是 dharmadhātuvat(“似法界”)。按南条本注文，此处 T 抄本为 dharmadhātu ca（“和法界”）。但规范的写法应为 dharmadhātuśca。

तस्यास्तिनास्ति नोपैति विविक्तं पश्यतो जगत्॥ १९६॥

今译：既没有任何生，也没有任何灭，
观察寂静世界，不执取有和无。[①]（196）

दृश्यते शशविषाणाख्यं विकल्पो विद्यते नृणाम्।
ये तु कल्पेन्ति ते भ्रान्ता मृगतृष्णां यथा मृगाः॥ १९७॥

今译：众人妄想分别，所见如同兔角，
妄想而迷乱，如同群鹿见阳焰。（197）

实译：衆生妄分別，所見如兔角，
分別即迷惑，如渴獸逐焰。

विकल्पाभिनिवेशेन विकल्पः संप्रवर्तते।
निर्हेतुकं विकल्पं हि विकल्पो ऽपि न युज्यते॥ १९८॥

今译：执著妄想分别，产生妄想分别，
摆脱因缘妄想，也就不会分别。（198）

实译：由於妄執著，而起於分別，
若離妄執因，分別則不起。

अजले च जलग्राहो मृगतृष्णा यथा नभे।
दृश्यते ऽर्थो हि बालानामार्याणां न विशेषतः॥ १९९॥

今译：于无水处执取水，犹如空中阳焰，
这是愚夫所见事物，圣者则不同。（199）

आर्याणां दर्शनं शुद्धं विमोक्षत्रयसंभवम्।
उत्पादभङ्गनिर्मुक्तं निराभासप्रचारिणम्॥ २००॥

---

① 以上三颂取自第 3 品第 12 至第 14 颂。

今译：圣者们修行无影像，所见清净，

由此产生三解脱，摆脱生和灭。①（200）

गाम्भीर्यौदार्यवैपुल्यं ज्ञानं क्षेत्रान् विभूति च।
देशेमि जिनपुत्राणां श्रावकाणामनित्यताम्॥२०१॥

今译：我向佛子宣示深远广大的智慧，

佛土和威力，向声闻宣示无常性。（201）

实译：甚深大方廣，知諸剎自在，

我為佛子說，非為諸聲聞。

अनित्यं त्रिभवं शून्यमात्मात्मीयविवर्जितम्।
श्रावकाणां च देशेमि तथा सामान्यलक्षणम्॥२०२॥

今译：三有无常和空，摆脱我和我所，

我向声闻们宣示这种共相。（202）

实译：三有空無常，遠離我我所，

我為諸聲聞，如是總相說。

सर्वधर्मेष्वसंसक्तिर्विवेका ह्येकचारिका।
प्रत्येकजिनपुत्राणां फलं देशेम्यतर्किकम्॥२०३॥

今译：不执著一切法，寂静，独行，

我向缘觉们宣示不思辨之果。（203）

实译：不著一切法，寂淨獨所行，

思念辟支果，我為彼人說。

स्वभावकल्पितं बाह्यं परतन्त्रं च देहिनाम्।

---

① 以上两颂取自第3品第54和第55颂。

अपश्यन्नात्मसंभ्रान्तिं ततश्चित्तं प्रवर्तते॥ २०४॥

今译：有身者妄想外界自性和依他性，
看不见自身迷乱，故而心转出。（204）

实译：身是依他起，迷惑不自見，
分别外自性，而令心妄起。

दशमी तु भवेत्प्रथमी प्रथमी चाष्टमी भवेत्।
नवमी सप्तमी चापि सप्तमी चाष्टमी भवेत्॥ २०५॥

今译：第十地为第一地，第一地为第八地，
第九地为第七地，第七地为第八地。（205）

द्वितीया तु तृतीया स्याच्चतुर्थी पञ्चमी भवेत्।
तृतीया तु भवेत्षष्ठी निराभासे क्रमः कुतः॥ २०६॥

今译：第二地为第三地，第四地为第五地，
第三地为第六地。无影像哪有次第？[①]（206）

निराभासो हि भावानामभावो नास्ति योगिनाम्।
भावाभावसमत्वेन आर्याणां जायते फलम्॥ २०७॥

今译：一旦无所有，修行者们的无影像
也没有，依靠有无平等，圣果产生。（207）

कथं ह्यभावो भावानां कुरुते समतां कथम्।
यदा चित्तं न जानाति बाह्यमध्यात्मिकं चलम्।
तदा तु कुरुते नाशं समताचित्तदर्शनात्॥ २०८॥

今译：怎样无所有，怎样达到平等？

[①] 以上两颂取自第 4 品第 6 和第 7 颂。

如果心不明瞭，则内外躁动，
　一旦心见平等，则灭除躁动。①（208）

अनादिमति संसारे भावग्राहोपगूहितम्।
बालैः कील यथा कीलं प्रलोभ्य विनिवर्तते॥२०९॥

今译：在无始生死轮回中，愚夫陷入执有，
　　　如同以楔子诱惑楔子，才得以出离。②（209）

तद्धेतुकं तदालम्ब्यं मनोगतिसमाश्रयम्।
हेतुं ददाति चित्तस्य विज्ञानं च समाश्रितम्॥२१०॥

今译：意趣所依以它为原因和所缘，
　　　而所依之识成为心的原因。③（210）

वैपाकिकादधिष्ठानां निकायगतिसंभवात्।
लभ्यन्ते येन वै स्वप्ने अभिज्ञाश्च चतुर्विधाः॥२११॥

今译：依靠果报、护持和进入部类，
　　　或在梦中获得，这是四种神通。（211）

实译：報得及加持，諸趣種類生，
　　　及夢中所得，是神通四性。

स्वप्ने च लभ्यते यच्च यच्च बुद्धप्रसादतः।
निकायगतिगोत्रा ये ते विज्ञानविपाकजाः॥२१२॥

今译：在梦中获得，依靠佛的护持，

---

① 以上两颂取自第 3 品第 56 和第 57 颂。
② 这颂取自第 2 品第 151 颂，而词语有所变化。
③ 这颂取自第 2 品第 178 颂。

进入部类，都产生于识果成熟[①]。（212）

实译：夢中之所得，及以佛威力，

諸趣種類等，皆非報得通。

वासनैर्भावितं चित्तं भावाभासं प्रवर्तते।
बाला यदा न बुध्यन्ते उत्पादं देशयेत्तदा ॥ २१३ ॥

今译：心受习气熏染，转出事物影像，

愚夫们不理解，故而宣称是生。（213）

实译：習氣熏於心，似物而影起，

凡愚未能悟，是故說為生。

यावद्वाक्यं विकल्पेन्ति भावं वै लक्षणान्वितम्।
तावद्विबुध्यते चित्तमपश्यन् हि स्वविभ्रमम् ॥ २१४ ॥

今译：妄想分别外界事物有相，

心增长而不见自己迷乱。[②]（214）

实译：隨於妄分別，外相幾時有，

爾所時增妄，不見自心迷。

उत्पादो वर्ण्यते कस्मात्कस्माद्दृश्यं न वर्ण्यते।
अदृश्यं दृश्यमानं हि कस्य किं वर्ण्यते कुतः ॥ २१५ ॥

今译：为何描述生？为何不描述所见？

所见不可见，怎样和向谁描述？（215）

---

① 这颂最后一句显然有问题。实译“皆非报得通。”南条本据此推断原文应为 yā sābhijñā na vipākajā（“这不是果报产生的神通”）。菩译“彼通非实通”。

② 这颂中，“外界”的原词是 vākyam（“语句”），疑有误。此处菩译“外物”，实译“外相”，南条本注文中据此推断应为 bāhyam。“增长”的原词是 vibudhyate（“觉知”），疑有误。据南条本注文，抄本 T 此处为 puṣyate（“增长”）。此处实译“增妄”。

实译：何以說有生，而不說所見？
無所見而見，為誰云何說？

स्वच्छं चित्तं स्वभावेन मनः कलुषकारकम्।
मनश्च सहविज्ञानैर्वासनां क्षिपते सदा॥२१६॥

今译：心本性清净，意带来污染，
意和诸识经常形成习气。（216）

实译：心體自本淨，意及諸識俱，
習氣常熏故，而作諸濁亂。

आलयो मुञ्चते कायं मनः प्रार्थयते गतिम्।
विज्ञानं विषयाभासं भ्रान्तिं दृष्ट्वा प्रलभ्यते॥२१७॥

今译：阿赖耶识摆脱身体，意追求诸趣，
识遇见迷乱的境界影像而执取。（217）

实译：藏識捨於身，意乃求諸趣，
識述似境界，見已而貪取。

मदीयं दृश्यते चित्तं बाह्यमर्थं न विद्यते।
एवं विभावयेद्भ्रान्तिं तथतां चाप्यनुस्मरेत्॥२१८॥

今译：自己的心所现，外界事物不存在，
应该这样看待迷乱，而记住真如。（218）

实译：所見唯自心，外境不可得，
若修如是觀，捨妄念真如。

ध्यायिनां विषयः कर्म बुद्धमाहात्म्यमेव च।
एतानि त्रीण्यचिन्त्यानि अचिन्त्यं विज्ञानगोचरम्॥२१९॥

今译：禅定者境界、业和佛威力，三者
不可思议，是不可思议识境界。（219）

实译：諸定者境界，業及佛威力，
此三不思議，難思智所行。

अनागतमतीतं च निर्वाणं पुद्गलं वचः।
संवृत्या देशयाम्येतान् परमार्थस्त्वनक्षरः॥२२०॥

今译：未来、过去、涅槃、人和言语，我随
俗谛宣示这些，而第一义超越文字。（220）

实译：過未補伽羅，虚空及涅槃，
我随世俗事，真諦離文字。

नैकायिकाश्च तीर्थ्याश्च दृष्टिमेकांशमाश्रिताः।
चित्तमात्रे विसंमूढा भावं कल्पेन्ति बाहिरम्॥२२१॥

今译：各种部派和外道依据同一见解，
愚痴不知唯心，妄想外界事物。（221）

实译：二乘及外道，同依止諸見，
迷惑於唯心，妄分别外境。

प्रत्येकबोधिं बुद्धत्वमर्हत्त्वं बुद्धदर्शनम्।
गूढबीजं भवेद्बोधौ स्वप्ने वै सिध्यते तु यः॥२२२॥

今译：缘觉性、佛性、阿罗汉性和见到佛，
种子深藏菩提中，在梦中获得实现。（222）

实译：羅漢辟支佛，及以佛菩提，
種子堅成就，夢佛灌其頂。

कुत्र केषां कथं कस्मात्किमर्थं च वदाहि मे।
मायाचित्तमतिशान्तं सदसत्पक्षदेशनाम्॥२२३॥

今译：何处、为谁、怎样、为何我说
　　幻觉、心、诸趣[1]、平静和有无？（223）

实译：心幻趣寂静，何為說有無？
　　何處及為誰，何故願為說？

चित्तमात्रे विमूढानां मायानास्त्यस्तिदेशनाम्।
उत्पादभङ्गसंयुक्तं लक्ष्यलक्षणवर्जितम्॥२२४॥

今译：为愚痴不知唯心者，而说幻觉、
　　有无、生灭和摆脱所相和能相。（224）

实译：迷惑於惟心，故說幻有無，
　　生滅相相應，相所相平等。

विकल्पो * मनो नाम विज्ञानैः पञ्चभिः सह।
बिम्बौघजलतुल्यादौ चित्तबीजं प्रवर्तते॥२२५॥

今译：名为分别的意和五识一起，
　　心种子转出，如影像和水流。[2]（225）

实译：分別名意識，及與五識俱，
　　如影像暴流，從心種子起。

यदा चित्तं मनश्चापि विज्ञानं न प्रवर्तते।
तदा मनोमयं कायं लभते बुद्धभूमि च॥२२६॥

今译：一旦心、意和识不转出，

---

① “诸趣”的原词是 mati，疑有误，应为 gati。此处菩译“去”，实译“趣”。
② 这颂原文中有个*号，意谓第一行中短缺一个音节。

也就获得意成身和佛地。（226）

实译：若心及與意，諸識不起者，
即得意生身，亦得於佛地。

प्रत्यया धातवः स्कन्धा धर्माणां च स्वलक्षणम्।
प्रज्ञप्तिं पुद्गलं चित्तं स्वप्नकेशोण्डुकोपमाः॥२२७॥

今译：种种缘起、界和蕴，诸法自相，
假名、人和心，如同梦和毛发网。（227）

实译：諸緣及蘊界，人法之自相，
皆心假施設，如夢及毛輪。

मायास्वप्नोपमं लोकं दृष्ट्वा तत्त्वं समाश्रयेत्।
तत्त्वं हि लक्षणैर्मुक्तं युक्तिहेतुविवर्जितम्॥२२८॥

今译：看到世界如幻似梦，应该依靠真实，
真实摆脱种种相，摆脱论理和原因。（228）

实译：觀世如幻夢，依止於真實，
真實離諸相，亦離因相應。

प्रत्यात्मवेद्यमार्याणां विहारं तु स्मरेत्सदा।
युक्तिहेतुविसंमूढं लोकं तत्त्वे निवेशयेत्॥२२९॥

今译：应该始终记住圣者们安住于自觉内证，
将迷惑于论理和原因的世界纳入真实。（229）

实译：聖者內所證，常住於無念，
迷惑因相應，執世間為實。

सर्वप्रपञ्चोपशमाद्भ्रान्तो नाभिप्रवर्तते।

प्रज्ञा यावद्विकल्पन्ते भ्रान्तिस्तावत्प्रवर्तते॥२३०॥

今译：灭除一切戏论，迷乱不会产生，
只要智慧分别，迷乱就会出现。（230）

实译：一切戲論滅，迷惑則不生，
隨有迷分別，癡心常現起。

नैःस्वभाव्यं च भावं च शून्या वै नित्यानित्यता।
उत्पादवादिनां दृष्टिर्न त्वनुत्पादवादिनाम्॥२३१॥

今译：事物无自性，空，常性和无常性，
这是生论者见解，而非无生论者。（231）

实译：諸法空無性，而是常無常，
生論者所見，非是無生論。

एकत्वमन्यत्वोभयामीश्वराच्च यदृच्छया।
कालाप्रधानादन्यैभिः प्रत्ययैः कल्प्यते जगत्॥२३२॥

今译：依据一、异、双、自在天、偶然、
时间、原质[①]和缘起，妄想分别世界。（232）

实译：一異俱不俱，自然及自在，
時微塵勝性，緣分別世間。

संसारबीजं विज्ञानं सति दृश्ये प्रवर्तते।
कुड्ये सति यथा चित्रं परिज्ञानान्निरुध्यते॥२३३॥

今译：识是轮回种子，有所见，便转出，

---

① “原质”的原词是 apradhāna，疑有误，应为 pradhāna。另外，此处实译和菩译中还有“微尘”（aṇu，或译“极微”）一词。因此，南条本注文中，推断此处原文应为 kālātpradhānād-aṇubhiḥ。

如同壁上画，知道是画，识便灭。（233）

实译：識為生死種，有種故有生，

如畫依於壁，了知即便滅。

मायापुरुषवन्नृणां मृतजन्म प्रवर्तते।
मोहात्तथैव बालानां बन्धमोक्षं प्रवर्तते॥ २३४॥

今译：众人生死，如幻术人像展现，

愚夫痴迷，束缚和解脱转出。（234）

实译：譬如見幻人，而有幻生死，

凡愚亦如是，癡故起縛脫。

अध्यात्मबाह्यं द्विविधं धर्माश्च प्रत्ययानि च।
एतद्विभावयन् योगी निराभासे प्रतिष्ठते॥ २३५॥

今译：内在和外在两种法和缘起，

修行者明瞭后，住于无影像。（235）

实译：內外二種法，及以彼因緣，

修行者觀察，皆住於無相。

न वासनैर्भिद्यते चित्तं न चित्तं वासनैः सह।
अभिन्नलक्षणं चित्तं वासनैः परिवेष्टितम्॥ २३६॥

今译：心不与习气分离，也不与习气结合，

心受习气缠绕，故而呈现不分离相。（236）

实译：習氣不離心，亦不與心俱，

雖為習所纏，心相無差別。

मलवद्वासना यस्य मनोविज्ञानसंभवा।

पटशुक्लोपमं चित्तं वासनैर्न विराजते॥२३७॥

今译：意识产生的那些习气如同污垢，
　　　心如白衣，沾染习气，失去光亮。（237）

实译：心如白色衣，意識習為垢，
　　　垢習之所污，令心不顯現。

यथा न भावो नाभावो गगनं कथ्यते मया।
आलयं हि तथा काये भावाभावविवर्जितम्॥२३८॥

今译：我说如同天空，非有非无，
　　　体内阿赖耶识摆脱有无。（238）

实译：我說如虛空，非有亦非無，
　　　藏識亦如是，有無皆遠離。

मनोविज्ञानव्यावृत्तं चित्तं कालुष्यवर्जितम्।
सर्वधर्मावबोधेन चित्तं बुद्धं वदाम्यहम्॥२३९॥

今译：我说意识转离，心摆脱污染，
　　　凭借觉知一切法，心成为佛。（239）

实译：意識若轉依，心則離濁亂，
　　　我說心為佛，覺了一切法。

त्रिसंततिव्यवच्छिन्नं सत्तासत्ताविवर्जितम्।
चातुष्कोटिकया मुक्तं भवं मायोपमं सदा॥२४०॥

今译：斩断三相续，摒弃有无性，
　　　摆脱四句，诸有永远如幻。（240）

实译：永斷三相續，亦離於四句，
　　　有無皆捨離，諸有恒如幻。

द्वे स्वभावो भवेत्सप्त भूमयश्चित्तसंभवाः।
शेषा भवेयुर्निष्पन्ना भूमयो बुद्धभूमि च॥ २४१॥

今译：前七地生于心，属于两种自性，
其余的地和佛地是圆成自性。（241）

实译：前七地心起，故有二自性，
餘地及佛地，悉是圓成實。

रूपी चारूप्यधातुश्च कामधातुश्च निर्वृतिः।
अस्मिन् कलेवरे सर्वं कथितं चित्तगोचरम्॥ २४२॥

今译：色界、无色界、欲界和涅槃，
所说一切都是体内的心境界。（242）

实译：欲色無色界，及以於涅槃，
於彼一切身，皆是心境界。

उपलभ्यते यदा यावद्भ्रान्तिस्तावत्प्रवर्तते।
भ्रान्तिः स्वचित्तसंबोधान्न प्रवर्तते न निवर्तते॥ २४३॥

今译：只要有所执取，迷乱就会出现，
一旦觉知自心，迷乱不生不灭。（243）

实译：隨其有所得，是則迷惑起，
若覺自心已，迷惑則不生。

अनुत्पादे कारणाभावो भावे संसारसंग्रहः।
मायादिसदृशं पश्यन् लक्षणं न विकल्पयेत्॥ २४४॥

今译：依无生则无作因，依有则执取生死，

看到如同幻觉等，不应妄想分别相。[1]（244）

त्रियानमेकयानं च अयानं च वदाम्यहम्।
बालानां मन्दबुद्धीनामार्याणां च विविक्तताम्॥ २४५॥

今译：为低智愚夫和寂静圣者，
我说三乘、一乘和无乘。[2]（245）

उत्पत्तिर्द्विविधा मह्यं लक्षणाधिगमौ च या।
चतुर्विधो नयविधिः सिद्धान्तं युक्तिदेशना॥ २४६॥

今译：我说两种方法，诸相和内证，
还有四种法则、悉檀和说理。（246）

实译：我立二種法，諸相及以證，
以四種理趣，方便說成就。

संस्थानाकृतिविशेषैर्भ्रान्तिं दृष्ट्वा विकल्प्यते।
नामसंस्थानविरहात्स्वभावमार्यगोचरम्॥ २४७॥

今译：见到迷乱而分别种种形态，
摆脱名和形态，原本圣境界。（247）

实译：見種種名相，是迷惑分別，
若離於名相，性淨聖所行。

विकल्पेन कल्प्यते यावत्तावत्कल्पितलक्षणम्।
विकल्पकल्पनाभावात्स्वभावमार्यगोचरम्॥ २४८॥

今译：妄想分别，而出现妄想相，

[1] 这颂取自第 2 品第 169 颂。
[2] 这颂取自第 2 品第 129 颂。

无妄想分别，原本圣境界。（248）

实译：随能所分别，则有妄計相，
若離彼分别，自性聖所行。

नित्यं च शाश्वतं तत्त्वं गोत्रं वस्तुस्वभावकम्।
तथता चित्तनिर्मुक्तं कल्पनैश्च विवर्जितम्॥ २४९॥

今译：常、永恒、真实、种性和事物自性，
真如摆脱心，远离种种妄想分别。（249）

实译：心若解脱時，則常恒真實，
種性及法性，真如離分別。[①]

यद्यद्वस्तु न शुद्धिः स्यात्संक्लेशो नापि कस्यचित्।
यस्माच्च शुंध्यते चित्तं संक्लेशश्चापि दृश्यते।
तस्मात्तत्त्वं भवेद्वस्तु विशुद्धमार्यगोचरम्॥ २५०॥

今译：事物本身非清净，也非污染，
即使心清净，依然展现污染，
事物真实清净，则是圣境界。（250）

实译：以有清淨心，而有雜染現，
無淨則無染，真淨聖所行。

प्रत्ययैर्जनितं लोकं विकल्पैश्च विवर्जितम्।
मायादिस्वप्नसदृशं विपश्यन्तो विमुच्यते॥ २५१॥

今译：世界生自缘起，而摆脱分别，
看到如幻似梦，则获得解脱。（251）

---

① 这颂实译与现存梵本有差异，而菩译与现存梵本一致。

实译：世間從緣生，增長於分別，
　　　觀彼如幻夢，是時即解脫。

दौष्ठुल्यवासनाश्चित्राश्चित्तेन सह संयुताः।
बहिर्धा दृश्यते नृणां न हि चित्तस्य धर्मता॥२५२॥

今译：种种恶劣习气和心一起，向众人
　　　呈现外界事物，而不是心的法性。（252）

实译：種種惡習氣，與心和合故，
　　　衆生見外境，不覩心法性。

चित्तस्य धर्मता शुद्धा न चित्तं भ्रान्तिसंभवम्।
भ्रान्तिश्च दौष्ठुल्यमयी तेन चित्तं न दृश्यते॥२५३॥

今译：心的法性清净，心不产生迷乱，
　　　恶习造成迷乱，故而见不到心。（253）

实译：心性本清淨，不生諸迷惑，
　　　迷從惡習起，是故不見心。

भ्रान्तिमात्रं भवेत्तत्त्वं तत्त्वं नान्यत्र विद्यते।
न संस्कारे न चान्यत्र किं तु संस्कारदर्शनात्॥२५४॥

今译：真实即迷乱，真实并不在别处，
　　　不在有为和别处，但见于有为。（254）

实译：唯迷惑即真，真實非餘處，
　　　以諸行非行，非餘處見故。

लक्ष्यलक्षणनिर्मुक्तं यदा पश्यति संस्कृतम्।
विधूतं हि भवेत्तेन स्वचित्तं पश्यतो जगत्॥२५५॥

今译：如果看到有为摆脱所相和能相，
依据这种摆脱，看到世界是自心。（255）

实译：若觀諸有為，遠離相所相，
以離衆相故，見世惟自心。

चित्तमात्रं समारुह्य बाह्यमर्थं न कल्पयेत्।
तथतालम्बने स्थित्वा चित्तमात्रमतिक्रमेत्॥ २५६॥

今译：达到唯心，不妄想外界事物，
然后依靠真如，超越唯心。（256）

实译：安住於唯心，不分别外境，
住真如所緣，超過於心量。

चित्तमात्रमतिक्रम्य निराभासमतिक्रमेत्।
निराभासस्थितो योगी महायानं स पश्यति॥ २५७॥

今译：应该超越唯心，超越无影像，
修行者立足无影像，看到大乘。[①]（257）

实译：若超過心量，亦超於無相，
以住無相者，不見於大乘。

अनाभोगगतिः शान्ता प्रणिधानैर्विशोधिता।
ज्ञानमनात्मकं श्रेष्ठं निराभासे न पश्यति॥ २५८॥

今译：自然而行，寂静，由誓愿获得净化，
依靠无影像，看不到至高的无我智。（258）

---

① “看到大乘”的原文是 mahāyānam sa pasyati。而按南条本，其中的 sa 为 na，那么，这个短语的意思就是“看不到大乘”。此处菩译“不见摩诃衍”，实译“不见于大乘”。这在语义上似乎更合理，因为依据上一首和下一首偈颂，这里的语境是强调超越唯心，超越无影像，而依靠真如。

实译：行寂無功用，淨修諸大願，
及我最勝智，無相故不見。

चित्तस्य गोचरं पश्येत्पश्येज्ज्ञानस्य गोचरम्।
प्रज्ञाया गोचरं पश्येल्लक्षणे न प्रमुह्यते॥ २५९॥

今译：应该看到心境界，看到智境界，
看到智慧境界，而不迷惑于相。（259）

实译：應觀心所行，亦觀智所行，
觀見慧所行，於相無迷惑。

चित्तस्य दुःखसत्यं समुदयो ज्ञानगोचरः।
द्वे सत्ये बुद्धभूमिश्च प्रज्ञा यत्र प्रवर्तते॥ २६०॥

今译：苦谛属于心，集谛是智境界，
另外两谛[1]和佛地，智慧转出。（260）

实译：心所行苦諦，智所行是集，
餘二及佛地，皆是慧所行。

फलप्राप्तिश्च निर्वाणं मार्गमष्टाङ्गिकं तथा।
सर्वधर्मावबोधेन बुद्धज्ञानं विशुध्यते॥ २६१॥

今译：获得果报、涅槃和八正道，
觉知一切法，佛智得到净化。（261）

实译：得果與涅槃，及以八聖道，
覺了一切法，是佛清淨智。

चक्षुश्च रूपमालोक आकाशश्च मनस्तथा।

[1] “另外两谛”指灭谛和道谛，与前面的苦谛和集谛合称“四圣谛”。

एभिरुत्पद्यते नृणां विज्ञानं ह्यालयोद्भवम्॥२६२॥

今译：眼、色、光、空和意，这些产生
众人的识，而识生自阿赖耶识。（262）

实译：眼根及色境，空明與作意，
故令從藏識，眾生眼識生。

ग्राह्यं ग्राहो ग्रहीता च नास्ति नाम ह्यवस्तुकम्।
निर्हेतुकं विकल्पं ये मन्यन्ति हि न ते बुधाः॥२६३॥

今译：无事物而无名，无所取、能取和取者，
无原因而妄想分别，他们不是智者。（263）

实译：取者能所取，名事俱無有，
無因妄分別，是為無智者。

अर्थे नाम ह्यसंभूतमर्थो नाम्नि तथैव च।
हेत्वहेतुसमुत्पन्नं विकल्पं न विकल्पयेत्॥२६४॥

今译：名不生于义，义也不生于名，
有因无因生，不应这样分别。（264）

实译：名義互不生，名義別亦爾，
計因無因生，不離於分別。

सर्वभावस्वभावो ऽसन् वचनं हि तथाप्यसत्।
शून्यतां शून्यतार्थं वा बालो ऽपश्यन् विधावति॥२६५॥

今译：一切事物无自性，言语同样无自性，
愚夫不理解空性或空性义而奔驰。①（265）

---

① 这颂取自第 2 品第 143 颂。

सत्यस्थितिं मन्यनया दृष्ट्वा प्रज्ञप्तिदेशना।
एकत्वं पञ्चधासिद्धमिदं सत्यं प्रहीयते॥२६६॥

今译：自以为立足真谛，依所见说假名，

唯一性分成五种[①]，真谛由此失去。（266）

实译：妄謂住實諦，隨見施設說，

一性五不成，捨離於諦義。

प्रपञ्चमारभेद्यश्च अस्तिनास्ति व्यतिक्रमेत्।
नास्तिच्छन्दो भवे मिथ्यासंज्ञा नैरात्म्यदर्शनात्॥२६७॥

今译：应该破除戏论之魔，超越有无，

看到无我，不贪求诸有，无妄想。[②]（267）

实译：戲論於有無，應超此等魔，

以見無我故，不妄求諸有。

शाश्वतं हि सकर्तृत्वं वादमात्रप्रवर्तितम्।
सत्यं परं ह्यवक्तव्यं निरोधे धर्मदर्शनम्॥२६८॥

今译：有永恒的作者，这只是言说而已，

至高真谛不可言说，寂灭而见法。（268）

实译：計作者為常，呪術與諍論，

實諦離言說，而見寂滅法。

आलयं हि समाश्रित्य मनो वै संप्रवर्तते।

---

① “分成五种”的原文是 pañcadhāsiddham。实译“五不成”，也就是将原文读作 pañcadhā asiddham。而菩译“成五种”，那么，原文应该是 pañcadhā siddham。这里采取菩译的读法。

② 这颂原文中的 nāsticchando，按南条本应为 nāsti cchando。

चित्तं मनश्च संश्रित्य विज्ञानं संप्रवर्तते॥२६९॥

今译：依靠阿赖耶识，意转出，
　　　依靠心和意，诸识转出。（269）

实译：依於藏識故，而得有意轉，
　　　心意為依故，而有諸識生。

समारोपं समारोप्य तथता चित्तधर्मता।
एतद्विभावयन् योगी चित्तमात्रज्ञतां लभेत्॥२७०॥

今译：确立所确立，真如是心的法性，
　　　修行者理解这点，也就通晓唯心。（270）

实译：虛妄所立法，及心性真如，
　　　定者如是觀，通達唯心性。

मनश्च लक्षणं वस्तु नित्यानित्ये न मन्यते।
उत्पादं चाप्यनुत्पादं योगी योगे न मन्यते॥२७१॥

今译：修行者在修行中不思考意、相、事物
　　　以及常和无常，也不思考生和不生。（271）

实译：觀意與相事，不念常無常，
　　　及以生不生，不分別二義。

अर्थद्वयं न कल्पेन्ति विज्ञानं ह्यालयोद्भवम्।
एकमर्थं द्विचित्तेन न जानीते तदुद्भवम्॥२७२॥

今译：诸识生于阿赖耶识，不妄想两种义，
　　　知道一种义由它而非由两种心产生。（272）

实译：從於阿賴耶，生起於諸識，
　　　終不於一義，而生二種心。

न वक्ता न च वाच्यो ऽस्ति न शून्यं चित्तदर्शनात्।
अदर्शनात्स्वचित्तस्य दृष्टिजालं प्रवर्तते॥ २७३॥

今译：无说者，无所说，无空，唯心所现，
　　　　如果看不到自心，邪见之网出现。（273）

实译：由見自心故，非空非言說，
　　　　若不見自心，為見網所縛。

प्रत्ययागमनं नास्ति इन्द्रियाणि न केचन।
न धातवो न च स्कन्धा न रागो न च संस्कृतम्॥ २७४॥

今译：无缘起，无诸根，无诸界，
　　　　无诸蕴，无贪欲，无有为。（274）

实译：諸緣無有生，諸根無所有，
　　　　無貪無蘊界，悉無諸有為。

कर्मणो ऽग्निं न वै पूर्वं न कृतं न च संस्कृतम्।
न कोटि न च वै शक्तिर्न मोक्षो न च बन्धनम्॥ २७५॥

今译：无原先的业火，无所作，无有为，
　　　　无边际，无能力，无解脱，无束缚。（275）

实译：本無諸業報，無作無有為，
　　　　執著本來無，無縛亦無脫。

अव्याकृतो न भावो ऽस्ति धर्माधर्मं न चैव हि।
न कालं न च निर्वाणं धर्मतापि न विद्यते॥ २७६॥

今译：无授记，无事物，无正法和非法，
　　　　无时间，无涅槃，同样也无法性。（276）

实译：無有無記法，法非法皆無，
非時非涅槃，法性不可得。

न च बुद्धो न सत्यानि न फलं न च हेतवः।
विपर्ययो न निर्वाणं विभवो नास्ति संभवः॥ २७७॥

今译：无佛陀，无真谛，无果，无因，
无颠倒，无涅槃，无灭，无生。（277）

实译：非佛非真諦，非因亦非果，
非倒非涅槃，非生亦非滅。

द्वादशाङ्गं न चैवास्ति अन्तानन्तं न चैव हि।
सर्वदृष्टिप्रहाणाय चित्तमात्रं वदाम्यहम्॥ २७८॥

今译：无十二支，无有限和无限，
摒弃一切见，我宣说唯心。（278）

实译：亦無十二支，邊無邊非有，
一切見皆斷，我說是唯心。

क्लेशाः कर्मपथा देहः कर्तारश्च फलं च वै।
मरीचिस्वप्नसंकाशा गन्धर्वनगरोपमाः॥ २७९॥

今译：烦恼、业道、身体、作者和业果，
如同阳焰和梦，如同乾达婆城。（279）

实译：煩惱業與身，及業所得果，
皆如焰如夢，如乾闥婆城。

चित्तमात्रव्यवस्थानाद्व्यावृत्तं भावलक्षणम्।
चित्तमात्रप्रतिष्ठानाच्छाश्वतोच्छेददर्शनम्॥ २८०॥

今译：确立唯心，摆脱事物相，
依靠唯心，洞悉常和断。（280）

实译：以住唯心故，諸相皆捨離，
以住唯心故，能見於斷常。

स्कन्धा न सन्ति निर्वाणे न चैवात्मा न लक्षणम्।
चित्तमात्रावतारेण मोक्षग्राहान्निवर्तते॥ २८१॥

今译：涅槃中无诸蕴，无我，无相，
而通晓唯心，也不执取解脱。（281）

实译：涅槃無諸蘊，無我亦無相，
以入於唯心，轉依得解脱。[①]

भूदृश्यहेतुको दोषो बहिर्धा ख्यायते नृणाम्।
चित्तं ह्यदृश्यसंभूतं तेन चित्तं न दृश्यते॥ २८२॥

今译：恶习是大地上所见之因，向众人呈现
外界，心不生于所见，故而见不到心。（282）

实译：惡習為因故，外現於大地，
及以諸衆生，唯心無所見。

देहभोगप्रतिष्ठाना ख्यायते वासना नृणाम्।
चित्तं न भावो नाभावो वासने न विराजते॥ २८३॥

今译：习气向众人呈现身体、享受和住处，
心非有，也非无，不在习气中显现。（283）

实译：身資土影像，衆生習所現，

① 此处“转依得解脱”，菩译“解脱不取相”，均与现存梵本有差异。

心非是有無，習氣令不顯。

मलो वै ख्यायते शुक्ले न शुक्ले ख्यायते मलः।
घने हि गगनं यद्वत्तथा चित्तं न दृश्यते॥२८४॥

今译：污垢在清净中呈现，而清净在污垢中
　　　　不呈现，犹如天空在乌云中，心不显现。^①（284）

实译：垢現於淨中，非淨現於垢，
　　　　如雲翳虛空，心不現亦爾。

चित्तेन चीयते कर्म ज्ञानेन च विचीयते।
प्रज्ञया च निराभासं प्रभावं चाधिगच्छति॥२८५॥

今译：业由心采集，而由智安排，
　　　　智慧证得无影像和威力。（285）

चित्तं विषयसंबद्धं ज्ञानं तर्के प्रवर्तते।
निराभासे विशेषे च ज्ञानं वै संप्रवर्तते॥२८६॥

今译：心与境界相连，智从思辨转出，
　　　　智慧^②出现在殊胜的无影像中。（286）

चित्तं मनश्च विज्ञानं संज्ञा वै कल्पवर्जिता।
अविकल्पधर्मतां प्राप्ताः श्रावका न जिनात्मजाः॥२८७॥

今译：心、意和意识摆脱名想和分别，
　　　　众佛子而非众声闻达到无分别法。（287）

---

　　① 这颂第一行的原文是 malo vai khyāyate śukle na śukle khyāyate malaḥ，疑有误，应为
malo vai khyāyate śukle na śuklo khyāyate male。此处实译"垢现于净中，非净现于垢"。
　　② "智慧"的原词是 jñāna（"智"），疑有误，按南条本注文，抄本 T 此处为 prajñā（"智
慧"）。这颂也见于第 3 品第 39 颂。在那颂中，此词也是 prajñā。

क्षान्ते क्षान्ते विशेषे वै ज्ञानं ताथागतं शुभम्।
संजायते विशेषार्थं समुदाचारवर्जितम्॥२८८॥

今译：在殊胜的寂静①和安忍中，有清净的
　　　如来智，产生殊胜义，摆脱种种行。②（288）

परिकल्पितस्वभावो ऽस्ति परतन्त्रो न विद्यते।
कल्पितं गृह्यते भ्रान्त्या परतन्त्रं न कल्प्यते॥२८९॥

今译：自性在妄想中有，在依他缘起中无，
　　　迷乱而执著妄想，依他缘起无妄想。③（289）

实译：妄計性為有，於緣起則無，
　　　以妄計迷執，緣起無分別。

चित्तं ह्यभूतसंभूतं न चित्तं दृश्यते क्वचित्।
देहभोगप्रतिष्ठानं ख्यायते वासना नृणाम्॥२९०॥

今译：心不生于四大，故而心无处可见，
　　　习气向众人呈现身体、享受和住处。④（290）

न सर्वभौतिकं रूपमस्ति रूपमभौतिकम्।
गन्धर्वस्वप्नमाया या मृगतृष्णा ह्यभौतिका॥२९१॥

今译：一切造物不是色，色不是造物，因为
　　　乾达婆城、梦、幻和阳焰不是造物。⑤（291）

实译：非所造皆色，有色非所造，

---

① “寂静”的原词是 kṣānte，按南条本应为 śānte。这颂也见于第 3 品第 41 颂。在那颂中，此词也是 śānte。
② 以上四颂取自第 3 品第 38 至 41 颂。
③ 这颂取自第 2 品第 181 颂。
④ 这颂相当于第 282 颂第二行和第 293 颂第一行。
⑤ “造物”（bhautika）指四大所造之物。

夢幻焰乾城，此等非所造。

प्रज्ञा हि त्रिविधा मह्यमार्यं येन प्रभावितम्।
चित्तं ह्यदृश्यसंभूतं तेन चित्तं न दृश्यते॥ २९२॥

今译：我有三种智慧，圣者得以观照，[1]
心不生于所见，故而见不到心。（292）

देहभोगप्रतिष्ठाना ख्यायते वासना नृणाम्।
लक्षणं कल्पते येन यः स्वभावान् वृणोति च॥ २९३॥

今译：习气向众人呈现身体、享受和住处，
妄想分别种种相和选择种种自性。[2]（293）

यानद्वयविसंयुक्ता प्रज्ञा ह्याभासवर्जिता।
संभवाभिनिवेशेन श्रावकाणां प्रवर्तते।
चित्तमात्रावतारेण प्रज्ञा ताथागती ऽमला॥ २९४॥

今译：智慧摆脱二乘，摆脱影像，
执著种种生，众声闻转出，
而通晓唯心，无垢如来智。[3]（294）

सतो हि असतश्चापि प्रत्ययैर्यदि जायते।
एकत्वान्यत्वदृष्टिश्च अवश्यं तैः समाश्रिता॥ २९५॥

今译：如果有和无，产生于缘起，
就必然依赖一和异之见。（295）

---

[1] 这颂第一行和下一颂第二行取自第 3 品第 42 颂，其中词语有所变化。“三种智慧”指世间智、出世间智和出世间最上智。

[2] 上一颂第二行和这颂第一行相当于第 282 颂第二行和第 283 颂第一行。

[3] 这颂取自第 3 品第 43 颂，其中词语有所变化。

实译：若於緣生法，謂實及不實，
此人決定依，一異等諸見。

विविधागतिर्हि निर्वृत्ता यथा माया न सिध्यति।
निमित्तं हि तथा चित्रं कल्प्यमानं न सिध्यति॥२९६॥

今译：种种生而灭，如幻觉不成立，
同样，妄想的种种相不成立。（296）

निमित्तदौष्ठुल्यमयं बन्धनं चित्तसंभवम्।
परिकल्पितं ह्यजानानैः परतन्त्रं विकल्प्यते॥२९७॥

今译：诸相由恶习造成，心生束缚，
无知者妄想依他缘起而分别。（297）

य एव कल्पितो भावः परतन्त्रं तदेव हि।
कल्पितं हि विचित्राभं परतन्त्रं विकल्प्यते॥२९८॥

今译：这样分别事物，就是依他缘起，
种种妄想都是依他缘起分别。（298）

संवृतिः परमार्थश्च तृतीयं नास्ति हेतुकम्।
कल्पितं संवृतिर्ह्युक्ता तच्छेदादार्यगोचरः॥२९९॥

今译：俗谛，第一义，第三是以无为因，
妄想是俗谛，破除而入圣境界。（299）

यथा हि योगिनां वस्तु चित्रमेकं विराजते।
न ह्यस्ति चित्रता तत्र तथा कल्पितलक्षणम्॥३००॥

今译：如同瑜伽行者，于一物呈现种种物，

而那里并无种种物，分别相也如此。（300）

यथा हि तैमिरैश्चित्रं कल्प्यते रूपदर्शनम्।
तिमिरं न रूपं नारूपं परतन्त्रं तथा बुधैः॥३०१॥

今译：如同翳障者看见和妄想种种色，而翳障
非色，非非色，愚者依他缘起分别也如此。[①]（301）

हेमं स्यात्तु यथा शुद्धं जलं कलुषवर्जितम्।
गगनं हि घनाभावात्तथा शुद्धं विकल्पितम्॥३०२॥

今译：如同金子纯洁，清水摆脱污浊，
晴空无云，清除妄想也是这样。[②]（302）

श्रावकस्त्रिविधो मह्यं निर्मितः प्रणिधानजः।
रागद्वेषविसंयुक्तः श्रावको धर्मसंभवः॥३०३॥

今译：我的声闻有三种：化生，誓愿生，
摆脱贪欲和憎恨，则是正法生。（303）

实译：聲聞有三種，願生與變化，
及離貪瞋等，從於法所生。

बोधिसत्त्वोऽपि त्रिविधो बुद्धानां नास्ति लक्षणम्।
चित्ते चित्ते तु सत्त्वानां बुद्धबिम्बं विदृश्यते॥३०४॥

今译：菩萨也有三种：没有佛相，
与众生心相连，呈现佛像。（304）

---

① 此处原文中的 tathā budhaiḥ（“智者如此”）疑有误。这颂取自第 2 品第 187 颂。在那颂中，此处是 tathābudhaiḥ（“愚者如此”）。

② 以上七颂取自第 2 品第 182 至 188 颂。

实译：菩薩亦三種，未有諸佛相，
　　　　思念於眾生，而現於佛像。

नास्ति वै कल्पितो भावः परतन्त्रं च विद्यते।
समारोपापवादं च विकल्पं नो विनश्यति॥३०५॥

今译：并无妄想的事物，只是依他缘起，
　　　　没有妄想分别，立和破也就毁灭。①（305）

कल्पितं यद्यभावः स्यात्परतन्त्रस्वभावतः।
विनाभावेन वै भावं भावश्चाभावसंभवः॥३०६॥

今译：如果妄想无，而有依他缘起自性，
　　　　那么，无物而有物，有从无中生。（306）

परिकल्पितं समाश्रित्य परतन्त्रं प्रलभ्यते।
निमित्तनामसंबन्धाज्जायते परिकल्पितम्॥३०७॥

今译：依靠妄想，获得依他缘起，
　　　　相和名结合，而产生妄想。（307）

अत्यन्तं चाप्यनिष्पन्नं कल्पितेन परोद्भवम्।
तदा प्रज्ञायते शुद्धः स्वभावः पारमार्थिकः॥३०८॥

今译：妄想终究不实，不生于其他，
　　　　认清自性清净，才是第一义。（308）

परिकल्पितं दशविधं परतन्त्रं च षड्विधम्।
तथता च प्रत्यात्मगतिमतो नास्ति विशेषणम्॥३०९॥

---

① 这颂取自第 2 品第 189 颂，其中词语有所变化。

今译：十种妄想，六种依他缘起，
自觉真如境界，没有分别。（309）

पञ्च धर्मा भवेत्तत्वं स्वभावा हि त्रयस्तथा।
एतद्विभावयन् योगी तथतां नातिवर्तते॥३१०॥

今译：真实应该是五法和三种自性，
修行者这样观察，不逾越真如。[①]（310）

नक्षत्रमेघसंस्थानं सोमभास्करसंनिभम्।
चित्तं संदृश्यते नृणां दृश्याभं वासनोदितम्॥३११॥

今译：众人之心呈现所见种种形状如同
星、云、日和月，全都出自习气。（311）

实译：衆生心所現，皆從習氣生，
種種諸影像，如星雲日月。

भूतालब्धात्मका ह्येते न लक्ष्यं न च लक्षणम्।
सर्वे भूतमया भूता यदि रूपं हि भौतिकम्॥३१२॥

今译：四大没有自我性，没有所相和能相，
如果一切由四大形成，则色是造物。（312）

实译：若大種是有，可有所造生，
大種無性故，無能相所相。

असंभूता महाभूता नास्ति भूतेषु भौतिकम्।
कारणं हि महाभूताः कार्यं भूसलिलादयः॥३१३॥

今译：四大不生，没有四大的造物，

[①] 以上五颂取自第2品第190至194颂。

四大是因，地和水等等是果。（313）

实译：大種是能造，地等是所造，
大種本無生，故無所造色。

द्रव्यप्रज्ञप्तिरूपं च मायाजातिकृतं तथा।
स्वप्नगन्धर्वरूपं च मृगतृष्णा च पञ्चमम्॥३१४॥

今译：事物假名色，幻觉所生色，还有
梦色和乾达婆城色，阳焰色第五。（314）

实译：假實等諸色，及幻所造色，
夢色乾城色，焰色為第五。

इच्छन्तिकं पञ्चविधं गोत्राः पञ्च तथा भवेत्।
पञ्च यानान्ययानं च निर्वाणं षड्विधं भवेत्॥३१५॥

今译：一阐提五种，种性也五种，
五乘和无乘，涅槃有六种。（315）

实译：一闡提五種，種性五亦然，
五乘及非乘，涅槃有六種。

स्कन्धभेदाश्चतुर्विंशद्रूपं चाष्टविधं भवेत्।
बुद्धा भवेच्चतुर्विंशद्द्विविधाश्च जिनौरसाः॥३१६॥

今译：蕴有二十四种，色有八种，
佛有二十四种，佛子两种。（316）

实译：諸蘊二十四，諸色有八種，
佛有二十四，佛子有二種。

अष्टोत्तरं नयशतं श्रावकाश्च त्रयस्तथा।

क्षेत्रमेकं हि बुद्धानां बुद्धश्चैकस्तथा भवेत्॥ ३१७॥

今译：法门一百零八种，声闻三种，
诸佛国土一种，佛也是一种。（317）

实译：法門有百八，聲聞有三種，
諸佛刹惟一，佛一亦復然。

विमुक्तयस्तथा तिस्रश्चित्तधारा चतुर्विधा।
नैरात्म्यं षड्विधं मह्यं ज्ञेयं चापि चतुर्विधम्॥ ३१८॥

今译：解脱有三种，心流有四种，
无我有六种，所知有四种。（318）

实译：解脱有三種，心流注有四，
無我有六種，所知亦有四。

कारणैश्च विसंयुक्तं दृष्टिदोषविवर्जितम्।
प्रत्यात्मवेद्यमचलं महायानमनुत्तरम्॥ ३१९॥

今译：摆脱种种作因，摆脱邪见谬误，
自觉内证不动摇，无上的大乘。（319）

实译：遠離於作者，及離諸見過，
內自證不動，是無上大乘。

उत्पादं चाप्यनुत्पादमष्टधा नवधा भवेत्।
एकानुपूर्वसमयं सिद्धान्तमेकमेव च॥ ३२०॥

今译：生和无生有八种或九种，
一时或渐次，悉檀仅一种。（320）

实译：生及與不生，有八種九種，
一念與漸次，證得宗唯一。

आरूप्यधात्वष्टविधं ध्यानभेदश्च षड्विधः।
प्रत्येकजिनपुत्राणां निर्याणं सप्तधा भवेत्॥३२१॥

今译：无色界有八种，禅有六种，
　　　缘觉和佛子的出离有七种。(321)

实译：無色界八種，禪差別有六，
　　　辟支諸佛子，出離有七種。

अध्वत्रयं न चैवास्ति नित्यानित्यं च नास्ति वै।
क्रिया कर्म फलं चैव स्वप्नकार्यं तथा भवेत्॥३२२॥

今译：没有三世，也没有常和无常，
　　　作为、业和果，都是梦中事。(322)

实译：三世悉無有，常無常亦無，
　　　作業及果報，皆如夢中事。

अन्ताद्यासंभवा बुद्धाः श्रावकाश्च जिनौरसाः।
चित्तं दृश्यविसंयुक्तं मायाधर्मोपमं सदा॥३२३॥

今译：佛、声闻和佛子始终不生，
　　　心摆脱所见，永远如同幻法。(323)

实译：諸佛本不生，為聲聞佛子，
　　　心恒不能見，如幻等法故。

गर्भश्चक्रं तथा जातिर्नैष्क्रम्यं तुषितालयम्।
सर्वक्षेत्रगताश्चापि दृश्यन्ते न च योनिजाः॥३२४॥

今译：兜率天宫入胎，出生，出家，转法轮，
　　　游历一切国土，所现种种，非子宫生。(324)

实译：故於一切刹，從兜率入胎，
初生及出家，不從生處生。

संक्रान्तिं संचरं सत्त्वं देशना निर्वृतिस्तथा।
सत्यं क्षेत्रावबोधिश्च प्रत्ययप्रेरितो भवेत्॥ ३२५॥

今译：游荡，活动，众生，说法，涅槃，
真谛，佛土，觉知，缘起而生。(325)

实译：為流轉眾生，而說於涅槃，
諸諦及諸刹，隨機令覺悟。

लोका वनस्पतिर्द्वीपो नैरात्म्यतीर्थसंचरम्।
ध्यानं यानालयप्राप्तिरचिन्त्यफलगोचरम्॥ ३२६॥

今译：世界，树木，岛，无我，外道所行，禅，
乘，阿赖耶识，到达，不可思议果，境界。(326)

实译：世間洲樹林，無我外道行，
禪乘阿賴耶，果境不思議。

चन्द्रनक्षत्रगोत्राणि नृपगोत्रा सुरालयम्।
यक्षगन्धर्वगोत्राणि कर्मजा तृष्णसंभवा॥ ३२७॥

今译：月亮，星星，国王，天宫，夜叉，
乾达婆，由业所生，由贪爱所生。(327)

实译：星宿月種類，諸王諸天種，
乾闥夜叉種，皆因業愛生。

अचिन्त्यपरिणामी च च्युतिर्वासनसंयुता।
व्युच्छिन्नच्युत्यभावेन क्लेशजालं निरुध्यते॥ ३२८॥

今译：不可思议变易死仍与习气相连，

彻底断绝而无死，烦恼网寂灭。(328)

实译：不思變易死，猶與習氣俱，

若死永盡時，煩惱網已斷。

धनधान्यं सुवर्णं च क्षेत्रवस्तु विकल्प्यते।
गवैडकाश्च दासा वै तथा हयगजादयः॥३२९॥

今译：妄想财富、粮食、金子、国土、

奴仆以及牛、羊、马、和象等。(329)

实译：財穀與金銀，田宅及僮僕，

象馬牛羊等，皆悉不應畜。

तल्पविद्धे न स्वप्तव्यं भूमिश्चापि न लेपयेत्।
सौवर्णराजतं पात्रं कांसं ताम्रं न कारयेत्॥३३०॥

今译：不应睡穿孔床，不应涂沫地，

不应制作金钵、银钵和铜钵。（330）

实译：不臥穿孔床，亦不泥塗地，

金銀銅鉢等，皆悉不應畜。

कम्बला नीलरक्ताश्च काषायो गोमयेन च।
कर्दमैः फलपत्रैश्च शुक्लान् योगी रजेत्सदा॥३३१॥

今译：修行者经常用牛粪、泥土、果和叶，

将白色褐衣染成青红色的袈裟衣。（331）

实译：土石及與鐵，蠡及頗梨器，

滿於摩竭量，隨鉢故聽畜。[1]
常以青等色，牛糞泥果葉，
染白欽婆[2]等，令作袈裟色。

शैलीकं मृन्मयं लोहं शाङ्खं वै स्फटिकमयम्।
पात्रार्थं धारयेद्योगी परिपूर्णं च मागधम्॥३३२॥

今译：修行者持有摩竭陀容量的石钵、
泥钵、铁钵、贝螺钵或玻璃钵。（332）

चतुरङ्गुलं भवेच्छस्त्रं कुब्जं वै वस्तुच्छेदनः।
शिल्पविद्यां न शिक्षेत योगी योगपरायणः॥३३३॥

今译：为裁割衣物，可拥有四指长的弯刀，
修行者专心修行，不学习各种技艺。（333）

实译：四指量刀子，刀如半月形，
為以割截衣，修行者聽畜。

क्रयविक्रयो न कर्तव्यो योगिना योगिवाहिना।
आरामिकैश्च कर्तव्यमेतद्धर्मं वदाम्यहम्॥३३४॥

今译：修行者专心修行，不亲自买卖，
而委托侍从，我宣说这种法规。（334）

实译：勿學工巧明，[3]亦不應賣買，
若須使淨人，此法我所說。

गुप्तेन्द्रियं तथार्थज्ञं सूत्रान्ते विनये तथा।

---

[1] 这两行与第332颂对应。其中的“蠡”指贝螺（śaṅkha）。
[2] “钦婆”是kambala（“褐衣”）一词的音译，也译“钦婆罗”。
[3] 这句属于上一颂。

गृहस्थैर्न च संसृष्टं योगिनं तं वदाम्यहम्॥ ३३५॥

今译：守护诸根，如实理解经律真义，
不混同在家人，我称为修行者。（335）

实译：常守護諸根，善解經律義，
不狎諸俗人，是名修行者。

शून्यागारे श्मशाने वा वृक्षमूले गुहासु वा।
पलाले ऽभ्यवकाशे च योगी वासं प्रकल्पयेत्॥ ३३६॥

今译：修行者应住在空宅、坟地、
树下、洞穴、草地和旷野。（336）

实译：樹下及巖穴，野屋與塚間，
草窟及露地，修行者應住。

त्रिवस्त्रप्रावृतो नित्यं श्मशानाद्यत्रकुत्रचित्।
वस्त्रार्थं संविधातव्यं यश्च दद्यात्सुखागतम्॥ ३३७॥

今译：无论在坟场或别处，[①]只穿三件衣，
若需衣物，有人施舍，应该欢迎。（337）

实译：塚間及餘處，三衣常隨身，
若闕衣服時，來施者應受。

युगमात्रानुसारी स्यात्पिण्डभक्षपरायणः।
कुसुमेभ्यो यथा भ्रमरास्तथा पिण्डं समाचरेत्॥ ३३८॥

今译：出外乞食，专心一意，前视一寻[②]，
这样乞食，如同蜜蜂采集花蜜。（338）

[①] 此处原文疑有误，南条本据实译推断，应为 śmaśāne anyatra kutracit。
[②] “一寻”（yuga）是量度，相当于车轭的长度。

实译：乞食出遊行，前視一尋地，
　　　攝念而行乞，猶如蜂採花。

गणे च गणसंसृष्टे भिक्षुणीषु च यद्भवेत्।
तद्धि आजीवसंसृष्टं न तत्कल्पति योगिनाम्॥ ३३९॥

今译：在混杂人群和比丘尼中，修行者
　　　不应乞食，那样就混同邪命外道[①]。（339）

实译：閙眾所集處，眾雜比丘尼，
　　　活命與俗交，皆不應乞食。

राजानो राजपुत्राश्च अमात्याः श्रेष्ठिनस्तथा।
पिण्डार्थं नोपदेशेत योगी योगपरायणः॥ ३४०॥

今译：修行者专心修行，不应该为了乞食，
　　　而向国王、王子、大臣和长者说法。（340）

实译：諸王及王子，大臣與長者，
　　　修行者乞食，皆不應親近。

मृतसूतकुलान्नं च मित्रप्रीतिसमन्वितम्।
भिक्षुभिक्षुणिसंसृष्टं न तत्कल्पति योगिनाम्॥ ३४१॥

今译：或有丧事，或生孩子，或有朋友和至亲，
　　　或男女比丘混杂，不应该在这里乞食。（341）

实译：生家及死家，親友所愛家，
　　　僧尼和雜家，修行者不食。

विहारे यत्र वै धूमः पच्यते विधिवत्सदा।

① “邪命外道”（ājīva）是外道之一。

उद्दिश्य यत्कृतं चापि न तत्कल्पति योगिनाम्॥३४२॥

今译：寺院中炊烟不断，经常烹制食物，
　　　或吩咐烹制，修行者不应该这样。（342）

实译：寺中烟不斷，常作種種食，
　　　及故為所造，修行者不食。

उत्पादभङ्गनिर्मुक्तं सदसत्पक्षवर्जितम्।
लक्ष्यलक्षणसंयुक्तं योगी लोकं विभावयेत्॥३४३॥

今译：修行者明瞭世界所相和能相，
　　　摆脱生和灭，摆脱有无二翼。（343）

实译：行者觀世間，能相與所相，
　　　皆悉離生滅，亦離於有無。

　　　　　　　　　　　　实译：《大乘入楞伽經》卷第六。

समाधिबलसंयुक्तमभिज्ञैर्वशितैश्च वै।
नचिरात्तु भवेद्योगी यद्युत्पादं न कल्पयेत्॥३४४॥

今译：修行者若不妄想生，不久就会
　　　获得入定诸力、神通和自在。（344）

实译：偈頌品第十之二

实译：若諸修行者，不起於分別，
　　　不久得三昧，力通及自在。

अणुकालप्रधानेभ्यः कारणेभ्यो न कल्पयेत्।
हेतुप्रत्ययसंभूतं योगी लोकं न कल्पयेत्॥३४५॥

今译：修行者不应该妄想世界产生于
极微、时间、原质、作因和因缘。（345）

实译：修行者不應，妄執從微塵，
時勝性作者，緣生於世間。

स्वकल्पकल्पितं लोकं चित्रं वै वासनोदितम्।
प्रतिपश्येत्सदा योगी मायास्वप्नोपमं भवम्॥ ३४६॥

今译：自心妄想世界，种种出自习气，
修行者应看待诸有如幻似梦。（346）

实译：世從自分別，種種習氣生，
修行者應觀，諸有如夢幻。

अपवादसमारोपवर्जितं दर्शनं सदा।
देहभोगप्रतिष्ठाभं त्रिभवं न विकल्पयेत्॥ ३४७॥

今译：见解始终摆脱破和立，不分别
三有如同身体、享受和住处。（347）

实译：恒常見遠離，誹謗及建立，
身資及所住，不分別三有。

कृतभक्तपिण्डो निश्चितमृजुं संस्थाप्य वै तनुम्।
बुद्धांश्च बोधिसत्त्वांश्च नमस्कृत्य पुनः पुनः॥ ३४८॥

今译：心不在[①]饮食，而是端正身体，
一再向诸佛和菩萨致以敬礼。（348）

实译：不思想飲食，正念端身住，

① “心不在”的原词是 niścitam（“决定”），疑有误。按南条本注文，此处抄本 A 和 C 为 niścittam（“无心”）。

數數恭敬禮，諸佛及菩薩。

विनयात्सूत्रयुक्तिभ्यां तत्त्वं संहृत्य योगवित्।
पञ्चधर्मस्वचित्तं च नैरात्म्यं च विभावयेत्॥ ३४९॥

今译：善于修行者应该从经律中摄取
真实，明瞭五法、自心和无我。（349）

实译：善解經律中，真實理趣法，
五法二無我，亦思惟自心。

प्रत्यात्मधर्मताशुद्धा भूमयो बुद्धभूमि च।
एतद्विभावयेद्योगी महापद्मे ऽभिषिच्यते॥ ३५०॥

今译：修行者应该明瞭自觉法性清净，
诸地和佛地，在大莲花上受灌顶。（350）

实译：內證淨法性，諸地及佛地，
行者修習此，處蓮花灌頂。

विभ्राम्य गतयः सर्वा भवादुद्वेगमानसः।
योगानारभते चित्रां गत्वा शिवपथीं शुभाम्॥ ३५१॥

今译：迷失在所有道中，对诸有心生厌离，
于是前往清净坟场，修习种种瑜伽。（351）

实译：沉輪諸趣中，厭離於諸有，
往塜間靜處，修習諸觀行。

सोमभास्करसंस्थानं पद्मपत्रांशुसप्रभम्।
गगनाग्निचित्रसदृशं योगी पुञ्जान् प्रपश्यते॥ ३५२॥

今译：瑜伽行者修行中，看见月形和日形，

似有莲花和地狱，似有空中火和画。①（352）

निमित्तानि च चित्राणि तीर्थ्यमार्गं नयन्ति ते।
श्रावकत्वे निपात्यन्ति प्रत्येकजिनगोचरे॥३५३॥

今译：种种相将他引入外道，
　　　陷入声闻和缘觉境界。（353）

विधूय सर्वाण्येतानि निराभासो यदा भवेत्।
तदा बुद्धकरादित्याः सर्वक्षेत्रसमागताः।
शिरो हि तस्य मार्जन्ति निमित्तं तथतानुगाः॥३५४॥

今译：一旦排除这一切，达到无影像，
　　　随入真如相，一切佛土佛陀前来，
　　　用太阳般的佛手抚摩他的头顶。②（354）

अस्त्यनाकारतो भावः शाश्वतोच्छेदवर्जितः।
सदसत्पक्षविगताः कल्पयिष्यन्ति मध्यमम्॥३५५॥

今译：事物无因而生③，摆脱断和常，
　　　远离有无二翼，他们妄想中道。（355）

实译：有物無因生，妄謂離斷常，
　　　亦謂離有無，妄計為中道。

अहेतुवादे कल्प्यन्ते अहेतूच्छेददर्शनम्।
बाह्यभावापरिज्ञानान्नाशयिष्यन्ति मध्यमम्॥३५६॥

---

① 这颂取自第2品第160颂。这颂中"修行"的原词是 puñjān，按那颂应为 yuñjan。
② 以上两颂取自第2品第161和第162颂。这颂原文中的 tathatānugāḥ，依据第2品第162颂应为 tathatānugam。
③ "无因而生"的原文是 astyanākārataḥ（"无形而生"），疑有误。按南条本注文，此处抄本 K 为 astyakāraṇataḥ（"无因而生"）。

今译：依据无因说，他们妄想无因断见，
不理解外界事物，故而毁坏中道。（356）

实译：妄計無因論，無因是斷見，
不了外物故，壞滅於中道。

भावग्राहं न मोक्ष्यन्ते मा भूदुच्छेददर्शनम्।
समारोपापवादेन देशयिष्यन्ति मध्यमम्॥ ३५७॥

今译：执取事物不放弃，惟恐堕入断见，
依据破和立之说，他们宣说中道。（357）

实译：恐墮於斷見，不捨所執法，
以建立誹謗，妄說為中道。

चित्तमात्रावबोधेन बाह्यभावा व्युदाश्रया।
विनिवृत्तिर्विकल्पस्य प्रतिपत् सैव मध्यमा॥ ३५८॥

今译：觉知唯心，摆脱外界事物，
远离妄想分别，这才是中道。（358）

实译：以覺了惟心，捨離於外法，
亦離妄分別，此行契中道。

चित्तमात्रं न दृश्यन्ति दृश्याभावान्न जायते।
प्रतिपन्मध्यमा चैषा मया चान्यैश्च देशिता॥ ३५९॥

今译：唯心而无所见，无所见而无生，
这是我和其他佛宣示的中道。（359）

实译：惟心無有境，無境心不生，
我及諸如來，說此為中道。

उत्पादं चाप्यनुत्पादं भावाभावश्च शून्यता।
नैःस्वभाव्यं च भावानां द्वयमेतन्न कल्पयेत्॥३६०॥

今译：有生和无生，有和无，皆是空性，
　　　事物无自性，不应该妄想二重性。（360）

实译：若生若不生，自性無自性，
　　　有無等皆空，不應分別二。

विकल्पवृत्त्या भावो न मोक्षं कल्पेन्ति बालिशाः।
न चित्तवृत्त्यसंबोधाद्द्वयग्राहः प्रहीयते॥३६१॥

今译：事物不起分别，愚夫们妄想为解脱，
　　　而不觉知心起，不能消除执取二重性。（361）

实译：不能起分別，愚夫謂解脫，
　　　心無覺智生，豈能斷二執？

स्वचित्तदृश्यसंबोधाद्द्वयग्राहः प्रहीयते।
प्रहाणं हि परिज्ञानं विकल्प्यस्याविनाशकम्॥३६२॥

今译：觉知自心所现，也就不执取二重性，
　　　彻底理解而离弃，并不是毁灭分别。（362）

实译：以覺自心故，能斷二所執，
　　　了知故能斷，非不能分別。

चित्तदृश्यपरिज्ञानाद्विकल्पो न प्रवर्तते।
अप्रवृत्तिर्विकल्पस्य तथता चित्तवर्जिता॥३६३॥

今译：理解自心所现，也就不起分别，
　　　而不起分别，真如也就摆脱心。（363）

实译：了知心所現，分別即不起，

分别不起故，真如心轉依。

तीर्थ्यदोषविनिर्मुक्ता प्रवृत्तिर्यदि दृश्यते।
सा विद्वद्भिर्भवेद्ग्राह्या निवृत्तिश्चाविनाशतः॥३६४॥

今译：摆脱外道谬误，如果有所见，
智者应该获取，涅槃非毁灭。（364）

实译：若見所起法，離諸外道過，
是智者所取，涅槃非滅壞。

अस्यावबोधाद्बुद्धत्वं मया बुद्धैश्च देशितम्।
अन्यथा कल्प्यमानं हि तीर्थ्यवादः प्रसज्यते॥३६५॥

今译：觉知这点，便获得我和其他佛宣示的
佛性，倘有其他分别，则是执著外道论。（365）

实译：我及諸佛說，覺此即成佛，
若更異分別，是則外道論。

अजाः प्रसूतजन्मा वै अच्युताश्च च्यवन्ति च।
युगपज्जलचन्द्राभा दृश्यन्ते क्षेत्रकोटिषु॥३६६॥

今译：无生而有生，无死而有死，犹如
水中月，在亿万国土中同时展现。（366）

实译：不生而現生，不滅而現滅，
普於諸億剎，頓現如水月。

एकधा बहुधा भूत्वा वर्षन्ति च ज्वलन्ति वै।
चित्ते चिन्तमया भूत्वा चित्तमात्रं वदन्ति ते॥३६७॥

今译：一种变成多种，下雨和燃烧，

心中有思惟[1]，他们称为唯心。（367）

实译：一身為多身，然火及注雨，

随機心中現，是故說惟心。

चित्तेषु चित्तमात्रं च अचित्ता चित्तसंभवा।

विचित्ररूपसंस्थानाश्चित्तमात्रे गतिंगताः॥ ३६८॥

今译：种种心唯心，无心生于心，

种种色和形，都通向唯心。（368）

实译：心亦是惟心，非心亦心起，

種種諸色相，通達皆惟心。

मौनीन्द्रैः श्रावकै रूपैः प्रत्येकजिनसादृशैः।

अन्यैश्च विविधै रूपैश्चित्तमात्रं वदन्ति ते॥ ३६९॥

今译：诸如牟尼王[2]、声闻和缘觉色，

其他种种色，他们称为唯心。（369）

实译：諸佛與聲聞，緣覺等形像，

及餘種種色，皆說是惟心。

आरूप्यरूपं ह्यारूपैर्नारकाणां च नारकम्।

रूपं दर्शयन्ति सत्त्वानां चित्तमात्रस्य कारणम्॥ ३७०॥

今译：从无色界、色界到地狱界，

向众生展示色，唯心为因。（370）

实译：從於無色界，乃至地獄中，

普現為衆生，皆是惟心作。

---

[1] “思惟”的原词是 cintamayā，疑有误，应为 cintāmayā。

[2] “牟尼王”（maunīndra）指佛。

मायोपमं समाधिं च कायं चापि मनोमयम्।
दश भूमीश्च वशिताः परावृत्ता लभन्ति ते॥ ३७१॥

今译：一旦心转离，他们获得如幻
入定、意成身、十地和自在。（371）

实译：如幻諸三昧，及以意生身，
十地與自在，皆由轉依得。

स्वविकल्पविपर्यासैः प्रपञ्चस्पन्दितैश्च वै।
दृष्टश्रुतमतज्ञाते बाला बध्यन्ति संज्ञया॥ ३७२॥

今译：自心分别颠倒，戏论活跃，愚夫依据
所见所闻所思所知，而受名想束缚。（372）

实译：愚夫為相縛，隨見聞覺知，
自分別顛倒，戲論之所動。

निमित्तं परतन्त्रं हि यन्नाम तत्र कल्पितम्।
परिकल्पितनिमित्तं पारतन्त्र्यात्प्रवर्तते॥ ३७३॥

今译：由依他缘起相，妄想种种名，
而由依他缘起，产生妄想相。（373）

बुद्ध्या विवेच्यमानं हि न तन्त्रं नापि कल्पितम्।
निष्पन्नो नास्ति वै भावः कथं बुद्ध्या प्रकल्प्यते॥ ३७४॥

今译：凭智慧分辨，无缘起，也无妄想，
并无真实存在，智慧何必妄想？（374）

निष्पन्नो विद्यते भावो भावाभावविवर्जितः।

भावाभावविनिर्मुक्तौ द्वौ स्वभावौ कथं भवेत्॥३७५॥

今译：摆脱有和无，才是真实存在，

摆脱有和无，哪有两种自性？（375）

परिकल्पिते स्वभावे च स्वभावौ द्वौ प्रतिष्ठितौ।
कल्पितं दृश्यते चित्रं विशुद्धमार्यगोचरम्॥३७६॥

今译：妄想两种自性，确立两种自性，

呈现种种妄想，而圣境界清净。（376）

कल्पितं हि विचित्राभं परतन्त्रे विकल्प्यते।
अन्यथा कल्प्यमानं हि तीर्थ्यवादं समाश्रयेत्॥३७७॥

今译：种种妄想都是依他缘起分别，

不这样理解，是依据外道论。（377）

कल्पना कल्पनेत्युक्तं दर्शनाद्धेतुसंभवम्।
विकल्पद्वयनिर्मुक्तं निष्पन्नं स्यात्तदेव हि॥३७८॥

今译：看到因缘生，而说妄想所妄想，

摆脱二重性分别，便是真实法。[①]（378）

क्षेत्रं बुद्धाश्च निर्माणा एकं यानं त्रयं तथा।
न निर्वाणमहं सर्वे शून्या उत्पत्तिवर्जिताः॥३७९॥

今译：国土，诸变化佛，一乘，三乘，

我不涅槃，一切皆空，无生。（379）

实译：一切空無生，我實不涅槃，

化佛於諸刹，演三乘一乘。

---

① 以上六颂取自第2品第195至200颂。

षड्त्रिंशद्बुद्धभेदाश्च दश भेदाः पृथक्पृथक्।
सत्त्वानां चित्तसंताना एते क्षेत्राण्यभाजनम्॥ ३८० ॥

今译：三十六种佛，每种又分十种，
　　依随众生心，分属各种国土。[①]（380）

实译：佛有三十六，復各有十種，
　　隨衆生心器，而現諸刹土。

यथा हि कल्पितं भावं ख्यायते चित्रदर्शनम्।
न ह्यस्ति चित्रता तत्र बुद्धधर्मं तथा जगत्॥ ३८१ ॥

今译：如同妄想的事物呈现多样的景象，
　　其实无多样性，佛法世界也是如此。（381）

实译：法佛於世間，猶如妄計性，
　　雖見有種種，而實無所有。

धर्मबुद्धो भवेद्बुद्धः शेषा वै तस्य निर्मिताः।
सत्त्वाः स्वबीजसंतानं पश्यन्ते बुद्धदर्शनैः॥ ३८२ ॥

今译：法佛是佛，其他是变化佛，众生
　　见到佛，也就看到自己的种子。（382）

实译：法佛是真佛，餘皆是化佛，
　　隨衆生種子，見佛所現身。

भ्रान्तिनिमित्तसंबन्धाद्विकल्पः संप्रवर्तते।
विकल्पा तथता नान्या न निमित्ता विकल्पना॥ ३८३ ॥

---

① “分属各种国土”的原文为 kṣetrāṇyabhājanam，疑有误，南条本校注中，依据藏译本推断为 kṣetrasya bhājanam。

今译：与迷乱相相连，故而分别转出，
分别和真如不异，相不是分别。（383）

实译：以迷惑諸相，而起於分別，
分別不異真，相不即分別。

स्वाभाविकश्च संभोगो निर्मितं पञ्चनिर्मितम्।
षड्त्रिंशकं बुद्धगणं बुद्धः स्वाभाविको भवेत्॥ ३८४॥

今译：自性身，受用身，变化身，五种变化佛，
三十六佛众，他们全都出于自性佛。[1]（384）

实译：自性及受用，化身復現化，
佛德[2]三十六，皆自性所成。

नीले रक्ते ऽथ लवणे शङ्खे क्षीरे च शार्करे।
कषायैः फलपुष्पाद्यैः किरणा यथ भास्करे॥ ३८५॥

今译：正如青、红、盐、贝螺、乳、
糖、阳光和芳香的花果等，（385）

न चान्ये न च नानन्ये तरंगा ह्युदधाविव।
विज्ञानानि तथा सप्त चित्तेन सह संयुता॥ ३८६॥

今译：既异又不异，如同海中浪，
同样，七识和心相结合。（386）

उदधेः परिणामो ऽसौ तरंगाणां विचित्रता।

---

[1] “自性身”指法性佛，“受用身”指报生佛，“变化身”指变化佛。

[2] “佛德”的原词是 buddhagaṇa（“佛众”）。菩译“佛众”。如果是“佛德”，原词应为 buddhaguṇa。

आलयं हि तथा चित्रं विज्ञानाख्यं प्रवर्तते॥ ३८७॥

今译：各种波浪都是大海的变化，
同样，阿赖耶识转出各种识。（387）

चित्तं मनश्च विज्ञानं लक्षणार्थं प्रकल्प्यते।
अभिन्नलक्षणान्यष्टौ न च लक्ष्यं न लक्षणम्॥ ३८८॥

今译：心、意和识只是为了说相而分别，
八识并无分别相，无能相和所相。（388）

उदधेश्च तरंगाणां यथा नास्ति विशेषणम्।
विज्ञानानां तथा चित्ते परिणामो न लभ्यते॥ ३८९॥

今译：正如大海和波浪没有区别，
同样，心没有诸识的变化。（389）

चित्तेन चीयते कर्म मनसा च विचीयते।
विज्ञानेन विजानाति दृश्यं कल्पेति पञ्चभिः॥ ३९०॥

今译：由心收集业，由意观察业，
由意识认知，五识分别所见。（390）

नीलरक्तप्रकार हि विज्ञानं ख्यायते नृणाम्।
तरंगचित्तसाधर्म्यं वद कस्मान्महामुने॥ ३९१॥

今译：青和红各种色向人们的识呈现，
请说为何心与波浪同法？大牟尼啊！（391）

नीलरक्तप्रकारं हि तरंगेषु न विद्यते।
वृत्तिश्च वर्ण्यते चित्ते लक्षणार्थं हि बालिशाः॥ ३९२॥

今译：那些波浪中并没有青和红各种色，
　　只是为愚夫说相，而将心说成这样。[1]（392）

न तस्य विद्यते वृत्तिः स्वचित्तं ग्राह्यवर्जितम्।
ग्राह्ये सति हि वै ग्राहस्तरंगैः सह साध्यते॥ ३९३॥

今译：自心摒弃所取，不会成为这样，
　　有所取则有能取，与波浪相同。（393）

देहभोगप्रतिष्ठानं विज्ञानं ख्यायते नृणाम्।
तेनास्य दृश्यते वृत्तिस्तरंगैः सहसादृशा॥ ३९४॥

今译：身体、享受和住处向人们的识呈现，
　　它们以这种方式显现，与波浪相同。（394）

उदधिस्तरंगभावेन नृत्यमानो विभाव्यते।
आलयस्य तथा वृत्तिः कस्माद्बुद्ध्या न गृह्यते॥ ३९५॥

今译：海以波浪的形态显现，奔腾翻滚，
　　为何不觉知阿赖耶识也是这样？（395）

बालानां बुद्धिवैकल्यादालयं ह्युदधेर्यथा।
तरंगवृत्तिसाधर्म्यां दृष्टान्तेनोपनीयते॥ ३९६॥

今译：阿赖耶识如同大海，与波浪同法，
　　这是鉴于愚夫无智慧，用作譬喻。（396）

उदेति भास्करो यद्वत्समं हीनोत्तमे जने।
तथा त्वं लोकप्रद्योत तत्त्वं देशेसि बालिशान्॥ ३९७॥

---

[1] 这颂取自第 2 品第 108 颂。这颂中“愚夫”的原词是 bāliśāḥ，按那颂应为 bāliśān。

今译：正如太阳同样照耀上等人和下等人，
你是世界明灯，请向愚夫们宣示真实！（397）

कृत्वा धर्मेष्ववस्थानं कस्मात्तत्त्वं न भाषसे।
भाषसे यदि तत्त्वं वै तत्त्वं चित्ते न विद्यते॥ ३९८॥

今译：你已确立诸法，为何不宣说真实？
如果你宣说真实，心中并无真实，（398）

उदधेर्यथा तरंगाणि दर्पणे सुपिने यथा।
दृश्यन्ते युगपत्काले तथा चित्तं स्वगोचरे।
वैकल्याद्विषयाणां हि क्रमवृत्त्या प्रवर्तते॥ ३९९॥

今译：犹如海中浪、镜中像或梦幻，
心在自己境界中同时显现，
如果境界不足，则依次转出。（399）

विज्ञानेन विजानाति मनसा मन्यते पुनः।
पञ्चानां ख्यायते दृश्यं क्रमो नास्ति समाहिते॥ ४००॥

今译：由意识认知，由意思考，五识
呈现所见，在入定中无次序。（400）

चित्राचार्यो यथा कश्चिच्चित्रान्तेवासिको ऽपि वा।
चित्रार्थे नामयेद्रङ्गं देशनापि तथा मम॥ ४०१॥

今译：犹如某个画师，或画师的弟子，
运用色彩绘画，我也这样说法。（401）

रङ्गे न विद्यते चित्रं न कुड्ये न च भाजने।

सत्त्वानां कर्षणार्थाय रङ्गैश्चित्रं विकल्प्यते॥ ४०२॥

今译：画并不在色彩、墙壁或器皿中，
为了吸引众生，而用色彩绘画。（402）

देशनाव्यभिचारी च तत्त्वं ह्यक्षरवर्जितम्।
कृत्वा धर्मं व्यवस्थानं तत्त्वं देशेमि योगिनाम्॥ ४०३॥

今译：言说变异不定，真实摒弃文字，
我确立正法，向修行者宣示真实。（403）

तत्त्वं प्रत्यात्मगतिकं कल्प्यकल्पनवर्जितम्।
देशेमि जिनपुत्राणां बालानां देशनान्यथा॥ ४०४॥

今译：真实依靠自证，摒弃能分别和所分别，
我向佛子们宣示，不同于愚夫的言说。（404）

विचित्रा हि यथा माया दृश्यते न च विद्यते।
देशना हि तथा चित्रा दृश्यते ऽव्यभिचारिणी॥ ४०५॥

今译：正如种种幻觉能看到而不可获得，
同样，种种言说能宣示而变异不定①。（405）

देशना हि यदन्यस्य तदन्यस्याप्यदेशना।
आतुरे आतुरे यद्वद्भिषग्द्रव्यं प्रयच्छति।
बुद्धा हि तद्वत्सत्त्वानां चित्तमात्रं वदन्ति ते॥ ४०६॥

今译：对此人这样说，对彼人那样说，
犹如医生为各种病人开药方，
诸佛也这样为众生宣说唯心。②（406）

① “变异不定”的原词是 avyabhicāriṇī，疑有误，应为 vyabhicāriṇī。
② 以上二十二颂取自第 2 品第 101 至 121 颂。

बाह्यवासनबीजेन विकल्पः संप्रवर्तते।
तन्त्रं हि येन गृह्णाति यद्गृह्णाति स कल्पितम्॥४०७॥

今译： 由于外在习气种子，妄想分别转出，
　　　　因此，执取依他缘起，执取所妄想。（407）

实译： 由外熏習種，而生於分別，
　　　　不取於真實，而取妄所執。

बाह्यमालम्बनं गृह्यं चित्तं चाश्रित्य जायते।
द्विधा प्रवर्तते भ्रान्तिस्तृतीयं नास्ति कारणम्॥४०८॥

今译： 依靠心，执取外界所缘，迷乱
　　　　由这两者产生，没有第三原因。（408）

实译： 迷惑依內心，及緣於外境，
　　　　但由此二起，更無第三緣。

यस्माच्च जायते भ्रान्तिर्यदाश्रित्य च जायते।
षड्द्वादशाष्टादशकं चित्तमेव वदाम्यहम्॥४०९॥

今译： 由于它，依靠它，迷乱产生，
　　　　我说心是六、十二和十八。[①]（409）

实译： 迷惑依內外，而得生起已，
　　　　六十二十八，故我說為心。

स्वबीजग्राह्यसंबन्धादात्मग्राहः प्रहीयते।
चित्तकल्पावतारेण धर्मग्राहः प्रहीयते॥४१०॥

---

① "由于它，依靠它"指上述"依靠心，执取外界所缘"。"六、十二和十八"指六根、十二处和十八界。

今译：觉知①自心种子执取，便消除我执；
　　　理解自心妄想分别，便消除法执。（410）

实译：知但有根境，則離於我執，
　　　悟心無境界，則離於法執。

यत्तु आलयविज्ञानं तद्विज्ञानं प्रवर्तते।
आध्यात्मिकं ह्यायतनं भवेद्बाह्यं यदाभया॥४११॥

今译：有阿赖耶识，才有诸识转出，
　　　有内在处所，才有外在影像。（411）

实译：由依本識故，而有諸識生，
　　　由依內處故，有似外影現。

नक्षत्रकेशग्रहणं स्वप्नरूपं यथाबुधैः।
संस्कृतासंस्कृतं नित्यं कल्प्यते न च विद्यते॥४१२॥

今译：无知者妄想有为、无为和常，如同
　　　星星、毛发网和梦中色不可获得。（412）

实译：無智恒分別，有為及無為，
　　　皆悉不可得，如夢星毛輪。

गन्धर्वनगरं माया मृगतृष्णाम्भसां यथा।
असन्तो वा विदृश्यन्ते परतन्त्रं तथा भवेत्॥४१३॥

今译：如同乾达婆城、幻觉和阳焰水，
　　　所见不存在，依他缘起也这样。（413）

实译：如乾闥婆城，如幻如焰水，

---

① "觉知"的原词是 sambandha（"联系"），若改为 sambodha（"觉知"），则更明晰。实
译此处与现存梵本有差异，但其中有"知"字。

非有而見有，緣起法亦然。

आत्मेन्द्रियोपचारं हि त्रिचित्ते देशयाम्यहम्।
चित्तं मनश्च विज्ञानं स्वलक्षणविसंयुता॥४१४॥

今译：我依三种心[①]，宣说自我、诸根和
所行，而心、意和识并没有自相。（414）

实译：我依三種心，假說根境我，
而彼心意識，自性無所有。

चित्तं मनश्च विज्ञानं नैरात्म्यं स्याद्वयं तथा।
पञ्च धर्माः स्वभावा हि बुद्धानां गोचरो ह्ययम्॥४१५॥

今译：心、意和识以及两种无我，
五法，自性，这是诸佛境界。（415）

实译：心意及與識，無我有二種，
五法與自性，是諸佛境界。

लक्षणेन भवेत्त्रीणी एकं वासनहेतुकाः।
रङ्गं हि यथाप्येकं कुड्ये चित्रं विदृश्यते॥४१६॥

今译：一种习气原因，而相有三种[②]，
如同一种色彩，见于种种壁。（416）

实译：習氣因為一，而成於三相，
如以一彩色，畫壁見種種。

नैरात्म्यमद्वयं चित्तं मनोविज्ञानमेव च।

① “三种心”可能指“心、意和识”。
② “三种”可能指心、意和识。

पञ्च धर्माः स्वभावा हि मम गोत्रे न सन्ति ते॥४१७॥

今译：两种无我，心、意和识，五法，
自性，它们不在我的种性中。（417）

实译：五法二無我，自性心意識，
於佛種性中，皆悉不可得。

चित्तलक्षणनिर्मुक्तं विज्ञानमनवर्जितम्।
धर्मस्वभावविरहं गोत्रं ताथागतं लभेत्॥४१८॥

今译：摆脱心相，摆脱识和意，远离
五法和自性，便获得如来种性。（418）

实译：遠離心意識，亦離於五法，
復離於自性，是為佛種性。

कायेन वाचा मनसा न तत्र क्रियते शुभम्।
गोत्रं ताथागतं शुद्धं समुदाचारवर्जितम्॥४१९॥

今译：依靠身、言和意，不能获得清净，
如来种性清净，摆脱种种所行。（419）

实译：若身語意業，不修白淨法，
如來淨種性，則離於現行。

अभिज्ञैर्वशितैः शुद्धं समाधिबलमण्डितम्।
कायं मनोमयं चित्तं गोत्रं ताथागतं शुभम्॥४२०॥

今译：依靠神通和自在而清净，入定和诸力
增添庄严，种种[①]意成身，如来种性清净。（420）

① “种种”的原词是 citta（“心”），疑有误，应为 citra（“种种”）。此处菩译和实译均为“种种”。

实译：神通力自在，三昧淨莊嚴，
种種意生身，是佛淨種性。

प्रत्यात्मवेद्यं ह्यमलं हेतुलक्षणवर्जितम्।
अष्टमी बुद्धभूमिश्च गोत्रं ताथागतं भवेत्॥४२१॥

今译：自觉内证纯洁无瑕，摆脱因相，
第八地和佛地，成就如来种性。（421）

实译：內自證無垢，遠離於因相，
八地及佛地，如來性所成。

दूरंगमा साधुमती धर्ममेघा तथागती।
एतद्धि गोत्रं बुद्धानां शेषा यानद्वयावहा॥४२२॥

今译：远行地、善慧地、法云地和如来地，
这些是诸佛种性，其他属于二乘。（422）

实译：遠行與善慧，法雲及佛地，
皆是佛種性，餘悉二乘攝。

सत्त्वसंतानभेदेन लक्षणार्थं च बालिशाम्।
देशयन्ते भूमयः सप्त बुद्धैश्चित्तवशं गताः॥४२३॥

今译：诸佛达到心自在，为愚夫[1]说相，
依随众生各种心性，宣示七地。（423）

实译：如來心自在，而為諸愚夫，
心相差別故，說於七種地。

वाक्कायचित्तदौष्ठुल्यं सप्तम्यां न प्रवर्तते।

[1] “愚夫”的原词是 bāliśām，疑有误，应为 bāliśān。

अष्टम्यां ह्याश्रयस्तस्य स्वप्नौघसमसादृशः॥४२४॥

今译：言、身和心的恶习在第七地不转出，
犹如梦中暴流，以第八地为栖息地。（424）

实译：第七地不起，身語意過失，
第八地所依，如夢渡河等。

भूम्यष्टम्यां च पञ्चम्यां शिल्पविद्याकलागमम्।
कुर्वन्ति जिनपुत्रा वै नृपत्वं च भवालये॥४२५॥

今译：第八地和第五地，佛子们通晓
技艺和知识，成为三界之王。（425）

实译：八地及五地，解了工巧明，
諸佛子能作，諸有中之王。

उत्पादमथ नोत्पादं शून्याशून्यं न कल्पयेत्।
स्वभावमस्वभावत्वं चित्तमात्रे न विद्यते॥४२६॥

今译：不妄想有生和无生、空和不空，
依据唯心，没有自性和无自性。（426）

实译：智者不分別，若生若不生，
空及與不空，自性無自性，
但惟是心量，而實不可得。

इदं तथ्यमिदं तथ्यमिदं मिथ्या विकल्पयेत्।
प्रत्येकश्रावकाणां च देशना न जिनौरसाम्॥४२७॥

今译：分别“这真实，这真实，这虚妄”，
这是声闻和缘觉而非佛子的言说。（427）

实译：為諸二乘說，此實此虛妄，

非為諸佛子，故不應分別。

सच्चासच्च सतो नैव क्षणिकं लक्षणं न वै।
प्रज्ञप्तिद्रव्यसन्नैव चित्तमात्रे न विद्यते॥४२८॥

今译：依据唯心，没有有和无，没有
刹那相，也没有假名和实物。（428）

实译：有非有悉非，亦無刹那相，
假實法亦無，惟心不可得。

भावा विद्यन्ति संवृत्या परमार्थे न भावकाः।
निःस्वभावेषु या भ्रान्तिस्तत्सत्यं संवृतिर्भवेत्॥४२९॥

今译：依俗谛为有，依第一义为无，
迷惑于无自性，这便是俗谛。（429）

实译：有法是俗諦，無性第一義，
迷惑於無性，是則為世俗。

असत्सु सर्वधर्मेषु प्रज्ञप्तिः क्रियते मया।
अभिलापो व्यवहारश्च बालानां तत्त्ववर्जितः॥४३०॥

今译：我为不存在的一切法确定假名，
愚夫们的世俗言说远离真实。（430）

实译：一切法皆空，我為諸凡愚，
隨俗假施設，而彼無真實，

अभिलापसंभवो भावो विद्यते ह्यर्थगोचरः।
अभिलापसंभवो भावो दृष्ट्वा वै नास्ति विद्यते॥४३१॥

今译：言说产生的事物成为对象境界，

而发现事物生于言说，便不存在。（431）

实译：由言所起法，則有所行義，

觀見言所生，皆悉不可得。

कुड्याभावे यथा चित्रं छायायां स्थाणुवर्जिते।
आलयं तु तथा शुद्धं तरंगे न विराजते॥४३२॥

今译：正如离壁无画，离柱无影，

阿赖耶识清净，识浪不起[1]。（432）

实译：如離壁無畫，離質亦無影，

藏識若清淨，諸識浪不生。

नटवत्तिष्ठते चित्तं मनो विदूषसादृशम्।
विज्ञानपञ्चकैः सार्धं दृश्यं कल्पति रङ्गवत्॥४३३॥

今译：心如同演员登场，意如同丑角，

与五识一起妄想所见似舞台。[2]（433）

देशनाधर्मनिष्यन्दो यच्च निष्यन्दनिर्मितम्।
बुद्धा ह्येते भवेत्पौराः शेषा निर्माणविग्रहाः॥४३४॥

今译：所说法佛所流佛，所流佛变化佛，

这些是根本佛，其他都是变化身。[3]（434）

实译：依法身有報，從報起化身，

此為根本佛，餘皆化所現。

[1] 此处“识浪不起”，按原文直译是“不在识浪中闪耀”。

[2] 这颂取自第 6 品第 4 颂。

[3] 这颂读解有难度。这里参照实译勉强译出。“所流佛”（niṣyanda）指报生佛。实译“根本佛”中的“根本”一词，在这里是 paura（通常的词义是“城市的”），而非 maula（“根本的”）。

दृश्यं न विद्यते चित्तं चित्तं दृश्यात्प्रमुह्यते।
देहभोगप्रतिष्ठानमालयं ख्यायते नृणाम्॥४३५॥

今译：心无所现，而受所现迷惑，阿赖耶识
向人们显现种种身体、享受和住处。（435）

चित्तं मनश्च विज्ञानं स्वभावं धर्मपञ्चकम्।
नैरात्म्यं द्वितयं शुद्धं प्रभाषन्ते विनायकाः॥४३६॥

今译：导师们宣示心、意和意识，
自性和五法，清净二无我。[1]（436）

तार्किकाणामविषयं श्रावकाणां न चैव हि।
यं देशयन्ति वै नाथा प्रत्यात्मगतिगोचरम्॥४३७॥

今译：导师们宣示这种自觉境界，
不是思辩者和声闻的境界。[2]（437）

दीर्घह्रस्वादिसंबद्धमन्योन्यतः प्रवर्तते।
अस्तित्वसाधका नास्ति अस्ति नास्तित्वसाधकम्॥४३८॥

今译：长短等等互相联系而存在，
因无故成有[3]，因有故成无。（438）

अणुशो विभज्य द्रव्यं न वै रूपं विकल्पयेत्।
चित्तमात्रव्यवस्थानं कुदृष्ट्या न प्रसीदति॥४३९॥

今译：事物分析至极微，并无色可分别，

[1] 以上两颂取自第 2 品第 123 和第 124 颂。
[2] 这颂取自第 2 品第 122 颂。
[3] 此处原文中的 sādhakā（“成”）应为 sādhakam，与这一行中后面的 sādhakam 一致。

而持有邪见者不愿意确立唯心。[1]（439）

मा शून्यतां विकल्पेथ माशून्यमिति वा पुनः।
नास्त्यस्ति कल्पनैवेयं कल्प्यमर्थं न विद्यते॥४४०॥

今译：你们不应该妄想空或不空，
有无是妄想，并无妄想对象。（440）

实译：不應妄分別，空及以不空，
妄計於有無，言義不可得。

गुणाणुद्रव्यसंघातै रूपं बालैर्विकल्प्यते।
एकैकमणुशो नास्ति अतो ऽप्यर्थं न विद्यते॥४४१॥

今译：愚夫妄想性质、极微和实物积聚成色，
一一分析至极微并无色，故而无对象。（441）

实译：凡愚妄分別，德實塵聚色，
一一塵皆無，是故無境界。

स्वचित्तं दृश्यसंस्थानं बहिर्धा ख्यायते नृणाम्।
बाह्यं न विद्यते दृश्यमतो ऽप्यर्थं न विद्यते॥४४२॥

今译：向人们呈现的外界形态是自心所现，
而所现外界形态不存在，故而无对象。（442）

实译：衆生見外相，皆由自心現，
所見既非有，故無諸外境。

चित्रं केशोण्डुकं मायां स्वप्न गन्धर्वमेव च।
अलातं मृगतृष्णा च असन्तं ख्यायते नृणाम्॥४४३॥

[1] 以上两颂取自第 2 品第 125 和第 126 颂。

今译：如同画、毛发网、幻觉、梦幻、乾达婆城、
火轮和阳焰，向人们呈现不存在的事物。（443）

नित्यानित्यं तथैकत्वमुभयं नोभयं तथा।
अनादिदोषसंबद्धा बालाः कल्पेन्ति मोहिताः॥४४४॥

今译：常和无常，一和异，双和非双，
愚夫缠结无始恶习，妄想分别。[①]（444）

यानव्यवस्था नैवास्ति यानमेकं वदाम्यहम्।
परिकर्षणार्थं बालानां यानभेदं वदाम्यहम्॥४४५॥

今译：诸乘不确定，我宣说一乘，
为吸引愚夫，也宣说各乘。（445）

विमुक्तयस्तथा तिस्रो धर्मनैरात्म्यमेव च।
समताज्ञानक्लेशाख्या विमुक्त्या ते विवर्जिताः॥४४६॥

今译：有三种解脱，还有法无我，
平等智和烦恼，解脱皆摒弃。（446）

यथा हि काष्ठमुदधौ तरंगैर्विप्रवाह्यते।
तथा च श्रावको मूढो लक्षणेन प्रवाह्यते॥४४७॥

今译：如同海中浮木，随波逐流，
同样，声闻愚痴，随相运转。（447）

निष्ठागतिर्न तत्तस्या न च भूयो निवर्तते।
समाधिकायं संप्राप्य आ कल्पान्न प्रबुध्यते॥४४८॥

[①] 以上两颂取自第 2 品第 155 和第 156 颂。

今译：没有达到终极，也不退转，
获得入定身，历劫不觉悟。（448）

वासनाक्लेशसंबद्धा पर्युत्थानैर्विसंयुताः।
समाधिमदमत्तास्ते धातौ तिष्ठन्त्यनास्रवे॥ ४४९॥

今译：不起烦恼，仍有烦恼习气，
沉醉入定酒，住于无漏界。（449）

यथा हि मत्तः पुरुषो मद्याभावाद्विबुध्यते।
तथा ते बुद्धधर्माख्यं कायं प्राप्स्यन्ति मामकम्॥ ४५०॥

今译：如同醉汉，酒性消失后醒悟，
他们也会获得我的佛法身。[①]（450）

पङ्कमग्नो यथा हस्ती इतस्ततो न धावति।
समाधिमदमग्ना वै तथा तिष्ठन्ति श्रावकाः॥ ४५१॥

今译：如同大象陷入泥沼，不能跑动，
声闻们沉醉入定酒，停止不前。（451）

实译：如象溺深泥，不能復移動，
聲聞住三昧，昏墊亦復然。

अधिष्ठानं नरेन्द्राणां प्रणिधानैर्विशोधितम्।
अभिषेकसमाध्याद्यं प्रथमा दशमी च वै॥ ४५२॥

今译：世尊们的誓愿净化护持，
灌顶和入定，初地至十地。（452）

① 以上六颂取自第 2 品第 203 颂至第 208 颂。

आकाशं शशशृङ्गं च वन्ध्यायाः पुत्र एव च।
असन्तश्चाभिलप्यन्ते तथा भावेषु कल्पना॥ ४५३॥

今译：虚空、兔角和石女之子不存在，
　　　而有言说，这些都是事物妄想。[1]（453）

वासनाहेतुकं लोकं नासन्न सदसत्कचित्।
ये पश्यन्ति विमुच्यन्ते धर्मनैरात्म्यकोविदाः॥ ४५४॥

今译：世界以习气为因，处处非无，非有无，
　　　这样观察，通晓法无我，便获得解脱。（454）

实译：若見諸世間，習氣以為因，
　　　離有無俱非，法無我解脫。

स्वभावकल्पितं नाम परभावश्च तन्त्रजः।
निष्पन्नं तथतेत्युक्तं सूत्रे सूत्रे सदा मया॥ ४५५॥

今译：名是妄想自性，他性生于缘起，
　　　圆成是真如，我常在经中说。[2]（455）

实译：自性名妄計，緣起是依他，
　　　真如是圓成，我經中常說。

व्यञ्जनं पदकायं च नाम चापि विशेषतः।
बालाः सजन्ति दुर्मेधा यथा पङ्के महागजाः॥ ४५६॥

今译：音身、句身和名身具有种种差别，
　　　无知愚夫执著，如大象陷入泥沼。[3]（456）

[1] 以上两颂取自第 2 品第 163 和第 164 颂。
[2] 这里讲述的是三自性：妄想自性、依他自性和圆成自性。
[3] 这颂取自第 2 品第 170 颂。

देवयानं ब्रह्मयानं श्रावकीयं तथैव च।
ताथागतं च प्रत्येकं यानान्येतान् वदाम्यहम्॥ ४५७॥

今译：天乘、梵乘、声闻和缘觉乘，
还有如来乘，我说这些乘。（457）

यानानां नास्ति वै निष्ठा यावच्चित्तं प्रवर्तते।
चित्ते तु वै परावृत्ते न यानं न च यायिनः॥ ४५८॥

今译：只要心转出，诸乘无终极，
一旦心转灭，无乘无乘者。[1]（458）

चित्तं विकल्पो विज्ञप्तिर्मनो विज्ञानमेव च।
आलयं त्रिभवश्चेष्टा एते चित्तस्य पर्ययाः॥ ४५९॥

今译：心、分别、假名、意、识、阿赖耶识、
三有和所行，这些都是心的同义词[2]。（459）

实译：心意及與識，分別與表示，
本識作三有，皆心之異名。

आयुरुष्माथ विज्ञानमालयो जीवितेन्द्रियम्।
मनश्च मनविज्ञानं विकल्पस्य विशेषणम्॥ ४६०॥

今译：寿命、温暖、识、阿赖耶识、生命、
诸根、意和意识，都是分别的表语。（460）

实译：壽及於煖識，阿賴耶命根，

[1] 以上两颂取自第 2 品第 201 和第 202 颂。

[2] 此处“同义词”的原词是 paryayāḥ（“循环”、“消失”或“变异”）。此处菩译和实译均为“异名”，则原词应为 paryāyāḥ（“同义词”）。据南条本注文，此处抄本 K 为 paryāyāḥ。

意及與意識，皆分別異名。

चित्तेन धार्यते कायो मनो मन्यति वै सदा।
विज्ञानं चित्तविषयं विज्ञानैः सह छिन्दति॥४६१॥

今译：心维持身体，意经常思考，
意识和诸识分割心境界。（461）

实译：心能持於身，意恒審思慮，
意識諸識俱，了自心境界。

तृष्णा हि माता इत्युक्ता अविद्या च तथा पिता।
विषयावबोधाद्विज्ञानं बुद्ध इत्युपदिश्यते॥४६२॥

今译：贪爱称为母，无明称为父，
诸识觉知境界，这称为佛。（462）

अर्हन्तो ह्यनुशयाः स्कन्धाः संघः स्कन्धकपञ्चकः।
निरन्तरान्तरच्छेदात्कर्म ह्यानन्तरं भवेत्॥४६३॥

今译：阿罗汉是随眠，僧团是五蕴，
斩断这些无间，称为无间业。（463）

नैरात्म्यस्य द्वयं क्लेशास्तथैवावरणद्वयम्।
अचिन्त्यपरिणामिन्याश्च्युतेर्लाभास्तथागताः॥४६४॥

今译：理解两种无我，烦恼和二障，
不可思议变异死，成为如来。[①]（464）

सिद्धान्तश्च नयश्चापि प्रत्यात्मं शासनं च वै।

① 以上三颂取自第3品第3至第5颂。

ये पश्यन्ति विभागज्ञा न ते तर्कवशं गताः ॥४६५॥

今译：宗通和说通，自觉和言教，
善于分辨观察，不陷入思辨。（465）

न भावो विद्यते सत्यं यथा बालैर्विकल्प्यते।
अभावेन तु वै मोक्षं कथं नेच्छन्ति तार्किकाः ॥४६६॥

今译：没有真实存在，如愚夫所妄想，
思辨者为何不依靠虚无求解脱？（466）

उत्पादभङ्गसंबद्धं संस्कृतं प्रतिपश्यतः।
दृष्टिद्वयं प्रपुष्णन्ति न च जानन्ति प्रत्ययान्॥४६७॥

今译：看到有为法生和灭相连，
养成二见，不明白缘起。（467）

एकमेव भवेत्सत्यं निर्वाणं मनवर्जितम्।
कदलीस्वप्नमायाभं लोकं पश्येद्विकल्पितम्॥४६८॥

今译：涅槃是唯一的真实，摆脱心意，
妄想的世界看似芭蕉和梦幻。（468）

रागो न विद्यते द्वेषो मोहश्चापि न पुद्गलः।
तृष्णाया ह्युदिताः स्कन्धा विद्यन्ते स्वप्नसादृशाः ॥४६९॥

今译：没有贪、嗔和痴，也没有人，
从贪爱生起诸蕴，如同梦幻。[1]（469）

यस्यां च रात्र्यां धिगमो यस्यां च परिनिर्वृतः।

[1] 以上五颂取自第3品第15至第19颂。其中有的词语有所变化。

एतस्मिन्नन्तरे नास्ति मया किंचित्प्रकाशितम् ॥ ४७० ॥

今译：在某夜觉悟，在某夜般涅槃，
在这两者中间，我一无所说。（470）

प्रत्यात्मधर्मस्थिततां संधाय कथितं मया।
तैश्च बुद्धैर्मया चैव न च किंचिद्विशेषितम् ॥ ४७१ ॥

今译：我所说者依据自觉法住性，
我和一切佛没有任何差别。[1]（471）

द्रव्यवद्विद्यते ह्यात्मा स्कन्धा लक्षणवर्जिताः।
स्कन्धा विद्यन्ति भावेन आत्मा तेषु न विद्यते ॥ ४७२ ॥

今译：自我如同实物存在，诸蕴摆脱相，
即使实有诸蕴，其中也没有自我。[2]（472）

实译：若實有我體，異蘊及蘊中，
於彼求我體，畢竟不可得。

प्रतिपत्तिं विभावन्तो क्लेशैर्मानुषसंगमैः।
मुच्यते सर्वदुःखेभ्यः स्वचित्तं पश्यतो जगत् ॥ ४७३ ॥

今译：修行观察，明白世界即自心，
也就摆脱人间烦恼一切苦。（473）

实译：一一觀世間，皆是自心現，
於煩惱隨眠，離苦得解脫。

---

[1] 以上两颂取自第 3 品第 7 和第 8 颂。

[2] 这颂讲述诸蕴中无自我，但原文读解有难度。菩译比较贴近现存梵本：“实有神我物，五阴离彼相，阴体是实有，彼阴中无我。”这里参考菩译勉强译出。

कारणैः प्रत्ययैश्चापि येषां लोकः प्रवर्तते।
चातुष्कोटिकया युक्तो न ते मन्नयकोविदाः॥४७४॥

今译：认为世界依靠作因和缘起产生，
运用四句，他们不通晓我的法。（474）

सदसन्न जायते लोको नासन्न सदसत्क्वचित्।
प्रत्ययैः कारणैश्चापि कथं बालैर्विकल्प्यते॥४७५॥

今译：世界产生非无，非有，也非有和无，
为何愚夫依据作因和缘起妄想分别？①（475）

न सन्नासन्न सदसद्यदा लोकं प्रपश्यति।
तदा व्यावर्तते चित्तं नैरात्म्यं चाधिगच्छति॥४७६॥

今译：看到世界非无，非有，也非有和无，
那时，心就会转离，而证得无我。（476）

अनुत्पन्नाः सर्वभावा यस्मात्प्रत्ययसंभवाः।
कार्यं हि प्रत्ययाः सर्वे न कार्याज्जायते भवः॥४७७॥

今译：一切事物无生，因缘和合而生，
一切缘起产生果，并非果生有。（477）

कार्यं न जायते कार्यं द्वित्वं कार्ये प्रसज्यते।
न च द्वित्वप्रसङ्गेन कार्याभावोपलभ्यते॥४७८॥

今译：并非果生果，否则陷入双果，
不应陷入双果，并非果生有。（478）

① 这颂取自第 3 品第 21 颂，但词语有所变化。这颂前一行中 sadasanna 和 nāsanna，按照那颂应为 asanna 和 na sanna。这种读法也与下一颂中的相关表述一致。

आलम्बालम्बविगतं यदा पश्यति संस्कृतम्।
निमित्तं चित्तमात्रं हि चित्तमात्रं वदाम्यहम्॥ ४७९॥

今译：看到有为法摆脱缘和所缘，
这是唯心相，因此我说唯心。（479）

मात्रास्वभावसंस्थानं प्रत्ययैर्भाववर्जितम्।
निष्ठाभावपरं ब्रह्म एतां मात्रां वदाम्यहम्॥ ४८०॥

今译：量的自性形态摆脱因缘性，
我说此量是终极，至高的梵。（480）

प्रज्ञप्तिसत्यतो ह्यात्मा द्रव्यः स हि न विद्यते।
स्कन्धानां स्कन्धता तद्वत्प्रज्ञप्त्या न तु द्रव्यतः॥ ४८१॥

今译：自我是假名真实，并无真实存在，
同样，诸蕴蕴性为假名，并非真实。（481）

चतुर्विधा वै समता लक्षणं हेतुभाजनम्।
नैरात्म्यसमता चैव चतुर्थां योगयोगिनाम्॥ ४८२॥

今译：有四种平等：相、因和器物[1]，
无我是第四，修行者所修行。（482）

व्यावृत्तिः सर्वदृष्टीनां कल्प्यकल्पनवर्जिता।
अनुपलम्भो ह्यजातिश्च चित्तमात्रं वदाम्यहम्॥ ४८३॥

今译：远离一切邪见，摆脱分别所分别，
无所执取，无生，我说这种唯心。（483）

[1] 这颂取自第 3 品第 28 颂。这里的“器物”（bhājana）在那颂中是“所生”（bhāvaja）。

न भावं नापि चाभावं भावाभावविवर्जितम्।
तथता चित्तनिर्मुक्तं चित्तमात्रं वदाम्यहम्॥ ४८४॥

今译：既非有，既非无，摆脱有和无，
真如摆脱心，我说这种唯心。（484）

तथता शून्यता कोटी निर्वाणं धर्मधातुकम्।
कायं मनोमयं चित्तं चित्तमात्रं वदाम्यहम्॥ ४८५॥

今译：真如，空性、实际、涅槃和法界，
种种[①]意成身，我说这种唯心。（485）

विकल्पवासनाबद्धं विचित्रं चित्तसंभवम्।
बहिर्धा जायते नृणां चित्तमात्रं हि लौकिकम्॥ ४८६॥

今译：受分别习气束缚，心生种种外物，
向众人呈现，这是世俗的唯心。（486）

दृश्यं न विद्यते बाह्यं चित्तचित्रं विदृश्यते।
देहभोगप्रतिष्ठाभं चित्तमात्रं वदाम्यहम्॥ ४८७॥

今译：所现外物并不存在，种种心所现，
身体、享受和住处，我说这种唯心。[②]（487）

श्रावकाणां क्षयज्ञानं बुद्धानां जन्मसंभवम्।
प्रत्येकजिनपुत्राणां असंक्लेशात्प्रवर्तते॥ ४८८॥

① 这颂取自第 3 品第 31 颂。这颂中，“种种”的原词是 citta（“心”），疑有误，按照那颂应为 citra（“种种”）。

② 这颂取自第 3 品第 33 颂。其中的 dehabhogapratiṣṭhābham（“如同身体、享受和住处”）按照那颂应为 dehabhogapratiṣṭhānam（“身体、享受和住处”）。以上十四颂取自第 3 品第 20 颂至第 33 颂。

今译：声闻的寂灭智，诸佛、缘觉和
佛子的出生，都出自无烦恼。[1]（488）

实译：聲聞為盡智，緣覺寂靜智，
如來之智慧，生起無窮盡。

बहिर्धा नास्ति वै रूपं स्वचित्तं दृश्यते बहिः।
अनवबोधात्स्वचित्तस्य बालाः कल्पेन्ति संस्कृतम्॥४८९॥

今译：没有外界色，外界自心所现，
不觉知自心，愚夫妄想有为。（489）

实译：外實無有色，惟自心所現，
愚夫不覺知，妄分別有為。

बाह्यमर्थमजानानैः स्वचित्तचित्रदर्शनम्।
हेतुभिर्वार्यते मूढैश्चातुष्कोटिकयोजितैः॥४९०॥

今译：不觉知外界种种是自心所现，
愚夫们受因缘蒙蔽，运用四句。（490）

实译：不知外境界，種種皆自心，
愚夫以因喻，四句而成立。

न हेतवो न कोट्यो वै दृष्टान्तावयवानि च।
स्वचित्तं ह्यर्थसंक्रान्तं यदि जानन्ति पण्डिताः॥४९१॥

今译：智者如果知道外界对象自心所现，
则无原因，无四句，无喻等论支[2]。（491）

[1] 这颂菩译“诸声闻尽智，诸佛如来生，一切辟支佛，无和合而生。”菩译和实译均与现存梵本有很大差异。

[2] “论支”（avayava）指推理论式的分支：宗、因、喻、合和结。

实译：智者悉了知，境界自心現，
不以宗因喻，諸句而成立。

विकल्पैर्न विकल्पेत यद्विकल्पितलक्षणम्।
कल्पितं च समाश्रित्य विकल्पः संप्रवर्तते॥४९२॥

今译：不应妄想分别这种妄想分别相，
依靠妄想分别，出现妄想分别。（492）

实译：分別所分別，是為妄計相，
依止於妄計，而復起分別。

अन्योन्याभिन्नसंबन्धादेकवासनहेतुकाः।
आगन्तुकत्वात्तद्वयोर्न चित्तं जायते नृणाम्॥४९३॥

今译：互相连接不断，习气是唯一原因，
两者[①]都是来客，并非人心所生。（493）

实译：展轉互相依，皆因一習氣，
此二俱為客，非眾生心起。

विकल्पं चित्तचैत्तार्थी त्रिभवे च प्रतिष्ठिताः।
यदर्थाभाः प्रवर्तन्ते स्वभावकल्पितो हि सः॥४९४॥

今译：安住三界中，追求心和心所分别，
对象仿佛转出，这是妄想自性。（494）

实译：安住三界中，心心所分別，
所起似境界，是妄計自性。

आभासबीजसंयोगाद्द्वादशायतनानि वै।

[①] 这里的“两者”指两重性，菩译“二法”，实译“二”。

आश्रयालम्ब्यसंयोगात्प्रक्रिया वर्ण्यते मया॥४९५॥

今译：影像和种子结合，成为十二处，
所依和所缘结合，我称为作为。（495）

实译：影像與種子，合為十二處，
所依所緣合，說有所作事。

यथा हि दर्पणे बिम्बं केशोण्डुस्तिमिरस्य वा।
तथा हि वासनैश्छन्नं चित्तं पश्यन्ति बालिशाः॥४९६॥

今译：如同镜中像，翳障中毛发网，
愚夫们看到心覆盖种种习气。（496）

实译：猶如鏡中像，瞖眼見毛輪，
習氣覆亦然，凡夫起妄見。

स्वविकल्पकल्पिते ह्यर्थे विकल्पः संप्रवर्तते।
अर्थो न विद्यते बाह्यो यथा तीर्थ्यैर्विकल्प्यते॥४९७॥

今译：依据自心妄想分别对象，妄想分别转出，
而外界对象不存在，如外道所妄想分别。（497）

实译：於自分別境，而起於分別，
如外道分別，外境不可得。

रज्जुं यथा ह्यजानानाः सर्पं गृह्णन्ति बालिशाः।
स्वचित्तार्थमजानाना ह्यर्थं कल्पेन्ति बाहिरम्॥४९८॥

今译：如同愚夫们不知是绳，认为是蛇，
同样，不知是自心，妄想外界对象。（498）

实译：如愚不了繩，妄取以為蛇，
不了自心現，妄分別外境。

तथा हि रज्जुं रज्जुत्वे एकत्वान्यत्ववर्जितम्।
किं तु स्वचित्तदोषो ऽयं येन रज्जुर्विकल्प्यते॥४९९॥

今译：同样，绳依据绳性摆脱一和异，

　　　而出于自心恶习，妄想分别绳。（499）

实译：如是繩自體，一異性皆離，

　　　但自心倒惑，妄起繩分別。

न हि यो येन भावेन कल्प्यमानो न लक्ष्यते।
न तन्नास्त्यवगन्तव्यं धर्माणामेष धर्मता॥५००॥

今译：并非有，依有所妄想者不可见，

　　　无也不可得，这就是诸法法性。（500）

अस्तित्वपूर्वकं नास्ति अस्ति नास्तित्वपूर्वकम्।
अतो नास्ति न गन्तव्यं अस्तित्वं न च कल्पयेत्॥५०१॥

今译：有有则有无，有无则有有，

　　　无既不可得，也不妄想有。① （501）

कल्पितं कल्प्यमानं हि यदिदं न तदात्मकम्।
अनात्मकं कथं दृष्ट्वा विकल्पः संप्रवर्तते॥५०२॥

今译：这种所妄想者并没有本体，

　　　看到无本体，分别怎会转出？（502）

实译：妄計分別時，而彼性非有，

　　　云何見非有，而起於分別？

---

① 以上两颂取自第3品第82和第83颂。

रूपं रूपात्मना नास्ति तथा घटपटादयः।
अविद्यमाने दृश्ये तु विकल्पस्तेन जायते॥५०३॥

今译：色无色本体，瓶和衣等等也如此，
所见并不存在，依靠分别而产生[1]。（503）

实译：色性無所有，瓶衣等亦然，
但由分別生，所見終無有。

विकल्पस्ते यदि भ्रान्तावनादिमति संस्कृते।
भावानां भावता केन भ्रामिता ब्रूहि मे मुने॥५०४॥

今译：如果在无始有为中，迷乱起分别，
缘何误认事物性？请牟尼告诉我！（504）

实译：無始有為中，迷惑起分別，
何法令迷惑？願佛為我說。

भावानां भावता नास्ति चित्तमात्रं च दृश्यते।
अपश्यमानः स्वचित्तं विकल्पः संप्रवर्तते॥५०५॥

今译：事物性并不存在，唯心所现，
看不到自心，故而分别转出。（505）

实译：諸法無自性，但惟心所現，
不了於自心，是故生分別。

कल्पितं यदि वै नास्ति यथा कल्पति बालिशः।
अन्यथा विद्यते चासौ न च बुद्ध्यावगम्यते॥५०६॥

[1] 这最后一句的原文是 vikalpastena jāyate（“分别由此产生”），语义不顺。这里参照实译，译为“依靠分别而产生”。这句菩译“云何有分别？”比较合理。若将原文中的 tena 一词改为 katham 或 kena，则与菩译一致，也与前面一颂的表达方式一致。

今译：如果愚夫所妄想者并不存在，
而别有存在，凭智慧不可理解。（506）

实译：如愚所分别，妄計實非有，
異此之所有，而彼不能知。

आर्याणां यदि वा सो ऽस्ति नासौ बालैर्विकल्पितः।
आर्याणामथ मिथ्यासौ आर्या बालैः समं गताः॥५०७॥

今译：如果对于圣者存在，并非愚夫妄想，
那么，这是圣者虚妄，混同于愚夫。（507）

实译：諸聖者所有，非愚所分別，
若聖同於凡，聖應有虛妄。

आर्याणां नास्ति वै भ्रान्तिर्यस्माच्चित्तं विशोधितम्।
अशुद्धचित्तसंताना बालाः कल्पेन्ति कल्पितम्॥५०८॥

今译：圣者心获得净化，不起迷乱，
愚夫心性不清净，故而妄想。（508）

实译：以聖治心淨，是故無迷惑，
凡愚心不淨，故有妄分別。

माता यथा हि पुत्रस्य आकाशात्फलमानयेत्।
एतद्धि पुत्र मा क्रन्द गृह्ण चित्रमिदं फलम्॥५०९॥

今译：如同母亲哄婴儿，从空中取果子：
“儿啊，别哭！这里有这么多果子。”（509）

实译：如母語嬰兒：“汝勿須啼泣，
空中有果來，種種任汝取。”

तथाहं सर्वसत्त्वानां विचित्रैः कल्पितैः फलैः।
प्रलोभ्य देशेमि नयं सदसत्पक्षवर्जितम्॥५१०॥

今译：同样，我用种种妄想的果子吸引
　　一切众生，宣示摆脱有无的法门。（510）

实译：我為眾生說，種種妄計果，
　　令彼愛樂已，法實離有無。

अभूत्वा यस्य वै भावः प्रत्ययैर्न च संकुलः।
अजातपूर्वं तज्जातमलब्धात्मकमेव च॥५११॥

今译：事物原本不存在，也无因缘和合，
　　原本无生而有生，本体仍不可得。（511）

实译：諸法先非有，諸緣不和合，
　　本不生而生，自性無所有。

अलब्धात्मकं ह्यजातं च प्रत्ययैर्न विना क्वचित्।
उत्पन्नमपि ते भावो प्रत्ययैर्न विना क्वचित्॥५१२॥

今译：本体不可得，无生，而无处无缘起，
　　即使是已生事物，也无处无缘起。（512）

实译：未生法不生，離緣無生處，
　　現生法亦爾，離緣不可得。

एवं समासतः पश्यन् नासन्न सदसत्क्वचित्।
प्रत्ययैर्जायते भूतमविकल्प्यं हि पण्डितैः॥५१३॥

今译：总之，这样观察，非无，非有无，
　　缘起而生，智者如实不分别。（513）

实译：觀實緣起要，非有亦非無，

非有無俱非，智者不分别。

एकत्वान्यत्वकथाः कुतीर्थ्याः कुर्वन्ति बालिशाः।
प्रत्ययैर्न च जानन्ति मायास्वप्नोपमं जगत्॥५१४॥

今译：低劣的外道和愚夫谈论一和异，
不知道世界缘起而生，如幻似梦。（514）

实译：外道諸愚夫，妄說一異性，
不了諸緣起，世間如幻夢。

अभिधानविषयं यानं महायानमनुत्तरम्।
अर्थं सुनीतं हि मया न च बुध्यन्ति बालिशाः॥५१५॥

今译：言说境界乘，[①]无上的大乘，
愚夫不觉知我阐明的意义。（515）

实译：我無上大乘，超越於名言，
其義甚明了，愚夫不覺知。

मात्सर्यैर्ये प्रणीतानि श्रावकैस्तीर्थकैस्तथा।
व्यभिचरन्ति ते ह्यर्थं यस्मात्तर्केण देशिताः॥५१६॥

今译：声闻和外道们出于妒忌，
改变意义，依据思辨说法。（516）

实译：聲聞及外道，所說皆慳恪，
令義悉改變，皆由妄計起。

लक्षणं भाव संस्थानं नाम चैव चतुर्विधम्।
एतदालम्बनीकृत्य कल्पना संप्रवर्तते॥५१७॥

[①] 此句实译“超越于名言”。而菩译“依言语境界”，与现存梵本一致。

今译：诸相、事物、形状和名，
依附这四者，妄想转出。（517）

实译：諸相及自體，形狀及與名，
攀緣此四種，而起諸分別。

एकधा बहुधा ये तु ब्रह्मकायवशंगताः।
सोमभास्करयोर्भावा ये नाशेन्ति न ते सुताः॥५१८॥

今译：一种和多种，依附梵众天以及
日和月，造成毁灭，而非佛子。[1]（518）

实译：計梵自在作，一身與多身，
及日月運行，彼非是我子。

आर्यदर्शनसंपन्ना यथाभूतगतिंगताः।
संज्ञाविवर्तकुशला विज्ञाने च परंगताः॥५१९॥

今译：具备圣者智，通晓如实法，
善于离名想，到达识彼岸。（519）

实译：具足於聖見，通達如實法，
善巧轉諸想，到於識彼岸。

एषा हि मुद्रा मुक्तानां पुत्राणां मम शासने।
भावाभावविनिर्मुक्ता गत्यागतिविवर्जिता॥५२०॥

今译：这是我教导的佛子解脱印，
摆脱有和无，摒弃来和去。（520）

实译：以此解脱印，永離於有無，

[1] 这颂中的 bhāvā 一词，按南条本为 bhūtvā。这颂原文读解有难度。这里只能勉强译出。

及離於去來，是我法中子。

व्यावृत्ते रूपविज्ञाने यदि कर्म विनश्यति।
नित्यानित्यं न प्राप्नोति संसारश्च न विद्यते॥५२१॥

今译：如果色和识转离，业随之毁灭，
没有常和无常，没有生死轮回。（521）

实译：若色識轉滅，諸業失壞者，
是則無生死，亦無常無常。

विनिर्वृत्तिकाले प्रध्वस्तं रूपं देशान्निवर्तते।
नास्त्यस्तिदोषनिर्मुक्तं कर्म तिष्ठति आलये॥५२२॥

今译：在转离之时，色破灭，从那里消失，
业摆脱有无弊端，停留在阿赖耶识。（522）

实译：而彼轉滅時，色處雖捨離，
業住阿賴耶，離有無過失。

प्रध्वंसि पतितं रूपं विज्ञानं च भवालये।
रूपविज्ञानसंबद्धं न च कर्म विनश्यति॥५२३॥

今译：即使色和识在三界中破灭，
与色和识联系的业不破灭。（523）

实译：色識雖轉滅，而業不失壞，
令於諸有中，色識復相續。

अथ तैः सह संबद्धं कर्म वै ध्वस्यते नृणाम्।
ध्वस्ते तु कर्मसंबन्धे न संसृतिर्न निर्वृतिः॥५२४॥

今译：如果人们的业与色和识一起破灭，

业的联系破灭，也就无轮回，无涅槃。(524)

实译：若彼諸眾生，所起業失壞，
是則無生死，亦無有涅槃。

अथ ध्वस्तमपि तैः सार्धं संसारे यदि जायते।
रूपं च तेन संबद्धमभिन्नत्वाद्भविष्यति॥५२५॥

今译：如果一起破灭，而又在轮回中产生，
那么，色和业相连，也就没有差别。(525)

实译：若業與色識，俱時而滅壞，
生死中若生，色業應無別。

नाभिन्नं न च वै भिन्नं चित्तं रूपं विकल्पनात्।
प्रध्वंसो नास्ति भावानां सदसत्पक्षवर्जनात्॥५२६॥

今译：依照分别，心和色非异非不异，
摆脱有和无二翼，事物无毁灭。(526)

实译：色心與分別，非異非不異，
愚夫謂滅壞，而實離有無。

कल्पितः परतन्त्रश्च अन्योन्याभिन्नलक्षणात्।
रूपे ह्यनित्यता यद्वदन्योन्यजनकाश्च वै॥५२७॥

今译：妄想和依他缘起互相无区别，
同样，色和无常性互相产生。(527)

实译：緣起與妄計，展轉無別相，
如色與無常，展轉生亦爾。

अन्यो ऽनन्यविनिर्मुक्तः कल्पितो नावधार्यते।

नास्त्यस्ति कथं भवति रूपे चानित्यता यथा॥५२८॥

今译：摆脱异和不异，妄想不可取，
　　　如色和无常性，怎能说有无？（528）

实译：既離異非異，妄計不可知，
　　　如色無常性，云何說有無？

कल्पितेन सुदृष्टेन परतन्त्रो न जायते।
परतन्त्रेण दृष्टेन कल्पितस्तथता भवेत्॥५२९॥

今译：看透妄想，依他缘起也就不产生，
　　　理解依他缘起，妄想变成真如。（529）

实译：善達於妄計，緣起則不生，
　　　由見於緣起，妄計則真如。

कल्पितं हि विनाशेते मम नेत्री विनश्यते।
समारोपापवादं च कुर्वते मम शासने॥५३०॥

今译：如果毁灭妄想，我的法眼也毁灭，
　　　在我的教法中，就会出现立和破。①（530）

实译：若滅妄計性，是則壞法眼，
　　　便於我法中，建立及誹謗。

एवंविधा यदा यस्मिन् काले स्युर्धर्मदूषकाः।
सर्वे च ते ह्यसंकथ्या मम नेत्रीविनाशकाः॥५३१॥

今译：一旦成为这样，就会出现谤法者，
　　　毁坏我的法眼，无法与他们交流。（531）

---

① 这颂联系前面第 510 颂，便容易理解。

实译：如是色類人，當毀謗正法，
彼皆以非法，滅壞我法眼。

अनालप्याश्च विद्वद्भिर्भिक्षुकार्यं च वर्जयेत्।
कल्पितं यत्र नाशेन्ति समारोपापवादिनः॥५३२॥

今译：不与智者交流，摈弃比丘法，
他们毁灭妄想，宣扬立和破。（532）

实译：智者勿共語，比丘事亦棄，
以滅壞妄計，建立誹謗故。

केशोण्डुकमायाभं स्वप्नगन्धर्वसादृशम्।
मरीच्याभदृशकल्पो येषां नास्त्यस्तिदर्शनात्॥५३३॥

今译：他们依据有无之见产生妄想，如同
毛发网、幻、梦、乾达婆城和阳焰。（533）

实译：若隨於分別，起於有無見，
彼如幻毛輪，夢焰與乾城。

नासौ शिक्षति बुद्धानां यस्तेषां संग्रहे चरेत्।
द्वयान्तपतिता ह्येते अन्येषां च विनाशकाः॥५३४॥

今译：若与他们相处，学不到佛法，
自己陷入二边，也毁坏他人。（534）

实译：彼非學佛法，不應與同住，
以自墮二邊，亦壞他人故。

विविक्तं कल्पितं भावं ये तु पश्यन्ति योगिनः।
भावाभावविनिर्मुक्तं तेषां वै संग्रहे चरेत्॥५३५॥

今译：看到事物远离妄想，摆脱有无，
应该与这样的修行者相处。（535）

实译：若有修行者，觀於妄計性，
寂靜離有無，攝取與同住。

आकरा हि यथा लोके सुवर्णमणिमुक्तिजाः।
अकर्महेतुकाश्चित्रा उपजीव्याश्च बालिशाम्॥५३६॥

今译：正如世上矿藏产生金子和摩尼珠，
种种并无业因，而供愚夫们享用。（536）

实译：如世間有處，出金摩尼珠，
彼雖無造作，而眾生受用。

तथा हि सत्त्वगोत्राणि चित्रा वै कर्मवर्जिता।
दृश्याभावान्न कर्मास्ति न च वै कर्मजा गतिः॥५३७॥

今译：同样，种种众生种性摆脱业，
无所见而无业，也无业生诸趣。（537）

实译：業性亦如是，遠離種種性，
所見業非有，非不生諸趣。

भावानां भावता नास्ति यथा त्वार्यैर्विभाव्यते।
किं तु विद्यन्ति वै भावा यथा बालैर्विकल्पिता॥५३८॥

今译：依圣者理解，事物没有事物性，
而依愚夫妄想分别，事物存在。（538）

实译：如聖所了知，法皆無所有，
愚夫所分別，妄計法非無。

यदि भावा व विद्यन्ते यथा बालैर्विकल्पिताः।
असत्सु सत्त्वभावेषु संक्लेशो नास्ति कस्यचित्॥५३९॥

今译：如果愚夫妄想分别的事物不①存在，
众生性也就不存在，无人受污染。（539）

实译：若愚所分别，彼法非有者，
既無一切法，眾生無雜染。

भाववैचित्र्यसंक्लेशात्संसारं इन्द्रियोपगः।
अज्ञानतृष्णासंबद्धः प्रवर्तते शरीरिणाम्॥५४०॥

今译：有身者受事物种种污染，而有轮回②，
诸根相随，与无知和贪爱紧密相连。（540）

实译：以有雜染法，無明愛所繫，
能起生死身，諸根悉具足。

येषां तु भावो वै नास्ति यथा बालैर्विकल्पितः।
तेषां न विद्यते वृत्तिरिन्द्रियाणां न योगिनः॥५४१॥

今译：如果愚夫妄想分别的事物不存在，
那么，修行者诸根的活动也不存在。（541）

实译：若謂愚分别，此法皆無者，
則無諸根生，彼非正修行。

यदि भावा न विद्यन्ते भावसंसारहेतवः।
अयं तेन भवेन्मोक्षो बालानां क्रियवर्जितः॥५४२॥

今译：如果产生事物轮回的事物不存在，

① “不”的原词是 va，按南条本应为 na。
② 此处“轮回”的原词是 saṃsāram，按南条本应为 saṃsāra。

摆脱愚夫的作为，这也就是解脱。（542）

实译：若無有此法，而為生死因，
愚夫不待修，自然而解脱。

बालार्याणां विशेषस्ते भावाभावात्कथं भवेत्।
आर्याणां नास्ति वै भावो विमोक्षत्रयचारिणाम्॥५४३॥

今译：事物不存在，怎会有圣者和愚夫区别？
这样，也就没有修行三解脱的圣者。（543）

实译：若無有彼法，凡聖云何别？
亦則無聖人，修行三解脱。

स्कन्धाश्च पुद्गला धर्माः स्वसामान्या अलक्षणाः।
प्रत्ययानीन्द्रियाश्चैव श्रावकाणां वदाम्यहम्॥५४४॥

今译：我为声闻们宣说诸蕴、人和法，
自相、共相、无相、缘起和诸根。（544）

实译：諸蘊及人法，自共相無相，
諸緣及諸根，我為聲聞說。

अहेतुचित्तमात्रं तु विभूति भूमयस्तथा।
प्रत्यात्मतथतां शुद्धां देशयामि जिनौरसाम्॥५४५॥

今译：我为佛子们宣说无因和唯心，
自在[①]、诸地和清净的自觉真如。（545）

实译：惟心及非因，諸地與自在，
內證淨真如，我為佛子說。

① 此处“自在”的原词是 vibhūti（或译“威力”）。在这里，用作体格，应为 vibhūtir；用作业格，应为 vibhūtim。

भविष्यन्त्यनागते काले मम शासनदूषकाः।
काषायवासोवसनाः सदसत्कार्यवादिनः॥५४६॥

今译：未来会有毁谤我的教法者，
身披袈裟衣，宣扬有无果。（546）

实译：未來世當有，身著於袈裟，
妄說於有無，毀壞我正法。

असन्तः प्रत्ययैर्भावा विद्यन्ते ह्यार्यगोचरम्।
कल्पितो नास्ति वै भावः कल्पयिष्यन्ति तार्किकाः॥५४७॥

今译：没有缘起的事物，这是圣者境界，
没有妄想的事物，而思辨者妄想。（547）

实译：緣起法無性，是諸聖所行，
妄計性無物，計度者分別。

भविष्यन्त्यनागते काले कणभुग्बालजातिकाः।
असत्कार्यवादद्दुर्दृष्ट्या जनतां नाशयन्ति च॥५४८॥

今译：未来会有食原子者[①]之流愚夫，
宣扬因中无果邪见，毁灭众生。（548）

实译：未來有愚癡，揭那[②]諸外道，
說於無因論，惡見壞世間。

अणुभ्यो जगदुत्पन्नमणवश्चाप्यहेतुकाः।
नव द्रव्याणि नित्यानि कुदृष्ट्या देशयिष्यति॥५४९॥

① “食原子者”（kaṇabhuj）是胜论学派的绰号。
② 此处“揭那”是 kaṇa（“原子”）一词的音译。

今译：他们按照邪见宣说世界生于极微，
极微无原因，是九种永恒的实体。[①]（549）

实译：妄說諸世間，從於微塵生，
而彼塵無因，九種實物常。

द्रव्यैरारभ्यते द्रव्यं गुणैश्चैव गुणास्तथा।
भावानां भावतामन्यां सतीं वै नाशयिष्यति॥५५०॥

今译：实体生自实体，性质生自性质，
而毁灭有别于事物性的真实[②]。（550）

实译：從實而成實，從德能生德，
真法性異此，毀謗說言無。

आदिमान् हि भवेल्लोको यद्यभूत्वा प्रवर्तते।
पूर्वा च कोटिर्नैवास्ति संसारस्य वदाम्यहम्॥५५१॥

今译：如果世界从无到有，就会有开始，
然而，我说轮回没有原始的起端。（551）

实译：若本無而生，世間則有始，
生死無前際，是我之所說。

त्रिभवः सर्वसंख्यातं यद्यभूत्वा प्रवर्तते।
श्वानोष्ट्रखरशृङ्गाणामुत्पत्तिः स्यान्न संशयः॥५५२॥

今译：如果三界所有一切都是无中生有，
狗、驼骆和驴生角，也就不必怀疑。（552）

---

① “极微”(aṇu)指原子。“九种实体”(navadravyāṇi)指地、水、火、风、空、时、方、我和意。

② “真实”的原词是（satī）。它是 sat（“真实”）的阴性。

实译：三界一切物，本無而生者，
　　　駝驢狗生角，亦應無有疑。

यद्यभूत्वा भवेच्चक्षू रूपं विज्ञानमेव च।
कटमुकुटपटाद्यानां मृत्पिण्डात्संभवो भवेत्॥५५३॥

今译：如果眼、色和识都是无中生有，
　　　草席和衣冠也能从泥团产生。（553）

实译：眼色識本無，而今有生者，
　　　衣冠及席等，應從泥團生。

पटैश्च वै कटो नास्ति पटो वै वीरणैस्तथा।
एक एकत्रा संभूतः प्रत्ययैः किं न जायते॥५५४॥

今译：草席不由布生，布不由草生，
　　　为何某物在某处不因缘而生？（554）

实译：如疊中無席，蒲中亦無席，
　　　何不諸緣中，一一皆生席？

तज्जीवं तच्छरीरं च यच्चाभूत्वा प्रवर्तते।
परवादा ह्यमी सर्वे मया च समुदाहृताः॥५५५॥

今译：这生命和这身体从无中生出，
　　　我已说明这一切都是外道论。（555）

实译：彼命者與身，若本無而生，
　　　我先已說彼，皆是外道論。

उच्चार्य पूर्वपक्षं च मतिस्तेषां निवार्यते।
निवार्य तु मतिस्तेषां स्वपक्षं देशयाम्यहम्॥५५६॥

今译：首先提出前论[①]，批驳他们的观点，
批驳他们后，我讲述自己的论点。（556）

实译：我先所說宗，為遮於彼意，
既遮於彼已，然後說自宗。

अतोर्थं तीर्थवादानां कृतमुच्चारणं मया।
मा मे शिष्यगणो मूढः सदसत्पक्षमाश्रयेत्॥ ५५७॥

今译：因此，在我提供外道论的观点时，[②]
我的弟子不应受迷惑，依附有无论。（557）

实译：恐諸弟子眾，迷著有無宗，
是故我為其，先說外道論。

प्रधानाज्जगदुत्पन्नं कपिलाङ्गो ऽपि दुर्मतिः।
शिष्येभ्यः संप्रकाशेति गुणानां च विकारिता॥ ५५८॥

今译：思想低劣的迦比罗派向弟子们宣称：
世界产生于原质，种种性质造成变化。[③]（558）

实译：迦毗羅惡慧，為諸弟子說，
勝性生世間，求那所轉變。

न भूतं नापि चाभूतं प्रत्ययैर्न च प्रत्ययाः।
प्रत्ययानामसद्भावादभूतं न प्रवर्तते॥ ५५९॥

今译：非实，非不实，不依缘起有缘起，
由于缘起不存在，不实不转出。（559）

① “前论”（pūrvapakṣa）指首先说明对立的论点及其根据或理由。

② 这句原文中的 atortham，按南条本应为 ato 'rtham。

③ “迦比罗派”（Kapilāṅga）即数论派。“原质”（pradhāna）指原初物质。“性质”（guṇa）指原质的善、忧和暗三种性质（“三德”）。

实译：諸緣無有故，非已生現生，
诸緣既非緣，非生非不生。

सदसत्पक्षविगतो हेतुप्रत्ययवर्जितः।
उत्पादभङ्गरहितः स्वपक्षो लक्ष्यवर्जितः॥५६०॥

今译：我自己的论点远离有无二翼，
摆脱因缘、生和灭以及所相。（560）

实译：我宗離有無，亦離諸因緣，
生滅及所相，一切皆遠離。

मायास्वप्नोपमं लोकं हेतुप्रत्ययवर्जितम्।
अहेतुकं सदा पश्यन् विकल्पो न प्रवर्तते॥५६१॥

今译：世界如幻似梦，摆脱因缘，
看到无因缘，永不起分别。（561）

实译：世間如幻夢，因緣皆無性，
常作如是觀，分别永不起。

गन्धर्वमृगतृष्णाभं केशोण्डुकनिभं सदा।
सदसत्पक्षविगतं हेतुप्रत्ययवर्जितम्।
अहेतुकं भवं पश्यंश्चित्तधारा विशुध्यते॥५६२॥

今译：如同乾达婆城、阳焰和毛发网，
永远远离有无二翼，摆脱因缘，
看到诸有无因缘，心流变清净。（562）

实译：若能觀諸有，如焰及毛輪，
亦如尋香城，常離於有無，
因緣俱捨離，令心悉清淨。

वस्तु न विद्यते पश्यंश्चित्तमात्रं न विद्यते।
अवस्तुकं कथं चित्तं चित्तमात्रं न युज्यते॥५६३॥

今译：看到事物不存在，唯心不存在，
为何心无事物，与唯心无关？（563）

实译：若言無外境，而惟有心者，
無境則無心，云何成唯識？[1]

वस्तुमालम्बनीकृत्य चित्तं संजायते नृणाम्।
अहेतुकं कथं चित्तं चित्तमात्रं न युज्यते॥५६४॥

今译：众人的心依附事物而产生，
为何心无原因，与唯心无关？（564）

实译：以有所緣境，衆生心得起，
無因心不生，云何成惟識？

तथता चित्तमात्रं च आर्यवस्तुनयस्य तु।
विद्यन्ते न च विद्यन्ते न ते मन्नयकोविदाः॥५६५॥

今译：真如和唯心是圣者的事物法门，
说存在不存在，不通晓我的法门。（565）

实译：真如及惟識，是衆聖所行，
此有言非有，彼非解我法。

ग्राह्यग्राहकभावेन यदि चित्तं प्रवर्तते।
एतद्धि लौकिकं चित्तं चित्तमात्रं न युज्यते॥५६६॥

---

[1] 这颂和下一颂中的 cittamātra 一词，实译通常译为“唯心”，而在这两颂中译为“唯识”。接着下面的第 566 颂，实译又将此词译为“唯心”。

今译：如果心依据所取和能取转出，
　　　那是世俗之心，与唯心无关。（566）

实译：由能取所取，而心得生起，
　　　世間心如是，故非是唯心。

देहभोगप्रतिष्ठाभं स्वप्नवज्जायते यदि।
द्विचित्तता प्रसज्येत न च चित्तं द्विलक्षणम्॥५६७॥

今译：如果身体、享受和住处如影似梦出现，
　　　那是执著二种心，而心并无二种相。（567）

实译：身資土影像，如夢從心生，
　　　心雖成二分，而心無二相。

स्वधारं हि यथा खड्गं स्वाग्रं वै अङ्गुलिर्यथा।
न छिन्दते न स्पृशते तथा चित्तं स्वदर्शने॥५६८॥

今译：如同刀不能砍自己的刃，手指不能
　　　接触自己的指尖，心也不能看见自己。（568）

实译：如刀不自割，如指不自觸，
　　　而心不自見，其事亦如是。

न परं न च वै तन्त्रं कल्पितं वस्तुमेव च।
पञ्च धर्मा द्विचित्तं च निराभासे न सन्ति वै॥५६९॥

今译：在无影像中，没有依他缘起、
　　　妄想的事物、五法和两种心。（569）

实译：無有影像處，則無依他起，
　　　妄計性亦無，五法二心盡。

उत्पादकं च उत्पाद्यं द्विविधं भावलक्षणम्।
उत्पादकं हि संधाय नैःस्वभाव्यं वदाम्यहम्॥५७०॥

今译：能生和所生，两种事物相，
我依据能生，宣说无自性。（570）

实译：能生及所生，皆是自心相，
密意說能生，而實無自性。

अथ वैचित्र्यसंस्थाने कल्पा च यदि जायते।
आकाशे शशशृङ्गे च अर्थाभासं भविष्यति॥५७१॥

今译：如果依据种种形态产生妄想，
虚空和兔角也产生事物影像。（571）

实译：種種境形狀，若由妄計生，
虛空與兔角，亦應成境相。

अर्थाभासं भवेच्चित्तं तदर्थः स्यादकल्पितः।
न च वै कल्पितो ह्यर्थश्चित्तादन्यो ऽभिलप्यते॥५७२॥

今译：如果事物影像是心，事物并非妄想，
妄想的事物有别于心，不可获得[①]。（572）

实译：以境從心起，此境非妄計，
然彼妄計境，離心不可得。

अनादिमति संसारे अर्थो वै नास्ति कुत्रचित्।
अपुष्टं हि कथं चित्तमर्थाभासं प्रवर्तते॥५७३॥

今译：在无始轮回中，无处有外界事物，

① “获得”的原词是 abhilapyate，按南条本应为 abhilabhyate。

心不受滋养，怎会转出事物影像？（573）

实译：無始生死中，境界悉非有，

心無有起處，云何成影像？

यद्यभावेन पुष्टिः स्याच्छशश्रृङ्गे ऽपि तद्भवेत्।
न चाभावेन वै पुष्टो विकल्पः संप्रवर्तते॥५७४॥

今译：如果无物能滋养，兔角也能生出，

因此，无物滋养，妄想不转出。（574）

实译：若無物有生，兔角亦應生，

不可無物生，而起於分別。

यथापि दानीं नैवास्ति तथा पूर्वे ऽपि नास्त्यसौ।
अनर्थे अर्थसंबद्धं कथं चित्तं प्रवर्तते॥५७५॥

今译：正如事物现在[①]不存在，以前也不存在，

既然无事物，心怎么联系事物而转出？（575）

实译：如境現非有，彼則先亦無，

云何無境中，而心緣境起？

तथता शून्यता कोटिर्निर्वाणं धर्मधातुकम्।
अनुत्पादश्च धर्माणां स्वभावः पारमार्थिकः॥५७६॥

今译：真如、空性、实际、涅槃和法界，

一切法自性不生，这是第一义。（576）

实译：真如空實際，涅槃及法界，

一切法不生，是第一義性。

① “现在”的原词是 dānīm，应为 idānīm。

नास्त्यस्तिपतिता बाला हेतुप्रत्ययकल्पनैः।
अहेतुकमनुत्पन्नं भवं वै अप्रजानतः॥५७७॥

今译：愚夫陷入有无，妄想缘起，
不知道诸有无因和无生。（577）

实译：愚夫墮有無，分別諸因緣，
不能知諸有，無生無作者。

चित्तं ख्याति न दृश्यो ऽस्ति विशेषो ऽनादिहेतुकः।
अनादावपि नास्त्यर्थो विशेषः केन जायते॥५७८॥

今译：心呈现，而无始的所见分别不存在，
事物无始以来不存在，凭什么分别？（578）

实译：無始心所因，惟心無所見，
既無無始境，心從何所生？

यद्यभावेन पुष्टिः स्याद्दरिद्रो धनवान् भवेत्।
अर्थाभावे कथं चित्तं जायते ब्रूहि मे मुने॥५७९॥

今译：如果无物能滋养，穷人也成为富人，
既然无事物，请牟尼说心怎样产生？（579）

实译：無物而得生，如貧應是富，
無境而生心，願佛為我說。

अहेतुकमिदं सर्वं न चित्तं न च गोचरः।
न च वै पुष्यते चित्तं त्रिभवं क्रियवर्जितम्॥५८०॥

今译：一切皆无因，无心，也无境界，
心不受滋养，三界摆脱作为。（580）

实译：一切若無因，無心亦無境，
　　　　心既無所生，離三有所作。

उत्पादविनिवृत्त्यर्थमनुत्पादप्रसाधनम्।
अहेतुवादं देशेमि न च बालैर्विभाव्यते।
अनुत्पन्नमिदं सर्वं न च भावा न सन्ति च॥५८१॥

今译：为了消除生说，而确立不生说，
　　　　我宣示无因说，愚夫们不理解。
　　　　所有一切不生，也非事物不存在，（581）

गन्धर्वस्वप्नमायाख्या भावा विद्यन्त्यहेतुकाः।
अनुत्पन्नान् स्वभावांश्च शून्याः केन वदासि मे॥५८२॥

今译：如同幻、梦和乾达婆城，事物无因。
　　　　为何自性不生而空？请告诉我！（582）

समवायविनिर्मुक्तो यदा भावो न दृश्यते।
तदा शून्यमनुत्पन्नमस्वभावं वदाम्यहम्॥५८३॥

今译：一旦摆脱和合，事物不显现，
　　　　因此，我说空、不生和无自性。（583）

स्वप्नकेशोण्डुकं माया गन्धर्वं मृगतृष्णिका।
अहेतुका पि दृश्यन्ते तथा लोकविचित्रता॥५८४॥

今译：梦、幻、毛发网、乾达婆城和阳焰，
　　　　世界种种这样呈现，并无原因。（584）

समवायस्तथैवैको दृश्याभावान्न विद्यते।

न तु तीर्थ्यदृष्ट्या प्रलयो समवायो न विद्यते॥५८५॥

今译：如此一一和合，无所见，不可得，

　　　　非如外道所见，和合瓦解不可得。[①]（585）

विगृह्याहेतुवादेन अनुत्पादं प्रसाधयेत्।
अनुत्पादैः प्रसाध्यन्ते मम नेत्री न नश्यति॥५८६॥

今译：用无因说制伏外道，确立不生说，

　　　　确立不生说，我的正法不会毁灭。（586）

अहेतुवादैर्देश्यन्ते तीर्थ्यानां जायते भयम्।
कथं केन कुतः कुत्र संभवो ऽहेतुको भवेत्॥५८७॥

今译：只要宣示无因说，外道就会恐惧，

　　　　为何、由何、怎么会和合无原因？（587）

नाहेतुकमहेतुत्वं यदा पश्यन्ति पण्डिताः।
तदा व्यावर्तते दृष्टिर्भङ्गोत्पादानुवादिनी॥५८८॥

今译：只要智者们看到非无因，非有因，

　　　　那么，生灭论的见解就会消失。（588）

किमभावो ह्यनुत्पाद उत्पादोत्पत्तिलक्षणम्।
अथ भावस्य नामेदं निरर्थं वा ब्रवीहि मे॥५८९॥

今译：是否无是不生，或是生起相？

　　　　或是名为有而无实？请告诉我！（589）

---

①这颂取自第3品第89颂。其中"一一"的原词是 evaikaḥ，而按照那颂，此词应为 ekaikam。同时，pralayaḥ（"瓦解"）一词，按照那颂应为 pralayāt（"因瓦解"或"由于瓦解"）。

न च भावो ह्यनुत्पादो न च प्रत्ययलक्षणम्।
न च भावस्य नामेदं न च नाम निरर्थकम्॥५९०॥

今译：有不是不生，也不是缘起相，

　　　　不是有的名，也不是有名无实。① （590）

यत्र श्रावकबुद्धानां तीर्थ्यानां च अगोचरः।
सप्तभूमिगतानां च तदनुत्पादलक्षणम्॥५९१॥

今译：这不是声闻、缘觉和外道的境界，

　　　　也不是七地的境界，而是不生相。（591）

हेतुप्रत्ययव्यावृत्तिं कारणस्य निषेधनम्।
चित्तमात्रव्यवस्थानमनुत्पादं वदाम्यहम्॥५९२॥

今译：远离原因和缘起，排除作因，

　　　　确立唯心，我说这是不生。（592）

अहेतुवृत्तिं भावानां कल्प्यकल्पविवर्जिताम्।
सदसत्पक्षनिर्मुक्तमनुत्पादं वदाम्यहम्॥५९३॥

今译：事物无因而生，摒弃妄想所妄想，

　　　　摆脱有无二翼，我说这是不生。（593）

चित्तदृश्यविनिर्मुक्तं स्वभावद्वयवर्जितम्।
आश्रयस्य परावृत्तिमनुत्पादं वदाम्यहम्॥५९४॥

今译：摆脱心所现，摒弃二自性，

　　　　转离所依，我说这是不生。（594）

---

① 以上两颂取自第3品第93和第94颂，但词语变化较大，意义不如那两颂清晰。例如，
这颂第一行中的"有"（bhāvaḥ），按照第3品第94颂应为"无"（abhāvaḥ）。

न बाह्यभावं भावानां न च चित्तपरिग्रहम्।
सर्वदृष्टिप्रहाणं यत्तदनुत्पादलक्षणम्॥५९५॥

今译：没有外界种种事物，心不执取，
摒弃一切邪见，这便是不生相。（595）

एवं शून्यास्वभावाद्यान् सर्वधर्मान् विभावयेत्।
न जातु शून्यया शून्या किं त्वनुत्पादशून्यया॥५९६॥

今译：应该这样理解一切法空和无自性，
并不是因空而空，而是不生而空。（596）

कलापः प्रत्ययानां हि प्रवर्तते निवर्तते।
कलापाच्च पृथग्भूतं न जातं न निरुध्यते॥५९७॥

今译：缘起聚合，转出又转离，
聚合分散，不生也不灭。（597）

भावो न विद्यते ह्यन्यः कलापाच्च पृथक् क्वचित्।
एकत्वेन पृथक्त्वेन यथा तीर्थ्यैर्विकल्प्यते॥५९८॥

今译：一旦脱离聚合，事物不存在，
一性和异性，外道妄想分别。（598）

सदसन्न जायते भावो नासन्न सदसत्क्वचित्।
अन्यत्र हि कलापो ऽयं प्रवर्तते निवर्तते॥५९९॥

今译：无物产生，非有非无，非有无，
只有这种聚合，转出又转离。[1]（599）

① 这颂取自第 3 品第 103 颂。这颂中的第一行多一个音节。其中的 sadasanna，按那颂应为 asanna。这样，音节数就合适。

संकेतमात्रमेवेदमन्योन्यापेक्षसंकलात्।
जन्यमर्थं न चैवास्ति पृथक्प्रत्ययसंकलात्॥ ६०० ॥

今译：这只是假名，锁链环环相扣，
脱离因缘锁链，也就无生义。（600）

जन्याभावो ह्यनुत्पादः तीर्थ्यदोषविवर्जितः।
देशेमि संकलामात्रं न च बालैर्विभाव्यते॥ ६०१ ॥

今译：无生故而不生，摆脱外道错误，
我宣示唯锁链，愚夫们不理解。（601）

यस्य जन्यो हि भावो ऽस्ति संकलायाः पृथक् क्वचित्।
अहेतुवादी विज्ञेयः संकलाया विनाशकः॥ ६०२ ॥

今译：如果脱离锁链，而有事物产生，
这称为无因论者，毁灭锁链者。（602）

प्रदीपद्रव्यजातीनां व्यञ्जका संकला भवेत्।
यस्य भावो भवेत्कश्चित्संकलायाः पृथक् क्वचित्॥ ६०३ ॥

今译：若锁链似灯光，显示种种事物，
那么，有有别锁链的事物存在。（603）

अस्वभावो ह्यनुत्पन्नः प्रकृत्या गगनोपमः।
संकलायाः पृथग्भूतो यो धर्मः कल्पितो ऽबुधैः॥ ६०४ ॥

今译：无自性，无生，本性如同虚空，
而愚夫们妄想诸法脱离锁链。（604）

अयमन्यमनुत्पादमार्याणां प्राप्तिधर्मता।
यश्च तस्य अनुत्पादं तदनुत्पादक्षान्तिः स्यात्॥६०५॥

今译：还有另一种无生，圣者获得的法性，
　　　它的性是无生，也就应该忍受无生。（605）

यदा सर्वमिमं लोकं संकलामेव पश्यति।
संकलामात्रमेवेदं तदा चित्तं समाध्यते॥६०६॥

今译：一旦看到世界一切是锁链，
　　　唯有锁链，心也就会入定。（606）

अज्ञानतृष्णाकर्मादि संकलाध्यात्मिका भवेत्।
खजमृद्दण्डचक्रादि बीजभूतादि बाहिरम्॥६०७॥

今译：内锁链是无知、贪爱和业等等，外锁链是
　　　搅捧、泥土、棍棒、转轮以及种子和四大等。（607）

परतो यस्य वै भावः प्रत्ययैर्जायते क्वचित्।
न संकलामात्रमेवेदं न ते युक्त्यागमे स्थिताः॥६०८॥

今译：如果任何事物依靠其他缘起产生，
　　　而非唯有锁链，则不符合教理。（608）

यदि जन्यो न भावो ऽस्ति स्याद्बुद्धिः कस्य प्रत्ययात्।
अन्योन्यप्रत्यया ह्येते ते तेन प्रत्ययाः स्मृताः॥६०९॥

今译：如果事物产生而不存在，谁会觉知缘起？
　　　它们都是互相缘起和合，因此称为缘起。（609）

उष्णद्रवचलकठिना बालैर्धर्मा विकल्पिताः।

कलापो ऽयं न धर्मो ऽस्ति अतो वै निःस्वभावता॥६१०॥

今译：愚夫们依据暖、湿、动和坚分别诸法，
　　　　这是聚合，而不是法，因此，无自性。（610）

वैद्या यथातुरवशात्क्रियाभेदं प्रकुर्वते।
न तु शास्त्रस्य भेदो ऽस्ति दोषभेदस्तु विद्यते॥६११॥

今译：医生们依照疾病，分别对症下药，
　　　　医典无分别，依疾病分别而分别。（611）

तथाहं सत्त्वसंताने क्लेशदोषैः सुदूषितैः।
इन्द्रियाणां बलं ज्ञात्वा नयं देशेमि बालिशान्॥६१२॥

今译：同样，众生绵延不绝，生有烦恼病，
　　　　我依照愚夫的根力，为他们说法。（612）

न क्लेशेन्द्रियभेदेन शासनं भिद्यते मम।
एकमेव भवेद्यानं मार्गमष्टाङ्गिकं शिवम्॥६१३॥

今译：烦恼根有分别，我的法无分别，
　　　　始终只是一乘，有清净八正道。[①]（613）

घटपटमुकुटविषाणहेतुकशशविषाणानास्तित्वम्।
यद्धेतुसमुत्पन्नं स च नास्ति ते ऽवगन्तव्यम्॥६१४॥

今译：瓶、衣、冠和角有因，兔角不存在，
　　　　你应该理解，没有这种有因而生。（614）

实译：因瓶衣角等，而說兔角無，
　　　　是故不應言，無彼相因法。

---

① 以上 23 颂取自第 3 品第 86 至第 117颂。

अस्तित्वसाधकं नास्ति नास्ति नास्ति न युज्यते।
अस्तित्वं नास्त्यपेक्ष्यं हि अन्योन्यापेक्षकारणम्॥ ६१५॥

今译：有无形成有，无不形成无，
有有待于无，互相依待因。（615）

实译：無因有故無，是無不成無，
有待無亦爾，展轉相因起。

किंचिदाश्रित्य पुनः किंचित्ख्यायते यस्य वै मतम्।
अहेतुकं यदाश्रित्य किंचिच्चाहेतुकं न तु॥ ६१६॥

今译：如果认为依靠某物展现某物，
那么，前物无因，而非无因。（616）

实译：若依止少法，而有少法起，
是則前所依，無因而自有。

अथ तदन्यमाश्रित्य तदप्यन्यस्य ख्यायते।
अनवस्था प्रसज्येत किंचिच्च किं च नो भवेत्॥ ६१७॥

今译：于是，所依靠的某物也由某物展现，
这样就陷入无穷尽，也就没有某物。（617）

实译：若彼別有依，彼依復有依，
如是則無窮，亦無有少法。

आश्रित्य पर्णकाष्ठादीन् यथा माया प्रसज्यते।
वस्तु तद्वत्समाश्रित्य वैचित्र्यं ख्यायते नृणाम्॥ ६१८॥

今译：正如幻象依靠树叶和木头等等，
种种所见依靠事物向众人展现。（618）

实译：如依木葉等，現種種幻相，

　　　　眾生亦如是，依事種種現。

मायाजालं न पर्णानि न काष्ठं न च शर्करा।
मायैव दृश्यते बालैर्मायाकारेण चाश्रयम्॥६१९॥

今译：幻网不是那些树叶、木头和沙砾，

　　　　愚夫所见是幻师据此制造的幻觉。（619）

实译：依於幻師力，令愚見幻相，

　　　　而於木葉等，實無幻可得。

तथा वस्तु समाश्रित्य यदि किंचिद्विनश्यति।
दृश्यकाले द्वयं नास्ति कथं किंचिद्विकल्प्यते॥६२०॥

今译：而如果所依靠的事物毁灭，

　　　　所见二者不存在，怎样分别？（620）

实译：若依止於事，此法則便壞，

　　　　所見既無二，何有少分別？

विकल्पैर्विकल्पितं नास्ति विकल्पश्च न विद्यते।
विकल्पे ह्यविद्यमाने तु न संसृतिर्न निर्वृतिः॥६२१॥

今译：所分别者不存在，分别也不存在，

　　　　分别不存在，也就无轮回，无涅槃。（621）

实译：分別無妄計，分別亦無有，

　　　　以分別無故，無生死涅槃。

विकल्पे ह्यविद्यमाने तु विकल्पो न प्रवर्तते।
अप्रवृत्तिं कथं चित्तं चित्तमात्रं न युज्यते॥६२२॥

今译：分别不存在，分别也就不转出，
为何心不转出，便与唯心无关？[①]（622）

实译：由無所分別，分別則不起，
云何心不起，而得有惟心？

अनेकमतिभिन्नत्वाच्छासने नास्ति सारता।
साराभावान्न मोक्षो ऽस्ति न च लोकविचित्रता॥ ६२३॥

今译：由于种种思想差别，说法中无真实，
无真实，也就无解脱，也无世界种种。（623）

实译：意差別無量，皆無真實法，
無實無解脫，亦無諸世間。

बाह्यं न विद्यते दृश्यं यथा बालैर्विकल्प्यते।
बिम्बवत्ख्यायते चित्तं वासनैर्भ्रमणीकृतम्॥ ६२४॥

今译：如同愚夫所分别的外界所见不存在，
心受种种习气扰乱，展现如同影像。（624）

实译：如愚所分別，外所見皆無，
習氣擾濁心，似影像而現。

सर्वभावा ह्यनुत्पन्ना असत्सदसंभवाः।
चित्तमात्रमिदं सर्वं कल्पनाभिश्च वर्जितम्॥ ६२५॥

今译：一切事物无生，有无皆不生，
摆脱妄想，所有一切唯心。（625）

实译：有無等諸法，一切皆不生，

[①] 这颂后一行的句型与第 563 和第 564 颂相同。

但惟自心現，遠離於分別。

बालैर्भावाः समाख्याताः प्रत्ययैर्न तु पण्डितैः।
स्वभावचित्तनिर्मुक्तश्चित्तमार्योपगं शिवम्॥ ६२६॥

今译：愚夫说事物因缘生，智者不这样，
心摆脱自性，心清净而接近圣者。（626）

实译：說諸法從緣，為愚非智者，
心自性解脫，淨心聖所住。

सांख्या वैशेषिका नग्ना विप्राः पाशुपतास्तथा।
असत्सद्दृष्टिपतिता विविक्तार्थविवर्जिताः॥ ६२७॥

今译：数论、胜论、裸形、婆罗门和兽主派，[1]
他们陷入有无之见，远离寂静之义。（627）

实译：數勝及露形，梵志與自在[2]，
皆墮於無見，遠離寂靜義。

निःस्वभावा ह्यनुत्पन्नाः शून्या मायोपमामलाः।
कस्यैते देशिता बुद्धैस्त्वया च प्रतिवर्णिताः॥ ६२८॥

今译：无自性，无生，空，如幻，无垢，
诸佛和你为谁讲述和宣示这些？（628）

实译：無生無自性，離垢空如幻，
諸佛及今佛，為誰如是說？

योगिनां शुद्धचित्तानां दृष्टितर्कविवर्जिताः।

---

① “裸形”（nagna）指赤露身体的苦行者。“兽主派”（pāśupata）指湿婆教派。
② “梵志”指婆罗门。“自在”指湿婆。

बुद्धा देशेन्ति वै योगं मया च प्रतिवर्णिताः॥६२९॥

今译：修行者心地纯洁，摆脱邪见和思辨，

诸佛和我为他们讲述和宣示瑜伽。（629）

实译：淨心修行者，離諸見計度，

諸佛為彼說，我亦如是說。

यदि चित्तमिदं सर्वं कस्मिंल्लोकः प्रतिष्ठितः।

गमनागमनं केन दृश्यते भूतले नृणाम्॥६३०॥

今译：如果一切是心，这世界安住哪儿？

为何看到众人在这地上来和去？（630）

实译：若一切皆心，世間何處住？

何因見大地，眾生有去來？

शकुनिर्यथा गगने विकल्पेन समीरितः।

अप्रतिष्ठमनालम्ब्यं चरते भूतले यथा॥६३१॥

今译：正如空中鸟，随分别之风翱翔，

无所住，无所依，如在地上走动。（631）

实译：如鳥遊虛空，隨分別而去，

無依亦無住，如履地而行。

तथा हि देहिनः सर्वे विकल्पेन समीरिताः।

स्वचित्ते चंक्रमन्ते ते गगने शकुनिर्यथा॥६३२॥

今译：同样，一切有身者随分别之风，

在自心中行动，犹如空中鸟。（632）

实译：眾生亦如是，隨於妄分別，

遊履於自心，如鳥在虛空。

देहभोगप्रतिष्ठाभं ब्रूहि चित्तं प्रवर्तते।
आभा वृत्तिः कथं केन चित्तमात्रं वदाहि मे॥ ६३३॥

今译：请说说心转出身体、享受和住处影像，

　　　　影像怎样转出？为何是唯心？请告诉我！（633）

实译：身資國土影，佛說惟心起，

　　　　願說影惟心，何因云何起？

देहभोगप्रतिष्ठाश्च आभा वृत्तिश्च वासनैः।
संजायते अयुक्तानामाभा वृत्तिर्विकल्पनैः॥ ६३४॥

今译：身体、享受和住处影像由习气转出，

　　　　他们不如法修行，影像随分别产生。（634）

实译：身資國土影，皆由習氣轉，

　　　　亦因不如理，分別之所生。

विषयो विकल्पितो भावश्चित्तं विषयसंभवम्।
दृश्यचित्तपरिज्ञानाद्विकल्पो न प्रवर्तते॥ ६३५॥

今译：事物是所分别境界，心随境界生，

　　　　理解所见是心，分别也就不转出。（635）

实译：外境是妄計，心緣彼境生，

　　　　了境是惟心，分別則不起。

नाम नाम्नि विसंयुक्तं यदा पश्यति कल्पितम्।
बुद्धिबोद्धव्यरहितं संस्कृतं मुच्यते तदा॥ ६३६॥

今译：看到所妄想者名不符合名，

　　　　远离觉和所觉，便摆脱有为。（636）

实译：若見妄計性，名義不和合，
遠離覺所覺，解脱諸有為。

एता बुद्धिर्भवेद्बोध्यं नाम नाम्नि विभावनम्।
ये त्वन्यथावबुध्यन्ते न ते बुद्धा न बोधकाः॥ ६३७॥

今译：应该觉知这种觉，依名理解名，
若不这样觉知，不能自觉和觉他。[①]（637）

实译：名義皆捨離，此是諸佛法，
若離此求悟，彼無覺自他。

पञ्च धर्माः स्वभावाश्च विज्ञानान्यष्ट एव च।
द्वे नैरात्म्ये भवेत्कृत्स्नो महायानपरिग्रहः॥ ६३८॥

今译：五法、三自性、八识和
二无我，囊括整个大乘。[②]（638）

यदा बुद्धिश्च बोद्धव्यं विविक्तं पश्यते जगत्।
नास्ति नाम विकल्पश्च तदा नाभिप्रवर्तते॥ ६३९॥

今译：一旦看到世界远离觉和所觉，
并没有名，分别也就不转出。（639）

实译：若能見世間，離能覺所覺，
是時則不起，名所名分別。

क्रियाक्षरविकल्पानां निवृत्तिश्चित्तदर्शनात्।
अदर्शनात्स्वचित्तस्य विकल्पः संप्रवर्तते॥ ६४०॥

[①] 这颂的前一行实译“名义皆舍离，此是诸佛法。”与现存梵本差距较大。菩译“此惟是可觉，名名中不离”，比较接近现存梵本。

[②] 这颂取自第6品第5颂。

今译：看到自心，行为和文字分别转离，

　　　　正是看不到自心，妄想分别转出。（640）

实译：由見自心故，妄作名字滅，

　　　　不見於自心，則起彼分別。

चत्वारो ऽरूपिणः स्कन्धाः संख्या तेषां न विद्यते।
भूतैर्विलक्षणै रूपं कथं रूपबहुत्वता॥ ६४१॥

今译：四种无色蕴，它们不计其数，

　　　　四大种种相怎会产生许多色？① （641）

实译：四蘊無色相，彼數不可得，

　　　　大種性各異，云何共生色？

लक्षणस्य परित्यागान्न भूतं न च भौतिकम्।
अथान्यलक्षणै रूपं कस्मात्स्कन्धैर्न जायते॥ ६४२॥

今译：一旦抛弃相，无四大，无四大造物，

　　　　如果色有其他相，为何不由蕴产生？（642）

实译：由離諸相故，能所造非有，

　　　　異色別有相，諸蘊何不生？

विमुक्तायतनस्कन्धा यदा पश्यत्यलक्षणाः।
तदा निवर्तते चित्तं धर्मनैरात्म्यदर्शनात्॥ ६४३॥

今译：一旦看到无相，摆脱处和蕴，

　　　　也就看到法无我，心就转离。（643）

实译：若見於無相，蘊處皆捨離，

---

① “蕴”有五种：色、受、想、行和识。“无色蕴”指后四种蕴。“色”指四大及其造物。

是時心亦離，見法無我故。

विषयेन्द्रियभेदेन विज्ञानं जायतेऽष्टधा।
लक्षणेन भवेत्त्रीणि निराभासे निवर्तते॥ ६४४॥

今译：由于境界和诸根的差别，产生八识，
依相而成三种[1]，而在无影像中转离。（644）

实译：由根境差別，生於八種識，
於彼無相中，是三相皆離。

आलयं हि मनस्यात्मा आत्मीयं ज्ञानमेव च।
प्रवर्तते द्वयग्राहात्परिज्ञानान्निवर्तते॥ ६४५॥

今译：阿赖耶识，意以及我和我所，识，
执取二重性而转出，理解而转离。（645）

实译：意緣阿賴耶，起我我所執，
及識二執取，了知皆遠離。

अन्यानन्यविनिर्मुक्तं यदा पश्यत्यसंचरम्।
तदा द्वयं न कल्पन्ति आत्मा चात्मीयमेव च॥ ६४६॥

今译：看到无所行，摆脱异和不异，
不妄想二重性、我和我所。（646）

实译：觀見離一異，是則無所動，
離於我我所，二種妄分別。

अप्रवृत्तं न पुष्णाति न च विज्ञानकारणम्।
कार्यकारणनिर्मुक्तं निरुद्धं न प्रवर्तते॥ ६४७॥

[1] 这里所说的“三种”可能指上述境界、诸根和八识。

今译：不转出，不增长，无识因，
摆脱果和因，灭也不转出。（647）

实译：無生無增長，亦不為識因，
既離能所作，滅已不復生。

विकल्पं चित्तमात्रं च लोकं केन वदाहि मे।
कारणैश्च विसंयुक्तं लक्ष्यलक्षणवर्जितम्॥६४८॥

今译：缘何有分别、唯心和世界？请告诉我！
缘何摆脱原因，摆脱所相和能相？（648）

实译：世間無能作，及離能所相，
妄計及惟心，云何願為說？

स्वचित्तं दृश्यते चित्रं दृश्याकारं विकल्पितम्।
चित्तदृश्यापरिज्ञानादन्यं चित्तार्थसंग्रहात्॥६४९॥

今译：自心所现种种妄想分别的所见形态，
不理解自心所现，执取心外的对象。（649）

实译：自心現種種，分別諸形相，
不了心所現，妄取謂心外。

नास्तित्वदृष्टिर्भवति यदा बुद्ध्या न पश्यति।
अस्तित्वं हि कथं तस्य चित्तग्राहान्न जायते॥६५०॥

今译：不用智慧观察，便形成无见，
而心执取，怎么不产生有见？（650）

实译：由無智覺故，而起於無見，
云何於有性，而心不生著？

विकल्पो न भावो नाभावो अतो ऽस्तित्वं न जायते।
चित्तदृश्यपरिज्ञानाद्विकल्पो न प्रवर्तते॥ ६५१ ॥

今译：不分别有和无，故而不产生有，
理解心所现，故而分别不转出。（651）

实译：分别非有無，故於有不生，
了所見惟心，分别則不起。

अप्रवृत्ति विकल्पस्य परावृत्ति निराश्रयः।
निवार्य पक्षांश्चत्वारो यदि भावा सहेतुकाः॥ ६५२ ॥

今译：分别不转出，则无所依而转离，
如果阻止四翼，则事物有原因。[①]（652）

实译：分别不起故，轉依無所著，
則遮於四宗，謂法有因等。

संज्ञान्तरविशेषो ऽयं कृतं केन न साधितः।
अर्थापत्तिर्भवेत्तेषां कारणाद्वा प्रवर्तते॥ ६५३ ॥

今译：这种种不同名想，缘何不成立？
这不言自明，或依据作因转出。[②]（653）

实译：此但異名别，所立皆不成，
應知能作因，亦復不成立。

हेतुप्रत्ययसंयोगात्कारणप्रतिषेधतः।
नित्यदोषो निवार्यते अनित्या यदि प्रत्ययाः॥ ६५४ ॥

[①] 这一行读解有难度。菩译“遮四种朋党，若诸法有因”。这里参照菩译和实译译出。其中的“四翼”一词，菩译“四种朋党”，实译“四宗”，具体含义不详。

[②] 这一行的意思是说这是不言自明的道理，或者说，这些名想依据作因转出，故而不成立。菩译“彼应异自生，不尔应因生”，与现存梵本和实译有差异。

今译：依据因缘和合，阻止作因说，
若说因缘无常，则阻止常见。（654）

实译：為遮於能作，說因緣和合，
為遮於常過，說緣是無常。

न संभवो न विभवो अनित्यत्वाद्धि बालिशाम्।
न हि नश्यमानं किंचिद्वै कारणत्वेन दृश्यते॥ ६५५॥

今译：愚夫们依据无常，乃是不生不灭，
因为依据作因，看不到任何毁灭。（655）

实译：愚夫謂無常，而實不生滅，
不見滅壞法，而能有所作。

अदृष्टं हि कथं केन नानित्यो जायते भवः।
संग्रहैश्च दमेत्सत्त्वान् शीलेन च वशीकरेत्॥ ६५६॥

今译：为何不看到无常的事物不产生？[①]
以摄受调伏众生，以戒律控制，（656）

实译：何有無常法，而能有所生？

प्रज्ञया नाशयेद्दृष्टिं विमोक्षैश्च विवर्धयेत्।
लोकायतमिदं सर्वं यत्तीर्थ्यैर्देश्यते मृषा॥ ६५७॥

今译：以智慧灭除邪见，以解脱增长。
外道宣说的顺世论全然虚妄，（657）

कार्यकारणसद्दृष्ट्या स्वसिद्धान्तं न विद्यते।
अहमेकं स्वसिद्धान्तं कार्यकारणवर्जितः॥ ६५८॥

---

① 这一行菩译“故无常生有，为何人不见？”与现存梵本和实译有差异。

今译：怀抱因果邪见，没有自宗通。

唯独我向弟子宣说自宗通，（658）

देशेमि शिष्यवर्गस्य लोकायतविवर्जितः।
चित्तमात्रं न दृश्यो ऽस्ति द्विधा चित्तं विदृश्यते।
ग्राह्यग्राहकभावेन शाश्वतोच्छेदवर्जितम्॥ ६५९॥

今译：摆脱因果论，摆脱顺世论。

心现有二边，所取和能取，

唯心无所现，摆脱常和断。（659）

यावत्प्रवर्तते चित्तं तावल्लोकायतं भवेत्।
अप्रवृत्तिर्विकल्पस्य स्वचित्तं पश्यतो जगत्॥ ६६०॥

今译：只要心转出，便成为顺世论，

不起分别，看到世界即自心。（660）

आयं कार्याभिनिर्वृत्तिर्व्ययं कार्यस्य दर्शनम्।
आयव्ययपरिज्ञानाद्विकल्पो न प्रवर्तते॥ ६६१॥

今译：来是结果灭，去是见结果，

理解来和去，分别不转出。（661）

नित्यमनित्यं कृतकमकृतकं परापरम्।
एवमाद्यानि सर्वाणि (तल्) लोकायतनं भवेत्॥ ६६२॥

今译：常无常，造物非造物，此世彼世，

如此等等，这一切都是顺世论。[①]（662）

[①] 这颂原文中加括号的 tal，表示第二行短缺一个音节，可以添加 tal（即 tat）这个音节。以上七颂取自第 3 品第 62 至 68 颂。

देवासुरमनुष्याश्च तिर्यक्प्रेतयमालयाः।
गतयः षट् समाख्याता यत्र जायन्ति देहिनः॥६६३॥

今译：天、阿修罗、人、牲畜、饿鬼和地狱，
这些称为六道，是有身者的出生处。（663）

实译：天人阿修羅，鬼畜閻羅[1]等，
眾生在中生，我說為六道。

हीनउत्कृष्टमध्येन कर्मणा तेषु जायते।
सरंक्ष्य कुशलान् सर्वान् विशेषो मोक्ष एव वा॥६६४॥

今译：依照业的上中下，出生在那里，
守护一切善行，获得殊胜解脱。（664）

实译：由業上中下，於中而受生，
守護諸善法，而得勝解脫。

क्षणे क्षणे त्वया यन्मरणं उपपत्ति च।
देश्यते भिक्षुवर्गस्य अभिप्रायं वदाहि मे॥६६५॥

今译：你向众比丘宣示刹那生灭[2]，
其中的含义，请你告诉我。（665）

实译：佛為諸比丘，說於所受生，
念念皆生滅，請為我宣說。

रूपाद्रूपान्तरं यद्वच्चित्तं संभूय भज्यते।

[1] “阎罗”的原词是 yamālaya（“阎摩的居处”），指地狱。“阎罗”是 Yamarāja（“阎摩罗阇”，即“阎摩王”）的音译略称。

[2] 此处“生灭”中的“生”，原词是 upapatti，按南条本应为 upapattim。

तस्माद्देशेमि शिष्याणां क्षणजन्मपरंपराम्॥ ६६६॥

今译：如同此色变成彼色，心也生和灭，

因此，我向弟子宣示连续刹那生。（666）

实译：色色不暂停，心心亦生滅，

我為弟子說，受生念遷謝。

रूपे रूपे विकल्पस्य संभवो विभवस्तथा।

विकल्पो हि भवेज्जन्तुर्विकल्पो ऽन्यो न विद्यते॥ ६६७॥

今译：同样，依照种种色，分别生和灭，

分别而有众生，无分别则没有。（667）

实译：色色中分別，生滅亦復然，

分別是眾生，離分別非有。

क्षणे क्षणे यन्न युक्तमिदंप्रत्ययभाषितम्।

रूपग्राहविनिर्मुक्तं न जन्म न च भज्यते॥ ६६८॥

今译：出于这个缘由，我说刹那生灭，[1]

摆脱对色的执取，则不生不灭。（668）

实译：我為此緣故，說於念念生，

若離取著色，不生亦不滅。

प्रत्ययाः प्रत्ययोत्पन्ना अविद्यातथतादयः।

धर्मद्वयेन वर्तन्ते अद्वया तथता भवेत्॥ ६६९॥

今译：缘起和缘起而生、无知和真如等等，

依据二法转出；无二法，则是真如。（669）

[1] 这颂原文中的 yanna yuktam 疑有误。按南条本注文，抄本 K 此处为 yanmayoktam，与实译切合。同时，原文中的 idam，按南条本应与后面一词断开。

实译：緣生非緣生，[1]無明真如等，
　　　二法故有起，無二即真如。

प्रत्ययाः प्रत्ययोत्पन्ना यदि धर्मा विशेषिताः।
नित्यादयो भवेत्कार्यं कारणं प्रत्ययो भवेत्॥ ६७० ॥

今译：有缘起和缘起而生，有诸法差别，
　　　便有常见等等，便有因果和缘起。（670）

实译：若彼緣非緣，生法有差別，
　　　常等與諸緣，有能作所作。

निर्विशिष्टं भवेत्तीर्थ्यैः कार्यकारणसंग्रहात्।
वादस्तव च बुद्धानां तस्मान्नार्यो महामुने॥ ६७१ ॥

今译：执取因果，与外道无异，不是圣者，
　　　大牟尼啊，这是你和诸佛的说法。（671）

实译：是則大牟尼，及諸佛所說，
　　　有能作所作，與外道無異。

शरीरे व्याममात्रे च लोकं वै लोकसमुदयम्।
निरोधगामिनी प्रतिपद्देशयामि जिनौरसान्॥ ६७२ ॥

今译：在这身躯中，聚集世间苦，
　　　我向众佛子宣示灭苦之道。（672）

实译：我為弟子說，身是苦世間，
　　　亦是世間集，滅道皆悉具。

[1] 此处“缘生非缘生”和下一颂中的“若彼缘非缘”，与现存梵本有差异。而菩译均为“因缘从缘生”，与现存梵本一致。

स्वभावत्रयग्राहेण ग्राह्यग्राहविदृष्टयः।
लोक्यलोकोत्तरान् धर्मान् विकल्पेन्ति पृथग्जनाः॥६७३॥

今译：愚夫执取三自性，所取和能取，

妄想分别世间法和出世间法。（673）

实译：凡夫妄分别，取三自性故，

見有能所取，世及出世法。

अतः स्वभावग्रहणं क्रियते पूर्वपक्षया।
निवारार्थं तु दृष्टीनां स्वभावं न विकल्पयेत्॥६७४॥

今译：因此，为了批驳种种邪见，作为前论，

先说执取自性，后说不应妄想自性。（674）

实译：我先觀待故，說取於自性，

今為遮諸見，不應妄分別。

छिद्रदोषान्न नियमो न वा चित्तं प्रवर्तते।
प्रवृत्तिद्वयग्राहेण अद्वया तथता भवेत्॥६७५॥

今译：有缺陷而无定则，或者心不转出，

皆因执取二法；无二法，则是真如。（675）

实译：求過為非法，亦令心不定，

皆由二取起，無二即真如。

अज्ञान तृष्णा कर्म च विज्ञानाद्या अयोनिजाः।
अनवस्थाकृतकत्वं च न कृत्वा जायते भवः॥६७६॥

今译：无知、贪爱和业，识等等非胎生①，

---

① "非胎生"的原词是 ayonija，指非正常的出生，或不明起源的出生。菩译"从邪生"。

无穷尽追溯，并没有诸有产生。（676）

实译：若無明愛業，而生於識等，

　　　邪念復有因，是則無窮過。

चतुर्विधश्च प्रध्वंसो भावानां कथ्यते ऽबुधैः।
द्विधावृत्तेर्विकल्पस्य भावाभावो न विद्यते।
चातुष्कोटिकनिर्मुक्तं दर्शनद्वयवर्जितम्॥६७७॥

今译：无知者说事物有四种破灭，

　　　两种分别，而有无皆不可得。

　　　摆脱四句，也就摆脱二见，（677）

实译：無智說諸法，有四種滅壞，

　　　妄起二分別，法實離有無。

　　　遠離於四句，亦離於二見，

द्विधावृत्तिविकल्पः स्याद्दृष्ट्वा नाभिप्रवर्तते।
अनुत्पन्नेषु भावेषु बुद्धेर्व्युत्थानभावतः॥६७८॥

今译：明瞭两种分别，也就不转出。

　　　因为智慧觉醒依据事物无生，（678）

实译：分別所起二，了已不復生。

　　　不生中知生，生中知不生，

उत्पन्नेष्वपि भावेषु तत्कल्पत्वान्न कल्पयेत्।
युक्तिं वदाहि मे नाथ द्विधादृष्टिनिवारणात्॥६७९॥

今译：而妄想依据事物生，故而不应妄想。

　　　导师啊，告诉我克服二见的道理，（679）

实译：彼法同等故，不應起分別。

願佛為我說，遮二見之理，

यथाहमन्ये च सदा नास्त्यस्ति न विसंकरेत्।
तीर्थवादअसंसृष्टाः श्रावकैर्जिनवर्जिताः।
जिनाभिसमयचर्यां च जिनपुत्राविनाशतः॥ ६८०॥

今译：这样，我和其他人不会陷入有无。
不混同外道论，远离声闻和缘觉，
胜者现证所行，众佛子从不毁坏。（680）

实译：令我及餘眾，恒不墮有無。
不雜諸外道，亦離於二乘，
諸佛證所行，佛子不退處。

विमोक्षहेत्वहेतुश्चाप्यनुत्पादैकलक्षणः।
पर्यायैर्मोहयन्त्येतां वर्जनीयां सदा बुधैः॥ ६८१॥

今译：解脱，有因，无因，无生，一相，
智者始终远离，不受这些异名迷惑。（681）

实译：解脫因非因，同一無生相，
迷故執異名，智者應常離。

मेघाभ्रकूटेन्द्रधनुःप्रकाशा
मरीचिकेशोण्डुकमायतुल्याः।
भावा हि सर्वे स्वविकल्पसंभवा-
स्तीर्थ्या विकल्पेन्ति जगत्स्वकारणैः॥ ६८२॥

今译：如同那些云、云峰和彩虹，
如同阳焰、毛发网和幻觉，
一切事物产生于自心分别，

而外道妄想世界有自身作因。(682)

实译：法從分別生，如毛輪幻焰，

外道妄分別，世從自性生。

अनुत्पादश्च तथता भूतकोटिश्च शून्यता।

रूपस्य नामान्येतानि अभावं न विकल्पयेत्॥६८३॥

今译：无生、真如、实际和空性，

不应妄想这些色名为无。(683)

实译：無生及真如，性空與真際，

此等異名說，不應執為無。

हस्तः करो यथा लोके इन्द्रः शक्रः पुरंदरः।

तथा हि सर्वभावानामभावं न विकल्पयेत्॥६८४॥

今译：世上手又称掌，因陀罗又称帝释和毁城者，

同样，不应该将所有一切事物妄想为无。(684)

实译：如手有多名，帝釋名亦爾，

諸法亦如是，不應執為無。

रूपाच्च शून्यता नान्या अनुत्पादं तथैव च।

न कल्पयेदनन्यत्वाद्दृष्टिदोषः प्रसज्यते॥६८५॥

今译：空与色不异，无生也同样，

不异而不应妄想，陷入谬误。(685)

实译：色與空無異，無生亦復然，

不應執為異，成諸見過失。

संकल्पश्च विकल्पश्च वस्तुलक्षणसंग्रहात्।

दीर्घह्रस्वादिमाण्डल्यं परिकल्पस्य संग्रहात्॥ ६८६॥

今译：执取事物相，而有总分别和别分别，
执取遍分别，而有长短和方圆等等。[1]（686）

实译：以總別分別，及遍分別故，
執著諸事相，長短方圓等。

संकल्पो हि भवेच्चित्तं परिकल्पो मनस्तथा।
विकल्पो मनविज्ञानं लक्ष्यलक्षणवर्जितम्॥ ६८७॥

今译：总分别是心，遍分别是意，别分别
是意识，而实际远离所相和能相。（687）

实译：總分別是心，遍分別為意，
別分別是識，皆離能所相。

यच्च तीर्थ्यैरनुत्पादो यच्च मन्नयदृष्टिभिः।
कल्प्यते निर्विशिष्टो ऽयं दृष्टिदोषः प्रसज्यते॥ ६८८॥

今译：如果妄想我的法门所说的无生
与外道没有区别，这是陷入谬误。（688）

实译：我法中起見，及外道無生，
皆是妄分別，過失等無異。

प्रयोजनमनुत्पादमनुत्पादार्थमेव च।
ये वै जानन्ति युक्तिज्ञास्ते ऽभिबुध्यन्ति मन्नयम्॥ ६८९॥

今译：如果知道无生的含义和意图，
他们通晓道理，理解我的法门。（689）

[1] “总分别”（saṅkalpa）、“别分别”（vikalpa）和“遍分别”（parikalpa）采用实译的译名。这些词在一般情况下，都可译为“妄想分别”。

实译：若有能解了，我所說無生，

　　　　及無生所為，是人解我法。

प्रयोजनं दृष्टिसंकोचमनुत्पादमनालयम्।
अर्थद्वयपरिज्ञानादनुत्पादं वदाम्यहम्॥६९०॥

今译：为破除邪见，说无生无依处，

　　　　彻底了解二义，我宣说无生。（690）

实译：為破於諸見，無生無住處，

　　　　令知此二義，故我說無生。

भावा विद्यन्त्यनुत्पन्ना न वा ब्रूहि महामुने।
अहेतुवादो ऽनुत्पादो प्रवृत्तिस्तीर्थदर्शनम्॥६९१॥

今译：大牟尼啊，请说事物是否无生？

　　　　无因和无生，也是外道见解。（691）

实译：佛說無生法，若是有是無，

　　　　則同諸外道，無因不生論。

अहेतुवादो ऽनुत्पादो वैषम्यतीर्थदर्शनम्।
अस्तिनास्तिविनिर्मुक्तं चित्तमात्रं वदाम्यहम्॥६९२॥

今译：无因和无生，有别外道见解，

　　　　我宣说唯心，摆脱有和无。（692）

实译：我說惟心量，遠離於有無。

उत्पादमनुत्पादं वर्जयेद्दृष्टिहेतुकम्।
अहेतुवादे ऽनुत्पादे उत्पादे कारणाश्रयः॥६९३॥

今译：应该摆脱出自邪见的生和无生：

无生依据无因论，生依据作因。（693）

实译：若生若不生，是見應皆離，
無因論不生，生則著作者。

अनाभोगक्रिया नास्ति क्रिया चेद्दृष्टिसंकरः।
उपायप्रणिधानाद्यैर्दृष्टिमेव वदाहि मे।
असत्त्वात्सर्वधर्माणां मण्डलं जायते कथम्॥६९४॥

今译：自然而行则无，作为则混同邪见。
请告诉我方便和誓愿等等见解，
如果一切法不存在，怎会有道场？（694）

实译：作則離諸見，無則自然生。
佛說諸方便，正見大願等，
一切法若無，道場何所成？

ग्राह्यग्राहकविसंयोगान्न प्रवृत्तिर्न निर्वृतिः।
भावाद्भावान्तरं दृष्टिं चित्तं वै तत्समुत्थितम्॥६९५॥

今译：摆脱所取和能取，不转出，不转离，
所见此物变成彼物，只是心所现。（695）

实译：離能取所取，非生亦非滅，
所見法非法，皆從自心起。

अनुत्पादश्च धर्माणां कथमेतद्वदाहि मे।
सत्त्वाश्चेन्नावबुध्यन्ते अत एतत्प्रकाश्यते॥६९६॥

今译：请你告诉我，为何诸法不生？
众生不理解，应该加以说明，（696）

实译：牟尼之所説，前後自相違。[①]
云何説諸法，而復言不生？
衆生不能知，願佛為我説。

पूर्वोत्तरविरोधं च सर्वं भाष्य महामुने।
तीर्थदोषविनिर्मुक्तं विषमाहेतुवर्जितम्॥ ६९७॥

今译：大牟尼啊，所说[②]一切前后矛盾。
摆脱外道错误，排除颠倒因[③]，（697）

实译：得離外道過，及彼顛倒因。

अप्रवृत्तिर्निवृत्तिश्च ब्रूहि मे वादिनांवर।
अस्तिनास्तिविनिर्मुक्तं फलहेत्वविनाशकम्॥ ६९८॥

今译：请优秀说法者为我说生[④]和灭，
摆脱有和无，不毁灭果和因。（698）

实译：惟願勝説者，説生及與滅，
皆離於有無，而不壞因果。

भूमिक्रमानुसंधिश्च ब्रूहि मे धर्मलक्षणम्।
द्वयान्तपतितो लोको दृष्टिभिर्व्याकुलीकृतः॥ ६९९॥

今译：请你告诉我诸地次第和法相，
世界受邪见迷惑，陷入二边。（699）

实译：世間墮二邊，諸見所迷惑，

① 这一行与第 697 颂第一行对应。
② “所说”的原词是 bhāṣya，疑有误，应为 bhāṣyam。
③ “颠倒因”的原词是 viṣamāhetu，疑有误，应为 viṣamahetu。
④ 此处“生”的原词是 apravṛtti（“不生”），疑有误。菩译和实译均为“生”（pravṛtti）。

惟願青蓮眼[1]，說諸地次第。

अनुत्पादा उत्पादाद्यैः शमहेतुर्न बुध्यते।
मण्डलं हि न मे किंचिन्न च देशोमि धर्मताम्॥ ७०० ॥

今译：因无生和生等等，不觉知寂静因，
我没有任何道场，也不宣示法性。（700）

实译：取生不生等，不了寂滅因，
道場無所得，我亦無所說。

द्वये सति हि दोषः स्याद्द्वयं बुद्धैर्विशोधितम्।
शून्याश्च क्षणिका भावा निःस्वभावा ह्यजातिकाः॥ ७०१ ॥

今译：有二便有错误，诸佛消除二，
事物刹那而空，无自性，无生。（701）

实译：刹那法皆空，無生無自性，
諸佛已淨二，有二即成過。

कुदृष्टिवादसंछन्नैः कल्प्यन्ते न तथागतैः।
प्रवृत्तिं च निवृत्तिं च विकल्पस्य वदाहि मे॥ ७०२ ॥

今译：一切如来不受邪见蒙蔽而妄想，
请你告诉我分别的转出和转离。（702）

实译：惡見之所覆，分別非如來，
妄計於生滅，願為我等說。

यथा येन प्रकारेण जायते विषयो मुखम्।
वर्णपुष्कलसंयोगात्प्रपञ्चैः समुदानितम्॥ ७०३ ॥

[1] “青莲眼”指世尊。此词不见于现存梵本。

今译：种种色汇聚，由戏论合成，

　　　　依照类别，境界呈现面前。（703）

实译：積集於戲論，和合之所生，

　　　　隨其類現前，色境皆具足。

　　रूपं दृष्ट्वा बहिर्धा वै विकल्पः संप्रवर्तते।
　　तस्यैव हि परिज्ञानाद्यथाभूतार्थदर्शनात्।
　　आर्यगोत्रानुकूलं च चित्तं नाभिप्रवर्तते॥७०४॥

今译：看到外界的色，妄想分别转出，

　　　　如果彻底理解，如实洞察意义，

　　　　符合圣者种性，心就不会转出。（704）

实译：見於外色已，而起於分別，

　　　　若能了知此，則見真實義。

　　प्रत्याख्याय तु भूतानि भावोत्पत्तिर्न विद्यते।
　　भूताकारं सदा चित्तमनुत्पन्नं विभावयेत्॥७०५॥

今译：如果摒弃四大，也就没有事物产生，

　　　　四大形态即心，应该这样理解无生。（705）

实译：若離於大種，諸物皆不成，

　　　　大種既惟心，當知無所生。

　　मा विकल्पं विकल्पेथ निर्विकल्पा हि पण्डिताः।
　　विकल्पं विकल्पयंस्तस्य द्वयमेव न निर्वृतिः॥७०६॥

今译：你们不要分别，智者不分别，

　　　　如果妄想分别，有二无涅槃。（706）

实译： 此心亦不生，則順聖種性。①

勿分別分別，無分別是智，

分別於分別，是二非涅槃。

अनुत्पादप्रतिज्ञस्य माया च दृश्यते नयः।
मायानिर्हेतुसंभूतं हानिसिद्धान्तलक्षणम्॥७०७॥

今译： 以无生为宗，法门看似幻觉，

幻觉无因而生，有损悉檀相。②（707）

实译： 若立無生宗，則壞於幻法，

亦無因起幻，損減於自宗。

बिम्बवद्दृश्यते चित्तमनादिमतिभावितम्।
अर्थाकारं न चार्थो ऽस्ति यथाभूतं विभावयेत्॥७०८॥

今译： 无始习气熏染，心所现似影像，

如实观察，则无对象及其形态。③（708）

यथा हि दर्पणे रूपमेकत्वान्यत्ववर्जितम्।
दृश्यते न च तन्नास्ति तथा चोत्पादलक्षणम्॥७०९॥

今译： 正如镜中色，摆脱一和异，

所见也非无，生相也同样。（709）

实译： 猶如鏡中像，雖離一異性，

所見非是無，生相亦如是。

---

① 这一行与第 704 颂第三行对应。

② 这一行读解有难度。菩译"从幻等因生，所立诸法破"，与实译有差异。这里参照实译译出。

③ 这颂取自第 6 品第 2 颂。

गन्धर्वमायादि यथा हेतुप्रत्ययलक्षणाः।
तथा हि सर्वभावानां संभवो न ह्यसंभवः॥७१०॥

今译：因缘相如同乾达婆城和幻觉等，
同样，一切事物产生，而非不生。（710）

实译：如乾城幻等，悉待因緣有，
諸法亦如是，是生非不生。

विकल्पः पुरुषाकारो द्विधावृत्त्या प्रवर्तते।
आत्मधर्मोपचारैश्च न च बालैर्विभाव्यते॥७११॥

今译：分别人和形态，二重性转出，
愚夫不理解我和法是世俗语。（711）

实译：分別於人法，而起二種我，
此但世俗說，愚夫不覺知。

विपुलप्रत्ययाधीनः श्रावको ऽपि ह्यर्हंस्तथा।
स्वबलाधीनं जिनाधीनं पञ्चमं श्रावकं नयेत्॥७१२॥

今译：依靠种种缘起，声闻，阿罗汉，
依靠自力，依靠佛，声闻第五。[1]（712）

实译：由願與緣集，自力及最勝，
聲聞法第五，而有羅漢等。

कालान्तरं च प्रध्वस्तं परमार्थेतरेतरम्।
चतुर्विधमनित्यत्वं बालाः कल्पेन्त्यकोविदाः॥७१३॥

今译：时间间隔、破灭、第一义和互相，

[1] 这颂读解有难度。菩译和实译也不一致。最后一句，菩译“是五种声闻”，意谓这颂是说明“五种声闻”。

愚夫愚钝，妄想这四种为无常。（713）

实译：時隔及滅壞，勝義與遮遷，
是四種無常，愚分別非智。

द्वयान्तपतिता बाला गुणाणुप्रकृतिकारणैः।
मोक्षोपायं न जानन्ति सदसत्पक्षसंग्रहात्॥७१४॥

今译：愚夫陷入二边，以性质、极微和原质
为作因，执取有无二翼，不知解脱法。（714）

实译：愚夫墮二邊，德塵自性作，
以取有無宗，不知解脱因。

अङ्गुल्यग्रं यथा बालैश्चन्द्रं गृह्णन्ति दुर्मतिः।
तथा ह्यक्षरसंसक्तास्तत्त्वं नावेन्ति मामकम्॥७१५॥

今译：如同愚夫们执取指尖为月亮，
同样，执著文字，不知我的真谛。[①]（715）

विलक्षणानि भूतानि रूपभावप्रवर्तका।
भूतानां संनिवेशो ऽयं न भूतैर्भौतिकं कृतम्॥७१६॥

今译：四大不同相，转出种种色性，
这是执著四大，并无四大造物。（716）

实译：大種互相違，安能起於色？
但是大種性，無大所造色。

अग्निना दह्यते रूपमब्धातुः क्लेदनात्मकः।
वायुना कीर्यते रूपं कथं भूतैः प्रवर्तते॥७१७॥

① 这颂取自第 6 品第 3 颂，词语有所变化，语法不规范。

今译：火焚烧色，水有腐化性质，
风破碎色，四大怎会造色？（717）

实译：火乃燒於色，水復為爛壞，
風能令散滅，云何色得生？

रूपं स्कन्धश्च विज्ञानं द्वयमेतन्न पञ्चकम्।
पर्यायभेदं स्कन्धानां शतधा देशयाम्यहम्॥७१८॥

今译：蕴有色和识两种，并非有五种，
而我宣示蕴的异名有成百种。（718）

实译：色蘊及識蘊，惟此二非五，
餘但是異名，我說彼如怨[1]。

चित्तचैत्तस्य भेदेन वर्तमानं प्रवर्तते।
व्यतिभिन्नानि रूपाणि चित्तं रूपं न भौतिकम्॥७१९॥

今译：依靠心和心所区别，种种转出，
种种色分别是心，色不是造物。（719）

实译：心心所差別，而起於現法，
分析於諸色，惟心無所造。

नीलाद्यपेक्षणं श्वेतं श्वेतं नीलं ह्यपेक्षणम्।
कार्यकारणमुत्पाद्य शून्यता अस्ति नास्ति च॥७२०॥

今译：白有待于青，青有待于白，
因果这样产生，有无皆空。（720）

实译：青白等相待，作所作亦然。

---

[1] “如怨”不同于现存梵本中此处的 śatadhā（“成百”）一词。此处菩译“如帝释”。按南条本注文，此处抄本 A 为 śakravat（“如帝释”）。实译“如怨”，原词则应为 śatruvat。

साधनं साधकं साध्यं शीतोष्णे लक्ष्यलक्षणम्।
एवमाद्यानि सर्वाणि तार्किकैर्न प्रसाधिताः॥७२१॥

今译：成、能成和所成，冷热，所相和能相，
　　　如此等等一切，思辨者们不能证实。（721）

实译：所生及性空，冷熱相所相，
　　　有無等一切，妄計不成立。

चित्तं मनश्च षड्वान्यविज्ञानान्यात्मसंयुता।
एकत्वान्यत्वरहिता आलयो ऽयं प्रवर्तते॥७२२॥

今译：心、意和六识，本身互相结合，
　　　远离一和异，是阿赖耶识转出。（722）

实译：心意及餘六，諸識共相應，
　　　皆因藏識生，非一亦非異。

सांख्या वैशेषिका नग्नास्तार्किका ईश्वरोदिताः।
सदसत्पक्षपतिता विविक्तार्थविवर्जिताः॥७२३॥

今译：数论、胜论、裸形、思辨者和自在天
　　　信徒，陷入有无二翼，远离寂静之义。^①（723）

实译：數勝及露形，計自在能生，
　　　皆墮有無宗，遠離寂靜義。

संस्थानाकृतिविशेषो भूतानां नास्ति भौतिकम्।
तीर्थ्या वदन्ति जन्म भूतानां भौतिकस्य च॥७२४॥

---

① 这颂与第 627 颂基本相同。

今译：形状和形态不同，并非四大造物，

　　　而外道们宣称四大及其造物产生。（724）

实译：大種生形相，非生於大種，

　　　外道說大種，生大種及色。

अनुत्पन्ना यतो ये ऽन्ये तीर्थ्याः कल्पन्ति कारणैः।

न च बुध्यन्ति मोहेन सदसत्पक्षमाश्रिताः॥७२५॥

今译：鉴于无生，有些外道妄想作因，

　　　愚痴而不觉知，执著有无二翼。（725）

实译：於無生法外，外道計作者，

　　　依止有無宗，愚夫不覺知。

चित्तेन सह संयुक्तं विसंयुक्तं मनादिभिः।

विशुद्धलक्षणं सत्त्वं ज्ञानेन सह तिष्ठति॥७२६॥

今译：与心相连，摆脱意等等，

　　　与智共住，真实清净相。（726）

实译：清淨真實相，而與大智俱，

　　　但共心相應，非意等和合。

कर्म यच्च भवेद्रूपं स्कन्धविषयहेतुकाः।

सत्त्वाश्च निरुपादाना आरूप्ये नावतिष्ठति॥७२७॥

今译：如果业是色，成为蕴和境界原因，

　　　那么，众生不执取，不住于无色界。（727）

实译：若業皆生色，則違諸蘊因[①]，

[①] 这句实译与现存梵本有差异。菩译"五蕴境界因"，与现存梵本一致。实译可能将此处原文中的 viṣaya（"境界"）读成 viṣama（"不同"）。

眾生應無取，無有住無色。

नैरात्म्यं सत्त्ववादित्वं सत्त्वाभावात्प्रसज्यते।
नैरात्म्यवादिनो च्छेदो विज्ञानस्याप्यसंभवः॥७२८॥

今译：无我说明众生，依据众生不存在，
无我论是断除，甚至识也不产生。[1]（728）

实译：說色為無者，眾生亦應無，
無色論是斷，諸識不應生。

चत्वारः स्थितयस्तस्य रूपाभावात्कथं भवेत्।
अध्यात्मबाह्याभावाद्विज्ञानं न प्रवर्तते॥७२९॥

今译：色不存在，怎会有四住[2]？
内外不存在，识不转出。（729）

实译：識依四種住，無色云何成？
内外既不成，識亦不應起。

अन्तराभविकाः स्कन्धाः यथैवेच्छन्ति तार्किकाः।
तथारूप्योपपन्नस्य भवो ऽरूपो न चास्ति किम्॥७३०॥

今译：思辨者们盼望中有有诸蕴，
这样生于无色，怎会无无色？（730）

अप्रयत्नेन मोक्षः स्यात्सत्त्वविज्ञानयोर्विना।
तीर्थ्यवादो न संदेहो न च बुध्यन्ति तार्किकाः॥७३१॥

---

[1] 这颂菩译“佛说法无我，无色同外道，说无我是断，识亦不应生”。菩译和实译均与现存梵本有差异。

[2] “四住”（catvāraḥ sthitayaḥ）指四种住处：天住、梵住、圣住和佛住。

今译：没有众生和识，自然获得解脱，
无疑是外道论，思辨者不觉知。（731）

实译：衆生識若無，自然得解脱，
必是外道論，妄計者不知。
或有隨槃執，中有中諸蘊，
女[①]生於無色，無色云何有？[②]

रूपं च विद्यते तत्र आरूप्ये नास्ति दर्शनम्।
तदभावो न सिद्धान्तो न यानं न च यायिनम्॥७३२॥

今译：无色界中有色，但是不可见，
无色不成立，非乘，无乘者。（732）

实译：無色中之色，彼非是可見，
無色則違宗，非乘及乘者。

इन्द्रियैः सह संयुक्तं विज्ञानं वासनोद्भवम्।
अष्टविधैकदेशं हि क्षणे काले न गृह्णन्ति॥७३३॥

今译：识生于习气，与诸根结合，
八种同一处，刹那不可得。（733）

实译：識從習氣生，與諸根和合，
八種於剎那，取皆不可得。

न प्रवर्तति यदा रूपं इन्द्रिया न च इन्द्रियैः।
अतो हि देशेति भगवान् क्षणिका इन्द्रियादयः॥७३४॥

---

① 此处“女”字应为“如”。原词是 tathā（“这样”或“如此”），菩译“如是”。
② 这两行与第 730 颂对应。这里最后一句“无色云何有？”按照现存梵本，应为“无色云何无？”

今译：一旦色不转出，诸根不成为诸根，
因此，世尊宣示诸根等等刹那性。（734）

实译：若諸色不起，諸根則非根，
是故世尊說，根色刹膩迦[①]。

अनिर्धार्य कथं रूपं विज्ञानं संप्रवर्त्स्यते।
अप्रवृत्तं कथं ज्ञानं संसारं जनयिष्यति॥ ७३५॥

今译：不择取色，识怎么会转出？
识不转出，怎么会有轮回？（735）

实译：云何不了色，而得有識生？
云何識不生，而得受生死？

उत्पत्त्यनन्तरं भङ्गं न देशेन्ति विनायकाः।
नैरन्तर्यं न भावानां विकल्पस्पन्दिते गतौ॥ ७३६॥

今译：导师们不宣示随生而灭不间断，
事物非不间断，诸趣流转起分别。[②]（736）

इन्द्रिया इन्द्रियार्थाश्च मूढानां न तु पण्डिताः।
बाला गृह्णन्ति नामेन आर्या वै अर्थकोविदाः॥ ७३७॥

今译：诸根和境界，愚智不相同，
愚夫执取名，圣者通晓义。（737）

实译：諸根及根境，聖者了其義，
愚癡無智者，妄執取其名。

---

① “刹膩迦”是 kṣaṇika（“刹那的”）的音译。
② 这颂取自第 6 品第 11 颂，词语有所变化。

षष्ठं हि निरुपादानः सोपादानो न गृह्यते।
अनिर्धार्यं वदन्त्यार्या अस्तिदोषैर्विवर्जिताः ॥७३८॥

今译：有取和无取，不执取第六识，
圣者摆脱错误，宣说不择取。（738）

实译：不應執第六，有取及無取，
為離諸過失，聖者無定說。

शाश्वतोच्छेदभीताश्च तार्किका ज्ञानवर्जिताः।
संस्कृतासंस्कृतात्मानं न विशेषन्ति बालिशाः ॥७३९॥

今译：思辨者缺乏智慧，惧怕常和断，
愚夫不能区别有为、无为和自我。（739）

实译：諸外道無智，怖畏於斷常，
計有為無為，與我無差別。

एकत्वे विद्यते दानमन्यत्वे चापि विद्यते।
चित्तेन सह चैकत्वमन्यत्वं वै मनादिभिः ॥७४०॥

今译：一性中有施与[1]，异性中同样有，
一性与心结合，异性与意等等。（740）

实译：或計與心一，或與意等異，
一性有可取，異性有亦然。

निर्धार्यते यदा दानं चित्तं चैत्ताभिशब्दितम्।
उपादानात्कथं तत्र एकत्वेनावधार्यते ॥७४१॥

今译：心择取施与，称为种种心所，

[1] “施与”（dāna）在这里意义不明。此处菩译“施法”，实译“可取”。

为何由一性依据执取确定？[①]（741）

实译：若取是決了，名為心心所，
此取何不能，決了於一性？

सोपादानोपलब्धिश्च कर्मजन्मक्रियादिभिः।
अग्निवत्साधयिष्यन्ति सदृशासदृशैर्नयैः ॥ ७४२ ॥

今译：执取、获得、业、生和作为等，
成立如同火，有相似不相似法。（742）

实译：有取及作業，可得而受生，
猶如火所成，理趣似非似。

यथा हि अग्निर्युगपद्दह्यते दाह्यदाहकौ।
सोपादानस्तथा ह्यात्मा तार्किकैः किं न गृह्यते॥ ७४३ ॥

今译：如同火，所烧和能烧同时燃烧，为何
思辨者不觉知自我和执取也同样？[②]（743）

实译：如火頓燒時，然可然皆具，
妄取我亦然，云何無所取？

उत्पादाद्वाप्यनुत्पादाच्चित्तं वै भास्वरं सदा।
दृष्टान्तं किं न कुर्वन्ति तार्किका आत्मसाधकाः ॥ ७४४ ॥

今译：无论依据生或不生，心永远光明，
思辨者确立自我，何不用作譬喻？（744）

实译：若生若不生，心性常清淨，
外道所立我，何不以為喻？

[①] 这颂和上一颂读解有难度。菩译和实译也不一致。

[②] 这颂读解有难度。菩译和实译也不一致。

विज्ञानगह्वरे मूढास्तार्किका नयवर्जिताः।
इतस्ततः प्रधावन्ति आत्मवादचिकीर्षया॥७४५॥

今译：思辨者缺乏法理，迷失在识林中，
他们追求确立自我说，四处游荡。（745）

实译：迷惑識稠林，妄計離真法，
樂於我論故，馳求於彼此。

प्रत्यात्मगतिगम्यश्च आत्मा वै शुद्धिलक्षणम्।
गर्भस्तथागतस्यासौ तार्किकाणामगोचरः॥७४६॥

今译：自我自觉内证，具有清净相，
它是如来藏，而非思辨者境界。[①]（746）

实译：內證智所行，清淨真我相，
此即如來藏，非外道所知。

उपादानउपादात्रोर्विभागस्कन्धयोस्तथा।
लक्षणं यदि जानाति ज्ञानं संजायते नयम्॥७४७॥

今译：所取和能取以及分别和诸蕴，
知道这些相，也就产生法智。（747）

实译：分別於諸蘊，能取及所取，
若能了此相，則生真實智。

आलयं गर्भसंस्थानं मतं तीर्थ्यानुवर्णितम्।
आत्मना सह संयुक्तं न च धर्माः प्रकीर्तिताः॥७४८॥

---

① 这里可能如第 744 颂所说，将自我用作如来藏（或称为“心”）的譬喻。

今译：外道描述阿赖耶识在胎藏中，
与自我结合，这种说法不合法。（748）

实译：是諸外道等，於賴耶藏處，
計意與我俱，此非佛所說。

एतेषां प्रविभागेन विमोक्षः सत्यदर्शनम्।
भावानां दर्श्यहेयानां क्लेशानां स्याद्विशोधनम्॥ ७४९॥

今译：明辨这些，获得解脱，洞悉真谛，
摆脱所见事物，净化种种烦恼。（749）

实译：若能辯了此，解脱見真諦，
見修諸煩惱，斷除悉清淨。

प्रकृतिप्रभास्वरं चित्तं गर्भं ताथागतं शुभम्।
उपादानं हि सत्त्वस्य अन्तानन्तविवर्जितम्॥ ७५०॥

今译：心本性光明，如来藏清净，
摆脱有边无边，而众生执取。（750）

实译：本性清淨心，眾生所迷取，
無垢如來藏，遠離邊無邊。

कान्तिर्यथा सुवर्णस्य जातरूपं च शर्करम्।
परिकर्मेण पश्यन्ति सत्त्वं स्कन्धालयैस्तथा॥ ७५१॥

今译：如同金子的光辉，真金和沙砾，依靠
冶炼显出，众生诸蕴中藏识也如此。[①]（751）

实译：本識在蘊中，如金銀在鑛，

① 此处原文中的sattvam skandhālayaiḥ，按南条本注文，抄本A和K为sattvaskandhālayaiḥ。

陶冶鍊治已，金銀皆顯現。

न पुद्गलो न च स्कन्धा बुद्धो ज्ञानमनास्रवम्।
सदाशान्तिं विभावित्वा गच्छामि शरणं ह्यहम्॥ ७५२॥

今译：佛非人，非诸蕴，而是无漏智，
永远懂得寂静，是我所归依。（752）

实译：佛非人非蘊，但是無漏智，
了知常寂靜，是我之所歸。

प्रकृतिप्रभास्वरं चित्तमुपक्लेशैर्मनादिभिः।
आत्मना सह संयुक्तं देशेति वदतांवरः॥ ७५३॥

今译：优秀的说法者宣示心本性光明，
而与烦恼的意等等，与自我相连。（753）

实译：本性清淨心，隨煩惱意等，
及與我相應，願佛為解說。

प्रकृतिप्रभास्वरं चित्तं मनाद्यस्तस्य वै परः।
तैराचितानि कर्माणि यतः क्लिश्यन्ति तावुभौ॥ ७५४॥

今译：心本性光明，意等等是他者，
它们积聚诸业，两者起污染。（754）

实译：自性清淨心，意等以為他，
彼所積集業，雜染故為二。

आगन्तुकैरनाद्यैश्च क्लेशैरात्मा प्रभास्वरः।
संक्लिश्यते उपेतश्च वस्त्रवत्परिशुध्यते॥ ७५५॥

今译：光明的自我受无始外来烦恼

污染，如衣服沾上污垢而清洗。（755）

实译：意等我煩惱，染污於淨心，
猶如彼淨衣，而有諸垢染。

मलाभावाद्यथा वस्त्रं हेमं वा दोषवर्जितम्।
तिष्ठन्ति न च नश्यन्ते आत्मा दोषैस्तथा विना॥ ७५६॥

今译：犹如衣服无污垢，金子无瑕疵，
同样，自我无缺点，安住不毁灭。[①]（756）

实译：如衣得離垢，亦如金出鑛，
衣金俱不壞，心離過亦然。

वीणाशङ्खे ऽथ भेर्यां च माधुर्यस्वरसंपदा।
मृगयेद्यकोविदः कश्चित्तथा स्कन्धेषु पुद्गलम्॥ ७५७॥

今译：犹如无知者在琵琶、贝螺和鼓中追寻
美妙的声音，同样，在诸蕴中追寻人。[②]（757）

实译：無智者推求，箜篌蠡鼓等，
而覓妙音聲，蘊中我亦爾。

निधयो मणयश्चापि पृथिव्यामुदकं तथा।
विद्यमाना न दृश्यन्ति तथा स्कन्धेषु पुद्गलम्॥ ७५८॥

今译：犹如矿藏中的摩尼珠，地下的水，
有而不可见，诸蕴中的人也如此。（758）

实译：猶如伏藏寶，亦如地下水，

① 上一颂和这一颂中，将自我用作心的譬喻。故而，实译在这里将“自我”直接译为“心”。
② 这颂及下面几颂中，“人”的用词是 pudgala，实际是指“自我”（ātman）。这从下面第 760 颂也可见出。同样，这里的“人”（“自我”）也是用作心的譬喻。

雖有不可見，蘊真我亦然。

चित्तचैत्तकलापांश्च स्वगुणां स्कन्धसंयुतां।
अकोविदा न गृह्णन्ति तथा स्कन्धेषु पुद्गलम्॥७५९॥

今译：心和种种心所功能与诸蕴相结合，
因此，无知者不能获取诸蕴中的人。（759）

实译：心心所功能，聚集蘊相應，
無智不能取，蘊中我亦爾。

यथा हि गर्भो गर्भिण्यां विद्यते न च दृश्यते।
आत्मा हि तद्वत्स्कन्धेषु अयुक्तिज्ञो न पश्यति॥७६०॥

今译：犹如孕妇的胎儿，有而不可见，
不明理者看不到诸蕴中的自我。（760）

实译：如女懷胎藏，雖有不可見，
蘊中真實我，無智不能知。

औषधीनां यथा सारमग्निं वा इन्धनैर्यथा।
न पश्यन्ति अयुक्तिज्ञास्तथा स्कन्धेषु पुद्गलम्॥७६१॥

今译：犹如药草的药性，柴薪中的火，
不明理者看不到诸蕴中的人。（761）

实译：如藥中勝力，亦如木中火，
蘊中真實我，無智不能知。

अनित्यतां सर्वभावेषु शून्यतां च यथाबुधाः।
विद्यमानां न पश्यन्ति तथा स्कन्धेषु पुद्गलम्॥७६२॥

今译：犹如一切事物中的空性和无常性，

有而不可见，诸蕴中的人也如此。（762）

实译：諸法中空性，及以無常性，

蘊中真實我，無智不能知。

भूमयो वशिताभिज्ञा अभिषेकं च उत्तरम्।
समाधयो विशेषाश्च असत्यात्मनि नास्ति वै॥७६३॥

今译：没有自我，便没有诸地、自在、

神通、崇高灌顶和殊胜入定。（763）

实译：諸地自在通，灌頂勝三昧，

若無此真我，是等悉皆無。

वैनाशिको यदा गत्वा ब्रूयाद्यद्यस्ति देश्यताम्।
स वक्तव्यो भवेद्विज्ञः स्वविकल्पं प्रदर्शय॥७६४॥

今译：若有毁灭者前来询问："如果有，请展示！"

智者应该回答："请展示自己的妄想分别！"（764）

实译：有人破壞言，若有應示我，

智者應答言，汝分別示我。

नैरात्म्यवादिनो ऽभाष्या भिक्षुकर्माणि वर्जय।
बाधका बुद्धधर्माणां सदसत्पक्षदृष्टयः॥७६५॥

今译："摒弃比丘业吧！"无我论者所说虚妄，

他们怀抱有无二翼邪见，损害佛法。[1]（765）

实译：說無真我者，謗法著有無，

比丘應羯磨，擯棄不共語。[2]

---

[1] 这颂和下一颂中所谓的"无我论"实指"无心论"。

[2] 这一行实译与现存梵本有差异。其中的"羯磨"是 karma（"业"）一词的音译。

तीर्थदोषैर्विनिर्मुक्तं नैरात्म्यवनदाहकम्।
जाज्वलत्यात्मवादो ऽयं युगान्ताग्निरिवोत्थितः॥७६६॥

今译：自我论如同劫末之火燃烧，
　　　　摆脱外道错误，焚烧无我论。（766）

实译：說真我熾然，猶如劫火起，
　　　　燒無我稠林，離諸外道過。

खण्डेक्षुशर्करमध्वादिदधितिलघृतादिषु।
स्वरसं विद्यते तेषु अनास्वाद्यं न गृह्यते॥७६७॥

今译：糖浆、甘蔗、砂糖、蜜、凝乳、芝麻和
　　　　酥油，都有各自的味，而不品尝不知道。（767）

实译：如蘇酪石蜜，及以麻油等，
　　　　彼皆悉有味，未嘗者不知。

पञ्चधा गृह्यमाणश्च आत्मा स्कन्धसमुच्छ्रये।
न च पश्यन्त्यविद्वांसो विद्वान् दृष्ट्वा विमुच्यते॥७६८॥

今译：在高高耸立的五蕴中追寻自我，
　　　　无知者看不见，智者看见得解脱。（768）

实译：於諸蘊身中，五種推求我，
　　　　愚者不能了，智見即解脫。

विद्यादिभिश्च दृष्टान्तैश्चित्तं नैवावधार्यते।
यत्र यस्माद्यदर्थं च समूहं नावधार्यते॥७६९॥

今译：依靠种种知识和譬喻，不能确定心，
　　　　因此，它的众多意义，也不能确定。（769）

实译：明智所立喻，猶未顯於心，

其中所集義，豈能使明了？

विलक्षणा हि वै धर्माश्चित्तमेकं न गृह्यते।
अहेतुरप्रवृत्तिश्च तार्किकाणां प्रसज्यते॥ ७७० ॥

今译：诸法异相，而不知心唯一，

思辨者执著无因和无转出。（770）

实译：諸法別異相，不了惟一心，

計度者妄執，無因及無起。

चित्तानुपश्यी च योगी चित्तं चित्ते न पश्यति।
पश्यको दृश्यनिर्जातो दृश्यं किं हेतुसंभवम्॥ ७७१ ॥

今译：修行者观察心，心中不见心，

见生于所见，而所见缘何生？（771）

实译：定者觀於心，心不見於心，

見從所見生，所見何因起？

कात्यायनस्य गोत्रो ऽहं शुद्धावासाद्विनिःसृतः।
देशेमि धर्मं सत्त्वानां निर्वाणपुरगामिनम्॥ ७७२ ॥

今译：我是迦旃延那族姓[①]，来自净居天，

我向众生宣示正法，通向涅槃城。（772）

实译：我姓迦旃延，淨居天中出，

為眾生說法，令入涅槃城。

पौराणिकमिदं वर्त्म अहं ते च तथागताः।

---

① "迦旃延那族姓"（Kātyanasya gotraḥ）据下面第 798 颂可知，这是指离尘佛。

त्रिभिः सहस्त्रैः सूत्राणां निर्वाणमत्यदेशयन्॥ ७७३॥

今译：我和诸如来在三千经中，
宣示这条古老的涅槃路。（773）

实译：緣於本住法，我及諸如來，
於三千經中，廣說涅槃法。

कामधातौ तथारूप्ये न वै बुद्धो विबुध्यते।
रूपधात्वकनिष्ठेषु वीतरागेषु बुध्यते॥ ७७४॥

今译：佛不在欲界和无色界中觉醒，而是在
摒弃贪欲的色界阿迦尼吒天中觉醒。（774）

实译：欲界及無色，不於彼成佛，
色界究竟天，離欲得菩提。

न बन्धहेतुर्विषया हेतुर्विषयबन्धनम्।
ज्ञानबध्यानि क्लेशानि असिधारव्रतो ह्ययम्॥ ७७५॥

今译：境界不是束缚原因，而原因束缚境界，
誓言如同刀刃，用智慧斩断种种烦恼。（775）

实译：境界非縛因，因縛於境界，
修行利智劍，割斷彼煩惱。

असत्यात्मनि मायाद्या धर्मा नास्त्यस्ति वै कथम्।
बालानां ख्याति तथता कथं नास्ति निरात्मिका॥ ७७६॥

今译：如果无我，怎会有幻觉、诸法和有无？
真如向愚夫呈现，怎会是无和无我？（776）

实译：無我云何有，幻等法有無？
愚應顯真如，云何無真我？

कृतकाकृतकत्वाद्धि नास्ति हेतुः प्रवर्तकः।
अनुत्पन्नमिदं सर्वं न च बालैर्विभाव्यते॥ ७७७॥

今译：作者无作者性，原因不是启动者，
愚夫们不理解所有一切皆无生。（777）

实译：已作未作法，皆非因所起，
一切悉無生，愚夫不能了。

कारणानि अनुत्पन्ना कृतकाः प्रत्ययाश्च ते।
द्वावप्येतौ न जनकौ कारणैः कल्प्यते कथम्॥ ७७८॥

今译：作因不生，作者和缘起两者
都不是产生者，为何妄想作因？（778）

实译：能作者不生，所作及諸緣，
此二皆無生，云何計能作？

प्राक्पश्चाद्युगपच्चापि हेतुं वर्णन्ति तार्किकाः।
प्रकाशघटशिष्याद्यैर्भावानां जन्म कथ्यते॥ ७७९॥

今译：思辨者描述原因有先后或同时，
以光、瓶和弟子等说明事物产生。（779）

实译：妄計者說有，先後一時因，
顯瓶弟子等，說諸物生起。

नाभिसंस्कारिकैर्बुद्धा लक्षणैर्लक्षणान्विताः।
चक्रवर्तिगुणा ह्येते नैते बुद्धप्रभाषिताः॥ ७८०॥

今译：没有作为相，而有属于转轮王的
种种妙相，但诸佛不以这些得名。（780）

实译：佛非是有為，所具諸相好，
是輪王功德，非此名如來。

बुद्धानां लक्षणं ज्ञानं दृष्टिदोषैर्विवर्जितम्।
प्रत्यात्मदृष्टिगतिकं सर्वदोषविघातकम्॥७८१॥

今译：诸佛以智为相，摆脱种种邪见，
趋向自觉内证，破除一切谬误。（781）

实译：佛以智為相，遠離於諸見，
自內證所行，一切過皆斷。

बधिरान्धकाणमूकानां वृद्धानां वैरवृत्तिनाम्।
बालानां च विशेषेण ब्रह्मचर्यं न विद्यते॥७८२॥

今译：聋子、瞎子、独眼、哑巴和老幼，
还有怀恨者，他们之中无梵行。（782）

实译：聾盲瘖瘂等，老小及懷怨，
是等尤重者，皆無梵行分。

आवृतैर्व्यञ्जनैर्दिव्यैर्लक्षणैश्चक्रवर्तिनः।
व्यञ्जितैः प्रव्रजन्त्येके न चान्ये च प्रवादिनः॥७८३॥

今译：转轮王具有的圣相和随好相，
出家者显现，放逸者[1]不显现。（783）

实译：隨好隱為天，相隱為輪王，
此二著放逸，惟顯者出家。

[1] “放逸者”的原词是 pravādinaḥ（“说者”），疑有误，应为 pramādinaḥ（“放逸者”）。此处菩译和实译均为“放逸”。

व्यासः कणाद ऋषभः कपिलः शाक्यनायकः।
निर्वृते मम पश्चात्तु भविष्यन्त्येवमादयः॥ ७८४॥

今译：在我涅槃后，会出现毗耶娑、迦那陀、
利舍跋、迦比罗和释迦导师等等。（784）

实译：我釋迦滅後，當有毗耶娑，
迦那梨沙婆，劫比羅等出。

मयि निर्वृते वर्षशते व्यासो वै भारतस्तथा।
पाण्डवाः कौरवा रामः पश्चान्मौरी भविष्यति॥ ७८५॥

今译：在我涅槃百年后，有毗耶娑和婆罗多，
般度族、俱卢族[1]和罗摩[2]，还有牟利。（785）

实译：我滅百年後，毗耶娑所說，
婆羅多等論，次有半擇娑，
憍拉婆囉摩，次有冒狸王。

मौर्या नन्दाश्च गुप्ताश्च ततो म्लेच्छा नृपाधमाः।
म्लेच्छान्ते शस्त्रसंक्षोभः शस्त्रान्ते च कलियुगः।
कलियुगान्ते लोकैश्च सद्धर्मो हि न भावितः॥ ७८६॥

今译：牟利族、难陀族和笈多族[3]，然后非法的
蔑戾车王族[4]，然后战乱，然后迦利时代，
迦利时代后，所有世界都不奉行正法。（786）

实译：難陀及毱多，次篾利車王。

---

[1] 般度族和俱卢族是婆罗多族的两支后裔，事迹见毗耶娑所著史诗《摩诃婆罗多》。

[2] 罗摩是史诗《罗摩衍那》的主人公。

[3] 难陀族建立难陀王朝，约公元前364－前324年。笈多族建立孔雀王朝，约公元前324－前187年。

[4] 蔑戾车王族泛指外来入侵的蛮族。

於後刀兵起，次有極惡時，
彼時諸世間，不修行正法。

एवमाद्यान्यतीतानि चक्रवद्भ्रमते जगत्।
वह्न्यादित्यसमायोगात्कामधातुर्विदीर्यते॥ ७८७॥

今译：如此等等，世界如同车轮转动，
火和太阳结合，焚毁整个欲界。（787）

实译：如是等過後，世間如輪轉，
日火共和合，焚燒於欲界。

पुनः संस्थास्यते दिव्यं तस्मिंल्लोकः प्रवर्त्स्यते।
चातुर्वर्णा नृपेन्द्राश्च ऋषयो धर्ममेव च॥ ७८८॥

今译：然后，天国再确立，世界再出现，
有四种种姓、国王、仙人和正法。（788）

实译：復立於諸天，世間還成就，
諸王及四姓，諸仙垂法化。

वेदाश्च यज्ञं दानं च धर्मस्था वर्त्स्यंते पुनः।
आख्यायिकेतिहासाद्यैर्गद्यचूर्णिकवार्तिकैः।
एवं मया श्रुतादिभ्यो लोको वै विभ्रमिष्यति॥ ७८९॥

今译：吠陀、祭祀、施舍和立法再度出现，
传说和史诗等等，散文、经疏和注释，
如是我闻等等，世界又将陷入混乱。（789）

实译：韋陀祠施等，當有此法興，
談論戲笑法，長行與解釋，
我聞如是等，迷惑於世間。

सुरक्ताकोटितं कृत्वा उपरिष्टाद्विवर्णयेत्।
नीलकर्दमगोमयैः पटं वै संप्रचित्रयेत्।
सर्ववासैर्विचित्राङ्गस्तीर्थ्यलिङ्गविवर्जितः॥७९०॥

今译：捶打染有妙色的衣服，令其褪色，
然后用青泥和牛粪涂抹成杂色，
身穿的一切衣服，没有外道标志。（790）

实译：所受種種衣，若有正色者，
青泥牛糞等，染之令壞色，
所服一切衣，令離外道相。

शासनं देशयेद्योगी बुद्धानामेष वै ध्वजः।
वस्त्रपूतं जलं पेयं कटिसूत्रं च धारयेत्।
उपपद्यमानं कालेन भैक्ष्यं वा नीचवर्जितम्॥७९१॥

今译：修行者宣示诸佛教诲，这是标志，
应该饮用用布过滤的水，系腰带，
按时出外乞食，远离低劣卑贱。（791）

实译：現於修行者，諸佛之幢相，
亦繫於腰絛，漉水而飲用，
次第而乞食，不至於非處。

दिव्यं संजायते स्वर्गाद्वौ चान्यौ मानुषोद्भवौ।
रत्नलक्षणसंपन्नो देवजन्मजगेश्वरः॥७९२॥

今译：出生在天国，另外两次下凡人间，[1]
具有宝相，生为天神或世界之主。（792）

[1] 这句含义不明。按照菩译和实译，可能泛指出生在天国或人间。

实译：生於勝妙天，及生於人中，
　　　寶相具足者，生天及人王。

स्वर्गं प्रभुञ्जते द्वीपांश्चतुरो धर्मशासनः।
भुक्त्वा तु सुचिरं द्वीपांस्तृष्णया विप्रणश्यति॥ ७९३॥

今译：享有天国和四洲，教导正法，
　　　长久享有四洲，贪爱而毁灭。（793）

实译：王有四天下，法教久臨御，
　　　上昇於天宮，由貪皆退失。

कृतयुगश्च त्रेता च द्वापरं कलिनस्तथा।
अहं चान्ये कृतयुगे शाक्यसिंहः कलौ युगे॥ ७९४॥

今译：圆满、三分、二分和迦利四个时代，
　　　我和其他佛在圆满，释迦狮在迦利。[1]（794）

实译：純善及三時，二時并極惡，
　　　餘佛出善時，釋迦出惡世。

सिद्धार्थः शाक्यतनयो विष्णुर्व्यासो महेश्वरः।
एवमाद्यानि तीर्थ्यानि निर्वृते मे भविष्यति॥ ७९५॥

今译：在我涅槃后，会出现释迦王子悉达多，[2]
　　　毗湿奴、毗耶娑、大自在天和诸外道。（795）

实译：於我涅槃後，釋種悉達多，
　　　毗紐大自在，外道等俱出。

---

[1] “圆满”（kṛta）、“三分”（tretā）、“二分”（dvāpara）和“迦利”（kali）四个时代组成世界从创造到毁灭的一个周期。“释迦狮”（Śākyasiṃha）指释迦牟尼。

[2] 悉达多（Siddhārtha）是释迦牟尼的名字。

एवं मया श्रुतादिभ्यः शाक्यसिंहस्य देशना।
इतिहासं पुरावृत्तं व्यासस्यैतद्भविष्यति॥७९६॥

今译：释迦狮依据如是我闻说法，
毗耶娑讲述史诗和往世书。（796）

实译：如是我聞等，釋師子所說，
談古及笑語，毗夜娑仙說。

विष्णुर्महेश्वरश्चापि सृष्टित्वं देशयिष्यति।
एवं मे निर्वृते पश्चादेवमाद्यं भविष्यति॥७९७॥

今译：毗湿奴和大自在天宣示创世说，
在我涅槃后，会出现如此等等。（797）

实译：於我涅槃後，毗紐大自在，
彼說如是言，我能作世間。

माता च मे वसुमतिः पिता विप्रः प्रजापतिः।
कात्यायनसगोत्रो ऽहं नाम्ना वै विरजो जिनः॥७९८॥

今译：我的母亲是具财，父亲是婆罗门生主，
我的族姓是迦旃延那，名字是离尘佛。（798）

实译：我名離塵佛，姓迦多衍那，
父名世間主，母號為具財。

चम्पायां हं समुत्पन्नः पितापि च पितामहः।
सोमगुप्तेति नाम्नासौ सोमवंशसमुद्भवः॥७९९॥

今译：我[1]、父亲和祖父出生在瞻婆国，
　　属于月亮族世系，名号为月护。（799）

实译：我生瞻婆國，我之先祖父，
　　從於月種生，故號為月藏。

चीर्णव्रतः प्रव्रजितः सहस्रं देशितं नयम्।
व्याकृत्य परिनिर्वास्ये अभिषिच्य महामतिम्॥ ८०० ॥

今译：我立誓出家修行，宣示千种法门，
　　已为大慧授记灌顶，我将般涅槃。（800）

实译：出家修苦行，演說千法門，
　　與大慧授記，然後當滅度。

मतिर्दास्यति धर्माय धर्मो दास्यति मेखले।
मेखलः शिष्यो दौर्बल्यात्कल्पान्ते नाशयिष्यति॥ ८०१ ॥

今译：大慧[2]传给达摩，达摩传给弥佉罗，
　　弥佉罗弟子乏力，将在劫末衰亡。（801）

实译：大慧付達摩，次付弥佉梨，
　　弥佉梨惡時，劫盡法當滅。

काश्यपः क्रकुच्छन्दश्च कनकश्च विनायकः।
अहं च विरजो ऽन्ये वै सर्वे ते कृतिनो जिनाः॥ ८०२ ॥

今译：迦叶、拘留孙和拘那含三位导师，还有
　　我离尘佛和其他佛，都是圆满时代佛。（802）

实译：迦葉拘留孫，拘那含牟尼，

---

[1] 此处“我”的原词是 ham，应为 aham。
[2] 此处“大慧”的原词是 Mati（“慧”），菩译和实译均译“大慧”（Mahāmati）。

及我離塵垢，皆出純善時。

कृते युगे ततः पश्चान्मतिर्नामेन नायकः।
भविष्यति महावीरः पञ्चज्ञेयावबोधकः॥८०३॥

今译：圆满时代后，出现名为慧的导师，
他将成为大英雄，觉悟五种所知。（803）

实译：純善漸滅時，有導師名慧，
成就大勇猛，覺悟於五法。

न द्वापरे न त्रेतायां न पश्चाच्च कलौ युगे।
संभवो लोकनाथानां संबुध्यन्ते कृते युगे॥८०४॥

今译：不是在二分、三分或迦利时代，而是在
圆满时代，出现世界诸导师，达到觉悟。（804）

实译：非二時三時，亦非極惡時，
於彼純善時，現成等正覺。

अहार्या लक्षणायाश्च अच्छिन्नदशकैः सह।
मोरचन्द्रसमैश्चन्द्रैरुत्तरीयं विचित्रयेत्॥८०५॥

今译：保持不受侵夺相，衣服不裁剪，
而用孔雀尾翎[①]般的碎布拼成。（805）

实译：衣雖不割縷，雜碎而補成，
如孔雀尾目，無有人侵奪。

द्व्यङ्गुलं त्र्यङ्गुलं वापि चन्द्रं चन्द्रान्तरं भवेत्।
अन्यथा चित्र्यमानं हि लोभनीयं हि बालिशान्॥८०६॥

① “孔雀尾翎”的原词是 moracandra，指孔雀尾翎上如同月亮的圆形斑点。

今译：两指或三指宽的碎布连缀拼成，
若不这样拼凑，会引起愚夫贪图。（806）

实译：或二指三指，間錯而補成，
異此之所作，愚夫生貪著。

रागाग्निं शमयेन्नित्यं स्नायाद्वै ज्ञानवारिणा।
त्रिशरणं त्रिसंध्यासु योगी कुर्यात्प्रयत्नतः॥८०७॥

今译：应该永远平息欲火，用智水沐浴，
修行者在三时努力修习三皈依。[①]（807）

实译：惟畜於三衣，恒滅貪欲火，
沐以智慧水，日夜三時修。

इषुप्रस्तरकाष्ठाद्या उत्क्षेपाद्यैः समीरिताः।
एकः क्षिप्तः पतत्येकः कुशलाकुशलस्तथा॥८०८॥

今译：箭、石和木等等，以种种方式投射，
有的射出，有的坠落，善不善也同样。（808）

实译：如放箭勢極[②]，一墜還放一，
亦如抨酪木[③]，善不善亦然。

एकं च बहुधा नास्ति वैलक्षण्यान्न कुत्रचित्।
वायुभा ग्राहकाः सर्वे क्षेत्रवद्दायका भवेत्॥८०९॥

今译：一不成为多，无处有异相，

---

① “三时”（trisandhyā）指早、中和晚三时。“三皈依”（triśaraṇa）指皈依佛、法和僧。

② 这句的原文是 iṣuprastarakāṣṭhādyā（“箭、石和木等等”）。实译可能将其中的 prastara（“石”）读成“放”，又将 kāṣṭha（“木”）读成“极点”（kāṣṭhā）。菩译“如放箭石木”，符合原义。

③ “抨酪木”指用于搅拌乳酪的木棒或木勺。原文中无此词。

受者应似风，施者应似地。（809）

实译：若一能生多，則有別異相，

施者應如田，受者應如風。

यद्येकं बहुधा वै स्यात्सर्वे ह्यकृतका भवेत्।
कृतकस्य विनाशः स्यात्तार्किकाणामयं नयः॥८१०॥

今译：如果一成为多，一切也就无作者，

作者也就毁灭，这是思辨者的说法。（810）

实译：若一能生多，一切無因有，

所作因滅壞，是妄計所立。

दीपबीजवदेतत्स्यात्सादृश्याद्बहुधा कुतः।
एकं हि बहुधा भवति तार्किकाणामयं नयः॥८११॥

今译：如灯和种子，相似而何来多种？

一成为多，这是思辨者的说法。（811）

实译：若妄計所立，如燈及種子，

一能生多者，但相似非多。

न तिलाज्जायते मुद्गो न व्रीहिर्यवहेतुकः।
गोधूमधान्यजातानि एकं हि बहुधा कथम्॥८१२॥

今译：芝麻长不出豆子，稻子长不出大麦，

小麦长不出谷子，一怎么会成为多？（812）

实译：胡麻不生豆，稻非穬麥因，

小豆非穀種，云何一生多？

पाणिनिं शब्दनेतारमक्षपादो बृहस्पतिः।

लोकायतप्रणेतारो ब्रह्मा गर्भो भविष्यति॥८१३॥

今译：将会出现声论作者波你尼、足目和
毗诃波提[1]，还有顺世论作者梵胎。（813）

实译：名手作聲論，廣主造王論，[2]
順世論妄說，當生梵藏中。

कात्यायनः सूत्रकर्ता यज्ञवल्कस्तथैव च।
भुढकज्योतिषाद्यानि भविष्यन्ति कलौ युगे॥८१४॥

今译：经论作者迦旃延那和耶吉伏迦，
天文家菩杜迦，出现在迦利时代。（814）

实译：迦多延造經，樹皮仙說祀[3]，
鵂鶹出天文，惡世時當有。

बली पुण्यकृताल्लोकात्प्रजाभाग्याद्भविष्यति।
रक्षकः सर्वधर्माणां राजा बली महीपतिः॥८१५॥

今译：将会出现大地之主波林王，为世界
造福，为众生谋利，保护一切正法。（815）

实译：世間諸眾生，福力感於王，
如法御一切，守護於國土。

वाल्मीको मसुराक्षश्च कौटिल्य आश्वलायनः।
ऋषयश्च महाभागा भविष्यन्ति अनागते॥८१६॥

---

[1] “波你尼”（Pāṇini）是语法学著作《八章书》（或称《波你尼经》）的作者。“足目”（Akṣapāda）是正理派创始人。毗诃波提（Bṛhaspati）是法论作者。

[2] 这里的“名手”即波你尼，“广主”即毗诃波提。

[3] 此处“树皮仙说祀”是将 yajñavalka（“耶吉伏迦”，菩译“夜婆伽”）这个名字拆读成 yajña（“祭祀”）和 valka（“树皮”）。

今译：未来还会出现大福大德众仙人，蚁垤、
摩苏罗刹、憍底利耶和阿湿婆罗耶那。①（816）

实译：青蠛及赤豆，側僻與馬行，
此等大福仙，未來世當出。

सिद्धार्थः शाक्यतनयो भूतान्तः पञ्चचूडकः।
वाग्बलिरथ मेधावी पश्चात्काले भविष्यति॥ ८१७॥

今译：此后会出现释迦王子悉达多、
菩丹多、五髻、语力和梅达维。（817）

实译：釋子悉達多，步多五髻者，
口力及聰慧，亦於未來出。

अजिनं दण्डकाष्ठं च मेखलाचक्रमण्डलम्।
ददाति ब्रह्मा महेश्वरो वनभूमौ व्यवस्थिते॥ ८१८॥

今译：安住林地，大自在梵天赐予
鹿皮、木杖、腰带和圆轮。（818）

实译：我在於林野，梵王來惠我，
鹿皮三岐杖，膊絛及軍持②。

भविष्यति महायोगी नाम्ना वै विरजो मुनिः।
मोक्षस्य देशकः शास्ता मुनीनामेष वै ध्वजः॥ ८१९॥

今译：这位大瑜伽行者，名为离尘牟尼，将会
成为宣示解脱的导师，众牟尼的旗帜。③（819）

① “蚁垤”（Vālmīka）是史诗《罗摩衍那》的作者。憍底利耶（Kauṭilya）是《利论》的作者。

② 此处“军持”是 kuṇḍikā（“水瓶”）一词的音译。但此词不见于现存梵本。

③ 这颂应该是梵天所说的话。

实译：此大修行者，當成離垢尊，
　　　　說於真解脫，牟尼之幢相。

ब्रह्मा ब्रह्मशतैः सार्धं देवैश्च बहुभिर्मम।
अजिनं प्रपात्य गगनात्तत्रैवान्तर्हितो वशी॥८२०॥

今译：自在梵天偕同数百梵众天和诸神，
　　　　从空中赐予我鹿皮衣，然后消失。（820）

实译：梵王與梵眾，諸天及天眾，
　　　　施我鹿皮衣，還歸自在宮。

सर्वचित्राणि वासांसि भैक्ष्यपात्रं सुरैः सह।
इन्द्रो विरूढकाद्याश्च वनभूमौ ददन्ति मे॥८२१॥

今译：因陀罗偕同毗娄勒迦等许多天神，
　　　　在林地赐予我种种妙衣和乞食钵。（821）

实译：我在林樹間，帝釋四天王，
　　　　施我妙衣服，及以乞食鉢。

अनुत्पादवादहेत्विष्टो ऽजातो जायेत वा पुनः।
साधयिष्यत्यनुत्पादं वाङ्मात्रं कीर्त्यते तु वै॥८२२॥

今译：无生说中求原因，由此产生无生，
　　　　这样确立无生，只是言说而已。（822）

实译：若立不生論，是因生復生，
　　　　如是立無生，惟是虛言說。

तस्याविद्या कारणं तेषां चित्तानां संप्रवर्तिता।
अन्तरा किमवस्थासौ यावद्रूपं न जानति॥८२३॥

今译：种种心转出，无知是原因，
一旦色不生[1]，怎会住其间？（823）

समनन्तरप्रध्वस्तं चित्तमन्यत्प्रवर्तते।
रूपं न तिष्ठते किंचित्किमालम्ब्य प्रवर्त्स्यते॥ ८२४॥

今译：连续不断毁灭，转出别的心，
一旦不住于色，缘何而转出？（824）

यस्माद्यत्र प्रवर्तेत चित्तं वितथहेतुकम्।
न प्रसिद्धं कथं तस्य क्षणभङ्गो ऽवधार्यते॥ ८२५॥

今译：心得以转出，不实为原因，
既然不成立，谈何刹那灭？（825）

योगिनां हि समापत्तिः सुवर्णजिनधातवः।
आभास्वरविमानानि अभेद्या लोककारणात्॥ ८२६॥

今译：修行者的入定，金子，佛舍利，
光音天宫，不会随世界毁灭。（826）

स्थितयः प्राप्तिधर्माश्च बुद्धानां ज्ञानसंपदः।
भिक्षुत्वं समयप्राप्तिर्दृष्टा वै क्षणिका कथम्॥ ८२७॥

今译：诸佛证得的正法和圆满智慧常住，
比丘性，现证所得，怎能看成刹那？（827）

गन्धर्वपुरमायाद्या रूपा वै क्षणिका कथम्।

[1] 此处“不生”的原文是 na jānati（“不知”）。这颂取自第 6 品第 12 颂。在那颂中，此处是 na jāyate（“不生”）。菩译“未生”。

अभूतिका च भूतानि भूताः किंचित्क चागतौ॥८२८॥

今译：乾达婆城和幻觉等色，怎么是刹那？
　　四大原本不实，它们又怎么能造作？[1]（828）

अविद्याहेतुकं चित्तमनादिमतिसंचितम्।
उत्पादभङ्गसंबद्धं तार्किकैः संप्रकल्प्यते॥८२९॥

今译：无知是原因，心积聚无始习气，
　　思辨者们妄想生和灭互相连接。（829）

实译：無始所積集，無明為心因，
　　生滅而相續，妄計所分別。

द्विविधः सांख्यवादश्च प्रधानात्परिणामिकम्।
प्रधाने विद्यते कार्यं कार्यं स्वात्मप्रसाधितम्॥८३०॥

今译：数论有二重性，说变化出自原质，
　　原质中有结果，结果由自身造成。（830）

实译：僧佉論有二，勝性及變異，
　　勝中有所作，所作應自成。

प्रधानं सह भावेन गुणभेदः प्रकीर्तितः।
कार्यकारणवैचित्र्यं परिणामे न विद्यते॥८३१॥

今译：说原质和事物，性质形成差别，
　　种种结果和原因，不在变化中。（831）

实译：勝性與物俱，求那說差別，
　　作所作種種，變異不可得。

---

[1] 以上六颂取自第6品第12至第17颂。而这颂中的“怎么是刹那？”在那颂中是“怎么不是刹那？”

यथा हि पारदः शुद्ध उपक्लेशैर्न लिप्यते।
आलयं हि तथा शुद्धमाश्रयः सर्वदेहिनाम्॥ ८३२॥

今译：如同水银纯洁，不受任何污染，
阿赖耶识清净，一切众生所依。（832）

实译：如水銀清淨，塵垢不能染，
藏識淨亦然，眾生所依止。

हिङ्गुगन्धः पलाण्डुश्च गर्भिण्या गर्भदर्शनम्।
लवणादिभिश्च लावण्यं बीजवत्किं न वर्तते॥ ८३३॥

今译：葱头的辛辣气味，孕妇的胎藏，
盐中咸味，为何不像种子转出？（833）

实译：如興渠[1]葱氣，鹽味及胎藏，
種子亦如是，云何而不生？

अन्यत्वे च तदन्यत्वे उभयं नोभये तथा।
अस्तित्वं निरुपादानं न च नास्ति न संस्कृतम्॥ ८३४॥

今译：一和异，[2]还有双和非双，
无所执取，非无非有为。（834）

实译：一性及異性，俱不俱亦然，
非所取之有，非無非有為。

अश्ववद्विद्यते ह्यात्मा स्कन्धैर्गोभाववर्जितम्।

---

[1] 此处“兴渠”是原词 hiṅgu 的音译。这是一种植物，学名阿魏。

[2] 此处“一和异”的原文是 anyatve ca tadanyatve（“异和异”）。若按照菩译“异体不异体”，原文中的 ca 应为 na。若按照实译“一性及异性”，原文中前一个 anyatve 应为 ekatve。而联系下面第 837 颂中提及的“一和异”，似乎实译的读法合理。

संस्कृतासंस्कृतं वाच्यमवक्तव्यं स्वभावकम्॥८३५॥

今译： 自我和诸蕴，如同马无牛性，

　　　可说有为无为，不可说自性。（835）

实译： 馬中牛性離，蘊中我亦然，

　　　所說為無為，悉皆無自性。

युक्त्यागमाभ्यां दुर्दृष्ट्या तर्कदृष्ट्या मलीकृतम्।
अनिर्धार्यं वदन्त्यात्मा नोपादाने न चान्यतः॥८३६॥

今译： 受理教和思辨邪见污染，他们所说

　　　不确定，自我不可获取，别无其他。（836）

实译： 理教等求我，是妄垢惡見，

　　　不了故說有，惟妄取無餘。

दोषनिर्धारणा ह्येषां स्कन्धेनात्मा विभाव्यते।
एकत्वेन तदन्यत्वेन न च बुध्यन्ति तार्किकाः॥८३७॥

今译： 思辨者不觉知，错误地依据

　　　一和异，理解自我和诸蕴。（837）

实译： 諸蘊中之我，一異皆不成，

　　　彼過失顯然，妄計者不覺。

दर्पणे उदके नेत्रे यथा बिम्बं प्रदृश्यते।
एकत्वान्यत्वरहितस्तथा स्कन्धेषु पुद्गलः॥८३८॥

今译： 正如所见镜中、水中和眼中影像，

　　　摆脱一和异，诸蕴中的人也如此。（838）

实译： 如水鏡及眼，現於種種影，

　　　遠離一異性，蘊中我亦然。

भाव्यं विभावनाध्याता मार्गः सत्या च दर्शनम्।
एतत्त्रयं विभावेन्तो मुच्यन्ते हि कुदर्शनैः॥८३९॥

今译：应该沉思观察，修习三种法：
道、谛和见，摆脱种种邪见。（839）

实译：行者修於定，見諦及以道，
勤修此三種，解脫諸惡見。

दृष्टं नष्टं यथा विद्युच्चक्रं छिद्रगृहे यथा।
परिणामः सर्वधर्माणां बालैरिव न कल्पयेत्॥८४०॥

今译：犹如闪电光环在房屋空隙中，见而又灭，
一切法变化，不应像愚夫那样妄想分别。（840）

实译：猶如孔隙中，見電光速滅，
法遷變亦然，不應起分別。

भावाभावेन निर्वाणं बालानां चित्तमोहनम्।
आर्यदर्शनसद्भावाद्यथावस्थानदर्शनात्॥८४१॥

今译：愚夫心痴迷，依据有无看待涅槃，
而依据圣见真性，依据如实所见，（841）

实译：愚夫心迷惑，取涅槃有無，
若得聖見者，如實而能了。

उत्पादभङ्गरहितं भावाभावविवर्जितम्।
लक्ष्यलक्षणनिर्मुक्तं परिणामं विभावयेत्॥८४२॥

今译：应该明瞭变化远离生和灭，
摆脱有和无，所相和能相。（842）

实译：應知變異法，遠離於生滅，

亦離於有無，及以能所相。

तीर्थ्यवादविनिर्मुक्तं नामसंस्थानवर्जितम्।
अध्यात्मदृष्टिनिलयं परिणामं विभावयेत्॥८४३॥

今译：应该明瞭变化远离外道论，

摆脱名和形态，而依靠自觉。（843）

实译：應知變異法，遠離外道論，

亦離於名相，內我見亦滅。①

संस्पर्शपीडनाभ्यां वै देवानां नारकाणि च।
अन्तराभविका नास्ति विज्ञानेन प्रवर्तिता॥८४४॥

今译：接触众天神和受地狱折磨，

依靠识转出，并没有中有。（844）

实译：諸天樂觸身，地獄苦逼體，

若無彼中有，諸識不得生。②

जरजाण्डजसंस्वेदाद्या अन्तराभवसंभवाः।
सत्त्वकाया यथा चित्रा गत्यागत्यां विभावयेत्॥८४५॥

今译：应该明瞭胎生、卵生和湿生等等，

生于中有，如同种种众生身来和去。（845）

实译：應知諸趣中，眾生種種身，

胎卵濕生等，皆隨中有生。

---

① 这最后一句与现存梵本有差异。
② 这颂第二行与现存梵本有差异。

युक्त्यागमव्यपेतानि निःक्लेशपक्षक्षयावहा।
तीर्थ्यदृष्टिप्रलापानि मतिमान्न समाचरेत्॥८४६॥

今译：摆脱理教，去除烦恼而带来毁灭，

这些外道的言说，智者不应听取。（846）

实译：離聖教正理，欲滅惑反增，

是外道狂言，智者不應說。

आदौ निर्धार्यते आत्मा उपादानाद्विशेषयेत्।
अनिर्धार्य विशेषन्ति वन्ध्यापुत्रं विशिष्यते॥८४७॥

今译：首先确定自我，然后依据执取区别，

不确定而区别，如同区别石女之子。（847）

实译：先應決了我，及分別諸取，

以如石女兒，無決了分別。

पश्यामि सत्त्वान् दिव्येन प्रज्ञामांसविवर्जितम्।
संसारस्कन्धनिर्मुक्तं मूर्तिमान् सर्वदेहिनाम्॥८४८॥

今译：我用摆脱肉体的智慧天眼观察，[①]

一切众生形体摆脱轮回和诸蕴。（848）

实译：我離於肉眼，以天眼慧眼，

見諸眾生身，離諸行諸蘊。

दुर्वर्णसुवर्णगतं मुक्तामुक्तविशेषणम्।
दिव्यं संस्कारविगतं संस्कारस्थं प्रपश्यते॥८४९॥

今译：看到美和丑、解脱和不解脱的差别，

---

① 此处原文是 divyena prajñāmāṃsavivarjitam ["摆脱智慧和肉体的天（眼）"]。这里参照菩译和实译译出。

以及住于有为和摆脱有为的天国。（849）

实译：觀見諸行中，有好色惡色，
解脫非解脫，有住天中者。

मूर्तिमान् गतिसंधौ वै तार्किकाणामगोचरम्।
अतिक्रान्तमानुष्यगतिमहं नान्ये कुतार्किकाः॥८५०॥

今译：有形体者在诸趣中，并非思辨者境界，
我超越人间世界，有别于低劣思辨者。（850）

实译：諸趣所受身，惟我能了達，
超過世所知，非計度境界。

नास्त्यात्मा जायते चित्तं कस्मादेतत्प्रवर्तते।
नदीदीपबीजवत्तस्य निर्गमः किं न कथ्यते॥८५१॥

今译：无自我，心产生，它从哪里转出？
为何不说它像河、灯和种子转出？（851）

实译：無我而生心，此心云何生？
豈不說心生，如河燈種子？

अनुत्पन्ने च विज्ञाने अज्ञानादि न विद्यते।
तद्भावे न विज्ञानं संतत्या जायते कथम्॥८५२॥

今译：如果识不生起，无知等等不存在，
无知不存在，识如何会连续产生？（852）

实译：若無無明等，心識則不生，
離無明無識，云何生相續？

अध्वत्रयमनध्वश्च अवक्तव्यश्च पञ्चमः।

ज्ञेयमेतद्धि बुद्धानां तार्किकैः संप्रकीर्त्यते॥ ८५३॥

今译：三世和无世，第五不可言说，
思辨者所说，乃是诸佛所知。（853）

实译：妄計者所說，三世及非世，
第五不可說，諸佛之所知。

अवक्तव्यश्च संस्कारैर्ज्ञानं संस्कारहेतुकम्।
गृह्णाति संस्कारगतं ज्ञानं संस्कारशब्दितम्॥ ८५४॥

今译：不应说有为是智，智是有为原因，
只因与有为相关，而称智为有为。（854）

实译：諸行取所住，彼亦為智因，
不應說智慧，而名為諸行。[1]

अस्मिन् सतीदं भवति प्रत्ययाश्चाप्यहेतुकाः।
व्यञ्जकेनोपदिश्यन्ते तदभावान्न कारकम्॥ ८५५॥

今译：有彼而有此，有缘起，无原因，
由显现者展示，无原因则无作者。（855）

实译：有此因緣故，則有此法生，
無別有作者，是我之所說。

पवनं हि वह्नेर्दहनं प्रेरणे न तु संभवे।
प्रेर्य निर्वायते तेन कथं सत्त्वप्रसाधकाः॥ ८५६॥

今译：风吹火燃烧，但风不产生火，
风也吹灭火，如何证实众生？（856）

[1] 这颂实译和菩译均与现存梵本有差异。

实译：風不能生火，而令火熾然，
亦由風故滅，云何喻於我？[1]

संस्कृतासंस्कृतं वाच्यमुपादानविवर्जितम्।
कथं हि साधकस्तस्य वह्निर्बालैर्विकल्प्यते॥८५७॥

今译：应该说有为和无为摆脱执取，
愚夫妄想分别火，如何能成立？（857）

实译：所說為無為，皆離於諸取，
云何愚分別，以火成立我？

अन्योन्यस्य बलाधानाद्वह्निर्वै जायते नृणाम्।
सत्त्वः प्रवर्तितः केन वह्निवत्कल्प्यते यतः॥८५८॥

今译：依靠互相的力量，人的火产生，
若妄想众生如同火，缘何转出？（858）

实译：諸緣展轉力，是故能生火，
若分別如火，是我從誰生？

स्कन्धायतनकदम्बस्य मनाद्याकारणो नु वै।
नैरात्मा सार्थवन्नित्यं चित्तेन सह वर्तते॥८५९॥

今译：种种蕴和处聚集，意等等是原因，[2]
无我如同商队，常与心一起转出。（859）

实译：意等為因故，諸蘊處積集，
無我之商主，常與心俱起。

---

[1] 此处实译将“众生”（sattva）一词理解为“自我”（ātman），相当于“人”（pudgala）这个词。

[2] “意等等是原因”的原词是 manādyākāraṇa，疑有误。菩译“意等因能生”，实译“意等为因故”，据此应为 manādyakāraṇa。

द्वावेतौ भास्वरौ नित्यं कार्यकारणवर्जितौ।
अग्निर्ह्यसाधकस्तेषां न च बुध्यन्ति तार्किकाः॥८६०॥

今译：这两个太阳[1]永远摆脱因和果，
火不证实它们，思辨者不觉知。（860）

实译：此二常如日，遠離能所作，
非火能成立，妄計者不知。

चित्तं सत्त्वाश्च निर्वाणं प्रकृत्या भासुरा नु वै।
दोषैरनादिकैः क्लिष्टा अभिन्ना गगनोपमाः॥८६१॥

今译：心、众生和涅槃本性清净，如同
虚空无差别，而受无始恶习污染。（861）

实译：眾生心涅槃，本性常清淨，
無始過習染，無異如虛空。

हस्तिशय्यादिवच्छाया(?) स्तीर्थ्यदृष्ट्या मलीकृताः।
मनोविज्ञानसंछन्ना अग्निराद्यैर्विशोधिताः॥८६२॥

今译：如象床等阴影[2]，受外道邪见污染，
由意识覆盖，依靠火等等[3]净化。（862）

实译：象臥等外道，諸見所雜染，
意識之所覆，計火等為淨。

दृष्टाश्च ते यथाभूतं दृष्ट्वा क्लेशा विदारिताः।

---

[1] “两个太阳”可能指“无我”和“心”。这里“太阳”的用词是 bhāsvara，原义是“光辉者”。

[2] 此处“阴影”（chāyāḥ）一词，实译和菩译均未涉及。

[3] “火等等”的原词是 agnirādyaiḥ，按南条本注文，抄本 K 此处为 agninādyaiḥ。

दृष्टान्तगहनं हित्वा गतास्ते आर्यगोचरम्॥८६३॥

今译：如实观察所见，烦恼得以破除，
离开譬喻密林，到达圣者境界。（863）

实译：若得如實見，便能斷煩惱，
捨邪喻稠林，到聖所行處。

ज्ञानज्ञेयविभागेन अन्यत्वं कल्प्यते यतः।
न च बुध्यन्ति दुर्मेधा अवक्तव्यश्च कथ्यते॥८६४॥

今译：区分能知和所知，妄想差异性，
愚者不觉知，谈论不可言说者。（864）

实译：智所知差別，各異而分別，
無智者不知，說所不應說。

भेरी यथा चन्दनजा बालैः कुर्वन्ति नान्यथा।
चन्दनागरुसंकाशं तथा ज्ञानं कुतार्किकैः॥८६५॥

今译：如同檀香木鼓，愚夫用其他[①]材料制作，
思辨者这样对待如同沉水香的智慧。（865）

实译：如愚執異材，作栴檀沉水，
妄計與真智，當知亦復然。

उत्थितः खलुभक्तश्च पात्रसंश्रितमात्रकम्।
दोषैर्मुखविकाराद्यैः शुद्धं भक्तं समाचरेत्॥८६६॥

今译：过时不乞食，乞食以钵为限量，
食后应该漱口，清除种种异味。（866）

[①] “其他”的原词是 nānyathā，疑有误。按南条本注文，抄本 K 此处为 anyathā。

实译：食訖持鉢歸，洗濯令清淨，
漱口餘味，應當如是修。

इमं नयं यो ऽनुमिनोति युक्तितः
प्रसादवान् योगपरो ह्यकल्पनः।
अनाश्रितो ह्यर्थपरो भवेदसौ
हिरण्मयीं धर्मगतिं प्रदीपयेत्॥८६७॥

今译：依照道理，思考这个法门，
专心修行无妄想，达到平静，
应该无所执著，追求义理，
照亮如同真金的正法之路。（867）

实译：若於此法門，如理正思惟，
淨信離分別，成就最勝定，
離著處於義，成金光法燈。

भावाभावप्रत्ययमोहकल्पना
कुदृष्टिजालं समलं हि तस्य तु।
सरागदोषप्रतिघं निवर्तते
निरञ्जनो बुद्धकरैश्च सिच्यते॥८६८॥

今译：愚痴而妄想有无缘起，
陷入邪见网中受污染，
远离贪欲、怨愤和仇恨，
清净而接受佛手灌顶。（868）

实译：分別於有無，及諸惡見網，
三毒等皆離，得佛手灌頂。

तीर्थ्या कारणादिग्मूढा अन्ये प्रत्ययविह्वलाः।
अन्ये अहेतुसद्भावादुच्छेदं आर्यमास्थिताः॥ ८६९॥

今译：外道执著作因和方位，或迷惑于缘起，
或无原因和真实而断灭，不住于[1]圣性。（869）

实译：外道執能作，迷方及無因，
於緣起驚怖，斷滅無聖性。

विपाकपरिणामश्च विज्ञानस्य मनस्य च।
मनो ह्यालयसंभूतं विज्ञानं च मनोभवम्॥ ८७०॥

今译：识和意皆因成熟而起变化，
意生于阿赖耶识，识生于意。（870）

实译：變起諸果報，謂諸識及意，
意從賴耶生，識依末那[2]起。

आलयात्सर्वचित्तानि प्रवर्तन्ति तरंगवत्।
वासनाहेतुकाः सर्वे यथाप्रत्ययसंभवाः॥ ८७१॥

今译：一切心如波浪，从阿赖耶识转出，
全都以习气为原因，随缘起产生。（871）

实译：賴耶起諸心，如海起波浪，
習氣以為因，隨緣而生起。

क्षणभेदसंकलाबद्धाः स्वचित्तार्थविग्राहिणः।
संस्थानलक्षणाकारा मनोचक्ष्वादिसंभवाः॥ ८७२॥

今译：锁链刹那断裂相连，执取自心对象，

[1] “不住于”的原词是 āsthita，疑有误，应为 asthita。
[2] 此处“末那”是 manas（“意”）一词的音译。

种种形状和形相，生自意和眼等等。（872）

实译：刹那相鈎鎖，取自心境界，
种種諸形相，意根等識生。

अनादिदोषसंबद्धमर्थाभावासनोदितम्।
बहिर्धा दृश्यते चित्तं तीर्थदृष्टिनिवारणम्॥ ८७३॥

今译：受无始恶习束缚，境界影像生自习气，
受外道邪见蒙蔽，心呈现为外界事物。（873）

实译：由無始惡習，似外境而生，
所見惟自心，非外道所了。

तद्धेतुकमेवान्यत्तदालम्ब्य प्रवर्तते।
यदा संजायते दृष्टिः संसारश्च प्रवर्तते॥ ८७४॥

今译：以它为原因，其他依靠它转出，
一旦邪见产生，轮回也就形成。（874）

实译：因彼而緣彼，而生於餘識，
是故起諸見，流轉於生死。

मायास्वप्ननिभा भावा गन्धर्वनगरोपमाः।
मरीच्युदकचन्द्राभाः स्वविकल्पं विभावयेत्॥ ८७५॥

今译：应该理解事物是自心分别，如幻似梦，
犹如乾达婆城，犹如阳焰和水中月。（875）

实译：諸法如幻夢，水月焰乾城，
當知一切法，惟是自分別。

वृत्तिभेदात्तु तथता सम्यग्ज्ञानं तदाश्रयम्।

मायाशूरंगमादीनि समाधीनि पराणि च॥ ८७६॥

今译：按照分类，有真如和依靠它的正智，
还有至高的如幻和首楞严[①]等入定。（876）

实译：正智依真如，而起諸三昧，
如幻首楞嚴，如是等差別。

भूमिप्रवेशाल्लभते अभिज्ञा वशितानि च।
ज्ञानमायोपमं कायमभिषिक्तं च सौगतम्॥ ८७७॥

今译：进入诸地，获得种种神通和自在，
获得如幻智和身，接受诸佛灌顶。（877）

实译：得入於諸地，自在及神通，
成就如幻智，諸佛灌其頂。

निवर्तते यदा चित्तं निवृत्तं पश्यतो जगत्।
मुदितां लभते भूमिं बुद्धभूमिं लभन्ति च॥ ८७८॥

今译：看到世界止息，心也就止息，
进入欢喜地，直至达到佛地。（878）

实译：見世間虛妄，是時心轉依，
獲得歡喜地，諸地及佛地。

आश्रयेण निवृत्तेन विश्वरूपो मणिर्यथा।
करोति सत्त्वकृत्यानि प्रतिबिम्बं यथा जले॥ ८७९॥

今译：摆脱所依，如同一切色摩尼珠，
为众生谋事业，如同水中映像。（879）

[①] “首楞严”（Śūraṅgama）或译“健行”，是一种入定（“三昧”）的名称。

实译：既得轉依已，如眾色摩尼，
利益諸眾生，應現如水月。

सदसत्पक्षनिर्मुक्तमुभयं नोभयं न च।
प्रत्येकश्रावकीयाभ्यां निष्क्रान्ता सप्तमी भवेत्॥ ८८० ॥

今译：摆脱有无二翼，也摆脱双非双，
超越缘觉和声闻，超越第七地。（880）

实译：捨離有無見，及以俱不俱，
過於二乘行，亦超第七地。

प्रत्यात्मदृष्टधर्माणां भूतभूमिविशोधितम्।
बाह्यतीर्थ्यविनिर्मुक्तं महायानं विनिर्दिशेत्॥ ८८१ ॥

今译：依靠自觉现证法，在诸地中获得净化，
摆脱外界和外道，应该宣示这种大乘。（881）

实译：自內現證法，地地而修治，
遠離諸外道，應說是大乘。

परावृत्तिर्विकल्पस्य च्युतिनाशविवर्जितम्।
शशरोममणिप्रख्यं मुक्तानां देशयेन्नयम्॥ ८८२ ॥

今译：妄想分别转离，摆脱死亡和毁灭，
如兔毛[①]和摩尼珠，宣示解脱法门。（882）

实译：說解脫法門，如兔角摩尼，
捨離於分別，離死及遷滅。

यथा हि ग्रन्थो ग्रन्थेन युक्त्या युक्तिस्तथा यदि।

① “兔毛”（śaśaroman），菩译和实译均为“兔角”（śaśaviṣāṇa 或 śaśaśṛṅga）。

अतो युक्तिर्भवेद्युक्तिमन्यथा तु न कल्पयेत्॥८८३॥

今译：如果依理而有经[①]，依经而有理，
那就依此理，不要悖理妄分别。（883）

实译：教由理故成，理由教故顯，
當依此教理，勿更餘分別。

चक्षुः कर्म च तृष्णा च अविद्यायोनिशस्तथा।
चक्षूरूपे मनश्चापि आविलस्य मनस्तथा॥८८४॥

今译：眼、业和贪爱，皆源自无知，
意依靠眼和色，由此受污染。[②]（884）

इत्यार्यसद्धर्मलङ्कावतारो नाम महायानसूत्रं सगाथकं समाप्तमिति॥

今译：以上是名为《妙法入楞伽经》的大乘经，《偈颂品》终。

实译：《大乘入楞伽經》卷第七。

*　　*　　*　　*

ये धर्मा हेतुप्रभवा हेतुं तेषां तथागतो ह्यवदत्।
तेषां च यो निरोधो एवं वादी महाश्रमणः॥

今译：诸法产生有原因，如来讲述它们的原因，
也讲述它们的寂灭，这位大沙门如是说。

① 此处“经”的原词是 grantha，本义为“结”，引申义为“系缚”或“经书”。实译将此词译为“教”，与“经”相通。

② 这颂实译无，菩译有。菩译还有如下几句作为结尾：“佛说此妙经，圣者大慧士，菩萨摩诃萨，罗婆那大王，叔迦婆罗那，甕耳等罗叉，天龙夜叉等，乾闼婆修罗，诸天比丘僧，大欢喜奉行。”